［改訂第3版］
貿易用語辞典

石田貞夫＋中村那詮

Ishida Sadao & Nakamura Tomonori

東京 白桃書房 神田

［改訂第３版］はしがき

　石田貞夫名誉教授が逝去されてからすでに20回忌が過ぎようとしている。故石田教授が上梓されていた『貿易用語辞典』について，出版社の株式会社白桃書房より改訂を依頼され，故石田教授の薫陶を受けた者のうち，作業可能な者が手分けして見直しを行った。

　見直しにあたっては，できる限り故石田教授の文意を損なわないように考慮しつつ，貿易取引の現状に可能な限り対応するよう努力し，あわせて不要と思われる英文例は削除した。そのようにして出版されたのが2006年の改訂版である。

　その後の貿易取引にかかわる国際的なルール等，最近の用語を補足し，合わせて可能な限りの見直しを行ったのが本書である。本書がこれまで同様に多くの方々に役立つことを願うものである。

　なお，本書の改訂にあたっては，株式会社白桃書房の編集部の方々，大矢順一郎会長，そして，とりわけ大矢栄一郎社長には細部にわたる心のこもったご支援をいただいた。深く感謝する次第である。

　2019年１月

　　　　　　　　　［改訂第３版］の発行に寄せて　　　中村那詮

凡　例

1. 見出語の配列順序はアルファベット順による。見出語の首字は検索の便のため大文字を原則とした。
2. 見出語の右横に，日本語訳をつけた。日本語訳のついていないばあいは［☞］のある関連する見出語の説明のなかに解説が行なわれている。
3. 他の見出語の個所の説明も参考にすることが望ましいばあいには，参考とする見出語に［※］をつけた。
4. 同一用語についての説明が2カ所にあるばあいには，原則として，角度を変えて説明してあるので，あわせて参考にすることが望ましい。
5. 英国用語は（英），米国用語は（米）と略した。同様につぎの略語を用いた。

　　（仏）フランス語，（独）ドイツ語，（伊）イタリア語，（ス）スペイン語，（ラ）ラテン語，（ポ）ポルトガル語。

A

AAR

Against All Risks の略語。☞All Risks

A1 ［エイ・ワン］

A, B, CのAと1, 2, 3の1の組合せで、いずれも第1番目の文字であるところから一流、とくに品質優秀の意味で用いる。もともと船舶の格付けを示す記号で、A1, A2, B3のように用いた。Aは船体（Hull）が最上級の構造であること、1は無線機、錨などの艤装（Trappings）が最高であることを示す。

現在、ロイズ船級として用いられる100A1はロイズ船級規則に従って建造された最高級の鉄鋼船にあたえられる表標である。以前には下位の船級表標として90A1, 80A2などがあったが、現在は100A1だけが残っている。同じ100A1でも✚（Maltese Cross, マルタ島の十字、モールティーズ・クロスと読む）の付いた✚100A1はロイズ船級協会の特別な監督のもとで建造された完璧なものであることを意味する。✚の付かない100A1はロイズの設計図面どおりの条件を満たした船舶をいう。

AB

American Bureau of Shipping（米国船級協会）の略語。日本で建造される米国船の検査・資格認定などを行なう。ABSともいう。英国のロイズ船級協会（Lloyd's Register of Shipping）と同じような業務を行なう。

フィンランド、スウェーデンなどではJoint-stock Company（株式会社）の略語として用いる。☞Ltd.

Abandonment ［委付；放棄］

保険上では、委付のことをいう。船舶が行方不明などで貨物の全損が推定されるばあいに、被保険者が貨物とこれに付随するいっさいの権利を保険会社に任せて、保険金額の全額を請求する海上保険上の制度である。

法律的には、財産や権利を、自発的に放棄することをいう。たとえば、特許、商標、著作権などが、その所有者のAbandonmentによって、公有財産に帰するばあいである。

海運上は、輸送中に著しく損害を被って、商品価値が失われた貨物について、荷受人が引取りを拒絶することをいう。また致命的な危険状態に陥ったばあい、本船を放棄することをもいう。

Abandonment of Voyageは海上運送上、予期できなかった事情により、契約の履行が不可能となったばあい、「事情変更」の原則にもとづいて契約を途中で終了させることをいう。正当なアバンダンメントのばあいは、途中港で契約が打ち切られ、貨物はいずれかの港で陸揚げされた後、荷主の処分にゆだねられる。

Notice of Abandonmentは全損に対する支払い要求のために被保険者が保険者に提出する委付の通知をいう。

Abandonment Clauseとは、全損発生のばあいに船舶の所有者が保険会社に委付すべきことを定めた海上保険証券の約款。

Abatement ［減価］

債務や損害賠償金を軽減したり，税金の未払分の一部または全部を取り消したりすること。たとえば，管理不十分の古い家などが多い街を撤去するための刺激策として，新築者に不動産税を減免するなどのばあいや，輸入貨物が損傷して商品価値が低下したばあいの，関税の減額などをいう。

商品取引上は，値引き（Reduction in Price）をいう。とくに品質不良や商品に損傷があったようなばあいに値引きすることをいう。

ABC Code ［エイ・ビー・シー暗号書］

1874年に米国で出版され，広く貿易業界で用いられた Public Code Book（公刊暗号書）の1つで，1語を5字の組合せでつくるようにできている5文字暗号書（5-Letter Code Book）である。

現在は，海外とのコミュニケーションに，Facsimile や e-mail あるいは電話が多く用いられるが，以前は Letter と Cable（電報 Telegram）が多用された。電報の交換にさいしては，料金の節約と秘密保持の観点から暗号書で暗号に組み（encoding），相手側も同じ暗号書で解読（decoding）することが多かった。

☞ Acme Code

Ability ［能力］

能力，才能，企業の支払能力などをいう。広くは企業の経営資源を指すと考えられる。

Able-bodied Seaman ［熟練船員］

Able seaman ともいう。

船上で3年以上勤務した経歴をもつ者が Able Seaman の資格をあたえられる。100総トン以上の米国船舶は，その乗組員の65％以上が Able Seaman 以上の資格をもっていなければ合衆国の港から出港できない。

About ［約；概数］

「約」「概算」の意味で，不確定の数量を表示するときに用いる。

1993年改訂の「荷為替信用状に関する統一規則および慣習」（UCP500）の第39-a条では，信用状の金額や貨物の数量または単価に，about や circa などの用語が付記してあるばあいには，10％をこえない過不足が容認されるとしている。しかし，売買契約上では許容範囲を特定するのが常識である。

船積み関係で用いられる on or about は，定められた期日の5日前から5日後までの期間を意味する（UCP500第46-c条）。"Fujimaru", sailing on or about August 25 from Yokohama は富士丸の横浜出港予定は8月20日～30日の期間内であることを意味する。

Above ［上に］

文書のなかで先に記述してあること。Refer to p.5 above.（前出5頁参照のこと）。対語は below。

above-mentioned　上述した人または物。

Above Par（額面を上回っている株式の価格）。額面以下のばあいは Below Par という。

Above (below) the line（一定標準以上［以下］）の意味。

ABS　☞ AB

Absolute ［無条件の；絶対的の］

いっさいの条件や制限のついていないことを形容するのに用いる。Absolute Acceptance（単純引受け；絶対的引受け）とは，一方からの申込み（Offer）を無条件で承諾すること。また為替手形の引受けについて，何らの制限をつけずに，満期日に手形代金を支払うことを承諾することをさすばあいもある。Absolute Contract（無条件契約）は，一方からの申込みを絶対的に，無条件的に引き受けて成立した契約をいう。双務・有償・諾成

契約である貿易取引にあっては，相手側からの申込みを無条件的に引き受けることによって契約は成立する。

Absolute Advantage（絶対優位）とはComparative Advantage（比較優位）の対語で，安価な生産を可能にするための資源，労力などの供給力を保有しているゆえに他国より勝れていること。

Absolute Total Loss ［絶対全損］

Actual Total Loss（現実全損）のことで，推定全損，構成全損などと対比して用いる。すなわち，貨物が現実に全損したばあい，あるいはその占有が奪われて回復することができないばあいをいう。☞Total Loss

Absorption ［費用の引受け；合併］

買主または荷送人が負担すべき海上運賃の一部もしくは全部を，売主または運送人が支払うことをいう。

また1つの企業，とくに小企業を他の企業と合併させて1つの企業体にすること。

Absorption Costing とは，コスト吸収計算方式で，ある製品の価格設定にさいして，直接費と間接費のすべてのコストをカバーすること。Full Costing ともいう。

Abstract ［要約；盗むこと］

ある情報を簡潔に要約したもの，また他人の金銭，証券などを密かに盗むこと。

Abstract of Title（権利説明書）

不動産についてすべての原権移転に関する事実を年代順に簡潔に説明した要約書。

AC

《仏》in cash の略語。

AC または A/C は，account；account of；charge to の略語。Agency Commission（代理店手数料），Account Current（交互勘定）の略語として用いるばあいもある。

ACA

英国の Associate of the Institute of Chartered Accountants（勅許会計士協会）の略語。

法的に認められた一定の資格をもち，法定の監査業務に従事する勅許会計士（Chartered Accountant；米国の公認会計士 Certified Public Accountant と同じ）の協会で，会社法の規定にもとづく会社の会計監査人（Auditor）はこの協会に所属した勅許会計士のなかから選任される。

Accelerated Depreciation ［加速減価償却］

投資奨励策として法人税の減免などとともに用いられる方式。機械などの固定資産の償却にあたって，それを使用する後年度に比べて早い年度により大きい金額の償却を認めること。アメリカ合衆国税制においては，減価償却の方法として定額法（Straight-line Method）のほかに，定率法（Declining-balance Method），算術級数法（Sum of Year's Digits Method）その他があるが，このうち定額法が原則的な減価償却の方法とされ，それ以外の方法を加速減価償却と称する。Accelerated Cost Recovery System（ACRS）ともいう。

Acceleration ［加速］

価格の上昇または下降率の加速をいう。

Acceleration Clause（弁済期日繰上条項）　債券，約束手形またはモーゲージ設定のさいの金銭支払いに関する契約条項で，利息の支払いを怠ったとき，債券発行者もしくは約束手形の振出人の支払不能のとき，またはモーゲージを設定した不動産の不保全のときなどに，債務の全部の支払時期が繰り上げられる条項。

Acceleration Premium（割増賃金）　生産性を高めるために生産の増大に応じて

支払う割増賃金。

Acceleration Principle（加速度原理）

消費と投資の関係についての理論。消費財の需要増加は，消費財を生産する機械などの資本財に対するより大きい需要増加をもたらす。このことは消費財に比べて資本財の需要が加速度的に増減することを説明している。Accelerator ともいう。

Accept ［承諾する；同意する；正しいと認める］

受け取る (receive) の意味に承諾 (assent) の意味が加わっている。招待状を単に受け取るのは receive であるが，その招待に応じれば accept である。書状を receive はするが，その内容について accept できないばあいが少なくない。

We accept a bill of exchange. (為替手形を引受けする。) 満期日に支払いがなされることを約するために手形に名宛人 (Drawee＝支払人 Debtor) が署名すること。

An Accepted Bill（引受手形） 手形の名宛人 (Drawee) が "Accepted" と認め，署名した手形のこと。

We accept a risk. (危険を引き受ける。) 海上保険契約にもとづいて保険者になることに同意すること。

Acceptable ［認容できる；〜の条件なら引受けできる］

Your order is acceptable subject to June shipment. (貴注文は6月積みの条件ならば引受け可能である。)

accepted が無条件，絶対的に引受けしたことを意味するのに対して，acceptable は〜の条件ならば (subject to) 引受けできるという意味。

Acceptance ［承諾；引受け；アクセプタンス方式］

契約法上は，申込み (Offer) に対する承諾をいう。たとえば，売申込みを無条件で承諾 (Absolute Acceptance) すれば売買契約は成立する。これに対して，ある条件の履行を義務づけた条件付き承諾 (Conditional Acceptance) は，事実上，反対申込み (Counter Offer) ということになるが，このばあいは，事後に，両当事者の承諾が必要である。

契約商品の受渡し上は，荷受人 (Consignee) が積荷の受領を確認し，荷送人，運送人に，以後の責任を免除させることをいう。

金融上では，為替手形 (Bill of Exchange) の引受けをいう。すなわち，為替手形の名宛人 (Drawee) が，手形の満期日に手形代金を支払うことを承諾することをいう。これには，制限をつけずに，単に accepted と日付を記して署名する Absolute (or General) Acceptance と，制限付きの引受け (Qualified Acceptance) とがある。制限付き引受けには，さらに，一定の条件を満たしたばあいに支払義務の生じる Conditional Acceptance と，手形金額の一部だけを引き受ける Partial Acceptance とがある。

アクセプタンス方式とは，輸入ユーザンスの1つの方法である。すなわち，海外の輸出者は，Usance L/C にもとづいて期限付手形を振り出し，船積書類を添付して輸出地の取引銀行で買い取ってもらう。この手形は名宛人であるロンドンまたはニューヨークの銀行で引き受けられ (London or New York Acceptance)，銀行引受手形 (B/A 手形) となる。ユーザンス手形の期日に引受銀行は信用状開設銀行の勘定を引き落とし，一方，信用状開設銀行は輸入ユーザンス手形の期日に輸入者から決済をうける。

Acceptance Advice ［引受通知］

ユーザンス条件の決済のばあいに，輸出地の銀行から信用状開設銀行へ送付されてくる，引受けを知らせる通知のこと。

あるいはまた，D/P手形が手形引受人によって引き受けられたことを，輸出者に知らせる仕向銀行（Remittance Bank）からの通知をいう。

Acceptance by Intervention ［手形の参加引受け］

拒絶証書が作られた不渡手形に対して，手形上の債務者の名誉のために，第三者が参加引受けを行なうことをいう。Acceptance for Honour ともいう。

Acceptance Credit ［引受信用状］

信用状にもとづいて振り出される手形が，一覧後60日とか90日とかいった期限付きであることを規定した信用状である。Usance L/C ともいう。

この信用状にもとづいて，輸出者が振り出す期限付き為替手形を，輸出地の銀行は買い取ったのち，手形の名宛人となっている信用状発行銀行へ送付して引受けを求める。引受銀行は引受けずみの手形を金融市場で再割引して資金化し，一方輸入者は手形期限満期日に決済する。このように，輸入者にとっては，手形期限の満期日までは手形の支払いをしなくてすむし，一方，輸出者は期限付き手形を振り出し，発行銀行または取引銀行に買い取ってもらえ，代金をすぐに回収できるので，輸出入両者にとって有利である。

一般的に，期限付き手形は，手形の買取銀行としては，満期日まで支払いをうけられず資金負担が生じる。そこで，割引市場でこの手形の再割引をうけて資金の調達をはかることになるが，このさい Acceptance L/C の添付があれば，手形の支払いが保証されているので，再割引銀行も安心して割引に応じてくれる。

☞ Sight Credit

Acceptance House ［手形引受け業者］

Accepting House または Merchant Bankers ともいう。ロンドンにある手形引受け業務を専業とする金融業者で，為替手形の買取りを容易にするために手形の引受けもしくは保証を主たる業務としている。一般の銀行が英連邦内貿易の手形の引受け業務を主として行なうのに対して，もともと Acceptance House は，連邦諸国と諸外国とのあいだの貿易金融に重点をおいてきた個人経営の商業金融業者であるが，昨今は国際的信用を背景に外債の起債業務，外国為替や貴金属の取引，信託基金の受託業務など一般の商業銀行と類似した業務をも行なっている。米国では Acceptance Bank という。ロンドンの有力な Acceptance House は Accepting House Committee（AHC）の構成メンバーであり，それらメンバー業者あての手形は有利な率で割り引かれる。

Acceptance Rate ［輸入決済相場］

外国の輸出者が振り出した外貨建ての荷為替手形を，輸入者が決済するばあいに適用される輸入決済のための為替相場で，一覧払い輸入手形の決済に適用される。電信売相場（TTS）に郵送期間の金利を加えた相場である。

Acceptance Sampling ［受入れ抜取検査］

大量に生産される製品が受け入れられるか否かを決定するために行なう抜取見本検査をいう。

Acceptance Supra Protest ［引受拒絶証書作成後の参加引受け］

手形上の債務者以外の第三者が，手数料の受取りを条件として不渡手形の引受けを行なうこと。

Accepting Bank ［引受銀行］

信用状にもとづいて振り出された手形の名宛人（Drawee）が信用状発行銀行のコルレス銀行であるとき，その名宛人たる銀行をいう。

Accepting House ☞ Acceptance House

Access ［接近方法；接近の特権］

Access to a market（市場参入） いかなる法規，協定にも違反せずに，自由に商品を市場に売り込む権利もしくは能力をいう。

Access Time（呼出し時間） コンピュータの記憶装置から，ある情報を呼び出すまでに要する時間。

Accident ［偶発事故］

人の作為または過失によらず，無意識のうちに生じた，予期できない原因不明の偶発的な出来事をいう。

Accident Incidental to Voyage ［航海に関する事故］

Navigational Accident ともいう。

航海に伴って船舶や貨物に生じる座礁（Stranding），沈没（Sinking），火災（Burning），衝突（Collision）を意味するSSBCといった重要危険をはじめ，汗濡れ，波さらいなどの事故のことをいう。海上保険によって塡補される。

Accident Insurance ［災害保険］

火災（Fire），海上（Marine）以外の事由による財産に対する災害を補償する保険，そのおもなものは盗難保険（Theft 以前の Burglary Insurance）であるが，各種の責任保険（Liability Insurance）も含まれる。

Accident of Navigation ［航海の事故］

通常の航海に特有な事故で，人為によるものでなく，しかも適切な配慮をもってしても避けられない事故。Accident of the Sea ; Perils of the Seas と同じ。

Accommodation ［設備；便宜供与］

Accommodation Berth（停泊埠頭）

Accommodation Bill (or Note)（融通手形；なれあい手形）

Accommodation Line ［営業政策的引受け］

通常の感覚からすると，とうてい引受けできないような契約を，相手先との長期的かつ総合的な利益を考慮して，戦略的に引き受けることをいう。

Account ［勘定］

語源的には，Ac（ラ）＝Ad＋count（＝compute 数える），これだけと評価，説明，勘定することをいう。売却した商品または提供したサービスに対しての勘定書をいう。通常，送り状（Invoice），計算書などを添付する。会計上では，借方，貸方にのる取引の記録をいう。

Account Current ［交互計算］

貿易商社，製造業者および百貨店が，海外の支店および現地法人とのあいだに生じる受払い関係を，いちいち送金手続をとらずに本支店間勘定の貸借記入によって相殺し，その残高を一定の許可された範囲で，適時決済する方法である。Current Account, Open Account, Running Account ともいう。

Account Sales ［売上勘定書］

委託取引（Consignment Sales*）にあって，現地に保管された委託品の販売ができたときに，受託者（Commission Agent）が委託者（Principal）へ送ってくる売上げについての明細書である。

これには販売に関する明細，とくに販売に要した経費の明細が記載されている。売上総額から，すでに荷為替が取り組まれておればその金額，売上手数料および輸入税，陸揚げ諸費用，倉庫保管料，保険料，販売諸掛などの立替金を差し引いた残額が，この書類とともに委託者へ送金されてくる。

Accreditee ［信用受領者］

信用状の授与をうけ，これにもとづいて荷為替手形の振出しを認められている信用状の受益者（Beneficiary）をいう。通

常は，輸出者が信用状の受益者となる。
　Accredited（信任された）
　Accredited Agent は保険代理人のうち，保険会社に対する保険料支払いを契約と同時に行なわなくてはならない Cash Agent に対して，支払いの猶予が認められている代理人をいう。
　Accredited Milk（品質優良が公認されたミルク）

Accurate ［正確な］
　This catalog(ue) gives an accurate description of the goods.（本カタログは商品を正確に説明している。）

Acid ［酸による腐食］
　Acid Rain（酸性雨）。
　Acid Test Ratio（流動比率）とは，企業の支払能力（Solvency）を決定するために用いるもので，流動資産を流動負債で除した百分比で表わす。一般に財務的安全性の目安は200％以上である。Liquid Ratio Test, Current Ratio, Quick Asset Ratio（米）ともいう。

Acknowledge ［確認する；（真実であると）認める］
　受け取ったことを確認するばあいに用いる。

Acknowledgement Receipt of Documents ［輸入荷為替付属書類受領書］
　輸入者がそのつど輸入担保荷物保管証（T/R）＊を差し入れる手間をはぶくために，包括的な T/R である「輸入担保荷物保管に関する約定書」を前もって銀行に差し入れておく。このばあい，銀行から届けられる運送書類到着通知書（Arrival Notice）と一組になっているこの輸入荷為替付属書類受領書に署名し，差入れ手形とともに銀行に提出して，船積書類の貸渡しをうける。

Acme Code ［アクメ暗号書］
　国際貿易で ABC Code とともにもっとも広く用いられた公刊暗号書（Public Code Book）の一種で，1語が5字の組合せでつくられている5文字暗号書（5-Letter Code Book）である。

ACP
　African, Caribbean and Pacific（countries）の略語。cf. Lomé Convention＊

Acquaintance ［知識；知人］
　I have some acquaintance with Spain.（スペイン語が少しわかる。）
　Business Acquaintance（商売上の知人）。友人というほどの親しさはない知り合いをいう。

ACT ［航空貨物運送］
　Air Cargo Transportation の略語。航空機による貨物の輸送で，国内航空か国際航空，また定期航空か不定期航空が利用される。

Acting ［代理の］
　The acting manager is doing the duties of the manager until a new person is appointed.（新しく任命があるまで支配人代理が支配人の職務を行なう。）

Action ［動作；訴訟］
　法的権利を主張するために裁判所に提起された訴訟。Legal Action, Lawsuit ともいう。
　Frivolous Action（ふざけた訴訟）
　Vexatious Action（いやがらせの訴訟）
　Actionable（訴訟のための根拠を用意すること。）

Active Underwriter ［引受業務代行者］
　ロイズ保険は，ロイズ組合会員のうち Name とよばれる Underwriting Member（保険引受会員）が引き受けるものであるが，実際の引受業務を行なうものが Active Underwriter または単に Underwriter とよばれる引受業務代行者である。

Act of God ［天災地変］

地震，暴風雨のような天災地変をいう。自然現象によって発生した不可避的な事態で，債務不履行または不法行為への免責の根拠となる。不可抗力（Force Majeure）は Act of God より広い概念で，天災地変のほかに戦争，ストライキなども含まれる。不可抗力によるばあいの免責の取決めがあれば，売主は輸出国在住の買主側の領事，または商工会議所などの証明にもとづいて，その事実を証明することにより，船積みの猶予，または船積み義務の全面的な免除をうけることができる。

Act of Hostility ☞ Hostilities

Act of War ［戦争行為］

国際法を無視して他国に対して武力を行使することで戦争になりやすい。Warlike Act と同じ。

Actual Carrier ［実際運送人］

契約運送人（Contracting Carrier）に対することばで，荷送人と運送契約を締結した契約運送人（たとえば，NVOCC，国際複合運送一貫業者）の依頼によって，実際に運送を担当する者。実際運送人は荷送人に対しては責任を負わないが，契約運送人に対しては運送条件にもとづいて責任を負う。

Actual Delivery ［現実的引渡し］

契約品の所有権を，現実に貨物を移すことによって相手方に移転させることをいう。これは売主と買主とが直接面前で売買を行なう引渡しの方法で，現品を証券化して引渡し義務を履行する象徴的引渡し（Symbolic Delivery）と相対する。貿易取引のばあい，現実的引渡しの方法は，FOB 条件のばあいが好例である。この条件のもとでは，売主である輸出者が，特定船積港における買主指定の本船に契約品を引き渡すことを主要内容とする。このばあいは，売主は契約品を指定された本船の甲板に積み込みさえすれば，引渡しが完了する現実的引渡し（Actual Delivery）条件であり，それ以降のいっさいの危険および費用負担の責任からまぬかれうる。

Actual Loss ［実損］

現実には支出となっていない推定または紙上損失（Supposed or Paper Loss）に対して，被った損失の正確な価格をいう。

Actual Rate ［実勢レート］

政府の為替管理をうけず，国力の実勢を反映した為替相場をいう。固定相場制（Fixed Exchange Rate System）が為替管理をうけた人為的なものであるのに対して，変動相場制（Floating Exchange Rate System）は為替相場の変動を市場における為替の需給関係にまかせるので実勢レートに近い。

Actual Sample ［現物見本］

売買しようとする商品と同一のもの，もしくはその一部を見本として用いるもので，相手側も現物をみたうえで取引を締結できるので，型見本（Pattern）や類似見本（Similar Sample）を用いたばあいと比較して，積出しした契約商品の，品質不良とか品質相違によるクレームは少ない。

Actual Tare ［実際風袋］

Tare は風袋（包装材料）のことで，個々の貨物の風袋を実際に計ったものを実際風袋という。☞ Tare

Actual Total Loss ［現実全損］

Absolute Total Loss（絶対全損）ともいう。貨物が現実に全損したばあい，あるいはその占有が奪われて回復することができないばあいをいう。☞ Total Loss

AD

Dun Report*で用いられる記号。

Additional Report の略語で，最初に調査依頼してレポートを受け取ってから，

6カ月間信用状態に変化がなかったときは6カ月目に再調査が行なわれ，ADとして報告される。

Ad. ☞ Advertisement

a.D.
(仏) from this date の略語。

A/D
after date または alternate days（1日おき）の略語。

ADB ☞ Asian Development Bank

Addendum [(保険の)追約書]
Rider*と同じ。

Additional Charge [割増金]
同盟船が正規の寄航港以外の港 (Outport) に寄港し荷役した場合に課せられる割増金をいう。Outport Additional ; Arbitrary ともいう。

Additional Freight [割増運賃]
Additional Surcharge ともいう。
火薬・毒物などの危険物 (Dangerous Cargo)，30フィート以上ある長尺物 (Lengthy Cargo)，1個で2トン以上もある超重量貨物 (Heavy Cargo) や，Broken Space などについて請求される運賃の割増をいう。また船混み割増 (Congestion Surcharge)，僻地割増 (Out Port or Local Port Surcharge)，通し貨物割増 (Through Cargo Surcharge) などがあるし，船積み時に陸揚港が確定しておらず，出帆後の一定日時までに陸揚港が指定される陸揚港選択権つき貨物 (Optional Cargo*) のばあいも，運賃の割増が請求される。

Additional Premium [割増保険料]
保険者が，その危険を担保する対価として保険契約者から受け取る保険料 (Insurance Premium*) は，損害塡補の範囲によって異なるが，戦争約款とかストライキ約款のような特別約款を付保するばあいには，割増保険料が追加される。

Additionals ☞ Surcharge

Additional Surcharge
☞ Additional Freight

Address [宛先(を書く)；演説する；(電算)番地(アドレス)を構える：電子メールの宛先]
Address Commission 用船者が積込み準備のために代理店に支払う手数料をいう。

Adjust [訂正する；適合させる；保険金額を決定する]

Adjustment [損害調査；苦情]
保険上では，損害額や支払金額を調査したり，複数の保険者間の損害分担の割合などを，Adjuster (損害査定人) が調査・決定することをいう。
貿易取引上では，損害賠償請求 (Claim) を解決することをいう。また Bunker Adjustment Factor*（燃料費割増料）にみられるように調整の意味でも用いる。

Admass [マスコミ大衆（販売）]
TVや新聞などのマスコミを用いて行なう販売，あるいはそうしたマスコミにのせられた一般大衆。

Administration [管理；執行；政権]
School Administration（大学本部）
The Bush Administration（ブッシュ政権）
Administration Costs（一般管理費，Administrative Expenses ; Administrative Overheads ともいう。）

Admit [認める]
あることが真実で (true) であると admit するのが acknowledge で，知っているものとして認める (acknowledge as known) のが recognize。

ADR [米国預託証券]
American Depositary Receipt の略。わが国の株式を米国の取引所に上場するば

あいには，株式の様式や取引慣習，取引制度などが異なるために生じる障害が多い。この障害をのぞくために，原証券は保管銀行に預託し，米国の受託機関（銀行または信託会社）が受託証券の見返りとして発行するものが ADR である。

ADR はふつう記名式で，配当金は受託機関から支払われ，議決権や新株引受権などは，ADR 所有者にあたえられ，株式の配当や無償株・新株割当についても ADR が追加発行されるしくみになっている。日本の株式については，1961年6月からこの方式が採用された。しかし，1963年7月の利子平衡税問題以来，ADR の設定がむずかしくなり，わが国の株式による外国からの資金調達は，欧州預託証券（EDR: European Depositary Receipt）によるものが多くなった。その発行形式は，ADR とほぼ同様である。

現在では，裁判外紛争処理（Alternative Dispute Resolution）の意味でも用いられる。

Ad Referendum ［暫定的］

ラテン語で to be further considered（なお考慮を要する）という意味。契約書に署名はしたが細則については後日協議するというような条件付きのばあいに用いる。

Ad Valorem ［従価計算］

ラテン語で according to value の意味。運賃や関税の計算に用いられる計算方法の1つで，特定金額でなく，そのものの価格の何パーセントかを，運賃または関税として計算する方法である。Ad Valorem Freight（従価格運賃），Ad Valorem Duty*（従価税）

運賃のばあいは高価品（Valuable Goods）が，この方法によって計算される。関税のばあいの従価計算方法については，日本では，輸入港までの運賃・保険料込み（CIF）価格を基準として計算するのに対して，米国では輸出港本船渡し（FOB）が基準となる。

Ad Valorem Duty ［従価税］

関税の課税標準の1つ。すなわち，輸入品の価格を基準として税額を決めるものであり，課税価額に税率を乗じたものが関税額となる。このばあい，課税価額は，なにを基準とするかが問題であるが，わが国やヨーロッパ諸国は，概して，到着地価格方式（CIF 価格を基準）をとっているのに対して，アメリカ，カナダは発送地価格方式（FOB 価格）を採用している。

現行関税は従価税が多い。石油，砂糖などの輸入品は従量税が適用されるが，従量税適用品目数は全体の5%くらいである。

Advance ［前(渡)金；貸出し］

貨物の引渡し以前に，契約金額の一部分を前払い（Payment in Advance）することをいう。Advance は，もともと「前進させる；進める」という意味で，その進め方が，Price Advance（値上がり）のように「上げる」ことになったり，また「早める」ことになると引渡し期日以前の前貸しとなったりする。

　Export Advance（輸出前貸）
　Advance Agent（下交渉人）
　Advance Sample（先発見本）
　Advance Freight（前払運賃，Prepaid Freight と同じ。）

Advanced Countries ［先進国］

Industrialized Countries（既工業化国）
Developed Countries（既開発国）などと同義に用いられるばあいが多い。これの対語が Backward Countries（後進国），Underdeveloped Countries（未(低)開発国），Developing Countries（開発(発展)途上国）。

Advance Payment ［前払い；前受け］

輸出契約と同時に送金をうけるか，あるいは輸入者からの貨物代金の送金をまって船積みする決済方法である。輸出者にとっては，代金回収の危険がなく有利である。輸出者の資金力が弱いばあいや本支店間取引に多く用いられる。

Advance Pricing Agreement 企業の国際化，多国籍化にともない，恣意的な価格操作による不正な所得移転を防ぐために，国際的なルールに基づいた移転価格税制が必要になった。現在，日本，アメリカ，イギリス，ドイツなど14カ国で実施されている。

企業も，日本本社と海外拠点のそれぞれの税務当局と，適正とされる移転価格の算定示唆を事前に確認する仕組みがAdvance Pricing Agreement（APA）である。

Advance Sample　［先発見本］
Shipping Sample または Shipment Sample（船積見本）ともいう。契約商品を海上輸送したばあいに，どのような商品が出荷されたか，買主に1日も早く知らせて安心してもらうために，積荷と同一商品を航空便で送る見本をいう。
☞ Sample

Advantage　［利益；有利］
競争者や困難に対して有利な地位を保有することをいう。Benefit は，より直接に実際にえた利益や精神的な利益をいう。Profit は金銭的な利益。したがって，人は Profit や Benefit をえることなしに，多くの Advantage をえることができるといえる。

Comparative Advantage（比較優位性）

Adventure　［冒険；投機；海上運送事業］
一般的には，危険のある投機的な取引をいう。未開拓な市場で商品が受け入れられるか否かをテストするために，商品を出荷する意味で用いられることもある。Venture と同意。Venture Business（冒険企業），Joint Venture（合弁事業）。

海上運送の開始は，同時に保険者の危険負担責任の開始にあたるので，海上保険上は危険（Peril）の期間と同じ意味で用いる。

Adverse Exchange　［逆為替］
債務者である買主からの送金によらないで，債権者である売主が取立てを行なうばあいに用いる為替をいう。債務者が債権者へ代金を送る並為替（送金為替ともいう）に対して，為替と資金の流れが逆であるところから逆為替という。

貿易取引のばあい，輸出者は船積み後，送り状金額（Invoice Value）と同額の為替手形を振り出し，これに船積書類を添付して荷為替手形（Documentary Bill of Exchange）として銀行に差し出し（荷為替の取組みという）代金の取立てをはかるが，これは逆為替である。輸出地の銀行はこれを買い取って，輸出者に輸出代金を支払うとともに，これを輸入地へ送付して取立てを行なう。

Adverse Trade Balance　［貿易赤字］
目に見える商品（Visible Goods）の輸入金額が輸出金額をこえたばあいに，一国の貿易収支は赤字となる。Adverse (passive＝unfavorable＝in deficit) trade balance＝balance of trade（貿易赤字）

cf. Active Trade Balance＝Favorable Trade Balance（貿易黒字）

Advertisement　［広告］
新聞，TV，ラジオ，雑誌，展示会，車内・外ポスターなどを媒体として広告主が行なう有料広告をいう。これに対してPublicity は新聞媒体もしくは媒体所有機関がその編集目的に合わせて，たとえば新製品の紹介などの形で行なう無料広告をいう。PR（Public Relations）は広報活動の総称。

Advertising ［広告すること］

Advertising Agency（広告代理店）は広告コピー，レイアウト，市場調査，媒体選択などを行なう専門機関。

Comparative Advertising（比較広告）競争相手と比較させながら自社製品の優位性を強調する手法を用いた広告。

Advice ［忠告；通知；報告］

目上のものからの忠告。

We must act on a consultant's advice.（コンサルタントの忠告にもとづいて行動しなくてはならない。）

類語のReportは報告，とくに調査報告。Noticeは通牒；告知。Informationは問合せや興味のある事柄についての報告。Adviceは単数形が原則であるが，商業用のばあい，複数形も用いられる。

Advice to Purchase ☞ Authority to Purchase

Advise ［通知する］

もともと「忠告する；助言する」という意味であるから，目上の人が目下の人にadviseできる。

商売の関係では王様の立場にある買主とか銀行がadviseしてもよいが，売主が買主に対してはnotify, informが適語。ただし，「こっそり知らせる；ほのめかす＝intimate」の意味で用いるのは有効。

Advise and Pay ［通知払い］

送金銀行から依頼をうけた外国の銀行が受取人に送金がきていることを通知したうえで支払う方法をいう（A/Pと略称する）。このばあい，送金銀行間の依頼（支払指図；Payment Order）が郵便で行なわれれば普通送金（Mail Transfer；M/T），電信で行なわれれば電信送金（Telegraphic Transfer；T/T）となる。

なお，外国の支払銀行が受取人の支払請求に応じて払うばあいを請求払い（Pay on Application；P/A）という。

Advising Bank ［通知銀行］

Notifying BankまたはTransmitting Bank※（取次銀行）ともいう。信用状の発行銀行の輸出地における支店または取引銀行（コルレス先）が通知銀行となる。通知銀行が輸出者あてに出す信用状発行についての通知書は，正式な信用状と同一に取り扱われる。通知銀行は，外国の発行銀行から信用状を受け取ると，ただちにこれを輸出者に通知し手渡す。

信用状が訂正されたばあいも，通知銀行を経由して輸出者に通知がある。

Affiliate ［密接な関係に～］

Affiliate(d) Company（子会社）

Affreightment ［用船；運送契約書］

貨物船を用船すること。あるいは船主が規定された運賃の支払いを条件に貨物の海上輸送を承諾した文書のことで，用船契約書または船荷証券の形式のばあいもある。

Affreightment in a General Ship ［個品運送］

大量貨物のばあいに不定期船（Tramper）を用船して行なう運送方式に対して，定期船（Liner）に個々の荷主の貨物を混載して運送する方式をいう。わが国のばあい，輸入の原材料はBulk Cargo（散荷）で大量のため用船運送が多く用いられるのに対して，輸出の製造加工品は，付加価値は大きいが1回の積荷のトン数は比較的に小さいので，個品運送がほとんどである。

Afloat ［借金しないで；決まらない；浮いている］

The market price for these goods are still afloat.（この商品の市場価格がまだ決まっていない。）

Afloat Goods ［既積貨物］

貨物が運送途上にあるあいだに売買される貨物をいう。

After Date

A/D；a.d.と省略する。

為替手形または約束手形に書かれていることばで，手形期限はその書かれた日から起算される。from date と同じ。これに対して after sight のばあいは手形一覧 (sight) した日から起算される。

After-sales Service ［販売後サービス］

機械の生産者またはその代理店が，販売後，それが正常に作動するよう点検，修理，部品の保管などを，通常は有料で行なうサービス。Service Agreement; Maintenance Agreement ともいう。

After Sight ［一覧後］

為替手形に記載されることばで，その手形を名宛人（Drawee）が引受けした日付け後30日とか60日とか決められた日に支払うことをいう。A.S.; A/S; a/s と略称する。

cf. After Date*

AG

（独）Aktiengesellschaft の略語。ドイツ，オーストリア，スイスで用いられる株式会社（（米）Joint Stock Corporation）のことで，株式会社の社名のあとに付記する。英語における Ltd. や Inc. に相当する。

Against ［〜のために；反対する；不利な（＝unfavorable）］

against は for より悪いこと，万一のばあいにそなえてというときに用いるばあいが多い。with より意味が強く反抗する意味をもつ。

Fight for the weak against the strong. (弱きに味方し，強きに反抗して闘う。)

The rate of exchange was against them. (為替相場は不利であった。)

Against All Risks ☞ All Risks

Agency ［代理行為；代理店］

本人（Principal）に指名された代理人（Agent*）が行なう代理行為をいう。「代理店」と訳されることが多いが，代理業者自身（Person）を意味する Agent ではなく，代理業務を行なう店（Office）のことをいう。

Agency Agreement ［代理店契約］

広義では，継続的取引関係が存在する契約を代理店契約とか，販売店契約（Distributorship Agreement）という。狭義の代理店契約とは，契約当事者が本人対代理人の関係に立ち，本人が代理人に対して，代理人として行動する権限をあたえ，これにともなう当事者間の権利・義務関係を規定した契約をいう。

多くのばあい，独占的な権限（Exclusive Agency；Sole Agency）をもつことになるので，誰を指名，選択するかについては，特別の調査と検討が必要となるし，その対象となる特定商品（Products），特定地域（Territory），責任額（Minimum Purchase Amount），解除（Termination），損害賠償請求権の放棄（Waiver）などについて，とくに慎重な検討が必要である。いったん代理店契約を締結すると，自国民保護の観点から，その解除は非常にむずかしく，多額の解約金を要求されることが多いので，各国の法規制についても調査しなくてはならない。

Agent ［代理人（店）］

代理店契約にもとづいて，一定期間，本人（Principal）の営業の全部または一部を代行するものをいう。代理行為から生じた権利・義務は，本人に帰属し，代理人は，報酬として，手数料（Agent Commission）をうける。貿易取引では，販売代理人（Selling Agent）と買付代理人（Buying Agent）とがある。前者は，特定の商品を現地で，継続的に販売するための代理人であり，そのなかにはさらに，現地の販売代理について独占的な地位をあたえられている一手販売代理人（Sole Selling Agent）がある。

なお，販売代理人は，現地の顧客の支払いについては，原則として保証の義務はないが，本人と支払保証契約を結び，現地の支払保証を行なう支払保証代理人(Del Credere Agent*)となるばあいもある。

一方，買付代理人は，買付受託者として，海外の輸入者からうけた買付委託にもとづいて，商品を買付けし，船積みするもので，買付額の何パーセントかの買付手数料を受け取る。

Agent of Necessity ［必需代理人］

船舶が遭難したしたばあいに，船舶または積荷の安全をはかるために，利害関係者全部を代表して緊急対処する船長(Master)のことをいう。

Aggregate ［総計の］

Aggregate Amount of L/C（信用状の総計金額）

Aggregate Economic Analysis（総体的経済分析；巨視的分析 Macro-economicsと同意）

Aggressive ［積極的な］

Aggressive Sales Policy（積極的な販売政策）

Aggressive Portfolio（意欲的な資産選択）。将来の値上がりを考慮して特選された株式の選択。

Agree ［同意する；承諾する；一致する］

Agreed Insurable Value ［協定保険価額］

保険価額は，これを客観的に決めることは困難が多いので，保険者と被保険者の協定によって決めるのが現実である。そのばあいの被保険利益の金銭的評価額(Insurable Value)を協定保険価額といい，その範囲内で現実に付保された金額を保険金額(Amount Insured)という。分損，全損いずれのばあいも，保険者の支払金額の基礎となる。Agreed Value Insuranceと同意。

Agreed Total Loss

☞ Compromised Total Loss

Agreement ［合意；取引条件協約書］

広義では，当事者間における意思の一致をいう。合意または契約を記載した文書，あるいは当事者の文言その他の事情から確認される事実上の取決めをいう。

Agreementは契約(Contract)よりも広く約因（Consideration*）の存しないものも含めて用いるばあいがある。たとえば，一般的取引条件覚書(Memorandum of General Terms and Conditions of Business*)のことをMemorandumもしくはAgreementとよぶ。また信用状の発行にさいして銀行に差し入れる協約書を商業信用状約定書(Commercial Letter of Credit Agreement)という。

Agreement on Currency Swap ［通貨スワップ協定］

2000年5月にタイのチェンマイで開催された「ASEANプラス3」会議（アセアン10カ国と日本，韓国，中国の13カ国の蔵相による合同会議）で,「通貨スワップ協定」の強化・拡大が合意された。通貨スワップ協定は，資金繰りが行き詰まった国に対して外貨準備などを活用して短期に外貨（主に米ドル）を融通しあう取決め。

Agreement to Sell ［未履行条件付き売買］

売買契約の成立と同時に約定品の引渡しが行なわれる履行ずみ売買(Executed Sale; Sale)に対して，契約成立後に履行すべき数多くの条件付きの履行未済売買(Executory Sale)をいう。

貿易売買契約においては，契約が成立しても，約定品を本船に積込みするまでに相当期間を要し，その間，売主は約定品供給についての数多くの事柄を履行し

なくてはならないし，買主も代金決済の義務を負うので，すべて未履行条件付き売買である。

Ahead ［前方へ；高値］
Full speed ahead（全速前進）
Shares moved ahead.（株価は上昇している。）

Aid ［援助；補助物］
Foreign or overseas aid to developing countries（途上国への海外援助）
Kitchen Aids（台所用品），Office Aids（事務所用品）

Air Bill ［航空貨物運送状］
小口貨物を空輸するばあいに貨物混載業者（Consolidator）が発行する航空貨物運送状をいう。荷為替手形の付属書類となるが，船荷証券と違って流通性はなく，単なる貨物の受領証である。L/C で Air Waybill が要求されていると，Air Bill では L/C 条件との不一致でトラブルが生じるので，House Air Bill または House Air Waybill という名称を用いるばあいが多い。☞ Air Waybill

Air Borne ［飛行中；空輸の］
The plane is air borne.（飛行機は飛行中。）

Airbus ［エアバス］
短距離航空輸送に使用される大型航空機のことで，通常，事前の予約なしで利用できるのでこの呼び名がついたと言われる。シャトル便とも言われる。

Air Cargo ［航空貨物］
Air Freight ともいう。
旅客機（Passenger Plane）または貨物専用機（Air Freighter）で輸送される貨物。
航空機によって貨物を輸出入するばあいも，船舶を利用しての輸出入のばあいと同様，輸出入申告・検査・許可を必要とするわけであるが，航空機運送は貨物が一般に小口であることと手続上迅速を要するため，特別に簡素化された手続が認められている。通常は航空貨物代理店に送り状，輸出報告書，輸出承認書など通関に必要な書類を渡して委託する。航空貨物代理店は，当該貨物の輸出申告書（E/D）を作成のうえ，荷主から預かっている必要書類を添付して輸出通関手続をとる。輸出許可書が交付されると，貨物は航空会社に引き渡されて積み込まれる。貨物が航空会社に引き渡されると Air Waybill* が発行される。

Air Cargo Consolidator ［利用航空運送事業者］
航空法第2条によると「他人の需要に応じ，有償で，航空運送事業を経営する者の行なう運送を利用して貨物を運送する事業」を行なうもので，航空貨物の混載業者（Consolidator）をいう。これには運輸大臣の免許をうけなくてはならない。混載業者は Air Bill* を発行する。

Air Consignment Note ［航空運送状］
Air Waybill*（航空運送状）のことを欧州や米国では，Air Consignment Note もしくは Consignment Note とよんでいる。荷受人（Consignee）に速やかに貨物を届けるために，荷送人が運送人の請求に従って，運送品の明細，運送経路・到着地，荷受人，作成日・地などを記載・署名して運送人に提出する証書で，運送品とともに到着地へ送られ，運送品引渡しのさいの証拠となる。船荷証券（B/L）のような有価証券ではない。

Aircraft Loading System ［航空機搭載システム］
航空機用パレット（Aircraft Pallet）やコンテナ（Container）を，航空機の貨物室に収容し固定させるための荷役装置全般をいう。

Air Customs ［空港税関］
航空運送による貿易取引貨物の通関手

続を扱う税関（Custom House*）。貨物の著しい増加に対処するため，コンピュータを使って航空貨物の通関手続と関連民間業務を的確に処理できるよう航空貨物通関情報処理システム（Nippon Air Cargo Clearance System—NACCS*）が1985年から稼働していた。現在は，海上貨物の通関を含めて，Nippon Automated Cargo Clearance System という。

Air Freight ☞ Air Cargo

Air Freight Forwarder ［航空貨物運送取扱業者］

航空貨物運送取扱業者は，航空貨物代理店業と航空貨物混載業の仕事を行なうのがふつうである。前者は航空会社との代理店契約にもとづいて，航空貨物の集貨を行なって代理店手数料をうる。後者は荷主と契約して，貨物を集貨し，航空機に混載する航空利用運送事業（航空貨物混載業ともいう）である。

Air Mail ［航空便］

航空機を用いて輸送する通常郵便物（書状，印刷物，小形包装物），国際ビジネス郵便（EMS），航空小包などをいう。

重量制限は書状，印刷物は2kg，ただし書籍冊子は5kg，小形包装物は1kg，小包は10kg までであるが，国により異なる重量制限のばあいもある。国際ビジネス郵便は海外へ高速配達されるもので業務用書類や事務用通信などに利用される。最大限は長さ，幅，厚さの合計が90センチ，重量10kg，世界各国へスピーディに配達される。

Airmail Transfer ☞ Advise and Pay

Airport ［空港］

Aerodrome（英），Airdrome（米）ともいう。

旅客と貨物の輸送のために設けられた航空機の発着拠点をいう。一般的には，民間航空運送を主とする商業航空港をさす。これに対して，国際線の発着を政府が認めたものを国際空港（International Airport）といい，ここには開港（Open Port）として税関が設置され，税関事務と検疫事務を行なっている。

おもな施設としては，滑走路（Runways），旅客の乗降・貨物の積卸し・給油・整備を行なう場所であるエプロン，滑走路とエプロンとを結ぶ誘導路，ターミナル・ビルなどがある。

Air Transportation ［航空運送］

航空機による旅客，貨物，郵便物の運送をいう。民間航空会社の国際的な機関として IATA*（国際航空運送協会）がある。

航空運送は迅速，安全であるが運賃が高率であり，利用地域が限られる。したがって，CIF 条件の輸出にあって，航空運送を利用するばあいは，あらかじめ当事者間の同意が必要である。なぜならば CIF 条件のばあいの売主の運送契約は通常ルートによる海上運送を前提としているからである。

航空運送のばあい，発行される Air Waybill* が記名式である点も注意が必要である。

Air Waybill ［航空貨物運送状］

AWB と略称される。

航空機で輸送される貿易貨物に対して航空会社が発行する受取証で，記名式であり，流通性がない。Air Consignment Note* ともいう。貿易金融上，荷為替手形の担保物件として差し入れることが，慣習上認められているが，理論的には，流通証券ではなく，担保力がない。したがって，安全を期するためには信用状のなかに航空貨物運送状を認める文言を入れ，かつ荷受人（Consignee）を発行銀行とし（to order of 発行銀行名），通知先（Notify Party）に買主名を記入するように，航空貨物運送状の作成要領を信用状

に明記しておく。こうしておけば貨物は直接，買主の手に入らないから安全である。このばあい買主は銀行に手形代金を支払って Release Order* をもらい，これと交換に貨物を引き取る。

航空会社が発行する AWB に対して，貨物混載業者が発行するものが Air Bill* である。しかし，信用状では AWB を要求しているばあいが多く，Air Bill ではトラブルが生じるので，Air Bill の名称の代わりに House Waybill, House AWB または Consoli. (Consolidator の略) AWB が用いられるばあいが多い。

Aktiebolaget

スウェーデンの株式会社。A/B と略称する。

Aktiengesellschaft

ドイツ，オーストリア，スイスで用いられる株式会社。AG と略称。

ALB ☞ America Land Bridge

All-Loss Insurance

米国で用いられることばで All Risks Insurance* のこと。

All Other Perils　[その他いっさいの危険]

海上保険証券のなかの，危険約款の最後に記載されている文言である。「その他いっさいの危険」とは，文字通りいっさいの危険を意味するものではなく，「沈没，座礁，火災，衝突，その他の海上危険」のように，先行する具体的な列挙危険と同種の危険を意味する。

Allowance　[アロウワンス]

海上保険上では，分損計算にあたって用いられるが，損傷貨物の正品市場に対する減価割合である損率のことをいう。

貿易取引上では，劣等品質，貨物の損傷，納期の遅延などに対する値引き (Sale's Allowance)，あるいは商慣習上認められる一定の数量目減りをいう。

会計上では，貸倒れまたは減価償却に対する積立金をいう。

関税法上は戻し税 (Drawback*) のことをいう。

All Risks　[全危険担保]

AAR (Against All Risks) または ICC (A) ともいう。貨物の輸送上，外部的原因で生じたいっさいの偶然的な事故を担保する保険条件である。すなわち座礁，沈没，衝突，火災，浸水などの本船事故による全損 (Total Loss*)，単独海損 (Particular Average*)，共同海損 (General Average*) が填補されるほかに，盗難，雨濡れ，淡水濡れ，破損などの，本来ならば割増保険料を支払わなくてはならないような付加危険 (Extraneous Risks*) も填補されるし，免責歩合の適用もうけない。ただし，遅延，または貨物固有の欠陥または性質に近因する損害は填補されないし，戦争危険 (War Risks*) とストライキ危険 (SRCC*) も填補されない。

この全危険担保の条件は，1951年 Institute Cargo Clauses* (All Risks) として制定されたが，1982年1月1日から，英国で実施された貨物海上保険証券では，Institute Cargo Clauses (A)，略称して ICC (A)（協会貨物約款 A）という。

全危険担保の条件は，填補範囲が広いので，貿易業者としては，どの付加危険を追加すべきかといった煩わしさがのぞけるために，この条件を多用している。今日では，この条件に戦争危険とストライキ危険を特約とした All Risks including War Risks and SRCC の条件が，もっとも多く用いられる。

All Risks Whatsoever　[いかなる危険でも担保]

積荷海上保険証券上の特約条項の1つで，全危険担保 (All Risks) の条件より担保危険の範囲が広い。しかしこの条件でも，担保される危険は偶然性を有する

ものでなくてはならない。

また延着や貨物の性質の瑕疵に対する損害請求のばあいは,それが不可避なものでなかったことを立証しなくてはならない。

Alongside Delivery ［自家取り；本船渡し］

Shipside Delivery ともいう。

輸入貨物を,輸入者が自分の責任で直接,本船から引き取ることをいう。用船契約のばあいの引取りは,すべて自家取りである。個品運送のばあいにも,貨物が40トン以上の大きさがあれば,自家取りのほうが陸揚げ費用が安くつく。このばあい,輸入者は,自己の任意の Landing Agent または Stevedore を選び,これに荷渡指図書(D/O*)を渡して本船に提出させ,本船から直接,艀取りさせる。艀取りされた貨物は保税地域に陸揚げされ,税関の検査をうけ,輸入許可がおりてから自社の倉庫に引き取る。

自家取りにするか総揚げにするかは,荷受人の自由であるが,比較的少量の貨物のばあいは,船会社は費用も安い総揚げを勧める。本船入港前日までに荷受人から自家取りの要請がなければ,貨物は自動的に総揚げされる。

Alongside Ship ［船側］

本船に設置された揚貨機 (Derrick) またはクレーンなどの索具が届く範囲をいう。

積出港で貨物が揚貨機により離陸状態になったときから,陸揚港で貨物が揚貨機から離れて着陸状態になるまで,すなわち船側から船側までが運送人の責任範囲である。

Alter ［変える］

change(変える)より弱い語で,1～2の特殊な点を部分的に変えること。vary(変える)は異なったふうに随時いろいろに変えること。洋服の一部を身体に合うように仕立て直すのは alter,洋服を作るたびにその縫い方を変えるのは vary。modify は計画,制度,契約などの変更。amend はよりよく修正する。

Alteration Clause ［変更約款］

貨物海上保険特約書 (Open Policy) のなかにある約款で,保険者は30日前に,書面による予告によって契約内容の変更についての権利を留保することを規定している。

Alternative Dispute Resolution (ADR) ［裁判外紛争処理］

代表的なものとして仲裁 (arbitration) をあげることができる。仲裁は裁判に比較すると非公開で迅速な結論が得られる長所をもち,仲裁裁定(award 国内法では仲裁判断と表現されている)は拘束力があり,判決と同一の効力が保証されている(仲裁法)。1958年の国連条約(ニューヨーク条約と略称される。日本も批准済み)もあり,国際間の商事紛争の解決策としては重要視される方法である。わが国の専門機関は日本商事仲裁協会〔The Japan commercial arbitration association 2003(平成15)年1月より日本商事仲裁協会と改称された〕である。

Alternative Duties ［選択関税］

同一商品について従価税率と従量税率とが定められていて,いずれか金額の大きいほうを賦課する関税制度をいう。一般的に高価品や市価騰貴のばあいは従価税率が,逆に廉価品や市価下落のばあいには従量税率が適用される傾向となる。

Always Afloat ［常時浮揚］

用船契約で用いられる約款で,用船者 (Charter) は本船が海上にあるばあいも港に停泊しているあいだも用船期間内は,常時浮揚の状態にしておくことに同意する旨の規定である。本船が海底に接触するような状態だと本船に損傷をあたえる危険が大きいのでこれを避けるため

の約款である。したがって，用船者が指示した停泊場所が常時安全に浮揚状態にあるべき場所でなければ，船長は指示地点への航行を拒否できる。a.a.と略称する。

Amalgamation ［合併］

2つ以上の企業がその潜在的能力の極限をはかるために合併すること。これにより一般管理費が節減でき，競争は排除され規模の経済の利益がえられ，取扱品目も広がる。

Amend ［修正する；よりよく改める］

Amendment of L/C ［信用状の変更］

取消可能信用状（Revocable L/C*）のばあいであれば，受益者に対する予告なしに，信用状の条件変更も取消しも可能である。ただし，このばあい，条件の変更または取消しの通知が通知銀行に，手形の買取り以前に到着していなくてはならない。取消不能信用状（Irrevocable L/C*）のばあいには，取消しも条件の変更も，信用状の関係当事者全員の同意を必要とするので，つぎのような手続をとる。たとえば，輸出者が，入手ずみの信用状の船積期日や手形買取りの有効期限などを延長（Extension）してもらわねばならない事情が生じたばあい，あるいは，信用状の記載条件に変更を要するようなばあいは，ただちに輸入者にその旨申し出て，変更の手続をとらせる。輸入者は，輸出者からの申し出を承諾できれば，発行銀行に対して同行所定の信用状条項変更依頼書（Request for Alteration of Terms of Commercial Credit）を提出して，変更を依頼する。発行銀行にとっては，条件の変更は，与信行為の内容が変わることにもなるので，慎重審議のうえ，承諾できるばあいには，通知銀行に電信または航空便でその旨を通知する。通知銀行は，この旨を内容とする変更通知状（Amendment Letter）を輸出者へ送付する。輸出者は，以後，この変更通知状を信用状の原本に添付しておく。信用状の変更をアメンドと略称する。

Amendment Letter ［変更通知状］

信用状の変更が行なわれたばあいの変更通知状のことをいう。

America Land Bridge

Land Bridgeとは従来の航路による海上輸送に対して一部陸上を経由することによって距離と費用を節約しようとするものである。従来日本と欧州間はスエズ回りかパナマ回りであったが，これを日本→北米太平洋岸→鉄道→北米大西洋岸→欧州と複合一貫運送するものをAmerica Land Bridge（ALB），もしくはNorth America Land Bridge（NALB）という。距離は約2万キロ，所要日数は35日であるが，スエズ運河経由に比べて運賃は安くなる。

American Bureau of Shipping
☞ AB

American Depositary Receipt
☞ ADR

American Option ☞ Option

American Rule ［アメリカ貿易定義］

Revised American Foreign Trade Definitionsのことをいう。

1919年制定のインデア・ハウス規則を，1941年に改正した現行の貿易定義をいう。これは現地渡し（Ex Point of Origin），持込み渡し（FOB），船側渡し（FAS），運賃込み（C＆F），運賃保険料込み（CIF），埠頭渡し（Ex Dock）について定義し，売主・買主の原則的義務を規定している。とくに，FOBについてはFree on BoardのBoardを運送機関一般ととらえ，Incoterms*の解釈と異なる広義の解釈を行なっているところに特色が

ある。
American Selling Price ☞ ASP
American Ton ［軽トン］
2,000 lbs.(封度)を1トンとするトンで，Short Ton；Net Tonともいい，主として米国系の諸国で使用される。
Amount ［金額；総額］
累計した結果の現在の合計をいう。Sumは加算の結果をいう。たとえばthe sum of two and two. Totalは合計された結果の全体。The sum total(the total sumの転倒語)は「総じめ」をいう。
Amount Insured ☞ Insured Amount
Amtrak ［アムトラック］
全米鉄道旅客輸送公社。米国政府によって設立された鉄道会社で，乗客輸送では全米第1位。全米各地の鉄道会社を総括し，運営と一定の旅客サービスを行なっている。
Anchor ［錨］
錨(いかり)は「碇」とも書き，船舶を水底に定着させる鉄製もしくは銅製のおもりをいう。定着して停泊することをAnchorageという。船舶を停泊させるために港湾当局に支払うAnchorage Charges (or Dues)をAnchorageともいう。

and/or
付加される(and)ばあいと，いずれかを選択(alternative)するばあいの双方を意味する。
The samples may go by road and/or air. (見本は鉄道便だけで送るか，飛行便だけで送るか，一部は鉄道便，一部は飛行便で送る。)
Annual ［1年の］
Annual Charge (年間費)，Annual General Meeting (年次総会。米国ではAnnual Shareholders' Meeting)，Annual Income (年間収入)，Annual Premium (年1回に払う保険料)，Annual Report (年報)。
Annum ［年］
6% interest per annum (年率6%の利息)。
Ante-date ［前の日付］
Date Backすること。証書類に現実に作成されるより前(過去)の日付を付けること。たとえば，船荷証券の日付を信用状で規定された最終船積日 (the latest shipping date) に合わせるためにDate Backすることがある。
対語はPost-date。
Anticipate ［予想する；早める］
Anticipated Profit (保険の見込み利益＝Expected Profit＊)
Anticipatory Import ［見込み輸入］
Speculative Importともいう。実需にもとづかない投機的な輸入で，将来の国内市況の上昇を見込んで安値の時期に輸入すること。
Anti-counterfeiting Trade Agreement ［模倣物品の取引防止に関する協定；ＡＣＴＡと略称］
2005年のＧ8グレンイーグルズ・サミットでわが国が提唱した模倣品・海賊版防止のための法的枠組み構想に関して，知的財産権の保護に関心を持つ日本，米国，ＥＵ，スイス，カナダ，韓国，メキシコ，シンガポール，オーストラリア，ニュージーランド，モロッコが参加して議論がなされてきたが，2010年10月に大筋合意に達し，2011年4月15日にその条約文 (英語，フランス語，スペイン語) が採択された。そして，2011年5月1日より署名のために開放されている。6番目の批准書，受諾書または承認書が寄託 (寄託国は日本) されると，その日から30日後に寄託した国々の間において効力を生ずる。

Anti-dumping Duties　［ダンピング防止関税］

輸入国が，ダンピング（不当廉売）による輸出攻勢から国内産業を保護するために，懲罰的な意味で課する高率の関税をいう。米国ではダンピング防止法（Anti-dumping Law）にもとづいてダンピング防止関税を設けているが，鉄鋼製品のばあいに，これを課しうる最低基準を示すものとしてトリガー価格制度がある。わが国も1993年2月に中国製フェロシリコンマンガンに対するアンチダイビング関税を初めて課した。

Anti-trust Acts　［反トラスト法］

健全な競争を妨げるような市場の独占（Monopoly）または取引の制限（Restraint of Trade）を行なうことを禁止する法律をいう。米国では，1890年のSherman Act, 1914年のClayton Act, Federal Trade Commission Act などがおもな連邦制定法である。英国には，1948年のMonopolies and Restrictive Practices (Inquiry and Control) Act がある。

A/P ☞ Additional Premium（割増保険料）; Authority to Purchase（手形買取授権書）; Advise and Pay（通知払い）

Apparel and Tackle　［艤装］

索具，チェイン，錨，ボートなどを含む船舶の操業，固定に必要な機具。用船者はApparel and Tackleを良好な状態（in good order）に保つことを約する旨を用船契約書に明記することがある。

Application　［申込書］

保険上は，貨物海上保険申込書（Application for Marine Insurance）のことをアプリケーションと略称する。

銀行関係では，先物為替の予約申込書（Application for Forward Exchange Contract）あるいは荷為替手形買取依頼書（Covering Letter）のことを略称するばあいがある。

船舶関係では，船腹予約申込書（Application for Ship's Space），または船積申込書（Shipping Application ; S/A）のことを略称する。

Appointment　［指定された日時；場所；指名］

Apportionment　［損害塡補額の分担］

同一の損害について，複数の保険者が分担しているばあいの，保険者間における損害塡補の分担をいう。

Appraisal　［評価査定］

信用調査報告書などにあるComposite Credit Appraisal（総合信用評価）は，評価査定の一例である。

海上保険では，保険金額または損害額の適正を期するために，被保険物について査定することをいう。

Appreciate　［評価する；市価を増す］

Your reply by return will be very much appreciated.（折返しご返事いただければ有難い。）

We highly appreciate your best cooperation.（ご協力を感謝する。）

We are compelled to appreciate our prices for all our products.（全製品の価格を引き上げねばならない。）

Appreciation（貨幣価値の切上げ，対語はDepreciation）。Appreciation（＝Appraisal）Surplus（評価替余剰金）

Appropriation　［充当金；専有］

Approval　［承認］

Approved Vessel　［標準規格船］

協会船級約款（Institute Classification Clause）によると，主要海運国の船級協会から最高船級を取得しており，かつ船齢（Age of Vessel）が15年以下，ただし定期船については25年までの船舶を標準規格船という。標準規格船の適用をうけられ

ない船舶については，保険会社は割増保険料（Additional Premium）を課徴する。

Approximately ［約；概数］

Nearly, About*と同じ意味で用いられる。approx.と略称する。数量の前にApproximatelyの文字が付いているばあいには，5～10％の過不足が認められる。信用状統一規則では，10％以内の差異を許容するものと解釈すべきことを規定している。

確定した数量または金額を示すばあいは，exactly ; precisely という。

Apron ［エプロン］

岸壁に沿って舗装されている部分をいう。コンテナ・ターミナルにおいては岸壁とMarshalling Yard*のあいだで，クレーン用レールが設置されている舗装部分をいう。空港では，格納庫またはターミナル前方の舗装部分で，乗客の乗降，貨物の積卸しが行なわれる場所をいう。

AR

All Risks*の略語。

Arbitrage ［さや取り売買］

商品，通貨，為替手形などを2つの異なる市場で同時に売買して相場の差額をうる取引。2カ所以上の場所で同時に行なわれるばあいはSpatial; Indirect; Compoundとよばれる。

Arbitral Award ［仲裁裁定］

仲裁人が仲裁（Arbitration*）手続に従って最終的に下す裁定をいう。わが国で下された仲裁判断については，裁判所の確定判決と同一の効力が認められており（仲裁法第45条），さらに一定の条件のもとでは，強制執行できることが承認されている。

しかし，訴訟のばあいには地方裁判所の判決に不服であれば高等裁判所に控訴し，さらに最高裁判所に上告できるが，仲裁のばあいは，仲裁判断取消しの事由がないかぎり，当事者の一方が仲裁判断を任意に履行しないばあいは，他方の当事者は裁判所の執行判決をえて強制執行しなくてはならない。仲裁判断に国際的効力をもたせるために，多数国間条約と2国間条約で，仲裁規定を設けている。

Arbitral Institution ［仲裁機関］

仲裁（Arbitration*）は当事者の自発的な制度であるが，現実には利害の相反する当事者同士が仲裁手続を取り決めることは困難であるから，多くの国では仲裁規則（Arbitration Rules）を備えた常設仲裁機関が設立されている。したがって，当事者は仲裁条項（Arbitration Clause*）において仲裁地，仲裁機関または仲裁規則を特定し合意しておけば，仲裁手続は支障なく進められる。

わが国の国際商事紛争を取り扱う常設仲裁機関としては社団法人日本商事仲裁協会（The Japan Commercial Arbitration Association）があるし，海事紛争については，社団法人日本海運集会所（The Japan Shipping Exchange）がある。海外では次のような専門の仲裁機関がある。

The American Arbitration Association

The London Court of Arbitration

Netherland Arbitration Institute

German Arbitration Commission

Italian Association for Arbitration

Korean Commercial Arbitration Board

Indian Council of Arbitration

Indonesian National Board of Arbitration

中国国際貿易促進委員会対外経済貿易仲裁委員会

Arbitrary ［割増運賃］

広義では，一定の既存概念に拘束されないことをいう。

貿易取引にあっては，追加料金もしくは課徴金（Surcharge*）のことを，米国

ではArbitraryとよぶ。たとえば，Through Cargo Arbitrary（通し貨物割増）。

Arbitrated Rate ［裁定相場］

ある国が各国に対する為替相場を建てるばあい，国際通貨の中心となっている米ドルと自国通貨との交換比率をまず初めに定める。これを基準相場（Basic Rate）とよび，この基準相場をクロスさせて第三国との通貨の交換比率を算定したものを裁定相場という。たとえば，かつて固定相場制のころ，英貨磅のクロス・レート（Cross Rate）が，Stg.£＝U.S.$2.80,基準相場 U.S.$＝¥360であったので，英貨磅の裁定相場はクロス・レートに基準相場を乗じて Stg.£＝¥360×2.80＝¥1,008であった。

Arbitration ［仲裁］

貿易クレームが提起され，しかも両当事者間による和解（Compromise*）も，第三者による調停（Mediation*；Conciliation*）も成功しなかったばあいにとられる仲裁機関による解決をいう。仲裁は，紛争当事者がその合意にもとづいて第三者を仲裁人（Arbitrator）として選び，その仲裁人の示した判断に従って解決をはかる制度である。

このような仲裁機関にはアメリカ仲裁協会（The American Arbitration Association）やロンドン仲裁裁判所（The London Court of Arbitration）のほかに，各国各地の商業会議所が仲裁機関を設けている。わが国のばあいは日本商事仲裁協会（The Japan Commercial Arbitration Association）があり，海事紛争については日本海運集会所（The Japan Shipping Exchange）がある。

貿易クレームの仲裁を依頼するばあいには，当事者間であらかじめ一般的取引条件の一部として取り決めている仲裁条項（Arbitration Clause*；Arbitration Agreement）に従って，特定国の仲裁機関に裁定をうけたい旨申し出る。依頼をうけた仲裁機関では，仲裁人を選定する。仲裁人は,国家的な裁判権は有しないが,同仲裁機関の仲裁規定に従って公正な判断にもとづいて裁定書（Arbitral Award*）を作成して，売買両当事者の円満な解決をうながす。売買当事者がこの仲裁裁定に同意したにもかかわらず，しかも，その後，一方が裁定内容の履行を怠ったばあいには，法的保護による強制手段も可能となる。

わが国では，仲裁裁定（判断）について仲裁法第45条において裁判所の判決と同一の効力を認めている。国際的には，1923年の仲裁条項に関するジュネーブ議定書や1958年の外国仲裁判断の承認および執行に関するニューヨーク条約において，それぞれの条約加盟国は仲裁契約の効力を承認すべきことを定めている。日本はジュネーブ議定書にもニューヨーク条約にも加盟している。

仲裁判断は2国間の通商航海条約の仲裁条項によっても執行が可能となる。

Arbitration Clause ［仲裁条項］

取引条件の覚書，売買契約書，用船契約書などに記載されている，紛争の生じたばあいの解決方法の取決め。国際商事紛争を仲裁によって解決するためには，事前に当事者間に仲裁の合意（仲裁契約，Arbitration Agreement）がなされていなければならないので，売買契約条件の1つとして仲裁条項を挿入しておく。

Arbitration of Exchange ［為替裁定取引］

複数の為替市場において同一条件の市場相場に乖離が存在したばあいに，その通貨の売買を異なる市場で同時に行なって売買益をうる取引をいう。その結果として市場相場は共通の水準に収束してゆく。

Arbitrator ［仲裁人］

仲裁（Arbitration*）において，仲裁判断（Arbitral Award*）を下す人をいう。その選定は，常設仲裁機関によるばあいは，その仲裁規則による仲裁人選定方法に準じて行なわれる。個別仲裁（Ad Hoc Arbitration）のばあいで，しかも，仲裁契約で仲裁人選定について特別の取決めがないときは，当事者がそれぞれ1名の仲裁人を選定する。

Arctic Ocean Route ［北極海航路］

地球温暖化のせいか，北極海の氷が減少して6月から11月にかけて船舶の運航が可能になってきた。2018年の定期航路開設を目指して，安全運航のために解決されなくてはならない問題はある。たとえば，砕氷能力を持つ強固な船舶の建造，万一の時の救難体制，海水温や風向の氷への作用など安全運航のための専門的な調査研究は必須である。もし，北極海経由の日本・ヨーロッパ間の航路開設が実現されれば，ロシア産LNGの日本への輸送やヨーロッパ向け貨物輸送の航海日数はスエズ運河経由と比べて約10日短縮され，運航費も大幅に減少するという。

Arms Trade Treaty (ATT) ［武器貿易条約］

通常兵器の輸出入等を規制する国際的な共通ルールの確立を目指す武器貿易条約は，2013年4月2日の国連総会において採決され，賛成154，反対3，棄権23で成立した。米国は賛成したが，ロシアと中国は棄権した。同条約が規制の対象とするのは，通常兵器7種類（戦車，ミサイル，戦闘機，火砲，攻撃用ヘリコプター，軍用艦，装甲戦闘車両）と小銃など小型兵器の8種類である。13年6月3日には条約の署名式が国連本部で開かれ，日本を含む67カ国が署名した。加盟国は署名式以降でも署名できる。条約は署名後50カ国が批准・承認すればその90日後に発効する。ロシアと中国が棄権・未署名であることや米国の批准が困難視されているが，戦争や武力的内乱のない理想的社会を構築する礎となるよう条約の発効と実効性を期待したい。日本は，14年5月9日に受諾書を国連本部に提出したが，この時点で日本を含めて32カ国が締結している。

Arranged Total Loss
☞ Compromised Total Loss

Arrests ［強留］

抑止（Restraints），抑留（Detainments）と同意義で用いられる。いずれも国家の権利，もしくは戦争などのために，輸送は余儀なく中止されたが，被保険貨物の所有権は剝奪されていないばあいをいう。

Arrival ［到着（地条件）］

貿易条件（Trade Terms）としては，DES（本船持込渡し条件）と同意義で用いられ，売主は指定された仕向港到着までの運賃を含めたいっさいの費用，危険を負担する。本船からの引取りは買主の負担となる。

Arrival Notice ［着船通知書；接受通知］

輸入貨物積載本船の船会社から，本船の到着にさきだって，B/Lに記載されている通知先（Notify Party）あてに「貴社あての貨物が何日ごろ入港の本船で積まれてくる」旨，輸入者に知らせてくる通知書。これは，輸入貨物の荷さばきや，着払運賃（Freight Collect*）の徴収を円滑にするなどの目的で行なわれるものである。荷受人はすでに荷送人（Shipper）から電信手段により接受している船積通知（Shipping Notice*）をも参考にして貨物引取りの準備を行なう。

輸入地の銀行が，船積書類を入手した時点で輸入者に伝える船積書類の接受通

知をも Arrival Notice という。

Article ［物品；記事；条項］

A/S ［一覧払い］

At Sight の省略で，（手形の）呈示ありしだい，ただちにこれを引き受け，支払わねばならない手形をいう。手形面に支払期限の明示してある Usance Bill; Time Bill に対するものである。手形の呈示が同時に支払要求ともなるわけであるから On Demand（要求払い）であり，その手形は，Sight Bill; Demand Bill ともいわれる。

Account Sales*（売上勘定書），After Sight*（一覧後），Alongside（船側）をも A/S；A.S.と略称する。

ASA ［米国規格］

American Standards Association（米国規格協会）の制定した ASA 規格のことで，日本の JIS に相当する。ドイツには DIN 規格（Deutsche Industrie Normen）がある。また ISO 規格は，国際標準化機構（International Standardization Organization）制定の規格である。

ASAP

As soon as possible（できるだけすみやかに）の略。

As arranged ［打合せずみ］

大量貨物について船会社が Special Rate を出したいと考えても運賃同盟との関係でそれができないばあいに，B/L 面に Freight as arranged として，具体的な運賃額を書かないばあいがある。

ASEAN ［東南アジア諸国連合］

Association of South-East Asian Nations の略称。1967年に設立された地域機構で，タイ，インドネシア，マレーシア，フィリピン，シンガポール，ブルネイ，ベトナム，ミャンマー，ラオス，カンボジアの10カ国で締結されている。経済開発，安全保障強化を目的として共同行動をとっている。

ASEAN Economic Community (AEC) ［ASEAN 経済共同体］

ASEAN（東南アジア諸国連合）加盟10カ国による包括的経済連携強化の枠組み，ASEAN 経済共同体（AEC）は，貿易自由化，投資自由化，熟練労働者の自由な域内移動など，質の高い経済統合を実現しようとするものである。物品の自由な移動に関しては，目標の2015年末，域内各国の取組みは徹底し，カンボジア，ラオス，ベトナム，ミャンマー以外の6カ国での域内関税の撤廃は実現している。ただ，非関税障壁の削減・撤廃の問題等は今後に残された課題である。

ASEAN Industrial Cooperation Scheme (AICO) ［ASEAN 産業協力計画］

東南アジア諸国連合（アセアン）域内での部品や原料，あるいは完成品の調達について特恵関税（Preferential Tariffs）を適用する取決めである。

Asian-African Conference ［アジア・アフリカ会議］

1955年インドネシアのバンドンで開催され，反帝，反植民地主義，世界平和の強化を，おもな内容とするバンドン精神（Bandung Spirit）を宣言した。日本，中国も参加した。

Asian Development Bank ［アジア開発銀行］

ADB と称する。アジアの発展途上国の経済開発のために，技術援助と経済調査を行ない，長期で低利の開発資金を融資する国際銀行である。1966年マニラで開業され，参加国は発展途上国26カ国と先進国17カ国である。

Asked Price ［買指値］

買主が支払う最高値（売主にとっては，引受けできる最低値）。Bid（Price）と同意。

Asking Price ［いい値；売主の指

値]
いい値（米国では Ask Price）のこと。売主がその所有物に対して要求している価格。売主が販売に供する財貨に対して見積っている価格。とくに有価証券の取引に用いられる。買主のつけ値である Bid Price の対語。

ASP
American Selling Price（アメリカ売価課税方式）の略称。
関税上の課税評価に関する米国の制度で、同種類の国産品の卸売価格を課税標準とするものである。ASP による評価が適用されると、実際の FOB 価格の3〜4倍が課税標準となることが多く、関税率を引き上げないで、しかも実質的に高い関税を課したと同じ効果が生じ、低価格品の輸入増を防ぐのに役立つ。

As Per ［〜によって；〜のように］
As per list enclosed（同封の表のように）。

Assessment Chart ［査定表］
所属部門の長が部下の各個人について作成する査定表で、ボーナス査定などの資料として使われる。Assess は価値や価格を査定すること。

Asset Acquisition ［資産の買取］
買主会社が契約によって売主会社の資産と事業の全部または一部を買い取ること。日本では、これを、売主の立場からみて、営業譲渡という。売主自身が消滅するわけではないので合併（Amalgamation）とは区別されるし、売主の株主が変わるわけでもないので株式買取り（Stock Acquisition）とも区別される。

Assets ［資産］
特定の個人または法人が所有している経済的価値を有するすべてのもので、その測定は貨幣価値で表示される。
固定資産（Fixed Assets），流動資産（Current Assets；Circulating Assets），繰延資産（Deferred Assets，その全額または一部を前もって支払った創立費、開発費、試験研究費などをいう）。

Assign ［譲渡する；任命する］
おもに債権のような無体財産権の譲渡に用いられ、有体財産の移転の譲渡のばあいは transfer が用いられることが多い。

Assignee ［被譲渡人］
譲渡可能信用状（Transferable L/C*）にあっては、1回にかぎって、被譲渡人に全額または分割譲渡が認められる。なお、一度譲渡されたものを、さらに他人に譲渡することはできないので、そのようなばあいには、最初の被譲渡人の同意をえて最初の譲渡を取り消し、あらためて他に譲渡することになる。

Assignee in bankruptcy（破産管財人，Trustee in bankruptcy と同じ。）

Assignment ［（信用状の）譲渡］
信用状の受益者の地位の移転可能性を表示するさいに、assignable と transferable という2つのことばが用いられているが、1983年改訂信用状統一規則でも transferability だけを問題とし、両者を区別しているが、信用状の譲渡は transfer と表現するのが一般的である。
信用状が譲渡可能の条件で発行されている譲渡可能信用状（Transferable L/C）のばあいは、1回にかぎって譲渡が認められる。このばあい、1回かぎりというのは、被譲渡人がさらに他の人に譲渡できないという意味で、分割譲渡することは許される。すなわち、全部を数人に分割譲渡しても、また一部分だけを譲渡して、残りの部分を自分で使ってもよい。一度譲渡したが、さらにまた他人に譲渡するばあいには、最初の被譲渡人の同意をえて最初の譲渡を取り消し、あらためて他に譲渡することになる。譲渡する手続としては、原受益者（Original

Beneficiary)が通知銀行に対して，譲渡依頼状（Application for Transfer of L/C）と信用状原本とを提出する。このばあい，一部譲渡であれば，銀行は信用状原本に譲渡した金額，商品の内訳を裏書して原受益者（First Beneficiary）へ戻す。一方，被譲渡人（Second Beneficiary）に対しては，譲渡の内容を記載した譲渡通知書（Advice of Partial Transfer of Irrevocable L/C）が送られる。全額譲渡のばあいには，譲渡依頼をうけた通知銀行は，譲渡通知書を添付した原信用状を被譲渡人に交付するか，あるいは原信用状そのものに This credit has been totally transferred to (Assignee) と明記して被譲渡人に交付する。

Assistant Manager ［副部長（次長）］

Sub-manager ともいう。

営業（販売）部長は Sales (Promotion) Manager ; 輸出部長は Export Manager ; 部長代理（Acting Manager）は Manager が長期不在か欠員のばあいで，部長が現存しているばあいの部長代理は P.P. Manager（P.P.は per procuration 代理の意味）。

As Soon as Possible Shipment ［直積み］

Immediate Shipment ; Prompt Shipment と同意義で用いられ，直積みという。国によって解釈が違うので，こうしたあいまいなことばは使用すべきではない。荷為替信用状の統一規則でもその使用については否定している。

Assume ［引き受ける］

責任を引き受けることをいう。たとえば We assume no responsibility for any errors and/or omissions in the transmission and/or translation of the above-mentioned message.（当行は，上記メッセージの伝達もしくは翻訳上の誤字，脱字については責任を負わない）のように用いる。

海上保険では，ある危険に対して再保険会社が元受保険契約または再保険契約を引き受けることを危険の引受けという。

Assumed Liability ［受諾責任］

契約上は明示的にも黙示的にも，責任のないはずの賠償責任を受諾することをいう。

Assurance ［保険；保証］

英国では Assurance は人に付ける保険，物に付ける保険を Insurance とよんだが，今日は米国と同じく Insurance が生命保険でも損害保険でも用いられる。

Assured ［被保険者］

保険契約の締結によって被保険利益（Insurable Interest*）をもつものを被保険者という。CIF 条件で輸出するばあいは，輸出者が保険契約者であり同時に被保険者として契約するが，本船積込みとともに被保険利益が買主側へ移転するので，輸出者は保険証券に白地裏書（Blank Endorsement*）することによって，被保険利益を買主に委譲する。被保険者となった買主は，船積み以降の貨物の損害について輸入地で，保険金の支払いをうけられることになる。

Assurer ［保険者］

Insurer ; Underwriter* ともいう。わが国では保険業務は，株式会社または相互会社組織の保険会社（Insurance Company）しか認められない。

ATA Carnet 「通関手帳（カルネ）；米国航空運送協会］

ATA 条約（物品の一時輸入のための通関手続に関する条約）にもとづいて，職業用具，展示用商品，見本などの一時輸入については，輸出入申告書類の作成は不要で，ATA カルネ（通関手帳）だけで通関手続ができる。この手帳は，日本

商事仲裁協会が発給している。ATA は《仏》Admission Temporaire と《英》Temporary Admission の合成語。Carnet はフランス語で note-book; note of tickets の意味。

ATA はまた Air Transport Association of America（米国航空運送協会）の略語としても用いる。米国の主として国内線の航空会社の協議機関であるが，その動向は世界の航空会社に影響をあたえている。

At and From ［アツ・エンド・フロム］

海上保険証券のなかにある船積港を示す文言で，at and from (Kobe) は，神戸港停泊の危険および神戸港出港時からの危険を塡補することを意味する。これに対して at and が抹消されて from (Kobe) のばあいは，神戸港出港のときから以降の危険だけが担保される。

At Once ［直積み］

直積みの意味で，最短で契約後2週間，最長で1ヵ月くらいの期間内の船積みを意味するが，各国の解釈が相違しており，信用状統一規則でもその使用を否定している。紛争を未然に防ぐためにもその使用は避けるべきである。Immediate Shipment ; Prompt Shipment ; As soon as possible Shipment : Soonest ; Without Delay ; Ready ; Near Delivery のような類似表現についても同様である。

At Sight ☞ A/S

Attachment ［付属書類］

海上保険では，包括保険契約の特約書 (Open Policy*) の付属書類をいう。そこでは，保険申込みについての規定，保険価額算出に関する規定，保険責任の始終，条件・料率の取極め，保険料の支払い，保険料・条件の変更，特約の有効期間が規定されている。

Attention ［注意；気付］

Please pay your attention to this point in particular.（とくにこの点に注意して下さい。）

Prompt and best attention will be given to any suggestion.（提案があれば早速十分考慮する。）

書簡形式で特定名あて (Particular Address) を示す。Inside Address と Salutation（冒頭敬辞）のあいだに Attention (of) : Mr. W. Baker のように個人名または部課名を書くと会社内の特定の個人または部課へ回される。気付の意味。Attention Line ; Attention Notation ともよぶ。

Attestation Clause ［宣誓約款］

海上保険証券本文の最後に，In Witness whereof, I the undersigned of the ～とある部分で，保険引受けの証拠として，保険会社の責任者が署名し，保険証券の効力に言及している。

Auction ［せり売り］

公開の場に買主を集めて，それぞれの買主が買値 (Bid) を付け，最も高い買値を付けた買主に売却される。これに対して売主が売値を付け，買主が買ってくるまでしだいに値下げしていくせり売りを Dutch Auction という。

Authority ［権限；当局］

Authorities concerned（関係当局）

Authority to Pay ［手形支払授権書］

輸入者の取引銀行が，輸出地の本支店または取引銀行に対し，輸出者がその銀行あてに振り出した手形に対して支払うよう指図したもので，Revocable かつ With Recourse である。その点では，手形買取授権書 (Authority to Purchase*) と同じであるが，手形買取授権書が手形のあて先を輸入者とするのに対して，手形支払授権書は，手形のあて先を支払銀行としている点が異なる。

Authority to Purchase ［手形買取授権書］

輸入地銀行が輸入者の依頼によって，輸出者所在地の自己の本支店または取引銀行に対し，記載条件に合致した輸入者あての荷為替手形の買取りを指図した通知書で，A/Pと略称される。これは信用状に似たはたらきをするが，銀行は手形の支払い，引受けについては保証していない。Authority to Negotiate; Advice to Purchase ともいう。

Authorize ［権限を与える；認定する］

Authorized Capital ［授権資本］

米国では Authorized Stock という。

株式会社設立のさいに，会社法の規定によって作成する基本定款（Memorandum of Association）に定められた資本金をいう。授権資本は株式を発行したかどうかによって，Issued or Subscribed Capital（発行済株式）と Unissued Capital（未発行株式）とになる。発行済株式のうち，額面全額を払い込んだ株式を Paid-up Capital または Fully Paid Capital という。

Authorized Economic Operator (AEO) ［認定事業者制度］

世界税関機構（World Customs Organization）が定義している AEO は，安全基準を遵守し国際的な物的流通に従事する当事者で，製造業者，輸出入業者，運送業者，港湾・空港，倉庫業者などを含む，としている。わが国では財務省が認定し，認定を受けた事業者は税関での輸出入手続きのうえで優遇される。法令違反がなく，企業内でコンプライアンス制度が確立している事業者が認定の対象となる。

Authorized Foreign Exchange Bank ［外国為替公認銀行］

日本では，かつて長年にわたって外国為替銀行および外国為替公認銀行以外が外国為替業務を営むことが禁じられていた。

しかしながら，1998年4月に施行された新外為法によって外国為替業務が自由化され，外国為替公認銀行制度，両替制度，指定証券会社制度が廃止されたことによって，外国為替業務への自由な参入が可能となった。

Availability ［利用できること；有効］

Available ［利用できる；手に入る；有効な］

Average ［海損；海損分担額］

語源的には，12世紀から14世紀にかけての海事慣習法に出てくる Avaries（個々の積荷がなすべき支払い）に由来し，航海上の損害を船主および荷主が負担する分担額を意味した。しかし今日，Average というと全損（Total Loss）に対する分損（Partial Loss）のことをいう。分損には General Average※（共同海損）と Particular Average※（単独海損）がある。

Average Adjuster ［海損精算人］

共同海損の精算事務の処理を行なう個人または会社をいう。共同海損精算書の作成がおもな仕事であるが，ほかに共同海損分担金の徴収，共同海損供託金の返還などの事務をも行なう。海損精算人は，船主から提供される関係書類により，共同海損成立の可否・大きさを検討し，正規に精算するか，略式精算にするかを判断して，船主に勧告し，しかるのちに精算事務にはいる。精算方式を統一するために，1873年，英国の「海損精算人協会」（Association of Average Adjuster）が設立され，統一規則である「海損精算人実務規則」が制定された。

Average Bond ［共同海損盟約書］

共同海損が発生したばあい，船社が，

その船舶の入港と同時に，各荷主に対して共同海損発生の通知書とともに，それらの利害関係人に対して共同海損の処理についての同意を得るために送付してくるもので，荷主は，この共同海損盟約書に署名して返送することが要求される。

Average Loss Settlement ［分損計算法］

たとえば，保険金額100万円の貨物に分損が発生したとする。損傷なしの状態で到着したならば，100万円の正品市価がえられたのに，損傷貨物の市価は60万円であったとする。このばあいの損害は40万円であるから，100万円に対する40万円の割合，すなわち40％の損害率となり，保険会社は，保険金額100万円の40％，すなわち40万円を支払うことになるが，このような計算方法をいう。

Average Tare ［平均風袋］

風袋（包装材料）を秤量する方法の一種で，全部の荷物のなかから，任意に数個を抜き出してその包装をとき，包装材料だけを検量し，その平均値を算出し，これをもって各風袋の重量とみなす方法である。最近，包装の規格が制定され，風袋もしだいに規格化されてきたので，この秤量方法が増加する傾向にある。

Aviation Cargo Insurance ［航空運送保険］

Aviation Clause ともいう。

航空運送中の貨物に対する保険で Institute Cargo Clauses (Air) (excluding sending by post) が使用される。内容的には貨物海上保険の All Risks＊とほぼ同じであるが，荷卸後の最長担保期間は30日となっている（海上貨物は荷卸し後60日）。戦争危険，ストライキ危険は，海上保険のばあいと同じく特約が必要である。貨物が海・陸・空にまたがる複合運送のばあいには，貨物海上保険を中心として接合される。

Aviation Clause ☞ Aviation Cargo Insurance

Await ［待つ］

熱心に待つ，不断の期待をして待つ（wait for）こと。await には for をつけない。

We are awaiting to hear from you.（ご返事を期待して待っている。）

Award ☞ Arbitral Award

AWB

Air Waybill＊の略語。

B

BA ［銀行引受手形］

Bank (Banker's) Acceptance の略語。

信用状発行銀行を手形の名宛人 (Drawee) として振り出した期限付き手形をいう。名宛人である銀行は、その手形が一定の条件を具備しているかぎり、これを引き受け支払いを保証するので、一流銀行の引受手形は、金融市場で優良手形として取り扱われる。Bank Bill ともいう。

B/A ☞ Bonded Area

Back Date ［バック・デイト］

船荷証券の発行日 (B/L Date) は積込み完了日の日付がふつうであるが、信用状の最終船積日 (the latest shipping date) の規定などの制約から、B/L Date を積込み完了以前の日付で発行してもらうことをいう。また船会社の荷繰りの都合で実際の積込みが遅れて信用状に規定された最終船積日に間に合わないようなばあいに、船会社は、積込み完了を確認のうえ、本船の当該港における一般の荷役開始時まで、さかのぼった日付で (Back Dating) 発行してくれることがある。Back Dating しても、なお、信用状の最終船積日に間に合わないばあいは、Discrepancy* をとられるので、輸出地の銀行から発行銀行に電信で了解をとりつけて買い取ってもらう (Cable Negotiation*) か、信用状期限についての延長が必要となる。

Back Freight ［返送運賃］

運賃着払いで運送された貨物に対して、荷受人が運賃を支払わなかったり、あるいは、荷受人が貨物の引取りを拒絶したために貨物の返送 (Return) が必要となったばあいに、荷送人が負担しなければならない返送のための運賃をいう。荷印の違いなど運送人免責の原因で貨物が誤送されたための運賃も、同様に荷送人の負担となる。

Back to Back Credit ［同時開設信用状；金額相殺信用状］

貿易当事者双方が、それぞれ輸入品に対して同時に同一金額の信用状を開きあい、いずれの信用状も見返り品に対する同額の信用状を開くまでは、有効とならない旨の規定のある信用状で、求償貿易に用いられる。なお、輸出先行か輸入先行かによって、Back to Back Credit, Export First と Back to Back Credit, Import First とがある。また、わが国からの輸出が確定しているのに輸入商品が未定のため確定した契約を結べないときに使う Tomas Credit, Export First（輸出先行トーマス方式）と、輸入が確定しているのに輸出商品が未定のばあいに使う Tomas Credit, Import First（逆トーマス方式、輸入先行トーマス方式）があった。

米国では、Back to Back Credit を Backed L/C の意味に解釈し、原信用状 (Original Credit) にもとづいて発行された国内信用状 (Local Credit*) をいうのがふつうである。

Backward Countries ［後進国］

☞ Advanced Countries

Bad ［悪い；不正な］

Business is bad (＝inactive＝dull；

active＝brisk＝good ; improving ; declining.（商売が不活発〈活発，上り坂，下り坂〉である。）

We have received your shipments in bad (sea-damaged ; defective ; dry ; good ; perfect ; wet) condition.（積荷を不良〈塩濡れ，瑕疵，乾燥，良好，完全，漏れ損〉の状態で入手した。）

Your shipments arrived in a badly damaged condition.（貴積荷はひどい破損状態で到着した。）

Bad Debts Expense＝Allowance for Bad Debts（貸倒引当金）

Bad Packing ［不完全包装］

内装や外装が不完全な状態の包装をいう。不完全な包装のばあいには，内容商品がいかにすぐれていても，それだけの商品に評価されず，きわめて不利であるし，まして包装が不完全であるために，内容品が，たとえば，濡れ損(Wet Damage)，摩擦いたみ(Chafing)，乱束(Bundle broken)，変色(Discoloured)，かびつき(Mildew)，湿損(Moisture)，腐れ(Rotten)などの損害でも被ると，多額の損害賠償金を請求される。

BAF ☞ Bunker Surcharge

BA Finance ［銀行引受手形金融］

貿易関連の期限付き為替手形(Usance Bill)に取引銀行が引受けを行なって銀行引受手形(Banker's Acceptance)として信用力を強化したうえで，引受銀行がみずから購入するか，ディーラー経由で最終投資家に売却して行なう短期の資金調達。

Bag ［袋物］

袋物の総称であるが，個々には綿花などを梱包する麻袋(Bale)，米や綿実を入れるアンペラ包(Mat)，小麦粉などを入れる布袋(Sack)などがある。

Bag for Fresh-water Transport ［淡水輸送用大容量バッグ］

飲料水の大量海上輸送は水不足に悩む国々にとっては朗報である。淡水化プラントによる造水を補完することによって環境への負荷を軽減することもできる。水の余った国・地域から水の不足する国・地域へ輸送するにはタンカーの利用が考えられる。しかし，輸送コストのうえで負担がかかる。輸送コストを低減できる方法として考案されたのが大容量バッグに水を詰めてタグボートで曳航する方法である。1万～2万トンの淡水を積んで水輸送がなされる時代が到来した。

Bail ［保釈金］

ラテン語から起源し，to carry ; to care for の意味。逮捕された人あるいは差押えられた財産を，保釈金と保証人の保証によって，釈放もしくは解除することをいう。提供する保釈金そのものをいうばあいもある。

Bailee ［受託者］

特定の目的のために寄託者(Bailor)から，ある財産の寄託を引き受けた者をいう。運送契約も寄託(Bailment)の一種である。倉庫業者，委託販売のための商品の受託者，取立てのために荷為替手形を預かる銀行も受託者である。

Bailee Clause ［受託者約款］

協会貨物約款(Institute Cargo Clauses*)の WA, FPA, All Risks に設けられている約款である。危険の発生が避け難いばあいに，これによる損害防止のための処置をとるべきことを規定している。また保険者の負担すべき損害が，受託者（たとえば倉庫業者や海貨業者），運送人などの第三者の故意または過失によって生じた被保険危険によるばあいは，保険者は被保険者の第三者に対する権利に代位して，被保険者の名において第三者に請求できることを規定している。

Bailment ［寄託］

特定の目的のために寄託者(Bailor)が

受託者(Bailee)に動産を預け，目的達成のさいに，寄託者に返還することをいう。倉庫寄託契約がその例であるが，物品運送も法律的には寄託の一形態である。

Balance ［残高；均衡］

Balance of International Indebtedness ［国際貸借］

一国の居住者の対外債権の総額と，対外債務の総額との現在高をいう。国際収支は一定の期間をカバーするのに対して，国際貸借は一定の時点に関するものである。

Balance of International Payments ［国際収支］

財務省から発表される一国の対外支払いと受取りの集計である。国際収支統計作成マニュアル（IMFマニュアル）が改正されたため，それを受けて1996年1月分から新形式で国際収支統計が発表されることになった。表示通貨は自国通貨建て（円表示）となった。1996年からの国際収支統計の主要分類区分は，(1)経常収支（①貿易・サービス収支，②所得収支，③経常移転収支），(2)資本収支（①投資収支，②その他資本収支），(3)外貨準備増減，(4)誤差脱漏となっている。

Balance of Invisible Trade ［貿易外収支］

輸出入以外の対外取引，すなわち目に見えない貿易の受取りと支払いの残高をいう。貿易外取引としては，海外旅行，運輸，保険，投資収益，代理店手数料，特許料などが主たる内容としてあげられる。

Bale ［麻袋］

綿製品や穀類の包装（Packing）などに使用するヘシアン・クロスまたは黄麻製の袋をいう。綿花などのBale Packingのばあいは，電気プレスを施して容積を小さくできるので，海上運賃の節約に役立つ。

Proper export bale packing is to be carried out.（正しい輸出用袋包装が行なわれるべきこと。）

Bale Capacityとは包装容積トン数をいう。船艙の容積を$1m^3$または$1ft^3$を1トンとして計算したトン数を載貨容積トン数（Capacity Tonnage）というが，このばあい散荷容積トン数（Grain Tonnage）に対して包装容積トン数をBale Capacityという。

Bale Cargo ［包装貨物］

Baled Cargoの意味で，Packed Cargo；Canned Cargo；Goods in Bottleともいい，袋，箱，壜，缶などに包装された貨物をいう。

Bale Packing ［ベール梱包］

ヘシアン・クロスまたは黄麻（Jute）によって行なう包装をいい，通常，これに帯鉄をかけて圧縮梱包する。したがって，強力に圧縮しても，品質に損傷のおそれのない貨物，たとえば，綿花，綿糸，原毛，綿布などについて多くみられる梱包方法で，高級絹製品などには適さない。こうした包装は木箱とは異なり，軽量で伸縮性があり，荷造作業に適し，容積を減じ，運賃を安くあげうるなどの利点がある。

Ballast ［底荷］

積荷が少なすぎると，船脚がつかないために航海が困難になる。船の吃水調整，傾斜調整にも底荷を必要とする。空船のばあいにそなえて船底に搭載する液体または固体の底荷をもいう。

Baltic Exchange ［バルチック海運取引所］

The Baltic Mercantile and Shipping Exchangeの略称。

ロンドンにある，用船および不定期船の需給の出会いをはかるための海運取引所をいう。ロンドン市場で成約される乾貨物の成約量で一番多いのは日本向けの

成約であるところから，日本向け荷動きが，海運市況全体に大きい影響をあたえるようになった。

Baltime ［ボルタイム］

1909年ボルチック海国際海運同盟(The Baltic and International Maritime Conference: BIMCO) が制定した標準期間用船契約書式(Uniform Time Charter)で，英国海運総評議会，日本海運集会所が採用している。

Bank Acceptance ［銀行引受け(手形)］

為替手形の引受人が銀行である期限付き手形をいう。銀行引受けは，銀行による支払いについての引受けであるので，振出人，被支払人にとっても担保として用いられるし，売却もしくは割引されて金融をつけるのにも用いられる。Bank Bill ともいう。

米国では，連邦準備法(Federal Reserve Act) の規定の範囲で Banker's Acceptance Financing が輸出金融のうえで大きい役割を果たしている。すなわち，米国の輸出者は船積みを終えると，同一金額の為替手形を1組は輸入者あてに，いま1組は満期日を1日遅らせて引受銀行あてに振り出す。銀行が必要事項を記入し引受けのスタンプを押した銀行引受手形を，輸出者は有利な割引率でニューヨーク市場で売却して金融をつけることができる。

Bank Bill ［銀行手形］

銀行が銀行あてに振り出す手形で，手形の振出人，引受人，支払人がいずれも銀行である手形であるところから，輸出者が振り出し輸入者が引き受け支払いをする商業手形（Commercial Bill）または個人手形（Private Bill）とくらべて，信用程度が厚い。Bank Draft ともいう。

Bank Check ［バンク・チェック］

信用調査の内容となるもので，他の銀行に照会し，それぞれの銀行取引関係について，何カ年の実績があり，平均残高はいくらか，与信の種類，貸付の枠はどうかなどが調査される。

Bank Draft ［銀行手形］

銀行が他の銀行あてに振り出した一覧払いの手形をいう。銀行間の勘定残高を精算するために用いられることが多い。Bank Bill ともいう。

Banker ［銀行家；金融業者；(複) 銀行］

元来は，ロンドンの Merchant Banker 16社のような銀行家をいう。ロスチャイルド，ハンブロスなど19世紀初めに大陸からでてきた金融業者である。

株式会社組織の銀行を指すばあいは複数形を用いる。Bankers は取引銀行の意味でも用いる。Bankers' Bank は中央銀行のこと。

Banker's Credit ［銀行信用状］

信用状にもとづいて振り出す手形の名宛人(Drawee)を，信用状の発行銀行またはその取引銀行とする旨を規定した信用状をいう。一般的には手形の名宛人は輸入者となるのが原則であるが，銀行信用状のばあいには，発行銀行またはその取引銀行が，自行あてに振り出された手形の支払いを保証している。名宛人を発行銀行として振り出された銀行手形は，引受地の割引市場で銀行引受手形（Bank Acceptance）として，容易にしかも振出人に有利な利率で割り引かれるという利点がある。

ただ，米国における少数意見として，手形の名宛人が銀行であると輸入者であるとを問わず，およそ銀行がその手形の引受け，支払いを保証しているかぎり，すべて銀行信用状であるとする広義の解釈もある。Bank L/C ともいう。

Bank for International Settlements ［国際決済銀行］

BIS と略称する。

第1次世界大戦後のドイツの賠償問題を処理するために，1930年に主要国の共同出資によりスイスのバーゼルに設立された。第2次大戦後は欧州各国間の多角決済を処理するための決済代理機関として活動した。現在は，出資国の中央銀行が政策等を協議する場でもある。

Bank Guarantee ［銀行保証状］

Banker's Letter of Guarantee ともいう。

債務者がひきおこした債務不履行による損害に対して銀行が賠償責任を確約したもの。

たとえば，国際入札にさいしての入札保証や Stand-by Credit＊は銀行保証状である。また船荷証券未着のばあい，輸入者は取引銀行から銀行保証状を作成してもらいこれを船会社に差し入れて貨物を引き取るばあいにも用いる。船荷証券のRemarks（事故摘要）を削除するばあいに，船会社が銀行保証状の差入れを要求することがある。

Bank Loan ［バンク・ローン］

わが国からの設備等の輸入資金を，国際協力銀行，あるいは同行と本邦銀行との協調で，輸入国の金融機関に貸し付けることをいう。このばあい，物資調達先を日本に限定したタイド・ローン（Tied Loan＊）と，限定しないアンタイド・ローンとがある。

Bank Opinion ［銀行の所見］

広義では銀行信用調査をいう。すなわち，自社の取引銀行に依頼して，被調査会社の取引銀行にその営業や財産状態を調査してもらうことをいう。

狭義では，信用調査の回答中に，これこれの信用状態であると銀行側が下した銀行の意見をいう。通常この部分には銀行の免責の文言がついている。

Bank Reference ［銀行信用照会先］

信用調査（Credit Inquiry）を行なってくれる銀行のことをいう。通常，自社の取引銀行を信用照会先（Bank Reference）として指定し，信用調査はそこに問い合わせてもらう。銀行は調査の結果，信用調査報告書（Credit Information）を作成するが，このなかで銀行が下した被調査会社に対する所見が Bank Opinion＊といわれるもので，相手側の信用状態を判断するうえで，貴重な材料となる。

☞ Credit Inquiry

B/A Rate ［バンク・アクセプタンス・レート］

Bank (er's) Acceptance Rate の略。銀行の支払保証のある期限付き為替手形の割引金利のことをいう。わが国の輸出入ユーザンス手形に適用される金利は，米国の B/A レートに銀行の一定率手数料を上乗せして決められる。

Bare Cargo ［裸荷］

Unprotected Cargo ともいい，包装なしで輸送，保管される貨物をいう。Container を利用できる貨物や，特殊の装置をもつ専用船で運ばれる石油やばらの穀物などは，その好例であるが，木材，レール，鋼材なども裸荷で輸送されるのがふつうである。

Bare Charter ［裸用船］

貿易業者が利用する用船は，荷主用船とよばれ，航海用船（Trip or Voyage Charter＊）がほとんどであるのに対して，船会社が他の船会社から用船するばあいは期間用船（Time Charter＊）の形が多く，裸用船もこの期間用船の一種である。

裸用船は，船舶そのものだけを用船するもので，船舶賃貸借（Ship Hiring）と似ている。すなわち，船長や船員も，船具類もすべてを用船者が負担し，管理し，船だけを借りるものである。Bareboat Charter ; Bare Hull Charter ; Demise

Charter ともいう。

Bargaining Tariff System ［バーゲニング・タリフ制度］

特定の2国間で，第三国に対するよりも有利な関税率を認める互恵通商協定 (Reciprocal Trade Agreement) のことをいう。互いに関税率を下げ合い，あたかも安売りしているようにみえるところから，安売り関税制度ともいわれる。

Barge ［艀（はしけ）］

港湾で貨物や乗客を運搬する小型の船舶で，曳船でひかれる艀を Barge といい，自航できる艀を Lighter* という。アメリカ，ヨーロッパでは河川を利用した Barge Transport（バージ輸送）が盛んである。

艀の集散場所を艀だまり（Barge Pool）という。

Barratry ［悪行］

Barratry of Master and Mariners「船長および船員の悪行」として海上保険証券に記載されている。船長または船員が，積荷を故意に沈没させたり不正に処分したりすることをいう。こうした悪行による損害は，通常，海上保険によって塡補される。しかし1982年から実施された新しい ICC (B) 条件，(C) 条件では，「強盗」(Thieves)，「船員の悪行」(Barratry)，「海賊行為」(Piracy)，「海上における占有奪取」(Taking at sea) および「同種の危険」(All other perils) は担保危険から消え，免責危険として規定された。ただし (A) 条件では担保される。(B)，(C) 条件のばあいも，復活担保の道として Malicious Damage* Clause が用意されている。

Barrel ［樽物］

酒，油などを入れる樽の総称であるが，このなかにはビールを入れる樽 (Butt)，染料やセメントを入れる樽 (Cask)，薬品を入れる筒 (Cylinder)，苛性ソーダ，染料などを入れる樽 (Firkin)，葉タバコを入れる大樽 (Haghead)，大樽 (Pipe ; Puncheon)，中樽 (Tierce ; Kilderkin)，釘などを入れる小樽 (Keg) などがある。

Barter Trade ［バーター貿易］

原則的には物々交換を意味し，貨幣を媒介せずに直接，物と物とを交換する取引をいう。しかし今日では，そのような原始的な物々交換は貿易取引ではみられず，貨幣を媒介させ，しかも正貨の国際移動を行なわず，結果として，物々交換と同じ効果をもつような取引をいう。これには，3つのばあいがある。その1つは，2国間の輸出入額を一定期間，完全に均衡させ，貨借の差額が生じないように協定して行なう取引方法で，かつての2国間清算勘定がこれに属する。第2は，個人バーターともいわれる求償貿易 (Compensation Trade*) で，輸出者が輸出した金額に対して当該輸入者から同額の商品を輸入する方法である。第3は，Buy-Back* 方式で，プラント輸出に多くみられる。

輸入製品の決済に必要な外貨が不足している国々との取引では，こうしたバーター貿易方式の増加が考えられる。

Base Cargo ［ベース・カーゴ］

艙内貨物のなかでとくに最下部に積載される比較的量のもとまった貨物をいう。Bottom Cargo ともいう。およそ積荷の荷姿（にすがた）としては，Bulk Cargo (散荷)，Unpacked Cargo (裸荷)，Packed Cargo (包装貨物)，Under Deck Cargo (艙内貨物)，Deck Cargo (甲板積貨物)，General Cargo (普通貨物，雑貨)，Special Cargo (特殊貨物)，Clean Cargo (精良貨物，米，陶器，綿布，コーヒーなど)，Rough Cargo (粗悪貨物，生皮，肥料，塩魚など) がある。

船舶の運航採算の土台となる大宗貨物 (Lot Cargo) のことをもいう。

Base Rate　[一般運賃率]

海運同盟がその対象貨物の大部分について決めている表定運賃率は二重運賃制を採用しているが，そのうち同盟と契約のない一般の荷主に対して適用される運賃率を一般運賃率という。☞ Tariff Rate

Basic Rate　[基本料率]

海上保険料率や海上運賃率において，長期間適用させるための，基本の料率をいう。環境の変化があっても，そのつど，料金体系全体を改訂するのは困難であるから，基本料率を決めておき，あとは事情に応じて追加料金を Surcharge* または Additionals として賦課する。

Basic Rate of Exchange　[基準為替相場]

固定為替相場制のもとでは，各国は基準通貨に対して，自国通貨の為替相場を基準為替相場として定めた。たとえば日本円は U.S.$＝¥360,英貨磅は1Stg.£＝U.S.$2.80。そこで日本円と英貨磅の相場は Basic Rate をクロスさせて Stg.£＝¥360×2.80＝¥1,008として計算した。これを裁定相場（Arbitrated Rate*）という。

Basis　[基礎；基準；条件]

Basis Transaction　[ベーシス取引]

米綿市場における値ざやの売買をいう。米綿市場の実物は，多種多様のため，実物市場の受渡しは，専門家が選別した平均品で行なわれるが，綿花取引所では，標準物であるミドリング（Middling）を取引の基礎とする。この両者の相場の値ざやはたえず変動するが，この変動を予想して売買するのがベーシス取引である。

BB　[買い取り扱い]

Bill Bought の略語。信用状決済のばあいには，荷為替手形が信用状記載の条件と合致していれば輸出地の銀行がこれを買い取ってくれる。しかし，信用状の付いていないばあいは，BC（Bill for Collection*, 取立手形）扱いが原則で，D/P 手形，D/A 手形を買い取る BB 扱いは，輸出手形保険の付保など一定の条件が整ったばあいに限られる。

BBB

Better Business Bureau の略語。商品の正しい知識を提供したり，消費者からの商品の苦情処理にあたる機関で，米国では1912年に設立された。日本でこれに類するものとして日本菓子 BB 協会，日本広告審査機構（JARO）などがある。

BC　[取立手形]

British Corporation for the Survey and Registry of Ships を BC ともいう。☞ Bill for Collection；Lloyd's Register

BCR　☞ BR

BD

Bending*（曲損）and Denting*（凹損）の略語。

BDA

Bonded Display Area*（保税展示場）の略語。

B/E　☞ Bill of Exchange

Bear　[記載する；責任がある；産む；下がりぎみの]

Bearer　[持参人；所有者]

Bearish　[不活発]

The market is bearish（＝dull＝inactive＝lower）．（市場は不活発である）。反対語は active＝firm＝higher＝bullish（活発な）。

The market is expected to be bearish with further downward tendency.（市況はさらに下落傾向のうちに沈滞が見込まれる。）

The market remains bearish.（市況は弱保合いである。）

Beans were generally bearish due to

steadily increasing deliveries and continued inactivity in demands.（豆は供給の増加と引きつづいて需要が不活発のため一般的に弱気基調である。）

Before long ［やがて］

In no time と同じ。In due time（時節がくれば）；For a while＝for the time being（しばらくのあいだ）；Soon＝just now＝without delay＝immediately＝urgently＝promptly＝as soon as possible（ただちに）。

Before Permit ［輸入許可前貨物引取り］

外国貨物を輸入申告後，輸入が許可される前に引き取るばあいは，①税関側の事情により輸入許可が遅延するばあい，②申告者において，とくに引取りを急ぐ理由があると認められるばあい，③申告者側のやむをえない事情で輸入許可が遅延するばあいなどである。こうしたばあいに貨物を引き取るためには，関税額に相当する担保を提供して承認をうける。

輸入許可前貨物引取りの承認をえた貨物は，課税物件確定の時期・適用法などをのぞいて内国貨物と認められる。

Being Unsold ［売り残りの］

Offer subject to being unsold＝Offer subject to prior sale（先売りご免条件付き売申込み）。同時に複数の買主側に offer し，その商品の売切れと同時にその効力が消滅する売申込みをいう。早い者がち式の売申込みであり，在庫品を急速に売りさばこうとするばあいに用いられる。

Be it known, That

海上保険証券の本文の最初にある文言で，「ここに以下のことを協定する」の意味である。昔の Lloyd's Policy には，"In the name of God, Amen" とあった。

Below ［劣る；下に］

The shipments are far below the quality required.（積荷は必要とされる品質に比べてかなり劣っている。）

below-mentioned（下記の）。反対語は above-mentioned（上記の）。Under は真下に，真上は Over。

Bending ［曲損］

機械類などにみられる危険で，海上保険上，破損（Breakage*），凹損（Denting*）などと併せて特約によって塡補される。

Beneficial Tariff ［便益関税*］

協定税率（GATT Rate of Duty*）をうけられない特定国の特定産品に対して，協定税率によって許与される利益の範囲内で，関税上の便益をあたえることが認められているが，この制度にもとづいて課される関税を便益関税という。これは，お互いに最恵国待遇をあたえる条約上の義務はないが，相手国がわが国に対して関税上の差別待遇をしていないため，わが国としてもその国に対してそれに見合った利益をあたえる必要があるばあいなどに利用される。

便益関税は，協定税率の適用される貨物すべてについて協定税率がそのまま適用されている。

Beneficiary ［受益者］

もともとは，ある行為の利益をうける人をいう。保険証券のうえでは，保険金額の全額または一部を入手できる被保険者をいう。信用状のばあいには，信用状の授与をうけ，これにもとづいて為替手形の振出しを認められた者，すなわち輸出者である。信用受領者（Accreditee），あるいは使用者（User），または名宛人（Addressee）とよばれるばあいがある。

Benefit ［利益］

実際にえた利益。Profit は金銭的な利益，Advantage は「利益；便宜；優越」。人々は Profit や Benefit をえることなしに多くの Advantage をえることができる。

Benefit of Insurance Clause ［保険利益享受約款］

運送契約その他の寄託契約に挿入される約款で，運送人，倉庫業者，回漕問屋などが責任を負うべき貨物の損害について，荷主が保険者から塡補されたことを理由として，運送人その他の受寄者が自己の責任をまぬかれようとする規定である。この約款は保険者の利益に反するので，協定貨物約款では，保険利益不供与約款（Not to insure Clause*）で対抗している。

Benelux ［ベネルックス］

Belgium（ベルギー），Netherlands（オランダ），Luxembourg（ルクセンブルク）3国のことをいう。1948年に関税同盟として発足し，単一市場を基盤とする経済同盟へ発展させることを目的とした。今日は，各国とも EU のメンバーとして，より広い統合をめざしている。

BERI

Business Environment Risk Index の略語。

アメリカで開発したもので，投資国についての政治体制安定度を指数化したものである。評価算出にさいして採用されている15項目（政治的安定度，文化的適合性，経済成長，海外からの投資への態度，通貨の交換性，インフレ，国際収支，現地政府と投資国政府との関係，契約関係の安全性，収用の可能性，投資国との連絡，会計・法務等の専門サービス，認可手続の遅延，熟練労働の供給，現地のマネジメント能力）は，海外投資環境を評価するうえでの基本的なチェックポイントといえる。

Bern Union ［ベルン・ユニオン］

輸出保険に関する国際的な機関で，スイスのベルンに本部をおいているところから，ベルン・ユニオンといわれる。ベルン・ユニオンは1934年に設立された Association で，その目的は，①国際的信用保険の分野でえられた情報を，相互に提供しあうことによって会員の情報活動業務を改善すること，②信用保険の基本的問題，技術・組織の分野で生じる諸問題に関して，定期的に意見交換を行なうことなどである。世界各国で現実に輸出保険の運営を担当している部局の大部分が，この同盟に加盟しており，わが国も，昭和45年5月のアムステルダム年次総会において，正式に加盟した。

Berth ［係船岸］

船舶が停泊する場所をいう。旅客の乗りおりや，貨物の積卸し，保管に必要な埠頭，桟橋，岸壁，浮標（ブイ）などの設備が常設されている。この停泊場所は相当なスペースを必要とする。たとえば，3,000トン D/W の貨物船を係船させるために必要な停泊場所の長さを考えてみる。1バースの最低基準の長さは，15メートル＋（船の長さ）＋15メートルであるから，3,000トン D/W の船の長さを80メートルとすると，110メートルとなる。

Berthage 船主が港に支払う係船使用料。Berth Charge と同じ。

Berth Bill of Lading 定期船によって発行された船荷証券（Liner B/L）を，用船契約船荷証券と区別していう。

Berth Cargo 船腹を埋めるために安い料率で運ぶ貨物。

Berth Charter 運送する貨物の種類を明記していない用船契約。

Berth Clause バース待ちの期間を停泊期間に算入せず，荷役開始から停泊期間とする用船契約。

Berth or Not Berth Clause 本船がバースについているか否かに関係なく停泊期間が計算される条件。

Berth Terms ［バース・タームズ］

Liner Term ともいう。不定期船（Tramper）による用船契約のばあい，船内人夫

(Stevedore)に支払う荷役賃については，本船への積込み費用(In)も，本船からの荷揚げ費用(Out)も，船主側負担とする条件。定期船による個品運送のばあいは，InもOutも運賃のなかに織り込まれているので，とくに荷役賃負担の問題はおきない。

Best ［もっともよい；最大の］

This is much the best. （これははるかに上等である。） The best price （売りのばあいは最高値，買いの場合は最低値）

Best Price ［勉強値段］

可能なかぎりのいい価格を意味し，買主としては，最低値（Rockbottom Price; Lowest Price）を希望するし，売主としては最高値が彼にとってのBest Priceとなる。

BETRO ［英国輸出貿易調査機関］

British Export Trade Research Organization の略称。半官半民の輸出振興機関で本部を貿易省において，海外市場の調査や輸出品の宣伝活動などを行なっている。わが国のジェトロ（JETRO*）はこれをみならってきた。

Better ［よりよい；に勝る］

Our price could not be bettered elsewhere. （他社の競争できない価格である。）

Beyond ［越えて］

Overと同意。Acrossは横切る。

BFM

Board Foot Measureのことで，B/Mともいい，木材の取引における基準である。木材では，1平方フィート×1インチの容積をSuper Foot (S.F.) とよび，480S.F.をもって1容積トンとする。しかし同じく木材の取引にあっても，その計算方法は地域によって異なる。フィリピン材のばあいには，1,000BFM, 北ボルネオ材のばあいは1cubic foot (cft) (1cftは12BFM, 0.028m³)，インドネシア材のばあいは1 cubic meter (m³) (1m³は35.316 cft) を基準とするばあいが多い。

BI

テレックスで用いたbye-bye (さよなら）の略語。

Bid ［指値；入札］

売主が発する売申込み (Offer) に対して，買主がある価格で買いたいという買申込みをいう。Bid Priceは買主がつけた指値であり，売主のいい値はOffer Priceもしくは Asking Price である。売主が引受できる最低値は Asked Price。ただし，電信などのばあいは，OfferもBidも区別しないで用いるばあいが多い。

Our bid of $500 was higher than theirs of $450. （当社の500ドルという買いの指値は競争会社の450ドルより高かった。）

入札することをも Bid という。Bid In は競売で思うような値がつかず，売主みずからがせり落とすことをいう。

Bid Bond ［入札保証金］

国際入札にさいして，入札参加者に要求される保証金をいう。落札したにもかかわらず契約締結を拒否したようなばあいは，保証金は没収される。実際には為替銀行発行の外貨建保証状 (L/G) を差し入れるのがふつうである。輸出保証保険 (Export Bond Insurance*) の対象となる。

Bilateral Contract ［双務契約］

契約の当事者双方が，相互に義務を負う契約で，売買，賃貸借，雇用などはすべて双務契約である。これに対するものが片務契約 (Unilateral Contract) である。

Bill ［ビル］

Usance Bill＝Time Bill＝Term Bill (期限付き手形), Bill of Health (健康証明書), Bill of Lading (船荷証券), Bill of Exchange (為替手形), Waybill (貨物運送状), Documentary Bill (荷為替手形)

など，他のことばをつけていろいろな意味で用いるが，いずれも印刷もしくは書かれた書面である。

また Bill of Exchange（為替手形）を Bill と略称することもある。

法律上は裁判所に提出される訴状をいう。行政上は立法府に提出されたが立法化されるか否か未定の法案をいう。

Bill Bought ［買い取り扱い］

BB と略称する。信用状決済にあっては，船積書類および為替手形の内容が信用状記載の条件に合致しているかぎり，輸出地の銀行はこれを買い取り，ただちに手形金を支払ってくれる。これを Bill Bought（買い取り扱い）という。これに対して，信用状のつかない D/P 手形，D/A 手形決済のばあいには，原則として，輸出手形保険を付保するなど一定の条件が整わないと，B/C（Bill for Collection*，取立手形）扱いとなる。

Bill for Collection ［取立手形］

信用状がつかない荷為替手形は，その支払いに不安があるために，銀行は万一の危険を避けるために，買取為替（Bill Bought*）とせず，取立手形として処理し，その手形が名宛人によって支払われ代金が回収されるまで，輸出者に支払いをしないか，あるいは一応は買い取るが，支払通知のあるまで手形金の一部または全部を Margin Money* として留保する。ただし，輸出手形保険がついているばあいは，買取為替として即時買い取ることが多い。B/C と略称する。

国内でも約束手形，為替手形，小切手など代金取立てに回すものを総称して代金取立手形（代手）という。

Bill in Foreign Currency ［外貨手形］

外国通貨で表示された手形をいう。たとえば，日本の輸出者が米ドル，英磅表示で振り出す手形は外貨手形で，これを輸出地の取引銀行で買い取ってもらうことを Negotiation という。自国通貨建て，すなわち円表示の自国手形を銀行で買い取ってもらうばあいは Discount というのが正しい。

Bill of Exchange ［為替手形］

債権者である輸出者が振出人となり，債務者側である買主または銀行を名宛人として振り出す貿易決済に用いる手形のことで，Bill または Draft ともいう。このばあい，手形は債権者から債務者側に，一方代金は債務者側から債権者に逆に流れるところから逆手形という。これに対して約束手形は並手形と俗称する。信用状決済のばあいも，D/P 手形または D/A 手形決済のばあいも，この為替手形に船積書類（Shipping Documents）を添付して荷為替手形（Documentary Draft）として輸出地の銀行に提出して（荷為替を取り組むという）輸出代金の支払いをうける。これを荷為替手形の買取り（Negotiation）という。

<u>記入要領</u>

① は手形番号を記入する。

② 手形金額を数字で記入する。このばあい，数字のまえに決済通貨名を，U.S. $1,000 または Stg.£1,000 のように入れる。手形金額は，積荷の送り状金額（Invoice Amount）と同額であることが原則であるが，ときには，買主の特別指図にともなう諸経費，たとえば特殊検査料（Inspection Fee），代理店手数料（Buying Agent Commission），領事査証料（Consular Fee）などが加算されるばあいもある。

③ 手形の振出地と振出日を，たとえば，Tokyo, May 30, 20××のように記入する。振出地は輸出者の所在地を，振出日は，船積完了後の日付で，信用状にもとづいて振り出すばあい

```
BILL OF EXCHANGE  [stamp]
No. ①              ③
For ②
At ④      sight of this First of
Exchange (Second unpaid) Pay to
⑤       or order the sum of
⑥
Value received and charge the same
to account of ⑦
Drawn under ⑧
To
⑨              ⑩
```

には, その信用状の有効期限(Expiry Date*)以内の日付でなくてはならない。

④ 手形期限(Usance)。手形が一覧払いのばあいには, At ……… sight ～のように, また, 一覧後60日払いのばあいには, At 60 days after sight ～のように記入する。

⑤ 手形金受取人(Payee)の欄で, この手形の買取銀行(Negotiating Bank)が記入される。どこの銀行を買取銀行にするかは, 買取銀行指定信用状のばあいをのぞいては, 輸出者が自由に選定できるが, ふつうは為替の予約を行なった取引銀行を買取銀行とする。この部分に, 輸出者名を書くのではないかと錯覚することがあるが, それは間違いである。なぜなら, 手形本文の下部に Value received (対価受領ずみ)とあり, 振出人である輸出者は, この手形と引換えに取引銀行から輸出代金を受領ずみであるのに対して, 買取銀行は手形代金について輸出者に金融をつけてやっていることになるので, その金額を手形の名宛人に請求できる権利があるからである。

⑥は手形金額を文字で確認する部分である。たとえば, (Stg.£156) は the sum of Sterling Pounds One Hundred Fifty-Six Only…のように記入する。

⑦ 名宛人が買主のばあいには, この部分は空白のままとする。名宛人が銀行のばあい, すなわち Banker's L/C*にもとづいて振り出すばあいには, この欄に買主名を記入する。

⑧ 信用状付き荷為替手形のばあいは, 振り出す手形の基礎となっている信用状の発行銀行名, 信用状の種類, 番号および発行日を記入する。記入要領については信用状に明記してある。信用状をともなわないD/P手形, D/A手形のばあいには, この欄は空白にしておく。

⑨ 名宛人(Drawee)を記入する部分。輸入者名または銀行名が記入される。どちらが名宛人となるかは, 信用状のあるばあいには, 信用状の手形作成要領を述べた部分の value on (upon) または draw on (upon) のあとが輸入者名か銀行かによって決まる。信用状で名宛人を誰にするかの規定が全然ないばあいは, 信用状の発行銀行が名宛人となる。信用状のないD/P手形, D/A手形のばあいは, 名宛人はつねに輸入者となる。

⑩ 振出人(Drawer)の欄で, 債権者である輸出者が署名(Signature)する。信用状決済のばあいには, 正確には手形振出しの権限をあたえられている信用状の受益者(Beneficiary)が署名することになる。

なお, 手形は飛行機事故などを考え First Bill (第1券), Second Bill (第2券) と同じ内容のものを2枚作成し, それぞれに船積書類を添付する形をとる組手形(Set Bill)である。買取銀行は送る手段を変えてそれぞれを輸入地へ送る。

Bill of Lading [船荷証券]
B/L と略称する。Blading ともいう。

船積みした貨物を代表する流通証券であり、裏書 (Endorsement) によって譲渡が可能である。船主またはこれに代わるべきものが、貨物を本船側で受け取ったことを証する輸出貨物の受取証であり、また揚地においては、これと引換えに貨物を荷受人に引き渡す運送品の請求権利証券でもある。さらに、荷主側と本船側とのあいだの運送契約を立証する輸送契約の物的証拠としての性格もある。

船荷証券には、Order B/L* (指図人式船荷証券) と Straight B/L* (記名式船荷証券)、Shipped B/L* (船積船荷証券) と Received B/L* (受取船荷証券)、Clean B/L* (無故障船荷証券) と Foul B/L* (故障付船荷証券)、Prepaid B/L* (運賃前払いずみ船荷証券) と Collect B/L* (運賃着払い船荷証券)、Stale B/L* (時期経過船荷証券)、Multimodel Transport B/L* (複合運送船荷証券)、Charter Party B/L* (用船契約船荷証券)、Negotiable B/L* (流通船荷証券) などの種類がある。

Bills Receivable [取立為替]
輸出者は輸出貨物代金回収のために、輸入者あて荷為替手形を振り出し、取引銀行経由で輸入地銀行に取立てを依頼するが、依頼をうけた銀行からみてこれを取立為替という。BR または BCR と略称する。BCR は Bills for Collection Receivable の略。対語は Bill Bought*。

Bind [拘束する]
A contract binds the parties making it. (契約は両当事者にその履行を強制する。)

Binder [契約仮引受証]
保険で用いられる用語で、正式な契約以前、あるいは保険料未払いのまま行なう仮契約をいう。文書を用いる必要はなく、通常、保険者と被保険者が電話で行なうばあいが多い。いずれ後日、正式な契約が取り交わされる。

Biometrics Passport [電子旅券]
バイオメトリクス技術を使って身体的な特徴などを電子的に記録した IC (集積回路) チップ埋込み式パスポート (旅券) のことで、入国審査時の本人確認 (入国管理強化) を電子技術を用いて厳格に行う。米国は、「国境警備強化および査証入国改正法 (Enhanced Border Security and Visa Entry Reform Act of 2002)」の施行にともない、電子化された生体情報 (顔画像) がインプットされていない旅券所持者の米国入国にあたっては査証 (ビザ) の取得を要求している。

BIS
Bank for International Settlement* (国際決済銀行) の略語。

Bitt [係柱]
船舶のいかり綱 (もやい綱) をつなぐ係柱をいう。to the bitter end (はげしい極み、死ぬまで、あくまで) の bitter は bitt に巻きつけたもやい綱の端まで出しきって、余裕がないために危険状態にあることを意味する。

B'kge
Breakage* (破損) の略語。

B/L
Bill of Lading* (船荷証券) の略語。

Black Buyer [ブラック・バイヤー]
経済産業省の「海外商社登録名簿」に登録ずみのバイヤーのなかで、格付記号が B (破産その他これに準じる状態にある者)、C (輸出貨物の代金を決済期において支払わない危険のある者) の格付商社の俗称である。これらの商社については輸出手形保険は付保できない。これに対して、信用状態が良好な A 格付商社を

White Buyer, 条件付きで付保が認められる M, F 格付け商社を Gray Buyer と俗称する。

Blading ☞ Bill of Lading

Blank ［白紙（の）；空白（の）］

A form with spaces left blank（空白のスペースのついた書式），Blank Bill（白地手形で受取人や金額をあとで記入する手形），Blank B/L（荷受人が記載されていない船荷証券で，その持参人なら誰でも荷受人となりうる）。Blank Endorsement（白地裏書）のことで被裏書人の記載のない裏書であり，Indorsement in blank ともいう。白地裏書がなされた指図人式（payable to order）の証券は，持参人払い式の証券となる。

Blank Endorsement ［白地裏書］

有価証券の権利を譲渡するための方法で，被裏書人の氏名を記載せず，単に"to order"；"Pay to the order of"あるいは"Deliver to the order of"とだけ書いて裏書人が署名するか，あるいは単に裏書人が署名だけを行なう裏書をいう。船荷証券，保険証券，手形などの裏書に行なわれる。

Blanket Clearance ［包括出入港許可］

他国の船舶に出入港の許可を，航海のつどではなく，一括してあたえる制度。

Blanket Policy ［包括保険証券］

1つ以上の特定の建物または土地，またはそこにある動産を担保する保険で，この保険で担保される動産は，ある特定の建物から他の建物，たとえば倉庫から工場へ移動されたばあいも担保される。ただし，特約のないかぎり，輸送上の危険は填補されない。

B/L Clause ［船荷証券の裏面約款］

船荷証券の裏面に印刷もしくはゴム判されている約款で船主免責約款である。その冒頭に「運送品の種類・内容の中品状態，重量，容積，品質，価格についてはその責に任じない」と記載した Unknown Clause*（不知約款）と General Immunities Clause*（一般免責約款）がその骨子となっている。

Bill of Lading*

B/L Date ［船荷証券の日付］

契約上の船積期日どおりに船積みしたかどうかは Bill of Lading（船荷証券）の発行日をもって証明する。この点，通常，売買契約書に The date of Bill of Lading shall be taken as the conclusive date of shipment. と明記されている。

B/L は，M/R*入手の時点から発行できるが，積込日，すなわち M/R の date が信用状の最終船積日（the latest shipping date）を過ぎたばあいは，荷為替取組み時に Discrepancy（ディスクレ）をとられ，銀行が買取りを拒否する。こうしたばあいは船会社と交渉のうえ，本船入港日まで B/L date を戻してもらうことがあるが，これを Back Date* という。

B/L Delivery ［ビー・エル渡し］

Bulk Cargo（散荷）を輸入した輸入者が国内のメーカーその他の売先に，FOB または CIF 条件で売るばあいに，輸入者は船荷証券に裏書し CIF 契約のばあいは保険証券も添付して売先に渡し，貨物の陸揚げ，通関，引取りは売先自身に行なってもらう取引をいう。

国内の買主は船荷証券と引換えに代金を支払うが，貨物の危険は船積みとともに負担することになる。

Bleeding Export ［出血輸出］

相手市場において自社のシェアの拡大をはかるために，あるいは自転車操業の必要から，採算を度外視して行なう輸出をいう。

B/L Instructions ［ビーエル・インストラクション］

海上コンテナ輸送の船積関係書類として従来ドック・レシート（dock receipt；D/R）と Container Load Plan（CLP；コンテナ情報）が使用されてきたが，Sea-NACCS の利用が一般化され電子情報によって船荷証券（B/L）が作成されるのが日常的になってきた。そこで，2006年4月1日より Dock Receipt に代わって B/L Instructions が使用されることになった。CLP は B/L Instructions に統合された。もし，CLP 情報が記入しきれない場合には supplemental sheet ［Container Packing List（for CLP）］に記入する。

Blockade ［封鎖］

戦時に，敵国との海上，陸上，航空機による取引を禁止すること。戦時においては中立国の船舶もこれに従うべきことを国際法は認めている。こうした危険は協会戦争約款（Institute War Clause）によって担保される。

Block(ed) Style ［垂直式］

英文書簡文の配列で，Inside Address, Salutation, Body of the Letter の各行頭を垂直一直線にそろえ，また書簡用紙の中央やや右寄りから書きはじめる Complimentary Close と Signature の各行の行頭を垂直にそろえてタイプする Style をいい米国の通信文に多くみられる。タイプするうえでは能率的であるが本文の節と節との識別がつきにくい短所がある。なお，通信文の各部分の各行頭全部を左端に垂直にそろえる形式を Full-Block Form＝Extreme Block Form という。

垂直式に対して凹凸式（Indented Style*）と Mixed Style*＝Semi-block Style（混合式，準垂直式）がある。

B/L Weight Final

契約数量条件として，船荷証券記載の重量が契約数量を満たしていれば売主として免責であり，揚重量の過不足は売主の責任とならないという条件である。

BM ☞ BFM

BMW

Bonded Manufacturing Warehouse*（保税工場）の略語。

B/N ☞ Boat Note

Board ［船，汽車，バス，馬車，飛行機に乗ること］

On Board は本船の船上。たとえば FOB は Free on Board（本船渡し）の省略で，本船の甲板上に貨物を積み込めば，費用および危険の負担が売主から買主に転嫁されるし，所有権もその時点で買主側へ移行する。しかし，米国においては Board を広く運送機関一般と解釈する慣習があり，米国における FOB は運送機関への持込み渡しと解釈すべきである。

Boat Note ［貨物受取書］

荷卸しされた貨物の受取人が，本船に対して提出する貨物の受取書をいう。総揚げのばあいは，船会社と契約している Landing Agent 側の検数人（Tallyman）が，自家取りのばあいは荷受人側の検数人が，検数した結果の検数票（Tally Sheet）にもとづいて作成し，本船の一等航海士の署名をうける。これには，貨物の明細，船卸日，荷印，番号，個数などのほかに，貨物の故障など船卸し貨物の現状が記載されており，後日，船会社側の責任の分岐点を決定する証拠書類となる。輸出のばあいの，本船側が発行する本船受取書（Mate's Receipt*）と対照的な書類である。

Body ［主要部］

文書の主要部分をいう。Body of the Letter（書簡の本文の部分）。Body Copy（ボディー・コピー）とは印刷媒体用の広告で，主文にあたる部分をいう。

Body Clauses ［本文約款］

海上保険証券の本文約款のことで，保険者の担保する危険，填補の範囲，その

他保険契約の内容を規定する諸約款で構成されている。従来の保険証券は古風で無用のものも入っていたが，1982年改訂の新フォームでは，構成上の整理が行なわれ，約因約款（保険料の支払いを対価に損害塡補を行なう旨の文言），他保険約款（火災保険その他の保険が付されているときの塡補の方法を規定），準拠法約款（保険請求に対する責任および決済についてだけ英国の法律慣習に準拠する旨の文言），宣誓約款（署名者の署名宣誓文言および複数通発行のばあいの効力に関する文言），損害通知約款（損害が発生したばあい，迅速に損害検査の通知をすべき文言）だけが記載されている。

Bolero Project ［ボレロ・プロジェクト］

EUがスポンサーとなってすすめてきたボレロ（BOLERO Bill of Lading for Europe）・プロジェクトは，貿易契約実行段階の電子化プロジェクトで，電子式譲渡可能船荷証券（Negotiable Electronic B/L）の実用化を中心に貿易関係書類を電子データ交換（EDI）によって「中央登録センター」（「スウィフト」に委任）で集中的に登録・保管・処理し，貿易業務の大幅な効率的実行をめざそうとするもので，すでに実用段階に入っている。

Bombs ［爆弾］

戦時または平時における触雷，被弾の危険をいう。Mines（機雷），Torpedoes（魚雷），Other Engines of War（その他の兵器）とともに，協会戦争約款（Institute War Clause*）によって塡補される。

Bona Fide Holder ［善意の保持者］

手形の正当な保持者をいう。すなわち，表面上完全かつ正常な手形を，その手形の満期前に，この手形についてすでに拒絶があったとか，あるいはその手形の流通上瑕疵があることを知らないで，有償で取得した所持者をいう。

Bona Fide はラテン語で，in good faith ; with honest interest のことで善意を意味し，ある事実を知らなかったという民法上の用語。悪意（Mala Fide）の対語である。事実を知らない者を保護し，その責任を軽くしようというのが私法上の一般原則で，道徳上の善悪を示すものではない。

Bond ［証書］

特定の将来に一定金額の支払いを約束した捺印金銭債務証書をいう。また，当事者の不履行または不誠実のばあいに，債権者が金銭的に保護されるための保証証券をいう。たとえば，入札にさいして差し入れる Bid Bond（入札保証証券）のほか履行保証証券（Performance Bond），前受金返還保証証券（Refund（または Advance Payment）Bond）などがある。

保税の状態で貨物を留置することをもいう。In Bond* は貿易条件で，「保税渡し」。

Bonded Area ［保税地域］

外国貨物に対して関税を一時留保したまま蔵置，加工，製造，展示などができる場所をいう。財務大臣または税関長が指定する。輸出入の通関手続をとるためには，貨物が必ず保税地域に搬入されていなくてはならない。保税地域としてつぎの5つが指定されている。

指定保税地域（Designated Bonded Area* または Bonded Area ; DBA または BA と略称）1ヶ月以内の蔵置。

保税蔵置場（Hozei Warehouse）
　従来の保税上屋と保税倉庫を一体化したもので私企業が税関長の許可を受けた場所。2年以内の蔵置。

総合保税地域（Integrated Hozei Area）
　各種の保税地域の機能を総合した地域。

保税工場（Bonded Manufacturing Warehouse*；HMW）2年以内の蔵置

保税展示場（Bonded Display Area*またはBonded Exhibiting Area；HDA）蔵置期間は展示会等に応じて税関長が決める。

Bonded（＝Hozei）Display Area ［保税展示場］

Bonded Exhibiting Areaともいう。BDAと略称する。本邦または外国政府，地方公共団体などが開催する博覧会，見本市などに外国貨物を展示するための会場として税関長が許可した場所をいう。蔵置期間は，その許可の期間であり，その間，見本品の即売も認められ，関税，消費税は免除される。展示終了後は，関税の賦課なしにそのまま，あるいは保税加工のうえ外国向けに積戻しができる。積戻しのばあいは，一般の輸出申告書の標題を「積戻し申告書」と訂正のうえ，所要事項を記載して税関に提出する。

Bonded Exhibiting Area
☞Bonded Display Area

Bonded Factory ［保税工場］
☞Bonded Manufacturing Warehouse

Bonded Manufacturing Warehouse ［保税工場］

BMWと略称する。外国貨物についての加工，改装，仕分けなどを輸入手続未済のままできる税関長が許可した場所をいう。保税作業のために蔵置できる期間は，承認の日から2カ年である。加工を加えた外国貨物を，そのまま関税の支払いなしに再輸出できるので，順委託加工貿易のばあいに利用される。Bonded Factoryともいう。

Bonded Shed ［保税上屋］

保税倉庫とまとめて保税蔵置場と改名された。外国貨物，すなわち税関から輸出の許可をうけた貨物，および外国から到着した貨物で税関の許可をうける以前の貨物について，荷さばきおよび一時保管できる税関長が許可した場所をいう。

Bonded Transportation ［保税運送］

荷揚港で通関を行なわず，他の開港の保税地域へ輸入貨物を運送し，そこで通関手続をとるばあいのように，開港相互間，保税地域相互間で輸入許可にさきだって認められる運送をいう。これには船舶による海路運送（Inland Coast Transportation：ICT），鉄道またはトラックによる陸路運送（Overland Transportation：OLT），航空機による空路運送（Air Cargo Transportation：ACT）のばあいがある。

これらのばあい，輸入貨物が有税品のばあいには，関税に相当する額の金銭，国債または優良社債を供託し，供託書を税関輸入課に預けるとともに，外国貨物運送申告書を提出する。供託した担保は，到着地税関から発送地税関へ到着通知があったのちに解除される。輸入貨物の運送が同一税関管内であったり，近距離のばあいには，必要に応じて簡単な方法が認められる。

Bonded（＝Hozei）Warehouse ［保税倉庫］

B/Wと略称する。

保税上屋と一体化して保税蔵置場と改名された。蔵置期間は，原則としてその蔵置が承認された場合は2カ年間となる。その間は，関税および内国税の課税は猶予される。輸入では大量に輸入した貨物を保税倉庫に入れ，国内の市況をみながら，必要な分だけ関税を支払って通関し庫出しすることによって，関税の支払いを遅らせて金利の負担軽減をはかるようなばあいに利用される。外国貨物を，輸入税を支払うことなしに再輸出するな

どの仲継貿易にも利用される。米国では保税倉庫を Customs Warehouse ともいう。☞ Warehouse

Bond Insurance ［ボンド保険］

国際入札やプラント輸出に参加するためには，銀行や損害保険会社が発行する保証状を求められるが，発注者からの不当なボンド支払いの請求によって被る損失に対して，国家が塡補する保険制度。わが国では輸出保証保険として経済産業省の管轄下にある。

Bonus ［割戻し］

広義では特別配当，賞与，割増などの意味で用いられる。海上保険では支払った保険料の割戻金をいう。

Bonus Return ［保険料割戻し］

保険料の割戻しをいう。通常，支払い保険料の10％くらいである。もっとも初めから割戻しなしの正味率（Net Rate）が適用されていれば，割戻しはない。

割戻しの種類の1つに，無事戻し(No Claim Bonus or Return）がある。これは一定期間の契約全部について，保険会社にクレームをつけなかったばあいの割戻しで，50％ Return といった大きな割戻しとなる。

Book ［記入する；予約する；前もって取り決める］

We hope you will book (＝get＝obtain＝secure) large orders to mutual benefit. (双方の利益のために大量に注文を獲得するよう希望する。)

We enclose our application for booking (＝reservation) of freight space on the m/s "Africa Maru". (アフリカ丸の船腹予約申込書を同封する。)

We are fully booked this week. (今週は先約で手一杯である。)

Booking ☞ Booking Ship's Space

Booking Agent ［集荷代理店］

船会社の総代理店である船舶代理店 (Ship's Agent) のもとで，集荷業務だけを委ねられている集荷代理店をいう。Canvassing Agent ともいう。

Booking Note ［船腹申込書］

船腹予約（Booking Ship's Space*）のさいに，電話で申込みした内容について，確認のために船会社に提出する書面で，船会社側の確認の署名をつけて返送してもらう。Shipping Application ともいう。

Booking Ship's Space ［船腹の予約］

ブッキング（Booking）と略称する。CIF 系統の条件や揚地条件の貿易契約にあっては，船舶の手配は荷送人である売主の義務であるから，売主は契約上の船積時期以内に円滑に船積みを完了させることを目標として船会社と交渉し，仕向地向けの航洋船に，必要なだけの船腹 (Ship's Space ; Freight Space) を予約して荷積場所を確保しておくことが必要となる。このような船腹の予約には個々の船積みのたびに荷主対運送人とのあいだで行なうものと，あらかじめ，一定の期間にわたって行なう予約(Forward Booking) とがある。

Booklet ［小冊子］

Brochure, Pamphlet と同じ。

Boom ［景気づく］

経済が活気づき需要の増大，生産拡張，賃金上昇，失業率低下を招来している時期をいう。Prosperity と同意義。反対語は depression ; recession , slump.

Boomerang ［ブーメラン（効果）］

ブーメランとはオーストラリアの原住民が用いた飛び道具で，投げると再び手元に戻ってくる。こうしたはね返り現象をいう。たとえば，戦後，欧米諸国の技術援助で発展したわが国の重化学工業が，今日ではその製品を欧米へ逆上陸させているが，欧米諸国は，そのブーメラン効果に脅威を感じている。同様に，日

本が NIES や ASEAN*諸国で現地生産した製品が日本に逆上陸され，日本の繊維，皮革業界ではそのブーメラン効果に苦しんでいる。

Booz Allen and Hamilton

McKinsey & Company, Inc. (New York) や Dun and Bradstreet,Inc. (99 Church Street, New York 8, N.Y.) とともに，シカゴにある米国の代表的な興信所であり，海外市場調査を業務としている。

Border Tax Adjustment ［国境税調整］

輸入貨物について関税のほかに，内国消費税を賦課したり，あるいは内国消費税のかかっている貨物を輸出するばあいに消費税の部分を払い戻す制度である。EU 諸国では消費税の比重が大きいために，この制度は輸入抑制，輸出促進につながりかねないので，米国は非関税障壁として非難している。

Boss ［親方］

港湾で荷役を行なう仲仕(Workman*)全体を監督・指揮する頭(かしら)をいう。

Both to Blame Collision Clause ［双方過失衝突約款］

衝突船双方に過失があって衝突したばあいに，船荷証券上の双方過失衝突約款では，自船の積荷損害を負担せず荷主が衝突相手船から回収した損害賠償金の半額を自船の船主に払戻しすべきことを規定している。これに対して協会貨物約款に挿入されている双方過失衝突約款は，荷主が船主に支払う損害賠償金が，保険者の填補すべき損害であるかぎり，保険者がこれを被保険者に支払うことを規定している。

Bottom Cargo ［底荷(そこに)］

Ballast Cargo*ともいう。船脚をつけるために船底（Bottom）に積み込む重量貨物をいう。空荷のばあいには，海水をタンクに入れて船脚をつける。

Box ［小型の箱］

小型の箱で，一般の雑貨品の荷造りに用いられる。

コンテナ輸送のばあい，コンテナ1本についていくらと定めた運賃を Box Rate という。これには内容商品によって定められた Commodity Box Rate*と内容商品の種類を問わない FAK* Box Rate（FAK は Freight All Kinds の略）とがある。

Boxing Day はクリスマスの翌日(12月26日)の法定休日。クリスマスに贈られた贈物の箱を整理することに由来する。

Box Rate ☞ Commodity Box Rate

BP ［許可前引取り］

Before Permit の略語。税関の検査，税率決定に時間がかかり，しかも貨物は至急に引取りを要するばあいに，関税相当額の担保を差し入れて，輸入許可前に貨物を引き取ることをいう。

BR ☞ Bills Receivable

Branch ［支店］

Head Office（＝Central Office,本店）の支配下にある地方の支店（Local Office＝Branch Office＝Branch House）をいう。Branch Manager は支店長で，銀行の支店長は Bank Manager という。

Brand ［商標］

商品またはサービスについて，他の競争会社のそれと区別するために用いる名前，象徴，デザインまたはそれらの総体をいう。人間に1人1人顔があるように，会社にも商号（社名）がある。商品にも他社のそれと区別できるような顔，すなわち商標がなくてはならない。Trade Mark と同意味で用いられるが，Trade Mark は法律的な保護があたえられているブランドをいう。商標は販売促進の強力な要因であるので，いいブランドを設定し，早くこれを登録のうえ，その売込

みをはからなくてはならない。日本，北欧は先願登録主義であるが，米国，欧州では先使用主義の国が多い。有名ブランドは，たとえば，セロテープ，雷おこしにみられるように，顧客はブランドを商品名と錯覚して購入する。世界貿易の半分は，今日，ブランド商売だという。

Breach of Contract ［契約違反］

契約条件どおりに履行しないことをいう。このばあい，契約の相手方は，損害賠償請求権または特定履行命令，あるいは差止命令を求める権利を取得する。

Breakage ［破損］

貿易貨物に破損が生じるのは，つぎのようなばあいに多い。

① 倉庫・艀で積替えのさいの落下，激突，荷くずれによる
② 包装不完全のため
③ 手鉤を使用したため
④ 荷役用具の取扱いが粗悪のため
⑤ 夜荷役を強行したため
⑥ 荷繰り（Shifting）のため

これらの原因による貨物の破損については，船会社側の免責が認められているので，保険会社に割増の保険料を支払って，破損保険をつけておかなければならない。なお，易損性材料を使用した貨物の破損も，通常の海上保険では塡補されないので，破損保険の特約を付保することになるが，このばあい，5%未満の破損については免責の Excess* 5%がつくのがふつうである。

船積み時に，貨物の外観上に生じた破損のばあいは，運送上差支えないと判断されれば，本船受取書に「破損」のある旨の事故摘要（Remarks）をつけたうえで運んでくれる。

以上のような直接あるいは間接的に貨物の輸送に関連して生じた破損のほかに，輸入地における気候の関係で発生する破損がある。このほうは，海上保険では塡補されないので，商品の製造の過程で配慮しておかなくてはならない。

Break-Bulk Cargo ［混載貨物］

貨車，コンテナなどの輸送の1単位に満たない小口貨物のために，Freight Forwarder が1つの輸送単位までにまとめた貨物をいう。Consolidated Cargo ともいう。

Breakdown ［故障；分類］

Bretton Woods Agreement ［ブレトン・ウッズ協定］

第2次大戦後の世界通貨安定のために，アメリカのニューハンプシャー州ブレトン・ウッズでの世界通貨会議で調印された国際金融機構。その目的を達するために国際通貨基金協定と国際復興開発銀行協定が1945年12月に発効し，国際通貨基金（IMF*）と世界銀行（IBRD*）が設立された。

Bright ［明るい；需要のある］

Oil shares are bright at 200 pence.（オイル株は200ペンスで買気が盛んである。）

This line has a bright prospect in your market.（本品は貴市場で明るい見込みがある。）

Brisk ［活発な］

Business is brisk (＝active).（商売は活発である。）

Brochure ［小冊子］

主として宣伝用に用いる仮綴じのパンフレット。Booklet* と同じ。

Broken Date ［特別期日］

先物取引の受渡し条件のなかの確定日渡し（Outright Forward Rates*）の1つで，通常は順月確定日であるのに対して，特別期日渡しをいう。

Broken Space ［空積み］

容積貨物を船艙に積み付けるばあいに，貨物相互間，貨物と船艙の内壁・突出部・障害物とのあいだに積み切れずに

残った空間部分すなわち荷隙（Broken Stowage），空き船腹（Dead Space）をいう。

空積みの割合は，包装の種類，積付けの方法いかんによって異なるが，容積貨物の積付けのばあい，実際に積み付けうる容積は，船の載貨容積トン数の80％程度が常識とされている。たとえば，樽物の大は容積の30〜50％，ドラム缶は8〜25％，自動車の大は30〜60％がBroken Spaceとなる。

Broker ［仲立業］

代理商が一定の会社に従属しているのと違って，自由に，売買両当事者それぞれの本人の名前で，売買の仲介的業務を行なうものをいう。売買契約の仲介を行なう仲立業のほか，雑貨や金物など特定商品に専門化している商品ブローカーや，金融，保険，船積みなどを専業とするものなどがある。

Chartering Broker（甲仲），Export Broker（輸出仲介人）

Brokerage ［仲介（手数料）］

他人間の商取引を媒介することを目的とした営業，またはそのような営業を行なう仲介人（Broker）に支払うべき仲介手数料をいう。

Brussels Tariff Nomenclature
☞ CCCN

B/S ☞ Bonded Shed

BSS ［英国規格］

British Standard Specificationの省略で英国規格である。

BT ☞ Berth Terms

BTN ☞ CCCN

Bu. ［ブッシェル］

Bushelのこと。

穀物の重量単位で英国では1ブッシェルは62封度（ポンド，lbs.），米国では60封度をいう。

Buffer ［緩衝装置］

車両の連結部分に衝撃を緩和するために設けてある装置をいう。

景気・不景気のクッションをもいう。オイル・ショック以前の高度成長の時代には，企業は国内市場を第1に考え，国内市況が下降して滞貨が生じたばあいに輸出ドライブをかけるといった形で，貿易は国内の景気・不景気のBuffer的な役割を果たした。1980年以降は大幅な貿易黒字から生じた巨大な外貨保有額を利用した外貨によるBufferが景気の長期維持に役立っている。

Bulk ［嵩］

重さ（Weight）よりも，かさばる大きさ（Size）に重点をおいていうことば。Bulk Cargoは包装のない散荷，Bulk Freighter（＝Bulk Carrier）は散荷を輸送する専用船。Bulk Handlingは，散荷専用船によって，供給地から輸入地まで一貫的に行なうばら積み荷役方式をいう。

Bulk of business＝the greater part of business（取引の大部分）

Bulk Cargo ［散荷］

Cargo in Bulkともいう。穀物や鉱物のように，包装を施さないで，ばらで船艙に積み込む貨物をいう。ばら積み貨物は，輸入の原材料に多くみられる。なおBulky Cargoはかさ高貨物を意味するので，原材料だけでなく製造加工品のばあいにも用いられる。なお，1口が大量の貨物をLot Cargo（大口貨物）という。

Bulk Carrier ［バルク・キャリヤー］

Bulkerともいう。

多目的の一層甲板船尾機関の大型乾貨物船をいう。対象貨物は鉄鉱石や穀物のように包装せず，しかも船の動揺により容易に変形，破壊しないようなものに限られる。

Bulk Container ［バルク・コンテナ］

化学製品や飼料などのばら積み用コンテナで,積込みは上部の開口から行ない,揚荷は扉の内部に設けられた仕切壁の開口から行なわれる。

Bulker ☞ Bulk Carrier

Bulk Head ［仕切り板］

鉱石類の運送中における移動や荷崩れを防止するための仕切り板のことで, Shifting Board ; Separation Board ともいう。

Bulk Oil Clause ［ばら積み石油約款］

特定商品についての海上保険条件の1つで, All Risks を基本条件としたうえで, 異常な荒天による混合汚染 (Contamination) や, 積込み, 積替え, 荷卸しのさいの接続用パイプラインからの流出などを担保する約款である。

Bulky Cargo ［かさ高貨物］

かさ高貨物, 取り扱いにくい貨物のことをいう。大型発電機, 機関車や航空機, 橋げたなどがこれにあたる。これらの貨物は1個の容積が大きく船艙内への積込みが困難なために, 上甲板積みとなるばあいが多い。運賃はかさ高品割増運賃 (Bulky Cargo Surcharge) が課せられるか, あるいは実際の積量によらず, 総体でいくらという総括運賃 (Lumpsum Freight) が適用されるばあいが多い。

Bullish ［価格の上昇；期待のもてる］

active＝firm＝higher と同意。反対語は bearish.

Bundle ［束物］

昆布や綿花などにかけた束の総称。電線などの巻き (Reel), 敷物などの巻き (Roll) なども含まれる。束切れ (Bundle Off) や束ゆるみ (Loose Bundle) などが生じやすい。

Bunker Adjustment Factor
 ☞ Bunker Surcharge

Bunker Surcharge ［バンカー課徴料］

Bunker Adjustment Factor (BAF) ともいう。燃料費割増をいう。船舶燃料重油 (Bunker Fuel Oil) が急騰し船会社の採算を悪化させているので, 燃料費割増しを荷主に課している。

もともと Bunker は「燃料庫, 寝所, 保管する場所」の意味で, 輸送する貨物としての Coal (石炭) や Oil (油) に対して, 船舶の運航に必要な燃料として使う石炭, 油は燃料庫に蓄えるので Bunker Coal, Bunker Oil という。なお, 航空機運航に伴う燃料油の割増料は Jet Fuel Surcharge と呼ばれる。

Buoy ［浮標］

港湾内の埠頭以外に特設された簡易な係船所をいう。鉄製コマ型 (円筒形) の浮標 (うき) とこれを固定させるための沈錘とからできている。浮標の頭部の環に船のロープを結びつけて係留する。ブイには, このほかに航路の標識用に使う Warning Buoy がある。

Burden of Proof ［挙証責任］

Onus of Proof ともいう。

裁判所が当事者に負わせる立証責任。保険契約においては保険事故発生の事実は, 被保険者に証明の義務がある。しかし, All Risks のばあいは保険者が包括的に責任を負うので, 損害が保険期間中に生じたことを証明すれば, それ以外の挙証義務はない。

Burning ［大火災］

Burning or Burnt は大火災または炎上を意味する。これに対して Fire は, その規模や損害の程度を問わず火または火災を意味する。したがって, 船舶が火災になった (Vessel was on fire)。ばあいは, その火災がどのような軽微な燃焼であってもよいが, Burnt Ship というばあいは, 大火災で炎上した船舶をいう。

Burnt ☞ Burning
Bushel ☞ Bu.
Business ［営業；取引；仕事；議事（日程）］
　商品を生産，売買する個人，企業のこと。

Business Ability ［営業能力］
　会社の Capacity をささえる中心的な能力で，会社の沿革，会社の組織および規模，経営者の手腕などに依存する。信用調査（Credit Inquiry）の主要な調査項目である。

Business Catalog(ue) ［営業型録］
　通常，型録というは，見本の代替物として使用される商品型録のことであるが，営業型録は，会社の営業内容，経歴，支店・関連企業，役員構成など営業の概要を述べた型録である。

Business Claim ☞ Trade Claim

Business English ［ビジネス英語］
　Business Writing；Commercial English ともいう。
　英文で書かれる商業文。米国などの国内の通信販売用の英語も含まれる。しかし，わが国のばあいは，貿易通信に使用されることが，もっとも多い。商業英語は，実務的，能動的，直接的な実用性が要求され，さらに，Three C's とか Five C's とよばれるように，Completeness（完全），Clearness（明快），Concreteness（具体性），Conciseness（簡潔），Correctness（正確），Courtesy（礼儀），Consideration（配慮）などが必要とされる。正確な文法的知識と表現力を基礎とし，加えて貿易上の知識，慣習を十分に身につけていることが要求される。現在 Business Communication と表現し，英文で書かれる異文化 Communication を含む総体的な商取引文と解釈する傾向となっている。

Business Risk ［企業危険］
　企業家自身の責に帰しうる危険で，企業家の期待（Expectation）と営業の結果（Result）の不一致をもたらす危険をいう。経営不振，見込み違い，投下費用の回収不能，海外広告の失敗などにより，費用投下分が，収益または売上増によって回収できず，費用損失をもたらす危険である。海上保険では塡補されない商業危険（Commercial Risk）の一種である。

Business Standing ［信用状態］
　Credit Standing ともいう。取引先選定にあたって，注意を要する重要項目の1つである。財政状態，営業成績その他あらゆる角度から考えて，相当程度の信用を供与しても心配のない，信頼するに足りうる（Credit Worthiness）かいなかについての状態である。

Business Writing ☞ Business English

Buy ［取引；買う；買収する］

Buy American ［米貨優先購入又は米自国製品優先買付］
　アメリカのドル防衛策の一環としてとられるもので，アメリカ製品を優先買付けしたばあいに，減税その他の優遇をあたえることによってドルの海外流出を阻止しようとする政策である。米貨米船主義（Ship American*）とともに国内産業保護のための政策である。

Buy-Back ［バイ・バック］
　Counter Trade の1つの方式で，プラントを輸出し，それによって生産された製品を引き取るといったように，輸出と輸入に関連性をもたせた物々交換の一種である。

Buyer ［バイヤー］
　海外の輸入者をいう。自己の勘定（Account）と責任（Responsibility）において本人（Principal）として輸入するバイヤーと，輸入地の本人の代理人（Agent）として輸入するバイヤーとがある。代理人としてのバイヤーは，みずからは勘定

と責任を負担せず，本人と輸出者のあいだに入って仲介の労をとって代理人口銭（Agent Commission）を請求する。

Buyer's Credit ［バイヤーズ・クレジット］

輸出国の金融機関が，外国法人に直接，輸入資金の貸付けを行なうことをいう。輸出国の金融機関が輸入国金融機関に融資し，輸入国金融機関がその資金を国内輸入者に転貸するばあいは Bank Loan という。

わが国のばあいは，国際協力銀行および本邦銀行と外国の借入当事者とのあいだで貸付契約（Loan Agreement）を締結し，外国の借入当事者に対し，日本からの設備等の輸入に必要な資金を貸し付けている。

Buyer's Market ［買手市場］

供給が需要を上回り，買主の発言力が強く，買主が有利な立場におかれている市況をいう。対語が Seller's Market（売手市場）。買手市場においては，買主はいつでもどこからでも自由に買付けできる。一方，売主の売込み競争は激化し新製品の導入も盛んとなる。

買手市場のもとでは１回の注文数量は概して少量となるので，売主としてはMinimum Quantity Acceptable*（最小引受け可能数量）を取り決めておかなくてはならない。

Buyer's Option ［買主の選択］

契約条件について買主が任意に選択権をもつことをいう。対語は Seller's Option（売主の選択）。

Buyer's (CFR) Policy ［買主保険］

FOB, C & F 条件のばあいに買主（輸入者）が手配した保険をいう。買主保険が付けてあっても，買主が倒産などのため D/P または D/A 手形の引受け支払いができなくなると，船積後の危険も船積時にさかのぼって売主に復帰することになるが，このばあい，被保険利益の関係から Buyer's Policy によって売主は担保されないので，未必利益保険（Contingency Insurance*）を付保しておかなくてはならない。

Buyer's Sample ［買手見本］

買主から最初に送られてくる見本をいう。買手見本が入手できると，売主としては買主が希望している商品の詳細がわかるので，取引は迅速にまとまる可能性は高い。しかし，バイヤーが当該商品の知的所有権を保有していない場合には，バイヤーの要請に応じるべきではない。

Buyer's Warehouse ［手倉］

営業倉庫と区別して買主または売主がみずから所有し管理している倉庫を Buyer's（または Seller's）Warehouse（または Godown）という。なお営業倉庫の全部または一部を，貨物保管の目的で，一定期間貸し出すことを貸倉という。

Buying Agent ［買付代理人］

買付代理人は，買付受託者（Indentee）として海外の輸入者（Indentor,買付委託者）からうけた買付委託（Indent*）にもとづいて，商品を現地で買付け・船積みして買付額の何パーセントかの買付手数料（Buying Commission）を受け取る。このさい，買付代理人は，仕入原価，船積諸掛，海上運賃，保険料など立替費用のいっさいに買付手数料を明記，加算した Indent Invoice（委託買付用送り状）を作成して，荷為替を取り組んで決済する。

なお，委託買付けの方式は，買付け値段および買付け方法によって，つぎのような種類に分かれる。

買付け値段による分類

(1) これ以上の値段では買わないようにと，買付けの最高額を指示する指値委託

(2) 勉強値段（Best Price）での買付けを希望するが，最終的には受託者にまか

せる成行委託
買付け方法による分類
(1) 買入れ先を指定する Closed（＝Special）Indent
(2) 買入れ先を指定せず受託者にまかせる Open Indent

Buying Branch ［買付事務所］

輸入業者や百貨店が，海外から商品を仕入れるために海外の現地に設置した事務所で，Buying Office ともいう。

Buying Commission ☞ Buying Agent

Buying Contract ［買い予約］

輸出為替または被仕向送金為替などのために結ぶ先物為替の予約で，輸出者など顧客側の売り，銀行側からみて買いの契約となる。このばあいの相場が買い相場（Buying Rate）である。すなわち，輸出者が船積み後に獲得できるはずの外貨を，為替銀行が買い取って自国通貨で支払うときの換算率の予約が買い予約である。

Buying Exchange ［買い為替］

債務者が遠隔地にいるばあい，債権者は直接その代金を取り立てられないので，銀行が債権者に代わり，代金の取立てを行なうことになる。具体的には債権者が債務者を名宛人とする為替手形を振り出し，これを銀行に買い取ってもらう。買い取られた為替手形は，債務者の取引銀行を経由して債務者によって決済される。このばあい，債権者の振り出した為替手形を銀行が買い取ることを買い為替という。

Buying Offer ［買い申込み］

買主が，売主に対して特定の価格で商品を買いたいという申込みで，Bid ともいう。

Buying Rate ☞ Buying Contract

BV

Bureau Veritas の略語で，フランスの船級協会のこと。船舶のほか航空機や自動車などの検査をも行なっている。

B/W

Bonded Warehouse＊（保税倉庫）の略語。

By ［～までに］

by July 30 は 7 月30日までにの意味で，表示された期日（7 月30日）も含まれる。"before"のばあいは表示された期日の前日までが期間に含まれるので，by July 30 は before July 31 となる。

Byrd Amendment of U.S. Antidumping Law ［アメリカ「バード修正法」（関税分配法）］

クリントン政権下の2000年10月に成立した「バード修正法」（提案者のバード民主党上院議員の名前にちなんだ呼び方）は，アメリカの反ダンピング法を部分修正してダンピング提訴したアメリカ企業に反ダンピング課税で徴収した関税を分配しようとするもの。

C

Cable

船を停泊させるための鋼索（wire）。

Cable's Length は距離を示す単位で米国では240yds, 英国では200ydsをいう。

海底電線による海外電報。Please cable instructions.（電信にて指図乞う）。無線によるばあいは telegram（名）; telegraph（動）が正しいが，通常，cable という。インターネットによる通信は send a mail として使用する。

Cable Order（電信でよせられた注文）。

Under the circumstances, please extend the credit till the 31st October as we asked you by cable.（このような事情ゆえ，電信で要求したように，信用状を10月31日まで延期してほしい。）

We are pleased to confirm our shipping notice by cable of yesterday.（昨日付け電信による船積通知を確認する。）

Cable Address ［電信宛先］

外国電報は料金が高いうえに，宛名の部分も料金に加算されるので，電報料金節約と事務の簡素化，また発信者署名の代用にも使用するために，電信局に登録しておく電信略号である。相手あてに電信するばあいは，相手の Cable Address と着信局名を，たとえば，OROPAT MANILA のように記載する。しかし，電報の時代は去った。

CAF ☞ Currency Surcharge

Calculation of Laytime ［停泊期間の計算］

航海用船契約（Voyage or Trip Charter*）において貨物の積込み，荷卸しについての使用停泊期間を計算することをいう。全荷役が終了すると Layday Statement（停泊日計算書）が作成され，船会社，船長，荷受人の三者が署名する。これを基礎にして早出料(Dispatch Money*)，滞船料（Demurrage*）が確定され，決済される。

Calendar Month Delivery Rates ［暦月渡し相場］

先物為替取引の受渡条件として，もっとも広く用いられている暦月渡しのばあいの相場をいう。暦月渡し相場は，当該月中における予約実行のオプションを顧客にあたえておりその月の何日に受け渡してもよいところから，顧客にとって便利である。しかしその相場は，顧客に不利となっている。先物取引には，他に順月確定日渡し相場（Outright Forward Rates*）がある。

Calendar Month Delivery with Option Forward Rate ［暦月渡し先物相場］

Calendar Month Delivery Rates と同じ。

暦月を基準として先物為替の受渡期を定めたばあいの為替予約に適用される相場。たとえば10月渡しで先物予約したばあいは，10月中に実行すれば予約した相場が適用される。確定日渡し先物相場（Outright Forward Rate*; Fixed Rate）に比べて顧客にとっては若干不利であるが，輸出のばあいは本船への積込みと荷為替取組みを何日と確定できないため先物為替の予約にさいしては予約の実行に

顧客のオプションを認めた暦月渡し先物相場が利用されることが多い。

Canadian Land Bridge ［カナダ・ランドブリッジ］

日本から欧州向け複合輸送ルートの1つで、日本→バンクーバー（またはシアトル）→モントリオール→ハンブルク（あるいはロッテルダム、ル・アーブル）のようにカナダ大陸横断鉄道を利用した海-陸-海の複合運送である。CLBと略称する。

Cancel ［解約する］

Cancellation ［解約］

解約、取消しの意味。取消不能信用状（Irrevocable L/C*）は関係当事者すべての同意のないかぎり取消しは許されない。一般に、貿易売買契約を締結したにもかかわらず、価格条件、決済条件その他になんらかの問題があって、売買当事者の一方が、契約条件を履行できず解約したばあいには、不可抗力によるばあいをのぞいて、他方からの損害賠償請求の提起を覚悟しなければならない。

Cancelling Clause ［解約条項］

売買契約書、用船契約書などに記載される解約についての規定である。

Cancelling Date ［解約期限］

用船契約におけるCancelling Clauseで、本船の積地回航が船主の事情で遅延するばあい、用船者が契約解除できる解約期間のことで、通常、回航予定日の10日ないし20日以内と定められる。船主がこの期日を果たさなかったばあいには、違約賠償金支払いの義務を負うことになる。これとは反対に、もっとも早い回航期日を規定したばあい、しかもその期日前に回航されても用船者は規定の期日まで本船に積み込む義務はないが、この約款をNot Before Clauseという。

C & F ［運賃込み渡し］

Cost and Freightの略語。

海上保険料だけは、自国の保険会社を利用することによって、外貨支出の節約をはかりたいといったばあいに使用する。したがって、この条件のもとでは、売主は本船を手配して貨物を本船甲板上に積込みはするが、海上保険を手配する義務はない。けっきょく、CIF価格から海上保険料が差し引かれている条件で、危険負担の分岐点、所有権の移転についてはCIF条件と変わらない。

なお、「INCOTERMS 1990」からはCFRと省略することになっている。

C & F Landed ［陸揚げ費込みC & F］

仕向港までの運賃込み渡し条件に、さらに貨物の陸揚げに要する費用をも含めた価格。

C & I ［保険料込み本船渡し］

Cost＝FOB（本船渡し）の条件に、海上保険料が加わったFOB & Iの条件。本船渡し（FOB）条件にあっては、海上保険の手配は買主が輸入地で行なうのが原則であるが、C & Iのばあいは、売主がこれをも行なう例外的な条件。

Candid ［率直な］

Your candid (＝frank＝honest) opinion will be very much appreciated. (貴社の率直なご意見がいただければ、大変に有難い)。

Canned Goods ［缶詰品］

Cannedは「缶詰にした、録音した」の意味。英国ではTinnedまたはCanned Music(レコード音楽)、Canned Program(放送録画番組)。

Canton Export Commodities Fair ［広州交易会］

中国出口商品交易会のことで、毎年春、秋に中国広東省広州で行なわれる。中国産品の輸出と中国側の輸入の商談が行なわれる。

Canvassing Agent ［集荷代理店］

集荷業務だけを任せられた船舶代理店で，Booking Agent ともいう。

Capable ［有能な］

I believe she will prove to be a most capable and dependable employee. (彼女はもっとも有能な頼りがいのある社員であることがわかると信じる。)

Capacity ［能力］

信用調査の主要項目の1つであり，営業能力（Business Ability）の有無が問題となる。これを調べるには，会社の沿革や経営者の経歴・手腕が調査されなければならないし，さらに，会社の組織，最近の営業成績が検討される。

信用調査の項目としては，Capacity, Character, Capital の3C または Conditions（相手市場をとりまく経済的・政治的諸条件）を加えて4C が重要視される。

Capacity Tonnage ［載貨容積トン数］

船舶のトン数には船そのもののトン数と積載トン数とがある。前者には総トン数(Gross Tonnage, 登簿総トン数 Registered Gross Tonnage)と総トン数から機関室，船室など船舶の運航に必要な場所の容積を控除した純トン数（Net Tonnage）がある。後者は船舶に積み込むことができる貨物のトン数で，これには載貨重量トン（Dead Weight）と載貨容積トン（Capacity Tonnage）がある。載貨容積トンは船艙の容積を$1m^3$ または40 cft を1トンとして計算するが，ばら荷容積トン（Grain Capacity）と包装容積トン（Bale Capacity）に分かれる。

Capital ［資本］

信用調査における主要調査項目の1つであり，被調査会社の財政状態（Financial Status）が問題となる。これを調べるためには，財務諸表の検討から始めなくてはならない。資本金，資産，負債の内訳などが，とくに詳細に検討されねばな らない。

Common Capital Stock（普通株資本金）; Preferred Capital Stock（優先株資本金）。

Capital Flight ［資本逃避］

自国通貨の価値の下落や，外貨への転換が制限されるおそれがあるばあいに，自国貨資金で外国証券を購入したり，無為替輸出を行なったりして，外貨資金に乗り換えることをいう。

Captain ［船長］

船務いっさいを総括する者で，船主の命令または委任，あるいは船員法その他の法令に従って，全乗組員を指揮・監督し，人命および財産（船舶・積荷など）の安全ならびに所掌任務を能率的に遂行する責任を負う。

公法上の職務権限としては

① 船員の指揮・監督，職務に必要な命令を行なう指揮命令権
② 船員に対する懲戒権
③ 船員その他に対し，危険な行為を防止するのに必要な処置，危険物の保管・放棄
④ 船内の犯罪について司法警察官の職務の遂行
⑤ 船中の出生・死亡の届出

などがある。

以上のほかに船主（Ship Owner）との契約にもとづく商法上の一定の責務を負う。

なお，Captain ということばは本来，「軍団長」とか，軍艦の艦長を意味するので，戦時中は，民間の商船の船長を意味する Master の上の地位にある。昔，英国では平水夫（Foremast Man）は才能があれば Master まではなれるが，身分が違う Captain にはなれないとされた。船荷証券には For the Master とあるが，今日では軍艦でも商船でも船長を Captain と俗称している。

Captain's Protest ［海難報告書］

船舶が海難に遭遇したばあいに，船長が作成する海難報告書をいう。海難報告書は到着港の監督官庁で証明してもらったうえで海難証明書として，損害は船長の責任でないことを証明する書類として用いられる。Master's Protest; Master's Report ; Sea Report ともいう。

Captures ［捕獲］

戦時中の敵による捕獲も，平時または戦時中の自国または外国官憲による捕獲も，また海賊による捕獲も，被保険危険として扱われる。Surprisals（襲撃）と同意語として用いる。

Care ［気にする；希望する］
Care Mark ☞ Caution Mark
Cargo ［船荷；積荷］

Load ; Lading ; Freight と同じで船荷，積荷のことをいう。米国では船だけでなく汽車，航空機の貨物をも Freight という。☞ Goods and Merchandise

Cargo Arrival Base ☞ Cargo Base
Cargo Base

主として中南米などで使われる決済の方法で，貨物が輸入地に到着してから，バイヤーは銀行から呈示された手形について，D/P もしくは D/A の条件に従って決済する。遠方からの輸入商品について，貨物が到着してから支払いもしくは引受けすればよいことになるので，輸入者にとっては資金の負担が短期間ですみ有利である。Cargo Arrival Base ともいう。

Cargo Boat Note ［船卸し票］

輸入者が D/O (Delively Order, 荷渡指図書) と引換えに輸入貨物を引き取ったばあいに，貨物の受取証として本船側に提出する書面である。自家取りのばあいには，荷受人またはその代理人が，総揚げのばあいには，船会社専属のステベ (Stevedore*) が提出するが，これに検数人，本船責任者があわせて署名する。船卸しのばあいも，船積みのばあいと同様に検数人が立ち会い，船卸し票に，貨物の明細，船卸し日，荷印，番号，個数，艀名などを記載するほか，貨物に故障のあったばあいには，後日，責任の所在が問題となるので，正確に摘要 (Remarks) を記入しておく。通常，Boat Note とよぶ。

Cargo Capacity ［載貨容積］

貨物の積載に供する全容積をいう。Measurement Capacity ともいう。通常，立方メートルまたは立方フィートで表わす。測定法によって散荷のばあいの Grain Capacity (Grain Measurement) と包装もののばあいの Bale Capacity (Bale Measurement) に分類できる。

Cargo Demurrage ［留置料］

本船から陸揚げされた貨物を，荷主が FreeTime*をこえても引き取らないばあいに，徴収される罰金をいう。

Cargo Form ［カーゴ・フォーム］
☞ Lloyd's S.G. Policy

Cargo Handling ［荷役］

輸出入貨物の積込みや積付け，また本船からの揚卸しや荷物の引取りなど，おおよそ貿易港における貨物の運搬，移動についてのいっさいの作業を意味することばである。もちろん，こうした荷役は貿易業者みずから行なってよいわけであるが，実際には，貿易業者に代わって船積代行業者 (Shipping Agent) により，また，輸入貨物の陸揚げ荷役は，陸揚げ代行業者 (Landing Agent) によって代行される。

現実的には，これらの輸出入荷役のいっさいを船積・陸揚代行業者，税関貨物取扱人，運送代行業者を兼ねている海運貨物取扱業者に依頼するのがふつうである。今日輸送の大部分を占めているコンテナ輸送車における荷役は覆っているの

で Container を参照の事。

Cargo Hook ［カーゴ・フック］

ワイヤロープが，はずれにくいように爪がでており，また，つり上げた貨物のよじれるのを防ぐためにフックの上部がスウィーブル(Swivel，回転状)になっている器具。

Cargo in Bulk ☞ Bulk Cargo

Cargo in Dispute ［詮議貨物］

積載荷役のさいに書面記載の内容と実際に受渡しされた貨物とのあいだに食違いが生じ，書類に事故摘要(Remarks)が記入された貨物のこと。Remarked Cargo ともいう。

Cargo Insurance ［貨物保険］

海上保険の客体が，貨物であるばあいの保険。貿易業者の付保する海上保険はほとんど貨物保険である。海上保険にはほかに，船舶保険(Hull Insurance)，運賃保険(Freight Insurance)，希望利益保険(Profit Insurance)などがある。

Cargo Manifest ［積荷目録］

マニフェストと略称する。

積載貨物について，積地，揚地，船荷証券の番号別の貨物の明細，荷受人などを記載した目録をいう。積荷目録は本船の入港のさいに揚地税関に提出される。税関はこれによって揚荷貨物を把握し，貨物の取締りおよび課税業務の参考に用いる。

Cargo Open ［カーゴ・オープン］

海運同盟が契約運賃制をとるばあい，ほとんどの貨物は契約の対象となり，これを同盟貨物(Conference Cargo)というが，米，セメントなどごく少数の品目は，契約対象からはずされ除外貨物(Exceptional Cargo ; Free Cargo)または非同盟貨物(Non-Conference Cargo)とよばれる。これらの除外貨物については，海運同盟と契約した荷主であっても，非同盟船に積むことが認められるが，こ

れを Cargo Open という。

Cargo Policy ［貨物保険証券］

貨物海上保険について，保険会社が発行する英文の保険証券(Insurance Policy*)をいう。

Cargo Securing ［カーゴ・セキュアリング］

船積貨物の位置の固定，積載場所の区画をする作業をいう。

Cargo Sharing ［積取比率］

各国の輸出入貨物全体のなかで自国の船舶やその他の輸送機関による輸送分の占める割合をいう。一般にトン数によって計算される。また同盟加入の海運会社の積取比率をいうばあいもある。

Cargo Space ［カーゴ・スペース］

貨物を積み込むことのできる船内および甲板を含めた全積載容積をいう。

Cargo Superintendent ［積荷監督］

船主に雇われ船内作業を現場で監督する者。

Cargo Sweat ［貨物の汗濡れ］

船艙の鋼材部分の凝結を Ship's Sweat というのに対して，貨物自体が積付けの関係で，水分を直接吸収・凝結する現象をいう。金属製品に生じやすく，その結果は錆損(Rust)となる。海上保険上特約で填補される特殊危険の1つである。

Cargo to Abandon
　☞ Abandonment

Cargo Worthiness ［堪貨能力］

貨物を積み込み，保管するすべての場所は良好な状態にしておかなくてはならないという運送人の責任をいう。堪航能力(Seaworthiness)の一部である。

Car Load (Lot) Cargo ［貨車扱い］

鉄道貨車1両を満載できるだけの貨物量をいう。CL*貨物と略称するが，コンテナ1個満載貨物のことも CL 貨物とい

う。

Carnet ☞ ATA Carnet ; TIR Carnet

Carriage ［運送；運送費］

Carrier（運送人）によって貨物を輸送すること，またはそれに要した費用をいう。英国では水上運送のばあいは Freight ということばを用いるばあいが多い。米国では，水上，空中，陸上輸送いずれのばあいも，運送費（Cost of Transportation）を Carriage または Freight という。

In CIF contract, seller must cotract on usual terms at his own expense for the carriage of the goods to the agreed port of destination.（運賃・保険料込み契約にあっては，売主は通常の条件によりみずからの費用の負担で同意された仕向港までの貨物の輸送についての契約をなさばならない。）

Carriage by Charter-Party ［用船運送］

不定期船（Tramp ; Tramper）を用船して行なう不定期船運送（Tramp Shipping）のことをいう。

Carriage of Goods by Sea Act ［国際海上物品運送法］

COGSA と略称する。わが国では Hague Rules を条約化した1924年船荷証券統一条約を1957（昭和32）年に批准すると同時に，国際海上物品運送法が制定され，翌58年発効した。主たる内容として，つぎのような規定がある。

①運送人の運送品に対する注意義務および運送品の損害に対する免責事項 ②船舶および運送設備の耐航性についての注意義務 ③船荷証券の作成と交付 ④運送品について，荷送人が運送人に，その種類・数量・包装状態などを正確に通知する義務 ⑤運送品に対する運送人の責任の限度および責任の消滅 ⑥運送品の損害に対する荷受人側の通知義務 ⑦運送人が危険物に対してとりうる処分措置 ⑧運送契約における特約についての禁止事項およびその特例

なお，1979年議定書が批准されたのにともない，1992（平成4）年に同法は改正された。

Carrier ［運送人］

貨物または乗客を輸送する個人または会社をいい，鉄道，トラック，航空，船会社が含まれる。一般運送人（Common Carrier）と，一定の期間一定の行程を契約にもとづいて運送する契約運送人（Contract Carrier）に分かれる。一般運送人として用いられる外航船（Sea-going Vessel）のなかにも定期船（Liner Boat ; Liner*）と不定期船（Tramp ; Tramper*）がある。特殊貨物を運送する船舶としては Ore Carrier（鉱石専用船），Grain Carrier（穀物専用船）などがある。

商社と運送会社を兼営している企業を Merchant Carrier という。また鉄鋼会社，自動車会社，石油会社などの自社専用船を Industrial Carrier という。NVOCC* (Non-Vessel Operating Common Carrier) は国際複合運送一貫業者である。

海上保険上では，危険を填補する保険者または保険会社を Carrier という。

Carrier Clause ［キャリヤー約款］

American Institute Cargo Clauses にある規定で，保険が運送人または受託者の利益になるように利用されないことを規定している。協会貨物約款の保険利益不供与約款（Not to Insure Clause*）と同じ趣旨の規定である。

Carrier's Haulage

コンテナ運送において，船会社が行なう内陸輸送サービスをいう。

Carrier's Load ☞ Carrier's Pack

Carrier's Pack ［キャリヤーズ・パック］

LCL（Less than Container Load*）

貨物のばあいは，船会社が指定したContainer Freight Station (CFS*)の保税上屋に貨物を搬入し，オペレーターによってコンテナに混載される。これは船会社(Carrier)の責任で行なわれるので，Carrier's PackまたはCarrier's Loadという。

なおコンテナ詰めすることをPackまたはStuffing，本船への積込みはLoadingという。コンテナ詰めをVanningともいうが，これは日本製英語のようである。

Carrying Vessel ［本船］

Sea-going Vessel*のこと。Vessel；Shipともいう。

Cartage ［運送（料）］

短距離を荷馬車または車で輸送すること，あるいはそのための費用(Carriage；Freight)。

Carton ［ボール箱］

内容の軽い雑貨類の包装に用いられる。通常，量目は100封度以内である。

Case ［箱物；ばあい；事情］

箱物の総称であるが，ファイバーなどを入れた梱(Ballot)，小型の箱(Box)，ボール箱(Carton)，茶箱(Chest)，機械を入れた透し箱(Skelton Case)などの種類がある。箱物は，区画をそろえて積み重ねるいわゆる切積みを行なえば，Broken Space*も残らないので，取り扱いやすい包装形態である。

Case Law ［判例法］

成文法に対して，裁判所の判決から生じた実定法をいう。先例拘束主義の行なわれる英米で発達しており，とくに契約や不法行為などの分野における法体系の根幹をなしている。判例法には，普通法(Common Law)と衡平法(Equity)の2大体系がある。Common Lawは一般的慣習法という意味から王裁判所(Court of King's Bench)が運用した法である。Equityは，もともと正義衡平を意味することばで，Common Lawの概念にもとづいて，Common Lawを補正するために，衡平法裁判所が運用した。

Case Mark ［木箱番号］

Shipping Marks (荷印)の一部で，荷口の個数を示すために連続で記入する追番(Running Numbers)をいう。広義ではShipping Marks*のことをいう。

Case Packing ［木箱包装］

積荷に施される外装の一種。長期の海上輸送にともなう貨物の損傷を防止するために施すもので，気温の変化による裂け割れのおそれの少ない強靭な木箱におさめ，貨物と木箱とのすきまは木屑，綿屑で埋め，外部を帯鉄(Hoops)で補強するのがふつうである。

Cash Credit ［キャッシュ信用状］

輸入者が，あらかじめ手形決済資金を輸出地の支店または取引銀行へ送金しておき，この資金を引当てに発行される信用状をいう。この信用状には，一定の条件の船積書類と信用状条件どおりの為替手形と引換えに，手形金額を支払う旨が記載されており，受益者の振り出す手形は一覧払い(at sight)であるので，しばしばSight L/Cと同一視される。輸入者にとっては，契約代金を送付するのと実質的に変わらない決済の方法であるが，資金を銀行に寄託し，その支払いを船積書類と引換条件とすることによって，輸出者の契約不履行の危険を防止できる。エスクロ(Escrow*)勘定の残高を引当てとして，同勘定保有銀行で開かれる国内信用状(Domestic L/C)は，Cash L/Cであって，この信用状はわが国からみれば，輸出信用状である。

Cash Discount ［現金割引］

決済割引(Settlement Discount*)の一種で，現金（貿易取引のばあいには信用状）決済のばあいは，売主にとって決済

条件が有利なので，何％かの値引きを認めることをいう。たとえば，つぎのような形で用いる。

Our terms are 1 % off the invoice amount at 30 days, or 2 months bill net, but we allow you a cash discount of 2 %. (当社の決済条件は，30日払いのばあいは送り状金額の1％引き，2カ月の手形払いのばあいは正味値であるが，2％の現金割引をあたえたい。)

Cashier's Check ［自己宛小切手］

銀行が自行宛すなわち自行を支払人として振り出した手形。銀行の支配人（Cashier）の署名で振り出されるところから Cashier's Check という。支払保証小切手（Certified Check）が当座預金を引当てに振り出され，銀行が保証額だけ当座預金から控除して別勘定にしておくのに対して，Cashier's Check は銀行みずからの資金を引当てに振り出される。たとえば，当座勘定をもたない者が，しかも小切手による支払いを希望したようなばあいに，銀行に必要な金額を支払うとそれと交換に振り出される。また支払保証小切手のばあい，銀行が支払資金として控除する資金の帰属が問題となることがあるので，支払保証の依頼があったばあいに Cashier's Check が代用されるのが通常である。

預金小切手または銀行（振出）小切手ともいう。

Cash in Advance ［前払い］

契約品の引渡し以前，通常は，契約すると同時に現金で決済する方法をいう。契約と同時に，全額の代金が入手できるので，売主としては安心して契約品の調達ができ，金融的にも楽であり，もっとも有利な決済方法といえる。しかし逆に，買主にとっては，もっとも不利な方法である。けっきょく，この決済方法は危険と負担とを，買主側に一方的に押しつけることによってだけ成り立っているので，売主・買主双方の妥協と満足とがあってこそ成立する貿易取引の円満な発展の見地からすると，けっして能率的な決済方法とはいえない。したがって現実には，少額の見本品の送付などのばあいに，煩雑な手続をきらって，契約と同時に銀行小切手または銀行手形による送金の形で行なわれる例外的な決済方法である。

Cash Market ［現物市場］

買主が商品の入手もしくは，その商品の所有権をあたえる書類の入手後ただちに現金で支払いする取引。Spot Market; Spot Transaction; Cash Transaction ともいう。Futures Market の対語。

Cash on Delivery ［現金現品引換渡し］

COD と略称する。

商品の引渡しと同時に現金を支払う売買方式である。国内取引のばあい，とくに百貨店の売買は通常，COD で行なわれる。すなわち，顧客は店員に現金を支払わないかぎり，商品を入手できないから，百貨店としてはいちいち顧客の身分とか資産状態などに気をつかう必要がない。一方，月賦販売のばあいは，代金の一部支払いで商品を顧客に引き渡さなくてはならないので，残金に対する不安と危険とが残る。したがって，顧客の信用状態に対してまったく無関心ではいられなくなり，必ずなんらかの形で，各顧客の信用調査を行なう必要がでてくる。

貿易取引のばあいには，輸入者が輸出地に出向きみずから貨物を現金で購入して自国に持参するばあいなどが COD ということになる。

COD と似た取引形態に Cash on Shipment*（船積み払い）がある。これは輸出地で船積みが完了し，B/L の交付をうけたあとで，その B/L と交換に輸出代金を受領する方法で，輸出地に輸入者の支店

Cash on Shipment ［船積み払い］

船積み完了と同時に，船積書類と引換えに，輸出地で支払いが行なわれる取引形態。買主が輸出地に支店もしくは代理店を置いているようなばあいに行なわれる。

Cash with Order ☞ Cash in Advance

Cask ［樽］

染料，セメント，みそ，醬油，水物などの包装に用いる樽をいう。通常，量目は60キログラムないし100キログラムである。

Catalog(ue) ［型録］

商品の宣伝を目的とした印刷物で，自社商品の種類，品名，規格あるいは品質上の特徴その他の必要事項が明示されている。さらに，取扱店名や値段などが明示されているのもある。通常，取引を開始しようとする時期に，型録に定価表（Price List）や見本（Sample）を添え，取引勧誘の書状とともに顧客へ送る。
☞ Business Catalog(ue)

Catastrophe Risk ［非常危険］

Emergency Risk ともいう。

戦争，内乱，革命，政変，法規の改変などによって，貿易取引当事者がその債務を履行できなくなる危険をいう。輸送上の危険を対象とする海上保険では塡補されないので，貿易保険の利用が必要となる。輸入国の奥地で建設するプラント輸出や海外市場への直接投資の増加とともに，非常危険回避の方策として，貿易保険制度の充実が注目される。

Causa Proxima ［近因主義］

保険は，保険証券に明記された担保危険によって生じた損害を塡補するものであるから，発生した損害と担保危険とのあいだの因果関係を明確にしなくてはならない。この点について，英国の海上保険法は近因説をとっており，「ある結果を生ぜしめるのにもっとも有力であった原因」を「近因」と解釈している。

Caution Mark ［注意マーク］

Side Mark ; Care Mark ともいい，貿易貨物の外装の側面に荷扱い上の注意を刷り込んだもの。この注意マークは，言語の異なる現地の荷扱人の注意を喚起するのが目的であるから，現地語を同時に刷り込んでおかないと効果がない。おもな事例を以下にあげておく。

「取扱注意」（英）Handle with Care, （仏）Attention, （独）Vorsicht, （伊）Attenzione, （ス）Manéjese Con Cuidado, （ポ）Tratar Com Cuidado

「手鉤無用」（英）Use No Hooks, （仏）Manier Sans Crampons, （独）Ohne Haken handhaben, （伊）Manipolare senza graffi, （ス）No Se Usen Ganchos, （ポ）Nao Empregue Ganchos

「天（此所上）」（英）This Side Up, （仏）Cette Face En Haut, （独）Diese Seite oben, （伊）Questo lato su, （ス）Este Lado Arriba, （ポ）Este Lado Para Encima

「こわれもの」（英）Fragile, （仏）Fragile, （独）Zerbrechlich, （伊）Fragile, （ス）Fragil, （ポ）Fragil

「冷所積」（英）Keep in Cool Place, （仏）Garder En Lieu Frais, （独）Kuehl aufbewahren, （伊）Conservare in luogo fresco, （ス）Manténgase En Lugar Fresco, （ポ）Deve Ser Guardado Em Lugar Fresco

「湿気用心」（英）Keep Dry, （仏）Protéger Contré Humidite, （独）Vor Naesse schuetzen, （伊）Preservare dall'umiditá, （ス）Mantengase Seco, （ポ）Náo Deve Ser Malhado

「此所を開封」（英）Open Here, （仏）Ouvrir Ici, （独）Hier öffnen, （伊）Aprire da questa parte, （ス）Ábrase Aqui （ポ）

Abrir Por Este Ponto

なお，言語の理解ができないことを考慮してイラストを入れることも大切である。

C/B ［チャーター・ベース］

Charter Base の略語。

1航海の収益を1カ月1重量トンに換算したもので，船舶の運行採算をとるばあいに用いられる。(運賃一航海経費)÷所用日数×30日÷重量トン＝C/Bとなる。H/B※の対語。

CBD ［前金払い］

Cash before Delivery の省略で，貨物の受渡し前に，前金支払いを行なうこと。CWO (Cash with Order) と同じ。

C/C

Captain's Copy の略語。

船積貨物の取扱い上の参考資料とするために，本船に渡される船荷証券 (B/L) の控えをいう。

ほかに Cancellation Clause (解約条項)，Carbon Copy (カーボン紙写し)，Cash Credit※ (キャッシュ・クレジット；キャッシュ信用状；当座貸し)，Chamber of Commerce (商業会議所)，Civil Commotion (暴動)，Continuation Clause (継続約款)，Cubic Centimeter (立法センチメートル) の略語としても用いる。

CCC ［関税協力理事会；コンテナ条約］

Customs Cooperation Council (関税協力理事会) の略語。欧州諸国，日本，米国など65カ国の政府機関で構成された国際的機関で，関税問題を専門的にとりあげて検討している。

Customs Convention on Containers (コンテナ条約) の略語。コンテナに関する通関条約で，1956年ジュネーブで制定された。本条約による便益は，締約国において一時輸入され，一定期間内に再輸出されるコンテナは，輸入税，輸入制限の適用が免除されるとともに，通関書類と担保の提供が免除される。

CCCN ［関税品目分類表］

Customs Cooperation Council Nomenclature (関税協力理事会の品目表) の略語。

もともと関税協力理事会 (CCC) の品目表は Nomenclature for the Classification of Goods in Customs Tariff と称された。しかし名称が長いために，その作成地であるブリュッセルをとって Brussels Tariff Nomenclature (BTN) とよばれたが，その後その品目表を CCCN とよぶようになった。CCCN の分類は，21部，99種，1010号から構成されており，CCC 品目委員会で，つねに研究・検討されている。わが国は CCCN を用いていたが，1988 (昭和63) 年から H/S 品目表へ移行した。☞Commodity Classification for International Trade

CD ［元地損害］

海上保険条件の付加危険の1つで，Country Damage※ (元地損害) のことをいう。

Certificate of Declaration (船積通知の確認証明書) の略語としても用いる。

Dun Report※ で用いるばあいは，Condensed Report の略語。過去の調査を総合した報告書をいう。

Ceiling ［上限］

価格または数量に課せられた上限。Ceiling on incomes (所得限度)。Price-ceiling とは法律で規制された，あるいは市場で入手可能な最高価格。Price-floor (＝Rockbottom) の対語。

Ceiling Method ［シーリング方式］

発展途上国に対する特恵供与の1つの方式で，対象品目に一定の輸入わく (天井) を設けて，それをこえない分の輸入

品について無税とするもの。わが国ではこの方式を採用しているが，米国はシーリングなしの無税として，国内産業に損害が生じたばあいは，エスケープ・クローズ（Escape Clause*）が発動できる方式をとっている。

CE Marking ［CEマーキング］

ヨーロッパの製品安全規格に合格していることを認証するマーキングである。CEとはConformité Européenneの省略でヨーロッパの製品安全規格に一致していることを意味している。設計・生産などが対象で評価の手続きは製品の設計（ABGHの4モジュール），生産（CDEFの4モジュール）に関して8モジュールに分類されている。

対象となる品目は，医療機器，単純圧力容器，建築資材，ガス燃焼機器，玩具の安全，機械の安全，身体防護用具などである。

Central Terminal System ［集中貯蔵施設］

原材料の貯蔵や流通のための大規模な物流施設をいう。

Certificate ［証明書］

証明書もしくは証券のことをいう。

たとえばInsurance Policy or Certificate（保険証券または保険承認状）。保険承認状は包括予定のばあいの簡単な証券。保険証明書というと輸入通関のさいに税関が要求する保険料の証明書。

Certificate and List of Measurement and/or Weight ［容積重量明細書］

商業送り状（Commercial Invoice*）の付属書類であり，各包装ごとの容積と総重量の明細書である。海事検定協会のような検査機関による検量の結果作成される。この検量された容積および重量は，海上運賃算定上の基礎となるほかに，輸入総重量税を課している中南米諸国向けのばあいには，買主の採算上にも影響をもつものとなる。買主側からの指図のないばあいには，荷為替取組みのさいに船積書類として銀行に提出する必要はないが，これと同時に作成する包装明細書（Packing List）は買主へ直送する船積書類の写しのなかに必ず入れる。

Certificate Final ［サーティフィケート・ファイナル］

品質または数量条件で用いられることばで，積地条件のばあいであれば，積地の検査・検量機関が発行した検査証明書をもって最終決定とする。

Certificate of Analysis ［分析証明書］

化学薬品や鉱産物などの含有成分を，専門の検査機関が証明した証明書で，信用状や売買契約書で要求があったばあいは，これも船積書類の一種として扱われる。

Certificate of Declaration

FOBまたはC&F条件の輸出のばあい，輸入者が特定の保険会社と包括保険契約を締結しており，積出しのつど，輸出者に，保険会社の輸出地の代理店に保険の申込みをさせることがある。代理店は，あらかじめ送付されているOpen Policyの写しにもとづいて輸出者のDeclarationを受け付けたうえで，簡単な承認状を発行するが，これをCertificate of Declarationという。保険承認状と同じように取り扱われる。

Certificate of Fumigation ［燻蒸証明書］

船舶の害虫・細菌を駆除するために燻蒸消毒したことを証明する書類。輸入食糧品について植物防疫官が現品検査を行なって害虫類に汚染されていると判断すると倉庫に搬入して密封のうえ消毒が行なわれ，無害となると燻蒸証明書が発行される。

Certificate of Insurance ［保険承認状］

包括的な予定保険（Open Cover*）が締結されると，Open Policy*（＝Open Contract）が発行され，これを保険会社と貿易業者とが一部ずつ保有する。この包括予定保険のもとで付保されている個々の貨物について，船積みのつど保険証券に代わって発行されるものが保険承認状である。

Certificate of Insurance は「保険証明書」と直訳できるが，輸入通関のさいに，税関に提出される保険料証明書（Certificate of Insurance Premium）と区別して，包括予定保険のばあいは「保険承認状」とよんでいる。保険承認状は，その内容が保険証券（Insurance Policy*）よりも簡単であるが，その効果は保険証券と同じである。ただし，英国では海上保険法および印紙法によって，海上保険契約は印紙貼付の保険証券に具現されていなくてはならないと規定されており，保険承認状は法的効力をもたないことになるので，信用状に Policy or Certificate と明記するか，あるいは包括予定保険のもとでも，ふつうの保険証券を発行してもらうことが必要となる。

Certificate of Origin ［原産地証明書］

貨物の原産国（地）を証明する書類。輸入貨物の関税率適用上とか，輸入禁止・制限，あるいは防疫上の必要から当該貨物の原産国を特定しなければならないことがある。しかし，農産物や鉱産物の場合とちがって，加工・製造を行なった国を特定することは簡単ではない。原材料を輸入して加工・製造しそれを輸出するような場合，輸出する製品の関税番号が輸入した原材料の関税番号と異なる実質的変更を加えた国をその製品の原産国と認めるのが１つの基準とされるが，部品を輸入しそれをアセンブルして完成品として輸出する場合，部品の現地調達率などが問題にされてその国が原産国とみなされないかもしれない。したがって，自由貿易協定（FTA）などでは原産地規則を取り決めている。原産地証明書は，輸出国の商工会議所が発給しているのが一般的であるが，特恵関税を適用する場合には輸出地の政府機関の発給する証明書（generalized system of preferences certificate of origin）が使用される。

Certificate of Posting ［郵送証明書］

積出書類または運送書類として，信用状が要求しているもので，海上船荷証券，複合運送証券，運送状（Waybill），郵便小包受領書（Post Receipt）などと同格に扱われる。

Certificate of Quality ［品質証明書］

商業送り状の付属書類であり，積荷の品質，数量，包装などについて行なった，公認の検査機関の証明書である。

Certified Copy of Master's Protest ［海難証明書］

海難にさいして船長が提出する海難報告書（Master's Protest）に，到着地の監査官庁が航海日誌などを参考として海難の事実を認める旨の文言を付記したものが海難証明書である。海上運送人の免責の裏付けとなる。

CFR ［運賃込み渡し］*

Cost and Freight（C & F*運賃込み渡し）を1990年 Incoterms では CFR と略称して，貿易条件全体の整理をはかった。

CFS ☞ Container Freight Station

CFT ［立方フィート］

１フィート立方体，すなわち１立方フィート（1.1331立方メートル）を1cft（才）という。容積トン（Measurement Ton）にあっては40才もしくは１立方米を１ト

ンとする。

CGCCE

Commission des Garantes et du Crédit au Commerce Extérieur の略語。フランスの経済省貿易局および貿易保険信用委員会のことで，輸出保険業務を取り扱う。

Chamber of Commerce and Industry ［商工会議所］

商工会議所法にもとづいて設立されている商工業者の会員組織による地域経済団体である。各地の商工会議所の連合組織として日本商工会議所，通称日商が東京にある。貿易に関連する業務としては，原産地証明書の発行，貿易相談，貿易取引のあっせん，ビジネス英語検定，貿易実務講習会などを行なっている。海外では，商業会議所とよばれ，世界的な連合体として，国際商業会議所（International Chamber of Commerce；ICC*）がパリに本部を設置している。

Chance ［機会；可能性］

Change ［変更（する）］

変える；変わるという意味で用いる一般的なことば。alter; modify は「部分的に変える」，vary は随時に物をいろいろに変える意味。amend は「修正する」。

Change of Destination ［揚地変更］

船荷証券に記載された陸揚港を，それと異なる陸揚港に変更することをいう。積付け状態に支障のないかぎり船会社はこれを認めてくれる。しかし揚地変更料（Diversion Charge）と，荷繰りのために必要となった荷繰費用（Shifting Charge）は，荷主が支払わなくてはならない。

Change of Risk ［危険変動］

保険者は，被保険者の告知にもとづき危険事情を考えて，その引受けと保険料率を決定する。そこで基礎となる危険事情に変動が生じたばあい，たとえば船舶の変更，離路，積替えなどのばあいは，危険負担責任を免れることができるが，これを危険変動の原則という。このばあい，危険率の変更だけならば追加保険料の支払いで継続担保されるが，危険の変種（Alteration of Risk）となると保険契約の見直しが行なわれる。

Change of Route ［航路の変更］

船舶が慣習的な航路を離れたり，寄港順序を違えて寄港するなどのばあいをいう。離路（Deviation）と同じ。海上保険証券では離路約款（Deviation Clause*）の適用を認めている。

Change of Sailing ［出港の変更］

雨中荷役の強制や寄港のとりやめのばあいと同じく，出港の変更によって貨物に生じた損傷，不足は原則として船会社側の負担となる。

Change of Ship ［船舶の変更］

特定の船舶に積込みができず別の船舶に積み込むばあい，あるいは他の船舶に積み替える（Transshipment）ばあいをいう。海上保険上は，危険の変更とみなされるので，保険者は原則として免責となる。

Change of Voyage Clause ［航海変更約款］

保険期間（Duration of Risk Clause*）に関する協会貨物約款の規定である。航海変更（Change of Voyage）のばあい，すなわち保険証券に記載された目的港を，船主または船長が任意に変更したばあいは，保険は終了するのが原則である。しかし被保険者の立場を考慮して，追って協定されるべき保険料の支払いを条件として，保険は継続できることを規定している。

Channel of Distribution ［流通経路］

生産者から消費者へ商品が流通される経路をいい，商品の流通を取り扱う中間販売業者によって形成されている。貿易

取引のばあいは，メーカーが当初は，輸出商社を通じて海外市場への売込みをはかる。そうした間接貿易の経験をふまえて，つぎに海外市場のバイヤーと直結する直接貿易が始まり，海外各地に代理店（Agent）を設置する。取引量が増大すると，他人まかせにできなくなるので，現地に支店を設置し，これを拠点として現地の卸売問屋（Wholesaler），さらに小売店（Retailer）を支配するようになる。

昨今は欧米の小売店の巨大化にともなって，直接，小売店と取引して流通経路の短縮化をはかるばあいも多い。

Character ［性格］

信用調査における調査項目の1つ。相手先の誠実さ（Integrity），評判（Reputation），仕事に対する態度（Attitude toward Business），債務の返済に対する熱意（Willingness to meet Obligations）などが内容となる。信頼できる相手であるか否かは，こうした意味でのCharacterいかんにかかっている。

Charge ［担保；（複）諸掛；（代金を）請求する；勘定をつける］

担保の意味のCharge と Mortgage との相違は，Mortgage は債務不履行のばあい担保物件に付属する権利を債権者に移転するが，Charge のばあいは担保物件に付属するある種の権利を債権者にあたえるだけである。

He is the clerk in charge.（彼が担当者である。）

Shipping Charges は船積諸掛。Free of Charge（＝Without Charges）無料で。

為替手形の文言で Charge the same to account of～は「同金額を～の勘定へ振り替えられたし」

Please credit (debit) charges to our (your) account.（諸掛を弊（貴）社勘定の貸方（借方）に記入乞う。）

Charring ［焦がし］

小火災を Fire というが，そのなかには燃焼や焼失のほかに，Charring（焦がし），Scorching（焼き焦がす），Smoking（燻ること），Cracking（ひびが入ること）なども含まれる。

Charter

船舶や航空機を借り切る Charter Party（用船契約）の略語。

Charter Party の語源は Party（分割された）契約書（Charter）で，1枚の紙に同じ内容のものを2通り記載し，それぞれ署名して2分し，各契約当事者が保管して後日引証が必要のばあいにそなえたことに由来する。

また，立法府が会社を設立し営業権をあたえる証書または法律のこと。Chartered Company（特許状会社）は英国で国王の特許状により設立された古い会社形態で，現在は学校などの公益団体のばあいにだけ用いる。通常の営業会社は会社法にもとづいて設立（charter）される。

Charterage ［用船料］

用船契約の種類には，船の占有支配を用船者の手に移して一定期間貸し切る期間用船と，一定航海を決めて貸し切る航海用船とがある。さらに貿易業者が用船する荷主用船と船会社が他の船主から用船する運送人用船がある。用船料とは，運送人用船のばあい運送人用船者が船会社に支払う報酬で，これは船腹需要の動向が加味されて決まる。期間用船では重量1トンの1カ月だてが用船料の基礎となる。期間用船の一種に用船料を1日いくらと定める日貸し用船がある。荷主用船のばあいの運賃は，通常は積込数量によって計算されるが，ときには，積込量と関係なしに，一括して決められるばあいがあり，これを統括運賃用船契約（Lumpsum Charter＊）という。

Charter Back ［チャーター・バック］

船会社が，税金の節約や船舶法の規制措置から免れるために，自社所有の船舶をリベリアその他の外国に売って（便宜置籍船），外国籍になった船を再び同じ船会社が期間用船（Time Charter）することをいう。

Charter Base ☞ C/B

Charter by Demise ［賃貸借用船］

船舶を用船者に提供する対価として賃貸料を受け取る用船契約をいう。このばあい，船内荷役費，港費，貨物にかかわる費用などを用船者が負担する条件をNet (form) Charter（純用船）といい，これの対語をGross (form) Charter（総用船）という。

Chartered Owner ［用船船主］

用船した船舶を提供して第三者と用船契約を結び（再用船），自己の責任で運送する運送人のことで，管理船主ともいう。

Charterer ［用船者］

Tramper（不定期船）の所有者（Owner）とCharter Party（用船契約）を結ぶ用船者をいう。

Charterer's Stevedore ［チャータラーズ・ステベ］

用船運送において，運賃条件がBerth（＝Liner）Terms*以外の条件のばあいに用船者が指定したステベ（船内荷役人）をいう。このばあい，用船者は自己の費用と危険で指定したステベに積み込み，陸揚げの業務を行なわせる。

Charter Hire ［用船料］

期間用船（Time Charter）のばあいに用船者が支払う用船料をCharter HireまたはHireという。かつてはCharterageともよばれた。航海用船（Voyage Charter*）のばあいはFreightという。

Chartering Broker ［甲種海運仲立人（甲仲）］

1939（昭和14）年制定の海運組合法は，海運仲立人を，甲種海運仲立人（甲仲）と乙種海運仲立人（乙仲）とに分類した。このうち甲仲とは，荷主と不定期運航者（船主または用船者）とのあいだに立って不定期船（Tramper）の用船を仲介し，その報酬として仲立人口銭を受け取るもので，Shipping BrokerもしくはSpace Brokerともよんだ。1947（昭和22）年に海運組合法は廃止されたが，甲仲，乙仲の名称は俗称として今日でも用いられている。

Charter Party ［用船契約］

C/Pと略称する。

船腹の一部または全部を借り切って運送する目的で船会社と用船者とで結ぶ契約をいう。一荷口が大量の貨物を不定期船（Tramper）によって運送するばあいに用いられる。用船運送にあっては，船会社と荷主とのあいだで，直接または用船仲介人（Chartering Broker*甲仲と俗称する）を介して契約を締結し，用船契約書（Charter Party）を作成し，双方がこれに署名したうえで各自1通ずつ保有する。

用船契約で重要な契約事項は，つぎのとおりである。

① 積載品名（Description of Cargo）
② 積載数量（Quantity of Cargo）
③ 船積港（Loading Port）
④ 陸揚港（Discharging Port）
⑤ 運賃率および運賃支払条件（Freight Rate and Terms of Payment of Freight）
⑥ 船内人夫賃負担条件（Berth Terms or FIO, etc.）
⑦ 荷役条件（CQD or Weather Working Days, etc.）
⑧ 滞船料（Demurrage）と早出料（Dispatch Money）
⑨ 停泊期間の開始時（Laytime Commence）
⑩ 積込回航日（Not before Clause）と契約取消条件（Cancelling Clause）

なお，用船契約には，一定期間貸し切る期間（定期）用船契約（Time Charter）と，2つの港を定め，両港間の一航海を貸し切る航海用船契約（Voyage or Trip Charter）とがある。期間用船契約は，すべて，船腹の全部を貸し切る全部用船契約（Whole Charter）であるが，航海用船契約にあっては，全部用船契約のほかに，船腹の一部分を貸し切る一部用船契約（Partial Charter）のばあいがある。

Charter Party は語源的に，室町時代貿易船に対して明の政府が交付した勘合符に類似するという。すなわち，Charter は Chart（海図），Chartered Company（国王から特許状をもらって設立された会社）にみられるような厚いカードの意味で，Party は「分割された」の意味の過去分詞の形容詞的用法。そこで Charter Party とは Parted Card（分割されたカード）の意味となる（佐波宣平『海の英語』95頁）。

Charter Party B/L ［用船契約船荷証券］

貨物の運送が用船契約（Charter Party）にもとづいて行なわれるばあいに発行される船荷証券である。用船契約の締結時に用船契約書が作成され，船積時に船荷証券が発行される。この船荷証券面上に用船契約との関係を示す，たとえば，Freight and Other Conditions as per Charter Party といった文句が挿入されるし，運送約款を省略した略式（Short Form）で発行されるので流通性が損われる。そのため，信用状に，とくに Charter Party B/L を認める旨の明言のないかぎり，銀行は Charter Party B/L の受理を拒絶する。

Cheap ［安っぽい］

We know there are cheaper goods than ours on the market.（市場に当社より安い商品のあることはわかっている。）

Buyer claim an allowance of 10％ for (＝on account of) the cheap (＝bad＝poor＝inferior) quality of your shipments.（買主は貴社積荷の劣等品質を理由として1割の値引きを要求している。）

Check Book ［荷役手帳］

積荷貨物が多いばあい，各船艙別に積荷目録（Manifest*）に記載された品名および荷姿を，アルファベット順に簡単にまとめ，揚荷のさいにチェックするために用いるもの。

Checker ［チェッカー］

☞Tallyman

Checking Operation ［照査事務］

貨物の検数（Counting），検量（Weighing），検才（Measuring），およびそれに付帯する照合事務のいっさいをいう。CIF，FOB いずれの条件のばあいも照査事務に要する費用は売主負担である。

Check Price ［抑制価格］

輸出品の値段が不当に上がるか，または不当に下がるばあい，これを制止するための制限価格をいう。わが国のばあいとくに問題となるのは，不当に価格が下がるばあいである。このばあい，政府は，資本の海外逃避またはダンピングのおそれがあると認められる指定商品について，一定の最低価格（Floor Price）を設け，これより低い価格で輸出することを認めない措置をとることがある。これを最低価格制（Floor Price or Check Price System）という。

この制度の目的は，輸出の過当競争の結果，仕向先市場を混乱させて輸入制限運動をまねいたり，また低価格，出血輸出に必然的にともなう品質低下によって，日本商品全般に対する世界的な信用の損失をまねくことを防ぐことにある。

Chest ［茶箱］

主として茶を包装する箱で，標準量目は60キログラムないし100キログラムで

Chief ［主要な；長］

Chief Lines（＝Main Lines）は主要取扱い商品，Chief Director（＝Managing Director）「専務取締役」，Chief Manager（＝Manager＝Mgr.）「部長」，Chief of Section「課長」

Chief Mate ［一等航海士］

一等航海士は，船長の次位にあって，船長の業務を補佐する。その職務内容は，①船内の規則・風紀の取締り，②船舶の安全保持・応急処置，③甲板部員の教育・訓練，④操船，⑤荷役書類の整備（M/R〔本船受取書〕の発行など），⑥船医が乗船していないとき，医務の業務，⑦停泊中，荷役全般の指揮，⑧出入港時，船首で甲板部員を指揮，船長の命により出入港作業，⑨ボート・ノートの署名などを行なう。Chief Officer ともいう。

Chief Officer ☞ Chief Mate

Chill Cargo ［チル・カーゴ］

冷蔵輸送（Chilled Transport）される魚類や野菜をいう。特殊コンテナを利用し，温度を零度前後に保持することによって輸送される貨物で，鮮度，味が従来の冷凍食品に比べて優れている。

CHINCOM ［チンコム］

China Committee のこと。かつて，対共産圏戦略物資統制委員会の下部機構として対中国貿易の統制事務にあたった。朝鮮動乱以来，対中国貿易の統制を，他の共産圏向け貿易より厳重にする必要上，ココム（COCOM*）とは別に1952年に組織され，対中国禁輸品目についてのリスト（チンコム・リスト）が作成された。現在は存在しない。

Chinese Abroad ［華僑］

中国の国籍はもつが，本国を離れ海外に移住し，定着した中国人をさす。Oversea Chinese ともいわれる。定着して市民権を得ている場合が現状といえるので，華人と呼ぶのがふさわしい。彼らは同郷団体（郷幇）を結成して，経済上や貿易上に強固な勢力を有している。これに対して，華商とは，中国人商人の総称であり，近接の国外に移住して，本国の郷党と有機的なつながりを保ちながら国際的な仲介的取引を行なっている商人をいう。

Chinese Merchant ［華商］

中国人の商人を総称していう。彼らのうち外国に生活の本拠をもっている者を華僑（Chinese Abroad*）という。

Chip ［切れはし；そげ落ちる］

Chipping Loss（剝損）　塗料などがはがれる損害で，海上保険上は，特約によって担保される。

Chocking ［チョッキング］

詰め物，クッション，ウエッジなどを挿入して貨物の移動を止めたり，あるいは貨物のあいだまたは貨物とコンテナの側部とのあいだを角材などで固定することをいう。

Chop Marks ［商標］

Trade Mark, Brand と同じく商標を意味する。これらのうち，Trade Mark はブランドの法的一面を強く表現するばあいに用いられる。いずれも，特定商品の同一性を示し，他社の模倣を防止するために商品につけるものである。

Chose in Action ［無体動産］

為替手形や保険証券などによって支払いを請求できる権利をいう。契約不履行にもとづく損害賠償を，訴訟手続によって請求できる権利をいう。

CIF ［運賃・保険料込み渡し］

シフともいわれる。

積地条件に属する Trade Terms（貿易条件）の１つで，Cost, Insurance and Freight の省略。C の Cost は FOB Cost を意味するので，CIF 価格とは，FOB 価格に輸入港までの海上運賃（Ocean

Freight）と海上保険料（Insurance Premium）とを加算した価格である。貨物についての売主の危険負担は，FOB条件のばあいと同一で，契約品を売主みずからが手配した本船に積み込むやいなや，積荷に対する危険は売主から買主へ移行する。しかし，このばあい，契約品の所有権は，積込みが完了しても売主から買主へ正式には移転せず，積荷を代表する船積書類が買主に到着したときをもって船積時にさかのぼって，正式な所有権の移転が行なわれる（遡及説）。たとえば，FOB（本船渡し）にあっては，所有権の移転が，現実的・物理的な引渡し（Actual Delivery ; Physical Delivery）であるのに対して，CIFにおける所有権の移転は，象徴的な書類渡し（Symbolic Delivery）である。

コンテナ輸送の増加に対処するため，国際商業会議所は1980年の改正インコタームズにおいてFreight/Carriage and Insurance Paid to（輸送費・保険料すみ，CIP＊と略称）条件を，従来のCIF条件に対応するコンテナ輸送のばあいの条件として制定した。従来のCIFにおいては，危険の分岐点が本船甲板への積込み時であったのに対して，この条件では運送人の管轄下に移された時点となっている。

CIF & C ［運賃・保険料および口銭込み渡し］

買主側が代理人（Commission Agent）であるばあい買主側に契約完了後送金すべき戻し口銭（Return Commission）をCIF価格に織り込んだもので，あとのCはCommissionである。☞ CIF

CIF & E ［為替費用込みシフ］

CIF条件の変型で，Cost of Exchange（為替費用）をも売主が負担する条件である。すなわち，第三国通貨で決済するばあい，売主，買主ともに通貨の交換が必要となるが，このばあい買主側の為替費用（割引料その他の手数料）をも，売主が負担するという特約つきのCIF条件である。

CIF & I ［運賃・保険料および利息込み渡し］

IはInterest（利息）。輸出国通貨で行なう取引の決済は，通常，「本手形金額のほか，この日付から送金到着の概算日まで，年一％の割合で利子をつけて支払うよう」と指図してある利付手形（Interest Bill）でなされ，このばあい，利息は買主負担となる。これに対して，輸出国通貨で取引したにもかかわらず，利付手形を用いないばあいで，しかもその利息を売主が負担とする特約をつけたCIF条件である。☞ CIF

CIF Cleared ［通関費込みシフ］

仕向港までの運賃，保険料に加えて，輸入通関に必要なすべての費用をも売主が負担する条件である。これに対して輸入税だけを売主が追加負担する条件はCIF Duty Paid＊（関税込みシフ）という。いずれの条件も売主の危険負担の分岐点は，輸出港の本船積込み時である点，所有権は船積書類によって移転する点はCIF条件と同じである。

CIF Duty Paid ［関税込みシフ］

運賃，保険料に加えて輸入関税をも売主が負担する条件である。ただし，売主の危険負担の分岐点は輸出港における本船積込み時である点，また所有権の移転は船積書類によって行なわれる点はCIF条件と同じである。

CIF Landed ［陸揚費込みシフ］

仕向港までの運賃，保険料に加えて，輸入港における陸揚げのための費用をも，売主が負担する条件である。ただし，売主の危険負担は輸出港での本船積込み時まで，所有権の移転は船積書類によって行なわれる点は，CIF条件と同じである。

CIF Net ［口銭なしシフ］

買主が輸入地の本人（Principal）に依頼して代理人（Agent）として輸入取引を行なったようなばあいに、自己の口銭（Commission）を売主に要求してくるばあいがあるが、そうした買主への戻し口銭（Rebate；Return Commission）が含まれていない正味のCIFをいう。同じように、FOB Net という用法もある。

CIM ［国際鉄道物品運送条約］

Convention Internationale concernant le Transport des Marchandises par Chemins de Fer の略語。

鉄道による貨物運送に関する国際条約で、1952年ベルンにおいて制定されたことからベルン条約ともいう。この条約は、2つ以上の締約国にまたがり国際鉄道中央事務局（UIC）に登録された鉄道路線だけによる運送で、しかも通し運送状が発行されるばあいに適用される。

CIP ［輸送費保険料込条件］

1980年 Incoterms では Freight, Carriage and Insurance Paid to の略語で「運送・保険手配ずみ」と解釈されたが、1990年の Incoterms では、これが整理されて Carriage and Insurance Paid to「輸送費保険料込条件」の略語として用いられることになった。

売主は指定仕向地までの運送契約を結び、最初の運送人に物品を引き渡すまでの危険を負担し、その後の運送中の危険に対して運送保険を手配し、通常の運送書類および保険証券などを買主に提供するとともに、約定品を運送人に引き渡した旨の通知を電気通信手段により遅滞なく買主にあたえなければならない。従来のCIF条件に対応する貿易条件であるが、危険の分岐点が本船の舷側手摺でなく、最初の運送人の管轄下への引渡し時点である点が相違する。

Cipher ［暗号］

英国では Cypher。

Circa ［概算］

About（約），Approximately（概算）などとともに、数量または金額の概算を示す。信用状統一規則では、過不足ないし増減がそれぞれ10％をこえない意味に解釈し、その範囲までの過不足を認めている。

Circle ［仲間］

Trading Circles（貿易業界）。

They have large circles of business friends.（彼らは広範囲な取引仲間をもっている。）

Circular ［回状；取引勧誘状］

国内取引にあっては、特売の通知や開店、事務所の移転などのばあい、得意先へ送る同文のダイレクト・メールをいう。

貿易取引にあっては、海外の業者に対する取引関係締結のための申込み状をいう。海外の有望な取引先の発見には、商工人名録や貿易斡旋機関などが利用されるが、特定市場の特定取引先の目鼻がつくと、これに対し回状を送付する。内容は、(1)相手方を知った経路 (2)取引関係開設の希望 (3)自社の紹介 (4)当方の信用照会先 (5)当方の営業内容および取引商品の明細などが記載されている。

Circular Credit ［巡回信用状］

Traveller's L/C（旅行者用信用状）ともいう。かつて、海外旅行するばあいに、大金を携帯するのは危険なので、この信用状を持ち歩いた。必要に応じて、発行銀行の取引銀行（コルレス先）で現金化できるしくみとなっている。

Circumstances ［事情］

Civil Commotions ［暴動］

一般民衆が多数集合して暴動または強迫することをいう。国権を剥奪する目的で行なう内乱や反乱と、地方的な騒擾や暴力沙汰との中間的な段階をいう。

Container Load Cargo（コンテナ扱いとなる大口貨物）もしくは Carload Lot Cargo（鉄道運送の一車扱い貨物）の略語。

C/L ☞ Container List

Claim ［クレーム］

およそ貿易取引において生じる損害賠償の請求を，広義のクレームと考えると，そのなかには，運送クレーム，保険クレーム，さらに狭義の貿易クレームが含まれる。

運送クレーム（Transportation Claim）とは，たとえば貿易貨物の海上輸送に直接原因のある損害賠償の請求であって，具体的には積荷役，揚荷役，保管，積付け，運送上の不備や，海上運賃または用船契約取決め上の欠陥に原因する損害の請求である。これらの海上輸送に起因する損害が生じたばあいには，被害者である荷主側は，船会社に対して損害賠償の請求を行なうのがすじ道であるが，現実には，船会社は，船荷証券や用船契約書に広範囲にわたる免責事項を挿入しているので，荷主側が船会社に対して提起できる運送クレームの範囲はきわめて狭い。

保険クレーム（Insurance Claim）。輸送上の貨物の損害は，上述のように船会社に求償できる範囲がきわめて狭いので，けっきょくは，保険クレームとして保険会社に求償することになる。

運送クレームや保険クレームが主として外因的，自然的，不可抗力的な輸送上の危険を対象とするのに対して，狭義の貿易クレーム（Trade Claim）は，貿易取引により内在的，必然的，人為的な貿易売買契約ないし貿易貨物そのものを主たる対象とし，貿易取引の内容により直接的に関連するもので，いわゆるクレーム問題の中心である。貿易クレームの原因としては，Inferior Quality（品質不良），Different Quality（品質相違），Bad Packing（不完全包装），Breakage（破損），Shortage（不足），Delayed Shipment（船積遅延），Different Shipment（船積相違），Illegal Shipment（法規違反の船積み），Breach of Contract（契約違反），Cancellation（解約）などがある。クレームを提起する者を Claimant，提起される者を Defendant という。

Please settle（＝adjust）the pending claim.（懸案のクレームを解決してほしい。）

Buyers claim an allowance of 10 % for the inferior quality.（品質不良を理由に10％の値引きを要求している。）

They accepted（rejected, settled）our claim.（当方の弁償要求を承諾《拒絶，解決》した。）

Claimant ☞ Claim

Claim Clause ［クレーム約款］

貿易クレームが現実に発生してからでは，公正な解決方法を売買両当事者間で取り決めることは困難であるところから，売買契約を締結する以前に，一般的取引条件（General Terms and Conditions of Business）の1項目として協定しておくものである。ここでは，クレームを提起できる期間の限度とその方法が規定される。両当事者間の和解（Compromise*）や調停（Mediation；Conciliation*）よりも仲裁（Arbitration*）による解決が多いところから，仲裁に関する規定が中心となるので，仲裁条項（Arbitration Clause）ともいう。

Claim, if any, payable at/in～

保険金の支払地を意味する。輸出のばあいは，仕向地が保険金支払地として契約される。通常，保険会社と被保険者の双方によって便利な場所が選ばれ，その地にあるクレーム精算代理店（Claim Settling Agent*）が指定されて，保険証

券または保険承認状に記載される。

Claim Merchant ［クレーム商人］

悪徳商人の一種で、クレームを提起することを常習とする商人である。すなわち、故意にクレームをつけることを、あらかじめ前提としたうえで契約し、常習的にクレームをつけることで利益をはかる悪質な商人である。

Claim Notice Clause ［損害通知約款］

保険証券に記載されている約款で、損害が発生したばあいは、被保険者が損害の調査を行なう前に、保険会社の代理店に損害発生の事実を通知し、損害の査定をうけないかぎり、保険金の支払いを行なわない旨を規定している。

Claim Settling Agent ［損害査定代理店］

海上損害の精算事務を代行するために、各国の主要都市や港におかれている保険会社の代理店である。海上保険証券の左上部の Claim Agents 欄に記載されている。損害査定代理店のうち、精算人の精算にもとづいて保険金の支払いを行なうものを損害支払代理店という。損害査定代理店は航空貨物保険や旅行手荷物保険のばあいにも利用される。

Classification ［船級］

船級協会が定めた一定の基準にパスしたことを証する船級をいう。船級をとっている船舶は信用される。こうした船級をあたえる船級協会(Classification Society*)は世界に9つあるが、有名なものにつぎのものがある。American Bureau of Shipping(米。AB と略称)、British Corporation for the Survey and Registry of Ships(英。BC と略称)、Lloyd's Register of Shipping (英。LR と略称)、Bureau Veritas (仏。BV と略称)、日本海事協会 (NK と略称)。

Classification Society ［船級協会］

船舶の等級(Classification*)を付ける民間機関で、船級をとっている船は最高の技術水準以上のものであるため、保険料率や売買上も有利となる。世界の有力な船級協会は、英国の Lloyd's Register of Shipping(LR と略称)、米国の American Bureau of Shipping (AB と略称)、日本の日本海事協会 (NK と略称) などである。

Clause ［条項］

Clayton Act ［クレイトン法］

米国の反トラスト法のうちの1つの法律で、価格差別、不当な排他条件付取引、合併や株式・資産取得などの企業取得の規制を内容としている。同法7条では、商業に従事する者が他の商業に従事する者の株式あるいは資産を取得する結果、競争を実質的に減殺したり独占を形成したりするばあいには、そのような株式あるいは資産の取得を禁止するとしている。

CLB ☞ Canadian Land Bridge

CLC ［通常の国内運送］

Customary Land Conveyance で、航洋船に接続する輸入地の通常の国内運送のことで、保険申込書などに記入する欄がある。

Clean Bill ［クリーン・ビル］

船積書類の添付されていない為替手形で、荷為替手形 (Documentary Bill of Exchange) に対する用語である。この手形には担保物件が付帯されていないので、十分な担保が提供されているか、信用状が発行されているか、または手形買取依頼者の信用度が高いばあいでなければ、銀行は原則として買取りには応じない。

クリーン・ビルにはこのほかに、Documentary Clean Bill*、旅行者用信用状にもとづいて振り出される為替手形、旅

行小切手，公社債，利札，配当金領収証，預金証書などがある。このうち，Documentary Clean Bill とは，早急に処分を要する貨物の輸出などのばあいに，船積書類は銀行を経由することなしに，輸出者から輸入者へ直送され，買取りにさいしては，担保物件としての船積書類の添付がないばあいである。なお，本支店間で用いられる Documentary Clean Bill を House Bill* という。書類を必要としない電子式船荷証券を参照。

Clean B/L ［無故障船荷証券］

貨物が外観上完全な状態で積み込まれたことを示す船荷証券をいう。

これに反して，船積み時に，貨物に数量不足，包装に破損・濡れ・汚れなど，不完全な状態がある旨を記載した船荷証券が Foul B/L（または Claused B/L）である。すなわち，船積み時に貨物の外観に欠陥があると，検数人は検数票（Tally Sheet*）にその旨記入し，それが本船受取書（M/R）に摘要（Remarks*）として記載され，この摘要がさらに B/L 面にも転記される。故障付船荷証券のばあいは，銀行はその買取りを拒絶するので，便法として荷送人は補償状（Letter of Indemnity*）を船会社に差し入れて，摘要を抹殺してもらい，「無故障」船荷証券を発行してもらうように懇請する。しかし，この行為は厳格に考えると刑法（第162条）に抵触する。

信用状のなかでは，つぎのような船荷証券が要求されるのがふつうである。

Full set of clean on board Bills of Lading, made out to order of shipper and endorsed in blank, marked freight prepaid and notify applicant（荷送人の指図人式に作成され，白地裏書をなし，運賃前払いずみ，通知先は買主を記載した無故障船積船荷証券の全組。）

Clean Cargo ［精良貨物］

中身の特性が強くなく，運送中の損傷も，他の貨物に損害をあたえる危険も少ない取扱い上望ましい貨物をいう。Fine Cargo* ともいう。

Clean Credit ［無担保信用状］

Clean L/C のこと。これは普通為替信用状とも荷落信用状ともよばれ，船積書類の添付がなくても，手形の引受けまたは支払いを約束している信用状である。この信用状は，通常の輸出入取引の決済に使用されることはまれで，運賃，保険料の支払いや手数料，借入金の返済など，総じて貿易外取引の決済に使用される。たとえば Stand-by Credit* はこのような無担保信用状の一種である。

無担保信用状が，通常の輸出入取引に用いられることが少ないのは，船積書類が担保物件として手形に添付されないので銀行にとって危険が大きいからである。したがって，よほど信用のある取引先の依頼でなければ，このような信用状は発行しない。また買主としても，売主が確実に約束どおりの商品を送ってくれるとの確信がもてなければ，このような信用状の発行は依頼できない。なぜなら，もし約束違反の商品を送られても，売主が信用状条件どおりの手形を振り出せば，発行銀行は手形代金を支払わねばならず，発行銀行は買主に無条件で求償を行なうからである。☞Letter of Credit

Clean Receipt ［無故障本船受取書］

本船への積込みにさいして，貨物の外観上故障がないばあいに発行される本船受取書（Mate's Receipt*; M/R）をいう。積込み時に貨物の外観上故障があると，Tallyman（検数人）はこれを Chief Mate（一等航海士）に報告するので，一等航海士が発行する本船受取書に事故摘要（Remarks*）が記載され，Foul Receipt（故障つき本船受取書）となる。

Clear ［手続をすませる；（借金を）支払う；通関する］

Clearance ［クリアランス］

船舶関係では，出航にさきだって，出航免状を取得することを Clearance を切るという。

ETC* (Estimated Time of Clearance) のばあいには，荷役作業または輸入通関 (Customs Clearance) の完了または取得予定の日時の意味で用いる。

Clearance Sale (蔵払い；見切り売り)

Clearing Agreement ［清算協定］

国家間または企業間で，債権・債務の相殺決済を行なって，決済尻が一定の限度以上になったとき，あるいは一定期間を経過したときに最終的な決済を行なう取決め。

Clerk ［社員］

Client ［顧客］

CLM ☞ Certificate and List of Measurement and/or Weight

Close ［密接な；締結する］

Closed Conference ［クローズド・コンファレンス］

海運界の過当競争をさける目的で，運賃および運送条件について協定した海運同盟 (Shipping Conference; Freight Conference) の1つで，加盟を希望する船会社に無条件で加入を認める Open Conference (米国式) に対して，Closed Conference は英国式（もしくは閉鎖的）といわれ，一定の条件のもとでだけ加入を認めるものをいう。

Closed Dock ［閉鎖式ドック］

潮の干満の激しい港で，箱型埠頭を設け水門を設置して，干潮時でも荷役できるようにしてある埠頭をいう。

Closed Indent ☞ Indent

Closed Port ［不開港］

税関が存在せず通商を許されていない海港 (Sea Port) または空港 (Airport) をいう。外航船がこうした不開港に出入するばあいには，これを管轄する最寄りの税関に「不開港出入許可申請書」を提出して許可をうけなくてはならない。

Closing Date ［積切日］

特定船舶に貨物を積み込む最終締切日をいう。

CLP ☞ Container Load Plan

CM Contract ［CM 契約］

Construction Management Contract をいう。大型プロジェクトの実施にあたって，発注者はコンサルタントと設計契約を締結すると同時に，Construction Manager (CMR) と CM 契約を結ぶ。CMR には従来プライム・コントラクター（元請負者）やコンサルタントとして業務を行なっていた者のうち有力な者がなる。CMR は設計の段階で，コントラクター・サイドでもっている技術，情報をコンサルタントに提供し，現実に即応した設計を完成させ，精度の高い概算予算を算定する。基本設計が完了し，発注者の承認が行なわれると，CMR は職別 Trade Contractor を入札により選定し，発注者と施工契約を締結させフェーズド・コントラクト (Phased Contract, 段階ごとの契約) を実施させ，工事の施工を監督する。

CMR

Convention relative au contrat de Transport International de Marchandises par Route (国際道路物品運送条約) の略語で，CIM (国際鉄道物品運送条約) とともに，陸上物品運送における運送人の責任を中心とした重要な国際条約である。☞ CM Contract

C/N ☞ Credit Note

C/O ［気付］

care of の略語で，特定の団体を気付として通信文を託送するるばあいに

    Mr. W. Fowler

c/o The US Trading Co., Inc.
のように用いる。

海上保険申込書のなかの C/O 欄は, 保険契約者 (Contractor of Insurance) が被保険者 (Assured*) としての証券名義人と異なるばあいに, その保険契約者名を記入する欄である。

原産地証明書の略語。☞ Certificate of Origin

COA ［運賃用船；着荷払い］
Contract of Affreightment のことで, 使用船舶を特定せずに, 長期間にわたり, 相当数量の原材料貨物を一定の運賃で輸送する契約をいう。

Cash on Arrival (着荷払い) の略語としても用いる。貨物の到着を条件として現金で支払いを行なう。

Coaster ［内航船］
外航船 (Ocean-going Vessel) に対することばで, 国内貨物の輸送にかかわる船舶をいう。外航コンテナ船の寄港地と寄港しない地域とのあいだのコンテナ・フィーダー (Feeder)・サービスをも行なっている。Coasting Vessel ともいう。

Coasting Trade ［沿岸貿易］
もともとは同一国内の沿岸港間の取引をいう。しかし今日では, 米本土とハワイ間の取引, フランスとアルジェリア間の取引, 富山・福井など日本海沿岸諸港と旧ソ連東海岸との取引 (日本海貿易) などにまで広く解釈して用いられる。

Coasting Vessel ☞ Coaster
Coastwise Shipping ［内航運送］
内航船 (Coaster) を用いて行なう, 海上内国輸送のこと。

COC
海上保険の付加危険の1つで, Contact with Other Cargo (他の貨物との接触) の略語である。

COCOM ［ココム］
Coordinating Committee for Export Control (対共産圏輸出統制委員会) の略語。共産圏向け戦略物資についての輸出の禁止または制限を行なうことを目的としたもので, アメリカの主唱で1949年に設立され, パリに本部があった。対中国輸出統制委員会 (CHINCOM ; China Committee) も吸収していたが1994年に解散。

COD ☞ Cash on Delivery
Code ［暗号］
Code Telegram は暗号電報。商品の Code Number (暗号番号) は Price List などに各商品ごとにつけた品目番号 (Item Number) のこと。

Code Book ［電報暗号書］
国際取引では, 売主と買主とが遠く離れているので, テレックスの発達以前は緊急な商談は電報によることが多かった。しかし, 電報料金が高いため, 少額の費用で意味を伝え, また商談の内容が競争者にもれるのを防ぐために暗号書が使用された。

暗号書には, 同一社内で使用する専用暗号書 (Private Code Book) と, 広く一般に用いられている公刊暗号書 (Public Code Book) とがあったが, 電報は使用されない時代となった。

Code of Ethics for the Exchange of Information ［信用調査交換について守るべき規則］
ロバート・モーリス協会 (Robert Morris Associates) が作ったもので, 信用調査の交換が商業活動に重要な意義があるところから, 信用情報の秘密性の取扱いについて規定している。

Code Words ［コード・ワード］
価格表などに記載する電信のときの暗語の品目番号で, Item Number; Code Number ともよばれる。通常, TA100のように5桁で構成される。

COFACE

Compagnie Française d'Assurance Pour le Commerce Extérieur（フランス貿易保険会社）の略称。政府関係機関出資の特別法人で，輸出保険業務を行なっている。

COFC

Container on Flat Car*の略語。鉄道台車（Flat Car）上に，コンテナを積んで輸送する方式をいう。

COGSA ☞ Carriage of Goods by Sea Act

Co-Insurance ［共同保険］

特定貨物について，たとえば3つの保険会社にそれぞれ50％，25％，25％というように分担付保することをいう。このばあい，最大持分の保険会社が幹事会社となって，契約の実務や損害の査定を行なう。主として輸入貨物を本邦で付保するばあいに用いられる。

Collateral Export ［見返り輸出］

輸入先国で行なわれたバーター貿易のばあいに，輸入代金の決済にあてるために見返りとして行なう輸出をいう。

Collect ［回収する］

Charges to collect＝Charges Foward（諸掛着払い）は，Charges prepaid＝Charges paid（諸掛前払い）の対語。

Freight (to) collect＝Freight is payable at destination（運賃着払い）

Collect B/L（運賃着払い船荷証券）

Collecting Bank（手形取立銀行）

Collect B/L ［運賃着払い船荷証券］

運賃は貨物が目的地に到着後支払う（Freight payable at Destination ; Freight to collect）旨を明記した船荷証券。

FOB契約のばあいには，海上運賃（Ocean Freight）は貨物が輸入港に到着後，荷受人が支払うことになるが，このばあい，荷送人が輸出地の船会社から船積み後，本船受取書（M/R）と引換えに入手できる船荷証券（B/L ; Bill of Lading*）は，運賃着払いの旨が記入された船荷証券となる。

Collect Call ［料金対話者払い通話］

国際電話（International Telephone）の1つの種類で，料金を相手払いとして申し込む。局では相手方の支払承諾をえたうえで接続する。

Collection ［代金取立て］

輸出者が振り出した荷為替手形を，輸出地の取引銀行が割引・買取り（Negotiation）を行なわないで，輸入者が満期日に支払った代金が呈示銀行（Presenting Bank*）から入金されたときに初めて，輸出者に支払う方法をいう。

Collection Bill ☞ Bill for Collection

Collection Order ［取立指図書］

D/P手形やD/A手形のばあいに，取立依頼人から商業書類付きの取立ての依頼をうけた取組銀行が取立銀行に対して発行する指図書。

Collision ［衝突］

座礁（Stranding），沈没（Sinking），火災（Burning）とともにSSBC*といわれる主要事故（Major Casualty）の1つで，船舶間の衝突をいう。保険会社によって通常，担保される海上固有の危険である。

Color ［色］

色の感覚は，各国によって相違するので，輸出商品にあっては仕向国ごとに染め直しが必要なばあいが多い。日本や東南アジアでは白は喪の色として敬遠されるばあいがあるが，西欧では花嫁のガウンの色として喜ばれる。日本人が好む紫色は，ラテン・アメリカ諸国で死の色として嫌がられる。日本人は白と赤の配色を，中国人は赤と黄色の配色を幸運の色として歓迎する。それぞれの国の国旗の配色を参考にして，それぞれの市場に適

合する色を選定し，Color Sample（色見本）を送付して先方の承諾をえる。

Combination Carrier　［兼用船］

バルク・キャリアの変型で，鉱油兼用船（Ore/Oil Carrier），撒油兼用船（Ore/Bulk/Oil Carrier；OBO），自動車とばら積み乾貨物兼用の Car/Bulk Carrier などがある。船会社にとっては，タンカーもしくはバルクのいずれかいいほうのレートを選べるので有利であるが，反面，それぞれの専用船と比べて建造費が割高となる。Combined Carrier ともいう。

Combination Deal Trade　［組合せ貿易］

輸出，輸入に三国間調達などを組み合わせた貿易の方式をいう。たとえば 1974（昭和49）年，ユーゴスラビアはブラジルからコーヒーを輸入した。ユーゴスラビアとブラジルとの貿易協定は，両国の輸出入をほぼ均衡させることを規定しているので，ユーゴスラビアは貨車1,000台をブラジル向けに輸出する契約をきめた。しかし，ユーゴスラビアは鉄鋼が不足しているために，貨車の上物だけを同国で製造し，台車部分は日商岩井が直接ブラジル向けに輸出することになった。共産圏諸国との新しい貿易方式として注目された。

Combination Rate　［積重ね料金］

通しの単一の運賃の計算ができないばあいに，陸上運賃，海上運賃などを積み重ねて合計した料金をいう。

Combined B/L　☞ Local B/L

Combined Transport　［複合運送］

特定の運送品が2つ以上の異なる運送手段により相次いで運送されるばあいをいう。その運送の一貫性を強調して複合一貫輸送ともいう。単一の運送契約のもとで，特定の運送人が他の種類の運送手段による運送を下請運送として利用する形態がほとんどである。Intermodal Transport または Multimodal Transport（多形態運送）ともいう。

Combined Transport B/L　［複合運送船荷証券］

物品の受取地から指定引渡地まで2つ以上の異なる種類の運送手段によるいわゆる複合運送（Combined Transport；Multimodal Transport）について，複合運送業者が受取書として発行するものが複合運送船荷証券である。複合運送は新しい運送方式であるため，用語自体にも不明確な点がある。たとえば，欧州向けコンテナ船のばあい，日本／欧州運賃同盟に加盟している船会社が発行する船荷証券は，貨物が欧州の港どまりで積替えしないばあいも，発行される証券は Combined Transport B/L が用いられる。また信用状で Ocean B/L が要求されているばあい，Ocean B/L は運送手段が船舶だけのため，海・陸・空など複数の運送手段を使う Combined Transport B/L は買取りに支障が生じるので，Combined Transport B/L is acceptable. と信用状の訂正を要求しておく必要がある。

Combined Transport Operator　［複合運送人］

複合運送証券を発行するものをいう。複合運送人は運送品の受取りから引渡しまでの全区間の運送を，みずからまたは下請運送人を使用して履行し，複合運送証券を発行する。複合運送区間において生じた運送品の損傷に対しては，複合運送人が一貫責任を負う。CTO と略称する。

Comeback　［回復］

Rally と同意で，「盛り返し；回復」。対語は React（低落する）。

COMECON　［コメコン］

正しくは Council for Mutual Economic Assistance（東欧経済相互援助会議）を意味するが，これを Communist

Economic Conference の略語として用いていた。貿易関係の強化を目的に結成されたが, 最終的には経済統合をめざし, 加盟国はソ連, ポーランド, チェコスロバキア, ハンガリー, ブルガリア, ルーマニア, 東ドイツ, モンゴル, キューバ, ベトナムの10カ国で準加盟国に北朝鮮, アンゴラなどがあったが, 1989年秋以降の自由化の波をうけてコメコンの改革が進んでいた。しかし, 1991年の東欧の変革にともない解散した。

Commencement and Termination of Insurance ［保険の始期と終期］

Open Policy には, 保険の始期および終期として, 添付別表のとおり (as per attached schedule) と規定されている。協会貨物約款の運送約款では, 個別的な協定事項となっている。

Commercial Bill ［商業手形］

掛買いした仕入れ商品の代金支払いの手段として, 買主が振出人で売主を受取人とした約束手形。ときには為替手形のばあいもある。商業手形の背後には商品が存在し, 手形債務の支払いの可能性が大きいので, 商業銀行はこれを割り引く形で商業金融を行なう。

Commercial Credit ☞ Letter of Credit

Commercial Dispute ［商事紛争］

Trade Dispute ともいう。貿易売買契約の履行にあたって, 当事者みずからの責に帰するような契約条件の違反にもとづく紛争をいう。品質不良, 品質相違, 不完全包装, 破損, 船積み遅延, 船積相違, 法規違反, 数量不足, 契約違反, 解約などの原因で生じる。被害者は相手側に対してクレームを提起して損害賠償を要求する。

Commercial English ☞ Business English

Commercial Invoice ［商業送り状］

輸出者が輸入者にあてて作成する積荷の明細書であると同時に, 請求書, 納品書の性格をもつし, さらに輸入者の立場からすると, 輸入の原簿となる重要かつ包括的な書類である。積荷の品名, 荷印, 数量, 単価, 金額, 積載本船名, 船積日, 船積地, 仕向港, 立替費用などが詳細に記入されているので, 輸入者からみれば輸入貨物の仕入書であり原簿となるわけである。輸出通関手続にさいしても, 申告書類の一部として, 税関あてに提出する。

商業送り状は, その土台となっている売買の種類によって, もっともふつうの売買用送り状 (Sales Invoice) のほかに, 委託販売品の船積みのときに作成する委託販売用送り状 (Consignment Invoice), 見本品の送付に使う見本用送り状 (Sample Invoice) などに分類できる。

これらのうちもっとも一般的な売買送り状も, 送り状金額のたて方によって, つぎのような分類が可能である。

Loco Invoice (輸出地の現場渡しで仕切った送り状)

FOB Invoice (本船渡しで仕切った送り状)

CIF Invoice (仕向地までの運賃・保険料込みで仕切った送り状)

Franco Invoice (輸入地持込みまでの費用を含めて仕切った送り状)

なお, Consular Invoice (領事送り状), Customs Invoice (税関送り状) と区別するために正式には Commercial Invoice というが, 通常これを Invoice と略称する。

Commercial Letter of Credit Agreement ［商業信用状約定書］

荷為替信用状約定書 (Documentary Letter of Credit Agreement) ともいう。

```
                    MARUNOUCHI TRADING CO., LTD.
                    1-1 Marunouchi, Chiyodaku
                    Tokyo, Japan
                                              Tel.  (03) 3211-1001
                                              Fax. (03) 3212-1885
                          INVOICE NO. 200
To : New York Importing Co., Inc.    Date May 25, 1992
     40 Fifth Ave., New York         Order No. 10
Shipped from Yokohama to New York via Panama per m/s "Fuji Maru" sailing
about May 25, 1992.
```

Shipping Marks	Description	Quantity	Unit Price	Amount
	TEN(10) CASES OF TV SET			
⟨NY⟩ NEW YORK C/#1-10 MADE IN JAPAN	TV Set A type Catalog No. 10101	Sets 100 — 100 Sets	C.I.F. @ $200	New York $20,000 — U.S. $ 20,000

```
             Reference :
             Our Draft No. 12 at sight under Irrevocable L/C No.16 issued by
             Bank of New York
                              MARUNOUCHI TRADING CO., LTD.
                                                 (Signed)
                                                 Manager
                                E. & O.E.
```

信用状の開設にあたって,貿易業者が銀行に差し入れる基本約定書で,各銀行所定の書式が用意されている。これには,信用状の発行手続,荷為替手形の取扱い,担保の差入れなどが規定されている。

Commercial Port　[商港]

船の停泊場(Harbor*;Haven)をもつ都市で,貨物の積卸しの設備をもち,税関も設置されている。☞Port

Commercial Position　[営業状態]

信用状態(Credit Standing)を構成する要因で,Solvency(支払能力),Trustworthiness(信用程度),Financial Position(財政状態)などとともに,厳格に調査されるべき信用調査の項目である。

Commercial Risk　[商業危険]

Business Risk*(企業危険)を含めて,およそ予知できる取引上の危険をいう。市価の変動,海上輸送上の危険,為替相場変動上の危険,代金回収上の危険などが含まれる。

これに対して,貿易保険が対象とする輸入地における非常危険,信用危険などは非商業危険である。

Commercial Traveller　[旅商]

輸出入者を代表して,海外を巡回し,取引の促進を目的として現地の取引先を歴訪し,販路の維持,拡張,市況調査,

取引先の信用調査を行なうほかに，ときには紛争解決にもあたる。貿易企業が，現地に代理店を設けたり，あるいは直接，自社の支店，出張所を現地に設置することが多くなった今日では，旅商はしだいにその存在意義を失ってきている。

Commercial Treaty ［通商協定］

Trade Agreement*ともいう。協定国間の通商関係について準拠すべき条件を規定したもので，貿易計画，支払協定，関税，船舶の待遇などがおもな内容となる。通常，通商航海条約で規定される入国・居住・営業の自由などの規定も含まれる。

Commercial Warehouse ［営業倉庫］

他人のために物品の保管や貯蔵を業とする営業のための倉庫をいう。日本の営業倉庫には，海陸連絡地点にある港湾倉庫，都市の配給機構の源泉地帯にある都市倉庫，鉄道沿線で連絡機能を果たす沿線倉庫などがある。都市倉庫とは，消費都市における市民の生活必需品の保管を主とする分配倉庫であり，港湾倉庫とは，貿易商品，ことに輸入品の保管，貯蔵のための倉庫である。現実には，これらの類型が，いろいろの濃淡でからみあって運営されている。

Commission ［口銭］

売買取引のサービスの対価として代理店その他に支払う手数料をいう。たとえば，仲介貿易では，目的市場にあって買主の輸入を代行する仲介商人にその報酬として送金する買付手数料（Return Commission）をあらかじめ計上しておくのがふつうである。委託貿易のばあいには，売主の委託をうけて，その送貨を売りさばく外国の受託者に，約定の料率にもとづいて提供する売上手数料を計上することとなり，そのためには，CIF & Cのように先方へのCommission込みの建値とするばあいが多い。

法律上のCommissionは，国家機関が特定人に一定の行為をなす権限をあたえる任命をいう。

Commissioner ［委員；行政官］

Commitment Line ［コミットメントライン（融資枠）］

企業と銀行の間であらかじめ設定した金額限度内で銀行からいつでも自由に借入れができる融資枠のこと。融資枠契約は円でも外貨でも行えるが，融資枠を設定するとそれに応じた手数料を銀行に支払うことになる。

Commodity Box Rate ［品目別運賃］

コンテナ満載貨物（FCL貨物）に適用される運賃率で，商品の類別に1コンテナいくらと決められる。これに対して，品目に関係なしにコンテナ1個あたりいくらと決められた運賃率を品目無差別運賃率（FAK*；Freight All Kinds Rate）という。

Commodity Classification for International Trade ［国際商品分類］

貿易統計や関税評価を公正に行なうための貿易商品についての分類の統一でTrade Classificationともいう。わが国では，「ブリュッセル関税品目分類表」（Brussels Tariff Nomenclature；BTN），ついでBTNをもとに関税協力理事会が作成した関税協力理事会品目表（Customs Cooperation Council Nomenclature；CCCN）を用いてきたが，その後，技術の進歩にあわせるために，1983年に関税協力理事会総会で採択された「商品の名称および分類についての統一システム（Harmonized System）に関する条約（H/S条約）へ移行し，1988年からH/S品目表が用いられることになった。

Commodity Exchange ［商品取引所］

品質が標準化されしかも大量に取引される農産物，綿糸，貴金属などについて，現物取引と先物取引が行なわれる取引所である。おもな目的は，価格変動の危険から逃れるために売りつなぎ，買いつなぎ（Hedging*）を可能にするためである。すなわち現物（Actuals）を買ったばあいは，先物（Futures）を売ることにより，現物取引の損益をおおむね先物取引の損益と均衡させることができることになる。

ロンドンには London Commodity Exchange があり，ココア，コーヒー，ゴム，大豆，穀物油，羊毛などを取引している。米国では，Chicago Board of Trade と Chicago Mercantile Exchange がとくに重要な役目を果たしている。

Common Carriage
☞ Affreightment in a General Ship

Common Carrier ［運送業者］
一般公衆のために，人または貨物を運送する業者のことで，用船契約にみられる私的運送人（Private Carrier）の対語である。

昔は貿易商人の持船（Merchant Carrier），その後 Common Carrier である船会社が登場した。今日は Industrial Carrier（企業がもつ専用船），NVOCC*（国際複合運送一貫業者）が Common Carrier とともに活躍する時代となった。

Common Law ☞ Case Law

Common Stock ［普通株］
株主は会社の利益と資産に対して無限の権利をもつが，配当については優先株に対する優先配当をした残額に対して配当をうける権利となる。また株主議決権がある。

Common Tariff ［共通関税］
EUが採用しているもので，同盟内は無税とし，同盟外の国，すなわち域外については同一の関税を適用させようとする制度である。

Companies Combined Policy ［会社統一保険証券］
ロンドンの保険業者協会（The Institute of London Underwriters）が制定した統一様式で，わが国の英文貨物保険証券は，これとロイズ SG Policy にならって作成されている。

Company ［株式会社］
英国においては，米国の Corporation と同意義で，株式会社（Company limited by shares）を意味する。

Company Prospectus ［目論見書］
被投資国において，企業がその株式あるいは社債を公募するばあいに，一般大衆に情報提供のために公表する目論見書をいう。

Comparative Analysis ［比較分析］
数多くの対象を一定の尺度（Criteria）にもとづいて，いくつかのグループに分けたうえで，それぞれのグループごとに比較・検討する調査の方法をいう。貿易取引において相手市場を選定するばあい，世界の国々を1つ1つ調査し比較することは困難なので，これら全体をいくつかに Grouping したうえで，グループごとの特性をより深く把握し，それぞれのグループを比較・検討することが有効である。このばあい，Grouping するための尺度として，地理的な Criteria を用いて，隣接する諸国をひとまとめにする方法や，国民所得の大きさによって分類する方法などが用いられる。

Comparative Cost ［比較生産費］
リカードの比較生産費説（Theory of Comparative Costs）で展開された考え方をいう。リカードはその著作『経済学および課税の原理』の第7章「外国貿易について」のなかで，資本と労働の移動が自由でないことを前提として，つぎのような2国2財のモデルで，これを説明し

ている。

	ラシャ1単位を生産するに必要な労働量	ぶどう酒1単位を生産するに必要な労働量
イギリス	100人	120人
ポルトガル	90人	80人

上例のばあい，ポルトガルはイギリスと比較して，ラシャにおいてもぶどう酒においても絶対優位(Absolute Advantage)を有するが，その優位さは，ぶどう酒において，より大きい比較優位(Comparative Advantage)をもつ。一方，イギリスは，両財とも生産力が絶対的には劣っているが，その劣っている程度はラシャにおいて，より小さい。すなわち，イギリスは，ラシャの生産において相対的によりすぐれているといえる。このようなばあいに，ポルトガルは，ラシャと交換にぶどう酒を輸出することが有利であり，逆に，イギリスはぶどう酒と交換にラシャを輸出することが有利となる。すなわち，絶対生産費によって国際交換が行なわれるのではなく，それぞれの国の生産費が相対的に安い財に特化(Specialization)し，生産費が相対的に高い財は外国から輸入するのが得策であることを論証した。

Comparatively ［割合に；比較的に］

Comparison ［比較；対照］

Compensate ［弁償する］

We shall compensate such losses to you.（このような貴社に対する損失を弁償する。）

We are entitled to some compensation.（当社は賠償を求める権利がある。）

Compensating Balance ［補償預金］

米国の商業銀行は，貸出残高に対して一定割合の預金の預託を要請するが，これを補償預金という。

Compensation Duties ［相殺関税］

Countervailing Duties ともいう。

貿易相手国が輸出補助金などを交付して不当に低い輸出価格を用いているばあいに，輸入国側がこれを相殺するために課する関税をいう。特恵関税，報復関税，ダンピング関税などとともに差別関税(Differential Duties)の一種である。

Compensation Trade ［求償貿易］

物々交換すなわち Barter Trade* の1つの方式で，輸出入商品に関連性のないばあいをいう。プラントを輸出し，その製品を引き取るというように，輸出入商品に関連のあるばあいを Buy-Back* という。

Compete ［競争する］

Competitive Prices (競争しうる価格)，Competition (競争)，Competitor (競争者)。

Complete ［完全な；完成する］

A complete set of samples（見本の完全な一組）

finish は「終わる；すませる」の意味であるのに対して complete は単に終わるだけでなくいっさい完備して欠けるところのないようにすませることをいう。食事をすませるは finish，化粧をすませるとか契約をまとめるは complete。

Completive Shipment ［追積み］

不定期船(Tramper)を用船したにもかかわらず，満船になるほどの積荷がなかったばあいに，空積を避けるために，運賃率を下げて集荷することをいう。

Compliance ［追従］

Drafts drawn under and in compliance with the terms of this credit shall be duly honored upon presentation.（本信用状にもとづき，その条件に従って振り出された手形は，呈示ありしだいとどこおりなく引受け支払われる）。現在では，法令順守の意味で用いられることが多い。

Compliance Program ［法規遵守基本規定］

ココム関連の輸出申請にさいして添付を要求された計画書で，社内の輸出審査体制，疑いのある戦略物資の輸出にさいして最終判断を行なう責任者，文書の保存期間を5年とするなどが内容である。

Complicated ［複雑な］

complex (＝not simple) と同意。

Complimentary Close ［結辞］

手紙の文末，署名（Signature）のうえにつける結辞で，日本の手紙の「敬具」に相当する。結辞を書くさいには，頭文字で書きはじめ，Open Punctuation のばあいは最終の単語のつぎにコンマ（,）をつけない。商業文によく用いられる結辞には，つぎのようなものがある。

Very sincerely yours,
Yours very truly,（米国式）
Very truly yours,（米国式）
Very cordially yours,
Yours faithfully,（英国式）
Yours most cordially,
Yours respectfully,

Composite Credit Appraisal ［総合信用評価］

商業興信所が下す被調査企業についての総括的な信用評価である。企業形態，財務内容，業績，経営者の経歴・経験などの諸点を総合して判定される。たとえばダン興信所（Dun & Bradstreet, Inc.）は，つぎの4段階に区分している。

　　　High（優）
　　　Good（良）
　　　Fair（可）
　　　Limited（不可）

Compound Duties ［複合関税］

1品目について，従量税と従価税を併用する関税をいう。従量税は価格が低くなると税率は割高となるので，従量税の税率変化の度合を緩和させるために，従量金額から従価金額を引いたりあるいは加えたりして用いる例外的な関税である。複合関税と選択関税（Alternative Duties*）とを総括して混合関税（Mixed Tariff）という。

Compromise ［和解］

貿易取引履行上に，なんらかの違反があってクレームがついたばあいに，当事者間による直接交渉によって，円満に話合いをつけることをいう。

なお，両当事者間の和解がつかず，クレームの解決を仲裁（Arbitration*）にまかせ，仲裁裁定がでたにもかかわらず，当事者がこれを不服としたばあいに裁判官が当事者に再考をうながすことをも和解（Reconciliation）という。

Compromised Total Loss ［協定全損］

被保険者は推定全損（Constructive Total Loss*）と考えるが，保険者はそうは考えないばあいに，裁判所や仲裁にまかせる代わりに被保険者と保険者が譲歩しあい，保険者は損害を全損と認めるのに対して，被保険者も保険の目的の残存物を時価よりも高い価格で引き取るなどの妥協を行なって処理することをいう。妥協全損（Arranged Total Loss ; Agreed Total Loss）ともいう。

Concealed Damage ［潜伏損害］

貨物がコンテナに積み込まれると，以後，複数の運送人のあいだでの貨物の受渡しはコンテナの同一性と外観状態だけをチェックして行なわれる。そこで最終受取人がコンテナを開けた時点で初めて貨物の損傷が発見され，その損傷が運送のどの段階で生じたかが不明なばあいの損傷をいう。

TCM*条約では，こうした潜在損害の複合運送人（Combined Transport Operator ; CTO）の責任について，損害発生個所が明らかでないばあいは，統一責任体

系 (Uniform Liability System) を適用するとしているので，複合運送を引き受けた最初の運送人が全運送区間の責任を負うことになる。損害発生個所が証明できるばあいは，運送手段ごとに責任原則が異なる Network Liability System* が適用される。

Concealment ［黙秘］
人が知っていることがら，あるいは告知すべき事実を隠蔽したり，通知を怠ったりすること。

Concern ［会社；関係（がある）］
Business Concern (商社), Affiliated (Sister) Concerns (関係《姉妹》会社), Reliable Concern (＝Firm＝House) (信頼できる会社)。

Concerning ［関して］

Concession ［減価］
Concession は「譲歩的減価」をいう。
Discount (割引，値引き), Allowance (劣等品のための値引き), Deduction (支払総額からの値引き), Abatement (僅かな値引き)。

Concession of Tariff ［関税譲許］
関税率の譲歩と認許をいう。ケネディ・ラウンドはガット (GATT) 精神にもとづいて，6,300品目にのぼる関税の一括引下げを行なったが，その後ニクソン米大統領の新経済政策は，輸入課徴金制度を盛り込むなど保護貿易色が強いものとなった。ガットの目的とする無差別・自由の世界貿易の進展のために，関税譲許は新国際ラウンド（東京ラウンド，ついでウルグアイ・ラウンド）にもちこされた。GATT は1995年 WTO 世界貿易機関に発展改組した。

Conciliation ［調停］
紛争当事者による調停付託の合意にもとづいて，当事者が選んだ調停人に妥当の調停案を作成してもらい，当事者がこれを受諾することによって紛争の解決を

はかる方法である。調停案はあくまでも案であって拘束力をもたない。調停は元来，当事者双方が，将来の取引をも考慮して最後まで争うことなしに譲合いによって解決することを基本としている。
UNCITRAL*（国連国際商取引法委員会）の調停規則によると，調停が行なわれているあいだは，仲裁または訴訟手続を開始してはならないことになっている。日本では日本商事仲裁協会が調停規則を備えて受入れ体制をととのえている。

Conclude ［締結する］
Conclusion ［結論；締結］
Conclusive ［決定的な］
Condition ［条件；状態］
契約の履行に関連する本質的な約款をいう。それに違反があったばあいは相手方は契約を解除できる。これに対して Warranty (保証) は契約の主目的に付随してなされる約款で，違反があっても損害賠償義務を発生させるだけである。

Terms and Conditions of Business (取引条件), Healthy Condition (健全な状態)

Conditional Acceptance ［条件付き承諾］
原申込みの拒絶と新しい申込みという2つの要素をもったもので，Counter Offer (反対申込み) ともよばれる。これをうけた一方の当事者は，この新しい申込みに対して諾否の検討を行なう。すなわち，条件付き承諾を無条件で承諾すれば契約は成立するが，これにまた条件をつければ，反対申込みに対する Counter Offer をなしたことになる。

Conditional Offer ［条件付き売り申込み］
subject to (〜を条件として) のついた申込みをいう。たとえば，We offer subject to prior sale (being unsold). (先売

り御免条件付きで，売り申込みする）などのように一定の条件のついた申込みである。

Conditional Remarks ［現在摘要］
現在発生している貨物の事故取扱いに対して，その現状を記載する摘要で，荷主のクレームに対抗するために，船主側が本船受取書（M/R）などに付記して責任を免れるために行なう。たとえば，5 bales short in dispute「5俵不足，目下詮議中」のように記入する。Exceptional Remarks ともいう。

Conditional Sale ［条件付き売買］
商品売買の契約完了を，契約後果たすべき条件の履行完了時点とした売買をいう。通常，目的物の到着を契約完了の条件と定めるもので，貿易取引にあっては，本船の仕向港到着を条件とした On Arrival Terms の条件と，その貨物の仕向国のある地点に陸揚げを条件とした Landed Terms の条件とがある。

現実にはこれらの条件を用いることは目下のところ一般的ではない。なぜなら，着船渡しと埠頭渡しの条件が，典型的な条件付き売買であるが，売主に揚地までの全責任を負担させるこれらの条件は責任の負担が売主に過重となるからである。とくに船舶の運航が気象状況などによって予定どおりに行ないがたい現実からすると，あまり現実的ではないとも考えられるが，複合運送の発達により現実味を帯びてくることが期待される。

Condition Precedent ［停止条件］
その条件の成就によってはじめて，法律行為が有効となるような条件をいう。たとえば，海上保険のばあいに，保険証券に記載された契約成立の前提となっている条件が充足されなければ，保険契約は無効となる。

Condition Report ［積荷事故報告］
本船受取書（M/R）に記載された積荷についての事故摘要をまとめて記入し，揚地で報告する書類である。

Conditions of Insurance ［保険条件］
保険者がどこまでの損害を填補してくれるかを示す条件で，いかなる保険条件を選ぶかによって，損害の填補範囲が決まってくる。

担保する危険の種類，損害の程度によって，つぎの4つの基本条件がある。
(1) 全損のみ担保（TLO*）
(2) 分損不担保（FPA*）1982改正証券では Institute Cargo Clauses (C) という。
(3) 分損担保（WPA*）；Institute Cargo Clauses (B)
(4) 全危険担保（All Risks*）；Institute Cargo Clauses (A)

ほかに，保険証券本文に列挙されていない特殊危険（追加危険 Extraneous Risks）を担保する特約条件がある。

貿易取引で比較的多く用いられる保険条件は，分損不担保，分損担保および全危険担保の条件である。なかでも今日もっとも多く用いられるのは，全危険担保の条件である。この条件のばあいは，戦争危険，ストライキ危険以外は，特約でだけ担保される特殊危険も担保される。

Condition Subsequent ［解除条件］
ある条件の成就によって，法律行為が失効するような条件をいう。たとえば，「貨物が壊れていなければ，求償権がない」というばあいに，貨物が壊れていなければ，条件が満たされることになるので，その契約は無効となる。

Condition Survey ［貨物状態検査］
輸出時の貨物の状態が売買契約に合致しているか否かを確認する検査で，検定機関がこれを行なう。この検査の証明書を入手した輸入者は安心できるし，輸出者も事後発生した事故に対して自己の立

場を擁護できる。

Conduct ［経営（する）；導く］

Conference Agreement ［同盟規約］

海運同盟の名称，管轄区域，運送対象貨物，同盟の運営方式，加盟船社の権利・義務など同盟の基本的事項を規定したもの。

Conference Cargo ［同盟貨物］

海運同盟は二重運賃制を採用しており，ほとんどの貨物について，低率のContract Rate（契約運賃率）を定めている。こうした契約運賃率の対象となる貨物をいう。これに対して契約対象とならない除外貨物（Exception Cargo；Free Cargo）は非同盟貨物（Non-Conference Cargo）ともいい，契約荷主も自由に同盟外船を使うことができる。

Conference Member Ship ［同盟船］

特定航路の海運（運賃）同盟に加盟している海運会社またはその船をいう。盟外船（Outsider）の対語。

Conference Rules and Regulations ［同盟ルール］

運賃同盟が加盟海運会社の権益を守るための協約で，運賃率，忠誠割増金，契約運賃制，輸送協定などを含んでいる。

Conference Tariff ［同盟運賃表］

海運同盟（Freight Conference*）に加盟している同盟船に適用される運賃表で，一定貨物について品目ごとに確定運賃もしくは最低運賃が設定されており，同盟加盟船会社はこれを遵守することが義務づけられている。

Confidence ［秘密；信頼］

Confident ［確信して；自信のある］

Confirm ［確認する］

Confirmation ［確認］

非公式の仮の，あるいは口頭による申込みもしくは契約を，有効なものとするための文書による確認をいう。

信用状のばあい，発行銀行からの事前の通知（Preliminary Advice of Credit, プレ・アド）に"Confirmation follows"とあるばあいのConfirmationは，Mail Confirmation（信用状原本）をいう。また，確認信用状のばあいは，発行銀行以外の銀行が重複的に手形の引受け，支払いを保証することをいう。

Confirmation of L/C ［信用状の確認］

開設銀行の依頼により，開設銀行が信用状上になした確認に加えて，みずからも同様の確認を行なうことをいう。この参加確認を行なう銀行が確認銀行（Confirming Bank）で，重複的な確認がなされた信用状は確認信用状（Confirmed L/C）となり，支払保証がより強化されたことになる。

Confirmation of Order ［注文確認書］

買主から送られてきた注文書の内容に間違いがないことを確認したのち，売主が作成して買主へ送る注文請書(Sale (s) Note)，または売約書（Sales Confirmation)のこと。また買主が作成するOrder Sheet（注文書）と同義で用いることもある。

Confirmation of Sale ☞ Contract Note

Confirmed Credit ［確認信用状］

信用状の発行銀行以外の銀行が，輸出者の振り出す手形の支払いを保証する信用状をいう。すなわち，発行銀行の支払保証に加えて，確認銀行（Confirming Bank*）が連帯的・重複的に保証しているので，たとえ発行銀行が支払不能となっても，振り出された手形が信用状の条件に一致していれば，確認銀行の責任で，手形の引受け，支払いが行なわれるので

信用状の信用度が高められる。

Confirming Bank ［確認銀行］

確認信用状（Confirmed Credit）のばあいに，信用状の発行銀行とかさねて連帯的,重複的に支払保証する銀行をいう。

Confirming House ［コンファーミング・ハウス］

アフリカや中南米の輸入業者の代理人として,ロンドンまたはニューヨークで,銀行関係の業務を代行する業者である。たとえば，アフリカの輸入者は，売買契約の成立と同時に，ロンドンの Confirming House に注文書の写しを送る。Confirming House はこれを確認したうえで，輸入者に代わって信用状の発行手続をとり，輸出者へ注文書および信用状を送付する。したがって輸出者は，この Confirming House からの注文確認書にもとづいて船積みするわけであるし，手形もこの Confirming House あてに振り出す。Confirming House は，この手形代金および所要手数料を輸入者から取り立てる。対アフリカ貿易の仲介をするのが London Confirming House (London Shipper というばあいもある)であり，対中南米貿易の仲介をするのが New York Confirming House である。

Conformity ［一致］

Congestion Surcharge ［船混み割増料］

停泊港が船混み(Congestion of Ships ; Port Congestion) のため荷役に日数がかかり停泊日数が増加したばあいに，当該港での積込みおよび荷卸し貨物について，課せられる割増料金をいう。

Conglomerate ［複合企業］

通常，コングロマリットとよばれ，相互に関連のない業種に属する会社を合併して，同時に多角的な支配をはかる企業をいう。

Connection ［関係；コネ］

Consecutive ［連続的な］

Consecutive Voyage (Charter) 連続航海用船（契約）のことで，積出港と荷卸港を特定して用船する航海用船(Voyage Charter* ; Trip Charter*) は一航海かぎりの Single Voyage が多いが，連続して数航海行なうばあいをいう。

Consensual Contract ［諾成契約］

当事者の合意だけで成立する契約をいう。通常，貨物の引渡しや代金の支払いは，あとで行なわれるので未履行条件付きの契約となる。

Consent ［同意］

Considerable ［相当の］

Consideration ［約因；対価］

一方の約束に対する他方の反対給付をいう。英米法は約因の存在を契約の有効要件としているので，贈与などの約因のない約束は法的に保護されない。

Consignee ［荷受人］

売買契約上では販売の委託をうけた販売受託人をいう。

運送上は積荷の荷受人をいう。荷受人としてバイヤー名を明記した船荷証券が記名式船荷証券（Straight B/L）であり，流通性がない。荷受人を to order; to order of shipper としたものが指図人式船荷証券（Order B/L）であり，流通性(negotiable) があるので，裏書によって荷受人として指名された者，あるいは白地裏書(Blank Endorsement) のばあいは船荷証券を入手・持参した者が荷受人となりうる。

Consignee's Cover ［託送船荷証券］

船荷証券は，荷送人が国際荷為替の制度を利用して，銀行経由で荷受人へ送るのがふつうであるが，都合により，これを厳封したうえで本船に託送して荷受人に届ける船荷証券をいう。

Consigner (Consignor) ［委託者］
　海外の販売業者に，商品の販売を依頼する国内メーカーまたは輸出商で，運送上では荷送人 (Shipper) という。

Consignment ［委託］
　委託販売 (Consignment Sales*)，委託販売の目的物，あるいは運送の委託，運送委託品の意味で用いる。
　陸・海・空の運送品の意味でも用いる。Shipment は英国では船積（品）だが，米国では Consignment と同じく陸・海・空の積出（品）の意味。

Consignment Invoice
　☞ Consignment Sales

Consignment Note ［航空運送状］
　Air Waybill* (航空運送状) のことを欧州や米国では Consignment Note もしくは Air Consignment Note とよぶ。

Consignment Sales ［委託販売］
　Consignment Trade ともいう。
　売買契約によらず，委託者が貨物を海外の受託者へ送って販売を委託し，受託者はこれを販売したうえで，委託販売手数料をもらう方式の取引である。政府の事前承認は不要となった。このばあい，貨物の所有権は委託者が保有しながら受託者に販売を委託するが，販売すべき最低値段を制限する指定委託 (With Limit) と，販売についてのいっさいを受託者にまかせる成行委託 (Without Limit) とがある。いずれのばあいにも，委託者は船積みと同時に，販売希望金額を記載した Consignment Invoice を受託者へ送付する。ときには，Consignment Invoice 金額の半分くらいの金額に対して，荷為替を取り組み，貿易金融をうけることもある。
　受託者は受託した貨物の販売ができたときに，売上げについての明細書である売上勘定書 (Account Sales) をつけ，売上金額から諸経費，委託販売手数料を差し引いた金額を，委託者へ送金してくる。委託貨物の販売が終わるまでの金利および危険は，委託者の負担であり，売れ残った部分は，委託者が引き取らなければならない。

Consignment Trade
　☞ Consignment Sales

Consolidated Cargo ［混載貨物］
　貨車やコンテナなどの輸送の1単位に満たない貨物を，まとめて輸送単位とした混載運送 (Consolidated Service) 貨物をいう。Break Bulk Cargo ともいう。混載航空貨物は Consolidated Airshipment であり，このばあい House Air Waybill* (混載航空運送状) が発行される。

Consolidation ［混載；新設合併］
　運送上では，小口貨物を多数の荷主から集荷して，これをまとめて大口貨物に仕立てることをいう。
　2つの会社を吸収して新しい会社を誕生させることをもいう。新設される会社は両者の資産・負債を承継するし，消滅する会社の株主は一定比率で，その持株と引換えに新会社の株式を受け取る。

Consolidator ［混載業者］
　荷送人 (Shipper) から小口貨物の運送を引き受け，契約運送人 (Contracting Carrier) として宛先別に仕分けしたうえで，大口貨物にして航空会社（実際運送人，Actual Carrier）に運送を依頼する。航空会社の運賃は重量逓減制であるから，航空会社のタリフ (Tariff) と混載業者のタリフとの差が混載業者の収入となる。混載業者は混載貨物 (Consolidated Shipment) に対して Air Bill (House Air Bill または House Air Waybill ともいう) を発行する。荷送人は，これによって荷為替を取り組む。航空会社が混載貨物全体について混載業者に発行するものが Master Air Waybill である。

Consortium ［コンソーシアム借款団；企業の結合体］

発展途上国に経済援助を行なうさいに，援助国が集まって各国の分担額とか援助の条件を決める国際借款団をいう。

また民間企業が大規模の海外プロジェクトの受注にあたってリスク分散，相互補完などの観点から外国企業と共同受注の形態をとるための企業の結合体をいう。

Joint Venture 方式のばあいは，複数の請負者が共同受注者として発注者に対し連帯責任を負い，出入国を共同勘定で管理することが多いのに対して，コンソーシアムのばあいは，工事は各構成員に分配され，おのおのが自己の費用と責任で業務を遂行することが多い。

Construction Claim　［建設クレーム］

建設プロジェクトに関して発生するクレームのことで，その特異性と頻度のうえから，欧米では，１つの独立した法領域を形成している。建設クレームが成り立つためには，クレームすべき事態の発生があり，それにもとづく工事の遅れとか増加費用の発生が権利の確立・確保 (Entitlement) として立証できること，さらに損害について時間的に金銭的にいかに評価 (Evaluation) するかが問題となる。

Constructive Delivery　［推定的引渡し］

貨物を現実に買主側に引き渡すのではなく，貨物を象徴化した船荷証券の引渡しをもって，買主側への引渡しとみなすことをいう。

Constructive Tare　［推定風袋］

貨物の外装の風袋 (Tare*) の重量を現実に計ること (Actual Tare) が困難のばあいに，推定して計った重量をいう。

Constructive Total Loss　［推定全損］

船舶が行方不明のため確証はないが全損 (Total Loss*) が推定できるばあい，あるいは貨物それ自体は現実全損ではないが，修繕，救出のために費用がかさんで，経済的に全損を構成するとみなされるばあいをいう。構成全損，準全損ともいう。推定全損が発生したばあいは，荷主は残余貨物に対するいっさいの権利を保険者に譲渡する委付 (Abandonment*) の手続をとって，保険金全額を請求する。

Constructual Liability Insurance　［第三者賠償責任保険］

プラント建設請負契約においては，発注者側の指導・監督に過失があったばあいも，請負者側が第三者事故についての責任を負担することになるばあいが多い。こうしたリスクをカバーするための保険が第三者賠償責任保険であるが，この保険は被保険者以外の第三者にあたえた事故だけが対象であるから，被保険者の使用人が業務上被った事故は労災保険 (Workmen's Compensation Insurance) でカバーされることになる。また被保険者間をお互いに第三者とみなす交叉責任条項 (Cross Liability Clause) により，請負者が発注者およびその使用人にあたえた損害賠償もカバーできる。

Consular Fee　［領事査証料］

Consular Invoice (領事送り状) その他の査証を，輸出国所在の当該国領事館に依頼するばあいに徴収される査証料である。領事送り状についての査証料は，本来，買主の負担すべきものであるから，輸出者は立替払いした分の査証料を，買主から取り立てるべきである。

Consular Invoice　［領事送り状］

領事送り状が要求されるのは，主として中南米，アフリカ，東南アジア諸国への輸出のばあいである。これらの地域は，貿易取引の経験や商業道徳面に欠けるところがあるので，輸入地における関税取締りを徹底させるために必要とするもの

である。またこの制度のもとでは，領事送り状査証料（Consular Fee）を，輸出地で徴収できるので，輸出国所在の自国領事館を運営するのにも役立つ。

Contact ［接触（する）；（複）手づる］

Contact with Other Cargo ［他貨物との接触］

本船の積付けが不適当のばあいに生じる危険で，油濡（Oil）とともにCOOC（Contact with Oil and Other Cargo）として，特約によって填補される特殊危険である。

Container ［コンテナ］

鉄製，アルミ製，またはFPR（鉄枠合板にファイバー・グラスを加工する）の箱であって，陸・海・空おのおの異なった運送機関が共通に使用でき，戸口から戸口への一貫輸送を可能にする輸送容器である。なお，日本海上コンテナ協会の定義によると，「コンテナとは，貨物のユニット化を目的とする輸送用容器で，異なった種類の輸送機関に対する適合性に重点をおいて決定された容器で，用途に応じた強度を備え，反復使用に耐えるものをいう」としている。

コンテナのサイズはISOの規格で，$8'\times8'\times20'$および$8'\times8'\times40'$が一般的であるが，最近は高さを$8'6''$にしたものが多い。コンテナの種類は，使用目的によって，Dry Cargo Container（乾貨物用コンテナ），Insulated Container（断熱コンテナ），Reefer Container（冷凍コンテナ），Insulated Produce Container（保冷コンテナ），Ventilated Container（通風コンテナ）などがある。

コンテナ輸送のばあいは，荷造りを簡素化でき，盗難の危険も少なく，梱包，荷さばき上の経費節減に役立つほか，複合運送による輸送のスピード化が可能となる。とくに，ガントリークレーンを使用した積込み荷おろしは，通常の時間を大幅に削減する。

Container Base ［コンテナ・ベース］

コンテナ輸送のばあいの，混載貨物の取扱いや，通関業務を行なうために設置されているターミナルをいう。

Container B/L ［コンテナ船荷証券］

コンテナ積載設備を備えた船舶に船積みしたばあいに発行される船荷証券で，証券上には"Received in apparent good order and condition…"に類した文言が明記されており，本船が出港したあとで"On Board Notation"が記載される。輸出者はこのOn Board B/Lが発行されるまで，原則として買取りができない。

Container Certificate ［コンテナ詰め報告書］

貨物のコンテナ詰め後に検量業者が作成するコンテナ貨物明細証明書をいう。Vanning Report*またはVanning Certificateともいう。

Container Freight Station ［コンテナ・フレート・ステーション］

コンテナを満たすことができないLCL（Less than Container Load）貨物を混載コンテナに詰め込んだり，輸入貨物を混載コンテナからとりだして荷主に渡したりする業務を行なう場所をいう。CFSと略称する。輸出貨物のCFS受けのばあいは，船会社指定のCFSオペレーター（Operator）の保税上屋で，小口のLCL貨物を荷主からルーズのまま受け取り，CFSオペレーターが混載コンテナに積み込む。この業務は船会社（Carrier）の責任と費用で行なわれるのでCarrier's Pack*またはCarrier's Loadという。輸入貨物のCFS渡しのばあいは，コンテナから貨物を出してCFSに搬入し，仕分けのうえ引き渡される。積地でCY

受けや Door 受けされた貨物でも，荷受人がコンテナで引き取れないばあいや，荷受人が複数のばあいは，CFS 渡しが利用される。

Container Insurance ［コンテナ保険］

コンテナ自体の損害填補を柱として，コンテナ輸送に関連して生じる損害（ただし貨物をのぞく）を，包括的に担保する保険である。

Containerizable Cargo ［コンテナ貨物］

コンテナ化（Containerized）に適した貨物をいう。これには，FCL*扱いと LCL*扱いとがある。これに対して，非コンテナ貨物（Non-containerizable Cargo）としては，低価格商品のため経済的にコンテナ輸送が利用できないばあいとか，大型もしくは大量貨物で専用船輸送が効果的な Bulk Cargo などである。

Containerization ［コンテナリゼーション］

一定規格のコンテナに詰められユニット化された貨物についての Door to Door（戸口から戸口）の輸送形態をいう。コンテナ化することにより，大型クレーンによる荷役の合理化，保管，包装の簡素化だけでなく，本船と内陸の鉄道・トラックとの連結輸送や，海・陸・空などの複合運送（Combined Transport）が可能となる。貿易運送の迅速性，安全性，簡便性，経済性という Instant Availability を実現できる優れた輸送方式である。

Container List

輸出入にさいして１当該港，当該船で積卸しされたコンテナの種類，記号，国産コンテナの有無などを記載した「積卸しコンテナ一覧表」をいう。コンテナ特例法により，このリストを税関に提出して口頭で通関申告ができる。

Container Load Cargo ［コンテナ貨物］

CL Cargo と略称する。コンテナを単位として発送される大口貨物のことで，通常，荷主の責任で工場もしくは海貨業者の保税倉庫でコンテナ詰め（Vanning）される。多くのばあい，通関後船会社指定の CY（Container Yard*）に搬入され，そこで船会社直属の Terminal Operator に引き渡される。引き渡しが完了すると，Container Load Plan が同一書式に組み込まれた B/L Instructions（B/I）を作成し船社へ電送する。一方，B/I を受け取った船社は，それにもとづき荷主（輸出者）が要請する運送書類（Transport Documents；船荷証券，運送状など）を発行し荷主に渡す。

Container on Flat Car ［コンテナ・オン・フラット・カー］

鉄道台車のうえにフォーク・リフトなどを用いてコンテナを積み込んで輸送する方式。COFC と略称する。

トレーラごと積み込む Piggy Back*方式に比べてこのほうが経済的であるばあいが多い。

Container Rules ［コンテナ・ルール］

海運同盟（Shipping Conference）が定めたコンテナ輸送についての規則。各海運同盟によりその内容は異なるが，つぎのような項目から構成されている。

1．Port Status…Basic Port ；Feeder Service Port
2．海上運賃がカバーする範囲と Terminal Charge
3．LCL Cargo のばあいの CFS Charge
4．Minimum Rule
5．Container B/L の特別規定

Container Seal ［コンテナ・シール］

コンテナ詰めのときに，施封する番号のついたシールをいう。税関検査のため

開封されたばあいは，税関によって再施封される。このシールは認可業者によって責任をもって作成されたものなので，盗難や抜荷防止にも役立つ。貨物によってはシールと施錠をあわせて用いるばあいもある。

Container Security Initiative (CSI) ［海上コンテナ安全対策］

アメリカ向け（アメリカ経由を含む）海上コンテナ貨物について，テロ行為防止を目的としたアメリカ政府（税関）による他国（港湾）との政府間協定にもとづくコンテナ安全プログラム。その具体的ルールがアメリカ税関（U.S. Customs）への船積み24時間前事前通告（filing of cargo manifests 24 hours prior to loading on ships overseas）。船社は，このルール（U.S. Customs Advance Manifest Rules）にもとづき電子的手段でマニフェスト（積荷目録）をアメリカ税関に提出，荷主（輸出者）はそれに合わせた出荷が要請される。

Container Service Charge ［コンテナ・サービス・チャージ］

1コンテナに満たないLCL*貨物（Less than Container Load Cargo）をCFS（Container Freight Station*）で船会社によってコンテナ詰め（Carrier's Pack*）もしくは取出しするための費用に，さらにContainer Yardまでの輸送費などを含めた料金をいう。

Container Ship ［コンテナ船］

Containerized Ship ともいう。

海上輸送の信頼性，簡便性，迅速性，経済性，一貫性などの観点から生まれたコンテナ輸送のための船舶。先進国間はもちろん，南北航路でも定期船はコンテナ化されてきた。風雨に強く機密性の高い箱であるコンテナ（一般サイズは8'×8'×20'または8'×8'×40'）だけを積載する専用船をフルコン船という。この船は強力なLO/LO*方式の荷役装置付きのコンテナ専用岸壁だけに寄港させるために，本船に荷役設備が不要となりスケール・メリットが出せる。

発展途上国はコンテナ設備がない港も多いところから，一般貨物船の性能を維持しながら，艙内および上甲板に最大限にコンテナも積み取れるようなセミコン船を用いるばあいがある。

Container Terminal ［コンテナ・ターミナル］

コンテナ輸送のばあいに，海上輸送と陸上輸送の接点にある港頭で，本船荷役，荷役準備，貨物の保管，コンテナ貨物の受渡しなどに関連する一連の設備をもった地域をいう。

Container Trade Terms ［コンテナ貿易条件］

コンテナを用いた国際複合運送に適合させるため，国際商業会議所（ICC）は1980年に3つの貿易条件を制定したが，1990年にそれらをさらに修正して，つぎのような条件を定めた。

　FCA …… Free Carrier（運送人渡し）
　CPT …… Carriage Paid To（輸送費込み）
　CIP …… Carriage and Insurance Paid To（輸送費保険料込み）

従来のFOB, CIFの条件のばあいは，危険の分岐点が本船の欄干通過時であったのに対して上記の条件のばあいは，最初の運送機関への貨物引渡時としている。

Container Yard ［コンテナ・ヤード］

CYと略称する。船会社がコンテナを集積，保管，蔵置し，実入りコンテナを受渡しする港頭地区をいう。通常，揚積みのためコンテナを整列させておくMarshalling Yardを含めていう。コンテナ単位でFullに積載されたFCL（Full

Container Load）は CY で荷受けされるが、これを CY 受けという。Door や CFS で荷受けされた貨物も、最終的には CY に搬入されて本船に積み込まれる。輸入貨物の CY 渡しのばあいは、本船から荷卸しされ CY に搬入された時点で、荷受人側に引き渡される。CY での保管には Free Time*が定められており、これを経過すると割増の保管料や延滞料が課せられる。

Contamination　［混合危険］
　油類や液体化学品などがタンク内の清掃不十分のためやバルブの操作ミスなどによって、海水や他の液体と混合して品質を低下させる危険をいう。

Content　［満足して；（複）内容］
　We are content with your cooperation.（ご協力に満足している。）

　The lid was broken and the case with its contents crushed.（蓋が破損し箱と内容物が押しつぶされた。）

Contents Unknown Clause　［内容未知条項］
　本船が貨物を受け取るばあい、貨物の内容がたとえ変質していても、船会社としてはその内容については、責任を負わないことを明示した条項である。船荷証券の冒頭に、Shipped , in apparent good order and condition（外見上無疵完全な状態で積み込まれた）; Contents, weight, measure, quantity, quality and value unknown to the COMPANY（中身、重量、才数、数量、品質、および価格は、船会社にとって未知）とある。船会社側の責任範囲を限定するための条項である。

Continental Term
　為替相場の表示方法で、1978年9月以降ニューヨーク市場がクロス通貨の建値変更を行なって、Continental Term（1米ドル＝当該通貨）へ移行したため、世界の為替市場は Stg.£, A$, NZ$, インド・ルピーなどをのぞいて、Continental Term に統一された。

Contingency　［偶発］
　不確実な状態や偶発的な事態をいう。たとえば Contingency Reserve とは偶発損失積立金をいう。Contingency Clause は為替相場が大幅に変動したばあい、船会社が運賃調整のために、課徴金を課すことができるという規定をいう。石油の輸入ストップとか円の急騰などの Contingency Risks にそなえる計画を Contingency Plan（不測事態対応計画）という。

Contingency Freight Insurance Clause　［未必運賃保険約款］
　着払い運賃（Freight Collect）で輸送したばあいに、たとえ貨物が損傷して到着しても、輸入者は運賃支払いの責任を負うことになるが、これを塡補するための約款である。

Contingency Insurance　［未必利益保険］
　信用状なしの D/P 手形、D/A 手形の条件で積み出した貨物について、買主が契約を解除し船積書類を引き取らないばあいは、貨物についての危険は売主に復元する。このばあいの危険は、FOB, C & F のばあいに買主がつけた保険では塡補されないので、売主が未必利益保険として付保しておく。

Contingent Liabilities　［偶発債務］
　過去または将来起こるところの商取引の結果、支払義務の生じる可能性のある債務をいう。これには未解決の係争債務（Pending Litigation and Claims）や債務保証（Guarantees）なども含まれる。

Continuation Clause　［継続約款］
　期間保険のばあいに、保険期間が完了したにもかかわらず、船舶が輸送途上にあるばあいは、継続約款を利用して保険

期間の延長を行なう。

Continuous Chain of Endorsement ［裏書の継続］

記名式裏書のばあいに，現在の証券所有者まで裏書が継続的に行なわれていること。このばあい，証券所有者は自己が権利者であることの証明なしに，権利を行使できる。白地裏書のばあいは，証券の引渡しによって所有権が移転するので，裏書継続の問題は出てこない。

Contraband of Import ［輸入禁制］

輸入することを法律上禁止しているつぎのようなものをいう。これらは政府の許可をうけたばあい以外は輸入できない。

(1) アヘンその他の麻薬，およびアヘン吸煙具
(2) 通貨または有価証券の偽造品および模造品
(3) 公安または風俗を害すべき書籍，図画，彫刻物，わいせつな文書など
(4) 特許権，実用新案権，意匠権，商標権または著作権を侵害する物品

Contract ［契約（する）］

2人以上のあいだで締結させる債務・債権関係を生じさせる合意。

Please insert in your L/C the total quantity of your order as contracted. (契約どおり，信用状に注文の合計数量を挿入してほしい。)

Forward our contracts immediately by the quickest steamer. (約定品を至急，もっとも早い船便で送ってほしい。)

Contract が複数のばあいは契約商品＝約定品を表わす用法がある。同様な用法は Shipments (積荷)，Orders (注文品)。

Contract Bond ［建設請負保証］

建設契約の誠実な履行，およびそのための原材料や労賃の支払いについての保証をいう。このばあい，誠実に履行することを保証するものが Performance Bond (履行保証)，労賃や原材料の支払いを保証したものが Payment Bond (支払保証) である。

Contract Carrier ［契約運送業者］

(公衆)運送業者(Common Carrier) は一般公衆に対して運送サービスを提供するのに対して，特定の企業の貨物だけを運送する私的運送業者 (Private Carrier) のことをいう。

Contracted Salvage ［契約救助料］

救助契約 (Salvage Contract) にもとづいて支払われる救助料をいう。これに対して，海難にさいして義務なくして援助したものに支払われるものを任意救助料 (Voluntary Salvage Charges) という。海上保険証券では，契約救助料は保険者から回収できないので，被保険危険による損害として保険者から回収することになる。

Contracting Carrier ［契約運送人］

荷主である荷送人と実際運送人 (Actual Carrier) とのあいだに入って，運送責任を引き受け運送証書を発行するものをいう。船舶も航空機も保有しない国際複合運送一貫業者 (NVOCC*) は契約運送人である。契約運送人は，実際運送人に対しては荷送人として運送契約を結ぶ。荷主としては，実際運送人が誰であるかわからないが，契約運送人に貨物を引き渡し，損害の賠償も契約運送人に求めることになる。

Contract Note ［売買契約書］

契約が成立すると，売主はただちに買主へ契約の内容を記載した売買契約書 (Contract Note ; Contract Sheet, Sales Contract) または売約書 (Sales Note ; Confirmation of Sale, 注文請書ともいう) を送る。すなわち，通常2通を買主

へ送付し，うち1通は署名して返してもらう。売買契約書も売約書または注文請書も，契約番号，商品明細，数量，値段，包装方法，保険条件，船積時期，決済条件などが主要条件として記載される。

Contract of Affreightment ☞ COA

Contract of Carriage of Goods by Sea ［海上運送契約］

海上運送人と荷送人とのあいだで，運送費を支払うことを条件として，特定の貨物の海上輸送を約束すること。これには個品運送（Affreightment in a General Ship*；Carriage of Goods by a General Vessel）と用船契約（Charter Party*）による運送とがある。

Contract of Sale ［売買契約］

売主が買主に，代金の支払いを反対給付として，商品の所有権を移行させることを約束した契約をいう。これは，一方が品質・数量・価格・受渡し・決済などについての売買条件を提出し，相手が，その提供条件を絶対的に承諾することによって成立する。すなわち，Offer に対して Absolute Acceptance があると，契約は成立する。この契約の成立により，売主は物品引渡しの義務を負い，買主は代金支払いの義務を負うことになる。Gift のような無償による所有権の移転は，売買契約とはいわない。

Contractor ［契約荷主］

同盟船だけを用いることを海運同盟と契約して，契約運賃率の適用をうけている荷主をいう。☞ Tariff Rate

Contract Rate ［契約運賃率］

自社の積荷のすべてを，同盟船に積むことを同盟と契約した荷主に対して，同盟船が適用させる運賃率のことで，そうした契約をしていないばあいの一般運賃率（Non-Contract Rate；Base Rate）よりも低率である。運賃同盟のこうした二重の運賃の建て方を，二重運賃制（Dual Rate System）もしくは契約運賃制（Contract Rate System）という。☞ Tariff Rate

Contract Sheet ☞ Contract Note
Contract Shipper ☞ Tariff Rate
Contract Slip ［為替予約スリップ］

為替予約は買予約（Buying Contract, 顧客からみると売予約，主として輸出のばあい）と売予約（Selling Contract, 顧客の買予約，主として輸入のばあい）とがあり，いずれのばあいも予約スリップ2通を顧客が作成，署名して銀行に提出する。銀行はその内容を点検のうえ，妥当であれば銀行側の署名を行なって，1通を顧客に返却し，1通は銀行が保有する。

Contract under Seal ［捺印契約］

Deed*による契約をいう。

Contributory Value ［分担価額］

共同海損分担額の計算の基礎となる価額をいう。分担価額は，正味到着価額，すなわち航海完了の時点における財産の正味価額（Actual Net Value）を用いる。

Control ［統御（する）］

Command は積極的に命令し服従を強いるのに対して，Control は消極的な語で単に制御するの意味。

Circumstances beyond seller's control（売手にとって制御できない状態）

Convention on International Trade in Endangered Species of Wild Fauna and Flora ［ワシントン条約］

1973年にワシントンで採択されたことにちなんだ呼び方である。正式には「絶滅のおそれのある野生動植物の種の国際取引に関する条約」とよばれる。サイテス（CITES）とも略称される。保護の必要の度合いに応じて，「附属書Ⅰ」（商業

目的の国際取引を禁止)、「附属書II」(商取引に輸出国の許可証が必要)「附属書III」(国ごとに品目を指定)があり、それぞれに品目が記載されている。わが国は1980 (昭和55) 年に加盟。

Conventional Tariff ［協定税率］
条約によって、わが国が関税に関する最恵国 (Most Favored Nation) 待遇をあたえることを約束している国から、輸入されるものに課する国定税率より低い税率をいう。

Conventional Vessel ［在来船］
フルコンテナ船およびセミコンテナ船に対して、コンテナ輸送を考慮せずに建造された従来の船をいう。

Convention on a Code of Conduct for Liner Conference ［定期船同盟行動憲章条約］
「同盟コード」と通称する。
海運同盟はもともとイギリスを中心とする先進諸国の船会社によって結成されてきたが、1960年代末から発展途上国が自国貨自国船主義、貨物留保政策を掲げて国際定期航路に進出してきた。1974年、UNCTAD*の場で発展途上国が推進してきた「同盟コード」が成立、発展途上国ナショナル・ラインの同盟加入が認められるようになった。

Converse Preference ［逆特恵］
発展途上国の産品に対して先進国が供与している低率関税の特恵待遇に対して、逆に途上国が先進国からの輸入品に対して、関税上優遇しようとする措置をいう。

Conveyance ［運送用具］
海上保険申込書 (Application) に Voyage・Vessel or Conveyance (運送区間・運送用具) の欄があるが、とくに奥地から付保するばあいに Local Vessel (接続内航船) 名、または利用する運送用具として Rail, Truck, Lighter (艀) などを記入する。

Convince ［納得させる］
証拠や議論によって人を理知的に納得させること。persuade は感情的に納得させること。人を persuade するためには、まず これを convince しなくてはならない。

COOC ［油および他貨物との接触］
Contact with Oil and Other Cargo の略語。海上保険上の付加危険の一種。Oil Damage は船舶の燃料油、機械油のパイプ漏れなどによって貨物が汚損するもの。他貨物との接触は、本船の積付けの不適当が原因で生じる。

Coolie ［仲仕］
埠頭または沖合で、輸出入貨物の荷役を行なう荷役人のことをいう。Workman ともいう。

Cooperate ［協力する］
Cooperation ［協力］
We highly appreciate your best cooperation. (ご協力を感謝する。)

Coordinating Committee for Export Control ☞ COCOM

Cordial ［心からの］
hearty (心からの) より強くない、心からの、温情のあるという意味。
Please accept our cordial (sincere) congratulations on this initial order. (初注文に対し心から祝詞を申し上げる。)

Corporate Reform Law (U. S.) ［企業改革法 (アメリカ)］
サーベンス・オクスリー法 (Sarbens-Oxley Law) ともよばれる。不正な会計処理に端を発して企業の信頼性を失ったアメリカは、厳格な規律による信頼性の回復を求めて議会の反応も速く、2002年7月25日に「企業改革法 (サーベンス・オクスリー法)」を可決し、7月30日にブッシュ大統領がこれに署名し同法を成立さ

せた。この法律の特徴は罰則を強化（例えば，企業が書類を改ざん・破棄した場合には最長20年，証券詐欺の場合は最長25年，決算などの虚偽報告の場合には最長20年の禁固刑）したことにある。

Corporation ［法人；株式会社］

広く法人を意味するが，米国では営利法人，すなわち会社（Business Corporation）のことを単にCorporationという。これは日本の株式会社および有限会社に相当するもので，すべて有限責任である。合名会社（Partnership）および合資会社（Limited Partnership）は含まれない。

Corporation of Lloyd's ［ロイズ組合］

1871年法人化されたロイズ組合は，保険会社ではなく保険業者の集まりで，保険取引に必要な場所，情報，設備などを提供し，保険の引受けはしない。ロイズは会員（Member）がシンジケートを形成し，各シンジケートの引受代理人がロイズのRoomで，シンジケートの会員を代理して保険の引受けを行ない，各会員は引受額に対して無限責任を負う。

Correct ［正しい；訂正する］

correct（正しい；正確な）は，accurateより弱い意味。exactはaccurateより強い意味。preciseは微細な点までexactであること。rightは元来「正義に適した」正しさ。

訂正する（correct）とは，字句その他を標準に合うように直すこと。amendは不足を補い，修正すること。

Item 7 on the credit side of your statement is in our opinion not correct.（計算書貸方第7項は，われわれの見解によれば正しくない。）

Correspond ［相当する；通信する］

Correspondence ［コレポン］

Business Correspondence（貿易通信文）すなわち商業英語（Business English＊）のことをコレポンと俗称する。

Correspondent ［コルレス先］

為替取扱いについての契約（Correspondent Arrangement＊）を結んでいる外国の相手銀行をCorrespondent Bank（取引先銀行）という。コルレス銀行と略称する。コルレス先には2種類ある。その1つは，相手先銀行に預金勘定を設け為替資金を予託して外貨の受払いを行なうものをデポジトリー・コルレス（Depository Corres.）といい，ニューヨーク，ロンドンに多い。いま1つは勘定は設けず，事務的な通知や手形の取立てをしてもらうだけのもので，これをノンデポジトリー・コルレス（Non-depository Corres.）という。

Our bankers mailed to their correspondent on your side.（当社の取引銀行が貴地の取引先銀行にメールした。）

Cost ［費用］

あるものを取得または生産するために要する費用，または原価をいう。

貿易取引においてはFOB CostをCostと表現することがある。たとえば，CIFのCost, Insurance and FreightのCostはFOB価格を意味する。

Cost and Insurance ［保険料込み価格］

このばあいのCostはFOB Costを意味するので，FOB & Iと同じである。FOBの価格に，仕向地までの海上保険料（Insurance Premium）が加算される。輸出者の危険負担は，積込みと同時に完了するが，輸入者のために海上保険を手配しなくてはならない。

Cost, Insurance and Freight
☞CIF

Cost of Stowage ［積付け費用］

積付け作業は，本来，船主の使用人であるステベ（Stevedore）の責任で行なわ

れるが，用船契約において，用船者がみずからステベを任命して積付けしたばあいには，積付け費用（Stowage Charge）も危険も用船者の負担となる。たとえば，FIO and Stowed の条件のばあいは，積込みも荷卸し，さらに積付け費用も用船者が負担するということになる。

Cost-Plus Contract ［実費精算契約］

契約金額が，設計費，資材費，運搬費，工事費，現業管理費などの工事遂行に直結する原価部分（Cost）と，一般管理費および利益からなる報酬部分（Fee）の2つの部分から構成されている契約方式である。コストは発生実績に応じて支払われ，フィーは定額もしくは発生コストに対する定率で支払われる。早期に工事を行なうばあいとか，大幅な仕様変更が予想されるようなばあいの契約に適する。これに対する契約方式が Lump-sum Contract*。

COTIF ［国際鉄道運送条約］

Convention concerning International Carriage of Goods by Rail の略称で，1980年スイスのベルンで採択された条約。CMR* とともに国際複合運送における運送人の賠償責任について一定の制限を設けることを規定している。

Council for Mutual Economic Assistance ☞ COMECON

Countable Loss ［数量的損害］

貨物の梱包ごとの不着（Non-delivery），抜荷・窃盗による損害（Pilferage），漏損（Leakage），不足（Shortage）などは Boat Note や Landing Report の摘要（Remarks）によって，その損害数量を確認できるので，数量的損害である。

Counter ［反対の］

As we accepted your counter offer, please open your L/C immediately. （貴社の反対申込みを引き受けたので，至急信用状を開設してほしい。）

Counter Sample（反対見本）; Counter Claim（反訴）　原告のクレームに対抗して提起される被告の訴え。Countersignature（連署）。

Counter Guarantee ［裏付保証状］

保険者が填補すべき共同海損分担額は，制限付保証状（Limited Guarantee）で保証される額にかぎられる。したがって，保険者が無制限保証状を発行して分担額全額を保証するばあいには，差額分については被保険者の負担すべきものを保険者が代わって保証することになるので，被保険者に Counter Guarantee を差入れさせて，差額分の回収を確実にしておく。

Counter Mark ［副マーク］

荷印（Shipping Marks*）の一部で，Sub-mark ; Manufacturer's Mark ともいい，荷送人である輸出商またはメーカーを示す。主マーク（Main Mark）の左または右上端につけるのがふつうである。

Counter Mart ［報復捕獲免許状］

他国の船舶や貨物を，捕獲する権利を私船に認めた捕獲免許状（Letter of Mart）に対して，報復として同じ権利を，自国の私船に認めたものをいう。海上保険の危険約款（Perils Clause）によって，保険者が填補することを規定している。

Counter Offer ［反対申込み］

売主の発する売申込み（Offer）を買主が無条件的に承諾（Absolute Acceptance）すれば，諾成契約である貿易売買は成立する。しかし，現実には，売主の売申込みを，そのまま買主が承諾することは少なく，価格を引いてほしいとか，船積時期を早めてほしいといった変更や修正を加えたうえで承諾してくるばあいが多い。

このような部分的，条件つきの引受けを反対申込みという。この反対申込みを

売主が絶対的に承諾すれば，このばあいも契約は成立する。

Counter Purchase ［カウンター・パーチェス］

交換買付け条件をつけた輸入契約をいう。たとえば，ある国がプラントを輸入するばあい，その製品を引き取る（Buy-Back＊）の条件をつけたり，あるいは輸入代金に延払いの金利を含めた金額に見合うだけの，自国製品の買付けを条件とするなど。

Counter Sample ［（反）対見本］

売手見本（Seller's Sample）に対して，買主が自己の希望を示すために逆に送ってくる見本をいう。また買手見本（Buyer's Sample）を入手した売主が，同類商品を自国の原料と技術で作成して，買主の承認をうるために送る見本をもいう。ただし，知的所有権との抵触については留意しなくてはならない。

Counter Tariff ［対抗関税］

自国産業保護の目的で，相手国が緊急関税を課したばあいに，その対抗として，相手国からの輸入品に課する関税措置をいう。

Counter Trade ［カウンター・トレード］

輸出と輸入を均衡させることを目的とした貿易形態で，Counter Purchase＊，Buy-Back＊，Open Account＊，Barter Trade＊などが含まれる。

Countervailing Duty ［相殺関税］

外国で生産（または輸出）奨励金などを直接，間接うけた貨物が輸入されることによって，本邦の産業に損害をあたえるおそれのあるばあい，それに対抗するために，通常の関税のほかに，割増関税を賦課して，輸入品のもつ競争力を軽減し，本邦産業を保護するためのものである。

Cover ［カバー；担保］

保険契約上は担保範囲（Coverage）に含まれることをいう。

貿易通信文の上では，「網羅する；付保する；代金の裏付けをする；輸入する」などの意味で用いる。

Covering Letter ［荷為替手形買取依頼書］

添え状ともいう。荷為替手形を，輸出地の取引銀行に買い取ってもらうさいに添付する依頼書をいう。通常，為替銀行所定の用紙を用いる。

Cover Note ［カバー・ノート］

個別の予定保険の申込みに対して，予定保険証券（Provisional Insurance＊）に代わって発行されるもので，確定保険証券の簡略書式として用いられる保険承認状（Certificate of Insurance＊）のような簡略書式である。なお英国では，保険仲介人（Insurance Broker＊）を使って契約するばあいが多いが，保険契約の申込みに対して保険仲介人が，これを承諾する旨の証拠として，また保険料の受取証としてとりあえず発行する保険承認書を，Covering Note または Broker's Cover Note という。これには保険契約条項の記載はなく適格書類でないので，あとで正式な保険証券が発行される。

保険以外の一般的用法としては，小包や手紙などに添える添え状や，製品に添えられる説明書をいう。

CP

Commercial Paper の略語で，米国の大企業が多額の短期資金を調達するために振り出す単名手形で，通常，期間は30～270日，割引形式で発行される。

C/P ☞ Charter Party

CPI ［消費者物価指数］

Consumer Price Index の略語。生活必需品として消費者が日常購入している商品やサービスの価格の動きを，基準時を100として表わしたもの。卸売物価指数を

CPT ［輸送費込み条件］

Carriage Paid to の略称で，1990年 Incoterms が貿易条件の整理上 CPT というコードをつけた。

売主は特定仕向地までの運送契約を結び，物品を最初の運送人に引き渡すまでの危険を負担する。引渡しの証拠として運送証券または電子メッセージを買主に提供すると同時に，遅滞なく物品が引渡しされた旨の通知を買主にあたえなくてはならない。従来の C & F 条件に対応する複合運送上の用語である。

CQD ☞ Customary Quick Dispatch

Cracking ［ひび入り］

Fire の一部として Charring (焦がし)，Scorching (焼き焦すこと)，Smoking (燻ること) などとともに，海上保険証券の危険約款 (Perils Clause) により填補されることが規定されている。

Craft ［艀舟］

小型の船舶をいい，艀 (Lighter; Barge; Sampan)，いかだ (Raft) をも含んだ総称。

Craft Clause ［艀舟約款］

協会貨物約款における保険期間 (Duration of Risk*) についての規定で，本船への，また本船からのいかだまたは艀舟 (Craft; Raft; Lighter) による運送上の危険を填補し，また分送される各艀舟1隻ごとに別個に保険をつけられているものとみなす旨を規定している。

Crane ［クレーン］

動力によって貨物をつり上げ，つりおろし，または水平に運搬する起重機のことをいう。コンテナ船は，在来船と違って，本船自体には荷役機械はなく，岸壁用の Gantry Crane により荷役する。ガントリ・クレーンは，ターミナルのエプロン部分に設置され，レールで岸壁を走行し，スプレッダーと称する枠型の機械でコンテナをつるし，本船への積卸しを行なう。

Crate ［枠］

ガラス，自動車，トタン板，玉ねぎなどの包装に用いる木わく。

Crawling Peg ［クローリング・ペッグ］

漸進的な平価変更方式。スライディング制ともいう。すなわち，平価切下げ，または切上げを一度に行なわず，たとえば毎月0.5％ずつ1年で6％というように，漸進的に行なうやり方。

Credit ［信用；信用貸し］

将来の支払いに対する受信者の約束と，これに対する債権者の与信をいう。

ほかに Letter of Credit (信用状) の略称として用いられるばあいがある。

複式簿記上は Debit (借方) に対して貸方 (Credit Side) をいう。

Credit Agency ☞ Mercantile Credit Agency

Credit Bureau ☞ Mercantile Credit Agency

Credit Dumping ［信用ダンピング］

国内よりも，長期かつ有利な信用をあたえる，輸出金融面からの輸出奨励策をいう。

Credit Information ［信用情報］

銀行または商業興信所が信用調査 (Credit Inquiry) の回答としてあたえてくれるもの。これらの情報のうち銀行の主観的見解 (Bank Opinion) については免責の文言が付記されている。

Credit Inquiry ［信用調査］

新規取引先に対し，または従来の取引先に対する信用状態 (Credit Standing; Business Standing; Standing) の調査をいう。貿易売買にあっては，買主が売買契約上の決済条件どおりに支払いを履行しないといった信用危険 (Credit Risk) も大きいので，信用調査は重要な意味をも

つ。

信頼するに足る (Credit Worthiness) 相手であるか否かを調べるには，つぎの4つの項目，いわゆる Four C's に着眼する必要がある。

① Character…相手先の誠実さ(Integrity)，評判(Reputation)，仕事に対する態度 (Attitude towards Business)，債務の返済に対する熱意 (Willingness to meet Obligations) などがその内容である。

② Capital…相手方の財政状態(Financial Status) をいう。

③ Capacity…営業能力，営業成績(経常利益，利潤率) が問題となる。

④ Conditions…相手の会社をとりまく客観的諸条件の検討，つまり，政治的，経済的に安定しているか否かの問題である。

これらの項目を調査する方法としては，(1)銀行照会先 (Bank Reference*)，(2)同業者照会先 (Trade Reference*)，(3)商業興信所 (Credit Bureau) のいずれかを用いるか，もしくはこれらを併用する。

Credit Insurance ［取引信用保険］

企業の売掛債権の回収不能リスクを填補する保険で最近脚光をあびてきた保険である。もともとヨーロッパ中心に市場規模を拡大してきた保険といえるが，最近の金融不安等で企業倒産の懸念が生じていることもあってわが国においても関心が高まっている。加えて，貿易決済のネットシステムに関係して輸出者のリスク（輸入者の信用危険）を担保するために併用されることも考えられている。

Credit Line ［クレジット・ライン］

信用供与の限度をいう。運転資金の融資や手形の引受けについて，銀行が許容する信用供与のわくをいう。

Credit Note ［貸方票］

伝票（Note）の発行者が，名宛人である相手側に対し，支払勘定のあることを通知するためのもので，この伝票に記載した金額を，名宛人勘定の貸方(Credit Side)に記入することを意味する。すなわち，その伝票面の金額が，先方の債権として，当方に預けられていることを表わすことになる。

輸出者が発行する貸方票は，輸出者の債務を表わすわけであるから，たとえば送貨に不足があり，しかもインボイス面の売値や諸掛を過大に計算したようなばあいや，委託販売品が輸出地で取り組んだ荷為替金額以下に売却されたばあいなど，支払うべきその金額を預かっていることを示すために作成する。

```
        Credit Note No.10
        Tokyo, May 1, 19____
    Amepo Co., New York
      Credit by Japan Trading Co., Ltd.
    Your Commission for Shipment per
    "Japan Maru"      $100.00
```

Credit Reference ［信用照会先］

信用調査を行なうばあいの照会先のことで，銀行が照会先であるばあいを Bank Reference*（銀行照会先），同業者が照会先であるばあいを Trade Reference*（同業者照会先）という。

Credit Risk ［信用危険］

輸出取引をはじめ各種の取引において，支払いが契約どおり行なわれないために生じる危険をいう。これには，買主の破産，支払不能，貨物引取不能など，買主側の信用力にかかわるもののほかに，戦争，革命，内乱などによる買主の破産，死亡，あるいは関税引上げなどによる契約破棄などが含まれる。貿易保険 (Trade Insurance*) の対象となる。

Credit Standing ［信用状態］

相当程度の信用を供与しても，不安が

ないだけの企業内容を意味し,財政状態,営業ぶり,取引能力,誠実さなどから総合的に判定する。

Creeping Nationalization [しのびよる国有化]

外国人の資産を直接に収用するのではなく,投資産業に対して輸出を強制するとか,国産化率を上げさせるとか,外国人の雇用を制限するなどの方法で外国資本の撤退を余儀なくさせる政策。

Cross Claim [関連請求]

米国の法典訴訟手続上のことがらで,被告が他の共同被告に対して行なう関連請求をいう。たとえば,商社経由で米国向け製品に製造物賠償責任保険をつけていたばあい,商社に保険金を支払った保険会社がメーカーに対して関連請求することがある。

Cross Liability Clause
☞ Constractual Liability Insurance

Cross License [クロス・ライセンス]

自社の技術を提供する条件として,外国の技術を導入することをいう。両国の技術水準の向上と,技術導入の対価の相殺などに役立つところから,電機,繊維などの業界にこうした技術交換の契約が多くみられる。

Cross License Contract [クロス・ライセンス契約]

外国から技術を導入する場合に,外国の技術を一方的に使用するのではなく,相互に技術的知識を交換する技術提携の契約である。技術導入の対価を相殺して相互に技術を交換するこうした形の契約が,電子関係の分野で増加している。

Cross Offers [交叉申込み]

売買両当事者が,同じ内容の売申込みと買申込みを同時に行なうこと。1871年,英国のHoffman 社は,鉄800トンをトンあたり69シリングで売却との手紙を投函,同日,Tinn 社は全く同じ条件で購入を求めた手紙を投函した。裁判所は交叉申込みでは契約は成立しないとの判断を示した。米国でも同じ見解である。

Cross Rate [クロス・レート]

裁定相場(Arbitrated Rate*)を算出するばあいに用いるもので,相手国通貨と第三国通貨との相場をいう。たとえば,かつて英貨ポンドと日本円の裁定相場は,1米ドル=360円に Stg.£=US\$2.80をクロスさせて,1,008円という裁定相場を算出した。

Cross Trade [三国間貿易]

Intermediary Trade (仲介貿易)のことで,ある国の居住者が,外国の商品を別の外国(第三国)へ売り,それにともなう代金決済の当事者となる貿易をいう。狭義では,日本企業の在外支店(非居住者)が行なう仲介貿易をとくに三国間貿易というばあいがある。

戦前三井物産が満州の大豆をヨーロッパへ輸出したように,世界各地に支店を有して海外の市場動向や生産の事情,国際相場に熟知している大手商社の得意とする取引である。

CT Bill of Lading ☞CTO
CTD ☞CTO
CTO [複合運送人]

Combined Transport Operator の略語で,CT B/L (Combined Transport Bill of Lading,複合運送積荷証券)を発行する者をいう。複合運送人は,CT B/L の発行によって,運送品が受け取られた場所から CT B/L で指定された引渡場所までの,全運送の履行(下請運送人の責任を含めて)の責任を一元的に負担することになる。CT B/L は CTD (Combined Transport Document)ともよばれる。

CTS ☞ Central Terminal System
Cumulative [累積認容]

未使用残高の累積を認めること。

Revolving L/C（回転信用状）にあっては，その信用状にもとづいて振り出された手形の支払通知があったとき，その金額だけが自動的に補充されるばあいもあるし，支払通知を待たずに手形の決済される一定の日数を考慮して更新されるばあい，また1ヵ月というような一定期間ごとに更新されるばあいもある。これら更新のばあいに，未使用残高の累積を認めるものである。これに対して，累積を認めないものがNon-cumulativeである。

たとえば，Monthly revolving, cumulative で，信用状金額が2万ドル，最初の月の未使用残高が5千ドルとすれば，2カ月目に利用できる信用状金額は2万5千ドルとなる。このばあいにMonthly revolving, non-cumulativeならば，2カ月目も2万ドルだけとなる。

Currency ［通貨］
法によって承認されている貨幣で，商品の交換手段として流通しているもの。

Currency Adjustment Factor
☞ Currency Surcharge

Currency of Settlement ［決済通貨］

対外取引の決済に用いられる通貨をいう。外為法第8条によると，財務大臣の指定する通貨によるべきことが規定されているが，今日は，「本邦通貨および外国通貨」のすべてが指定されているので，どこの国の通貨で取引してもいいわけである。しかし，現実には，米ドル，英ポンド，ユーロ，日本円のなかで選択されるばあいが多い。邦貨である円建のばあいは為替危険は発生しないが，外貨建て取引のばあいは，先物為替の予約などの方法で，為替危険を回避しなくてはならない。

Currency Percentages in Japan's Export and Import ［貿易取引通貨別比率］

財務省の発表によると，2016年上半期の輸出で使用された通貨別比率は，世界全体を対象にした場合，米ドル51.2％，日本円37.1％，ユーロ6.1％，豪ドル1.1％，元1.0％，その他3.5％であった。地域別にみると，米国向け輸出では米ドル85.9％，日本円13.9％，ユーロ0.1％。EU向け輸出では，ユーロ46.5％，日本円31.1％，米ドル16.3％，英ポンド5.4％，スウェーデン・クローネ0.4％，その他0.3％。アジア向け輸出では，米ドル49.2％日本円45.8％，元1.9％，タイ・バーツ1.0％，韓国ウォン0.7％，その他1.4％であった。輸入で使用された通貨別比率は，世界全体を対象とした場合，米ドル66.9％，日本円26.1％，ユーロ4.1％，元0.8％，スイス・フラン0.5％，その他1.6％であった。

Currency Surcharge

Currency Adjustment Factor（CAF）ともいう。海上運賃は米ドル払いが原則であるが，変動相場制のもとでは，世界通貨が不安定のために，船会社が為替差損を被る危険があるので，荷主にCAFとして追加料金を課している。

Current ［通用している；現在の］
Current Coin（今も通貨としての価値をもっている硬貨）
Price Current*（時価），Current Month Delivery（当月渡し）。

Current Account ［当座預金］

当座預金（Checking Account）のこと。小切手振出しの引当てとして銀行に積んである預金で，利息はつかない。これに対してDeposit Account（預金勘定，Time Accountともいう）は一定の利率の利息が付けられるが，小切手の振出しはできないし，一定期間前には銀行に通知しなくては引出しもできない。小額で金を貯める目的のためのものがSaving Accountである。

国際収支の場合は経常収支を意味する。

Current Assets ［流動資産］

これには、現金(Cash)，要求払や定期預金 (Demand and Time Deposits) などの現金に準じるもの(Cash Items)，有価証券 (Marketable Securities)，受取手形 (Notes and Accounts Receivable)，棚卸資産 (Inventory)，投資勘定 (Investments)，生命保険解約原価(Cash Surrender Value of Life Insurance) などが含まれる。

Current Balance ［経常収支］

経常勘定(Current Account) ともいい，輸出入商品取引を表わす貿易収支（Balance of Trade)，サービス取引を表わす貿易外収支 (Balance of Invisible Trade*)，および贈与などの一方的移転取引を表わす移転収支 (Balance of Transfer) を合計したものである。

Current Liabilities ［流動負債］

1年以内に支払わねばならない負債をいう。これには支払手形 (Notes Payable)，支払勘定(Accounts Payable)，未払利息，税金，前受金などが含まれる。

Custody ［保管］

ある物を保管・管理すること，またはそのための管理責任 (Guardianship) をいう。いかなる者も，その物を所有することなしに他人のものを保管できるが，保管責任は通常の貨物保険で塡補されないので，特別の責任保険を付保しなくてはならない。

Custom ［習慣］

団体または一社会の習慣をいう。個人の習慣は Habit。Manners は個人または社会の習慣で Custom と Habit の中間にある。Usage はより長いあいだの習慣。Practice は行動の習慣を強調する場合に用いる。Customs は Custom House (税関)。

Customary ［通常の］

Customary Packing of the Goods (商品の通常の包装); Customary Quick Dispatch* (CQD); Customary Tare* (慣習風袋)

Customary Law ［慣習法］

慣習が合理的であり，かつ法律の一般原則と矛盾しないばあいには，法律と同じ効力をもつようになる。これには一般的慣習法，すなわち Common Law と，特定の地域にだけ認められる特殊慣習法 (Particular Custom) とがある。

商取引の慣習に法律的な規範力があたえられると商慣習法 (Custom of Merchants ; Customary Commercial Law) となり，法律と同一の効力をもつことになる。

Customary Losses ［通常的損失］

海上輸送中に，液体類に少量の漏れが生じたり(Ordinary Leakage)，卵やガラスの一定の破損 (Ordinary Breakage) は不可避的な損失であるため，保険上は免責の扱いとなる。

Customary Quick Dispatch ［カストマリー・クイック・ディスパッチ］

用船契約 (Charter Party) において停泊期間 (Laydays)を限定しないばあいに用いるもので，その港の慣習的な方法に従って，できるかぎり早く荷役するという条件である。定期船による個品運送のばあいの荷役条件も，通常，この CQD である。日曜，祭日の荷役も，特約のないかぎりその港の慣習による。

Customary Route ［通常航路］

仕向港までの輸送に用いられる通常の航路 (Usual Route) をいう。たとえば，CIF 契約のばあい，輸出者は通常の航路による運送契約を手配しなくてはならないと Incoterms* でも規定している。ニューヨーク向けのばあい，パナマ経由の海

上輸送が通常の航路であるから，航空輸送とか Mini-Land Bridge*を利用するばあいは，あらかじめ輸入者と特約する必要がある。

Customary Tare ☞ Tare

Customer ［顧客］

商人と定期的または反復して取引する者。同じ客でも弁護士や医者にくるものは Client。

Custom House ［税関］

Customs ともいう。

大蔵省の所掌に属して，関税行政の実行を直接担当するところであり，主要業務はつぎのとおりである。

(1) 関税,とん税,特別とん税の賦課・徴収
(2) 関税法規による輸出入貨物,船舶,航空機,旅客の取締り
(3) 保税地域の取締り
(4) 税関貨物取扱人の許可・監督
(5) 税関統計の作成
(6) 輸出入貨物に対する内国消費税の賦課・徴収および免税・戻税
(7) 外国為替および外国貿易管理法にもとづく貨物の輸出入の取締り
(8) 輸出検査法その他の法令による輸出入貨物の取締り

現在，東京，横浜，神戸，大阪，名古屋，門司，長崎，函館，沖縄の9税関が設置され，すべての開港にこれらの税関から支署，出張所，監視署が派出されている。

Customs ☞ Custom House

Customs Broker ［通関業者］

税関貨物取扱人ともいう。税関長の免許をうけて，自己または依頼人の名をもって税関に対し貨物の通関手続の代行を公認されているもので，カスブロと俗称される。この業務を営むには，その営業所を定めた所轄税関長に出願する。税関長は通関業法にもとづいて，経営基盤，人的構成などを審査して許可する。通関業者は，国家試験である通関士試験に合格して税関長の確認をえた通関士（Registered Customs Specialist*）をおいて，通関書類を照合・点検して通関実務を代行する。Customs Broker は海運業，陸運業，倉庫業，商社，梱包業，港湾業などをも営んでいるばあいが多い。通関業者は全国で約800社ある。米国では Custom House Broker という。

Customs Clearance ［通関］

輸出入貨物に対する税関による法定手続が完了して，当該貨物が税関取締りから解放されるまでのいっさいの手続をいう。輸出のばあいには，貨物が保税地域に搬入され輸出申告がなされ，税関による輸出検査をすませ，輸出許可がえられると，貨物は本船に積み込まれることになる。このばあい，輸出貨物が保税地域に搬入されて以後，本船への積込みについての法的許可があたえられるまでを輸出通関という。

輸入のばあいには，貨物を本船から荷卸しして，これを保税地域に搬入して以後，輸入申告を行ない，輸入検査，関税の納付が行なわれ輸入許可があたえられて，輸入貨物を保税地域から引き取りうるまでの手続を輸入通関という。☞ Export Customs Clearance ; Import Customs Clearance

Customs Clearance of Cargo aboard Barge ［艀中扱い］

税関の輸出許可（Export Permit*）をうけるためには，貨物を保税地域（Bonded Area*）に搬入したうえで，輸出申告（Export Declaration*）を行なうのが原則であるが，大量均質貨物で検査を行なうのに支障がないと税関長が認めたばあいには，貨物を艀に積んだまま，艀中扱いとして輸出申告ができる。

Customs Clearance of Cargo

aboard Ship ［本船扱い］

税関の輸出許可（Export Permit*）をうけるためには，貨物を保税地域（Bonded Area*）に搬入したうえで，輸出申告（Export Declaration*）を行なうのが原則であるが，大量均質貨物で検査を行なうのに支障がないと税関長が認めたばあいは，本船扱いとして，本船に積んだまま輸出申告ができる。

Customs Convention on Container ［コンテナ通関条約］

国際複合運送を容易にするために，国連欧州経済委員会が採択したコンテナおよびコンテナ貨物の通関についての条約をいう。

Customs Cooperation Council Nomenclature ☞ CCCN

Customs Declaration ［税関告知書］

小包郵便（Parcel Post）を送るばあいに添付する税関宛の通知書で，用紙は郵便局に備えてある。品名，数量，価格などを記入する。無償で送付する見本などのばあいは，価格は No Value と記入する。

Customs Duties ［関税］

Tariff ; Customs Duty ; Duties ともいう。

古くは港湾施設や倉庫を利用するばあいの使用料または手数料として習慣的に支払（Customary Payment）ってきたものが関税（Customs）であったが，今日では財政収入の確保と国内産業の保護を目的とする租税という性格をもつようになった。

発展途上国においては，関税が一国の主要財源であり今日でも財政関税の性格が強い。一方，先進諸国においては，国内産業を保護，育成するための保護関税という意味が強く，自由貿易のもとでの最小限の必要悪として現存している。

歴史的には，第1次大戦後，資本主義諸国が大恐慌に襲われた最中に，発展途上国は，悪化する国際収支を守り，国内産業をささえるために関税障壁を高めた。一方，先進国も，発展途上国の新興産業との競争上，関税率の引上げをはかり，その結果，一国の関税引上げは他国の関税引上げを誘発し，各国の関税水準は禁止的な高税率となった。

このような関税戦争（Tariff War）が貿易を阻害し，不況を深刻化させ，経済のブロック化を結果させた。1947年，各国がその関税障壁を互いに引き下げて，貿易の発展と国際的繁栄をはかることを目的に，「関税および貿易に関する一般協定」（General Agreement on Tariffs and Trade ; GATT*）が締結された。工業化が進み，財政関税を必要としない先進国にとっては，こうした自由貿易の大勢は，おおむね，歓迎できるところであるが，関税収入に期待しなくてはならない発展途上国にとっては，必ずしも同調できる理念ではなかった。

社会主義諸国においては，そもそも自由貿易が否定されているので，資本主義諸国でいう形の関税は存在しないし，ガットにも，チェコスロバキアをのぞいて加入していなかった。

関税の課税標準は，商品の価格にもとづいて決定されるばあいと，数量によって決定されるばあいとがあり，前者が従価税（Ad Valorem Duty*），後者が従量税（Specific Duty*）である。両者をあわせて税率が定められるものを従価従量税（Ad Valorem & Specific Duty）という。

Customs Invoice ［税関送り状］

カナダ，豪州，ニュージーランド，南アなどの諸国へ輸出するばあいに，領事送り状に代わる書類として，税関送り状が要求される。米国は1982年4月から廃止したが，今でも買主が要求してくるば

あいがある。

これは輸入地の税関用に輸出者が作成するもので，輸入地の税関が，輸入貨物に対する適正な課税価格を決定するばあいの資料となる。内容は商業送り状とほぼ同じであり，領事その他の査証は必要としない。

Customs Law ［関税法］

貨物を輸出入するばあいには，通関手続と関税の徴収とが問題となるが，これらを規制する法規が，関税法と関税定率法である。

このうち，関税法（昭和29年法律第61号）は，関税の賦課・徴収，貨物の通関についての基本的事項，保税制度，船舶・航空機についての規制，行政救済制度，罰則などを規定している。一方，関税定率法（明治43年法律第54号）は，関税の税率，課税標準，関税の減免などを規定したもので，関税法とあいまって税関法規を構成している。

Customs Line ［関税線］

一国の経済的国境線ともいうべきものである。中世都市においては，隣接都市との境界に関税線をひき，税関を設け，橋梁使用料，通過税，市場税，露天税，看貫料などを外来者から徴収した。

現在では大部分，政治的国境が関税線となっているが，自由貿易地域，関税同盟などに代表される経済統合を実現した諸国では，参加国間に関税線は事実上存在しないことになる。

関税線を通過する輸出入貨物は，通関の手続を必要とし，一定の税率に従って関税が徴収される。

Customs Procedure ［通関手続］

貨物を輸出入しようとする者は，貨物が国境線を通過する時点で，必ず税関の許可をうけなくてはならない。このためには輸出申告（Export Declaration*）または輸入申告（Import Declaration*）を行なう。これら税関に対する一連の手続を通関手続という。通常は，輸出入業者の代理人である海貨業者（Freight Forwarder*）が通関業者（Customs Broker*）を兼ねているので，海貨業者によって代行される。

Customs Procedure Entry System ［カペス／CUPES 税関手続申請システム］

「大蔵省申請・届出等手続きの電子化推進アクション・プラン」2000（平成12）年に基づき導入された税関関連の申請・届出等手続きの電子化システムで，03年3月10日より稼動を開始した。対象業務は，一般申請等業務（NACCS 業務を除く）とインボイス（送り状。納品書や請求書の役割）関連業務である。通関業者から税関に提出されるインボイス情報を指定されたフォーマット形式のファイルに変換し，カペスに送信できる。これをもとに NACCS（貨物通関情報処理システム⇒別項）用データを作成することもできる。

Customs Tariff Law ［関税定率法］

貨物を輸出入するばあいには，通関手続と関税の徴収とが問題となるが，これを規制しているのが関税法と関税定率法である。関税法は関税の賦課・徴収，貨物の通関についての基本的事項，保税制度，船舶・航空機についての規制，行政救済制度，罰則などを規定している。一方，関税定率法は，関税の税率，課税標準，関税の減免などを規定している。

Customs Tariff Schedule ［実行関税率表］

関税率は基本税率，暫定税率，特恵税率の3つからなる国定税率と，他国との協定によって決まった協定税率，協定税率の適用をうけない特定国の特定貨物についてあたえられる便益関税とがある

が，実際に輸入される貨物に対しては，税率相互の優先関係によって決定される唯一の税率が適用される。これを実行税率という。

Customs-Trade Partnership Against Terrorism (C-TPAT) ［シーティパット］

輸入側のアメリカで企業が税関当局のガイドラインに基づいて自主的なコンプライアンス・プログラムを作成し，承認を受けてC-TPAT参加企業となる。そのことによってアメリカでの通関上の利便性がもたらされる。

Customs Union ［関税同盟］

2つ以上の国家が，単一の関税地域を構成して相互の関税を撤廃するとともに，対外的には同一の関税を適用させることをいう。ベルギー，オランダ，ルクセンブルク3国が構成したBenelux関税同盟が好例である。

Customs Wall ［関税障壁］

国内産業を保護するために，関税の強化によって同類製品の輸入を阻止しようとする，保護関税の実施をいう。19世紀末から戦前まで，関税障壁を楯とする保護貿易が，世界の一般的な風潮であった。しかし現在では，国際貿易進展のためにガットにもとづく関税の一括引下げが，段階的に実施されている。

この関税障壁に対して，非関税障壁（Non-Tariff Barriers*）といわれる貿易障壁が存在する。これにはダンピング防止制度，関税評価制度，差別的輸入制限，外国品輸入に不利に作用する内国税，エスケープ・クローズにもとづく緊急措置，国産品優遇制度，残存輸入制限などがある。

Customs Warehouse ☞ Bonded Warehouse

CWO ［前金払い］

Cash with Orderの省略で，CBD＝Cash before Deliveryと同じく，約定品の引渡しが行なわれる以前に支払う支払条件である。

cwt ［ハンドレッド・ウエイト］

Hundredweightのことで，英国では112ポンド，米国では100ポンドの重量を意味する。

CY ☞ Container Yard

Cylinder ［筒］

薬品，化粧品などを包装する容器である。

Cypher ［暗号］

Cipherとも書く。

Cypher Language Telegram ［秘語電報］

取引上，秘密保持のために第三者には意味がつうじないように工夫された電報。電信暗号書（Code Book）を用いて打電した。しかし，電報による交信の時代は，IT時代の到来とともに過ぎ去った。

D

D/A ☞ Documents against Acceptance

DAF ［国境持込み渡し］

Delivered at Frontier（国境持込み渡し）を1990年改正の Incoterms では DAF というコードでよぶことにした。物品が国境の指定地点において、輸出通関手続をすませかつ隣接国の関税線通過前の状態で提供されたときに、売主の義務が終わる貿易条件である。

Daily Charter ［日貸用船契約］

航海日数がはっきりしていないばあいに、航海1日に対する運賃をいくらと決めて用船するもので、日貸日数は、一般に、船舶引渡時から揚荷が終了して返船するまでを計算する。

Daily Report ［荷役報告］

航海用船において、荷役時間計算の基礎となる荷役報告をいう。

Damage ［損傷］

貿易貨物に損傷が発見されたばあいは、その責任の所在を確かめ、すみやかに責任者に通知して求償の手続をとらなくてはならない。貨物の損傷、または不足(Shortage)についての責任負担は、原則的につぎのように分類できる。

船会社の負担

① 不堪航性(Unseaworthiness*)に原因する事故。そもそも船舶は、運送契約を完全に果たすために、船体、機関、属具を完備し、必要な乗務員を配置し、十分な燃料、食糧、水などを積載して航海を無事終えるだけの能力を、発航時に保持しておくべき堪航能力担保の義務があるが、これを怠ったことに原因する貨物の損害は、船会社が負担しなければならない。

② 船積貨物に対する故意または過失による事故、積付けの不良による破損、汚損、荷敷(Dunnage*)の不足による汗濡れ、混合や揚荷の不足、通風、換気に対して適当な方法をとらなかったための汗濡れや変質、失火による焦損、焼損、船員・船会社使用人の悪意による貨物の隠匿、抜荷などは、懈怠約款(Negligence Clause*)が B/L に挿入されていても、船会社の責任となる。

③ 雨中荷役の強制(Forced Loading or Unloading in the Rain)、出港の変更(Change of Sailing)や寄港のとりやめ(Non-entrance in Port)や、荷主側の正しい船腹予約にもかかわらず、積残し(Shut Out*)されたために生じた損害。

保険会社の負担

海上輸送にともない、またはその結果として偶発的に発生する海難に直接、間接に起因する損害は、保険会社の負担すべき責任となる。

しかし、貨物の損害が、現実的に船会社側の責任か保険事故にかかわるものか判然としないばあいが多い。そこで、貨物の損傷が発見されしだい、ただちに、船会社と保険会社とに連絡のうえ、その了解をえたうえで、権威ある鑑定人(Surveyor)に損傷検査(Damage Survey)をさせ、Survey Report*（鑑定報告書）を作成させる。

Damaged Market Value ［損品

市価]

損傷した状態の市場価格をいう。貨物が安全に到着したばあいの正品市価 (Sound Market Value) と損品市価との差額（損害額）の正品市価に対する割合が損害率となる。保険金額に損害率を乗じた金額が単独海損のばあいの請求金額となる。このような計算方式を分損計算法 (Average Loss Settlement*) という。

Damage for Detention [滞泊損害賠償金]

船混み (Port Congestion) のため荷役が手間取り滞船状態を強制されたばあいに，不定期船にあっては，滞泊損害賠償金あるいは滞船料 (Demurrage*) が請求されるし，定期船のばあいは，船混割増 (Congestion Surcharge*; Port Congestion Surcharge) が徴収されるばあいがある。

Damage Survey [損傷検査]

貨物に損害が発生したばあい，その損害の程度，原因，損害額などを検査機関が検査することをいう。この検査機関の報告にもとづいて，その損害が，保険で補償できるばあいは保険会社に対し，また船会社側の責に帰すべきばあいは，船会社に対して求償の手続をとる。

D & B Report [ダン・レポート]

Dun & Bradstreet, Inc.の調査報告書で，当該企業についてのつぎのような基本情報が記載されている。

① Rating(格付) ② Started(創立年次) ③ Payments(支払いぶり) ④ Sales(年商) ⑤ Worth(正味資産) ⑥ Employees(従業員数) ⑦ History(前歴) ⑧ Financing(融資) ⑨ Condition(財務状態) ⑩ Trend(業績動向)

Dangerous Cargo [危険物]

石炭，硫化鉄鉱などの自然発火性の貨物 (Spontaneous Goods) や爆発性の貨物 (Explosive Goods)，石油類のような可燃性の貨物 (Inflamable Goods)，青酸のような毒性貨物 (Poisonous Goods)，酸類のような腐食性貨物 (Corrosive Goods)などが，危険物として扱われ，特別の申告と取締りをうけなければならない。船積指図書(S/O)にも，その上縁に赤紙または赤線がつけられるのがふつうであるし，海上運賃も割増が徴収される。

DAP [指定仕向地持込渡し]

delivered at place (named place of destination)は，売り手が指定仕向地までの一切の費用負担で約定品を輸送するが，危険負担は指定仕向地の到着輸送手段上で荷卸しの準備のもと買い手の処分に委ねられた時までである。荷卸しの義務は課されていない。

DAT [仕向港または仕向地の指定ターミナル持込渡し]

DAT は delivered at terminal (named terminal at port or place of destination)の略語で，売り手が指定仕向港または仕向地のターミナルまでの一切の費用負担で約定品を輸送し，到着輸送手段から荷卸しも行ない，買い手の処分に委ねられる時までの一切の損傷の危険を負担する約束である。従来からの DEQ に相当する内容といえる。

Date [日付]

Date は何月何日という一定日をいう。Day は時間的な単位で，3日間ならば for three days となる。

Data Communication [データ通信]

コンピュータを通信の回線とつなぎ，データを送受信すること。コンピュータ同士のデータ交換ができるほかに，コンピュータを構成している中央処理装置と別の地点にある多数の端末装置をつなぎ，これらの装置を中央で処理できる。

Data Freight Receipt

Liner Waybill ともいい，Sea Waybill*

の別称。

Date of Issue ［振出日］

手形を振り出す日をいう。振出地（Place of Issue）とともに，Tokyo, May 25, 2005 のように記入する。B/L Date 後，信用状の Expiry Date 以内で，輸出地の銀行で荷為替を取り組む日付が記入される。

Date of Maturity ［満期日］

Due Date と同じ。

手形金支払期日，あるいは，保険契約期間満了日をいう。

Days of Grace ［恩恵日］

手形の債務者に恩恵として，法律上，手形金支払いについて，満期日以後猶予した期間をいう。ただし，手形に特別の条件を付したときには，恩恵日の特典は適用されない。また，支払期日の定められた手形だけに適用されるので，一覧払手形，小切手には適用されないのが原則である。

イギリスの手形法では，手形の満期日から3日間の余裕をあたえている。アメリカでは1日ないし5日間の恩恵日が慣行として存在するが，米法では認めていない。わが国では，この恩恵日を手形法の第74条で認めておらず，慣習的にも行なわれていない。

Day Work ［昼荷役］

通常，午前8時30分から午後4時30分までの作業をいう。以後翌朝までが夜荷役（Night Work）となるが，このうち午後4時30分から9時30分までを半夜荷役（Half Night Work），それより翌朝4時までを深夜荷役（All Night Work）という。

DBA ☞ Designated Bonded Area

DC

Drying Charges の略語。海上保険条件の付加危険の1つで，燐酸肥料などの取引に付保される。

Deviation Clause* をも DC と略称する。

DD ［直接取引］

Direct Deal のこと。仲介人を介入させず，売主と買主が直接行なう取引をいう。

たとえば，DD 原油（Direct Deal Crude Oil）は，産油国がメジャーを通さず，直接，消費国に販売するオイルをいう。

D/D

海上保険条件で，Door to Door* の略語。

DDP ［仕向地持込み渡し（関税込み）条件］

Delivered Duty Paid（…… named place of destination）の略語。

貨物が輸入国内の指定場所で提供されたとき，売主の引渡し義務が完了する。売主は関税を支払い通関手続をすませて指定地まで貨物を運送するまでのすべての費用と危険を負担しなくてはならない。揚地条件のなかでも売主の負担が一番大きい条件で，積地条件の EXW*（工場渡し）条件が買主の負担が一番大きいのと対蹠的な条件である。

DDU ［仕向地持込み渡し（関税抜き）条件］

Delivered Duty Unpaid（…… named place of destination）の略語。

貨物が輸入国内の指定場所で提供されたとき，売主が引渡し義務を完了したことになる。売主はそこまでの運送費と危険を負担する。ただし，輸入のさいに課せられる関税，諸税その他の公共料金，輸入通関手続・費用は買手が負担する。なお，INCOTERMS2010では削除された。

Dead Freight ［不積み運賃］

貨物の実際の船積数量が，船腹予約の数量よりも不足しているとき，その不足分に対し，支払わされる運賃で，一種の違約賠償金である。しかし，不積みが不可抗力によるばあいには，荷主側は免責

となる。空荷運賃ともいう。

Dead Space ［空き船腹］

船舶の積載能力の一部が利用できない状態をいう。違約金として不積み運賃 (Dead Freight*) が請求される。

コンテナ船のばあいは，貨物艙口の前後部や両側の甲板裏部などで，貨物船艙の容積に計上されているが，実際には貨物の積込みができない部分をいう。

Deadweight Cargo ［重量貨物］

1個の重量がとくに大きい超重量貨物をいう。特殊の取扱いが必要となるので，割増運賃が請求される。1個何トン以上に割増が課せられるかは，同盟によって異なるが，だいたい2〜5 K/T である。Heavy Cargo; Heavy Lift ともいう。

Deadweight Tonnage ［積載重量トン］

貨物船が何トンというばあい，多くはこの積載重量トンをいう。Deadweight とは船の許された乾舷 (Freeboard) 夏期満載吃水まで積みうる貨物重量のトン数を，2,240ポンドを1トンと換算して表わしたものである。DWT と略称する。

Dealer ［ディーラー］

一般には，商人ないし販売店のことであるが，メーカーが自家製品を取り扱わせる取扱店を意味するばあいが多い。メーカーは，その取扱店を援助し (Dealer Helps)，督励して (Dealer Promotion) 得意先を確保し，競争業者の売込みに対して，有利な販売をはかる。

Dealers Act ［ディーラー保護法］

米国における自動車ディーラー保護のための連邦法で，代理店契約の募集と解約に関する制限と，解約のばあいの代理店に対する営業補償の2面から，代理店を保護することを目的としている。

Dealing in Emissions Rights ［排出権の取引］

1997年の地球温暖化防止京都会議 (COP3 The 3rd Conference of Parties) で検討することが決まった温暖化ガス排出権の売買について，日本は京都会議で2010（平成22）年までに90年比6％削減を課されていることからみても，排出権取引の国際ルール確立は重要関心事である。排出権取引はすでに始まっており，二酸化硫黄 (SO_2)，窒素酸化物 (NO_X)，二酸化炭素 (CO_2) などが取引の対象となっている。

Debate ［討論］

規範主義，契約至上主義のアメリカでは，自己主張と自己正当化傾向が強いが，感情の侵入を排して言語と論理で自己の意見や主張を徹底的にぶつけあうのがディベイトであり，これを体系化したものが交渉術である。

Debit ［借方］

複式簿記上，Credit（貸方）の対語。

Debit Advice ［勘定借記通知書］

為替手形が信用状の発行銀行に勘定をもつ銀行あてのばあい，船積書類は輸出地の手形買取銀行から，輸入地の信用状発行銀行へ送られてくる。一方，手形の名あて銀行から送られてくるものが Debit Advice であり，これには，手形代金の支払いに，発行銀行の勘定に借記した旨が記載されている。

Debit Note ［借方票］

伝票の発行者が，名宛人に対して，伝票記載の金額を請求する権利のあることを表わす伝票で，代金の請求書として用いられる。たとえば，見本品の代金や立替費用の請求などのばあいに用いられるし，また，送り状 (Invoice) 作成上，誤って正当の代価以下に記載したり，課すべき費用をもらしたようなばあい，すなわち，先方に対して債権が発生したときに，この伝票によって，その金額だけ，相手方勘定の借方 (Debit Side) に記入する旨通知する。

たとえば、ロンドンのブラウン社が東京貿易株式会社に対して請求する代理店手数料200磅の Debit Note はつぎのようになる。

DEBIT NOTE
Tokyo Trading Co., Ltd. No. 1
Date August 10, 200〜＿＿
Debited to Brown & Co., London
Agent Commission £200

Deck Cargo ［甲板積み貨物］

露出された甲板・艙口上に積載された貨物をいう。投荷されたり、波浚え（Jettison & Washing Overboard*）の危険が大きい。特約を付保しないと保険者は塡補しない。

Deck Man ［デッキ番］

Signal Man ともいう。船艙の指揮者でウインチ動作の合図や、船艙内での作業の指示や危険に対する見張りを行なう。組（Gang*）長が、兼務するばあいもある。

Declaration before Carrying in Bonded Area ［搬入前申告］

税関の輸出許可（Export Permit*）をうけるための輸出申告（Export Declaration*）は、原則として、貨物を保税地域（Bonded Area*）に搬入後に行なうが、動植物や生鮮食料品などのばあいで、しかも、税関長の承認のあるばあいは、貨物の保税地域搬入の前に、輸出申告を行なうことができる。

Declaration Certificate ［デクラレーション・サーティフィケイト］

FOB または C & F 条件の輸出のばあいに、輸入者が船積書類として要求してくることのある保険会社の確認書である。このばあい輸出者は、輸入者の指定した保険会社へ行き船積内容を Declaration Certificate に記入して提出する。保険会社はその記載事項と輸入者の保険会社に対する登録の有無などを確認して返却してくれる。これを船積書類の一部として銀行に提出する。この行為は一種の Shipping Advice* の役目を果たし、包括保険契約を締結しているばあいなど、付保漏れを防ぐための便法である。申請をうけた輸出地の保険会社は、この明細を輸入地の保険会社に連絡し、輸入者には Insurance Certificate または Statement of Premium Due を発行することになる。

Declaration Clause ［通知約款］

Open Policy* の本文にある約款で、必要明細事項が、危険開始時に不詳のばあいには、判明ししだい、速やかに確定通知すべきことを規定している。

Declared Value ［申告価格］

輸出申告書（Export Declaration*）に記載する価格のことで、日本は輸出港における本船甲板渡し価格（FOB Value）建てである。航空機による輸出のばあいもこれに準じる。無償で輸出する貨物についても、有償で輸出されたばあいの FOB 価格を記載する。FOB 以外の貿易条件（Trade Terms*）で輸出するばあいには、送り状に FOB 価格を注記する。

輸入申告価格は運賃・保険料込み価格（CIF）建てである。

Decline ［辞退する］

丁寧に refuse すること。refuse は「いやだと拒絶する」、reject は「はねつける」意味。

Decode ［解読する］

暗語電文を、Code Book（暗号書）を用いて解読すること。

Deductible Franchise ［小損害免責歩合］

免責歩合が3％であり、現実の単独海損が7％であるばあいに、超過部分の4％を塡補する Excess* 方式をいう。

Deduction ［値引き］

Deduction は支払総額からの値引き。
Abatement（僅かの値引き），Allowance（劣等品質のための値引き），Concession（譲歩的減価）。一般的には Discount「減価（する）；割引（する）」が用いられる。

Deed ［捺印証書］

英国においては，羊皮または紙の書面に署名し捺印して交付するといった一定の方式によって作成された証書をいい，土地に関するコモン・ロー上の権利の設定・移転，無償契約などに必要とされる。

Deep Rock Doctrine ［ディープ・ロックの理論］

子会社（Subsidiary Corporation）が当初から親会社（Parent Corporation）により過小資本で設立され，かつ親会社の利益のために運営されているばあいに，子会社の更生手続または破産手続において，親会社の債権は，子会社の優先株主の権利に対して劣等的に（deep-rocked）取り扱われるべきであるとする米国の判例法上の理論。

Deep Tank ［ディープ・タンク］

船艙内または甲板上に船体構造を利用して設けられるタンクをいう。

幅，長さに比べて，深さの大きいタンクをもいう。

Default Clause ［過怠約款］

取引条件協約書または売買契約書に挿入されている約款で，売主あるいは買主に契約不履行があったばあいの取扱いを規定している。売主側の不履行としては，契約納期までに約定品の引渡しができないなどのケースが多い。一方，買主側の不履行としては，期日までに代金の支払いができないばあいなどである。

Deferred Payment ［後払い］

契約代金の支払いを，商品引渡し後一定期間猶予する支払方法をいう。掛売り，清算勘定，信用状のない D/P 手形決済，D/A 手形決済，委託販売，長期の繰延払いなどは，いずれも後払いである。

プラント類の輸出など，金額が大きくかつ輸出競争のはげしいばあい，あるいは，外貨事情の悪い発展途上国への輸出などのばあいには，約定品の到着後何年後支払いといった後払いの条件でないと成約が困難である。

送金取引のばあいの後払いのばあいには，つぎのように支払条件に Remittance という語を記入する。Payment Terms; Deferred Payment by remittance within 90 days after B/L date.

Deferred Period ☞ Deferred Rebate

Deferred Rebate ［延払い戻し］

一定期間同盟船を利用したばあいに，同盟は，支払われた運賃の一部を荷主に戻すが，そのばあい，その期間に引きつづく一定期間（Deferred Period, 留保期間）も同盟船を利用することを条件とし，そのつづく一定期間経過後に割り戻す方式をいう。

Definite Declaration ［確定保険申込み］

船名，数量，金額などの不確定事項が確定して，予定保険を確定保険に切り換えるための申込みをいう。

Definite Insurance ［確定保険］

海上保険契約の申込み時に，保険契約者が保険会社に告知義務（Duty of Declaration*）を果たしたうえで締結された保険契約をいう。このばあい，確定海上保険証券（Definite Policy）が発行される。

これに対して告知事項に不明個所があったばあいは，とりあえず個別の予定保険（Provisional Insurance*）を結んでおき，不明個所が確定ししだい，確定保険に切り換える。

Definite Policy ［確定海上保険証券］

海上保険の契約申込みのときに，保険

契約者が保険者に告知義務（Duty of Declaration）を果たしたばあいに締結される確定保険に対して発行される保険証券をいう。保険者に通知すべき主要事項は，積荷の明細，見込み利益をも含めた保険金額，損害塡補の範囲，船名および出港日，航路および積換地，保険金の支払地および支払通貨などである。これらの事項が確定し，通知ができれば，確定保険（Definite Insurance）が締結される。これに対して，告知事項に不明または未定個所のあるばあいには，個別的な予定保険（Provisional Insurance*）をとりあえず締結しておき，あとで不明個所が確定したさいに，正式な確定保険に切り換える。

Degree of Dependency on Export [輸出依存度]

一国の輸出額の国民所得に対する比率をいう。

Delay Damage [遅延損害]

航海の遅延（Delay in Voyage），積込みや荷卸しなどの荷役作業の異常な遅れのために，貨物が腐敗したり市場性を失ったようなばあいの損害をいう。海上保険では塡補されない。

Delayed Shipment [船積み遅延]

約定品の船積みが，契約で規定された期日までに完了できないこと。売主の故意，過失または怠慢によって積み遅れたばあいには，売主が責任をとらなければならない。しかし，積遅れの原因が，天災地変やストライキのような不可抗力（Force Majeure）によるばあいには，売主は，輸出国所在の買主国の領事館，または商工会議所が発行した証明書を証拠として，船積みの猶予，または船積み義務の全面的な免除または解約を主張できる。

Del Credere Agent [支払保証代理人]

Del Credere は，イタリア語で保証または担保を意味する。代理人が本人の委託にもとづいて商品を現地で販売するばあいに，現地の顧客の支払いについて保証するという支払保証契約（Del Credere Agreement）をも本人と結んでいる代理人のこと。

Deliver [渡す]

手渡す（hand over）の意味。

Delivered (Duty Paid) [持込み渡し]

買主の指定する事業所までのすべての危険と費用を売主が負担する条件で，Ex Works*と対蹠的な Incoterms の条件。輸入関税も売主が負担する。DDP と略称する。

Delivered at Frontier [国境渡し]

物品が国境に到着し，しかも売買契約で指定された国の税関に持ち込む前に，売主の義務が完了する貿易条件である。DAF と略称する。

Delivery [引渡し]

財貨の占有権を最終的に移転することをいう。これには，FOB 契約のばあいにみられるように，約定品を輸出港の本船積込みと同時に，所有権が売主から買主へ移転する Actual Delivery（現実引渡し）と，CIF 条件の契約にみられるような Constructive もしくは Symbolic Delivery（象徴的引渡し）とがある。

特殊の用法としては，営業倉庫から貨物を搬出することを Delivery という。また為替取引上の Delivery とは，先物為替の予約を実行する引渡日または引渡期間をいう。

Delivery against Letter of Guarantee [保証状荷渡し]

貨物が到着したにもかかわらず，船荷証券が未着のばあいに，荷受人が銀行連署の保証状を船会社に提出して Delivery Order*をもらい，これと引換えに貨物を

引き取ることをいう。Taking Delivery against L/G; Receiving Cargo under L/G ともいう。

Delivery Ex-Warehouse ［総揚げ］

倉受けともいう。船会社が指定した Landing Agent（通常 Stevedore がこれを兼ねる）が多数の荷主の貨物をまとめて陸揚げしたうえで、保税地域に搬入し、そこで仕訳のうえ各荷主に引き渡す方法をいう。自家取り（Alongside Delivery*）の対語。

Delivery in the Ship's Hold ［艙内渡し］

散荷(ばらに)(Bulk Cargo*)の引渡しを、船側ではなしに船艙内で行なう貨物受渡しの特約。

Delivery Memo ［デリバリー・メモ］

輸入業務担当者が、輸入取引の採算をチェックしたり、輸入通関手続、貨物の引取りなどを円滑に行なうために、売買契約書の主要部分を抜粋したメモをいう。対語は Shipping Memo*。

Delivery Order ［荷渡指図書］

D/O と略称する。船会社が船長（自家取りのばあい）、またはステベ（総揚げのばあい）あてに、記載貨物の荷渡しを指図したもので、これと引換えに貨物の引取りが行なわれる。すなわち、輸入者は着船通知書（Arrival Notice*）を入手すると、銀行から船積書類を受け取り、そのなかの船荷証券（B/L）に裏書して船会社に提出し、運賃着払いのばあいには運賃を支払ったうえで、B/L と引換えに D/O を受け取る。ときには荷受人から提出された銀行保証状（Bank L/G）に対して、発行されるばあいもある。D/O には、本船名、貨物の品名、個数、数量、記号、番号、B/L 番号、荷受人氏名などが記載されており、船会社の責任者の署名がある。

自家取りのばあいは、D/O を貨物引渡し現場の係員に提示すると、本船または船会社指定の船内荷役人が、荷卸し仕訳した貨物のなかから、該当貨物を引き取る。このとき、荷受人は本船側に対し Boat Note* を提出する。総揚げのばあいは、荷受人は陸揚代理人またはステベあての D/O に裏書して提出し、陸揚費を支払い、輸入検査・輸入許可証入手後、D/O と引換えに貨物を引き取る。このときも、Boat Note を船会社専属のステベが本船に提出するが、これに検数人、本船責任者があわせて署名する。

Delivery Record ［デリバリー・レコード］

陸揚げされたコンテナ貨物の引渡しのさいにターミナル・オペレータと荷受人（実際は運搬者）の双方が、署名した引渡しを証する書類である。在来船のばあいの Boat Note* に相当する。貨物の個数に相違があったり貨物に損傷があったばあいは、故障の内容が摘要欄に記入される。

輸出コンテナ貨物を船会社が荷受けしたさいの受取証として発行する Dock Receipt と対蹠的な書類である。

Delivery Terms ［受渡し条件］

物品の売買契約を構成している主要5条件（品質、価格、数量、受渡し、決済）の1つで、売主による約定品の引渡し条件と、買主による荷受け条件との2つを含む。したがって、約定品の受渡しを円滑に行なうためには、いくつかの基本的な打合せが必要となる。

その第1は、約定品をどこで引き渡すかの問題である。第2は、いかなる方法で受渡しを行なうかの問題である。第3は、約定品をいつ引き渡すかといった、納期ないし船積時期の問題である。第4は、海上保険をどう取り扱うかの問題である。

これらのうち第1は貿易条件、第2は

決済条件として打ち合わせるのがふつうなので，ここで受渡し条件として扱うのは第3と第4の2つの問題となる。

① 船積時期　積出港での船積時期の決め方には，(イ)特定の単一月で決める，(ロ)連月，(ハ)何日以内かいう方法がある。

② 海上保険　貨物の海上輸送には，数多くの危険がともなうので，必ず海上保険をかけ，保険会社から填補してもらえるような措置を講じる必要があるが，そのばあいの保険条件などが打合せの内容となる。

Delivery Verification　[通関証明書]

戦略物資を輸出するばあいは，その物資が仕向国国内で使用される旨の，仕向国政府発行の輸入証明書を添付して輸出承認の申請を行なう。この輸入証明書を提出して輸出承認をえたばあいに，正しく仕向国で通関されたことを証明するために，仕向国政府が発行するものが通関証明書であり，これを一定期間内に，経産省に提出して事後審査をうける。

Dem ☞ Demurrage

Demand　[要求する；需要]

demand は require；ask for よりも，積極的に要求するばあいに用いる。

Demand Draft　[一覧払い手形；送金小切手]

提示もしくは要求ありしだい，ただちに支払うべき手形をいう。ただし，国によっては特定の Days of Grace*（恩恵日，支払猶予期間）が許されるばあいがある。為替銀行が海外支店またはコルレス先に振り出して依頼人に交付する送金小切手をもいう。

Demise Charter ☞ Bare Charter

Demurrage　[滞船料]

デマ（Dem）と俗称する。
航海用船契約（Voyage or Trip Charter*）にあっては，荷役のための停泊期間が不当に長びくと，船主側の負担が大きくなるので，あらかじめ積荷および揚荷に必要な停泊期間をきめておく。この停泊期間以内に荷役を完了できないばあい，その超過した停泊日数に対して，荷主が船主に支払う違約金をいう。これに対するものが，早出料(Dispatch Money*)である。

Denomination　[デノミ]

貨幣の呼称単位の切下げをいう。たとえば，10,000円の0を2つとって100円にすることをいう。インフレによって金額の表示が大きくなったため，計算や支払いに手間がかかるなどの不便さを避けるためのもので，貨幣の価値を切り下げる平価切下げ（Devaluation）とは異なる。

Denting　[へこみ]

海上保険条件のなかの付加危険の1つで，貨物にへこみの損傷があることをいう。

Deposit　[預ける；供託金]

lay down；put up（預ける）より形式ばった語。

Deposit of Guarantee Money　[輸入担保]

思惑輸入の防止，外貨の効果的な運用，あるいは国際収支が困難なときの輸入抑制の補助手段としてとられる制度である。貨物を輸入しようとする者は，所定の輸入担保率に従って輸入担保金を提出しないと，輸入承認がえられないしくみで運用される。

Depository Bank　[デポジトリー]

Depository Correspondent Bank の意味で，決済のための預金勘定を設けている取引先銀行のことをいう。送金為替の支払いや，買取手形の取立などはこの勘定への貸記，借記によって行なわれる。デポ（銀行）と俗称する。こうした勘定を設置していない取引先銀行（コルレス先）を Non-depository Bank という。

Depot ［デポ］
貨物を保管，貯蔵する場所をいう。もともとは軍隊用語。米国では乗客，貨物のための鉄道，その他の運送機関の乗降もしくは受渡し場所をもいう。

DEQ ［埠頭持込み渡し条件］
Delivered Ex Quay の略語。揚地条件に属する Ex 条件で1990年 Incoterms で DEQ という略語で整理された。指定仕向港の埠頭（Quay, Wharf など）において，売主が貨物を買主に提供した時点で，売主の引渡し義務が完了する条件である。

Derangement ［故障］
Accident, Trouble, Break down と同意。

Derrick ［デリック］
船内荷役上重要な揚貨具で，通常の貨物船には，5〜8トンまきの常用デリックと，重量貨物に使用する20〜50トンまきの Heavy Derrick が設備されている。デリックに取り付けられる付属具である Shackle, Block, Chain, Hook は，Derrick の強度に合致したものを使用する。

DES ［本船持込み渡し］
Delivered Ex Ship（本船持込み渡し）の略語。揚地条件に属する貿易条件で，従来の Ex Ship*（着船渡し）の条件を，1990年 Incoterms では DES というコードでよぶことにした。指定仕向港における本船上で（ただし輸入通関手続未済の状態），貨物を買主に提供するまでを売主の義務とした条件である。

Des. ☞ Dispatch Money

Description ［明細；説明；職業；種類］
商品の内容明細をいう。巨大貨物，高価品，有名ブランド商品などは，実物見本を用いずに，商品型録や青写真で説明により取引するので，Sale by Description（説明売買）という。原材料取引も，原則として説明売買である。

Design ［意匠］
工業製品に加えられる形状，模様，色彩，機能またはそれらの結合による考案をいう。その意匠が，新規でかつ独創的なものであるばあいは，意匠法にもとづいて特許庁に登録すれば，その独占的な使用が認められる。

Designated Bonded Area ［指定保税地域］
輸出入通関手続をとるために，外国貨物の積卸し・運搬または一時的な蔵置ができる場所で，港頭にある国有，公共の土地や建物その他の施設を財務大臣が指定する。蔵置期間は1ヵ月以内である。DBA と略称する。

Designated Items for Health Inspection ［指定検疫物］
家畜伝染病予防法により検疫をうけることが規定されている産品をいう。

Desire ［望む］
熱心に望む（wish earnestly）意味。hope はよいことを期待して望む。wish；want はえ難いものを望むという意味。

Despatch ［急送（する）］
Dispatch と同じ。

Despatch Money ☞ Dispatch Money

Destination ［仕向地］
仕向地が New York であれば，仕向港（Port of Destination）が仕向地と一致するが，輸入者の所在地が奥地のばあいには，貨物は仕向港で陸揚げされ，つぎの輸送機関に積替えされて，奥地へ運ばれることになる。

Destination Contract ［揚地条件］
Place-of-Destination Contract（仕向地売買）ともいう。輸入港もしくは仕向地を契約履行地とする売買契約をいう。DES, DEQ, DDU, DDP などの条件がこれに属する。

Detail [詳細]

Detainments ☞ Arrests

Detention Charge [返還遅延料]

Container Yard から引き出された実入コンテナは、荷受人の指定する営業倉庫や需要者の工場などで貨物をバン出ししたあと、Container Yard に返却されるが、一定の許容期間（Free Time*）をこえたばあいに、Penalty（罰金）として日数に応じて徴収される遅延料をいう。

Detention of Vessel [滞泊]

航海用船（Voyage Charter*）契約で規定された一定の停泊期間をこえて、本船を港に停泊させること。これに対しては、船主は滞船料（Demurrage*）を請求してくる。

Deterioration [格落ち]

錆損・汚染（Contamination）や破曲損（Breakage, Bending, Denting）などによって生じた貨物の質的、内容的な損害をいう。格落ちの程度を決める損率（Allowance*）は、保険会社と被保険者が協定する。

Devaluation [平価切下げ]

固定為替相場制度のもとで、一国の通貨の対外価値を引き下げることをいう。一般に平価切下げは、その国の輸出商品の外貨建価格をその分だけ安くする結果となるので、輸出の伸長が期待できる。一方、輸入商品は、自国通貨建価格がその分だけ高くなるので、輸入の縮小につながる。

devalue（価値を切り下げる）、Upvaluation＝Revaluation（平価切上げ）

Devanning [デバンニング]

コンテナから貨物を取り出す作業をいう。これに対してコンテナに貨物を詰め込む作業を Vanning もしくは Loading；Stuffing という。

Devanning Report [デバンニング・レポート]

Unstuffing Report ともいう。コンテナ貨物受取りのときに、貨物の外観を船会社と荷受人が点検し、その状態を記録したもので、在来船のばあいの Boat Note* にあたる。

Develop and Import Scheme [開発輸入方式]

発展途上国が先進国から技術および資金を導入して、輸出商品を開発し、これを先進国へ輸出する方式をいう。

Developed Countries [既開発国]
☞ Advanced Countries

Developing Countries [開発（発展）途上国] ☞ Advanced Countries

Development of New-generation Passenger Planes [次世代航空旅客機開発]

ボーイングとエアバス・インダストリーは、次期航空機開発計画として超大型旅客機（superjumbo jetliner）を想定していたが、ボーイングは超大型機開発を断念し音速旅客機開発に計画を変更した。しかし、その計画も克服すべき技術的課題が多いことから開発を中止し、中型旅客機「B7E7」を開発することになった。エアバス・インダストリーの超大型機「A380」（8は2階建てや現在の最新機A340の4の2倍で大きなイメージを想定）は、標準座席数555、航続距離1万4800キロメートル、2006年の就航をめざしている。一方、ボーイングの「B7E7」型機（愛称はドリームライナーと決定）は、200〜250席の双発ジェット機で、07年初飛行、08年からの就航が予定されている。

Deviation Clause [離路約款]

DC と略称する。

人命、貨物救助などのために、あるいは船主または用船者の自由裁量権にもとづいて、本船が定まった航路を離れることを離路（Deviation）という。離路は、

船主が不可抗力的な事情に遭遇してとる措置であるかぎり，その免責が船荷証券に挿入されている。

離路約款とは，このような離路があったばあいも，割増保険料により，これを継続して担保しようとする協会貨物約款の1つである。

Deviation の語源は de（ラ）＝away＋via（＝way）。船員仲間ではズボンの折目の筋違いを Deviation という。

DI ［景気動向指数］

Diffusion Index の略語。景気の転換点をつかむのに役立つ，景気予測のための指標で，経済企画庁が毎月発表している。分岐点を50％として，一般に指数が50％以上のときは好況，50％未満だと不況を表わす。

Difference ［相違］

Discrimination は人の判断から見た不同。Distinction はきわめて微細な差異。Diversity は大きな根本的な差異。

Different Duties ［差別関税］

特定国の輸入商品について賦課する，他国と異なる税率をいう。特恵関税，相殺関税などがこれにあたる。

Different Tariff System ［差額関税制度］

Gate Price System ともいう。1971年の豚肉の輸入自由化に呼応して，国内価格の安定と国内養豚業者の保護を目的に導入された制度。豚肉の輸入価格が国内産豚肉の価格より安い場合に，その差額分を差額関税として課税する。しかし，偽った輸入豚肉の仕入れ価格で輸入通関申告を行ない，差額を縮小するなどして差額関税を不正支払い（脱税）するなど，関税法違反のケースが起こる余地がある。

Different Quality ［品質相違］

引渡しされた約定品が，契約規定の品質と相違していること。商品の規格，色彩，仕様の相違などのばあいが多く，貿易クレームの原因となる。

Different Shipment ［船積相違］

契約で規定された商品と異なった貨物が，船積みされることで，たとえば，輸出港倉庫での荷さばきを間違って，異なる仕向港向けの貨物を輸出したようなばあいである。貿易クレームの原因となる。

Digital Communication ［デジタル通信］

電話やテレビなどのアナグロ音を端末装置でデジタル信号に変えて通信する方式。

Dilution Clause ［希薄化条項］

合弁基本契約書に載せる条項で，合弁事業の継続を希望する者と希望しない者との意見を調整させるための取決めである。すなわち，ある当事者が合弁事業への出捐をしなかったばあい，それによってただちに契約違反とするのではなく，当該当事者の合弁事業への参加比率を自己の出捐額の全出捐額に対する比率に応じて減ら（希薄化）していく規定である。事業の継続を希望しない当事者にとっては，ある限度以上の出捐を行なわなくてすむので，合弁事業を部分的に解消したのと同じ効果が期待できる規定である。

DIN ［ドイツ規格］

Deutscher Normenausschuss（ドイツ規格協会）が制定したドイツ規格で，日本の JIS に相当する。米国には ASA 規格があり，国際規格としては ISO 規格がある。

Direct B/L ［直航船荷証券］

Through B/L*（通し船荷証券）の対語で，仕向地まで，積換えなしに直航できるばあいに，発行される船荷証券（B/L；Bill of Lading*）をいう。

Direct Cargo

大量の航空貨物のばあいで，混載業者（Consolidator）を介さず，直接，航空会

社に運送依頼する貨物をいう。Straight Cargo ともいう。

Direct Deal ☞ DD

Direct Discharge ［自家取り］

直取りともいう。

船会社の Stevedore* がまとめて荷卸しする総揚げ（Delivery Ex-Warehouse*）の対語で，荷受人みずからが海貨業者を雇って荷揚げすることをいう。Alongside Delivery；Shipside Delivery ともいう。

Direct Investment ［直接投資］

海外に拠点を設置したり，あるいは海外の不動産や外国企業の株式を取得したりする，企業支配を目的とした投資の形態をいう。

高度成長期には，どこの企業も国内市場を第1と考え，海外取引には過剰在庫をはきだすためのクッション的な役割しか認めなかった。海外直接投資も発展途上国に軽工業品生産の拠点を設置する程度であった。しかし，オイル・ショック以降の低成長期に入ると，安定した企業経営のためには，企業の国際化が急務となり，発展途上国はもとより，先進諸国への直接投資も急増した。

Directory ［商工人名録］

海外における取引先選定の1方法として利用できるもので，世界各国の著名な輸出入貿易業者，製造業者，海運業者，保険業者，銀行業者などの名称，取引銀行名，会社の住所，営業内容の概略などが記載されている人名録である。著名なものには，ロンドンのケリー社編集の Kelly's Directory of Merchants, Manufacturers and Shipper's of the World や New York の Dun & Bradstreet International Market Guide, 英国政府編集の British Standard Exporters, 米国トーマス氏編集の Thomas' Register of American Manufacturers, 日本商工会議所編の英文「標準日本商工名鑑」などがある。

Direct Ship ［直航船］

Direct Steamer ともいう。

途中で他船に積換え（Transshipment）することなしに，船積港から仕向港まで直航する船をいう。こうした直航船による船積みを Direct Shipment という。

Direct Steamer ☞ Direct Ship

Direct Trade ［直接貿易］

直貿と略称する。商社またはメーカーが第三者の手を経ずに直接，輸出入取引を行なうことをいう。直接貿易の企業は，税関への輸出申告（E/D），輸入申告（I/D）を自己の名義で行なう。これに対してメーカーが商社の仲介で輸出入するばあいを間接貿易（Indirect Trade）という。戦後，メーカーの直貿が増加してきた。

Direct Transport ［直航運送］

途中積換えなしに目的地まで直行できる運送をいう。このばあい，直航船荷証券（Direct B/L*）が発行される。複合運送（Combined Transport；Multimodal Transport*）の対語。

Dirty B/L ［故障付き船荷証券］

船積み時に貨物の外観上，たとえば破損とか箱不足などの故障があったばあいに発行される事故摘要（Remarks）が記載された船荷証券をいう。Foul B/L もしくは Claused B/L ともいう。こうした故障付き船荷証券は，銀行が買取りを拒否するので，荷送人は船会社に補償状（Letter of Indemnity*）を差し入れて，Clean B/L（無故障船荷証券）を発行してもらえるように手続する。

Dirty Cargo ［粗悪貨物］

発汗，吸湿，風化，凝結，悪臭などの特性が強く，運送中に損傷したり，また他の貨物に損害をあたえる危険の多い貨物をいう。Rough Cargo* ともいう。

Dirty Receipt ［故障付き本船受取書］

船積み時に貨物の外観上，たとえば破損とか箱不足などが検数人（Tallyman）によって発見されたばあいに，一等航海士（Chief Mate）が事故摘要（Remarks）を付記して発行する本船受取書をいう。このようなばあい，荷送人は船会社に補償状（Letter of Indemnity*）を差し入れて，事故摘要の記入されない無故障船荷証券（Clean B/L）を発行してもらうように手続する。

Disbursement ［船舶管理費；立替金］

航海の開始にさきだって生じたいっさいの費用。あるいは，船主のために船舶代理人が支払った立替金。

Discharge ［荷卸し］

Unloading ともいう。船舶から積荷を艀に卸すことをいう。船舶が陸地に横づけに係留されていて，積荷が船舶から直接陸地に卸されるばあいは，Discharge が同時に Landing となる。

Disclosure ［ディスクロージャー］

特許やノウハウの内容を開陳することをいう。会計上は，投資家を保護するために，発行証券についての事実を公開することをいう。

海上保険上は，被保険者の告知義務（Representation*）をいう。

Discount ［割引；値引き］

手形の割引および価格を引き下げることをいう。手形のばあいは，表示通貨が外貨建のばあいには買取り（Negotiation）といい，自国通貨建のばあいに割り引くという。

価格の引下げの意味では，決済割引（Settlement Discount），数量割引（Quantity Discount），同業者割引（Trade Discount）などがある。

ほかに為替相場を表現するばあいに，先行外貨の相場が強調のことを Premium というのに対して，外貨の先安を Discount という。

Discount House ［ディスカウント・ハウス］

耐久消費財を，低価格で販売する安売店（Discount Store）のことをいう。

自己資金または借入金を用いて，自己の責任で手形の割引を行なう金融業者のことをいう。

Discrepancy ［信用状条件違反］

Discre（ディスクレ）と略称する。

船積書類が信用状条件と相違することをいう。すなわち，輸出地の銀行に荷為替手形の買取りを依頼したばあい，銀行は船積書類や為替手形の記載が信用状条件と一致しないことを発見すると，ディスクレとして輸出代金の支払いを拒否する。

また信用状の記載内容と売買契約の条件とに合致しないところがあり，信用状の訂正（Amendment）を必要とするばあいをもいう。

Dishono(u)r ［不渡］

一般には，満期日に権利，もしくは義務を拒絶することをいう。とくに手形，小切手の支払人が，資金不足や銀行と取引がないために，期日に支払義務を果たすことができないことをいう。不渡となった手形を Dishonored Bill という。

Dispatch ［急送（する）］

Despatch とも書く。

Dispatch Money ［早出料］

デスと俗称する。航海用船契約（Voyage or Trip Charter）にあっては，CQD* のばあいをのぞいて，積荷および揚荷に必要な停泊期間をあらかじめ決めておく。この決められた停泊期間以内に荷役が終了したばあい，その節約した日数（Dispatch Day）に対して，船主が荷主に支払う奨励金をいい，滞船料（Demurrage*）の半額がふつうである。

Dispensation ［適用免除］

法もしくは契約上禁じられている行為を行なうばあい、あるいは規定された行為を行なわないばあいの許可をいう。FOB 契約で輸出するばあい、輸入者が同盟外船を指定してきたばあい、輸出者が、海運同盟に対して盟外船に積み込むための特認をとるばあいなどがこれにあたる。

Displacement Tonnage ［排水トン数］

貨物と人を含めた船のトン数をいう。すなわち、船体が水に浮かんだばあいの排水量に、海水の比重を乗じたものが、排水トン数となる。

Disponent Owner ☞ Chartered Owner

Disposal Risk ［処分危険］

輸入した貨物についての国内販売が、市価の変動などにより予定どおりにいかない危険をいう。

Dispose ［処分する］

類語の manage＝treat＝transact＝deal with は「取り扱う」の意味。

Dispute ［論争（する）］

Discuss は大人流の討論、Dispute は小人流の口論。

Distributor ［特約販売店］

海外のメーカー、または輸出商から、特定商品を特定市場で、独占的に販売する権限（Distributorship）をあたえられた販売店をいう。問屋を兼ねているばあいが多い。特約販売店は、商品の供給をうけると、現地市場での販売および信用危険を引き受ける。通常、自己の勘定で本人（Principal*）として商品を輸入し在庫をもつ。

Distributorship Agreement ［特約販売店契約］

広義では、継続的取引関係が存在する契約を総称して販売店契約とか代理店契約（Agency Agreement*）という。狭義では、契約当事者が売主（輸出者）対買主（輸入者）の関係に立ち、いずれも本人として自己の勘定と責任において取引することを前提として、特定の商品を継続的に取引することを取り決めた契約をいう。

Diversion Charge ［揚地変更料］

船荷証券に記載された陸揚港と異なる港で陸揚げする、揚地変更（Change of Destination）のばあいに請求される費用である。そのさい、荷繰りのために要する荷繰費用（Shifting Charge）をも請求されるばあいがある。

D/N ☞ Debit Note

D/O ☞ Delivery Order

Dock ［埠頭］

係船、停泊、荷役専用のドック型の船渠で、つねに海水を満たし、その片側は係船埠頭になっている。通常、Quay と同じく埠頭と訳される。海水の満ちていない造船用の乾ドック（Dry Dock）とは違う。

なお、Dock Side というと荷主側の立場を意味し、Ship Side（船会社の立場）の対語である。Dock Side Crane は岸壁側に敷設された本船荷役用のクレーンをいう。コンテナ船はクレーン設備がなく、その荷役は Dock Side Crane で行なわれる。

Dock Foreman ［岸壁組長］

岸壁上での荷役作業の、指揮・監督を行なう者をいう。

Dock Man ［岸壁人夫］

埠頭および上屋内で、貨物の出入れを行なう人夫をいう。

Dock Receipt ［ドック・レシート］

D/R と略称する。

コンテナ貨物についての船会社側の貨物受取証のことで、在来船のばあいの本船受取書（Mate's Receipt*、M/R）に相

当する。海貨業者は署名された Dock Receipt を，船会社に提出して船荷証券 (B/L) の発行をうけたが，書類の電子化が進み，2006年4月1日より Dock Receipt は廃止され B/L Instructions と呼ばれる書式が使用されている。

Dock Side ［ドック・サイド］

海上運送に従事する船会社側を Ship Side というのに対して，荷主の依頼で貨物の積卸しを行なう港湾業者側をいう。

Dock Warehouse ［港湾倉庫］

港頭にある設備の整った堪貨性 (Cargoworthiness) のある倉庫のこと。

埠頭にある簡単な設備の上屋 (Shed*) とともに輸出入貨物の保管・流通に重要な役割を果たしている。

Doctrine of Strict Compliance ［厳格一致の原則］

信用状取引は書類上の取引であるから，積み込んだ貨物とは無関係に，船積書類および為替手形と，信用状に記載された条件とのあいだに相違 (Discrepancy*) があれば，輸出地の銀行は，荷為替手形の買取りを拒否する。そこで信用状取引のばあいは，まず信用状を入手した時点で，記載された条件が契約の条件と合致しているか否かを厳格に付け合わせ，承諾できない個所があれば買主に Amendment を要求する。さらに，船積み後は，船荷証券，商業送り状を中心に信用状の記載に合致するよう厳密な照合が必要となる。

Documentary ［船積書類付きの］

Shipping Documents (船積書類) の添付されているという意味。たとえば，Documentary Bill of Exchange (荷為替手形) のばあいの Documentary は船積書類付きのという意味。船積書類は，積荷を象徴化したものであるから，これを「荷」と訳している。

Documentary Bill (= Draft) ［荷為替手形］

貿易決済のために用いる手形には，通常，船積書類が添付されるが，これを Ducumentary Bill という。船積書類はあるが，それが買主に直送されるために，現実に手形に添付できないとき，これを Documentary Clean Bill という。一方，全然，船積書類のともなわない手形を Clean Bill という。また，手形の振出人 (Drawer) と名宛人 (Drawee) とが本支店の関係にあるばあいには，船積書類の添付の有無に関係なく，House Bill という。

船積貨物を担保として振り出される荷為替手形は，つぎの要領で振り出される。すなわち為替手形を振り出して債権を取り立てる輸出者が振出人 (Drawer) となって，その債務を負う外国の輸入者 (Banker's L/C のばあいは銀行) を支払人 (Payer) ないし名宛人 (Drawee) として振り出す。この手形には，手形の期限があるなしによって，一覧払い手形 (Sight Bill) と期限つき手形 (Usance Bill) とに分かれる。また，名宛人が，銀行であるか商人であるかによって，銀行手形 (Bank Bill) と個人手形 (Private Bill) とに分かれる。また，担保として添付する船積書類を輸入地の銀行が輸入者に引き渡す方法について，引受渡し手形 (Documents against Acceptance〔D/A〕Bill) と，支払渡し手形 (Documents against Payment〔D/P〕Bill) に分かれる。荷為替手形の付属船積書類のなかで基本的なものは，船荷証券 (B/L)，送り状 (Invoice)，さらに，CIF 契約のばあいは海上保険証券 (Insurance Policy*) とであるが，ばあいによっては，原産地証明書 (Certificate of Origin*)，領事送り状 (Consular Invoice*)，税関送り状 (Customs Invoice*) などが要求される。

Documentary Clean Bill ［ドキ

ュメンタリー・クリーン・ビル]
早急な処分を要する貨物の輸出などのばあいに，船積書類は銀行を経由することなく，輸出者から輸入者へ直接渡されるので，銀行での手形の買取り時に担保物件としての船積書類が添付されていないことをいう。

Documentary Credit ［荷為替信用状]
信用状にもとづいて輸出者が振り出す為替手形に，船積書類を添付することを規定している信用状をいう。輸出入の決済に用いられる信用状は，荷為替信用状がほとんどである。☞ Commercial Letter of Credit Agreement

Document of Title ［権利証券]
船荷証券（B/L*）や倉庫証券（Warehouse Receipt*）のように，その証券を引き渡すことによって証券に記載された貨物に対する支配権能（Title）が移転する有価証券をいう。

Documents
Shipping Documents の省略。
☞ Shipping Documents

Documents against Acceptance ［引受渡し]
D/A と略称する。
船積書類の引渡しが，輸入者の手形引受けと引換えに行なわれる条件をいう。これに対して，手形引受けだけではだめで，手形支払いによってはじめて船積書類の引渡しが行なわれるものを，支払渡し（D/P＝Documents against Payment）という。D/A，D/P のいずれによるかは，手形振出人である輸出者が，輸入者と協議のうえで決める。D/A 手形は必ず期限付き手形である。

Documents against Payment
☞ D/P

Documents against Trust Receipt ［書類貸渡し]
支払渡し（D/P）条件の荷為替手形のばあいに，買主の支払期日以前に銀行が，その手形の担保となっている船積書類を買主に貸し渡すことをいう。

すなわち，買主に手形決済のための資金がないばあい，銀行に約束手形を差し入れて決済資金を借り入れ，対外的にはこれで輸入手形を決済する。しかしこのばあい，船積書類は輸入金融の担保となっているので，差し入れた約束手形の期日にその手形金の支払いがすむまでは，船積書類を渡してもらえないのが原則である。しかし船積書類がないと，輸入者は貨物の引取りができないので，銀行に貸渡し依頼書とともに，輸入担保荷物保管証（T/R*）を差し入れ，ときには担保を積み，保証人を立てて船積書類を借り受け，これで貨物を引き取る。

この書類貸渡しの方法は，けっきょく支払渡し条件（D/P）を，条件づきで，引受渡し（D/A）に変更する効果をもつことになるので，買主の信用いかんによっては，貨物の取扱いについて銀行による制限が加えられる。

Doing Business ［営業行為；商行為]
営業行為または商行為の概念は，各国の法律によって差異があるが，一般的には，顧客からの注文の取得，顧客との取引に関する交渉，注文に対する応諾，契約書に対する署名，送り状の発行などが内容とされる。各国の税法では外国会社に対する事業所得の課税は，当該外国会社が国内で行なった営業活動から生じた所得についてだけ課することになっているので，営業行為の定義が重要な意味をもつ。駐在員事務所は営業行為は禁止されている。

Dollar Area ［ドル地域]
戦前，アメリカ・ドルにリンクしていた国々を，ドル地域または硬貨地域とよ

び，ポンド地域と区別していた。米国，カナダ，琉球，イラン，アフガニスタン，サウジアラビア，メキシコ，キューバ，コロンビア，スイス，スペイン，ベネズエラ，ペルー，ウルグアイ，エルサルバドル，グアテマラ，ホンジュラス，ニカラグア，パナマ，パラグアイ，フィリピンなどがこれに属し，これらの地域では主としてアメリカ・ドル貨を決済通貨として，貿易決済を行なっていた。日本は，本来，ポンド圏と考えられてきたが，戦後，米国との関係が深まり，ドル地域の一部として考えられるようになった。

Domestic ［国内の］

inland＝home と同意。local は「地方の」。

Domestic Credit ［国内信用状］

Back to Back L/C*; Local L/C ともいう。海外からきた信用状（Original L/C; Prime L/C, 原信用状）を受け取った輸出者（受益者）が，これを下請のメーカーや協力商社に譲渡しようとするばあいに，原信用状を取引銀行に提出したうえで，これの見返りとして発行される信用状をいう。譲渡可能信用状（Transferable）L/C のばあいには，そのまま譲渡できるが，ふつうの信用状のばあいにはそれができないので，メーカーもしくは協力商社には，この国内信用状を渡すことになる。原信用状に裏うちされ（backed）ているところから，Back to Back ともいう。

Domestic Exchange ［内国為替］

通貨の移動によらず，為替手形などを利用して銀行を介入させて行なう為替取引が同一国内間で行なわれるばあいをいう。異国間のばあいは外国為替（Foreign Exchange）である。

Door to Door ［ドア・ツウ・ドア］

荷送人の戸口（Door）から相手先の戸口まで一貫して輸送する方式で，コンテナによる複合運送によって容易になった。貿易運送がめざす Instant Availability（簡便性，迅速性，経済性，安全性）を実現する輸送方式である。

Double Insurance ［重複保険］

たとえば，Shipper（荷送人）と Consignee（荷受人）とが，それぞれ別個に付保した契約が，たまたま重複するようなばあいをいう。英国海上保険法（Marine Insurance Act; M/C）第32条，80条によって，被保険者は重複したいずれの保険証券でも任意に選択して，一方から填補金を回収できるとしている。重複した2個の保険契約についての保険者間の責任割合については，それぞれの引受額の責任割合をもって精算するのが原則である。

Double Invoicing ［二重帳簿］

売買両当事者のあいだでとりかわす正規のインボイスのほかに作成する税関や銀行に提出するインボイスをいう。これは輸入外貨割当とか輸入関税などの都合から，単価や総額を下げたアンダーインボイス（Under Invoice）と俗称するものである。国内取引でいう二重帳簿は，貿易のばあいはインボイスのごまかしから始まる。

Double Stack Train ［2段重ね列車］

コンテナを鉄道貨車に2段に積み重ねて輸送する列車をいう。DST と略称する。

Double Tariff ［二重関税］

同一の輸入商品に，たとえば最恵国税率と特恵国税率のように，2種の税率を設置している関税制度をいう。

Down ［だめになって；即金で］

Down and out（貧乏の状態），Cash down（即金現金払い），Money down（購入時即払い）

Down Below ［ダンブロ］

港湾荷役作業で用いられる慣用語で、「船底」をいう。

Down Payment ［頭金］

繰延べ払い（Progressive Payment）のばあいの，Initial Payment（頭金）をいう。

契約のための手付け金として頭金を支払ったにもかかわらず，しかも契約が履行されなかったばあいに，その頭金が没収されるか否かは，契約のときの取決めいかんによる。

Dozen ［ダース］

雑貨品などの取引単位。12 Pieces（個）が1ダース。12ダースをグロス（Gross）といい，Great Gross は12個×12×12＝1,728個，Small Gross は12個×10＝120個をいう。

D/P ［支払渡し］

Documents against Payment の略で，支払渡しと訳し，船積書類を引き渡す1つの方法である。これは，荷為替手形の送付をうけた輸入地の銀行が，手形の支払人である輸入者に手形を呈示し，貨物引受けに必要な船積書類を，手形代金の支払い（Payment）と交換に引き渡す方法である。これに対し，手形代金の支払いをしないで，単に輸入者が手形の引受け（Acceptance）をするだけで船積書類を引き渡す方法をD/A（Documents against Acceptance, 引受渡し）という。D/Aのばあいには輸入者は船積書類によって積荷を引き取り，これを処分して，手形期日に手形代金を支払えばよい。

D/P，D/A どちらの方法によるかは，荷為替手形または手形送達状に明記されているのがふつうであるが，記載のないばあいには，一般に銀行は，支払渡し（D/P）として扱う。輸入者にとっては，D/PよりもD/Aのほうが有利である。というのは，手形の呈示をうけたとき，手形代金を支払う必要がなく，引受けだけで船積書類を入手でき，これによって手形期日までに輸入商品を売却し，その代金で手形の決済をすればよいので，金融上の便宜をうけうるからである。しかし，輸出者にとっては，輸入者が手形を引き受けたというだけで，手形代金を支払うという保証がないので危険である。

D/P，D/A は，本来的には，船積書類を引き渡すばあいの条件であるが，これが決済手段として，D/P 手形もしくはD/A 手形として，信用状決済に代わる決済方法として用いられる。このばあいは，D/P もしくは D/A と明示した為替手形と船積書類だけで決済する荷為替手形（Documentary Bill of Exchange）決済となる。

D/R ☞ Dock Receipt

Draft ［目減り；手形；草案］

海上保険上では，穀物や油類が航海の通常の経過で，乾燥や蒸発のために重量や容積が減少することをいう。こうした損害は，割増保険料を支払い Shortage* の特約によって填補される。

代金決済上は，手形のことをいう。もともと他人に対して金銭の支払いを指図する書面を意味し，為替手形（Bill of Exchange*）または約束手形（Promissory Note）の意味で用いる。手形は譲渡人が署名する裏書（Draft Endorsement）によって譲受人に譲渡でき，流通することになる。

法律上は，書類の草案をいう。

海運上は Draught（吃水），すなわち船の水面から没する部分の垂直距離を Draft という。

Draft Convention on the International Combined Transport of Goods ［国際物品複合運送条約案］

ローマの私法統一国際協会 UNIDROIT が中心となって採択された国際

複合運送のための条約案で，TCM（Projet de Convention sur le Transport Combine International de Marchandises）条約案ともいう。これは1969年万国海法会東京総会で採択された東京ルールとUNIDROITが1965年発表した草案を調整したもので，複合運送人（Combined Transport Operator）の責任については，複合運送人が荷主に対し全運送区間にわたって責任を負うが，責任内容は損害発生区間の法体系によるという対荷主単一責任・非同一責任型（Network Liability System*）をとっている。

Draft Survey ［吃水検査］

鉱石類や石炭，鉄屑などの取引数量の決定は，通常，船舶の吃水検査によって行なわれる。すなわち，積揚げ時の吃水変化を利用して，本船に設備されている諸スケールから，貨物の重量を算出する。

Draft Weight ［ドラフト看］

散荷満船積みのばあい，積み込んだあとで，本船の吃水（Draft）によって積荷の重量を計算する方法である。

Draught ［吃水］

Draftともいう。船脚とも俗称される。船が水面に没する部分の深さ，すなわち水深をいう。Draught Mark（吃水標），Full Draught＝Load-Water Draught（満載吃水），Easy Draught＝Light Draught＝Shallow Draught（軽吃水），Draught Weight（散荷の満船積みのばあいに，積み込んだあとの本船の吃水によって計算された目方をいう。）

Draw ［手形を振り出す］

手形を振り出すことをいう。振り出された手形がDraft（Bill of Exchange*）である。value（動）も「手形を振り出す」意味。

Draw Back ［戻し税］

Allowanceともいう。すでに関税納付ずみの輸入貨物が，一定の条件に適合したばあいに，その納付した関税の一部または全部を払い戻すことをいう。たとえば，果実缶詰，清涼飲料水を輸出するばあい，それらの製品に関税納付ずみの輸入原材料が使用されていれば，すでに納付された分の関税が払い戻される。また，輸入のさい，輸出を予想せず，あるいは保税工場に入れるべきものを間違えて，関税を納付し，しかもそれを輸出貨物の製造に使用したばあい，あるいはまた輸入が許可されたあとで，輸入貨物にクレームが成立し，その貨物を返送または廃棄する必要が生じたばあいにも，納付ずみの関税は払い戻される。

Drawee ［（手形の）名宛人］
☞ Bill of Exchange

Drawer ［（手形の）振出人］
☞ Bill of Exchange

Drawing ［振出し］

広くは，引く；描く意味であるが，為替手形（Bill of Exchange；Draft），小切手（Cheque；Check）の振出しをいう。

Dropped Cargo

船積みに間に合わない貨物をいう。

Drum ［樽］

苛性ソーダ，染料，食料油などを包装する樽のこと。

Dry Cargo ［乾貨物］

液体貨物や冷凍貨物に対して，乾性貨物をいう。機械類，雑貨などがそれで，利用するコンテナ（Dry Container）は標準的なコンテナであり，温度調節も必要としない。

Dry Container ［ドライ・コンテナ］

一般雑貨用のコンテナで，アルミニウムの合金の材質で作られたもっとも一般的なものである。厳重に封印されるので盗難の心配はないし，種々の内部貨物用ラッシング器材を用いて輸送中の震動，衝撃などによる荷くずれや損傷がないよ

うに積み付けられる。20フィートと40フィートの2つのサイズがあり、20フィート（20 Footer）は内部容積（Inside Cub.）31.4m³，最大積載重量（Max. Payload）18,570kg，40 Footer は67.9m³，20,410kgである。

ドライ・コンテナ以外を特殊コンテナという。

Dry Dock ［ドライ・ドック］
水密性（watertight）のあるドックで，水を注水して船舶の出入りを可能にでき，ポンプで排水して船舶の修理ができる。これに対してつねに同一レベルに水をため、いつでも船舶に積卸しができるものを Wet Dock という。

D/S
days after sight の省略で，たとえば30 d/s は一覧後30日払いの意味。

DST ☞ Double Stack Train

Dual Exchange Markets System ［二重為替市場制］
Two-tier Exchange Markets System ともいう。一国の為替市場を2つに分け，貿易関係の経常取引については固定相場を適用させ，一方，資本取引については変動相場を適用させることをいう。1955年以降のベルギーが好例であるが，1つの通貨に2つの相場が建つことになり，混乱が生じやすいので，厳重な為替管理が前提となる。

Dual Rate System ［二重運賃制］
従来から認められていた海上輸送における二重運賃制は廃止された。公正取引委員会（Fair Trade Commission）が06年4月に"海運特殊指定"を廃止したこともあり、日本関係航路の海運同盟（shipping conference）／運賃同盟（freight conference）による二重運賃制は全廃された。海運同盟所属の本船（同盟船）のみを利用することを契約した荷主（契約荷主）への優遇策は認められないことになった。

Dual Tariff ［二重関税］
同一輸入品目について2種の税率を定めることをいう。その表示方法には高低2種の税率を表記する方法と税率表には低率だけを示し、高率は何パーセント付加する旨を記す方法とがある。

Due ［満期になる；しかるべき；予定；原因］

Due Date ☞ Date of Maturity

Due Diligence ［相当な注意］
ふつうの用意周到の人が特定の状況下で払うと期待される、ふつう程度の注意または努力をいう。

Dull ［不活発な］
inactive と同意。active（＝brisk, 活発な）の対語。

Dummy ［ダミー］
Dummy とはロボット、にせものの意味。2つの中国を認めていた時代にわが国の特殊事情のためにつくられた名目上の商社（ダミー商社）のこと。中国と取引する商社は、台湾政府から対台湾貿易の許可があたえられないので、名目上の商社をつくって、対中国貿易に従事させ、自社は、対台湾貿易に従事する方法をとっていた。

コンテナの積重ねテストのばあいの、当て板をもダミーと俗称する。

Dumping ［不当廉売］
政策的、意図的に国内市場価格以下の価格や、生産費以下の価格で輸出し、相手国市場の価格体系を攪乱し、それに乗じてその市場に独占的な地位をきずこうとすること。こうした不当廉売に対して、輸入国は自国の産業を保護するために、ダンピング関税を発動することがある。

ダンピングのうち、相対的に劣等な自国の社会条件や労働条件を利用して、社会的な犠牲を背景として輸出品の競争力を増大させて不当廉売を行なうものを、

ソーシャル・ダンピング (Social Dumping) という。

また, 自国の為替相場を不当に引き下げ, 輸出商品に国際競争力をつけて輸出増大をはかる方策を為替ダンピング (Exchange Dumping) という。

Dun & Bradstreet, Inc. [ダン興信所]

ニューヨークに本店をもつ世界的な信用興信所で, 1841年設立のR.G. Dun & Companyと1849年設立のBradstreet Companyが1933年に合併した会社である。同社の信用報告書は世界的に権威がある。米国全土の主要都市に支社, 営業所, 通信所, 代理人, 通信員を配置している一方, 海外の主要都市にも子会社, 支社を設けているし, 多くの外国の興信所とも特約を結んでおり, その調査網は業界随一の規模を誇っている。依頼にもとづいて行なう信用調査が主たる事業であるが, ほかに企業年鑑, 市場調査資料など各種の出版物を発行している。とくに, Reference Book, Dun Reportは広く用いられている。

Dunnage [荷敷き]

船艙内の漏水, 発汗による濡損の防止, 貨物自体の漏水, 発汗からの他貨物の防止, 貨物相互間の摩擦の防止や, 通風上のため, あるいは貨物の積付けを安定せるために, 下敷き, すきま埋め, 貨物の境界などのために用いるものである。荷敷きには, 貨物の種類, 性質, 使用場所, 積地などによって, 丸太, 角材, 平板, 竹すだれ (Bamboo Screen), マット (Mat), 麻帆布 (Burlap) などが用いられる。

Dun Report

ダン興信所 (Dun & Bradstreet, Inc.*) が調査予約者へ継続的に送るレポートで, つぎのような内容を含む。

業種 (Business Line), 役員名 (Names of Directors), 格付 (Rating), 要約 (Summary), 沿革 (History), 企業経営の概略 (Operation-Location), 財務諸表 (Financial Statement), 仕入先調査 (Trade Investigation), 取引銀行調査 (Banking Relations)。

Duplicate [副本]

手形のOriginal (正本, 第1券) に対して, 副本にあたる第2券をDuplicateという。

Duplicate Sampleは, 控え見本の意味。

To make out in duplicate (正副2通作成する), Original (原本), in triplicate (3通), in quadruplicate (4通), in quintuplicate (5通)。

Duplicate Sample [控え見本]

見本を送る側が, 控えとしてとっておく見本で, Keep Sample; File Sampleともいう。

Duration of Carrier's Liability [運送人の責任の始終]

在来船のばあいは, 貨物が船積港の本船のTackle (揚巻き機) にかかった時点 (Tackle On) で責任開始となり, 荷揚港でテークルを離れた時点 (Tackle Off) で終了する。コンテナ船のばあいは, Container Yard OperatorまたはContainer Freight Station Operatorに貨物を引き渡した時点で責任開始となり, 仕向地で荷受人に貨物を引き渡した時点で終了する。航空運送のばあいは航空会社指定の受渡しカウンターでの貨物の授受の時点である。

Duration of Risk Clause [保険期間約款]

保険証券に記載されている保険者の危険負担責任の開始と終了についての約款をいう。これによると, 危険開始は, 保険証券に指定された港で指定された船舶に積荷が積込み (Loading) された時点である。一方, 保険期間の終期は, 最終荷

卸港に到着後相当期間内に安全に陸揚げ（Safely Landed）された時点である。しかし，実際には協会貨物約款（ICC*）には運送約款（Transit Clause*）および艀舟約款（Craft Clause*）があって，保険者の責任である保険期間は延長されている。

Duty　［義務；税］

Duty は職務などからして当然なすべき義務をいう。Obligation は法律，委託，慣習などから生じる各個の義務。

We expect you to do your duty. （義務を果たすよう期待する。）

Duty（税）は通常複数形（Duties）で用いる。Duty は商品の輸出入，消費に課せられる間接税で，Customs Duties（関税），Excise Duties（消費税）。Tax は租税一般を意味し，財産，所得，取引などに課せられる税。Dues は使用料その他の賦課金，Port Dues（港湾使用料）。

Duty Clause　［輸入税担保約款］

貨物が航海中に滅失したばあいは輸入税の支払いが免除されるが，貨物が損傷して到着したばあいは比較的高い輸入税の支払いを余儀なくされることが多い。このばあいの輸入税支払いによる損害を保険者が塡補する約款である。

Duty Free　［免税］

輸入貨物に対しては，関税定率法別表輸入税表にもとづいて，関税が賦課されるのが原則であるが，輸入貨物が一定の条件に合致しているばあいは，関税納付義務の一部または全部が免除される。このばあい，全部免除を免税，一部免除を減税という。たとえば，輸入貨物が，輸入許可以前に，すでに変質，損傷しているばあいには，相当額の減税が認められる。また，たとえば主要食料品の CIF 建輸入価格に関税および輸入港から卸売市場にいたるまでの通常の経費を加算したものが，国内品より高いばあいや，天変地異による緊急輸入のばあいには減税，免税が認められる。皇室用品，来遊外国元首等用品，外交官用品，国連その他専門機関からの寄贈品，学術的文献，専売品，商品見本，携帯品，引越荷物，出漁船舶が採捕した水産物，増殖用動物，養殖真珠などについては，無条件免税が認められる。いったん輸出された貨物がふたたび輸入されたばあいや，国内で消費されず輸入後 1 年以内に再輸出される貨物についても，一定の条件を満たしたばあいには，免税，減税が認められる。

また，酒やタバコのように，内国消費税が課税された貨物を輸出するばあいには，輸出奨励の目的から，内国消費税は免除される。

Duty Insurance　［輸入税保険］

貨物が損傷して到着しても，従量税のばあいは輸入税は減税されないし，従価税のばあいも損傷の程度に比例した減税が行なわれないばあいがあるので，輸入税が高額の貨物については，輸入税保険の付保が必要である。

Duty of Declaration　［告知義務］

保険契約者が契約申込みのさい，保険者に対し，危険程度を測定するのに必要な，主要事項を通知する義務をいう。積荷の明細，保険金額，損害塡補の範囲，船名および出港日，航路，保険金の支払地および支払通貨などが告知内容である。

告知義務に悪意または重大な過失のあるときは，保険者は随意に保険契約を解除でき，保険金の支払いの責任を免れることができるし，すでに支払いずみのばあいには，その返還を請求することができる。

Duty of Disclosure　［告知義務］

慎重な保険者が，保険料を算定するにあたって，あるいは危険を引き受けるかどうかを決定するにあたって，その判断

に影響を及ぼすいっさいの事項を，保険締結時に被保険者が保険者に正確に知らせる義務をいう。虚偽の告知を行なったばあいは，保険契約成立後も保険者は解除することができる。

Duty Paid ［輸入関税支払いずみ］

輸入港の保税倉庫に輸入貨物を搬入し，さらに輸入通関手続や輸入税の支払いをも，売主が負担する。

1990年 ICC の Incoterms では Delivered Duty Paid（DDP，仕向地持込み渡し関税込み条件）を規定している。

なお，DDU（Delivered Duty Unpaid）も定型貿易取引条件として存在する。

DV ［通関証明書］

Delivery Verification のこと。一定金額以上の戦略物資の輸出承認をえたばあいは，事後において仕向国で正しく通関されたことを証明する輸入国政府機関が発行する輸入通関ずみ証明書を経産省に提出しなければならないが，これを通関証明書という。

DWT ☞ Deadweight Tonnage

Dz

dozen（ダース）の略語。

E

ea.
each（おのおの）の略称。

Eager ［熱心な］
keen と同意。keen は日常広く用いられる口語。earnest は eager よりもいっそうまじめな「真剣な」の意味。zealous は熱情的な熱心さ。

Earthquake ［地震］
Force Majeure*（不可抗力）の一種。取引条件覚書などに，この種の不可抗力が生じたばあいの免責約款を規定しておく。

Earthquake (exempted) Clause ［地震不担保約款］
貨物が陸上または海上輸送中に，地震，噴火またはそれから生じる津波や火災によって損害を被っても，保険者は免責であるとする規定である。

East-West Trade ［東西貿易］
旧ソ連を中心とした東側社会主義諸国と，西側の自由貿易主義国との貿易をいう。

EC ［欧州共同体］
European Community の略称で，欧州経済共同体（EEC ; European Economic Community），欧州石炭鉄鋼共同体（ECSC ; European Coal and Steel Community），欧州原子力共同体（EURATOM ; European Atomic Community）の3共同体を総称して EC という。1967年にフランス，西ドイツ，イタリア，オランダ，ベルギー，ルクセンブルクの6カ国で発足，73年にイギリス，アイルランド，デンマークの3国が加盟，81年にギリシャ，86年スペイン，ポルトガルが加盟し12カ国体制となり，アメリカにつぐ巨大な経済圏となった。現在は EU に発展。☞ European Union

ECAFE ［エカフェ］
United Nations Economic Commission for Asia and the Far East（国連アジア極東経済委員会）の略称。1947年に国連経済社会理事会の下部機構として設立され，アジア諸国の開発・発展のため運営されたが，74年にエスカップ（ESCAP*）と改称された。

ECGD ［輸出信用保証局］
英国の Export Credit Guarantee Department（輸出信用保証局）の略語である。輸出保証法（Export Guarantee Act, 1949）にもとづいて，輸出信用保証業務を行なっている。

Economic and Monetary Union ［EU 経済通貨統合］
1999年1月1日に発足した。参加国は12カ国（イギリス，デンマーク，スウェーデンは当面不参加，ギリシャは2000年1月から参加）。EMU への参加基準（EMU Criteria）は，①財政赤字の対国内総生産（GDP）比3％以下，②政府債務の対 GDP 比60％以下，などマーストリヒト条約で取り決めた財政，物価，為替，金利の収斂（しゅうれん）基準をクリアしているかである。98年に，新しく単一通貨として「ユーロ（Euro）」の製造が開始された。そして，2002年1月から，新通貨での受払いとなった。世界各国の外貨準備や貿易決済においてもユーロの重

要性が認識される。

Economic Partnership Agreement (EPA)　[経済連携協定]

協定を結ぶ相手国・地域との間で，関税を低減・撤廃するとかサービス貿易を自由化すること［自由貿易協定（Free Trade Agreement；FTA）］に加えて，人の移動，資本の移動，知的財産，政府調達，二国間協力など貿易以外の分野を含めて包括的に自由化を取り決めた協定である。換言すれば，ヒト，モノ，カネの移動を自由化することを包括的に取り決めた協定といえる。自由貿易協定（FTA）に関しては，世界貿易機関（WTO）のGATT第24条，GATS（サービス貿易に関する一般協定）第5条に定義されており，その条件を満たす場合に限り最恵国待遇（most-favored treatment；すべての加盟国に対する無差別待遇）を基本とするWTO原則の例外として認められることになっている。WTOにおける多国間通商交渉が進展しないこともあって，世界的にはFTAあるいはEPA締結の動きが強まっており，約300にのぼる協定が現存するといわれる。わが国は，EPA（経済連携協定）を基本にしており，相手国・地域と合意が成立すると協定に署名し，国会の承認を経て発効することになっている。2018年12月30日現在では以下の国・地域（シンガポール，メキシコ，マレーシア，ブルネイ，チリ，タイ，インドネシア，フィリピン，ベトナム，スイス，ASEAN，インド，ペルー，オーストラリア，モンゴル，TTP6カ国）との間で協定が発効している。そして，RCEP（アジア地域包括的経済連携協定）の交渉進展も期待されている。

ECU　[欧州通貨単位]

European Currency Unit の略語。ECが共同通貨の実現を目標として設立した欧州通貨制度（EMS*）が，加盟国通貨の加重平均により定めた通貨単位をいう。この単位がECにおける計算単位，準備資産，決済手段の役割を果たしていた。各国通貨の対ECU変動は上下2.25%以内とし，共同フロート制を守るために欧州通貨基金（European Monetary Fund；EMF）が赤字国に融資を行なった。

E/D ☞ Export Declaration

EDI　[電子データ交換]

electronic data interchange のこと。おもに企業間においてコンピュータ・ネットワークを利用してビジネスに関わる情報のやり取りを幅広く行うもの。特に近年ではインターネットEDIによるビジネスが盛んに実施されるようになっている。

EDO ☞ Equipment Despatch Order

EDP　[電算機処理]

Electric Data Processing の略語。貿易関係書類も，電算機によって処理されるケースが増加している。

EDR　[欧州預託証券]

European Depositary Receipts（ヨーロッパ預託証券）の略称。ヨーロッパで日本の株券を直接に売買するのは，ことばや制度上の問題で困難があるために，原株券をその国の銀行に預けて，それと見合いに発行される代替証券をいう。同様に米国で発行されるものが，ADR*，東京で発行されるものがJDRである。

EEC　[欧州経済共同体]

European Economic Community の略称。EC*を構成する3つの共同体の1つ。フランス，西ドイツ，イタリア，ベルギー，オランダ，ルクセンブルクの6カ国が，地域的経済統合をめざして1958年に発足させた。域内関税全廃，対外共通関税の設定，労働力・資本の移動および企業設立などの自由化を，経済統合の目的とした。

EEO　[雇用機会平等]

Equal Employment Opportunities のことで，アメリカ合衆国の公民権法 (Civil Rights Act) は，人種，皮膚の色，宗教，性(妊婦を含む)，出身国を理由とする差別を禁止している。

Effect ［結果；果たす］

原因に対する直接の結果を意味する。Result は原因の働きを終わらせるような Effect を意味する。Consequence は原因との関係が漠然とした帰結。

Effective ［効果的な］

えようと思った効果のある意。efficient は成果を生ずべき実力のあるという意。

Effort ［努力］

一定の目標のためにひと骨折りする単一の努力の意。Endeavo(u)r は不断の永続的な努力の意。

EFTA ［欧州自由貿易連合］

European Free Trade Association の略。イギリス，オーストリア，スイス，ポルトガル，デンマーク，ノルウェー，スウェーデンの7カ国によってつくられた自由貿易機構。1959年11月，ストックホルムの7カ国閣僚会議で仮調印し，60年5月に発足した。同年7月1日には，EEC と歩調をそろえて，域内関税を20％引き下げた。EEC とのおもな相違点として，政治統合の性格をもたず，また加盟国間の経済的・社会的調整を行なわないこと，また対外共通関税をもたずに，域外に対する関税は各国の自由にまかせるなどである。しかし，イギリス，デンマークが73年に，ポルトガルも86年に EFTA を離脱して EC に加盟したために，残ったオーストリア，スイス，ノルウェー，スウェーデンと新しく加盟したアイスランド，フィンランドが運営することになり，EC との協力が急務となった。

EIL ［輸入承認確認書］

Endorsed Import License の略語で，戦略物資の輸出承認をえるために必要な，輸入国政府発行の輸入承認確認書のことである。

Ejusdem Generis ［同種の］

保険証券に具体的事項が列挙されてある最後に，その他いっさいの危険というように書かれてある概括的文言。しかしこれは広義ではなく，前出の特定的・限定的事項と同種のものを意味する。

E/L ☞ Export License

Electronic System for Travel Authorization (ESTA) ［電子渡航認証システム］

米国への入国に先駆けて，渡航の72時間前までにインターネットで登録を義務づけた制度。2009年1月12日から実施された。ビザ免除プログラム (visa waiver program) 参加国のビザ取得を必要としない90日以内の短期観光・商用目的の渡航滞在者が対象で，テロリストの入国を防ぐための措置である。

Electronic Transfer of Shipping Documents ［貿易書類の電子化］

21世紀を迎えて IT 革命はますます進化発展の兆しをみせているが，それに呼応して貿易書類の電子化が進行し，船荷証券などの有価証券も電子データにおきかえられて電子データ交換されていく。電子データの送信では，ボレロ・インターナショナルがすでに活動しているし，経済産業省主導の TEDI プロジェクト (trade electronic data interchange project) も2001 (平成13) 年8月から実用段階に入った。貿易取引額の約7％が文書処理などにかかる事務コストといわれるが，そのコスト削減や安全で迅速な貿易書類の処理方法をめぐって，モデル化が多角的に開発され実用化されていくことが期待される。

Embargo ［出港禁止］

戦争勃発のおそれがあるようなばあいに，自国領土内の全部または一部の港からの船舶の出港を禁止することをいう。こうしたばあい，被保険者は積荷を委付して，保険金全額を塡補してもらう。

Emergency Import ［緊急輸入］

天災など非常事態による物資不足やドル減らしのために，特定商品の輸入を緊急に行なうことをいう。緊急輸入を効果的に行なうために，輸入者に対するインセンティブとして低率の暫定税率（Temporary Rate*）の適用が認められることがある。

Emergency Risk ［非常危険］

貿易取引の当事者の責めに帰し難い不可抗力的な事由によって，契約履行が不可能となる非商業危険をいう。たとえば，相手国における輸入制限，為替取引の制限もしくは禁止，戦争，革命などである。こうした危険は，通常の海上保険では塡補されず，貿易保険（Trade Insurance*）の対象となる。

Emergency Tariff ［緊急関税］

外国における価格の低落などによって，ある貨物の輸入が増加し本邦の産業に重大な損害をあたえるか，またはあたえるおそれがあるばあいに賦課する割増関税をいう。譲許税率の引上げは，ガット（GATT）の義務違反となるが，国内産業保護のための緊急措置（Escape Clause*）にもとづく特別のばあいは認められる。

Employment and Indemnity Clause ［使用・補償約款］

船長は用船者の命令・指示に従う義務があるが，そのために生じたいっさいの結果に対して用船者が船主に補償することを約した約款。

Empresa Extranjera ［外資企業］
Empresa Mixta ［合弁企業］
Empresa Nacional ［国営企業］

EMS ［欧州通貨制度］

European Monetary System の略称。EEC 参加国間では，縮小変動幅をもつ固定相場制とし，米ドルその他の域外通貨に対しては変動相場制をとる制度で，1979年に設立された。すなわち，EC 加盟国の通貨のバスケット方式で定めた欧州通貨単位（ECU*；European Currency Unit）を共通の価値基準とし，参加各国の ECU 平価を設定する。ECU 平価の変動幅は上下2.25%とし，直物相場がこの上限もしくは下限に達したときは，関係国が無制限の市場介入を行なって，これをささえるというものである。

Encourage ［励ます］

励ます；勇気づけるの意。urge は外部から強く刺激する（excite）の意。

Endeavo(u)r ［努力］

不断の永続的な努力の意。Effort はひと骨折りする単一の努力。

Endorse ［裏書する］

Indorse とも書く。流通証券の所持人（Holder）が証券の権利を他人に譲渡するために証券の裏書に署名すること。

Endorsed Import License ☞ EIL

Endorsement ［裏書；追約書］

流通証券の所有者が，証券上の権利を他人に移転するために，証券の裏面に署名して譲渡人に交付することをいう。手形，船荷証券，海上保険証券などについて行なわれる。裏書の方法として，白地裏書と記名式裏書とがある。白地裏書（Blank Endorsement；Endorsement in blank）は，被裏書人（Endorsee）を明示せず，署名だけする裏書である。特定の譲受人が明記されていないので，その保持者は誰でも，その証券の権利をもちうることになる。手形のばあいであれば，持参人式手形となる。これに対して記名式裏書（Special Endorsement；Endorsement in full）は，被裏書人を明示した裏

書で，たとえば"Pay to the order of Johnson"のように記名した下に署名する。記名式裏書がなされた流通証券を，さらに流通させるためには，被裏書人の裏書が必要である。

海上保険上では，追約書（Rider*）のことを Endorsement という。

This collect B/L does not bear the endorsement of shipper.（この運賃着払船荷証券には荷送人の裏書がない。）

Enemies ［外敵］

海上保険証券の危険約款上の Enemies は，Men-of-War（軍艦）をのぞく戦争に従事するいっさいの船，機器，人を意味する。こうした外敵による拿捕，捕獲，撃破，撃沈，砲火その他によるいっさいの損害は，被保険危険である。

Engage ［従事する；約束する；引き受ける］

Engagement ［合意；雇用］

契約を構成する合意をいう。

English Ton ［重トン］

Long Ton；Gross Ton ともいい，2,240ポンド（lbs.）を1トン（Ton）とする，英国系諸国で主として使用する重量単位である。

Enquiry ［引合い］

海外からの取引についての問合せをいう。Offer（売申込み）に対して，とくに買申込みの意味で用いられることが多い。銀行，船会社，保険会社との通信文にみられる Enquiry は，単なる問合せ，質問（Question）などの意味で用いられる。米国では inquiry と書く。

Entire Agreement Clause ［完全合意条項］

Complete（Final）Agreement Clause ともいう。

契約書が唯一の合意書であり，取引交渉中の文書や口頭による表示はいっさい無効であるとする条項。

Entitlement ☞ Construction Claim

Entrepôt Trade ☞ Intermediate Trade

Entrust ［任せる］

We would like to entrust you with this matter.（この件は貴社に任せたい。）

EOM ［翌月末］

End of Month の略で，翌月末の決済をいう。

3 -10th-EOM とは，翌月末に決済するばあいが標準（net）で，10日までに支払ったばあいは3％の割引（Discount）の恩典があるという意味。標準払いを Prompt，標準より遅れての支払いを Slow という。

E-1 Visa ［イー・ワンビザ］

アメリカと通商条約を締結している国（たとえば日本）の国民で，主として実質的な通商に従事するためだけの目的でアメリカに入国する役員（Executive）あるいは管理職の者が取得できる査証で，有効期間は5年間，更新回数に制限はない。

これに対して E-2 Visa は，アメリカに実質的に投資した者が投資企業の運営を指揮し発展させるだけの目的でアメリカに入国する人にあたえられるもので，有効期間は5年間，更新回数の制限はない。

E/P ☞ Export Permit

Epidemics ［伝染病］

地震，輸出禁止などとともに，Force Majeure*（不可抗力）の一種であり免責約款によって，船積みの猶予，船積義務の全面的免除または解約が認められる。

Equipment Despatch Order ［機器引渡指図書］

船会社が荷主に空コンテナなどの機器を貸し出すさいに，機器の保管者であるコンテナ・ヤード（CY）オペレータあてに，本状持参者に対して機器を引き渡してほしい旨指示した書面である。

Equipment Receipt ［機器受渡

証]

Equipment Interchange Receipt のことで E/R と略称する。コンテナ機器の受渡しを証明する書類で、コンテナ・ターミナルのオペレータによって作成され、機器の CY 搬出、搬入のさいに、荷主側とのあいだで両者署名のうえ、取り交わされる。機器に損傷があれば、その旨摘要を記入する。

機器受渡証（搬入）の返却用を E/R (In)、引渡用（搬出）を E/R (Out) という。

Equity ［衡平法］

広義には正義衡平の意味。英米法上コモン・ロー（普通法）と並ぶ部門で、コモン・ローを適用したばあいに生じる不合理を補正、代替するもの。☞ Case Law

E/R ☞ Equipment Receipt

ERIS

Extra Risk Insurance Surcharge の略語。ベトナム戦争と中近東動乱期に、船舶保険の戦争保険の料率が急騰したため、船会社がこれを荷主に転嫁させるために、B/L 面の海上運賃欄に上乗せして請求した。

Errors of Cargo-handling and Custody, etc. ［商業過失］

貨物の積込み（Load）、取扱い（Handle）、積付け（Stow）、運送（Carry）、保管（Keep ; Care of）、荷卸し（Discharge）を適切、慎重に行なうことは運送人の義務であり、これに違反して、貨物に損害をあたえたばあいは商業過失であり、これは運送人の責任となる。

Errors of Navigation and Management of Ship ［航海過失］

航行または船舶の取扱いに関する船長、海員、水先案内人、または運送人の使用人の行為（Act）、不注意（Neglect）または過失（Default）の結果、貨物に損害をあたえることをいう。Hague Rules では運送人の免責を規定しているが、Hamburg Rules では、航海過失をも運送人の責任としている。

Escalator Clause ［価格増減約款］

Escalation Clause（エスカレーション条項）；Fluctuation Clause ともいう。長い納期の契約にあっては、契約成立以降、引渡しまでに原材料費、運賃、保険料、為替相場の変動が考えられる。そうした変動のあったばあいに、それに見合う契約価格の変更を認める規定をいう。

賃金協定のばあいには、物価指数の変動に従って賃金も自動的に変動するという内容で規定される。

ESCAP ［エスカップ］

Economic and Social Commission for Asia and Pacific（アジア太平洋経済社会委員会）の略語。1947年に国連経済社会理事会の下部機構として設立されたエカフェ（ECAFE ; Economic Commission for Asia and the Far East）が、74年にエスカップと改称された。アジア極東地域各国の経済復興を目的としている。

Escape Clause ［免責条項］

一般的には国際協定などにおける条文の適用免除の規定をいう。ガット（GATT）19条でいう Escape Clause は Safeguard Clause※ともいい、緊急輸入制限についての規定である。すなわち、特定商品の輸入が増大して、国内産業に甚大な被害が生じたばあいは、輸入数量制限や関税引上げなどの輸入制限がとれることを規定している。

Escrow Account ［寄託勘定］

Escrow とは、元来、銀行などの第三者に、ある物件を委託し、一定の条件が満たされたときに、これを特定人に交付することを依頼することをいう。

求償貿易において、たとえば、外国の

輸出者 A は,日本の輸入者 B から受領できるはずの輸出代金を輸入者 B 所在地の銀行に預けておけば,こんどは逆に,外国の A が日本の B から貨物を買うばあいに,この預け金から支払うことができる。こうした預け金勘定をいう。

Escrow Agreement ［停止条件付払戻預託金契約］

英米の不動産取引において,売主・買主双方が信頼のおける第三者を Escrow Agent として指名し,売主は不動産権利証を,買主は代金および諸経費をそれぞれ預託し,一定の条件が成就したばあいにエージェントが権利証と代金・経費の引渡しを売主・買主に同時履行することを内容としたもの。

Escrow Credit ［寄託信用状］

求償貿易に用いる信用状で,外国への支払いを一時保留する (impound) ので,インパウンド信用状ともいう。このばあいのエスクロとは,銀行などの第三者に,ある物件を委託し,一定の条件が満たされたときに,これを,特定人に交付するよう依頼することをいう。したがって,エスクロ信用状とは,たとえば,日本の輸入者が海外の輸出者あてに発行する輸入信用状の条件として,手形代金は信用状の発行銀行における受益者,すなわち海外の輸出者名義の Escrow Account に入金させ,この勘定を,日本からの買付資金だけに使用することを規定した信用状である。この寄託された資金にもとづいて,日本で発行される信用状は Cash Credit とよばれるが,わが国からみれば輸出信用状である。

Establish ［設立する；開設する］

Establishing Bank ［発行銀行］

Opening Bank；Issuing Bank と同じ。信用状の発行銀行（開設銀行ともいう）のこと。その信用状の受益者(Beneficiary)に信用状記載の条件にもとづいて手形を振り出すことを認めた銀行のことで,通常は,信用状の発行依頼者である輸入者の取引銀行である。

Esteem ［尊ぶ］

真価から生じる尊敬。respect は外部的性質からして「再び注意してみる」尊敬。

Estimate ［見積書］

貿易価格の算定にあたって,その算定内容を示す見積計算書をいう。価格算定上の必要項目が網羅記載されているので,社内の見積起案書に近い。対外的には,見積りされた最後の結果だけを FOB 何ドル,CIF 何ドルと示すのがふつうで,これを Quotation という。雑貨などで,多数品目の価格を表示したばあいは Price List という。

Estimated Tare ［推定風袋］

風袋の検量方法の1つで,1つ1つ実際に風袋を検量するのではなく,売買当事者間の協定によって取り決められる包装材料の重量のこと。

Estoppel ［禁反言］

当事者の一方が真偽を問わず,ある事実の存在を主張しまたは否定することを禁止するという英米法上の重要な原則。

たとえば,裁判記録その他公の記録にいったん記載された事実に反対の主張は許されない。確定売申込み (Firm Offer) は有効期限まで取消できないといった禁反言である。

ETA ［到着予定日］

Estimated Time of Arrival (到着予定日) の略語。ETD (Estimated Time of Departure,出港予定日) の対語。本船の到着予定日を示すばあいに用いる。

ETC ［作業完了予定日］

Estimated Time of Clearance の略語。荷役作業や輸入通関の完了予定日を示すばあいに用いる。

ETD ［出港予定日］

Estimated Time of Departure の略語。

本船の出港予定日を示すばあいに用いられる。ETA の対語。

Euro　［ユーロ］

欧州連合（EU）の通貨統合（EMU）は12カ国（イギリス，スウェーデン，デンマークは当面不参加。ギリシャは2000年1月から参加）で99年1月1日よりスタートし，単一通貨ユーロ（Euro）が使われることになった。国際金融市場や貿易取引の場で，ユーロの存在が顕著になり，外貨準備通貨として米ドルを補完することが予想される。貿易取引や資金調達上，常にその動向を注視しなくてはならない通貨である。

Euro-Dollar　［ユーロ・ダラー］

アメリカ以外の，たとえばロンドンのような金融中心地に所在する銀行に，預けられている米ドルのことで，主としてヨーロッパの主要金融市場で活発に取引されている。同じように，英国以外にあるポンドをユーロ・ポンドといい，総括して Euro-Currencies という。

ユーロ・ダラーは通常，国際貿易のファイナンスに使用されるほか，借入国の自国通貨に転換され一般運転資金としても使用される。ユーロ・ダラーは，もともと，1950年代の米ソ冷戦時に，ソ連，東欧の銀行が，米ドル預金をアメリカからヨーロッパに変えたことに起源する。

European Union　［ヨーロッパ連合］

欧州連合条約（Treaty on European Union；マーストリヒト条約とも呼ぶ）が1993年11月に発効したことにより，EC（ヨーロッパ共同体）は EU（ヨーロッパ連合，European Union）と呼ばれることになった。構成国は15カ国であったが，2004年5月に中東欧10カ国が新たに加盟したので，現在は25カ国体制となっている。

Euro Yen　［ユーロ円］

日本国外に所在する銀行に預けられた円建預金をいう。ユーロといっても欧州にある銀行だけでなく，香港，シンガポールなどの銀行が扱う円預金も含まれる。

ユーロ円の残高は1970年以降，増大しているが，その背景として，①日本からの円建輸出の増大，②円建証券に対する投資の増大，③公的準備の多様化のため円を組み入れる動きがでてきたことなどの事情がある。ユーロ円の預金金利は，日本国内の金融市場の金利とほぼ一致する。

Evaluation　☞ Construction Claim

Even　［イーブン］

Flat または Par ともいい，為替の直物と先物の両相場に開きのないことをいう。

Event or Accident Insured Against　［保険事故］

保険者が担保した危険によって生じた事故のことをいう。保険事故はその発生が偶然の事故でなくてはならない。

Ex

from；out of を意味するラテン語で，ある場所での売渡し（sold from）もしくは引渡し（delivered at）をいう。Ex Quay は埠頭渡し，Ex Warehouse は倉庫渡し。

Excellent　［優良な］

The excellent（＝superior＝first-class＝highest＝A1＝very good）quality creates its own demand.（品質優良なら自然と需要が増える。）

Excepted or Excluded Perils　［免責危険］

保険者が填補を行なわない危険を免責危険という。免責危険であっても特約によって担保される戦争，ストライキ危険などを相対的免責危険，公序良俗の点から特約によっても担保されないものを絶対的免責危険という。これらの事柄を定

めた約款が免責約款（Exception Clause）である。

Exceptional Cargo ［除外貨物］
海運同盟（Shipping Conference*）は二重運賃制（Dual Rate System*）を採用して、同盟と契約した荷主に対して低率の契約運賃率（Contract Rate）を適用させているが、米とかセメントのような一部の商品は、除外貨物（Free Cargo；Non-conference Cargo, 非同盟貨物ともいう）として契約の対象外となっているので、荷主は海運同盟と契約していても、自由に同盟外船をも使用できる。

Exceptional Remark
☞ Conditional Remark

Exception Clause ［免責条項］
捺印証書において、その証書によってあたえた権利の一部を、除外する旨の条項をいう。

Exception List ［損傷貨物明細］
貨物に損傷があったばあいに、Dock Receipt*またはMate's Receipt*に記載された事故摘要（Remarks）を一覧表にしたもので、船会社の書類作成（Documentation）係が作成し、揚地および荷渡地へ送付する。

Excess ［小損害免責歩合］
免責歩合をこえた貨物の損傷について、超過部分についてだけが填補されることをいう。☞ Franchise

Excess Insurance ［超過保険］
保険金額が保険価額（Insurable Value*）を超過しているばあいをいう。超過額は無効となる。

Exchange ［交換；両替；為替］
有償の取引で行なわれる交換、ある国の通貨と他国の通貨との交換（両替）、手形による送金（為替）。

Exchange Arbitrage ［為替の裁定］
各国における為替相場の差異を利用して利ざやを稼ぐ操作をいう。

Exchange Bank ☞ Authorized Foreign Exchange Bank

Exchange Broker ［為替仲立人〔なかだちにん〕］
多数の為替銀行の窓口となって為替持高の調整取引の仲介を専業とするもので、仲介手数料を収入源としている。為替銀行のように、みずからの計算と危険で為替の売買をすることはない。外国為替市場は、株式や商品のばあいのように一定の取引所があるわけではなく、為替銀行、為替仲立人、日本銀行などが構成員となって、自己の店舗から、電話、テレックスなどの通信手段で外国為替の売買取引を行なっている。

Exchange Contract ［為替の予約］
貿易取引にあっては、為替相場の問題が重要な意味をもつ。輸出入契約が成立しても、その契約成立時から輸出入代金の受払いを完了させるまでには、相当の日時がかかる。そこで、もし、この期間のあいだに為替相場が大きく変動でもすれば、外貨建ての契約にあっては、当然受け取るべき、または支払うべき自国貨建ての代金が相違してきて、安定した輸出入の採算がとれないばかりか、不測の損害さえ被ることになる。そこで、貿易業者は、輸出入契約の成立と同時に、将来受渡しをする為替について、一定の為替相場で一定の時期に受払いすることを為替銀行と取り決めておく。こうした為替の予約によって、貿易業者は為替相場変動上の危険（Exchange Risk*）からのがれることができる。したがって、為替の予約といっても、3日間くらい以内に受渡しされる直物為替（Prompt Exchange；Spot Exchange）の契約ではなく、先物為替（Forward Exchange*）予約ということになる。

為替の予約には、買い予約（Buying Contract）と売り予約（Selling Contract）

とがある。このばあいの買いとか売りとかいうことばは、銀行の立場からのよび方である。すなわち、輸出者が船積み後に獲得できるはずの外貨を、為替銀行が買い取って、代金を自国貨で支払うときの換算率の予約が買い予約である。また、輸入者が外貨を銀行から買うばあいは、銀行からみると外貨を売ることになるので、そのときの換算率の予約が売り予約である。

Exchange Control ［為替管理］
国際収支の改善と自国経済の安定を目的として、外国為替の自由売買を禁止し、政府が対外為替取引を直接統制する制度をいう。最初は、資本の海外逃避や思惑的な為替投機の禁止といった規制から始まり、さらに規制が強まると、輸入においては、外貨節約のための数量割当制や輸入許可制、また輸出面では、輸出者が輸出によってえることができるはずの外貨を、すべて外国為替銀行などをとおして強制的に買上げ集中化する。

Exchange Cover ［カバー取引］
外国為替銀行が、顧客と為替取引を行なうばあい、売りもち（売り為替の合計が買い為替の合計を超過した状態）や、買いもち（買い為替の合計が売り為替の合計を超過した状態）が生じる。為替銀行はこのばあい、売りもちの部分、買いもちの部分に関して為替相場の変動の危険にさらされるので、それを避けるために、為替もち高の調整を行なうが、この調整を為替のカバー取引とよぶ。売りもちのときは外貨資金が不足し、円資金が過剰となるから、他の銀行などから為替を購入し、また逆に、買いもちのばあいには売却して、為替もち高の調整をはかる。

Exchange Dumping ［為替ダンピング］
為替相場を大幅に引き下げて輸出価格を下げ、自国の商品を外国市場に、生産費を割ってでも売り込む不当な廉売である。このような政策的な相場引下げは、輸入国の価格体系を乱し、また他の国の相場引下げを誘発するので、国際貿易上、きわめて不健全な政策といえる。

Exchange Marry ［為替のマリー］
外国為替銀行が、売り為替と買い為替とを見合わせて、もち高の調整をはかることをいう。

Exchange Pegging ［為替の釘付け］
変動為替相場制のもとで、自国通貨を安定させるために、政府が臨時に為替市場に介入して、自国通貨の為替相場を釘付けにすることをいう。

Exchange Position ［為替もち高］
為替銀行の為替もち高をいう。買い為替と売り為替のもち高を見合わせて Square Position（均衡状態）にするために為替のマリーを行なう。売りもち（Oversold Position）、買いもち（Overbought Position）のいずれのばあいも、超過した部分について為替危険が発生する。

Exchange Quotations ［為替相場表］
一国通貨の他国通貨との交換率である為替相場（Exchange Rate）を示すもので、為替銀行が顧客のために、毎日、為替の売買相場をたててこれを公表している。これには現物（直物）と先物とがあり、市場相場に為替銀行のマージンおよびメール期間金利などを加減した対顧客相場として発表されている。

Exchange Rate ［為替相場］
外国為替相場のことで、異なる通貨との交換比率をいう。わが国は1949（昭和24）年4月、基準外国為替相場を1米ドル360円と定めた。71年8月のニクソン・ショックにより主要諸国は変動相場制に

移行したが,同年12月多国間通貨調整(スミソニアン協定)が成立し,日本円の基準相場は1米ドル308円となった。しかし,73年2月,円は変動相場制に移行して現在に至っている。為替銀行の対顧客為替相場は変動相場制のもとでは,市場の実勢である銀行間取引相場(インターバンク相場)を基礎にして決定される。電信相場(TT),一覧払為替相場,期限付為替相場などがあり,また為替の受渡時期によって直物相場と先物相場とに分かれる。為替相場は為替銀行の側からみて表現するので,為替銀行が外貨を買う場合の相場が買相場(buying rate)で,輸出業者に関係し,逆に,売る場合の相場が売相場(seling rate)で,輸入業者に関係する相場である。

Exchange Risk [為替危険]

外貨を決済通貨とする対外取引のばあいに,為替相場変動によって生じる外貨建て債権・債務の評価損益ないし売買損益をいう。1米ドル140円の相場で入金きれば採算が合うと考えた輸出取引で,船積み後の荷為替手形取組み時の相場が1ドル120円と円高になっていると,1ドルについて20円の差損が生じる。為替危険の回避策としては,円為替決済,円約款の挿入,反対取引,為替変動保険の利用,先物為替の予約などの方法がある。

Exchange Risk Guarantee [為替変動保険]

設備など資本財の輸出や,技術・労務の提供について,2年以上15年以内の外貨建ての輸出契約を対象とし,決済日の為替換算率が輸出契約もしくは技術提供契約締結時にくらべて3%以上円高のばあいに生じる為替差損を,政府が填補する貿易保険(Trade Insurance*)の一種である。填補される範囲は,為替差損から3%の為替変動損失額を控除した額であるが,ただし17%で頭打ちとなる。しかし,逆に決済時に3%をこえて円安となったばあいの為替差益は,政府に納付しなくてはならない。

Exchange Speculation [為替投機]

将来の為替相場の変動による利益を目的として行なう思惑的な為替売買をいう。

Exchange Stabilization Fund [為替安定基金]

為替平衡勘定ともいう。外国為替相場の安定をはかるために,中央銀行その他の管理当局が設定した基金である。自由為替体制のもとでは,為替相場の変動が激しいと,投機が投機を生むという悪循環が生じる危険があるので,政府が直接に為替市場に出動して,為替相場維持のための売買操作を行なうが,そのための基金である。

Exchange Theory [為替学説]

相異なる価格価値をもつ2国通貨の交換比率が,為替平価として現われ,外国為替相場上の重要な要因となる。したがって,外国為替相場の変動は,為替手形の需給関係と価格価値の変動に起因することになる。こうした外国為替相場の変動ないし決定に関する理論は,そのときどきの歴史的な環境に応じて展開されてきた。

① 国際貸借説(Theory of International Indebtedness)

J.S.ミル,H.ソーントンを経て,G.J.ゴッシェンによって大成された学説である。ゴッシェンによれば国際間の決済に現金に代わって為替手形が用いられたばあい,国際間の貸借が為替の需給を生じさせ,為替相場の変動を規制するとする。このばあいの国際貸借とは,支払期限がきていて決済されなければならない貸借をいい,現在的にいえば国際収支である。しかし,彼は,国際収支以外にも,各国

貨幣の価値，金の保有量，金利，信用状態，投資などが為替相場に影響を及ぼすことを認めている。

② 購買力平価説 (Theory of Purchasing Power Parity)

第1次大戦後の世界的なインフレーションが，為替相場を大きく変動させた事実に注目したG.カッセルは，為替相場は，そのときどきの通貨数量の増減につれて変動する両国通貨の購買力の比率によって決定されると主張した。すなわち，2国通貨間の為替相場が到達すべき正常な為替相場は，両通貨の購買力の比率であるとして，これを購買力平価と名づけた。

③ 為替心理説 (Psychological Theory of Exchange)

第1次大戦後の不安定な世界経済を背景として，限界効用説に立脚してA.アフタリオンの唱えた説である。為替取引は，個々の銀行なり業者が，それぞれの価値判断にもとづいて，自国通貨が自分に満足をあたえる度合と，外国通貨が自分に満足をあたえることを期待する度合との比較によって相場を決定する。このばあい，判断の材料としては，両通貨の一般購買力，特定商品に対する購買力，対外債務支払能力，為替投機による期待利益の大きさ，資本逃避をするばあいの危険を回避しうる程度などが考えられた。国際収支の動向も，その国の政治的・経済的材料も，すべて個々の主体の判断のなかに織り込まれて，それが為替相場を動かす心理をつくりあげるとしている。

Exclusion ［免責］

保険者が塡補しないとしている危険事故についての保険証券のなかの規定をいう。☞ General Exclusion Clause

Exclusive ［排他的な］

Exclusive (=Sole) sales (=selling) agent (agency) 一手販売代理人（代理権）。

Exclusive Agency Agreement ［総代理店契約］

Sole Agency Agreement ともいう。

取り決められた地域と商品について，独占的に販売する代理権を供与する契約である。Agency Agreement＊（代理店契約）のなかでその内容を特記するばあいもある。

Exclusive Buying Agent ［一手買付代理人］

一定地域内では買付けを受託された代理店以外の買付けを認めないという一手買付委託契約を結んでいる代理人をいう。

Exclusive Dealing ［排他的取引（義務）］

メーカーがある販売店に対して独占的(排他的)販売代理権ないし販売権を賦与する見返りとして，販売数量の全量をそのメーカーから買い付けるべき旨の義務を課することをいう。競合品の取扱禁止を明記することもある。

Exclusive Distributorship ［一手販売店］

取り決められた地域と商品について，独占的な販売権を有する特約販売店であり，その独占的な販売権の内容は，Distributorship Agreement＊（販売店契約）に明記される。

Exclusive Patronage Contract

☞ Dual Rate System

Exclusive Selling Agent ［一手販売代理人］

特定地域において本人（Principal）の製品を独占的に販売する代理人をいう。本人はいったん相手側に一手販売権をあたえると，その地域の他社と取引できなくなるので，試験期間（Trial Period）を設けて，相手の実績を検討し，取り交わす代理人契約（Agency Agreement＊）の

内容を厳格に検討しなくてはならない。

Execute ［履行する］
なし遂げる（carry out）こと。

Executed Sale ［履行ずみ売買］
店頭売買のように，契約の成立と契約品の引渡しとが，同時交換的に行なわれる売買（Sale）をいう。

Executive Director ［常務取締役］
社長（President），副社長（Vice-President），専務取締役（Managing Director＝Chief Director），取締役（Director），部長（Manager＝Chief Manager＝Mgr.），課長（Chief of Section）

Exertion ［骨折り］
Effort は一定の目的のためのひと骨折り。Endeavo(u)r は永続的な努力。

Ex Factory ［工場渡し］
現場渡し（Loco）の１つで，輸出国工場の庭さきで売主の負担が解除される条件である。

Ex Godown ［倉庫渡し］
Ex Warehouse ともいう。Godown は旧式の倉庫。
輸出地の倉庫搬入までの責任を，売主が負担する現場渡し（Loco）の Trade Terms の１つ。

Ex Gratia Payment ［見舞金］
Ex Gratia は「恩恵から；任意で」の意味で，保険者が，法律的には義務はないが好意のしるしとして被保険者に支払う見舞金をいう。

EXIM Bank ［米国輸出入銀行］
Export-Import Bank of The United States の略語で，輸出保証をも取り扱っている。

Existing Goods ［現物］
売買の対象物が，すでに市場に実存しているものをいう。先物（Future Goods）の対語。

Ex Lighter ［艀渡し］
輸入港で貨物を本船から卸して売主が手配した艀に積み換え，買主の指定した岸壁に着岸して買主に引き渡す貿易条件である。

Ex Mill ☞ Ex Works

Ex Mine ［鉱山渡し］
輸出地の鉱業所または山元で，鉱産物を引渡しする現場渡し（Loco）の Trade Terms である。

Expected Profit ［希望利益］
Imaginary Profit ともいう。売主の売却利益，もしくは買主の転売利益をいう。積荷が海難によって全損したばあい，買主は見込んでいた利益を失うことになるので，海上保険は通常，送り状金額に10％の希望利益を加算したものを保険金額として付保する。

Expense ［支出］

Expiry Date ［有効期限］
信用状の有効期限（Validity of L/C）の最終の日，すなわち手形買取りを輸出地の為替銀行に依頼できる最終期限をいう。通常は，最終船積日（the latest date for shipment）とは別個に，最終船積日よりも２週間くらい長い期間をもつように決められている。信用状の最終有効日が日曜または休日のばあいには，つぎの最初の営業日まで延長される。しかし，船積みの最終日については，たとえ，それが休日にあたっていても，延長は認められない。

期日を示すばあいに用いる to; until; till は，明示された日をも含むものとみなされる。

Ex Plantation ☞ Ex Works

Explosion ［爆発］
協会貨物約款の分損担保約款においては，爆発による損害は，保険者が塡補することを規定している。爆発は引火または衝撃によって起こる。爆発により付保貨物が燃焼したばあいは，火災危険として保険者の責任となるが，引火爆発によ

って損害は被ったが火災にいたらなかったばあいは、保険者は免責となりうるばあいもあり、特約を必要とする。

Export Advance　［輸出前貸金融］

約定品の製造、集荷に必要な資金を輸出者に融通する制度である。昔は貿手金融と俗称され種々の優遇措置が講じられた制度金融があったが、諸外国の反発もあって1972（昭和47）年に廃止となった。現在はこれに代わって輸出前貸関係準商業手形制度が設けられている。これは6カ月以内の必要最短期間について、手形貸付の方法で金融機関が、商社もしくはメーカーに貸した資金に対し、日銀がその前貸手形について商業手形に準じた担保貸付の適用を行なう制度である。

プラント類の長期金融については、国際協力銀行と市中銀行の協調融資をうけることになる。

Export Advertising　［輸出広告］

自社のBrand*（商標）を売り込むために、海外市場で行なう広告である。広告の媒体としては、「ニューズウィーク」や「リーダーズ・ダイジェスト」のような世界的な規模で発行されている雑誌、業界紙、TV、新聞、屋外広告、展示会、ラジオ、DMなどが利用される。広告の内容は、現地の慣習、購買動機をよく分析して現地の顧客にアピールするようなものでないと効果があがらない。

Export and Import Transaction Law　［輸出入取引法］

企業サイドで自主的に輸出入取引の秩序維持をはかるばあいの事柄を定めたもので、各種の輸出カルテルの締結に関して規定している。

Export Association　［輸出組合］

輸出入取引法にもとづいて結成されている輸出業者の組合で、営利事業は行なわず、加入・脱退も自由である。不公正な輸出取引の防止、輸出取引の承認、組合員への資金の貸付けなどを行なっている。

Export Bill Insurance　［輸出手形保険］

船積み後、輸出者の振り出した荷為替手形が、振出人である輸出者の責に帰さない理由で不渡となったばあいに、その手形を買い取った輸出地の買取銀行のうける損失を、政府が塡補する制度である。これは、信用状なしのD/P手形、D/A手形について銀行の買い為替業務を促進することを主眼としており、被保険者である買取銀行が、輸出者の保険料負担において、独立行政法人日本貿易保険機構と保険契約を締結することになる。このばあいの手形の要件としては、(1)手形金額が送り状金額（Invoice Amount）の範囲内であること、(2)一定の要件を備えた船積書類を添付した荷為替手形（Documentary Bill of Exchange）であること、(3)経産大臣が「海外商社登録名簿」で指定した者を手形関係人としているなどである。塡補率は、不渡になった荷為替手形の金額から、貨物の処分などで回収した金額を差し引いた実損の82.5%（最高限度）であり、ほかに15%までを都道府県が追加補償している場合もある。

Export Bond Insurance　［輸出保証保険］

プラント輸出や海外建設工事の契約にさいして、発注者は銀行または保険会社の発行する保証状（ボンド）を要求する。このばあいのボンド発行にともなう銀行などの危険を軽減し、輸出者のボンド調達を容易にするための貿易保険（Trade Insurance*）の一種である。対象となるのは入札保証状（Bid Bond*）、契約履行保証状（Performance Bond*）および前受金返還保証状（Refundment Bond*）である。

Export Bounty　［輸出奨励金］

特定品目の輸出競争力をつけるために，政府が交付する補助金をいう。無差別・自由を原則とするWTOの原則に違反する。

Export by Turn-Key System [ターン・キー方式輸出]

Key（鍵）をturn（回転）させてすぐ設備が稼働する状態で引渡しを行なうプラント輸出の方式である。発展途上国向けのプラント輸出は，この方式がほとんどである。

まずFeasibility Study*，ついで国際入札，成約，機器の調達，現地での土木工事，据付け，試運転，要員訓練，操業指導までのいっさいの業務は，輸出者側の負担となる。現地における非常危険，信用危険に対処するため，貿易保険制度の利用も必要である。

Export Commission House [輸出問屋]

輸出地のメーカーに委託され，製品を海外に売り込んで，委託者から手数料（commission）をもらうばあいと，海外の輸入国の輸入者に委託されて，輸出地で商品を仕入れて輸出し委託者から手数料をもらうばあいとがある。

Export Control of War-related Items [軍事関連品目の輸出管理]

軍事関連品目の輸出管理については，ミサイル関連技術輸出規制やワッセナー・アレンジメントなど国際的な取決めもできているが，国内的には外国為替・外国貿易法に基づくリスト規制やキャッチオール規制が実施されている。しかし，輸出業者のコンプライアンス（⇨「コンプライアンス・プログラム」）の欠如やモラルの低さにより，事前の輸出承認を得ていないとか虚偽の輸出申告を行うといった不正輸出事件が発生する。戦争や地域紛争を助長する軍事関連品目の輸出については慎重な対処を要する。

Export Control System [輸出管理制度]

国際的な商取引を行なう品目について，規制はなるべくなら無いほうがよい。しかし，大量破壊兵器などの使用・拡散は防止しなくてはならない。わが国では，輸出貿易管理令によりリスト規制とキャッチオール規制が厳格に運用されている。リスト規制は，民生用の品目であっても国際的な枠組みで合意された規制リスト品目の輸出をしようとするときは経済産業大臣の事前許可を求めることが要求される。核兵器関連，生物・化学兵器関連，ミサイル関連，通常兵器関連の品目がその対象である。キャッチオール規制は，規制リスト品目以外の品目であっても，大量破壊兵器の開発等に使用されるおそれがある場合，輸出の事前許可を求めなくてはならない制度である。

Export Credit Insurance [輸出信用保険]

海外の相手先が破産するなどの信用危険（Credit Risk）を担保する保険で，相手国の非常危険（Emergency Risk）とともに，わが国では貿易保険（Trade Insurance*）によって塡補される。

Export Customs Clearance [輸出通関]

貨物を輸出しようとする者は，税関の許可をうけるために，貨物を保税地域（Bonded Area*）または他所蔵置許可の場所に搬入したうえで，輸出申告（Export Declaration*）を行なわなくてはならない。税関では提出された輸出申告書類を審査し，必要と認めたばあいには，現物検査を行なったうえで，申告の内容に間違いのないことが判明すると，輸出申告書に税関の許可印を押し，輸出許可書（Export Permit*）として輸出者またはその代理人である海貨業者に交付す

る。現在では NACCS を利用して行なわれる。

Export Declaration ［輸出申告(書)］

貨物を輸出しようとする者が，税関の輸出許可書（Export Permit*）をうけるために行なう申告をいう。輸出申告を行なうためには，貨物を保税地域または他所蔵置許可の場所に入れたあとで，輸出申告書（Export Declaration；E/D）に仕入書（Invoice），包装明細書（Packing List），輸出報告書（Export Report），その他，他法令関係の証明ないし確認書類を，貿易業者の代行者である海貨業者が，税関に提出する。現在では NACCS を利用して行なわれる。

Export Drawback ［輸出戻し税］

関税を支払った輸入原材料を利用して製造された製品を，輸出するばあいに，納付ずみの関税の全額を払い戻して，輸出競争力を高める制度をいう。たとえば，砂糖を原料として製品化したジャムや加糖粉乳，あるいは，ウイスキーまたはブランデーの原酒を利用して製造されたウイスキーまたはブランデーを輸出するばあいは，それらの輸入原材料について納付した関税が払戻しされる。

Export Drive ［輸出ドライブ］

ある商品に対して，国内的な需要が旺盛であれば，その価格も上昇し国内で高利潤の取引ができるので，国内的な供給が増大する。しかし，国内的需要がこの供給増加に追いつけなくなると，その供給力は，輸出に圧力をかけて海外市場にはけ口を求めざるをえなくなる。国内的景気・不景気の Buffer として輸出を考えているあいだは，このような輸出ドライブ，過当競争はやまない。

Export Duties ［輸出関税］

国内の需給関係からして，特定商品の輸出を抑えるために賦課する関税をいう。発展途上国が一次産品について課す例はあるが，先進国では現在行なわれていない。しかし日本では，大幅の貿易収支の黒字について欧米の対日批判が高まると，輸出関税を考慮すべきだという意見が聞かれるようになる。

Export Financing ［輸出金融］

輸出金融としては，輸出荷為替制度の利用による積荷代金の回収金融と，輸出前貸関係準商業手形制度による仕入金融とが中心である。しかしほかにも，国際協力銀行による輸出長期金融，外国政府や外国法人に日本の商品もしくは技術の受入れを促進させるための円借款などがある。☞ Export Advance

Export First ［輸出先行］

Export FOB Insurance ［輸出 FOB 保険］

FOB または C & F 条件で輸出するばあい，海上保険は輸入者が締結する。しかし，輸出地の工場から本船への積込みまでは，被保険利益（Insurable Interest*）が輸出者にあって輸入者にはないので，積込み完了までの事故については，輸入者が締結した海上保険契約では填補されない。そこで，輸入者の保険とは別個に，輸出者が本船積みまでの危険を填補してもらうために付保する保険が輸出 FOB 保険である。

Export/Import Statistical Schedule ［輸出入統計品目表］

輸出入貨物の統計に用いられる品目分類で，わが国は SITC（Standard International Trade Classification, 標準国際貿易分類），BTN（Brussels Tariff Nomenclature, ブリュッセル関税品目分類表），CCCN（Customs Cooperation Council Nomenclature, 関税協会理事会品目目録）を経て，1988年から H/S（Harmonized System, 商品の名称および分類についての統一システムに関する条約）を用いて

いる。

Export Inspection ［輸出検査］
輸出検査法の廃止により同法にもとづく輸出検査は不要となったが，輸出貨物が保税地域に搬入され，税関が行なう現物検査の売買契約あるいは輸入国の要請による船積前検査は相手との関係で必要となる。

Export Insurance ［輸出保険］
輸出保険法（昭和25年3月31日法律第67号）にもとづいて，通産省が運営していた保険制度である。仕向国における非常危険（Emergency Risk*）や信用危険（Credit Risk*）など，通常の海上保険ではカバーできない事由によって，輸出代金の回収が不可能となったばあいの損害を填補するものであった。普通輸出保険，輸出代金保険，為替変動保険，輸出金融保険，輸出保証保険，委託販売輸出保険，海外広告保険，海外投資保険，輸出手形保険，技術提供等保険の10種類があった。1987（昭和62）年から貿易保険（Trade Insurance*）と改称され〔独立行政法人〕日本貿易保険機構が運営主体となっている。その内容も整理されて現在は7種類である。

Export License ［輸出承認(証)］
E/L と略称する。税関の輸出許可（Export Permit*）以前に，とりつけておかなくてはならない主として経済産業大臣の承認をいう。輸出承認を必要とするのは，戦略物資，特定地域向けなど，政府の指定する特定物資を輸出するばあいなどである。

Export Marketing ［輸出マーケティング］
およそマーケティングとは，物品およびサービスの所有権が，最初の生産者から最終消費者にいたるまでに行う諸努力をいう。

これまでのわが国の輸出取引は，Export Selling ではあったが，Export Marketing ではなかった。すなわち，消費者が何を好もうと関知せず，また輸出貨物が相手国に陸揚げされて以降いかなるルートで流通され，いかなる価格で販売されるかについていっさい無関心であった。輸出業務といえば，海外と引合いを行ない，契約を結び，本船を手配し，海上保険を付保し，為替予約を行ない，通関し，船積みし，決済するまでであって，総じて契約品を仕向港に到着させるまでの実務を，そつなく履行していくだけのものであった。

これに対して輸出マーケティングのためには，海外市場志向にもとづいて最終消費者の必要と欲望を満足させるための方策が展開されなくてはならない。すなわち，製品政策，価格政策，流通政策，販売促進策などすべてが，相手国の消費者を中心に確立されることが要求される。

Export of Technology ［技術輸出］
自国で研究・開発した技術を外国に提供して，その代価としてロイヤルティなどを受け取ることをいう。このばあいの技術には，特許権，実用新案権，商標権，意匠権などのほかにノウハウなどの技術も含まれる。

Export Permit ［輸出許可(書)］
貨物を輸出するばあいには，いかなるばあいも税関の許可をうけなくてはならない。そのためには，貨物を保税地域または他所蔵置許可の場所に搬入したうえで，輸出申告（Export Declaration*）を行なう。税関は提出書類を審査し，必要なばあいには貨物の検査を行なったうえで，申告の内容に間違いがないことを確認すると，提出された輸出申告書に，税関の許可印を押して返却してくれるが，

これを輸出許可書という。最近ではNACCSにより電子的に通関処理を行うのが一般的となっている。

Export Proceeds Insurance ［輸出代金保険］

この保険は、設備、船舶、車両などいわゆるプラント類、その他経済産業大臣が定めた貨物を船積みしたのち、あるいは技術提供契約にもとづく技術または労務の提供を開始したあとで、その貨物の代金、賃貸料または技術、労務の対価など、延払代金の回収が、非常危険（Emergency Risk*）または信用危険（Credit Risk*）によって不可能になったばあいのリスクをカバーするためのもので、貿易保険の一種である。

保険金額は、保険価額の90%（貨物輸出または貨物輸出にともなう技術・労務の提供のばあい）、または80%（貨物の輸出をともなわない技術・労務の提供のばあい）を限度とし、塡補率は、回収不能になった金額または対価の額から、未支出費用および事故発生後回収した金額を差し引いた残額に、保険金額の保険価額に対する割合をかけてえた額である。

プラント輸出の相手国は政治的、経済的に不安な地域が多く、輸出者の負担する危険はきわめて大きいので、融資を行なう金融機関も、このような長期融資については、保険による危険の担保を不可欠の要件としている。国際協力銀行は、融資にあたり、原則として輸出代金保険が付保されていることを条件としている。

Export Statistical Schedule ［輸出統計品目表］

輸出統計は、貿易行政上や対外貿易交渉上重要であるところから、世界共通の分類基準が必要となる。わが国では1976（昭和51）年からCCCN*（Customs Cooperation Council Nomenclature, 関税協力理事会の品目表、ブリュッセル関税品目分類表ともいう）方式を用いていたが、1988（昭和63）年からH/S*条約にもとづくH/S品目表へ移行した。これは商品を21部、97類、5019号に分類し、6桁で表示している。輸出申告が正しい統計品目番号で申告されているかどうかは、税関の重要な審査項目となっている。

Export with Exchange ［有為替輸出］

商品見本や贈与などの無為替輸出（Export without Exchange）に対して、全額の代金決済が行なわれることを条件として行なわれる通常の輸出をいう。

Export without Exchange ［無為替輸出］

輸出した貨物代金の一部もしくは全部について、荷為替を取り組まず、無償で輸出すること。

一部無為替とは、委託販売契約にもとづく輸出などで積荷の5割だけに対して荷為替を組んだばあいとか、あるいは品質ないし数量条件が陸揚げ条件のために積荷貨物代金の7割だけについて、とりあえず荷為替を取り組んだばあいなどである。

全部無為替とは、商品見本を無償で送付するばあいなどである。総価格が300万円以下であれば、輸出の承認は不要で輸出申告だけでよい。救じゅつ品、外交官用品も輸出自由品として取り扱われ、輸出承認は不要である。

Expressly ［明確に］

Unless expressly agreed upon, the port of shipment shall be at the seller's option.（明確に同意のないかぎり、船積港は売主の選択たるべきこと。）

Express Warranty ［明示担保］

商取引においては、明示の保証をいう。たとえば品質条件においては、明示の保証と黙示の保証（Implied Warranty*）が

存在する。英米法では，その排除，制限が合理的妥当であるかぎり，明示の表示によって排除または損害賠償額を制限できるとしている。

海上保険上は，被保険者が，特定の条件を具備すること，あるいは特定の事実の存在または不存在を確認する陳述をいう。保険者にとっては，危険引受けの基礎となるので，正確に具備充足していないばあいは，担保違反の日から危険負担責任を解除される。

Expropriation ［収用］

企業が外国に直接投資したが，外国政府がその後，その資産に対する権益をとりあげること。国有化(Nationalization)ともいう。

Ex Quay ［埠頭渡し］

輸入港の埠頭に貨物が無事到着するまでの責任を，売主が負担する揚地条件に属する Trade Terms である。Ex Dock；Ex Wharf ともいう。EXQ と略称された。

このばあいの Quay は，海岸にそって平行か，あるいは海につきだして人工的につくられた岸壁で，両側が水にのぞんでいる Pier や Wharf と違って，片側だけが水に接しており，英国で埠頭を意味するばあいの慣用語である。1990年 Incoterms では DEQ として整理された。

Ex Ship ［着船渡し］

費用負担についての分岐点も，貨物に対する危険負担の分岐点も，所有権の移転も，すべてが，揚地輸入港における本船甲板上であるとする条件である。したがって，売主は，契約品を調達し，船腹を手配し船積みを行なって海上保険をつける。海上運賃，海上保険料も売主の負担である。EXS と略称された。しかし，1990年 Incoterms では DES として整理されることになった。

Ex Store ☞ Ex Works

Extend ［延長する；広げる］

Please extend your L/C for one month as no steamer is available.（便船がないため信用状を１カ月延長してほしい。）

Under the circumstances, please extend the credit till the 30th November.（このような事情ゆえ，信用状を11月30日まで延長乞う。）

We are seeking a sales agent in your city to extend the sale of our products.（当社品の販売拡大のため販売代理人を求めている。）

Extended Cover Clause ［延長担保約款］

協会貨物約款の分損担保約款の第１条にある運送約款 (Transit Clause) は，従来の倉庫間約款を織り込んだうえで，保険証券の本文の保険期間の始終期を延長するとともに，一定の危険の変更を許容している。

Extension ［(信用状の) 延長］

通常，信用状の最終船積日 (The latest date for shipment) と信用状の有効期限 (Expiry Date) とは，別個に規定されている。

これらの期限の延長は，信用状条件の変更となるので，所定の手続が必要である。

We ask for your understanding for an extension of L/C for 10 days.（10日間の信用状の延長についてご理解願いたい。）

Extensive ［広範囲の］

The broad experience and extensive mechanized production facilities will be of service to you.（豊富な経験で広範囲にわたって機械化された生産設備が役立とう。）

Extent ［範囲］

We request you to open an irrevocable L/C in our favor to the extent of $10,000.（１万ドルを限度として当社を受益者とした取消不能信用状を開設して

External Cause ［外来原因］

保険で塡補される貨物の損害は，貨物の固有の性質または瑕疵などの内在原因 (Internal Cause) によって生じるばあいは適用されず，外来原因によるばあいに限られる。

Extra ［追加の］

The commission we should require would be 5% on the total sales effected, del credere 2% extra. (当社の要求する口銭は販売総額の5%，支払保証のばあいは追加2%である。)

Extra Charges ［付帯費用］

損害の有無や程度を確かめるための立会費用，鑑定料，競売費用などをいう。共同海損分担金 (GA Contribution)，共同海損費用 (GA Expenditure)，救助料 (Salvage Charges)，損害防止費用 (Sue and Labour Charges)，特別費用 (Special or Particular Charges) とともに費用損害を構成する。こうした費用損害は，物的損害とともに海上保険によって塡補される。

Extraneous Risks ［付加危険］

海上保険証券本文に列挙されている以外の特殊危険 (Special Risks) のことをいう。特別約款を挿入して割増保険料を支払い特約を結ばないと塡補されない。おもなものには，雨濡れ，淡水濡れ (Rain &/or Fresh Water Damage*)，盗難・抜荷・不着 (Theft, Pilferage and Non-delivery)，漏損・破損 (Leakage and Breakage*)，不足 (Shortage*)，まがり・へこみ (Bending and Denting*)，鉤損 (Hook Damage)，釘損 (Nail Damage)，擦損 (Chafing)，油じみ (Oil and Grease)，汗・発熱 (Sweat and Heating*)，ねずみ食い・虫くい (Rats and Vermin*)，汚染 (Contamination*)，さび損 (Rust Damage)，剝げ損 (Chipping) などがある。

Extra Premium ［割増保険料］

特別な危険物件または付加危険 (Extraneous Risks) について課せられる追加保険料をいう。

Extreme ［極度の］

The market here is now extremely dull with little doing. (当地の市場は極端に不景気で取引がほとんどない。)

EXW ［工場渡し］

Ex Works* (工場渡し) を1990年改定の Incoterms では E 類型の貿易条件として整理し，EXW と略称することになった。

Ex Warehouse ［倉庫渡し］

輸出港の倉庫搬入までの責任を，売主がいっさい負担する現場渡し (Loco) の Trade Terms である。Ex Godown ともいう。

Ex Works ［工場渡し］

EXW と略称する。出荷地の貨物が保管されている場所 (Works) で引渡しが行なわれる積地条件に属する貿易条件である。引渡し場所がふつうの工場であれば Ex Factory (工場渡し)，製鉄所や製粉所であれば Ex Mill，農場であれば Ex Plantation (農場渡し)，鉱業所であれば Ex Mine (鉱山渡し)，卸商品であれば Ex Warehouse (倉庫渡し)，小売商品であれば Ex Store (店頭渡し) という。これらを総括して Loco* (現物渡し) という。

F

FAA S/C ［全損および救助費担保］

Free of All Averages but to Pay Salvage Charges のことで船舶保険で用いられる。全損 (Total Loss) だけ担保し, 共同海損, 単独海損は填補されないが救助費は填補される。

Facility ［便宜］

ある行動を円滑にさせるための便宜, 施設をいう。信用の供与, 金融の便益を Credit Facility というし, 交通上の便宜, 施設を Transportation Facility という。

Factor ［ファクター］

19世紀末までのファクターは Commission Agent として活躍した。今日の米国のファクターは, 繊維製品などの消費財について, メーカーもしくは商社の売掛債権 (Accounts Receivable) を償還請求権なし (Without Recourse) で買い取り金融をつけることを主要業務としている。

Factoring ［ファクタリング］

Factor*が売掛債権を買い取ることによって果たす, 信用危険の担保と売掛金回収機能をいう。たとえば, 米国の国内業者だけでなく, 海外の輸出業者も利用できる。このばあいは, 米国国内における販売代金回収のために振り出される手形を, Factor が一定の割引率で償還請求権なし (Without Recourse) で買い取ってくれる。ファクタリングが商品売掛債権の譲渡であるのに対して, Commercial Finance (商業金融) は, 商品売掛債権を担保とした融資である。

Factory ［工場］

小さい工場は Workshop。 Mill も今日は Factory と同意に用いるが, 元来, 物を粉砕する機械をもつ工場。Works (工場) は主として英国で用いるが, 米国の Shop (製作所) にあたる。Plant は工場の建物, 機械, 道具などいっさいを含めた意味で用いる工場。

工場渡し (Ex Factory; Ex Works; Ex Mill; Ex Plantation)。

Fade-out Policy ［フェイドアウト・ポリシー］

進出企業の出資について, 現地政府が外資比率を削減させる政策をいう。

Fair ［市；可］

交易のための市をいう。Sample Fair (=Trade fair, 見本市)。形容詞として用いるばあいは, Fair Price; Fair Value のように「公正な；合理的な」の意味。

商業興信所の信用評価の格付けを示すことばとして用いるばあいには, つぎのようになる。

　　High （優）
　　Good （良）
　　Fair （可）
　　Limited （不可）

輸出検査のばあい, 検査合格の基準として PASSED FAIR という記号を用いることがあるが, このばあいの Fair は適正 (proper; reasonable) であることを意味する。

FAQ=Fair Average Quality (平均中等品質)

Fair Demand=Considerable Demand

(相当量の需要)
　We are able to do a fairly good business with you. (相当大きい取引が可能である。)

Fair Average Quality ☞ FAQ

Fair Trade　［フェアトレード］
　公正な貿易を意味するフェアトレード。発展途上の国々の生産者と公正な貿易取引をおこない，生産者の利益や自然環境に配慮しながら，児童労働をなくし貧しさからの脱却ができるよう適正な価格で製品を買い取ることを志向する。フェアトレードによる取引商品のコストが高くなることは否めない。それを克服できるのは，ビジネスに携わる当事者のみならず，最終的に商品を手にする消費者の理解である。日本国内でもフェアトレード商品を扱う店舗が増えている。フェアトレード商品であることは主として国際フェアトレードラベル機構（FLO）や世界フェアトレード機関（WFTO）が中心となって認証している。

FAK　［品目無差別運賃］
　Freight All Kinds Rate の略語。貨物の種類や内容には関係なしに，貨車1車あたり，トラック1台あたり，あるいはコンテナ1個あたりについて，いくらという運賃。

Fall Overboard　［海没］
　貨物の積卸しのさいに，貨物を海中に落とすこと。

Family Brand　［同族ブランド］
　同一メーカーまたは商社の販売する多数の各種製品に共通した商標のことで，Blanket Brand ともいう。

Fancy
　嗜好，愛好の意味。Fancy Goods は小間物，装身具。また「極上の；特選の」(superfine)という意味があり，輸出検査に合格した品質の等級にも PASSED FANCY として用いる。

FAQ　［平均中等品質条件］
　Fair Average Quality Terms の略称。標準品（Standard）売買における取引商品の品質を示す方法の1つで，引き渡すべき商品の品質は，当季節の新収穫物の中等品質であることを条件とするもの。

Farm Security and Rural Investment Act of 2002　［アメリカ2002年農業法］
　2002年5月13日にアメリカ02年農業法が成立した。07年までの6年間有効な法律である。アメリカ国内農業を保護する法律で，価格変動対応型支払い（Counter cyclical payments）を導入したところに特徴がある。農業の貿易自由化を主張するアメリカが，自国農業については補助金を出して手厚く保護しようとする姿勢には矛盾が感じられる。

FAS　［船側渡し］
　Free Alongside Ship の略語。売主は，買主が手配した本船側の積荷役索具の届く時点で，契約商品を引渡しする積地条件に属する Trade Terms（貿易条件）である。費用負担も危険負担も所有権も，本船船側で売主から買主へ移転する。

FAS Attachment Clause
　FAS（Free Alongside Ship, 船側渡し）条件のばあい，売主は契約商品を，本船常用の揚貨機その他船積み索具の届く範囲におくことによって，危険負担は買主側に移転する。わが国では，FAS 条件で輸入するばあいに，海上保険証券に FAS Attachment Clause を挿入させ，買主の危険負担開始の時点から，保険者の責任が開始することを規定している。

Fauts Commerciales　［商業過失］
　注意不足，能力不足などにより他人に損害を及ぼすことをいう。
　ヘーグ・ルールのもとでは，航海過失（Fauts Nautiques）に対比するものとして規定され，貨物の積卸し，運送，保管

などにさいして、注意不足で生じた損害をいい、運送人はその責任から免れない。

Fauts Nautiques ［航海過失］
商業過失 (Fauts Commerciales) の対語で、航海、船舶の取扱い上の過失をいう。たとえば衝突、座礁、機関の取扱いなどである。Hague Rules (船荷証券統一条約) では、運送人に対してこれらを免責としている。

Favo(u)r ［好意；利益］
in our favor (当社あてに)
in favor of～ (～あての；～を信用状の受益者として)
信用状は通常、輸出者あてに発行されるものであるから輸出者はそれによってFavor (利益) を付与されるもの、すなわち受益者 (Beneficiary) ということになる。

Please favor us with an immediate reply. (至急返答乞う。)

We shall consider it a great favor if you will kindly send your samples. (見本を送ってくれれば大変有益と考える。)

Please establish an L/C in our favor. (当社を受益者として信用状を開設してほしい。)

FCA ［運送人渡し］
free carrier の略語で、従来の FOR や FOA あるいは FOB を統合した複合運送用の用語である。たとえば、FOB (船積港における本船渡し) が原則として買い手指定の本船へ約定品を積込む (on board the vessel) までのすべての費用と危険を売り手負担とするのに対して、FCA は原則として買い手が指定した輸出地の場所で買い手指定の運送人の管理下に貨物を引き渡せばよい。その時までの費用と危険は売り手負担である。

FC & S Clause ☞ Free from Capture and Seizure Clause

FCL Cargo ［ＦＣＬ貨物］
FCL は、full container load の略語で、約定品を荷主の危険と費用のもとでコンテナ詰め (shipper's pack) し、コンテナ基地のゲートから搬入していく大口貨物のこと。なお、小口混載貨物はコンテナ基地の CFS (container freight station) に持ち込まれ、コンテナ業者により他社の貨物と一緒にコンテナ詰め (carrier's pack) されるが、そのような貨物は LCL 貨物 (less than container load cargo) とよばれる。なお、コンテナ基地で搬入貨物を受け取った際に船社側から渡されたドック・レシート (dock receipt) は2006年4月より B/L Instructions と呼称変更され、書式も電子化を考慮した統一フォームに変更された。あわせてコンテナ情報を伝える Container Load Plan は B/L Instructions の下部に記載されるようになっているが、記載しきれない場合には Supplemental Sheet が用意されている。

FCR ☞ Forwarder's Cargo Receipt

Feasibility Study ［事前調査］
プラント輸出の取引プロセスの最初の段階で、その経済性、実現可能性を確認するための事前調査をいう。この事前調査も、国際入札によって行なわれるばあいが多いので、まずこの注文をとったうえで、具体的なプロジェクトがつくられ、各国のエンジニアリング会社に引合いが出されて、プラント建設の入札希望会社が募られる。

Fee ［手数料］
公務員、弁護士、鑑定士など専門的な職業に従事する者の業務に対する謝礼をいう。Charge は為替、運送、荷役などの請求代金をいう。Commission は代理手数料。

Any taxes, fees or charges levied because of exportation (輸出のために課せられた税金、料金、諸掛)

Feedback ［フィードバック］

ある行為の結果が，それがめざす目的に合致しているかどうかを確かめるために，行為の源へ情報を送って，結果の正否を確かめ，正しい方向へ向かわせること。

Feeder Service ［フィーダー・サービス］

コンテナ船が寄港する港と，寄港しない港とのあいだのトラック，貨車あるいは船舶による輸送をいう。

FEFC ［極東運賃同盟］

Far Eastern Freight Conference の略語で，イギリス/カルカッタ同盟について1979年設立された伝統のある同盟。管轄地域は日本を含む極東および東南アジアと，紅海，地中海および欧州を結ぶ航路。

Fell Overboard ［海没］

本船積込み時に，貨物が海中に没入することをいう。人夫の過失によることが明瞭のばあいには，荷役請負者の責任となる。

Fesco ［フェスコ］

検量と鑑定を行なうヨーロッパ系の検定機関で，鉱石類を主として扱っている。☞ SGS

FFC ［フレキシブル・フレイト・コンテナ］

Flexible Freight Container のことで，Bag Container; Canvas Container のように，折りたたみ可能な柔らかい素材でできている輸送容器をいう。

FI ［積込み費船主無関係］

Free In の略称。不定期船（Tramper; Tramp)による用船契約のばあい，船会社専属の船内荷役人（Stevedore）に支払う荷役費を，船主側が負担するか，用船者側が負担するかを示す条件の1つ。

Free In は，本船への積込み費用（In）は用船者側負担，本船からの荷揚げ費用（Out）は船主側負担の条件である。

FIATA ［国際海貨業者協会連合会］

Fédération Internationale des Associations de Transitaires et Assimilés ; International Federation of Freight Forwarders Associations) のことで，スイスのチューリッヒに本部をおく全世界的な海貨業者（Freight Forwarder*）の連合体である。

FIATA が発表した CTD（複合運送証券）である FIATA Combined Transport Bill of Lading; FIATA B/L) は信用状統一規則においても銀行による受理を認めている。

Fidelity Commission System ［運賃割戻し制］

海運同盟は，非同盟船（Outsider）との競争上，積荷をすべて同盟船に積むことを契約した荷主に，期間内に支払われた運賃総額の一定割合を，留保期間をおかずに，一定期間経過後に荷主に戻すという制度である。

FIDIC ［フィディク約款］

国際土木工事に関する標準約款である。

土木工事について国際的な統一約款の必要性を認識した2つの団体，Fédération Internationale des Ingénieurs-Conseils（FIDIC コンサルタント・エンジニア国際連合）と Fédération Internationale Européene de la Construction (欧州建設業者団体連合)が国際的な土木工事用の一般契約条件書として，1957年に作成，出版したものである。FIDIC 約款の母体は，イギリスの土木技術者協会（The Instutute of Civil Engineers）によって作成された土木用の標準約款（ICE 約款）である。

国際建設について，今日これが国際慣習法としての基本条件を備えていると考えられ，国際的なプロジェクトにさいし

ての契約の一般条件として利用されている。

Fighting Ship ［競争抑圧船］
過当競争を排除する目的で，他の海運会社（たとえば盟外船）を特定航路から締め出すために使用する船舶をいう。

Figure
信用調査報告書では，Figure もしくは Figure Proportion, Figure Category ということばは，数字の桁数をいう。たとえば Five Figures (Five Figure Proportions; Five Figure Categories)は5桁で，万の単位となる。

File Sample ［控え見本］
見本の送付者が，自社用に控えとしてとっておく見本をいう。Duplicate Sample; Keep Sample ともいう。

Final Claim ［本クレーム］
揚荷の損害に対して船会社に損害賠償を請求するためには，予備クレーム(Preliminary Claim)として事故通知(Notice of Loss or Damage)を行ない，後日損害額が確定した段階で Tally Sheet や Boat Note の摘要（Remarks）あるいは鑑定報告書（Survey Report）などを資料に本クレームとして求償する。

Final Destination ［最終仕向地］
荷揚港（Port of Discharge）で卸された貨物が，さらに奥地の Place of Delivery（貨物の引渡し地）へ送られるばあいの最終引渡し場所をいう。

Final Invoice ［確定送り状］
陸揚重量条件（Landed Weight Terms）のばあい，輸入通関の段階では重量が未確定なため輸入者は仮の送り状（Provisional Invoice）を作成して一応の通関手続をとる。後日，数量，金額が確定すると輸入者の通知にもとづいて輸出者は確定送り状を作成し輸入者へ送る。輸入者はこれを税関に提出して最終手続をとる。

Financial Statements ［財務諸表］
企業の財政状態と経営成績を開示するための書類で，貸借対照表（Statement of Assets and Liabilities＝Balance Sheet《英》)，損益計算書（Statement of Profit and Loss＝Profit and Loss Account《英》）およびこれらを補充するための付属書類から成る。通常，会計年度ごとの決算期に作成される。

Financial Status ［財政状態］
信用調査の対象となる1つの項目で，通常，Capital の項目のもとで調査する。Financial Standing; Financial Positions ともいう。

Fine ［罰金］
金銭の支払いを要する罰金・科料をいう。たとえば，Parking Fine（駐車違反科料）。

品質の純良，純粋をいう。Fine Gold は純金，輸出検査で PASSED FINE というと最高品質（the highest quality; excellent）を意味する。

Fine Cargo ［精良貨物］
Clean Cargo* ともいう。十分な包装がなされ，清潔で乾燥しており，他の貨物と混載，接触しても損傷をあたえない貨物のことで，繊維製品，紙製品，ゴム製品，電気製品，玩具，陶磁器，缶詰などの貨物をいう。

FIO ［積揚げ費用船主無関係］
Free In and Out の略称。貨物の本船積込み費用(In)と，本船からの貨物揚卸し費用(Out)とを，用船者が負担し船主側は負担しない条件。不定期船による用船契約に採用され，Berth Term* (Liner Term)と相対する。個品運送のばあいは，通常これらの荷役費用は運賃のなかに含まれている。

FIO* and Stowed
FIO*条件の特約で，積付費用（Stowage Charge）も荷主が負担するという

条件である。

FIOT
FIO条件の特約で，荷ならし費用も荷主負担のばあいの FIO Trimmed または FIO and Free Trimmed の略称。

Fire ［火災］
海上保険上の Fire とは，焼失，焦げ，いぶり，加熱による変質，消火のための注水による損害であり，海上固有の危険(Perils of the Seas*)の1つとして通常塡補される。

英国では Fire は「火災」より広く「火」の意味で解釈される。したがって，たとえば船室のじゅうたんが船客のタバコの火の不始末によって焦がされたばあい，英国では Fire によって生じた損害となるが，わが国の火災保険では火災による損害とはみなされない（葛城照三『英文積荷保険証券論』70頁）。なお，Burning or Burnt は火災の規模の大きい「大火災」を意味する。

Firm ［商社；しっかりした］
「あの会社」は That firm がふつうで，Company は Tanaka & Co.のように固有名詞の一部か，an insurance company のように会社の種類をいうときに多く用いる。「会社」は Concern＝House ともいう。

Reliable Firm（信頼できる商社），Leading Firm（一流商社）。

「しっかりした」fast ; steady と同意。
The market is firm. (＝active＝bullish＝higher)（市場は活発。）

Firm Bid ［ファーム・ビッド］
輸入貨物の需要者が，輸出者に対して契約の有効期限をつけて買付けの申込みを行なうことをいう。Offer が売申込みであるのに対して，Bid は買いたいという申込みをいう。Firm は有効期限つきであることを意味する。

Firm Mark ［商号］
社名のこと。

企業が，営業上自社を表わし他社と区別するために使用する名称で，登記によってその専用権があたえられ保護される。商標（Brand*）が文字，図形，記号などの結合であるのに対して，商号は文字だけでできている。

Firm Offer ［確定売申込み］
市況の変動による危険をさけるために，売主は自己の発する売申込みに，買主側の承諾回答期限を限定・明記したものである。このばあい，売主はオファーを発した以上，その限定期間中は撤回も条件の変更も許されない。すなわち，承諾回答期間中に，買主が無条件で(unconditionally)引き受けてきたばあいは，たとえ売主側の市場の情勢が急変していても，売主としてはこれを引き受けなくてはならない。

First Beneficiary ［原受益者］
信用状を最初に受理した輸出者をいう。Transferable L/C（譲渡可能信用状）のばあいには，1回にかぎって Second Beneficiary に一括譲渡（Full Transfer）または分割譲渡（Partial Transfer）が可能である。

First of Exchange ［(為替手形の)第1券］
国内での手形決済は，1通だけを振り出す単独手形（Sola Bill）で行なわれるが，貿易決済に使用する為替手形は，つねに同一内容のものを2通作成する組手形（Set Bill）である。これは，郵送中の紛失や遅着による手形流通上の障害を防ぐために，第1券（First of Exchange）に船積書類の正本を各1部ずつ，また第2券（Second of Exchange）に船積書類の副本を添えて，輸出地の銀行から輸入地の銀行まで，異なる航空便で郵送し早く到着したほうで決済するためである。

Fishy-Back ☞ Piggy-Back

Fixed ［固定した］
Fixed Assets（固定資産）は流動資産（Current Assets）の対語。Fixed Capital（固定資本）は流動資本（Circulating Capital）の対語。

Fixed Rate ［固定相場］
為替相場の変動を，ごく狭い一定範囲内に限定する制度である。戦前の金本位制と，1971年のニクソン・ショック以前のIMFの固定相場制がその好例である。金本位制のばあいは，為替相場は金平価を中心に，金現送点内という狭い範囲でだけ変動した。IMF体制下の固定為替相場制のばあいは，平価または基準為替相場の，上下各2.25％以内での変動に限定された。

Fixture Note ［船腹確約書］
大口契約の輸出入者が直接または用船仲立人（Chartering Broker*）の仲介で，船会社と用船契約を締結したばあいに，その内容の要点を摘記し取り交わす確認書をいう。

F/L ☞ Freight List

Flag ［旗；国籍］
船が所属する国籍の意味で用いられる。

Flag Discrimination（国旗差別主義）☞ Nationality of Ship

Flag AP ［国籍割増］
Flag Additional Premiumの略称。不良船舶の多い一部の国の国籍船について，課徴される保険料の国籍割増をいう。

Flaging Out ［自国籍船の海外流出］
船員コストの高騰を背景に船籍を外国に移して安い外国人船員を乗せることをいう。円高の進展で日本人船員の賃金水準は急速に高まっている。

日本政府としては，日本籍船の減少を食い止めるために，とりあえず日本籍船に日本人船員と安い外国人船員を一緒に乗せる「混乗」の実現をめざしている。

Flag of Convenience Vessel ［便宜置籍船］
実質上の船主はアメリカとか日本なのに，船舶の登録税や所得税を節減し，賃金の安い船員を配乗して運航させるために，便宜上，リベリアとかパナマなどに登録してある船をいう。

Flat
ParまたはEvenともいい，為替の直物と先物の両相場に，開きのないことをいう。

不景気（inactive＝stagnant＝dull＝dead＝depressed）の意味でも使う。

We cannot secure any order due to the flat condition prevailing here.（当地は一般に不景気ゆえに注文がとれない。）

Flat Car ［長物車］
大貨車や大型コンテナをトレーラーのシャーシーに乗せたまま輸送できる台車をいう。こうした輸送方法をPiggy Backという。

Flat Rack Container ［フラット・ラック・コンテナ］
一般的なドライ・コンテナから屋根と側壁を取り去って，床と四隅の柱で強度を保つようにしてある特殊コンテナである。積載貨物は，機械やインゴット，木材など重い貨物で，前後，左右および上方から荷役できる。

Fleet Insurance ［船隊保険］
ある船主が所有する全船舶に付保する船舶保険（Hull Insurance）の一種。

Flexible Freight Container ［フレキシブル・フレイト・コンテナ］
折りたたみができる柔らかい素材でできている輸送容器で，Bag ContainerまたはCanvas Containerともいう。

Flexible Rate ［屈伸相場］
為替相場にあらかじめ上限と下限を設け，その範囲内での相場の変動を認める

制度である。このばあい限度をこえた変動がないように為替安定基金が設けられ，為替需要の多いときは売りに回り，また供給が多いときは買いに回るなどしてレートの調整をはかる。

屈伸相場制度のほかに，変動をまったく認めないか，また認めてもきわめて範囲の狭い固定相場 (Fixed Rate)，変動にまったく制限を加えない自由変動相場 (Floating Rate) などの制度がある。

Flexible Tariff ［伸縮関税］

輸入品に対して，国内の生産費との差額を税として課す関税。すなわち，輸入品の CIF 価格と国内における同一商品の生産費とを比較し，その差額と所定の関税率とのあいだに相違があったばあいに，所定関税率を変更できる制度。

Floater Policy

特定商品がどこにあるばあいも，塡補される保険で，主として宝石類，毛皮などの個人財産が対象となる。商売上，業者が貸し出す楽器類などに付保したばあいは，通常 Block Policy という。

Floating Charge ［浮動担保］

社債にもとづく債務を担保するため，担保物を特定せずに会社の現在および将来のすべての財産を担保の目的とすること。このばあい企業は，事業の運営中，自由にその財産を処分できるし，社債の償還期限がきても償還が行なわれずに償還請求権行使の訴訟がおこされたときにはじめて担保物が確定する。固定担保 (Fixed Charge) の対語。

Floating Crane ［浮き起重機］

起重機を船舶に取り付け水上を移動できるクレーン船をいう。

Floating Derrick と同じ。

Floating Derrick ☞ Floating Crane

Floating Exchange Rate ［変動為替相場］

為替の需給関係に応じて，無制限にその変動を認める制度で，固定相場制度と対比すべきもの。両制度の中間にあるのが屈伸相場制度 (Crawling Peg ; Flexible Rate*) である。1971年に IMF の固定為替相場制が崩れたあと，同年12月末から73年2～3月までのスミソニアン体制を経て，主要国通貨は変動為替相場へ移行した。

Floating License ［浮動許可書］

工業化を国是としている途上国では，Import License (輸入承認) は工業化に直接貢献できるメーカーしかもらえないばあいが多い。こうした制度のもとでは，商社はこの承認書をプレミアムを支払って，メーカーから購入したうえで輸入することになるが，そのような承認書をいう。

Floating Policy ［予定保険；船名未詳保険証券］

包括または個別の予定保険契約またはその証券をいう。英国では包括予定保険契約を Open Policy または Floating Policy とよぶ。

Floating Policy はまた，船名未詳保険証券の意味で用いられることがある。すなわち，個別予定保険のばあいに，船名その他の明細については後日，確定しだい，保険者に通知するという条件づきで結んだ予定保険の証券である。

Floating Security ［根担保］

継続的取引関係から生じる債権を担保するために，債務者が債権者に差し入れる権利書，保証書，有価証券などをいう。

Floods ［洪水］

Force Majeure* (不可抗力) と考えられる危険の1つで，免責約款があれば，これによる船積み遅延，船積みの猶予，解約を主張できる。

Floor Price System ［最低価格制］

過当競争やダンピングのおそれがある

Flour All Risks Clause ［小麦粉用オール・リスクス担保約款］

小麦粉についての海上保険に用いられる特別約款。通常の Institute Cargo Clauses (A) との相違は、運送約款の担保期間が、通常の60日に対して30日である点、各銘柄ごとの2ポンド以下の小損害の免責、穀象虫、昆虫、うじ虫、幼虫などによる損害を填補しないことを規定している。

Fluctuation ［変動］

All prices are subject to market fluctuations.（価格はすべて市価の変動条件付きである。）

The market fluctuations in this line are so heavy and rapid.（本品の市況は騰落が激しくかつ急速である。）

FMC ［連邦海事委員会］

Federal Maritime Commission の略語。米国連邦政府の運輸監督行政機関の1つで、1916年の海事法（Shipping Acts）、20年および36年の商船法（Merchant Marine Act）にもられた広範囲な規制を管轄するために61年に設置された。Common Carrier 間の海運同盟その他の協定を承認、否認または修正することをも行なっている。

FO ［荷揚げ費船主無関係］

Free Out の略称。船内人夫（Stevedore, ステベ）に支払う荷役賃を、船主、用船者いずれが負担するかについての条件の1つで、FO は、本船からの荷揚げ費用（Out）はすべて用船者負担、本船への積込み費用（In）はすべて船主側負担の条件である。

FOA ☞ FOB Airport

FOB ［本船渡し］

Free on Board の省略で、積地条件に属する Trade Terms の1つ。CIF 条件とともに、今日、もっとも多く用いられている。売主は、契約品を買主の指定した本船上（on board）に積み込めば費用の負担も危険の負担も、また所有権も、すべて買主側へ移行する条件である。したがって、輸出者が FOB 価格を算定するためには、つぎのような項目を計上して計算しなくてはならない。

① 輸出品の仕入原価（First Cost）または製造原価（Cost of Production）
② 広義の船積諸掛（Shipping Charges）
　1） 輸出用包装費
　2） 国内輸送費
　3） 検査および査証料、ただし、原産地証明書、領事査証料は買主の負担
　4） 倉庫料
　5） 輸出通関諸掛
　6） 積込み費用
　7）
　　⋮
③ 雑費および利益（Petties and Profit）
　1） 金利
　2） 借館料、通信費、など
　3） 輸出者の利益

以上の①と②と③を合計したものが FOB 価格となる。

なお米国では、FOB 条件を国内市場の発達にあわせて使用してきたので、米国独自の広義の解釈が生まれた。すなわち、米国における FOB 条件は、輸出港の本船渡しを意味するだけではなく、Free on Board の Board を広く運送機関と解釈し、運送機関への持込み渡しの意味で使用している。したがって、米国との輸入取引で、FOB 条件を本船渡しの意味で使用するためには、FOB Vessel New York のように、FOB と輸出港名とのあいだに

Vessel（本船）を入れると安心できる。

FOB Airport ［航空 FOB］

1976年にインコタームズに追加された条件で、従来の FOB との相違点は、売主が航空会社と運送契約を結ぶこと、また、自己の費用と責任において、航空運送人の管理下に貨物を引き渡すことによって危険と費用が、買主側へ移転する点である。FOA と略称する。1990年の Incoterms からこれを FCA（Free Carrier, 運送人渡し）と統合し、コンテナ運送のばあいにも用いられるようにした。

FOB & I ［保険料込み FOB］

FOB の変型で、輸出者が保険をも手配するばあいに、FOB 価格に海上保険料を含めた価格。すなわち、C（Cost＝FOB Cost）& I と同じである。

FOB Stowed ［積付け費込み］

FOB の変型で、特殊貨物のばあいに積付け費用をも売主が負担する条件。さらに荷ならしをも売主が負担するばあいは、FOB Stowed and Trimmed となる。

FOC ☞ Flags of Convenience

Food Miles ［フード・マイル］

ロンドンのシティユニバーシティのティム・ラング教授（Prof. Tim Lang）が1994年に提唱した概念といわれる。わが国では空の旅で親しみのあるマイレージ・サービスの響きを連想するフード・マイレージと和訳されている。この概念は、輸送区間が短い食料を食べたほうが環境に与える負荷が少ないであろうという考えにもとづいている。すなわち、輸入相手国からの食料輸入量に輸送距離を（国内輸送は除く）乗じてえた数字（フード・マイレージ；単位は tkm＝トンキロメートル）が小さければ小さいほどエネルギー消費や二酸化炭素の排出量が少なく、環境負荷が小さくてすむというわけである。世界の国々からの食料供給に大きく依存するわが国は、フード・マイレージが高い。食料の輸入については、フード・マイレージだけではなく、栽培過程で使用される水（これは仮想水＝virtual water と呼ばれる）の問題もある。食料輸入については環境負荷や仮想水の問題に関心を寄せたい。

FOR ［レール渡し］

Free on Rail の略称。約定品を輸出地の貨物の出荷駅の貨車に積み込めば、売主の責任が解除される条件である。ただし、小口貨物のばあいは貨物を指定の駅の管轄下に引き渡す。2000年インコタームズでは FCA に統合されている。

Forced Discharge ［強行荷卸し］

座礁など海難に遭遇したばあい、船脚を軽くするために強制的に行なう荷卸しをいう。これに要する費用は共同海損となる。

Force Majeure ［不可抗力］

フランス語で、Superior Force の意味。火災、洪水、地震、暴風雨、暴動、内乱、罷業、工場閉鎖、輸出禁止、貿易制限、船舶徴用その他これに類する突発的な非常事態で、売主にとって、ふつう程度の注意や予防方法ではその損害を防止できないものをいう。貿易取引では、不可抗力によるばあいは、原則として売主は免責となるが、不可抗力約款（Force Majeure Clause）を設けておくことが望ましい。Act of God*（天災地変）は自然現象によって発生した不可抗力で、Force Majeure より狭義である。

Foreign Access Zone (FAZ) ［輸入促進地域］

輸入促進を目的に港湾、空港およびその周辺地域に輸入促進地域（総合保税地域の指定も受けている）を設け、荷捌き、保管、展示、加工・卸・小売りなど輸入関連施設を集中させて、輸入貨物のスムーズな流通による輸入促進を企図した地域である。施設の設置・運営主体（第3

セクター等)に対しては,「輸入の促進及び対内投資事業の円滑化に関する臨時措置法」により,出資,融資,税制措置などの便宜が考慮されたが,同法は2006(平成18)年に廃止された。

Foreign Adjustment Clause ［外国精算約款］

外国共同海損約款(Foreign General Average Clause)ともいう。共同海損法は国によって相違する。そこで準拠する外国の共同海損法に従って精算された共同海損が,英法に準拠して精算された共同海損と異なる結果が生じたばあいに,外国の法律に従って精算された共同海損に対する責に任じるとした約款である。1890年ヨーク・アントワープ規則が運送業界で採用されて以降は,この約款の適用はまれになった。

Foreign Affiliate ［外資系企業］

外国資本と資本関係の深い企業をいう。

Foreign Currency Finance ［外貨金融］

海外市場に所在する日本商社の支店または現地法人に現地通貨で行なう金融をいう。たとえば,わが国商社の海外支店が日本から物資を輸入するばあいに,輸入信用状の保証金や輸入手形の決済資金,あるいは,現地法人が設備を充実したり,現地の債券を収得するために必要とする資金などを対象とした金融である。

また,わが国商社の海外支店が現地の銀行から融資をうけるばあいに,わが国の銀行がその支払いを保証する目的で,外国銀行を受益者として発行するStand-by Creditも外貨金融の一種といえる。また,日本の輸入者が輸入為替手形を決済するために,取引銀行から外貨を借りるばあいの金融も,外貨金融である。

Foreign Currency Reserves

☞ Gold and Foreign Currency Reserves

Foreign Direct Investment ［直接投資］

国際間の資本移動の一形態。新国際収支統計では直接投資は投資収支のなかで処理され資本収支の構成要素となっている。海外子会社の設立,海外企業への出資参加など,外国の投資先の事業に対して経営参加,経営支配を目的としたものを対外直接投資という。

Foreign Exchange and Foreign Trade Law ［外国為替および外国貿易法］

外為法と略称する。わが国の対外経済取引の基本法であり,改正法が1979(昭和54)年12月18日法律第65号をもって公布され,(同)55年12月1日から施行さた。さらに1998(平成10)年に施行された改正法では「管理」の文字が削除された。外為法は,わが国と外国とのあいだの,あるいは居住者と非居住者とのあいだの物,役務,資金の移動をともなうすべての対外取引はもちろん,さらに居住者間の外貨取引や非居住者が外国で発行するユーロ円債にいたるまで,わが国の国際収支に影響を与えるすべての取引を対象としている。旧外為法は原則禁止の法体制であったのに対して,改正外為法は原則自由の法体系に改められている。この基本法のもとに,「外国為替管理令」,「輸出貿易管理令,同管理規則」,「輸入貿易管理令,同管理規則」などの関連諸政令が,実際の手続を規定している。

他に通関上の取締り規定である「関税法」,関税率と課税上の取扱いを規定した「関税定率法」,「輸出入取引法」があり,これら全体がわが国の貿易を管理する法体系となっている。

Foreign Exchange Bank ［外国為替銀行］

もともとは外国為替専門銀行のことであるが、現実には東京銀行をさしていた。国際為替・金融市場において各国の有力為替銀行と競争するために、強力な外国為替専門銀行が必要であるという判断から、1954（昭和29）年「外国為替銀行法」が施行され、横浜正金銀行の後身である東京銀行が免許された。しかし、三菱銀行と合併して東京三菱銀行が誕生し、東京銀行は消滅した。

Foreign Exchange Fund Special Account ［外国為替資金特別会計］

外国為替集中制にともなって生じる収入、支出などを処理するための政府の特別会計。

Foreign Exchange Holdings ［外貨保有高］

一国がもっている外貨、すなわち金もしくは交換可能外貨の保有総領である。その多寡は経済の先行き動向を示す重要な指標となる。大部分は政府、中央銀行の保有分であるが、ほかに、外国為替銀行、外国銀行、貿易商社などの保有分や、他国との清算勘定の貸越残高なども含められる。わが国では、毎月大蔵省が外貨準備高として発表するが、これは政府保有の分と日銀保有の分にかぎられており、為替銀行、商社などの保有する分や清算勘定の貸越残高などは含まれていない。

Foreign Exchange Market ［外為市場］

1984年から外国為替取引は実需原則が廃止され、貿易業者は企業財務戦略に為替取引をとり入れることができるようになった。外国為替市場は、中央銀行、為替銀行、為替ブローカー（仲買人）などが電話やコンピューターなどで行なう取引である。

Foreign General Average Clause ［外国共同海損約款］

外国精算約款（Foreign Adjustment Clause*）のことをいう。

Foreign Goods ［外国貨物］

本邦に到着した外国からの貨物で、輸入がまだ許可されていないもの、あるいは、輸出許可をうけた本邦の貨物をいう。このばあい、外国からの貨物のなかには、本邦の貨物でいったんは輸出されたが、ふたたび本邦に積み戻されたものや、外国の船舶によって採捕された水産物も含まれる。

輸出の許可をうけた本邦の貨物を外国貨物として取り扱う理由は、いったん輸出許可をうけると、その取消しか輸入の許可のないかぎり、税関の監督下におかれ、国内に引き取ることができないからである。

Foreign Trade ［外国貿易］

自国を中心においてみた海外市場との取引現象をいう。これに対して国際貿易（International Trade）とか世界貿易（World Trade）ということばは、一国を中心とすることなしに、客観的な立場で国際的もしくは世界的な物資やサービスの交流をみるばあいに用いる。

Foreign Trade Finance ［貿易金融］

輸出入取引に必要な資金の融通、あるいは信用の供与をいう。

貿易金融の第1は、為替の売買にともなう金融であって、輸出為替金融と輸入為替金融とに分かれる。そもそも、銀行が輸出者の依頼によって輸出為替を買い取ったばあい、手形代金の債権が取り立てられるまでに、相当時間がかかるので、その間、銀行が買主の債務を肩替りして金融していることになる。一方、輸入為替においては、期限付手形の振出しを許容することによって、手形金支払いを猶予し、輸入者に対する金融が行なわれる。

これをユーザンス金融という。

貿易金融の第2は，輸出者，輸入者に直接的に行なう金融であって，輸出業者に対して行なわれる輸出前貸（Export Advance*）金融，さらにそれ以前に行なわれる生産集荷資金の融資がそれであるし，一方，輸入手形の決済用資金を融通する輸入決済手形制度，輸入貨物の需要者に対して，貨物の引取りのために行なわれる輸入引取資金金融などがこれに属する。

Foreign Trade Multiplier ［貿易乗数］

開放経済においても，封鎖体系における投資乗数の考えをあてはめて，貿易と国民所得との関係を貿易乗数としてとらえることができる。すなわち，貿易の増加分が波及的に国民所得にいかに作用し，どのような効果をあたえるかを理論的に考えようとするものである。

Foreign Trade Statistics ［貿易統計］

貿易取引の実態をとらえるための統計で，輸出入貨物の通関時をとらえて作成するのが貿易統計。

Foreign Trade Zone ［外国貿易地域］

米国の外国貿易地域をいう。1934年の外国貿易地域法（The Foreign Trade Zone Act）によって設置された自由貿易地帯である。一般の通関港の内部または付近に設置され，商務省の管轄のもとで，地方自治体，会社法人が許可をうけて運営・管理している。貨物がこの地域にあるあいだは，関税納付が延期され，蔵置期間も無制限であり，地域内での製造，組立，加工も認められる。これに対して，保税倉庫（Bonded Warehouse*）は，米国のばあい，蔵置期間は90日で，製造，加工は原則として認められない。

最終仕向地に近い外国貿易地域に貨物や部品を蔵置しておけば，税関の取締りと関税支払いの対象外となり，市場の需要に合わせて再輸出できるので，第三国への輸出基地としても利用される。この地域に荷卸しした貨物を，米国の国内需要のために引き取るには，関税地域に搬入のうえ輸入通関手続をとる。

Foreman ［フォアマン］

Stevedore を代表する荷役監督者をいう。船会社と打合せのうえで，荷役作業全般の指揮を行なう。

Formal Document ［要式証券］

一定の記載事項を欠いては有効でない証券のこと。たとえば，船荷証券は記載事項が定められているが，記載事項の1，2を欠いても有効であるので，厳格には要式証券とはいえない。

Form Letter ［フォーム・レター］

類似する事柄が繰返し書かれることが多い通信文は，基準となる通信文全文をあらかじめ作っておいて，日付，商品名，数量，金額などをそのつど記入すれば，すぐ発信できる仕組みになっているひな型の手紙が用いられる。船積み通知，荷為替手形取組み案内などのばあいにとくに多い。

Form of Credit ［信用状の形式］

信用状統一規則は，信用状について特定の様式を規定していないが，1986年に国際商業会議所が発表した信用状のモデル・フォームが，各銀行の発行する信用状の形式として参考にされている。

Fortuitous Accident ［偶発的事故］

偶然性，不確実な事故をいい，保険が担保するのは，こうした偶発的事故による損害である。

Forwarder ［運送代理人］

Freight Forwarder*; Forwarding Agent と同じで，貨物運送の取扱い業者である。わが国の大手の海運貨物取扱業

者（海貨業者）は運送代行業のほかにCustoms Broker（通関代行業者）であり，また荷主または船会社のためのShippingおよびLanding Agent*（船積みおよび陸揚代行業者）でもあり，さらにNVOCC*（国際複合運送業者）としても活躍している。

Forwarder's B/L
☞ Forwarder's Cargo Receipt

Forwarder's Cargo Receipt ［フォワーダー・カーゴ・レシート］

Forwarder*（運送代理人）が荷主に対して発行する受取証である。同じ出港地から数社の荷主が同一の輸入者に向けて輸出するばあいに，コンテナ単位によるクイック・デリバリーと諸経費節約のために用いられるばあいが多い。このばあい，運送代理人は荷主にForwarder's Cargo Receiptを交付するとともに，みずからが船荷証券上のShipperとして船会社から船荷証券の交付をうけている。Forwarder's Cargo Receiptは，有価証券ではなく流通性はないので，信用状でとくに認められていないかぎり，買取りは拒絶される。

Forward Exchange Contract ［先物為替の予約］

為替の予約（Exchange Contract）ともいう。

輸出入契約が成立しても，その輸出入代金が決済されるまでには，相当の期間がかかる。決済が自国貨建てで行なわれているばあいには問題ないが，外貨建てのばあいには契約締結から決済時までのあいだの，為替相場の変動上の危険が大きな問題となり，取引の安全性が失われる危険もある。そこで，このような為替相場変動上の危険を回避するために，為替の予約を行なうことが必要となる。すなわち輸出契約が締結されると，輸出者は船積み後に振り出す為替手形の買い相場（銀行側からみて）をあらかじめ銀行と約束し（買い予約），その後の変動があっても，約束した相場で為替を買い取ってもらう。一方，輸入のばあいには，銀行が信用状を開設すると同時に，輸入者は手形の売り相場（銀行側からみて）を銀行と約束（売り予約）し，変動の危険にそなえる。

相手国通貨の堅調が予想されるばあいには，輸入は予約を行ない，輸出は予約を行なわないほうがいいし，逆に，相手国通貨の軟調が予想されるばあいは，輸出は予約を行ない，輸入は予約を行なわない。

Forward Rate ［先物相場］

直物もしくは現物相場（Spot Rate）の対語で，特定期日または特定期間に受渡しされる為替相場をいう。為替銀行が毎日発行する為替相場表（Exchange Quotations）には現物相場のほかに，6カ月までの先物相場が記載されている。為替の予約は，売買契約上の船積期日に該当する先物相場を検討して行なう。

FOT ［貨車渡し］

Free on Truckの略語。輸出地における貨物の出荷駅の貨車に，貨物を積み込むことによって売主の責任が解除されるTrade Termsである。FOR*と同義。現在のインコタームズではFCAに統合されている。

Foul Bill ［故障手形］

輸入者の金繰り事情や貨物の未着，品質相違，あるいは信用状決済のばあいにおける船積書類の不備などの理由で，引受けまたは支払いが拒絶された手形をいう。海外支店またはコルレス先において，このような手形の引受けまたは支払いの拒絶が生じたばあいは，取立依頼書の指図に従って，電信または書面によって輸出地の買取銀行にその旨通知されてくる。通知をうけた買取銀行は，ただちに

買取依頼人に書面により，この旨を通知するとともに，手形金額および諸費用の償還を要求する。

Foul B/L ［故障付き船荷証券］

本船への貨物の積込み時に，貨物の外観上，たとえば箱不足や破損があったばあいに発行される事故摘要（Remarks）の付記された船荷証券をいう。銀行は故障付き船荷証券の買取りを拒否するので，荷送人は船会社に Letter of Indemnity*（補償状）を差し入れて Clean B/L*（無故障船荷証券）を発行してもらうように交渉する。

Foul Receipt ［故障付き本船受取書］

船積み時に，貨物の外観上故障があったばあいに，事故摘要（Remarks）が付記された Mate's Receipt*（本船受取書）をいう。

Foundering ［深没］

保険者が填補する危険の1つである沈没（Sinking）のうち，深海における救助不能な沈没をいう。これに対して，浅海で救助可能の沈没を浅没（Submersion）という。

Four C's ☞ Credit Inquiry

FPA ☞ Free from Particular Average

Fragile ［こわれもの注意］

荷印（Shipping Marks*）の一部として用いる注意マーク（Care Mark；Caution Mark；Side Mark）で，貨物取扱い上の注意を呼びかけるための表示の一つである。

Franchise ［小損害免責歩合；フランチャイズ］

保険価格の2％とか3％といった小損害は，それが海難に直接原因したものか，貨物の性質によるものかの識別が困難であるので，WA 条件および付加危険（Extraneous Risks*）においては，保険者はこれを担保しないとしている。この小損害免責もしくは免責歩合を Franchise という。通常の Franchise（Ordinary Franchise）のばあいは，現実の損害が免責歩合を超過したばあい，その損害全部が填補される。これに対して Excess または Excess Franchise（Deductible Franchise ともいう）のばあいには，現実の損害が，免責歩合を超過したその超過部分だけが填補される。

取引上でいうフランチャイズとは，メーカーと販売店とのあいだで，商品または役務について結ばれる契約をいう。フランチャイズをうける販売店（Franchisee）は一定の地域において契約商品を Franchisor の商標のもとで営業する排他独占権を付与されるが，他社製品の販売は禁止され，フランチャイズ料（Franchise Fee）を Franchisor へ支払うことを義務づけられる。

Franco ［持込み渡し］

Free Delivered もしくは Prepaid Delivery ともいう。輸入国における買主の指定場所までのいっさいの費用と危険を売主が負担し，同時にその指定場所で所有権も移転する。輸入港における陸揚げ費，輸入通関に要する費用，輸入税，および買主の指定場所までの運送費も，Franco 価格のなかに含まれる。輸入地持込みまでの費用を含めて仕切った送り状を Franco Invoice という。

2000年 Incoterms では DDP と略称する。

Franco Invoice ☞ Commercial Invoice

FRC ☞ Free Carrier

Free ［自由な］

Free of Charges＝Without Charges（無料で），Free Export（無為替輸出），Free Delivery（無料配達），Free Riding（ただ乗り），Free Ship（中立国船）

Free Allowance　［無料許容量］

鉄道，バス，船舶，飛行機などに無料で持ち込める所要量，たとえば，飛行機のばあいは1人23キログラム（エコノミー・クラス）。超過分は料金を課せられる。

Free Alongside Ship　☞ FAS

Freeboard　［乾舷］

船の浮遊時に水中に沈む深さ（Draft）から，乾舷甲板の上面までの垂直距離をいう。最小乾舷の値は国際満載吃水線規定によって定められている。

船舶の安全航海をはかるために船側に満載吃水線（Load Line Mark）の表示が義務づけられており，この線をこえると過積み（Overload）となる。

Free Cargo　☞ Open Cargo

Free Carrier　［運送人渡し］

コンテナ輸送を中心とする国際複合運送に対処するために，1980年からIncotermsに追加された条件である。従来のFOB条件に対応するが，責任の分岐点が，従来のFOBが「本船の欄干を有効に通過したとき」に代わって「買主の指定する運送人に引き渡した時点」と規定されている。FRCと略称したが，1990年IncotermsからFCAと改称された。

Free Delivered　☞ Franco

Free Dispatch　［フリー・ディスパッチ］

航海用船契約において，特定停泊期間よりも早く荷役を完了したばあいも，早出料（Dispatch Money*）は支払わないという条件。

Free District　☞ Free Port

Free from Capture and Seizure Clause　☞ FC & S Clause

Free from Particular Average　［分損不担保］

単独海損不担保ともいう。FPA；ICC(C)と略称される。この条件のばあい，全損（Total Loss*）および共同海損たる分損（General Average*）だけが担保され，単独海損たる分損（Particular Average*）は除外される。損害防止費用，海難救助費，火災，爆発，船舶の衝突などによる損害，あるいは積込み・荷卸しまたは積替え中の積荷の墜落による1個ごとの全損は填補される。なお，船舶の座礁，沈没などの海難と貨物の損害とのあいだに因果関係がなくても填補されるFPAEC（Free from Particular Average English Condition）と，直接の因果関係のないばあいは填補されないFPAAC（Free from Particular Average American Condition）とがある。

FPA条件は，単価が安く海水濡れなどをいとわない石炭，鉱石などの散荷のばあいに利用される。1981年から実施の新しい海上保険証券では，FPAに相当する条件をInstitute Cargo Clauses (C)という。

Free In　☞ FI

Free In and Out　☞ FIO

Free Offer　［フリー・オファ］

回答期限をつけない売申込みをいう。通常の価格表（Price List）もOffer subject to Prior Sale（先売ご免条件付き売申込み）もフリー・オファである。回答期限が付いていれば確定売申込み（Firm Offer*）となる。

Free on Board　☞ FOB

Free on Rail　［レール渡し］

約定品を，輸出地出荷駅の貨車に積み込めば，売主の義務が終わる売買条件であり，FORと略称する。FOT*（Free on Truck，貨車渡し）と同義である。現行のINCOTERMSではFCAに統合されている。

Free on Truck　☞ FOT

Free Out　☞ FO

Free Port　［自由港］

Free Trade Zone；Free Zoneともい

う。外国貨物を税関の取締りをうけず，関税の支払いなしに輸入できる自由港区（Free Port Quarter）をいう。この地区に蔵置された貨物は仕訳，再包装，組立て，加工，現地製品との混合生産などを行なうことができ，関税の支払いなしに再輸出できる。ここから国内需要のために引き取るには，通常の輸入通関手続をとる。

中世のハンザ同盟以来，ハンブルクが自由都市として有名であったし，近世に入るとイタリアのジェノバが自由港市として有名であった。こうした港湾都市全体を関税の対象外とした自由港のばあいは，内外市民のあいだの利害関係の衝突や密貿易が激しくなるので，今日では商港内の1区画を自由港区または自由地区（Free District）として，関税領域外におく方式をとるばあいが多い。米国の外国貿易地域（Foreign Trade Zone*）もその例である。

Free Port Quarter ☞ Free Port
Free Rate Cargo ☞ Open Rate Cargo
Free Sample　[無償見本]

製造加工品の品質を相手に納得してもらうために送付する見本は，元来，無償であることが原則であり，これを無償見本という。かりに有償で送付するばあいも，見本割引（Sample Discount）を認めるのがふつうである。

Free Time　[無料貸出し期間]

Container Yard から引き出された実入コンテナは，荷受人の指定する営業倉庫や需要家の工場などで，貨物をバン出ししたあとで，Container Yard に返却される。このばあいの一定許容期間をいう。これを経過すると返還遅延料（Detention Charge）が徴収される。

Free Storage Time* のことをもいう。
Free Trade Agreement (FTA)　[自由貿易協定]

北米自由貿易協定（NAFTA）や EU（ヨーロッパ連合）のような地域的な統合の場合と2国間の協定の場合がある。いずれにしても協定した地域間あるいは国との間で関税の撤廃など通商上の障壁を除去して自由な取引活動の実現をめざすものである。日本は従来，ブロック化に反対する立場をとっていたが，シンガポールとの協定締結（2002年1月締結，同年11月30日発効），メキシコとの協定締結（2004年9月締結），そして韓国などとの自由貿易協定締結に向けた交渉でわかるとおり，ブロック化を重視するスタンスに変わった。

Free Trade Agreement among Japan, People's Republic of China, and Republic of Korea　[日中韓自由貿易協定]

2012年5月に北京で開かれた日中韓首脳会議で，日中韓それぞれの国に利益をもたらすことを念頭に日中韓自由貿易協定の実現に向けて交渉を開始することが決まり共同宣言で発表された。しかし，その後の日中，日韓のそれぞれの政治的問題や国内事情により，首脳が一堂に集まって交渉開始を宣言することができず，12年11月の閣僚級（貿易担当相）による交渉開始の宣言となった。そして，13年3月にソウルで第1回の本格的な交渉会合が開かれ，貿易，サービス，投資の作業部会で交渉がスタートした。7月に中国で開催された第2回交渉会合では，交渉枠組みが話し合われた。15年7月20日から5日間，局長，局次長級による第8回交渉会合が北京で開催され，物品貿易，投資，サービス貿易，競争，知的財産など幅広い検討がなされた。依然として続く政治的緊張の下での交渉には今後とも紆余曲折が予想される。

Free Trade Zone (FTZ)　[自由貿易地域]

ごく一般的には関税がかからない地域，たとえば香港のようなケースをさすが，厳密には，自由港タイプ（香港やシンガポール，Free Port という），原材料などを輸入し加工を施して再輸出する輸出自由地域タイプ（台湾の高雄市など），加工後国内に移入する場合，その移入時までは輸入品に課税しない外国貿易地帯タイプ，内陸国への外国貨物の移送拠点となる港湾が対象の中継タイプ（関税も賦課されないし輸入規制もない）のケースが考えられる。わが国には自由貿易地域に類似の地域として総合保税地域がある。これは1992（平成4）年の関税法改正により総合的に保税機能の認可を受けた地域で，輸入促進の役割を果たす。

Freight ［運賃］

旅客や貨物を安全に輸送したことの報酬として支払われる料金で，前払いされるばあいと，着払いのばあいとがある。元来，運賃とは，貨物が無事に仕向港に到着したばあいに，運送サービスに対して運送会社に支払う報酬（Remuneration）であるから，着払い（Freight Collect）が理屈に合うわけである。しかし，現実には前払い（Freight Prepaid）も多く，これは運送会社の利益にも合致する。このばあい，たとえ，貨物が輸送中に喪失しても，前払い運賃の払戻しは行なわれないのが原則である。

貿易売買との関係からすると，海上運賃の着払いは，FOB や FAS のばあい，一方，C&F, CIF その他揚地条件のばあいは，前払いが要求される。

Freight Agreement ［運賃協定］

海運同盟（Shipping Conference）に加盟している各社が統一運賃率を遵守することに合意するという協定。

Freight All Kinds Rate ☞ FAK
Freight as Arranged ［運賃契約どおり］

大量貨物の荷主に対して船会社が特別安い運賃率をあたえたいが，運賃同盟との関係その他，取引上の都合で，運賃を船荷証券に明示できないばあいに，単に Freight as arranged と記入する。

Freight Basis ［運賃建て］

Rate Basis のこと。運賃計算の土台となる単位で Weight（重量）か Measurement（容積）かいずれか大きいほうが基礎となる。高価品のばあいは送り状金額を土台とした Ad Valorem＊（従価計算）となる。

Freight/Carriage and Insurance Paid to ［運送・保険手配ずみ］

コンテナ輸送を中心とする国際複合運送に対処するために，1980年に Incoterms に追加された条件である。この条件は，従来からある CIF 条件に対応するもので，売主は自己の費用で，仕向地までの運送契約および保険手配の義務を負う。危険負担の分岐点は，貨物を契約で定めた日時に最初の運送人の管理下に引き渡したときである。CIP＊と略称する。

Freight/Carriage Paid to ［運送手配ずみ］

to のあとに指定仕向地（named point of destination）をつけて用いる。国際複合運送に対処するために1980年に Incoterms に追加された条件である。

従来の C&F と同じく，売主は指定地までの運賃を負担するが，危険移転の時点が，C&F は本船の Ship's Rail であるのに対して，この条件のばあいは，物品が最初の運送人の管理下に引き渡された時点である。したがって，国際複合一貫輸送，トレーラーやフェリーによるコンテナ輸送，ロールオン・ロールオフ輸送を含むあらゆる輸送手段に使用可能である。1990年の Incoterms の改正で，CPT と略称することになった。

Freight Clause ［運賃収得約款］
船会社が受け取った運賃は，貨物が航海中滅失しても返還しないことを定めた船荷証券の約款。

Freight Collect ［運賃着払い］
FOB条件の輸出取引にあっては，揚荷港における貨物引取りのさいに，輸入者が運賃を支払うことになるが，これを運賃着払い，または運賃の後払い，向う払いともいう。

Freight Conference ［運賃同盟（海運同盟）］
Shipping Conference；Liner Conferenceともいう。

定期航路に配船している船会社の多くは，たがいに不当な競争を防止する観点から，運賃や寄港地域，就航度，積荷量などについて，カルテルを結び協定しているが，これを海運同盟という。この海運同盟の協定のなかでもっとも重要な事柄が，運賃についての協定であるところから，運賃同盟ともいう。

海運同盟には，加盟を希望する船会社を無条件に加入させるOpen Conference（米国式）と，一定の条件とメンバーの利益を害さないと考えられるばあいにかぎって加入を認めるClosed Conference（英国式）とがある。

Freight Contingency Clause
着払運賃は陸揚地で支払う費用であるから，陸揚げまでに全損となったばあいは，保険者は着払運賃の支払いを要しない旨を規定した特別約款である。

Freighted Manifest ［フレーテッド・マニフェスト］
船会社の現業部門のDocumentation（書類作成）係が作成する，貨物取扱手数料算出の基礎にするためのリストである。

Freight Forwarder ［海貨業者］
Foreign Freight Forwarder；Forwarding Agent；Forwarderともいい，海運貨物取扱業者のこと。海貨業者とも略称する。

今日，海貨業者というと，狭義では港湾運送事業法（昭和26年）の一種業者，すなわち一般港湾運送事業者のうちの限定業者を意味し，船内荷役とか艀運送などはできない。これに対して無限定の一種業者は船内荷役も艀運送，沿岸荷役も行なえるところから元請業者とよばれているが，これをも含めて広義で，海貨業者という。

海貨業者は通常，通関業（Custom House Broker；Customs Broker*）の許可をうけ通関業務をも兼務する。また荷主からの委託だけでなく，無限定海貨業者のばあいには，船会社からの委託で元請船内荷役をも行なっており，陸揚げ代行業者（Landing Agent），船積み代行業者（Shipping Agent）をも兼ねている。

Freight Index ［運賃指数］
不定期船の運賃率は船腹の需給関係によって絶えず変化するが，この変動傾向をとらえるために，成約運賃率に運送数量を乗じ，基準時点を100として指数化したものである。

Freight Insurance ［運賃保険］
Freight Collect*（運賃着払い）の貨物の運送においては，とりきめた運送が完了してはじめて，船会社は運賃の支払いをうけることができる。万一，不可抗力などの事由で貨物が未着のばあいは，船会社は運賃を支払ってもらえず損失が生じる。こうした未収運賃を保険の目的とした保険を運賃保険という。

Freight Liner ［フレート・ライナー］
大型トレーラーによって，目的地まで貨物を運ぶ，高速直行コンテナ列車のことをいう。

Freight List ［積荷明細目録］

積荷の明細目録で，各貨物についてのB/L番号，荷印，荷姿，品名，数量，積地，揚地，荷送人名，荷受人名，運賃などが列記されている。これは船主および船会社側で作成し，船に託して揚地へ送付する。揚地における荷さばき上，重要な書類であるとともに，積荷目録作成のための資料ともなるものである。

Freight Market ［不定期船市場］

不定期船の運賃は船舶の需給関係によって決定されるが，これに大きく影響をあたえる不定期船市場がニューヨーク，東京，ロンドンである。とくにロンドンの海運取引所（Baltic Exchange*）が大きな影響力をもっている。

Freight Payable on Outturn Weight ［運賃揚高払い］

仕向港における貨物の揚高（Outturn Weight）にもとづいて計算される運賃をいう。

Freight Prepaid ［運賃前払い］

CPT, CFR, CIP, CIF または揚地条件での輸出取引にあっては，契約商品を輸出地で船積みした時点で，売主が運賃を支払うことになるが，これを運賃前払い，あるいは運賃元払いまたは月払いという。これに対して FCA や FOB 契約のばあいは Freight Collect*（運賃着払い）となる。

Freight Rate ［運賃率］

運賃率とはトンあたりの運賃をいう。国際的なカルテルである海運同盟（Shipping Conference*；Freight Conference, 運賃同盟ともいう）に加盟している同盟船のばあいには，運賃率を協定し表定運賃（Tariff Rate）として公表している。ただし，この表定運賃は二重運賃制（Dual Rate System）をとって非同盟船と対抗している。すなわち，同盟船だけを利用する荷主に対しては安い運賃率（Contract Rate, 契約運賃率），非同盟船をも利用する荷主に対しては非契約運賃率（Non-Contract Rate）を適用させる。なお一定期間，同盟船だけを利用した荷主に対してはその期間にひきつづく一定期間（留保期間，Deferred Period）も同盟船だけを利用することを条件として，支払った運賃の一部の割戻しを行なう運賃延戻し制（Deferred Rebate System*）と，留保期間をつけずに一定期間，同盟船だけを利用した荷主に支払った運賃の一定割合を返還する忠誠割戻し制（Fidelity Rebate System*）を用いて荷主の確保をはかっている。一方，非同盟船（Outsider）は，同盟に加入していない船会社の船で，盟外船ともよばれ，運賃は，そのつど，荷主との交渉によって決められる。

なお，どの海運同盟も，基準となる運賃率のほかに課徴金（Surcharge）を課している。課徴金としては通常，Bunker Surcharge*（Bunker Adjustment Factor；BAF, 燃油割増）と Currency Surcharge*（Currency Adjustment Factor；CAF, 通貨調整金）が課せられるが，さらに，Port Congestion Surcharge（船混割増）などが課せられるばあいもある。

運賃の計算方法はつぎのとおり。

① 基本的には W/M 方式が適用される。W/M とは Weight or Measurement (at Ship's Option) の略称で，運賃計算の基準（Freight Base）として重量建てか容積建てかは，船会社に選択権があるという意味。重さをとるかさをとるかということだから，貿易業者としては，貨物の重量と容積を測定し，これをトンに換算し，大きいほうのトン数が船会社の運賃請求書に載る Freight Ton（Revenue Ton または B/L Ton ともいう）と考えればよい。このばあい，重量トン（Weight Ton）は 1 Metric Ton（K/T 1,000 キログラム）を 1 トンとするのが原則だが，

一部の商品については重トン（Long Ton 2,240lbs 封度）や軽トン（Short Ton 2,000lbs 封度）が用いられるばあいがある。容積トン（Measurement Ton）は1立方メートル（Cubic Meter ; m³）を1トンとする。しかし，港湾関係では40立方呎（40 Cubic Feet ; 40cft ; 40才）を1容積トンとする慣習が残っている。このばあい，船会社が採用する1立方メートルとの換算は，40cft＝1.133m³，1 m³＝35.32cft が用いられる。

② インフル計算（In Full） 最低運賃にも満たない小口貨物のばあいには，最低運賃（Minimum Freight）が1荷口について適用される。これをインフルという。航空貨物のばあいも同様である。

③ 従価計算（Ad Valorem） Ad Valorem（ラテン語）は according to the value の意味で，貨幣，宝石，有価証券，美術品などの高価品のばあいに，FOB 建て送り状（Invoice）価格の何％というぐあいに従価で計算される。

④ 割増（Additional Freight） 火薬または毒物などの危険物（Dangerous Cargo; Hazardous Cargo），9.2メートル以上の長尺物（Lengthy Cargo），1個で5.5キロトン以上もある超重量貨物（Heavy Cargo）のばあいや，Broken Space（空積み）の生じる貨物，あるいは船積み時に陸揚港を確定できず出港後一定日時までに陸揚港が指定される陸揚港選択権付き貨物（Optional Cargo）のばあいにも割増が請求される。

Freight Rebate ［運賃割戻し］

船会社と荷主との契約による運賃の割戻しをいう。すなわち，荷主と船会社との協定により，ある期間内の支払運賃総額の何％かを，荷主に割り戻すもので，各航路の海運同盟が定めた一定の割戻し率に従うのが原則である。各船会社の貨物獲得策ないし荷主拘束の1手段である。その方法には，海運同盟と契約した荷主に一般運賃率よりも安い運賃率を適用させる形で行なう Contract Rate System の方法のほかに，一定期間に支払った運賃総額の一定割合を留保期間をおいて戻す Deferred Rebate System（延払い戻し）の方法や，また支払運賃総額の一定割合を，期間経過後に返還する Fidelity Rebate System によるばあいなどがある。いずれのばあいも，わが国の公正取引委員会は，9.5％以内の割戻しは合法的なものとみなしている。

Freight Space ［船腹］

Ship's Space ともいい，定期船（Liner）を利用した個品運送のばあいに，その予約（Booking）のしてある貨物を，積載するための船内のスペースをいう。

Freight Ton ［運賃トン］

Revenue Ton ; Shipping Ton ; B/L Ton ともいう。船会社が海上運賃を請求するばあいの，計算の基礎とするトンをいう。重量トン（Weight Ton）を基礎にするか容積トン（Measurement Ton）を基礎にするかは，船会社の選択となる。

Fresh Water Damage ［淡水濡れ損害］

航海中の船舶が，荒天に遭遇し甲板上の水タンクが破壊して積荷に損害をあたえたようなばあいは，海固有の危険と判断され，通常，担保される。しかし，消火作業によるような淡水濡れ損害は分損担保条件では原則として担保されないので，特約を必要とする。

From ［フロム］

海上保険証券本文には，at and from と印刷されており（新 Policy では at and が削除され from となっている），つぎの空白欄に貨物の船積港を記入する。たとえば，at and from Tokyo であれば，東京港停泊の危険および東京港出港時からの危険を保険者が負担することになる。

これを「アツ・エンド・フロム」の保険という。これに対して at and を抹消し from Tokyo となると, 東京港出港のときからの危険だけが担保されることになり, これを「フロム」の保険という。

一般的貿易英語で始期を示すために用いる from は, たとえば from June 29は6月29日は期間に入らず, 期間の計算が6月30日を初日とすることになる。日本の民法（第140条）では, 当事者間に特約のないかぎり, 期間の計算が, 6月29日午前0時から起算可能なときは29日が初日となるが, 英米法では, そのばあいでも30日が初日である。Commencing with June 29のばあいは29日も期間の計算に算入される。

Frustration Clause ［航海中絶不担保約款］

英文海上保険証券では「国王, 君主, 人民, 国権はく奪者または国権をはく奪しようと意図する者の強留, 抑止または抑留によって生じる被保険航海または航海事業の中止または中絶にもとづくいっさいの請求を担保しない」と規定されている。したがって, これを担保するためには, 戦争危険の特約が必要である。

FS ☞ Feasibility Study

FSR & CC Clause ［同盟罷業騒擾暴動不担保約款］

Free from Strikes, Riots and Civil Commotions のことで, ストライキ, 暴動, 内乱などによる損害について保険者免責という約款である。したがってこれらの危険を塡補するためには, SRCC の特約が必要となる。

Full and Down ［完全満載］

空積みを生ぜず満載吃水線に達するまで積付けした, 理想的な状態をいう。Full とは容積計算での満載, Down は重量計算での満載をいう。

Full Cable Advice ［全文電信方式］

信用状（L/C）の発行銀行が, 通知銀行あてに受益者への通知依頼のさいに, 信用状の内容を全文電信で伝えてくる方式をいう。これに対して信用状の内容の主要項目だけをとりあえず伝え, 詳細は郵便によって伝える方式を Preliminary Advice（プレ・アド；予告電信方式）という。

いずれのばあいも, 通知銀行はこれを書留便もしくは自行の支店をつうじて受益者（輸出者）に渡す。

Full Cargo ［満載貨物］

貨物船に満載された貨物をいう。満船ものともよばれ, 原材料の輸送に多くみられる。このばあい満船とは, 積荷のほかに燃料, 水, 揚貨機, 食料その他船用品などを含めて, その船が満載吃水線まで沈下するばあいの, 積荷全量を意味する。

Full Conditions Clause ［フル・コンディション約款］

All Risks に相当するもので, たとえば Institute Frozen Food Clause（協会冷凍食品約款）のばあい, FPA 条件に冷凍機の故障もしくは停止の危険が追加されるものと, All Risks に相当する Full Conditions Clause が挿入されるものとがある。

Full Container Load ☞ FCL

Full Container Ship ［フルコン船］

コンテナだけを積載するように設計されたコンテナ専用船をいう。これに対して Semi Container Ship は, 在来船の一部に, コンテナも搭載できるように設備されている。

Full Endorsement ☞ Endorsement

Fuller Condition ［フーラー・コンディション］

織物に Breakage という特約を追加付

保するように，特殊危険に対する被保険者の関心が高いので，普遍的な特殊危険を一括追加して保険者が引き受けるWAの拡大条件をいう。

Full Insurance ［全部保険］

保険金額が保険価額(Insurable Value*)と一致しているばあいをいう。

Full Set ［全組］

荷為替手形の買取りを依頼するばあいには，為替手形に船荷証券の全組を添付することが要求される。このばあいの全組とは，船荷証券の署名ずみ正本が3部発行されたばあいには，3部全部，船荷証券の正本が2部のばあいには，2部をいう。

Fully Paidup Capital ☞ Authorized Capital

Futures Market ［先物市場］

先物取引（Sale of Future Goods；Futures)を行なう外国為替市場や商品取引市場をいう。

先物取引は将来の引渡しと支払いを約する取引で，価格の変動による損失を防ぐ目的（Hedging*，掛けつなぎ）のためにも，投機の目的のためにも行なわれる。

G

GA ☞ General Average

GA Contribution ［共同海損分担額］

共同海損（General Average*）による共同海損犠牲損害または費用損害について，被保険者が自己の貨物の価額に応じて分担する金額をいう。

GA Declaration ［共同海損宣言書］

共同海損が生じたばあいに船主がSurveyor*に損害を鑑定させる旨を荷受人に通知する書面をいう。

GAFTA ［穀物取引業協会］

The Grain and Feed Trade Association（ロンドン穀物取引業協会）の略称で，それが定めた標準契約書式は穀物の定型取引の契約書式として用いられる。

Gain ［儲け］

Profit は Benefit とともに直接的な利益；儲けを意味する。優れた地位などの優勢；利益は Advantage。したがって，人は Profit や Gain をえることなしに多くの Advantage をえることができるといえる。

Sharp gain was registered by non-ferrous metal ingots.（非鉄金属塊で利益急増が記録された。）

Gang ［組；ギャング］

船内荷役を行なう作業員の1単位をいう。在来船のばあいにはハッチ単位によって構成され，1ギャングは15～20人である。コンテナ船のばあいは，ガントリー・クレーン単位で構成され，1ギャングは10～20人程度である。☞ Workman

Gantry Crane ［ガントリー・クレーン］

コンテナ荷役用に設計されたクレーンで，港頭のエプロンに敷設されたレール上を走行し，張り出したビームに沿ってトロリーが横行し，油圧式の四隅の爪でコンテナを巻上げ，巻下げする。1時間にコンテナ20個ないし25個の積込みまたは陸揚げができる。

GAP ［支払い品物渡し］

Goods against Payment の略称。DAP（Delivery against Payment）と同意で，支払いを条件として約定品を引き渡すという受渡し条件の一種。

Gate Price System
　☞ Different Tariff System

GATT ［ガット］

General Agreement on Tariffs and Trade（関税および貿易に関する一般協定）の略語。

1947年10月30日にジュネーブで，米国，英国など23カ国によって調印され，翌年48年1月から実施された。事務局はジュネーブにおかれている。ガットは自由・無差別の原則のもとで，関税や輸出入制限など貿易上の障害を軽減・撤廃して，世界貿易および雇用の拡大をはかることを目的としていたが，WTO（世界貿易機関）の発足により WTO に統合された。

GATT Rate of Duty ［協定税率］

ガット関税または譲許関税ともいう。他国との条約にもとづいて，特定貨物について協定した関税である。現在，わが国が協定税率を取り決めている協定は，

ガット (GATT*; General Agreement on Tariffs and Trade) によるものだけである。協定税率はガット加盟国に対して適用されることが原則であるが，ガット加盟国でも，わが国に対してガット第35条を援用している国に対しては適用されない。

GC

General Cargo*の略語。

GDP ［国内総生産］

Gross Domestic Products の略語。国民総生産 (GNP) から海外よりの純所得を差し引いたもので，一国の純然たる国内経済活動の指標として用いられる。

GE ☞ Grant Element

Gencon ［ジェンコン］

航海用船契約 (Voyage Charter*; Trip Charter) のばあいに用いられる標準書式 (Uniform General Charter) の略称。

General Agreement on Tariffs and Trade ☞ GATT

General Average ［共同海損］

船舶および積荷が海難に遭遇したとき，共同の危険を免れるために，船長その他の者が，故意かつ合理的に船舶または積荷を犠牲にすることによって生じる海損をいう。たとえば，船脚を軽くするための投荷や，船舶の救援・救助のために生じた損害および費用などがそれである。このような共同海損損失は，直接に損害を被った荷主だけでなく，その処置により自己の積荷の安全をえた荷主，その他すべての利害関係者が，その利益に応じて分担することになる。

このような共同海損の精算は，共同海損精算人によって行なわれるが，その精算がすみしだい，荷主は保険会社に必要書類を提出し，同一金額を請求する。また共同海損が発生したばあい，船会社は精算にさきだって，その概算額を見積り，各利害関係者にその負担額もしくはその半額を供託させるが，これを共同海損供託金という。これは精算前の貨物の引取りを可能とするための制度である。共同海損については，各国とも，法律と同一の効果のある York-Antwerp Rules を基礎にして処理している。

General Average Clause ［共同海損約款］

英国では共同海損損害および共同海損分担金は保険者が填補する。しかし，実際には船荷証券または用船契約書に記載された準拠法によって精算されるために，保険者の填補責任について争いが生じやすいので，運送契約上の取扱いと保険証券上の取扱いを合致させるために ICC*が設けた約款である。

General Average Deposit ［共同海損供託金］

共同海損が発生すると，船会社は，その船舶の入港と同時に，各荷主に対して，共同海損発生の通知書と，共同海損の処理について荷受人の同意をえるための共同海損盟約書 (Average Bond) を送り，署名のうえ返送するように要求する。このさい，船会社は，共同海損による損害の概算額を見積って，各利害関係者に対しその負担額またはその半額を，共同海損供託金として供託させる。しかし，実際には，輸入者は，共同海損供託金を船会社に供託する代わりに，保険会社の共同海損分担保証状 (General Average Guarantee) をもらい，これを船会社に差し入れて，貨物を引き取る。

General Average Disbursements Insurance ［共同海損費用保険］

共同海損にさいして自己の財産を犠牲にしたか費用を支出した船主または荷主は，損害を免れた他の利害関係者に損害分担金を請求する海損債権を有するが，この権利は船舶や積荷が到着までに滅失すると消滅し回収が困難となるので，共

同海損費用保険によって塡補する。

General Average Expenditure ［共同海損費用］

積荷を積載した船舶が座礁したようなばあいに、曳船を雇用して浮揚させるのに要した費用などをいう。積荷が積載されていなければ損害防止費用（Sue and Labour Charges）として船舶保険で塡補される。これに対して緊急のさいに、あらかじめ何らの救助契約なくして被保険船舶が他船によって救助されたばあいの費用を救助料（Salvage Charges）という。

General Average Sacrifice ［共同海損犠牲］

船舶、積荷あるいは運賃が、共同の危険にさらされたため、船長が船脚を軽くして船舶を救出する目的で積荷の一部を投荷（Jettison）したような犠牲をいう。このばあい、その犠牲によって避けようとした危険が、保険者の負担すべき危険であれば、保険者はその犠牲損害を塡補する。

General Cargo ［一般貨物］

貨物の運送上、一般的な取扱いが可能な貨物をいう。これには繊維製品や電気製品のような精良貨物（Fine Cargo*）、生皮革などの粗悪貨物（Rough Cargo*）、薬液などの液体貨物（Liquid Cargo）が含まれる。特殊貨物（Special Cargo*）の対語である。

General Cargo はまた、用船契約にもとづいて輸送する貨物と区別して、一般積取り貨物のことをもいう。

General Conditions of Marine and/or Transport Insurance ［貨物保険普通保険約款］

国内の海上・陸上・航空輸送を対象とする和文の貨物海上保険普通保険約款または運送保険普通保険約款をいう。いずれも1965年に口語体に改訂された。わが国の損害保険会社は各社ともこれを採用している。

General Council of British Shipping ［英国海運評議会］

船主を中心とした海運集会所（Shipping Exchange）で、各種の標準書式を制定している。

General Exclusion Clause ［一般免責条項］

1982年1月1日から使用されることになったICC（Institute Cargo Clauses、協会貨物約款）では、戦争、ストライキ以外の一般免責事項としてつぎのものをあげている。①被保険者の故意の違法行為、②通常の漏損、重量、容積の通常の減少、自然の消耗、③梱包、準備の不完全、不適切（危険開始前、または被保険者によるコンテナ・リフトバンへの貨物の積込みを含む）、④保険の目的の固有の瑕疵・性質、⑤遅延（被保険危険によるばあいを含む）、⑥船主、管理者、用船者、運航者の破産、財政上の債務不履行、⑦いっさいの人または人々の悪意ある行為による意図的損傷、破壊（ただし、復活担保の約款が用意されている）、⑧原子力兵器の使用の結果による損害、⑨船舶、艀の不堪航、船舶、艀、輸送用具、コンテナ、リフトバンの不適合（被保険者が知っているばあい）。

General Export Insurance ［普通輸出保険］

非常危険（Emergency Risk*）もしくは信用危険（Credit Risk*）による輸出不能、または非常危険による輸出代金回収不能のばあいに、輸出業者がうける損失を塡補する貿易保険（Trade Insurance*）の一種である。普通輸出保険には輸出者が個別的につける個別保険のほかに、組合等がまとめてつける包括保険がある。現在は、貿易一般保険の中に吸収されている。

General Immunities Clause ［一

般免責約款]

　船荷証券裏面には，一般免責約款が記載されており，天災地変，天候不良，気候の影響，その他いっさいの不可抗力 (The Act of God) は免責としている。

Generalized System of Preferences　[一般特恵関税制度]

　南北貿易を促進させるために，発展途上国からの輸入品に対して先進国がもっとも低率の関税を適用させる制度をいう。この適用をうけるためには，輸入申告にさいして，一般特恵原産地証明書を税関に提出しなくてはならない。

General L/C　[ジェネラル信用状]

　Open L/C ともいう。受益者振出しの手形の買取りについて，特定銀行に限定せずに，受益者の選ぶ任意の銀行を買取銀行 (Negotiating Bank) とすることができる信用状をいう。このばあい買取銀行は，発行銀行に対して買い取った手形の引受け，支払いを求めることができる。これに対して，買取銀行指定信用状 (Special L/C ; Restricted L/C) は，受益者振出しの手形の買取りを特定銀行だけに限定しているので，特定された支払銀行以外の銀行は買取人として介入することは許されない。万一，買取銀行として介入しても，その銀行は当然の権利者としては，発行銀行に引受け，支払いを求められない。

　外貨建ての手形を振り出すばあいは，受益者にとって General L/C が好都合である。なぜならば，受益者にとって，もっとも有利な為替相場をあたえてくれる銀行に買取りを依頼できるからである。もっとも現実には，ある銀行と先物為替の予約を行なっていれば，買取銀行もおのずからその銀行に限定されることになる。しかしこのばあいにも，General L/C であればこそ，為替の予約も買取りも，受益者の思うままにできるわけで，Special L/C であれば，手形の買取りはもちろん，先物為替の予約も特定の銀行に限定されることになる。

General Letter of Hypothecation　[外国向荷為替手形約定書]

　輸出手形の買取りに関する基本的な約定書である。銀行所定の用紙に，輸出者の代表者が記名捺印して，荷為替取組みなど貿易取引をはじめて行なう時点で，取引銀行に提出する。

General Liability Insurance　[一般賠償責任保険]

　個人，企業および専門職についての広範囲な賠償責任を塡補するための保険をいう。

General Partnership　[合名会社]

　2人以上の無限責任社員によってつくられる企業形態。社員は連帯して無限責任を負う。

General Preferential Duties　[一般特恵関税]

　特恵関税 (Preferential Duties*) は本来，自由・無差別を原則とするガットの原則に反するが，すべての先進国が発展途上国の産品を輸入するさいにあたえる一般特恵関税は，例外として認められている。すなわち，発展途上国の産品を，先進国がより大量に輸入することによって，発展途上国の経済成長の加速化をはかる目的から，発展途上国に対し無差別・非互恵的に供与される税率で，税率のカット幅は一般の税率の20〜100％である。わが国も1971年以降実施している。

　特恵供与により特恵受益国からの輸入が増加し，国内産業に損害をあたえる恐れのあるときは，特恵供与を停止するEscape Clause*が適用される。特恵関税は特恵受益国を原産地とする物品に対してだけ適用されるので，輸入者が特恵税率を適用させて輸入しようとするばあい

は，原産地の税関もしくは政府機関または商業会議所が発給した一般特恵制度原産地証明書（Generalized System of Preferences Certificate of Origin）を輸入申告のさいに税関に提出する。

General Rate Increase ［運賃の一括引上げ］

国連貿易開発会議（UNCTAD）が1983年に定めた国連定期船同盟行動憲章条約（United Nations Convention on a Code of Conduct for Liner Conferences）によると，運賃の一括引上げのばあいは荷主機関に150日の事前予告を必要とすると定めている。

General Rate of Duty ［基本税率］

関税定率法別表では，すべての輸入品をCCC*が作成したH/S*品目表に従って21部，97類，5019号に分類したうえで，長期間適用する基本的な税率を，基本税率として定めている。

General Remarks ［一般摘要］

本船側の貨物の受渡しは，貨物の中身を問題とせず外装受渡しが建前であるから，一見外装が完全な貨物は無事故摘要（No Remark）で受渡しされるはずである。しかし，貨物の性質により，また包装の種類によっては，長期の運送期間中に損傷のおそれのあるばあいも少なくない。このような危険が考えられるばあいに，船会社が習慣上，船積指図書（S/O）に記入する摘要をいう。たとえば，液体類の缶・樽・瓶物，ガラスや陶器類，一重袋入りの肥料や穀物，動植物，果物，野菜など腐敗しやすい貨物などのばあいに記入される。

General Ship ［一般貨物船］

定期航路を航行する定期船（Liner）のことで，特殊貨物の運送に適する不定期船（Tramper）や専用船（Industrial Carrier）と区別する。

General Tariff ［一般税率］

長期間適用される基本税率（General Rate of Duty*）のことで，関税定率法別表は，すべての輸入品を21部，97類，5019号に分類したうえで，その税率を定めている。

General Terms and Conditions of Business ［一般的取引条件］

貿易取引は，言語，風習，法律などすべてが相違する異国間取引であるため，取引上の誤解や紛争が生じやすいので，取引関係締結時に相手側と取り決めておく取引上の基本条件をいう。すなわち，今後の取引のすべてに共通した土台もしくは話合いの場となるべきものである。通常これらの条件は印刷され，一般的取引条件の覚書（Memorandum）もしくは協約書（Agreement）として相手側へ送付して打合せを行なう。

その内容は，取引形態，売買契約の基礎条件としての品質，数量，価格，受渡し，決済についての基本的な取決め，取引方法ないし手続についての特約，紛争のばあいの解決方法などである。

General Trade Company ［総合商社］

取扱い商品が多品目にわたり，かつそれぞれの取扱い商品間のバランスがとれており，売上高も大きく，また国内取引，輸出入取引，三国間取引と多種多様の取引を行なっている商社をいう。わが国の大手商社がこうした意味の総合商社といえる。こうした世界に類をみない日本の総合商社は，日本株式会社といったきわめて特異な経営風土のもとで育ったものであるといわれる。総合商社はその世界的な情報網を利用して，商品売買はもちろん，商社金融，企業集団のオルガナイザー機能など，多角的な経営を行なっている。

Genetically Manipulated Food ［遺伝子組み換え食品］

Genetically Modified Food とか Bioengineered Food ともよばれる。簡単にGM食品ともよばれる遺伝子組み換え食品（大豆，トウモロコシ，ジャガイモ，ナタネ，トマトやそれらの加工品など）は，生産コストの削減や病害虫に強いこと（生産性の向上）や栄養価を高めることなどを求めて開発が進んでいるバイオ技術の結晶とも考えられるが，人体への安全性をめぐって議論がある。

Geographical Indication System ［地理的表示保護制度；GI制度］

特定農林水産物等の名称の保護に関する法律（地理的表示法／平成26年法律第84号）が2015年6月1日に施行されて，この法律に基づく地理的表示保護制度の運用が開始された。地理的表示は世界貿易機関でも認めている知的財産権の1つである。真正な地理的表示産品と政府が認め登録されると，その産品の地理的表示と併せてGIマークを付けることができる。産品の品質と信頼性を維持するとともに偽物を排除（虚偽の産地表示等について，法律上の厳しい罰則規定がある）することもできる。海外にこのGIマークが浸透すれば，日本の食文化を理解する海外顧客の増加や輸出のうえでメリットがある。

Giving Quotation ［支払勘定建て相場］

1ドルが130円というように，一定量の外貨に対する邦貨額を示す建て方をいう。邦貨建て相場ともいう。これに対して一定量の邦貨に対する外貨額を示すばあいを受取勘定建て相場（Receiving Quotation）もしくは外貨建て相場という。

G-G Trade ［政府間貿易］

Government to Government Trade の略語で，長期的に安定した取引関係を保つために政府間同士で直接契約を締結する取引である。

Global Budget ［グローバル予算］

グローバル予算とは，輸入外貨予算を運用するに際して，通貨や地域による差別を設けず，地球（グローブ）上のあらゆる国々から輸入できるように外貨を割り当てること（Quota），または，そのようなしくみにした予算（Budget）のことをいう。こうした予算制度は，もっとも有利な地域からの買付けを促進できる。

Global Quota ☞ Global Budget

GMQ ［適商品質条件］

Good Merchantable Quality Terms の略語。標準品（Standard）売買の際に商品の標準品質を示す方法の1つで，丸太材や冷凍魚類などの商品に適用されることが多い。すなわち，揚げ地で現物を検査し，市場性のない品質のものであれば，その責任を売主に負わせることができる条件である。

Godown ［倉庫；エプロン渡し］

設備の旧式な土蔵的な倉庫をいう。現在では近代的な Warehouse が多くみかけられる。

エプロン渡しのことをも Godown という。すなわち，荷主が直接積み込む自家積みに対して，トラックで貨物を本船船側に持ち込み，船積代行業者（Shipping Agent）によって積み込む経岸総積みをいう。

Gold and Foreign Currency Reserve ［外貨準備高］

対外支払いに備えて政府および中央銀行が保有する金および外貨資金をいう。その残高は毎月末，財務省から発表される。

Gold Clause ［金約款］

長期の貸借のばあい，貨幣価値の下落による債権者の損害を擁護するために，貸借成立時にその金額の金価値で債務の弁済をすることを約することをいう。公

社債（外債）の元利金支払いに，この取決めがつけられることがある。

Gold Exchange Standard ［金為替本位制］

金準備が十分でない国で採用される制度で，国内通貨の兌換が金為替によって行なわれる。このばあいの金為替とは，金貨本位制国や金地金本位制国の通貨で支払われる為替手形，それらの国の中央・市中銀行の預金，短期政府証券をいう。この制度のもとでは，通貨と金との結びつきが，相手国の通貨と金との結びつきによって間接的に維持されることになるので，相手国への従属を強いられる危険がある。

Gold Point ［金現送点］

金本位制度のもとにおいては，各国間の為替相場は，法定平価を中心として上下ある一定の範囲内でしか変動することはない。この上下の限界点を金現送点，金輸送点または正貨現送点などとよぶ。いま，為替相場が下がり，法定平価からの下落幅が金の輸送費用(運賃，保険料，手数料，輸送中の利子など) よりも大きくなれば為替によって決済するよりも，金を現送したほうが有利となり，金の流出が促され，相場は法定平価から金輸送費用を差し引いたところまで上昇する。この限界点を金輸出点という。他方，相場が上昇し，法定平価からの上昇幅よりも金輸送費のほうが小さいときは，金の流入が生じ，相場は法定平価に金輸送費を加えたところまで下落する。この限界点を金輸入点という。これらの金の輸出入点を総称して，金現送点とよぶ。

Gold Standard ［金本位制度］

銀行券の価値を，金の一定量と法律的に結びつけ，中央銀行が銀行券と金との交換に，無制限に応じる制度である。これには 3 種類ある。

① 金貨本位制度 (Gold Coin Standard)

この制度の特色は，一定の金量をもつ金貨の流通と，その自由な鋳造，その他の通貨（銀行券，補助鋳貨，紙幣など）と固定的比率での自由な交換，金の自由な輸出入を認めている点である。この制度のもとにおいては，各国金貨の金含有量に従って，各国通貨間の安定した交換比率が定まり，為替相場はそれを中心に狭い金現送点のあいだで変動することになるので，貿易の発展と資本の自由な国際間の移動にとって，都合のよい条件をあたえる。しかし，金貨の流通を確保するためには，商品流通量の増大にみあう貨幣用金の獲得が必要となる。これが，やがて金流通が資本制生産の発展に対するブレーキとして作用する必然性を生じることになる。

② 金地金本位制度 (Gold Bullion Standard)

第 1 次大戦後，イギリスをはじめ，いくつかの国でとられたこの制度は，個人の自由鋳造が認められないこと，国内通貨の兌換が金地金によって行なわれ，そのさい兌換請求の最低額が引き上げられたなどの点に特色があった。この制度によって，金は国内の流通から締めだされて，政府，中央銀行などに集中され，国内流通は銀行券，紙幣，補助貨幣によって行なわれることになる。したがって，金はもっぱら国際的にだけ流通支払手段として機能し，国内では単に価値尺度として機能するにすぎなくなった。

③ 金為替本位制度 (Gold Exchange Standard)

第 1 次大戦後，十分な金準備をもたない諸国によって採用された制度であり，その特色は，国内通貨の兌換が金為替によって行なわれるところにある。このばあいの金為替とは，金貨本位制国や金地金本位制国の通貨で支払われる為替手形

（ほかに，それらの国の中央銀行，市中銀行の預金，短期政府証券など）をさす。この制度のもとにおいては，金の節約が可能であるが，一面，通貨と金との結びつきが，相手国の通貨と金との結びつきによって間接的に維持されることになるので，特定の金貨本位制国または金地金本位制国への従属を強いられることになる。

第1次大戦後にとられたこれらの諸制度も，1929年に始まる世界恐慌によって短命に終わり，その後の不況と第2次大戦による混乱と変遷を経て，今日の国際通貨基金（IMF*）を中心とする管理通貨制度にたどりついた。

Good

商業興信所の信用評価の格付けとして用いるばあいは，つぎのような意味となる。

High	優
Good	良
Fair	可
Limited	不可

Good は良好なの意。

Good Merchantable Quality

☞ GMQ

Goods and Merchandises ［貨物］

貨物海上保険証券において，保険の目的（Subject-Matter insured*）となる貨物（Cargo）について，証券の本文約款（Body Clause*）では Goods and Merchandises と表現し，Merchandise が中世英語の複数形で表わされている。このばあいの貨物には商品（Merchandise）としての貨物，各種の動産（Movables）のほかに，貴金属（Precious Metals），宝石（Jewels），個人の家財・引越荷物（Personal Effects），有価証券類（Valuable Securities），家畜（Livestocks）などが含まれる。ただし，船員・船客の身回品とか船内で消費する食料品は商品として取り扱われないので，含まれない（葛城照三『英文積荷保険証券論』38頁）。

Goodwill ［暖簾］

一定の場所で，一定の商号を用いて営業をなしうる権利をいう。かぶ（店舗株），けんり（権利金）ともよばれ，長期にえた社会的な信用や得意先関係などの無形財産である。その特権を利用すれば，同種企業の正常の利益率よりも，大きな収益をえることができるので，一定価額に評価されて売買の対象ともなる。しかし，この権利が超過利潤をもたらすのでなければ，資産としての価値はないわけであるから，暖簾は超過利潤能力ともいえる。

Governing Clause ［準拠法約款］

海上保険証券の本文にある約款で，わが国の標準英文ポリシーでは，いっさいのクレームに対する保険者の責任の有無およびクレームの精算については，イングランドの法律および慣習（English Law and Usage）によるが，それ以外の事項については日本の法律および慣習によるとしている。

Governing Law ［準拠法］

契約の成立，効力および解釈，その他それから生じる問題のよりどころになる法律をいう。貿易取引は，それぞれ法域を異にする国に属する者のあいだの取引であるから，国際的に統一された売買法が存在しない今日，たとえば準拠法は日本の法律によるというように，売買当事者間の合意によりあらかじめ決めておくことが望ましい。そうした取決めがないばあいの訴訟の準拠法は，契約債権の訴訟が提起された法廷地の国際私法の規定に従って準拠法が決められる。そうした国際私法は締結地法主義をとっているばあいと，履行地法主義をとっているばあいとがあるが，多くの国は当事者が指定する自由を認める主義をとっている。そこで，当事者間でどの国の法律によるか

を決めることが必要となるわけで，これを取り決めておかないと法の抵触（Conflict of Laws）の問題が生じる。

Government Procurement ［政府調達］

政府機関が必要とする物資や機材を，民間業者から購入することをいう。各国とも国内産業の保護と機密保持などの理由から，その買付けは，国内産業に有利な形で運営されている。こうした外国製品締出しは，非関税障壁であるとして，東京ラウンド（Tokyo Round*）では政府調達についての国際規約をつくった。

Government to Government Trade ☞ G-G Trade

Government Trade ［政府貿易］

政府機関が契約の当事者となる取引で，実際の実務は民間業者が代行する。これに対して旧ソ連，中国などの国営貿易を State Trading という。

Grade ［等級］

商品や証券の大きさや品質，価値に従って分類した等級もしくは順位をいう。また同じような大きさや品質，価値の商品または証券のグループをもいう。

Grading ［格付け］

標準化とともに，商品売買を能率的に行なううえで欠かせない，品質の等級付けをいう。農産物とか畜産物，鉱産物の売買に，このような格付けが行なわれる。重要な物産については，生産地の公的機関による品質の等級付けがなされる。それらのうち，もっとも生産量や取引量の多い物をその商品の標準物と定めて，その建値を同種商品の市価と決め，この標準物を中心に等級別の格付表が作成される。個々の等級品は，標準物の価格を基準として価格がつけられる。

Grain Elevator ［グレーン・エレベーター］

大豆などの散荷（Bulk Cargo）を貯蔵する穀物倉庫またはサイロをいう。

Grain Tonnage ［散荷容積トン数］

船舶の容積は，1 m³または1 ft³を1トンとして載貨容積トン数（Capacity Tonnage）で計算される。このばあい，包装のない散荷の容積トン数と包装容積トン数（Bale Capacity）とがある。

Grant ［あたえる］

請願その他の要求によって権利や物品をあたえること。

Grant Element

経済援助の柱である政府借款の貸付け条件（金利や返済期間）の緩やかさを示す指標である。百分比で示し，返済の必要のない贈与は100％，金利年10％の借款は0％と決められている。GE と略称する。

OECD（経済協力開発機構）は GE25％以下で供与することを禁止している。これは低い GE の借款は，紐つき援助もしくはプラント輸出のための輸出援助金として利用される恐れがあるからである。

Gray Buyer ［グレイ・バイヤー］

経済産業省の「海外商社登録名簿」に登録ずみの商社のなかで，格付記号が M（保険責任残高が当該海外商社の正味資産または資本金にくらべ過大である者，その他一定の限度を設けて承認する必要があると認める者），および F（新規に登録される海外商社であって，正味資産が一定の基準に達しない者，その他一定の限度を設けて承認する必要があると認める者）に該当する商社の俗称である。

Great Gross ［グレート・グロス］

12個×12×12＝1,728個のこと。

☞ Dozen

Green Book ☞ Red Book

Gross ［グロス］

12ダースをいう。Great Gross は12個×12×12＝1,728個；Small Gross は12

個×10＝120個をいう。

Gross Charter ［総用船］

運航経費(Operating Costs)，港費(Port Charge)，積揚費用，貨物検数費(Tally Charges)などすべての費用を船主負担とするものを Gross Charter または Gross Terms という。積込み費 (Cost of Loading)，積付け費 (Cost of Stowing)，および陸揚げ費 (Cost of Discharging) を用船者が負担する FIO and free stowed と対比される。

Gross Damaged Value ☞ Sound Market Value

Gross for Net

for は instead of (～に代わって) の意味で，「正味重量ではなく総重量」であるという意味。

Gross Sound Market Value ☞ Sound Market Value

Gross Terms ☞ Gross Charter

Gross Ton ☞ Long Ton

Gross Tonnage ［トン数］

船舶のばあいの総トン数は，船舶の総容積を表わすトン数のことで，1総トンは100立方フィートである。したがって，2万トンの船は200万立方フィートの容積ということになる。この総トンから，船員室や機関室など貨物の積込みに関係のない部分のトン数を差し引いたものを，純トン数 (Net Tonnage) という。

Gross Weight ［総重量］

契約品を容器に入れたまま計量した重量である。すなわち，正味重量 (Net Weight) に風袋 (Tare) を加えた重量である。取引においては正味重量をもって，引渡し数量を決定する純重量条件が一般的であるが，松脂や穀粉のように，樽詰めや袋詰めのまま総重量を基準として価格がたてられる総重量条件のばあいもある。

純重量条件はさらに，純重量船積数量条件 (Net Shipped Weight Terms) と純重量陸揚数量条件 (Net Landed Weight Terms) とに分類できるし，総重量条件も，総重量船積数量条件 (Gross Shipped Weight Terms) と総重量陸揚数量条件 (Gross Landed Weight Terms) とに分かれる。

Gross Weight Terms ☞ Gross Weight

Ground Coverage ［地上担保］

地上にあるあいだの飛行機についての保険をいう。

Grounding ☞ Stranding

Grounding Clause ［接地約款］

潮の干満によって船底が水底に接触し船舶が動けなくなることで，海上保険証券では座礁とみなすと規定している。

GSP ☞ Generalized System of Preferences

Guarantee ［保証］

Guaranty と同じ。

債務者が債務の履行を怠ったときは，その者に代わって履行することを約する契約。物品の品質についての担保・保証 (Warranty) の意味でも用いられる。

Guaranteed Freight ［収得運賃］

船荷証券では Freight Clause＊(運賃収得約款) にもとづき，いったん運送人が受け取った運賃は，貨物が航海上滅失しても返還しないし，未払い運賃は請求できる旨規定しているが，こうした約款にもとづく運賃をいう。

Guaranteed Stock ［保証株式］

株式発行会社以外の会社，たとえば親会社が配当の支払いを保証している株式。

Preferred Stock＊(優先株) と同義で用いられることもある。

Guarantee Money ☞ Deposit of Guarantee Money

H

H
海上保険条件のなかの付加危険の1つである Hook＊（手鉤損）の略語。

Hague Rules ［ヘーグ規則］
1921年ブリュッセル国際会議で制定されたもので，海上運送人の義務と責任，船荷証券記載の条件と解釈の統一などが規定されている。これに条約としての法的拘束力を付与したものが1924年の船荷証券統一条約（International Convention for the Unification of Certain Rules of Law relating to Bills of Lading）である。英国は同年，ただちにこれをとり入れて「1924年海上物品運送法」を制定した。米国でも「1936年海上物品運送法」の制定をみた。わが国は1957（昭和32）年に同条約を批准するとともに「国際海上物品運送法」を制定した。その後，1960年以降の輸送革命として登場したコンテナリゼーションにともなって，1968年にヘーグ規則の改正条約であるウィスビー議定書（Visby Protocol）が成立，1978年にはハンブルク・ルール（Hamburg Rules）が成立した。ハンブルク・ルールはヘーグ・ルールが航海過失免責，商業過失免責を基本としているのに対して，航海過失をも運送人責任としている点に相違がある。

Hague Visby Rules ［ヘーグ・ウィスビー・ルール］
Protocol to amend the International Convention for the Unification of Certain Rules of Law relating to Bills of Lading（船荷証券に関するある規則の統一のための国際条約の一部改正議定書）の通称である。B/L 約款のヘーグ・ルールは，約半世紀にわたって国際間の海上運送を支配してきたが，その後の輸送技術の発達や通貨価値の変動に合わせるために，万国海法会が1968年2月に採択したものである。

Halal Food ［ハラル食品］
ハラルとはアラビア語で「許されている；合法」を意味する。イスラム教徒はインドネシアの2億人をはじめ，地球上に現在約16億人が住む。そして，人口は増加傾向にある。イスラム教徒は，イスラム教の戒律に従い豚肉を食べることはできない。アルコール飲料も口にしてはいけない。豚以外の動物を食べるときにも戒律に従って屠殺された肉でなくてはならない。このような厳しい戒律を守って生産された食品であることの認証なくしては輸出もできない。イスラム教徒の留学，旅行など人の移動もますます活発になってくる。機内食にしても乗客がイスラム教徒の場合には，ハラル食品であることが認証された食事であれば安心して提供ができる。食材や食品がハラルであるための専用食品生産工場で生産し，ハラル認証を得て出荷していくことが，イスラム世界でのビジネスに不可欠となってきている。

Half Night Work ［半夜荷役］
昼荷役（Day Work）は午前8時30分から午後4時30分までをいい，以後翌朝までを夜荷役（Night Work）という。このうち午後4時30分から午後9時30分まで

が半夜荷役で、それ以後翌朝4時までが深夜荷役(All Night Work)となる。夜間荷役はそれぞれの時間帯によって異なる割増金が徴収される。

Hamburg Rules ☞ Hague Rules

H & C

Hook(手鉤損), Mud(汚損), Oil(油), Grease (脂), Acid (酸), Contact with Other Cargo (他貨物との接触)の略称。特約によって填補される。HOOCともいう。

Handle with Care ［取扱い注意］

荷印 (Shipping Marks) の一部として刷り込む注意マーク(Care Mark；Caution Mark；Side Mack) の1つ。荷卸し国の識字率をも考慮して文字以外の表示方法も検討する価値がある。

Handling Instructions ［貨物取扱い指示］

航空貨物の運送で、代金引換え渡しのようなばあいに荷送人が運送人にあたえる指示をいう。Handling Informationともいう。

Handy Size ［ハンディ・サイズ］

港による制約に拘束されることが少なく、手ごろな荷役が可能な散荷用の運送船をいう。

Harbour ［港］

Harbourはもともと避難港を意味し、地理的, 技術的に停泊できる港をいう。これに対してPortは, 軍港や商港にみられるように国家的または商業的機能をもつHarbourで, 税関, 倉庫などの商業機関, 船舶機関をもつ開港市である。ちなみに港はサンズイに巷(ちまた)と書く。したがって, Yokohama is a port (seaport) and Yokohama has a harbour. ということになる。

Hard Currency ［硬貨］

他の外貨と自由に交換のできる交換可能な通貨をいう。これに対して為替統制をうけ、他の外貨との交換が制限されている通貨を軟貨(Soft Currency)という。

Hard Loan ［ハード・ローン］

他の外貨と交換できる硬貨(Hard Currency)での返済しか認めない借款の方式で, 国際復興開発銀行 (International Bank for Reconstruction and Development, 通称, 世界銀行)やワシントンの輸出入銀行の貸付けは、この方式が多い。

Hardship Clause ［ハードシップ・クローズ］

不可抗力な事態が発生したばあいに、売買両当事者がたがいに誠意をもって契約内容の変更について協議することを定めた約款。

Harter Act ［ハーター法］

1893年に米国の連邦議会を通過した法律で、積荷と船との法律関係を確定し、船および船舶所有者の責任を制限する特約を禁止することを目的としている。たとえば、双方過失衝突のばあい、荷主は衝突の相手船に対して賠償請求の権利を制限するものでないとしている。

Hatch ［船艙］

Ship's Hold；Hatch Hold のことで荷積場所となる船腹をいう。荷物を出入りさせるための艙口 (Hatchway)は、甲板へ向かってあけられている。戦時中の貨物船には1つ船艙のおとし込みだけのものもあったが、今日では船艙が7つ、8つもある大型船もある。また、一般船艙のほかに貴重品倉庫や郵便物倉庫をそなえたものもある。

Hatch Foreman ［組長］

埠頭または沖合で、荷役を行なう仲仕の組長で、荷役人を監督し荷役作業の指揮をとる。

Hatch List (H/L) ［船艙別貨物明細書］

貨物の種類が多いばあいに、揚荷のさいの荷役の手配や検数上の便利さを考え

て、積荷貨物を各船艙別にした一覧表である。ふつう、船積指図書(S/O)と対照させて、各船艙別にアルファベット順に品名を記入し、それぞれに荷印、荷姿、数量、揚地、荷受人名などを記入する。

Hatch Officer ［ハッチ・オフィサー］

荷役中に各艙口を担当し、荷役作業を監督する二、三等航海士をいう。

Hatch Survey ［艙口検査］

海事検査人（Marine Surveyor; Surveyor）が行なう船艙の検査で、船舶が目的港に到着しハッチを開いた直後の艙口の検査、海水・雨水の浸入の有無、貨物積付けの適否、貨物の損害の有無とその原因、航海日誌の点検や事情の聴取などを行なう。

Hatch Survey Report ［艙口検査報告書］

海事検査人（Marine Surveyor; Surveyor）が艙口の防水処理の検査、積付け方法の適否、艙内への海水浸入経路、汗濡れ発生の状況などを、実地調査してまとめた報告書をいう。通常、積荷の損害について、船会社側の免責を主張するために用いられる。

Haven ［避難地］

船舶の停泊場（Harbour*）。Tax Haven*（税金避難地）。

HAWB ☞ House Air Waybill

Hazard ［危険事情］

危険（Peril）を起こさせる可能性に影響をあたえる特定の事情で、たとえば火災、盗難、爆発は危険事故であるが、木造家屋、交通混雑、ボイラーなどは危険事情である。

H/B ［ハイヤー・ベース］

Hire Base の略語。

船のコストをとらえる方式で、自社船のばあいは、本船を運行可能な状態に維持するのに必要な経費、船費、償却費、金利を、また用船については、用船費を、それぞれ1カ月（30日）/1重量トンあたりに割り出したもので、C/B*と比較して採算を検討する。

Headroom ［空高］

倉庫の天井と床のあいだの垂直空間（Headway）、または船舶の2つのデッキのあいだの空間の高さをいう。

Health Certificate ［検疫証明書］

検疫機関が発行する証明書で、開港に来航した船舶、または航空機について伝染病予防のために行なう。

Heating ［発熱］

海上保険条件の付加危険の1つで Sweating（汗濡れ）とともに、玉ねぎ、小麦などの農産物、原皮、骨粉などの畜産物、魚粉などの水産物に付保しなくてはならない特殊危険である。発熱は原皮のばあい細菌によって、穀物などのばあいは微生物、魚粕（Fish Meal）では発酵や酸化作用によって生じる。

Heavy Cargo ［超重量貨物］

1個の重量が2トンをこえる貨物のことで、Deadweight Cargo; Heavy Lift ともいう。特殊の取扱いが必要となるので、割増運賃（Additional Freight; Heavy Lift Charge）や特別費用が要求されるばあいがある。

Heavy Lift Charge ［重量物割増］

定期船運賃において、1個あたりの重量が一定基準をこえたばあいに徴収される割増金をいう。重量物はクレーンの手配とか荷役時間の延長など、手間がかかるためである。Heavy Lift Additional; Heavy Lift Surcharge ともいう。

Heavy Weather ［荒天損害］

風波状態が異常な荒天による危険（Unusual Stress of Weather）に起因する損害をいう。沈没（Sinking）、座礁（Stranding）、火災（Burning）、衝突（Collision）など、いわゆる SSBC といわれる主

Heckscher-Ohlin Theory ［ヘクシャー=オリーンの定理］

生産技術および生産規模に国際的な差がなく，消費者の嗜好にも国際的な差がないとすると，国際貿易の原因である各国の比較優位性は，生産要素比率の差によって説明されなければならなくなる。ヘクシャーとその弟子のオリーンの定理は，これを，各国は豊富に所有する生産要素を集約的に使用する財を輸出し，希少な要素を集約的に使用する財を輸入すると定義している。すなわち，たとえば，労働が豊富で資本の乏しい国は労働集約的な財を輸出し，資本集約的な財を輸入するということになる。

Hedging ［つなぎ売買］

現物における価格変動の危険を，先物の価格変動によって，相殺する取引をいう。たとえば，現物市場である財貨を買った者が，その価格変動の危険からまぬかれるために，先物市場に売りつなぐばあいが考えられる。すなわち，現物市場においてある財貨のある数量を買うや否や，ただちに先物市場において同一数量を売っておく。このような反対売買を同時的に行なっておくと，現物と先物の両市場の価格はつねに並行して変動するのが原則であるから，価格騰落による損益は，両市場においてつねに相殺されることになり，価格変動の危険をまぬかれることができる。

こうしたHedgingは，為替危険（Exchange Risk）を回避するためにも用いられる。Hedging；Hedge は掛けつなぎとも，保険つなぎともいう。

Held Covered ［継続担保］

危険の変動（Change of Risk）が生じたばあいに，保険者が追加保険料の支払いを条件として引き続いて危険を継続担保すること。これを定めた約款が Held Covered Clause（担保継続約款）である。

Herfindahl-Hirschman Index ［ハーフィンダール=ヒルシュマン指標］

米国においては企業の合併は，クレイトン法第7条に触れて独禁法上問題となるが，競争関係にある企業同士の水平的合併のばあいの基準としてハーフィンダール=ヒルシュマン指標が用いられる。この指標は，問題のマーケットに属する企業のそれぞれのマーケット・シェアを2乗した数字を合計した数値である。この値が1,000未満のばあいは司法省はこの合併に異議を申し立てない。この値が1,000から1,800までの市場では，合併によってその値が100ポイント以上増加すると，独禁法違反として争う可能性が強くなる。この値が1,800をこえるばあい，合併によって50ポイントから100ポイント増加すると，事情によって独禁法違反として訴えられ，100ポイント以上増加すると，ほぼ確実に独禁法違反として争うことになる。

HERMES ［ヘルメス保険会社］

ドイツの Hermes Kreditversicherungs A. G. の略語で，輸出保険をも業務としている。

Hidden Defects ［隠れた欠陥（瑕疵）］

商品売買における約定品に，通常の注意では容易に発見できない性質上・性能上の欠陥が認められるばあいをいう。

貿易取引上では，このような瑕疵については，売主がそれによる損失の責任を負うのが原則である。これについて英法では，代金減額または損害賠償請求を認めているし，米法ではさらに契約解除をも認めている。

海上運送にあっては，Hague Rule（1921年）により，船主は，船舶内部の隠

れた欠陥について，責任がないと定めている。

High
信用調査報告書では，数字を表現する用語としてつぎのように用いる。

Low	1～2
Moderate	3～4
Medium	5～6
Good	7～8
High	7～9

したがって，High Five Figures は 70,000～90,000 の意味となる。Figure (Proportion) は桁数を示す。

商業興信所の信用評価の格付けとして用いるときは，つぎのような意味となる。

High	優
Good	良
Fair	可
Limited	不可

High Credit
年間最高与信額をいう。

Himalaya Clause ［ヒマラヤ・クローズ］
船荷証券に記載されている使用人免責約款である。船荷証券中の運送人には，下請運送人など履行補助者や独占契約者も含まれ，運送人と同一の免責が規定されている。したがって，下請運送人による貨物の損傷に対して，荷主は直接その下請運送人に請求できない。ヒマラヤ・クローズの名称は，Adler vs. Dickson 事件における Himalaya 号という船名に由来する。

Hire ［用船料］
Charterage ともいう。用船契約のばあいの報酬は，定航海用船（Voyage Charter ; Trip Charter）にあっては，数量を基準とした運賃（Freight）の形式をとる。これに対して，期間用船（Time Charter），あるいは船舶の賃貸借（Demise of Ship）のばあいには，契約期間に対して課せられる用船料の形で徴収される。

Hire Base ☞ H/B

Hoghead ［大樽］
主として葉タバコなどに用いる容器で，標準量目は500ポンドないし1,000ポンドである。

Hold ☞ Hatch

Hold Bill ［ホルド・ビル］
遠隔の仕向地向け輸出のばあい，輸入者は一覧払い手形（Sight Bill）の支払いをすませても，貨物の到着はずっと遅れるために，金融的に不利である。そこで中南米では，D/P at sight であっても，貨物の到着までその支払いを見合わせる慣習があるが，これをいう。

Hold Cleaning ［艙内清掃］
貨物の陸揚げ後，あるいは積込み前に船艙内を清掃することをいう。

Hold Man ［ダンビロ番］
船艙内で貨物の積付けや，陸揚げの作業を行なう荷役人夫をいう。

Home Booking ［ホーム・ブッキング］
FOB 条件のばあい，本船の手配は，輸入地の買主が行なうのが原則であるから，買主が輸入地所在の船会社に，輸出港で売主が契約品を積み込むのに必要な船腹を予約することになるが，これをいう。しかし現実には，輸入地においては，輸出港の船舶の動向を正確に把握することが困難なので，売主が買主に代わって輸出地で手配するばあいが多い。

Hono(u)r ［(手形の) 引受け・支払い］
一般的には，満期日に責務を果たすことをいう。とくに，小切手，約束手形，為替手形を，規定された条件にもとづいて引受け，支払いすることをいう。

Your draft will be duly honored on presentation. (手形の呈示ありしだい，正しく支払われよう。)

Hono(u)r Policy ［名誉保険証券］

法律的には無効であるが，当事者の名誉，信頼をたよりに発行される保険証券をいう。たとえば，包括予定保険のばあいに用いる Open Cover は印紙税および保険料前払いも必要としないので，法的効果のない名誉契約である。また増額保険 (Increased Value Insurance) も，市価がどれだけ上昇したか，下落したかについての証明書類の提出なしに，保険証券そのものが証明書（Policy Proof Interest；PPI）として扱われる名誉保険証券である。

HOOC ☞ H & C

Hook ［手鉤損］

海上保険条件のなかの Hook Holes の損害をいう。主として Bale (俵) 包装の繊維製品などについて，取扱い不注意のために生じる。特約によってだけ塡補される追加危険である。

Hope ［望む］

実現できると思われることを期待して望む意味。want, wish はえ難いものを望む意味。desire は熱心に望む意味。

We hope we may soon be able to work with you to our mutual advantage. (貴我双方の利益のために，ほどなく取引できると期待している。)

Horizontal International Specialization ［水平分業］

先進諸国間で同一技術水準の工業製品の生産を，相互補完的に分業することをいう。水平分業は国際的な二重投資や過度の競合を排除するのに有効であるが，現実には，それぞれの産業の国際競争力に差があり，国益も相違するので実行はむずかしい。

Hostilities ［敵対行為］

国際法上，戦争とみなされる事態が発生したばあいの，戦闘行為またはそれに類似するいっさいの結果をいう。たとえば，戦争のばあいの軍艦の危険は，国籍を問わず，僚艦と敵艦とを問わず，敵対行為 (Hostilities；Act of Hostility；Operation of Hostility) または軍事的行動 (Warlike Operation) とみなされる。

Hot Money ［ホット・マネー］

金利の利ざやを求めたり，あるいは，通貨不安に対処するため資本逃避の目的で，国際金融市場を動きまわる短期資金をいう。

House ［商社］

Firm, Concern, Organization と同じく商社，会社の意味で用いる。Company（会社）は，Tanaka & Co. のように固有名詞の一部としてか Insurance Company のように会社の種類を示すばあいに主として用い，あの会社というばあいには，that house；that firm が一般的。

We shall be much obliged if you will introduce us to some reliable houses in your city. (貴地の信頼できる会社に紹介して下さればうれしい。)

House Air Bill ☞ House Air Waybill

House Air Waybill ［ハウス・エア・ウエイビル；混載航空貨物運送状］

貨物混載業者 (Consolidator) が発行する航空貨物運送状をいう。航空会社が発行する Air Waybill と区別して，従来，貨物混載業者が発行したものを Air Bill と称した。しかし，ほとんどの信用状では Air Waybill を要求しているため，Air Bill では信用状条件と不一致となり，銀行でトラブルが生じるところから，Air Bill という名称に代えて House Air Waybill，または House AWB, Consoli. (Consolidator) AWB とよぶようになった。航空会社が発行する AWB (Master AWB) と混載業者の発行する AWB (House AWB) を区別する方法は，Master

AWB には Master AWB 番号が1つしかないが、House AWB には Master AWB 番号と House AWB 番号の2つが記入されていることで判断できる。

House Bill ［ハウス・ビル］

輸出者が、自社の本支店あてに振り出す為替手形をいう。このばあい、積荷の船積書類は、銀行の承認をえて、輸入地の本支店へ直送する(Documentary Clean Bill)ことが多い。船積書類の有無にかかわらず、手形の振出人と支払人とが同一会社の本支店のばあいを House Bill という。☞ Clean Bill

H/S

1983年に関税協会理事会総会で採択された Harmonized System（商品の名称および分類についての統一システム）に関する条約にもとづく、貿易商品の分類。

わが国では1988年から H/S 品目表を採用している。H/S 品目表では、商品を21部、97類、5019号に分類し、6桁で表示している。Commodity Classification for International Trade 参照。

HSC

海上保険条件の付加危険の1つである Heating and Spontaneous Combustion*（発熱および自然発火）の略語。

Hull Form ☞ Lloyd's SG Policy

Hull Insurance ［船舶保険］

船舶または航空機を対象とした海上(または航空)保険をいう。保険期間は1カ年がふつうである。損害の填補の範囲は、全損、共同海損、衝突損害賠償金、救助費、および船舶の沈没・座礁・火災・衝突に起因する修理費などである。

Hull Policy ［船舶保険証券］

船舶保険(Hull Insurance)を締結したばあい、発行される保険証券をいう。

Humidity of the Atmosphere ［大気中の湿度］

大気中の湿度によって積荷に損傷が生じたばあい、偶然の原因に起因したわけではないので、All Risks Clause (ICC〔A〕)のもとでも、担保されない。しかし現実には、船艙内の空気の湿度の異常な上昇などは、偶然の原因とみなされるばあいも多いので、保険者の責任の有無はケースごとに異なる。

Hundredweight ［ハンドレッド・ウエイト］

4 Quarter の重量で、英国系では112ポンド(lbs.)、米国系では100ポンドの重量をいう。cwt と省略する。

Hunger Export ［飢餓輸出］

輸入の財源を確保するために、自国内における需要を抑制または禁止して、外国へ輸出を強行することをいう。外貨獲得上、国内消費を抑制する政策である。

Husbanding ［ハズバンディング］

本船の現業部門のうち本船係の作業(Operation)の俗称。荷役打合せ、タクシーの手配、海難報告書(Sea Protest)の作成、給油・給水など本船のお守り役として、いっさいの雑務を扱うところから、こうした名称がうまれた。

I

IA ☞ Independent Action
I/A ☞ Insurance Application
IATA ［イアタ］
International Air Transport Association（国際航空運送協会）の略語。

国際民間航空機関（ICAO）加盟各国の航空会社が，1945年に設立したもので，民間航空会社の協力機関として活動している。本部はモントリオールとジュネーブにある。IATA加盟の航空会社は，IATA制定の様式を採用することが義務づけられている。非加盟航空会社も，IATAメンバーとの航空貨物接続などのばあいに，同一様式でないと業務に支障が起こるので，全世界のほとんどの航空会社が，IATA様式に従っている。

IBP

Import Permit of the Goods Delivered before Permit（輸入許可前引取貨物の輸入）の略語。

輸入（納税）申告書の「申告種別符号」の1つで，輸入許可前引取りの承認をうけて引き取られた貨物について輸入許可するばあいをいう。本許可ともいう。

IBRD ［国際復興開発銀行；世界銀行］

International Bank for Reconstruction and Development（国際復興開発銀行）は世界銀行（通称世銀）と略称する。1944年のブレトンウッズ協定にもとづき，各国の戦災復興と開発促進を目的として46年6月に発足した。現在では主として発展途上国の工業化のために，商業ベースで長期のハード・ローン（条件の厳しい融資）を行なっている。世銀よりも条件のゆるい融資を行なう第二世銀（IDA），発展途上国の私企業を融資対象とする国際金融公社（IFC）と併せて世銀グループとよばれる。本部はワシントンにある。

IC

Import for Consumption（直輸入）の略語で，輸入（納税）申告書の「申告種別符号」の1つ。

本船，艀，保税上屋，指定保税地域または他所蔵置場所から直接輸入するばあいをいう。保税倉庫または保税工場におかれていた貨物もしくは保税作業による製品をいったん保税上屋，指定保税地域に搬入後輸入するばあいは含まれない。

Import Certificate（輸入許可書）の略語として用いられることもある。これは戦略物資の輸出許可申請時に添付する仕向国政府発給の輸入許可証明書である。

ICA ［国際コーヒー（ココア）協定］

International Coffee Agreement（国際コーヒー協定），またはInternational Cocoa Agreement（国際ココア協定）の略語。いずれも世界のコーヒーもしくはココアの需給関係を安定させるための国際商品協定で，標準価格を設定し，輸出割当を行ない，原産地証明書，輸出証認制度などを運用している。

ICC ［国際商業会議所；協会貨物約款］

International Chamber of Commerce*（国際商業会議所）の略語。また海上保険のうえではInstitute Cargo Clauses*（協

会貨物約款）の略語。

協会貨物約款については，途上国の批判に答えて従来の海上保険証券に代えて，ロンドン海上保険業者協会とLloyd's Underwriters' Association が中心となって，1982年1月1日から新しいフォームとして実施することにしたものである。新しい協会貨物約款は Institute Cargo Clauses (A), Institute Cargo Clauses (B), Institute Cargo Clauses (C) と Institute War Clauses, Institute Strikes Clauses の5約款からなっている。このうち ICC (A) は従来の All Risks, ICC (B) は従来の WPA (WA)，ICC (C) は従来の FPA に対応する。

ICC Model International Sale Contract ［ICC 標準売買契約書式］

国際商業会議所は，1997年12月に標準的な売買契約書の書式を公開し，便宜を提供している（ICC 出版物番号556番）。売買契約内容を確認するための契約条項も整理され明確化されているといえるし，どちらかといえば売り手・買い手それぞれの立場で自己に有利な条文規定になりがちな裏面約款についても公平中立的な見地で条文化されているといえる。それに準拠して売買契約書を作成することを考慮するのも望ましい。

Ice Clause ［氷約款］

結氷の恐れのあるばあいの入港拒否，荷役の切上げなどについては船長に権利があり，それによる損失は用船者の負担であることを定めた用船契約の約款。

ICSID ［投資紛争解決国際センター］

International Centre for Settlement of Investment Disputes の略語。

世界銀行の下部機関で，「国家と他の国家の国民とのあいだの投資紛争の解決に関する条約」にもとづいて設置された。国家機関を相手として行なった投資について，国有化などの紛争があったばあいに利用される。

ICT ［海路運送］

Inland Coast Transportation（海路運送）の略語。☞ Bonded Transportation

IC Tag ［IC タグ］

識別に使う小型無線 IC チップのこと。広範な用途が考えられるが，国際間の貨物運送管理（物流）を取り上げてみると，たとえば，外国の生産拠点(工場)から出荷された製品入りコンテナに IC タグを取り付け，外国での陸送，輸出通関，コンテナ船による海上輸送，輸入通関，国内陸送，納入とコンテナが移動していく過程を検索可能にする。物流の電子化が進む中で IC タグによる物流管理の重要性は高まっている。

I/D ☞ Import Declaration

IEA ［国際エネルギー機関］

International Energy Agency（国際エネルギー機関）の略語。OECD（経済協力開発機構）の下部組織で，石油の消費規制や新しいエネルギーの開発などを目的としている。

IGA ［国際穀物協定］

International Grain Agreement の略語。小麦価格の公正と食糧援助についての協定である。

I/L ☞ Import License

Illegal Shipment ［法規上違反の船積み］

輸出国の法規上違反があれば，そもそも船積みできないが，Illegal Shipment は，輸出国では法規上の違反がなく船積みできたにもかかわらず，輸入国で法規上違反が発見されたばあいである。当然，輸入通関ができず，貿易クレームの原因となる。

IM

Import for Manufacturing（移入れ）の

略語。
　輸入（納税）申告書の「申告種別符号」の1つで，保税工場に外国貨物を入れることをいう。

Imaginary Profit ☞ Expected Profit

IMF ［国際通貨基金］
　International Monetary Fund の略語。ブレトンウッズ協定（Bretton Woods Agreement*）にもとづいて設立され，1947年から業務を開始した。戦前の為替切下げ競争を繰り返さないために，為替秩序の維持，多角的支払制度の樹立，為替制限の廃止，短期的為替基金の供与により国際収支の是正をはかることなどを目的としている。本部はワシントンにある。

Immediate Shipment ［直積み］
　船積み期日を，特定の日や期間で示すことなしに Immediate Shipment とか，Shipment：as soon as possible というように表現するばあいがあるが，これは，各国の慣習的解釈が不統一のため誤解が生じる危険がある。信用状統一規則（UCP500）においては，これらの用語を使用しないこと，使用されている場合は銀行はそれらを無視する，と規定している。

Immediate Transport ［保税運送］
　米国では保税運送のことを IT（アイティー）エントリーという。

Impact Loan ［インパクト・ローン］
　もともとは開発計画の実施に必要な紐つきの Project Loan に対して，開発計画実施の途中で付随的に生じた追加需要に必要な外貨の貸付けをいった。しかし今日では，そのような本来的な意味からはなれて，使途を規制されない外貨の借入れをいう。ターム・ローン（期限付融資）ともいう。すなわち，開発融資のような Tied Loan（紐つき融資）と違って，企業はこれを設備資金にあてようが，輸入決済に使おうが自由である。邦銀や在日外銀がユーロ市場から原資を調達して企業に貸し付ける方法で行なわれるのがふつうである。インパクト・ローンでとり入れた外貨を外国為替市場で売って円に換えれば円資金としても使える。1980（昭和55）年12月の新外為法施行で原則自由となった。

Implied Warranty ［黙示担保］
　当事者の行為，取引の状況から考えて推知できる担保（Warranty）をいう。たとえば，船舶は航海に堪えねばならないという堪航黙示担保（Implied Warranty of Seaworthiness）を充足・具備していなくてはならない。これが充足されていなければ，保険者は保険契約を解除できる。

Import ［輸入］
　Import は語源的に，Important, Importance と同じであるから，「重要な」という意味もある。port はこのばあい，港ではなく，portare（ラテン語の運ぶ）からきており，Import は「搬入；移入れ；輸入」，Export は「搬出；移出し；輸出」の意味となる。

Important Clause ［重要約款］
　海上危険が発生したばあいに，被保険者がとるべきクレーム手続（Claim Procedure）を規定した保険証券の約款である。被保険者にとって重要であるため，通常，赤色で印刷されているところから，英国では Red Line Clause または Red Important Clause とよんでいる。ここでは第三者への求償権の保全，損害の通知と損害の検査についての手続，保険金請求にさいして必要な書類のリストなどが規定されている。

Import Certificate ［輸入証明書］
　戦略物資の輸出承認を申請するばあいに必要な，輸入国政府発行の輸入許可証

明書をいう。

Import Commission House ［輸入問屋］

国内の需要者から委託をうけて海外から商品を輸入し,委託者から手数料をうける輸入商をいう。

Import Customs Clearance ［輸入通関］

船卸しされた輸入貨物は,まず艀またはトラックで保税地域に運ばれる。船卸しされたときに貨物が保税地域に搬入されると,輸入者またはその代理人である通関業者は,つぎのような輸入申告書類を税関に提出する。

① 輸入(納税)申告書(Import Declaration) ……3通
② 商業送り状(Commercial Invoice) ……2通
③ 包装明細書(Packing List) ……1通
④ 重量容積明細書(Weight & Measurement List) ……1通
⑤ 輸入承認証(Import License)その他,法令により必要な許可書

税関は提出書類の記載内容を審査するとともに,その輸入が,輸入関係法令の定めと合致しているかどうかを審査する。場合によっては現物検査を行ない,適用する関税率の決定および申告課税価額の適否を点検する。

一連の審査が終わると輸入が許可され,いつでも輸入貨物を自社の倉庫に引き取ることができる。なお,これらの申告は,現在では NACCS を利用しておこなわれる。

Import Declaration ［輸入申告(書)］

貨物を輸入しようとする者は,必要事項を税関に申告し,輸入の許可をうけなくてはならない。そのために税関に提出する書類が輸入申告書である。貨物の品名,数量,記号,申告価額,税率,関税額,原産地,積載船名,蔵置場所などを記載し,仕入書(Invoice),包装明細書(Packing List)などを添付して税関に提出する。なお,これらの申告は,現在では NACCS を利用して行なわれる。

Import Deposit ［輸入担保］

Deposit of Guarantee Money のこと。

思惑輸入の防止や外貨の効果的な運用のため,さらに国際収支が困難なときには輸入抑制ないし金融引締めの補助手段としてとられる制度であり,わが国でも戦後,国際収支が困難な時代に採用された。すなわち,貨物を輸入しようとする者は,政府が随時公示する輸入担保率に従って,輸入保証金の供託を,輸入承認申請書の提出とともに義務づけられる。この輸入担保は,現金のほか,国債,定期預金証書,銀行の保証状でもさしつかえないばあいがある。差し入れた保証金に対しては銀行から受領証が発行される。この保証金は,輸入が承認されなかったばあいには,ただちに返却され,また申請の一部分だけが承認されたばあいには,その比率に応じて返却される。それ以外のときには,貨物が輸入され,それに対する為替手形の決済が行なわれたときでないと返却されない。また,輸入承認の有効期間内に輸入を実行しなかったとき,または保証額に達するだけの輸入がなかったときは,全額没収される。

Import Duties ［輸入関税］

財政目的および国内産業保護の目的から,輸入貨物に課せられる関税をいう。関税には従量税と従価税とがあり,輸入貨物の個数,重さ,長さ,容量などを課税標準とするのが従量税である。一方,従価税は,CIF を課税価格とする。関税率には,関税定率法で定められた基本税率のほかに,暫定期間に限って基本税率に優先して適用される暫定税率,ガット

(GATT) 加盟国間で適用される協定税率、開発途上国からの輸入産品に対して適用される特恵税率の4種類がある。適用される関税率は特恵、協定、暫定、基本の順序で優先する。

Import/Export Trade Statistics [貿易統計]

輸入商品の流れを税関段階でとらえ、税関のデータにもとづいて作成されるのが貿易統計で、毎月の輸出入数量や金額を商品別、国別、地域別に分類して財務省から発表される。輸出額はFOB価格、輸入額はCIF価格により集計される。輸出額から輸入額を差し引いた数字がプラスであれば貿易黒字額、マイナスであれば貿易赤字額となる。

Import Financing [輸入金融]

輸入金融には、輸入手形の決済のための金融と、輸入業者から貨物を引き取るための金融とがある。前者には、外国銀行による外銀ユーザンス(他行ユーザンスともいう)、わが国銀行による本邦ローン(邦銀ユーザンス、自行ユーザンスともいう)、海外の輸出者によるシッパーズ・ユーザンスなどがある。後者には、鉄鋼原料、綿花、羊毛などをメーカーが引き取るための金融がある。

Import First [輸入先行]

求償貿易において、かつて輸入が確定しているのに輸出商品が未定のばあいに使用されたものが、Tomas Credit, Import First (逆トーマス方式;輸入先行トーマス方式) である。

Import from Manufacturing Warehouse [移出し・移入れ]

保税工場にある貨物を輸入または他の保税地域に搬出したり(移出し)、あるいは保税工場に外国貨物を搬入すること(移入れ)をいう。

Import Liberalization [輸入自由化]

高率関税と直接的な輸入制限が、一国産業の保護と国際収支の均衡化のために必要な時代もあったが、戦後のガット(GATT)/WTO体制は無差別・自由の貿易を原則としている。わが国のばあいはガットが自由化義務を免除している武器、麻薬などをのぞいて、残存輸入制限品目はほとんどなくなった。

Import License [輸入承認書]

貨物の輸入は原則として自由であり、税関の輸入許可(Import Permit)さええられればよいわけであるが、輸入貿易管理令もしくは輸出入取引法にもとづいて、輸入承認を税関の許可以前に、取り付けておかなくてはならない場合がある。たとえば、IQ (Import Quota, 輸入割当) 品目など。

Import Permit [輸入許可(書)]

輸入貨物を引き取るためには、必ず税関の輸入許可が必要である。そのためには、船卸貨物を保税地域に搬入したうえで税関あてに、つぎの書類を提出して輸入申告する。

1. 輸入(納税)申告書
2. 商業送り状
3. 包装明細書
4. 必要とするばあいには、原産地証明書。仕入価格がCIF建て以外のばあいは、運賃明細書、保険料明細書。
5. 輸入承認を要するばあいは、輸入承認証。その他法令で必要とする許可書など。

通関審査が終わり、日銀歳入代理店に関税・消費税等を納付し、その領収書を税関に提出すると、税関は輸入(納税)申告書の1通に輸入を許可する旨押捺し、輸入許可書として返却する。輸入者はこれによって貨物の引取りができる。なお、現在はこれらの手続は、原則として、NACCSを利用して行なう。

Import Quota System [輸入割当

制]

非自由化品目（IQ品目）に対して輸入数量の割当てをして輸入制限を行なう制度である。輸入割当制度の目的は，輸入量の増加によって既存もしくは育成段階にある国内産業が致命的な損害を被ることのないように調整するためである。

対象となる商品を輸入しようとする場合は，経済産業大臣が発表する輸入公表にもとづき，経済産業省に輸入割当申請書を提出して輸入割当証明書の交付を受けた後，輸入承認を取り付けなければならない。

Import Surcharge ［輸入課徴金］

輸入品に課する関税以外の特別付加税で，Safeguard*発動の1つの方式である。1971年8月15日，当時の米大統領ニクソンは，国際収支の悪化と米国産業の国際競争力の低下が米国の安全を脅かすという理由から，これを発動した。

Import Tariff ［輸入税率表］

関税定率法別表に記載されている輸入関税の一覧表をいう。税率は基本税率，暫定税率，ガット（GATT）の関税譲許による協定税率，特恵税率に分かれている。原則として，特恵税率，協定税率，暫定税率，基本税率の順序で適用される。

Import Usance ［輸入ユーザンス］

輸出者が輸入者あてに，期限づき手形（Usance Bill）を振り出したばあい，輸入者はその手形期限までに輸入商品を売却し，その回収代金を決済にあてればいいわけであるが，これを Shipper's Usance という。このさい，輸入者は，手形決済までに余裕ができ，輸入貨物売却代金で手形の決済ができることになるので，きわめて有利である。これは銀行が介入しない輸入金融の1つの方法である。

しかし，一般に輸入ユーザンスというのは，輸出者の振り出す手形が一覧払いのばあいに，銀行が輸入貨物を担保として輸入者に金融するいわゆる本邦ローンをいう（期間の制限はない）。このばあい，輸入者は，銀行から荷物の貸渡しをうけて，これを売却した代金で決済する。

Import without Exchange ［無為替輸入］

代金の全部について，決済を必要としない貨物の輸入をいう。たとえば，無償商品見本やクレームの代替品や委託加工貿易による無為替輸入のばあいであり，原則として輸入の承認を必要とする。

Impound L/C ☞ Escrow Credit

Improper Packing ［不完全包装］

Insufficient Packing ともいう。貨物を運送，保管するために施す荷造が不良であることをいう。荷造は内装（Packaging, 個装ともいう）と外装（Packing）から成り立つが，外装が破損しても中身の貨物の商品価値が減じてなければ，保険の目的とならない。これに対して内装は貨物それ自体として取り扱われる。

Improve ［改善する］

better と同意。reform は，欠陥や誤りを改善する意味。

The market condition has been improved.（市況は立ち直っている。）

Business is improving.（商売は上り坂である。）

Improvement Trade ［加工貿易］

Improvement は，財貨の価値を高めるために，加工を施すこと。加工貿易には，外国から原材料の供給をうけ，これに加工を施して，委託者指定の仕向地へ積み出す順委託加工貿易（Processing Deal Contract）と，逆に，日本から原材料を供給して，現地の安い労賃を利用して加工し，これを引き取る逆委託加工貿易（Inverse Processing Deal Trade）とがある。

IMW

Import from Manufacturing Ware-

In Bond [保税]

house の略語。

輸入（納税）申告書の「申告種別符号」の1つで、保税工場から輸入するばあいをいう。

In Bond [保税]

課税の留保をいう。外国貨物が輸入許可未済、輸入税賦課留保のままの状態にあることをいう。外国貨物が指定された保税地域にあるあいだは、関税賦課の猶予があたえられたまま、貨物を蔵置し、加工、製造を加えることができる。

Trade Terms*（貿易条件）としての In Bond（保税渡し）は、輸入品を保税倉庫に入れし、輸入税未済のまま、買主に引き渡す契約条件をいう。このばあい、所有権の移転は、倉庫証券（Warrant*；Warehouse Receipt）の授受によって行なわれる。所有権を取得した買主は、輸入通関手続を行ない、輸入税を納付したうえで、貨物を引き取ることになる。

Inc.

Incorporated（法人（会社）組織の）の略語。米国で株式会社の社名のあとにつける。英国系では Ltd.；Plc を用いる。

Incentive System [奨励制度]

輸出もしくは輸入取引を増大させるために、貿易業者に刺激をあたえる諸政策をいう。たとえば、新規市場の開拓に努力した輸出者に、大きい利潤の見込める貨物の輸入のための外貨を割り当てるなどの奨励策である。

Inchmaree Clause [インチマリー約款]

インチマリー号事件に由来して命名された船舶保険の約款で、船内外の爆発、航空機との接触、核装置の故障、船長・高級船員・海員・水先人の過失などによる危険を担保している。

Incoterms [インコタームズ]

"International Rules for the Interpretation of Trade Terms"（貿易条件の解釈に関する国際規則）の略称。Incoterms の In は International の In、co は commerce＝trade の co.、あとに terms を組み合わせて Incoterms という。貿易取引の基礎条件として使用される Trade Terms（貿易条件）について、統一的な解釈を行なった規則をいう。1936年国際商業会議所によって制定され、53年に改正され、それ以降も改正を繰り返している。

1953年の Incoterms では、工場渡し（Ex Works）、鉄道渡し（FOR）、船側渡し（FAS）、本船渡し（FOB）、運賃込み（C&F）、運賃保険料込み（CIF）、着船渡し（Ex Ship）、埠頭渡し（Ex Quay）の8つの条件が規定されている。67年版では、国境渡し条件の Delivered at Frontier と持込渡し関税込み条件の Delivered Duty Paid の2つの条件が規定された。76年には、FOB Airport 条件が追加された。80年にはコンテナの複合一貫輸送に順応するために運送人渡し（Free Carrier）、運送手配（Freight/Carriage Paid to）、運送保険手配（Freight/Carriage and Insurance Paid to）の3条件が新設された。

1990年インコタームズでは定型取引条件が4類型に分類・整理された。

E類型　EXW（Ex Works, 工場渡し条件）

F類型　FCA（Free Carrier, 運送人渡し条件）
　　　FAS（Free Alongside Ship, 船側渡し条件）
　　　FOB（Free on Board, 本船渡し条件）

C類型　CFR（Cost and Freight, 運賃込み条件）
　　　CIF（Cost Insurance and Freight, 運賃保険料込み条件）
　　　CPT（Carriage Paid to, 運送費込み条件）

CIP (Carriage and Insurance Paid to, 運送費保険料込み条件)

D類型　DAF (Delivered at Frontier, 国境持込渡し条件)
DES (Delivered Ex Ship, 本船持込渡し条件)
DEQ (Delivered Ex Quay, 埠頭持込渡し条件)
DDU (Delivered Duty Unpaid, 仕向地持込渡し・関税抜き条件)
DDP (Delivered Duty Paid, 仕向地持込渡し・関税込み条件)

INCOTERMS 2000ではFASとDEQの通関義務に変更が加えられた。すなわち，FASの輸出通関義務は輸出者に，DEQの輸入通関義務は輸入者に課せられることになった。

INCOTERMS 2010　[インコタームズ 2010]

現行の改正規則は2010年9月のICC会議で正式承認され，2011年1月1日から施行された。今回の改正規則では以下の11種類の用語に集約された。すなわち，

(1) いかなる単数／複数の輸送手段にも適した規則 (rules for any mode or modes of transport) として7種類
EXW　［工場渡 (EX WORKS)］
FCA　［運送人渡 (FREE CARRIER)］
CPT　［運送費込 (CARRIAGE PAID TO)］
CIP　［輸送費保険料込 (CARRIAGE AND INSURANCE PAID TO)］
DAT　［ターミナル持込渡 (DELIVERED AT TERMINAL)］
DAP　［仕向地持込渡 (DELIVERED AT PLACE)］
DDP　［関税込持込渡 (DELIVERED DUTY PAID)］

(2) 海上および内陸水路輸送のための規則 (rules for sea and inland waterway transport) として4種類
FAS　［船側渡 (FREE ALONGSIDE SHIP)］
FOB　［本船渡 (FREE ON BOARD)］
CFR　［運賃込 (COST AND FREIGHT)］
CIF　［運賃保険料込 (COST INSURANCE AND FREIGHT)］

である。(＊和訳は，国際商業会議所日本委員会による。)

現行規則では，DATとDAPが今回新しく導入された用語であること，FOB等で約定品に対する売買当事者間の危険移転の分岐点がship's rail (本船の手すり) 通過時点から本船上 (on board the vessel) に置かれることに変わったこと，などが大きな特徴といえる。インコタームズはルールであってそれ自体に拘束性はないが，当事者間でインコタームズに準拠する旨の事前合意があれば合意した当事者間には拘束力が及ぶ。したがって，売買契約書の裏面約款の一項として明文化しておくのが常識である。

Increased Value Insurance　[増値保険]

航海中に貨物の価額が異常に高騰したばあいに，当初の価額との差額を，貨物に対する保険とは別個に，増値保険として付保する。なお売買価格が毎日変化する羊毛，大豆，綿花のような国際商品については，Peak Cover Clause＊が特約として結ばれ，航海中商品価値が急騰したばあいに，自動的にその最高価格 (Peak Value) をもって保険金額とする。

Indemnification ［損害の填補；補償金］

保険者が，担保事故に対して被保険者に，保険金の支払いを行なうことをいう。

Indemnity ［損害補償；補償金］

損失の犠牲となった物の全部または一部の復旧について，金銭の支払いあるいは修理，取替えを行なうこと。公用徴収をうけた土地の所有者に，給付される金銭，地代もこれにあたる。保険契約もこうした意味で損失補償契約ということになるが，通常，海上保険上は，コンテナ運営者貨物損害賠償責任保険(Container Operator's Cargo Indemnity Insurance)を Indemnity と略称する。

Indent ［委託買付け；契約書］

主として英国で海外からの買付け委託書，注文書の意味で用いる。もともと正副2枚続きを，ぎざぎざの切取線で切り離すフォームの契約書を意味した。買付け依頼者(Indentor)から委託買付けをうけた買付け代理人(Buying Agent；Indentee，買付け受託者)は商品を買い入れ，これを船積みして買付け手数料(Buying Commission)を受け取る。商品の買入先が指定されたばあいを Special (または Closed) Indent といい，仕入先は受託者の自由とするばあいを Open Indent という。

Indented Style ［凹凸式］

書簡形式の Inside Address の2行目以下の行頭と Body の各節の行頭を2～3字分右に寄せて書き始める形式。Blocked Style (垂直式) の対語。

Indent Invoice ［委託買付け用送り状］

委託買付け (Indent*) 取引のばあいに，買付け受託者(Indentee)が作成する送り状をいう。

Independent Action ［独自行使］

アメリカの新海運法では，アメリカ関係の同盟すべてに IA 導入を義務づけている。これは同盟運賃とは別に，それぞれのメンバーが単独で設定する運賃ルールである。盟外船との競争上は有力な武器となるが，同盟崩壊にもつながりかねない。

Indication ［兆候；兆し；指示］

The market here is steady with every indication of a further advance. (当地の市場はさらに値上がりの兆候をもって堅調である。)

On your documents we cannot trace an indication that this shipment is containing spare parts. (書類上，本船積みに予備部品が含まれていることの指示は見あたらない。)

Indirect Trade ［間接貿易］

間接輸出 (Indirect Export)，間接輸入 (Indirect Import) を含めていう。輸出入に精通する人材に不足し，未知の海外との取引に不慣れであるなどの理由で専門貿易商社をつうじて輸出入すること。

In Dispute ［詮議中］

Tallyman (検数人) が，船積みまたは陸揚げのさいに行なう検数にあたって，荷主側と本船側とで貨物の個数などについて食違いのあったばあいの再検数を意味する。たとえば，5 cases short in dispute (5箱不足，詮議中) あるいは 5 bags over in dispute (5袋過剰，詮議中) のように表現する。

Indorsement ☞ Endorsement

Industrial Carrier ［専用船；産業用運送業者］

大手の石油，自動車，鉄鋼などの会社が所有する，自家貨物の専用船をいう。これに対して海運会社が所有し，需要があればただちに操業する船を Free Vessel または Merchant Carrier という。

Industrialized Countries ［既工業化国］ ☞ Advanced Countries

Industrial Marketing ［インダストリアル・マーケティング］

通常のマーケティングが主として消費財を取り扱っているのに対して，生産財についてのマーケティングをいう。

Industrial Property Right ［工業所有権］

商標権，特許権，意匠権，実用新案権などの総称である。これらの権利は国内法で保護されているだけでなく，国際的には工業所有権保護同盟条約(パリ条約)によって保護されている。ガットのウルグアイ・ラウンドでの合意もある。

Inevitably ［必然的に］

The transactions were inevitably limited because of the prevailing tight money situation. (浸透した金融引締めのために，取引は必然的に限定された。)

Inferior ［劣る］

We cannot afford to deal in low priced products of inferior quality. (品質不良な安値の製品を取り扱うことはできない。)

Buyer claims to make an allowance of ten % for inferior quality. (品質不良を理由に１割の値引きの要求があった。)

Inferior Quality ［品質不良］

積荷が，契約で定められた品質にくらべて不良であること。Trade Claim(貿易クレーム)の原因として，もっとも多い，契約不履行の一種である。

Information ［情報］

inform(通知する)の名詞形 tell は口語的, notify は形式ばった公用的な語で，いずれも「通知する」意味。

Please give us any information on their business standing. (同社の信用状態についての情報を願いたい。)

Please note that this information is furnished without any responsibility on our part. (当社は責任を負わない条件で，情報が提供された点に留意してほしい。)

For your information (=for your guidance), we inform you of our market condition. (ご参考のために市況を報告したい。)

We will be pleased to furnish you with any information you may require. (必要な情報を喜んで提供したい。)

Infrastructure Exports ［インフラ輸出］

Infrastructure とは，社会基盤のことである。ある国あるいは社会が存立していくために不可欠な基礎的な下部構造である。その程度はそれぞれの国の現状によって差異があることはもちろんであるが，道路網，鉄道網，発電・送電設備，情報通信網，都市開発，給水網などが卑近な例としてあげられる。新興国を主たるターゲットとして，このような社会基盤を整備あるいは開発するためのノウハウを含めたパッケージとしてシステマティックな輸出を考えることが新成長戦略の一環としてクローズアップされている。

In Full ［一括運賃］

貨物全体を１荷口 (One Lot) としてとらえ，１荷口にいくらと決める運賃の計算方法。巨大貨物や引越し貨物などで，正確に容積や重量の計算ができないばあいに適用される。また，船会社の定めている最低運賃にひっかかるような小口貨物のばあいも，一律に最低運賃が適用されるので，これをもインフル計算という。

Inherent Defect ［潜在瑕疵；固有の欠陥］

物固有の瑕疵や牛乳の酸敗や石炭の自然発火のような危険は，物本来の特性あるいは貨物固有の性質 (Inherent Quality or Nature*) による損害であるから，海上固有の危険とはみなされない。

Inherent Quality or Nature ［固有の性質］

貨物本来の性質による危険，たとえば

石炭の自然発火や貨物の潜在瑕疵などは，貨物の特性によるものなので，海上固有の危険とみなされない。

Inherent Vice ［貨物の固有性欠陥］

保険の対象貨物に存在する特有の欠陥的性質，すなわち瑕疵のこと。米の汗濡れ，アルコール類の揮発，樟脳の風化などの自然的な消耗や，石炭の自然発火などがその例である。これらの貨物の欠陥的性質による損害は，被保険者みずからがよく知っておりそれに備えるのが当然の義務なので，保険者はその免責を規定しており，通常は担保されない。しかし，特約によってこれらの危険を担保することは自由で，貨物海上保険では，石炭の自然発火の危険を明示している例もある。

In-house Rate of Exchange ［社内為替レート］

貿易業者が，輸出入採算にあたって外貨表示を前提とすれば，為替相場（外貨と円貨の交換比率 rate of exchange）をどのように設定するかが問題となる。そこで，貿易業者は，企業経営全般を念頭におき，実勢為替レートや先行き見通しなどを考慮して，独自に社内レートを決めて輸出入価格計算に適用する。

Initial Payment ［頭金；契約金］

Down Payment ともいう。

繰延払い条件の契約やライセンス契約のばあいに，最初に支払う頭金をいう。

Inland ［国内の］

inland＝domestic＝home（国内の）；local は「地方の」。

We have two manufacturers in our inland market.（国内市場に 2 つの製造業者をもっている。）

Inland postal services（国内郵便），Foreign (or overseas) postal services（外国郵便）

Inland Additional Premium ［内地輸送割増］

中南米諸国内の奥地陸上輸送は，盗難の危険が大きいが，そのために徴収される割増保険料のこと。

Inland Depot ［インランド・デポ］

内陸部に位置したデポで，コンテナ貨物の陸上輸送の拠点としての機能を備えており，コンテナの集配，コンテナ詰めや取出しの施設をもっている。

Inland Freight ［(国内) 引取運賃］

輸出商がメーカーに約定品の調達を生産者工場渡し（Ex Works；Ex Factory）の条件で契約したばあいに，工場から港頭倉庫までの引取運賃をいう。

Inland Haulage Charge ［内陸輸送費］

船会社が荷主の依頼で，コンテナの内陸輸送を行なったばあいに，荷主によって支払われる内陸輸送費をいう。

Inland Marine Transportation ［内航運送］

Coastwise Shipping ともいう。

同一国内の港間で行なわれる海上輸送をいう。海上輸送はトラックや貨車にくらべて低廉，大量に輸送できるので原材料の国内輸送に用いられる。

Inland Waterway Bill of Lading ［内国水路船荷証券］

米国の国内で，河川・湖沼または運河の航行に従事している水運業者が発行する証券で，船荷証券として公認されているが，原則として非流通性 Non-negotiable である。

Inner Packaging ［内装］

個装のことをいう。貨物を仕向地に安全に到着させるための木箱（Case）や俵（Bale）による外装（Packing）に対して，個々の貨物を保護し，顧客に魅力をあたえるための内部包装をいう。

Inquiry ［問合せ；調査；引合い］

英国では照会，問合せの意味ではEnquiry を用いる傾向がある。

取引上は買主の行なう買申込みをInquiry といい，売主の行なう Offer（売申込み）の対語である。輸出取引にあっては，通常，買主からの Inquiry に対して売主が Offer を行ない，買主がこれを承諾する形で契約が成立する。また輸入取引にあっては，国内の需要をとりまとめて海外の輸出者に Inquiry を行ない，これに対する海外からの Offer を承諾することによって契約が成立する。

As to the freight rate, please inquire at our Yokohama office.（運賃率については，横浜店に問合せて下さい。）

Many thanks for your reply regarding our inquiry for Red Salmon.（紅鮭についての引合いに対するご返事を感謝する。）

In reply to your inquiry of May 1, we are glad to quote you our best prices.（5月1日付のご照会に答えて勉強値を見積りする。）

In Regular Turn ［イン・レギュラー・ターン］

航海用船契約における停泊期間の計算方法で，本船が指定のバースに到着してから起算される。バース待ちの期間は停泊期間に算入されない。Berth Clause ともいう。

Insert ［挿入する］

delete は「削除する」，extend は「延長する」，amend は「訂正する」。

We have received your L/C, but since it is not in order, please insert the following clause.（信用状を入手したが間違いがあるので，下記の文句を挿入せよ。）

Upon investigation of your L/C, we found some discrepancies in it. Please delete the clause "partial shipment is prohibited" and insert the total quantity as contracted.（信用状を検討したところ若干の食違いを発見した。契約どおり，分割積みを禁止する旨の条項を削除し，合計数量を挿入せよ。）

Inside Address ［書中宛先］

書簡の封筒に書いた Outside Address と同じ要領で，書簡の左上に書く英文書簡の形式の1つ。1行目に受信者である相手側の個人名もしくは会社名を書き，その下に行を改めて相手の住所を，2，3行で終わるように書く。

Inspection ［検査；点検］

We enclose several brochures for your inspection.（ご検討いただくため小冊子を若干同封する。）

The matter is now put under inspection of Lloyd's surveyor.（本件は目下ロイズ鑑定人によって検査中である。）

Inspection Certificate ［検査証明書］

輸出検査法（昭和32年法律第97号）にもとづいて行なわれた輸出検査は，同法の廃止によりなくなったが，売買契約上，輸出検査を約定している場合とか輸入国政府等の要請による場合には，指定検査機関の輸出検査証明書を必要とする。

Inspection Fee ［検査料］

売買契約にもとづき輸出検査をうけるための検査料とか，買主の特別指図にもとづいて行なう特殊検査料がある。

Instalment Payment ☞ Progressive Payment

Instalment Shipment ［分割船積み］

Partial Shipment ともいう。契約の全数量を，何回かに分けて分割して船積みすることをいう。

なお，分割船積みについては，改訂信用状統一規則（1993年）のつぎの2条項に注意する必要がある。

(1) 同一航海の同一船上で行なわれた各船積みは，たとえ，本船積みを証明している各船荷証券に異なった日付があるばあいでも，分割船積みとはみなされない（40条 b）。すなわち，たとえば，同一航海の同一船上に行なわれた船積みは，神戸積み，横浜積みと分かれたばあいも，分割船積みとはみなされない。

(2) 一定期間ごとの分割船積みのばあい，分割部分のどれかが，指定された期間内に積み出されないときは，信用状にほかに異なる定めのないかぎり，その分割部分，またそれ以後の分割部分があれば，それについても無効となる（41条）。

Institute Air Cargo Clauses ［協会航空貨物約款］

国際航空貨物についての保険は，英文貨物海上保険証券が準用され，適用約款は通常，All Risks*（全危険担保）である。ただし，担保期間は航空機からの荷卸後30日を限度としている。

Institute Cargo Clauses ［協会貨物約款］

ICC と略称する。

海上保険でいう Institute とは，ロンドン保険者協会 (Institute of London Underwriters) のこと。ロンドン保険者協会によって承認され採用された約款が，協会貨物約款である。同様に Institute War Clauses（協会戦争約款），Institute Strikes Clauses（協会ストライキ約款）はいずれも，ロンドン保険者協会が承認し採用した約款であることを示す。1982年1月から英国では新協会貨物約款を実施，わが国も同年7月から新協会貨物約款を採用することになり，従来の All Risks が Institute Cargo Clauses (ICC) (A)，WPA が ICC (B)，FPA が ICC (C)に相当するものとしてよばれることになった。

米系保険会社の証券には，この英国の Institute Cargo Clauses を使用するものと，米国独自の American Institute Cargo Clauses を使用するものとがあるが，根本的な内容の相違はない。

Institute Classification Clause ［協会船級約款］

海上保険料率決定にあたっては，貨物の種類と塡補条件のほかに航路，積載船舶のいかんが影響する。協会船級約款はロンドンの保険協会が規定したもので，定期船 (Liner) と，それ以外の Lloyd's Register など各国の船級協会の船級 (Class) を取得している船齢20年以下の鋼鉄汽機船 (Steamers or Power Vessels, iron or steel) についての，料率適用の基準を規定している。

Institute of London Underwriters ［ロンドン保険者協会］

ロンドンの主要海上保険会社によって組織されている団体で，1884年6月に政府から正式な設立免許状があたえられた。海上保険事業の発展と海上保険業者の利益の確保を目的としている。この協会が作成した約款を Institute Clauses（協会約款）という。

Institute Replacement Clause ［協会取替約款］

機械類の部分的損傷のため，機械全体が運動不能となると損害額も大きくなるので，これを防止するために損傷部分の修理または取替費を支払う旨の規定である。

Institute Strikes, Riots and Civil Commotions Clauses ☞ SRCC

Institute War Cancellation Clause ［協会戦争取消約款］

戦争危険担保を特約から除外するには，48時間という短期間の予告でよい旨を規定した協会約款である。わが国では48時間に代えて，7日間を用いているの

が実際である。

Instructions ［指図］

instruct の名詞「指図」との意味では Instructions としばしば複数形。

Agreeably to your instructions, we have shipped your orders.（ご指示に同意し注文品を船積みした。）

We are anxiously awaiting your instructions.（ご指示を心から待っている。）

Do not proceed with manufacturing our orders until you hear further instructions from us.（おって指示あるまで製造手配を中止せよ。）

We will do our best to execute your order in strict accordance with your instructions.（指図どおりに調達するよう全力を尽くす。）

Instrument of Pledge ［質入証券］

倉庫業者は、貨物の預け主（寄託者）の要求にもとづいて、「預かり証券」と「質入証券」とをあわせて発行することになるが、実際には、これら2つの証券に代えて倉荷証券（Warrant；（米）Warehouse Receipt）を渡している。質入証券は寄託物について質権の設定と譲渡を可能にする。

Insufficient Packing ☞ Improper Packing

Insulated and Ventilated Container ［インシュレーテッド・コンテナ］

コンテナの外周全面に断熱を施し通風窓を設けたもので、内部の温度変化がほとんどない。精密機械、ペイントなど温度変化を嫌う貨物に適している。

Insurable Interest ［被保険利益］

保険契約が有効に成立するためには、保険の目的とされる財貨に関して、保険事故が発生したことについて被保険者が正当な利益をもっていることが必要とされるが、これを被保険利益という。たとえば、船舶や貨物が航海途上で損害を被ったばあいは、それによって経済的な損失を被る荷主または荷受人が被保険利益を有するので、保険契約にもとづいて塡補してもらえる。

具体例でみると、FOB 条件で輸出するばあい、海外の輸入者が All Risks*〔全危険担保，ICC（A）〕の条件で海上保険契約を締結していても、輸出港の本船への積込みまでの責任は輸出者側にある。したがって、被保険利益は輸出者にあって輸入者にはないため、輸入者の締結した保険では塡補されない。したがって、こうした積込み以前の危険に対しては、輸出者が輸出 FOB 保険を付保しておかなくてはならない。

これに対して CIF 条件の輸出のばあいは、本船積みまでは輸出者に被保険利益があるが、積込みと同時に被保険利益は輸入者に移転するので、輸出者が付保した保険証券上の利益を輸入者に移転させるために、白地裏書（Blank Endorsement*）を行なって、他の船積書類とともに輸入者に渡す。

Insurable Value ［保険価額］

保険価額とは、保険事故の発生によって被保険者の被る不利益の限度額、すなわち被保険利益の見積額をいう。したがって、損害発生のばあいに塡補される最高限度額である保険金額（Insured Amount）の限度を示すことになる。

保険金額が保険価額を超過したばあいは、超過保険（Over Insurance；Excess Insurance）として、その超過額は無効となる。これは保険による利得禁止の原則からして、被保険者の保険による利得が禁止されているからである。一方、保険金額が保険価額と一致するばあいを全部保険（Full Insurance），保険金額が保険価額に達しないばあいを一部保険（Under Insurance ; Part Insurance) という。

一部保険は，保険者が全額填補を避け，損害の一部を被保険者に負担させるばあいに用いられるが，分損発生のばあいの填補額は，保険価額と保険金額との割合で査定される。

保険価額は，現実問題としては客観的に決めることが困難であるところから，保険者と被保険者の協定で決めた協定保険価額（Agreed Insurable Value）を保険価額として用いる。

Insurance ［保険］

Should you wish us to effect the insurance, we will do it with much pleasure.（保険の付保を望むのなら，喜んで行なう。）

We are requested by our buyer to make marine insurance contract with you.（貴社と海上保険の契約を締結するようバイヤーから依頼があった。）☞ Trade Insurance ; Marine Insurance

Insurance Application ［保険申込書］

保険申込みを行なうさいの所定用紙。記載内容は，(1)予定保険か，確韌保険かを指定する，(2)インボイス番号，(3)被保険者名（Assured），(4)予定保険番号（Prov. No.），(5)保険金支払地（Claim, if any, payable at/in），(6)付保条件（Conditions），(7)接続運送用具（Local Vessel or Conveyance），(8)奥地仕出港・地（From interior port or place of loading），(9)積載船(機)名（Ocean Vessel），(10)積込港(地)（Voyage : at and from），(11)出帆月日（Sailing on or about），(12)荷卸港（地）または積替港（地）（Voyage : to/via），(13)最終仕向港(地)（Thence to）

Insurance Broker ［保険仲介人］

保険者と利用者とのあいだを仲介して，契約をとりまとめる業者をいう。英国で発達した制度で，保険仲介人は保険料の支払いをうけると，契約引受けの証拠として，自己名義のカバー・ノートを発行する。

Insurance Certificate ☞ Certificate of Insurance

Insurance Claim ［保険クレーム］

海上輸送上で生じた損傷のうち保険事由にもとづくものは，その損傷を保険会社に求償できる。Transportation Claim（運送クレーム）のうち船会社が免責を規定している海上危険は，保険クレームとして，保険会社から填補してもらうことになる。

Insurance Clauses or Conditions ［保険約款］

保険契約の内容をなす約款で，普通保険約款と特別約款からなる。ロンドン保険業者協会が制定した協会貨物約款（ICC ; Institute Cargo Clauses）がもっとも広く用いられている。

Insurance Company ［保険会社］

保険には生命保険と損害保険に大別されるが，貿易取引に直接関係するのは海上貨物保険，空輸貨物保険など後者に属する。これらを扱う損害保険会社の保険事業には，海上保険（船舶保険，貨物保険，運送保険）のほかに，火災保険，自動車保険，傷害保険，新種保険，自動車賠償責任保険等がある。

Insurance for Piracy Damage ［海賊保険］

東南アジア海域やアフリカ西岸海域で日本の商船が海賊の標的となることが顕著になってきた。シージャック，行方不明，乗組員を殺害など凶悪化の傾向もめだつ。そこで，日本の商船が海賊の被害に遭遇したときに失う利益を保険金でカバーするのが船舶オフハイヤー総合補償保険（hull off-hire risk policy 海賊保険ともよばれる）である。

Insurance of Charter Hire ［用

船料保険]

船舶の事故などで期待どおりの用船料 (Charter Hire ; Chartered Freiglt) の収入がえられないばあいの危険を塡補するものである。

Insurance Policy ［保険証券］

保険契約成立の証拠として保険会社が発行するもので、Certificate of Insurance* (保険承認状) とともに，重要な船積書類の1つであり，保険事故発生時に保険金請求手続上必要な書類である。わが国の海上保険証券は，ロイズ SG (Lloyd's Ship and Goods Form) にならって日本損害保険協会が制定した標準様式が，積荷保険証券 (Cargo Policy) と船舶保険証券 (Hull Policy) の両方に共通して用いられてきた。1982年1月1日から，英国では新しい海上保険証券 (ロイズ・フォームおよびコムパニーズ・フォーム) ならびにそれといっしょに適用する新協会貨物約款 (A,B,C)，新協会戦争約款，新協会ストライキ約款の実施に踏み切ったので，わが国も1982年7月1日から新フォームを用いることになった。

Insurance Premium ［保険料］

保険料は，保険金額に保険料率を乗じて計算される。保険料率 (Rate of Insurance Premium) は，積載航洋船舶の規格，航路，貨物の性質・状態・荷姿・損害率，および保険条件などによって算定される。標準規格船 (Approved Vessel) に適さない船舶を使用するばあいは，割増保険料 (Additional Premium ; AP) が課徴される。また不良船舶の多い一部の国の国籍船について国籍割増 (Flag AP (at premium)) が課徴されることがある。保険料率は，主要輸入貨物である Oil, Corn, Raw Cotton などについては主要輸入貨物料率協定 (Major Import Cargo Tariff Agreement ; MICA*) があるが，原則としては，各社の自由裁量による自由料率 (Free Rate) である。

Insurance Slip ［保険申込書］

保険会社と保険契約を結んで保険証券の交付をうけるための申込書のこと。

Insurance Underwriter
☞ Underwriter

Insured ☞ Assured

Insured Amount ［保険金額］

保険価額 (Insurable Value*) にもとづいて，保険者が塡補してくれる保険契約金額をいい，通常，積荷の CIF 契約金額の110％である。保険金額は保険価額を限度とするが，両者が一致するばあいを全部保険 (Full Insurance) という。保険金額が保険価額を超過しているものを超過保険 (Over Insurance ; Excess Insurance)，保険価額に達しないものを一部保険 (Under Insurance ; Part Insurance) という。

Insured B/L ［保険付き船荷証券］

運送人が保険会社と結んだ包括保険契約にもとづいて，積荷に保険がつけてあることを明記した船荷証券をいう。

Insured Invoice ［ノン・ポリ］

輸出者が保険会社と包括保険契約を締結しているばあいに，積出しのつど，保険証券や保険承認状を発行してもらう代わりに，Commercial Invoice* (商業送り状) の空欄に当該貨物は付保済である旨の文言を記入したものをいう。保険会社としては，保険証券や保険承認状を発行する手間が省けるので，保険料率も下げられる。本支店間や合弁企業との取引などに用いられることが多い。証券がないところからノン・ポリと俗称する。

Insurer ☞ Assurer

Insurrection ［反乱］

謀反 (Rebellion) にまでいたらない擾乱 (Incipient Rebellion or Rebellion in early stage) をいい，内乱 (Civil War)，革命 (Revolution) とともに，特約によっ

て塡補される。

Intaken Weight Final ［船積数量条件］

Intaken Weight は Shipped Weight と同義。

契約数量は船積み時の数量をもって最終とするという条件で，Shipped Weight Final ; Shipping Quantity Terms ともいう。

Intangible Assets ［無形資産］

のれん(Good Will)，特許権(Patent)，著作権(Copyright)，ブランド名(Brand)，特権（Franchise）などをいう。

Inteco ［インテコ］

アメリカ系の検定機関で，検量と鑑定を業務としている。

Integrated Hozei Area ［総合保税地域］

輸入促進効果をねらって政府が指定する保税地域で，外国貨物の保管，加工，展示の機能が完備し，第3セクターが事業主体であることが地域指定の判断基準となる。総合保税地域に指定されると，外国貨物の地域工場への保税運送が手続きなしでできるとか，輸入品の加工中に発生した欠陥品には関税が賦課されないなどに加えて，外国貨物の展示場を1ヵ所に集約できるので顧客のためにも便利である。

Intellectual Property ［知的所有（財産）権］

特許（patent），商標（trademark），実用新案（utility model），意匠（design），著作権（copyright）コンピュータ・ソフトウエアなどの総称。WTO(世界貿易機構)でも TRIPS 協定（貿易関連知的所有権協定）で位置づけられている。

Intention ［意図］

Intent（意図）はとくに法律的な用語。intend は「……するつもりである」。

We have learnt from our business friends that you have intention to enter into relation with some Japanese firms. (日本の会社と取引を始めたいとの意図のあることを取引先から知った。)

Our space in the trade fair is very limited, but we intend to display your lines. (見本市のスペースは狭いが，貴社の取扱い商品を展示したいと考えている。)

He intends to visit your factory.（彼は貴社の工場を尋ねる予定である。)

Inter-bank Exchange Dealings ［インターバンク取引］

外国為替銀行は手持外貨の過不足を調整するために，余裕の外貨資金は売り，不足の資金は買いなどして，売り為替と買い為替との合計の均衡につとめる。このための為替取引を，為替銀行間同士で行なうのがインターバンク取引である。他国の銀行と取引するばあいもあるし，国内の銀行と行なうばあいもある。

Inter-bank Rate ［銀行間相場］

為替銀行が，為替市場で相互に持高のカバーを求めて，資金の調整をしあうばあいの相場で，市場相場（Market Rate）ともいう。顧客との為替取引に適用する対顧客相場とは異なる。

Interchange Plan ［インターチェンジ・プラン］

それぞれの海外市場の特殊需要に合致させるためには，製品のモデル・チェンジが必要となるが，それは大量生産によるメリットと矛盾するので，それぞれの部品を A,B,C といった別々の工場で専業的に大量生産し，これらを D 工場で組み立てるような方式で，矛盾の解決をはかることをいう。多国籍企業のばあい，たとえばシャシー，タイヤはフランス工場，エンジンはドイツ工場で生産し，これを英国工場でアセンブリするといった方式である。わが国のばあい，こうした

モデル・チェンジと大量生産の矛盾は，下請け企業の協力によって解決をはかっている。

Interchange は，旅客または貨物の航空機関の乗継ぎ，積替えのことをもいう。

Interest　［保険の目的；金利；利益］

海上保険では，保険の目的（Subject Matter of Insurance*）をいう。通常は貨物が保険の目的となる。保険証券ではこれを Goods and Merchandises と Merchandise に中世英語の s をつけて表現している。Interest は必ずしも物に対する権利だけを意味せず，保険の目的に対してもつ利益を意味することもあり，Insurable Interest（被保険利益）はこの意味で用いられている。

法律上は，ある人がある事物に関して有する利害関係をいう。

金融上は，金銭の使用もしくは不払いに対する利子または補償をいう。

The sum advanced by us would bear interest at 8％ p.a.（当社により前渡しされた金額には年率 8％の利息が生じる。）

Interest Arbitration　［金利裁定取引］

国際短期資金の移動取引をいう。すなわち，相手国の相対的高金利を享受するために行なう資金移動である。金利裁定取引は，わずかな金利差を狙っての金銭取引の取得を目的とするが，これには為替相場変動の危険がともなうので，これを回避するためにスワップ取引（Swap Transaction*）などを行なう。

Interest Bill　［利付手形］

輸出国通貨建ての為替手形のばあいには，輸出地の買取銀行はこれを額面どおりに買い取って輸入地へ送付し，その手形代金の回収が終わるまでの利息を，手形金額に加算して輸入者に支払わせるが，これを利付手形という。

およそ荷為替手形は，支払地の通貨で表示するのが一般的であって，振出地の通貨で表示することは本来，例外と考えられていた。輸出国の通貨建てのばあいには，輸入者は，為替相場変動上の危険を負ううえに，さらに，為替利息まで負担しなくてはならなくなる。これはもともと，金本位の欧米諸国が，銀本位のアジア諸国に為替手形を振り出すばあい，金銀比価の変動による危険を防止する目的で行なわれたものである。

Interest Clause　［利息条項］

手形の買取銀行が買取り日から手形代金が自行に届くまでの利息を加算した金額を，手形の名宛人（支払人）が支払うべしとする規定。

Interim　［合い間；中間］

We wish, in the interim, to make a start on importing business.（当座のあいだ，輸入取引を開始したい。）

Interim Report　［中間報告］

Interior Packing　［内装］

個装ともいう。外装（Outer Packing；Packing）に対して Packaging ともいう。外装は貨物を安全に仕向地に到着させるための包装である。

内装については，現地の顧客の目に触れるため，デザイン，色彩に工夫を必要とする。

Interior Point Intermodal

日本から北米西海岸諸港を経由して，鉄道により内陸地点まで運ぶ複合運送をいう。IPI Service；Micro Bridge ともいう。

Intermediary　［仲介人］

取引の仲介という業者の総称で，middle men とも言う。フォワーダー（forwarder），代理人（agent）を指して言うこともある。

Intermediary Trade　［三国間貿易；仲介貿易］

Cross Trade ともいう。

本邦にある居住者が，外国相互間での貨物の移動をともなう売買契約の当事者(仲介者)となって行なう取引を仲介貿易という。たとえば，東京の商社(居住者)が台湾メーカーの電子製品を買い，アメリカのバイヤーに売るような取引である。

日本商社のニューヨーク支店(非居住者)がアメリカ産の肥料を，日本からみて第三国である中国へ売る取引は三国間貿易という。商品は輸出国から輸入国へ直接移動するが，決済は仲介者をとおして行なわれる。仲介貿易保険もある。

Intermediary Trade Insurance [仲介貿易保険]

仲介貿易業者が仲介貿易契約にもとづいて仲介貿易貨物を販売し，または賃貸したばあいに，非常危険または信用危険の事由によって，代金または賃貸料を回収できないことによる損失を塡補する貿易保険の一種。

Intermediate Trade [中継貿易]

Entrepôt Trade ともいう。

取引貨物が輸出国から輸入港へ直行せず，第三国に陸揚げされ，その後原形のままか，わずかな加工を施して輸入国へ再輸出される貿易の形態をいう。こうした加工などのため陸揚げし中継される港を，中継貿易港(Intermediate(Entrepôt) Port) という。

Intermodal B/L [インターモーダル船荷証券]

複合運送船荷証券(Combined Transport B/L*)の一種。日本と米西海岸間をコンテナ船で海上輸送し，その後，米東海岸，ガルフ湾岸諸港まで鉄道またはトラック輸送する MLB 方式(Mini Land Bridge System*)のばあいに発行される船荷証券をインターモーダル船荷証券という。また米西海岸から米国内陸都市へ保税運送する IPI 方式(Interior Point Intermodal*)のばあいも，インターモーダル船荷証券が発行される。

Intermodal Carrier [協同一貫運送人]

NVOCC* と同様な意味で用いられる。海・陸・空など複合一貫運送サービスを，荷主に提供する業者をいう。

Intermodal Transport ☞ Combined Transport

Internal Cause [内在原因]

外来原因(External Cause)の対語で，貨物固有の性質または瑕疵をいい，保険では塡補されない。

International Air Transport Association ☞ IATA

International Bank ☞ IBRD

International Bank for Recostruction and Development ☞ IBRD

International Carriage [国際運送]

International Transport ともいい，運送の始点または終点が海外にある運送で，国際海上輸送と国際航空運送を含む。

International Cartel [国際カルテル]

異なった国の企業が，それぞれの独自性を保持しながら，しかも協約によって市場支配をはかるもので，1875年のカルカッタ運賃同盟が，その最初のものといわれる。

International Chamber of Commerce [国際商業会議所]

各国の商業および工業会議所間の連絡・調整機関。1920年6月にパリに本部が設置された。ICC と略称されるこの国際商業会議所は，商工業全般にわたる国際的な促進と調和の確保を目的として，各国の実業家と団体の協力を結集する強力な国際的連合体である。ICC の作業成

果としては，「インコタームズ」(Incoterms＝International Commercial Terms ; International Rules for the Interpretation of Trade Terms,＊貿易条件の解釈に関する国際規則)，「荷為替信用状に関する統一規則および慣例」(Uniform Customs and Practice for Documentary Credits,信用状統一規則と略称する)，「複合運送証券統一規則」(Uniform Rules for Combined Transport Documents)，「仲裁規則」(Rules of Arbitration)などがある。

日本は1949年から再加入した。

International Combined (or Multimodal) Transport ［国際複合運送］

異なる運送手段を用いた一貫運送が2国以上にまたがるばあいをいう。America Land Bridge＊)，Siberian Land Bridge などが好例である。

International Commercial Arbitration ☞ Arbitration

International Commodities ［国際商品］

国際的に大量に取引される一次産品で，小麦，大豆，砂糖，ゴム，錫，羊毛などをいう。

International Convention for the Unification of Certain Rules relating to Bills of Lading ［統一船荷証券条約］

ヘーグ規則 (Hague Rules, 1921) にもとづいて，1924年8月に船荷証券統一条約 (International Convention for the Unification of Certain Rules relating to Bills of Lading) が成立し，日本を含めて24カ国が，これを国内法に採用することを約束した。そもそも，船荷証券は信用取引の手段を提供する書類として，国際貿易の基礎となる。したがって，船荷証券の有する担保的能力が低下しては，貿易関係業者に，多大な影響を及ぼすことになるので，船主の注意義務懈怠に原因した貨物の滅失・毀損に対する船主の免責約款禁止についての統一法の規定が必要であった。わが国は1957年に本条約を批准し，商法の特例法として「国際海上物品運送法」(Law on International Carriage of Goods by Sea ; COGSA) を制定した。

その後，ヘーグ規則の不備や陳腐化を正すために，万国海法会が1968年ストックホルムで「船荷証券に関するある規則の統一のための国際条約の一部改正議定書」(Protocol to amend the International Convention for the Unification of Certain Rules relating to Bills of Lading) を採択した。これを通称ヘーグ・ウィスビー・ルール (Hague Visby Rules＊) という。

これに対して，1968年，運送人の責任を強化し，荷主の利益を保護せよという，発展途上国が多数を占めるUNCTAD＊の決議に従って，UNCITRAL＊が78年3月ハンブルクで開催の外相会議で「国連国際海上物品運送条約」(United Nations Convention on International Carriage of Goods by Sea) を採択した。これをハンブルク・ルールという。

International Customs Transit ［国際保税運送］

一国または数カ国の国境をこえて，保税の状態で仕向地の保税地域に運送することをいう。TIR＊協定(国際道路運送協定) による TIR 手帳があれば保税運送が認められるし，CCC 条約(コンテナに関する通関条約) により国際運送用コンテナは保税運送ができる。

International Enterprise ☞ World Enterprise

International Law Association ［国際法協会］

国際的に法律の調整・統一をはかることによって，国際的理解と友好を深め，国際取引を円滑に促進させる目的から，1895年に設立された国際団体である。共同海損のヨーク‐アントワープ規則，CIF条約のワルソー‐オックスフォード規則などの制定が，国際法協会の大きい業績であって，貿易取引の円滑な発展に寄与するところが大きい。

International Liquidity ［国際流動性］

一国の国際収支の逆調を調整するために必要な，対外支払準備の比率をいうが，対外支払準備そのものをさしていうことが多い。対外支払準備としては，金および国際通貨として流動性のある資産が選ばれる。それがいわゆる外貨準備であって，具体的には，一国の政府および中央銀行のもつ当該国の鋳貨,紙幣,銀行預金,政府証券,銀行引受手形，そしてSDR＊などから構成される。この外貨準備額が必要額にくらべて相対的に大きければ大きいほど，国際流動性は十分ということになり，それだけ世界全体，もしくは，その国が貿易の拡大，景気の振興をはかる余裕がでてくる。逆に，国際流動性が不足した場合は，そうした余地が乏しくなる。この流動性比率は一定の水準を保有することが望ましく，偏在を防がなくてはならない。世界貿易の拡大とともに，この流動性も増加しなければ，流動性不足におちいり，世界的デフレーションとなる。

International Marketing ［国際マーケティング］

今日，米国の大企業が取り組んでいる国際マーケティングの問題は，基本的には，企業の経営姿勢ないし経営理念が，製造志向（Product Orientation）から市場志向（Market Orientation）へ，さらに国際市場志向（International Market Orientation）へと移行しなければならない必然性に対する認識にもとづいている。これを歴史的にみると，米国における近代的企業の基本目標は，長期安定利潤の極大化にある。そのためには，顧客の必要と欲求の十分かつ効果的な充足を主眼として，全企業活動がマーケティングを基軸に統合・調整する市場志向企業でなければならないという経営理念が，1950年代にほぼ確立した。

しかし，その後EC諸国の急速な台頭と日本企業の米国市場への進出に直面して，国内市場を唯一の基盤としてきた米国企業にとっても，国内市場における競争の激化と利潤率の低下は，国内市場にだけとどまることを不可能にし，急速な需要の増大と利潤機会にめぐまれている海外市場への志向を強めていった。

1960年代にはいるとともに，米国企業の輸出マーケティング活動，さらにその前提としての海外市場調査活動が画期的な充足をみせるまでになった。

このことは，海外市場機会を増大させるとともに，一方においては，海外市場に対する接近方法の多様化・複雑化をもたらした。すなわち，海外市場に対する認識が高まるにつれて，これまで国内・海外両市場を異質のものと考えてきた米国企業は，両市場が企業のマーケットとして，なんら本質的に異なるものではなく，その相違は単に両市場に対する理解の程度の差にすぎないことが認識され，米国市場とても国際市場の一部分にすぎないと考えるようになった。

こうしたマーケティング活動の発展・充実を土台としてきずかれた経営理念としての国際市場志向は，従来の商品輸出活動のほかに，新しく海外ライセンシング活動，海外事業活動を活発化させるうえに大きく貢献するとともに，国内マーケティングと輸出マーケティングの双方

を有機的に統合・調整することが必要となり，ここに国際マーケティングという統一理念の確立をみた。

近年，米国において，国際マーケティングに対して輸出マーケティングの評価が不当なまでに低いのは，米国企業が1950年から60年代にかけて，上述のような発展過程をたどったことによる。世界市場に対する認識が高まり，米国企業にとって，海外市場がもはや特殊・異質なものでなくなると，国内投資機会の減少，投資余剰能力の増大，高い労働コストといった不利な要因を克服して国際競争にかち抜くために，商品輸出に代わって，海外事業活動を推し進める必要性が強まったわけであるが，それは反面，国内経済の空洞化をまねくことにもなった。

International Market Orientation ［国際市場志向］

オイル・ショック以降の低成長経済下においては，これまで国内市場第一主義を採用していた大手企業も，企業経営のうえから，海外市場の需要動向を的確に把握したうえで，生産計画も販売計画も国際市場の観点から検討しなくてはならないという認識を強めた。かくして企業の国際化の方向が進むことになった。

International Monetary Fund ☞ IMF

International Multimodal Transport ☞ International Combined Transport

International Organization for Standardization ☞ ISO

International Trade ［国際貿易］

客観的な立場でみたばあいの，国際的な物資およびサービスの交流をいう。これに対して，たとえば日本という中心点をおいて，その立場からみた貿易取引を，外国貿易（Foreign Trade）という。

International Trade Law ［国際商取引法］

国際動産売買を中心とした統一条約や規則，慣習を総括した呼称である。おもなものとしては国際物品売買契約に関する国際連合条約（UN Convention on Contracts for the International Sale of Goods, 1980），UNCITRAL が発表した仲裁規則，国連国際複合運送条約，ICC の統一規則などがある。

Inter-office Rate ［インター・オフィス相場］

為替取引にともなう同一為替銀行本支店間の貸借関係を記帳する勘定を Inter-office Account（本支店勘定）とよび，このばあい適用される相場をインター・オフィス相場という。

Interstate Commerce Commission ［州際商業委員会］

アメリカ国内において2州以上にわたって行なう商取引を規制する行政機関である。1887年の設立，ICC と略称する。

Intra-trade ［域内貿易］

EU, NAFTA, AFTA など経済ブロック内の取引をいう。域内共通関税と国際分業の確立などをめざしている。

Introduction of Technology ［技術導入］

先端技術の輸入をいう。欧米の技術の導入によって戦後の経済発展を遂げたわが国であるが，現在では技術輸出も盛んである。

Inv. ☞ Commercial Invoice

Inventory Finance ［インベントリー・ファイナンス；在庫融資］

本来は手持ち商品がらみの金融，あるいは企業内部の積立金を融通して投資する自己金融をいう。

わが国のばあいは，特殊の意味で用いられた。すなわち，朝鮮動乱後の特需や一般輸出の激増によって国際収支は受取り超過となったが，これは外国為替資金

特別会計からの円払出し超過となり，この円資金を日銀からの借入れによってまかなうときは，通貨膨張・インフレの危険があるので，この受取り超過外貨に対する支払い円資金は，一般会計からの外国為替資金特別会計への繰入れ，すなわち，税金によってまかなうことにした。こうしたことから，国内円通貨の膨張を相殺する方法として，一般会計から外国為替資金特別会計への繰入れを，インベントリー・ファイナンスというようになった。

Inverse Processing Deal Trade ［逆委託加工貿易］

わが国の委託者が，外国の受託者に原材料を支給し，現地で加工のうえ，わが国へ輸出する方式である。韓国，台湾，中国や ASEAN＊諸国の安い労働力を利用でき，しかも国際分業方式として相手国にも益することが期待される。ただし，繊維原料および皮革を用いる逆委託加工貿易は，日本の国内業界への Boomerung＊効果のうえから政府の承認を必要とする。

Investigate ［調査する］

組織的に徹底的に調査する意味。

Would you investigate your prices to enable us to continue our volume of trade?(取引量を維持できるように，価格を検討してくれませんか。)

Investor State Dispute Settlement ［ISDS条項］

ISD 条項ともいわれる。自由貿易協定（FTA）を締結するような場合に，取り決められる条項の1つとみなされる。投資家（企業）が投資受入国から不利益を被った場合などにその救済を求めて相手国政府を相手どって法的手段に訴えることを可能にする条項。TPP（Trans-Pacific Partnership）協定締結交渉の場でも重要な条項の1つとして協議された。

Invisible Trade ［無形貿易］

目に見えないサービス，海上運賃，海上保険料，観光関係，特許料，代理店手数料などの取引をいう。通関手続がとられないため，国際収支統計ではサービス収支として取り扱われる。

Invoice

「支払いを請求する」；「送り状」の意味。

Is this item to be invoiced or are we supplying it free? (この品目は有償にすべきすべきですか，無料で提供すべきか。)

We draw a draft for the invoice amount. (送り状金額に対して手形を振り出す。)

The invoice for this shipment will be settled within the next few days. (この船積みに対する送り状は数日中に決済される。)

All shipments are to be covered for 110% of invoice value. (すべての積荷には送り状金額の10％増しで保険がつけられること。) ☞ Commercial Invoice

Invoice Back ［仕切り戻し］

請求金額と後日決定した正しい金額との差額を，値引きもしくは追加支払いすることをいう。たとえば，運賃前払いずみの条件で仕切られた送り状を，輸入者が入手したとする。しかし，現実の輸送費は，送り状記載の金額より小さいばあいに，輸入者はその差額を輸出者に Invoice Back できる。

Inward Manifest ☞ Manifest

IQ System ［輸入割当制］

Import Quota System の省略で，IQ 制に属する輸入品目のばあいには，各品目ごとに割当数量限度が定められており，その限度内で，しかも割当基準に従って，数量割当が行なわれる。☞ Import Quota System

Irregularity ［不一致；ディスクレ］

信用状条件と契約条件との不一致、あるいは船積書類と信用状条件の不一致をいう。Discrepancy*，ディスクレともいう。

Irrespective of Percentage ［免責歩合不適用］

WA条件では小損害については、それが担保危険によるか否か判明しがたいので、保険者はWA 2％のように、免責歩合を表示するのがふつうである。こうした免責歩合が適用されないためには、保険者と免責歩合不適用（IOPと略称される）を協定するので、WAIOPと特約することになる。

Irrevocable L/C ［取消不能信用状］

発行された信用状が、いったん受益者（Beneficiary）に通知された以上、その信用状の利害関係者、すなわち発行依頼人、発行銀行、通知（取次）銀行、受益者全部の同意のないかぎり、取消しや内容の変更ができないものをいう。これに対して、取消可能信用状（Revocable L/C）は、買主が一方的に、これを取消しまたは変更できるので、輸出者および買取銀行にとっては不安である。

取消可能か取消不能かについては、一般に信用状面にRevocableとかIrrevocableとかの文字がある。信用状面に「取消可能（Revocable）」の語がなければ、仮りに「取消不能（Irrevocable）」の語がなくても取消不能信用状とみなされる。"1993年改正の信用状統一規則（UCP500）"により、従来と異なる解釈になった（第6条C項）。

IS

Import for Storage（倉入れ）の略語。

輸入（納税）申告書の「申告種別符号」の1つで、保税倉庫に外国貨物を入れることをいう。

ISD ［国際ダイヤル通話］

International Subscriber Dialingのことで、一定の加入者および相手国と、オペレーターを通じて申し込む必要なしに、直接相手の番号をダイヤルして、通話できる方式である。

ISO ［国際標準化機関］

International Standardization Organizationの略称。1947年に設立された国際標準化の機関で、世界における標準化の発展のために、ISO規格を各国に勧告している。

ISO9000シリーズ。

ISO国際標準規格9000シリーズ。

ISOによる品質管理の国際規格で、品質管理のプロセスの査定を定める。

ISO14000シリーズ。

ISOによる環境管理に関する国際標準規格で、9000シリーズと同様、環境保全に対するプロセスの査定を定める。

ISP98 (International Standby Practices) ［国際スタンドバイ規則（ICC Publication No.590）］

スタンドバイ信用状（Standby Credit）のための国際規則。Standby Creditの発行に際してはこの規則の規定に従う旨の文言を明記することが望ましい。

ISPM No.15 (International Standards for Phytosanitary Measures No.15) ［植物検疫措置に関する国際基準第15号］

「国際貿易における木製梱包材の規制に関するガイドライン」（国際基準No.15）のこと。衛生植物検疫措置の適用に関する協定（Agreement on the Application of Sanitary and Phytosanitary Measures；1995年1月発効）により国際貿易で用いられる木製梱包材に検疫を要求する国が多くなっている。これは51年

の国際植物防疫条約(International Plant Protection Convention；IPPC)で国境を越えた植物の病害虫を防除しようと約束していることでもわかるとおり，森林を守るためでもある。対象国向けの輸出には，「輸出用木製梱包材消毒実施要領」(植物防疫所)にもとづく消毒を行い，その旨の表示(IPPCマーク)を付しておかなくてはならない。わが国でも，2007年4月から，ISPM No.15にもとづき輸入貨物の木製梱包材については同様な措置が導入された。

Issue ［発行する］

Issuanceは「発行」。

We have issued (=opened=established) an irrevocable credit in your favor. (貴社を受益者として取消不能信用状を発行した。)

We are requested to advise you of the issuance of this L/C in the terms mentioned below. (下記載の条件で信用状が発行されたことを貴社に通知するよう依頼されている。)

Issued Capital ［発行ずみ株式］

米国ではIssued Stock。株式が売り出されてすでに売却され，株主の手にあるものをいう。これに自己株式(treasury stock)を差し引いたものをOutstanding Stock (社外株式)という。

Issuer ［開設銀行；発行銀行］

信用状の開設銀行(Establishing Bank*)をいう。発行銀行(Issuing Bank；Opening Bank)ともよぶ。

Issuing Bank ☞ Establishing Bank

ISW

Import from Storage Warehouse (倉出輸入)の略語。

輸入(納税)申告書の「申告種別符号」の1つで，保税倉庫から輸入するばあいをいう。

ITC ［(米国) 通商委員会］

The United States International Trade Commissionの略称。1974年の通商法により，以前の関税委員会(Tariff Commission)が改組されたもの。通商委員会は，大統領および議会の要請により，国内産業に重要な損害をあたえるおそれのある輸入品の生産原価の調査とか，不公正競争の調査，諸外国の差別待遇などの調査を行なって，大統領に対して関税引上げなどの勧告を行なう。

Item ［品目；項目］

「商品；品目」(=Goods=Article=Line)，「項目」の意味。

We are well placed in handling the following items. (下記の商品を扱うのに好都合である。)

Is there any information you would like to have about any of the items listed in the catalog? (カタログ記載の商品について知りたい情報がありますか。)

Summer items (夏物)

The 10th Item on the list (表中の第10項目)

Item Number ［品目番号］

関税定率法，関税暫定措置法の別表に記載されている輸入商品の品目番号で，H/S条約にもとづいて6桁で表示されている。

価格表に記載されている商品名を暗号化した品目番号をいう。

IT Entry ［アイ・ティー・エントリー］

輸入貨物の保税運送(Bonded Transportation*)のことを米国ではアイ・ティー・エントリー (Immediate Transportation (IT) Entry) という。

ITF

International Transport Workers Federation (国際運輸労連)の略語。

FOC (便宜置籍船)の増加に歯止めを

かけるために，傘下船員組合および港湾労働者組合に対して，ITF傘下の船員組合とのあいだに締結された労働協約を守っていない船員が乗り組んでいる船に対して，荷役拒否などの反対運動をよびかけたりする。

ITI

関税協力理事会が1971年に制定した通関条約で，国際運送を容易にすることを目的としている。この Customs Convention on the International Transport of Goods (ITI 条約) は，TIR 条約がコンテナによる道路運送を対象としているのに対して，各種輸送機器による海・陸・空のすべての輸送手段を対象としている。

IUCN Red List ［国際自然保護連合レッドリスト］

国際自然保護連合 (International Union for Conservation of Nature; IUCN) が定めている，絶滅の恐れがある野生動植物を指定するレッドリスト（絶滅，野生絶滅，絶滅危惧1A，絶滅危惧1B，絶滅危惧2に分類）の絶滅危惧1B（近い将来，野生で絶滅する危険性が高い）にニホンウナギが指定された（2014年6月12日）。絶滅の恐れは，環境汚染，気象，乱獲などの複合作用かもしれないが，世界の消費の7割を占めるという日本にとっては心配なことである。IUCN のレッドリストに法的拘束力はないとしても，ワシントン条約（絶滅の恐れのある野生動植物の種の国際取引に関する条約；CITES）への影響力で国際的商取引の規制対象になると，ウナギの輸入取引が規制される。ワシントン条約締約国会議は2016年に南アフリカで開催された。

J

Japan Agricultural Standard
☞ JAS

Japan Association for Simplification of International Trade Procedures ［日本貿易関係手続簡易化協会］

JASTPROと略称する。

貿易手続の簡易化,貿易書式標準化を目的として1974年に設立された財団法人で,国連の関連機関とも協力して標準書式を発表している。

Japan Bank for International Cooperation ［国際協力銀行］

海外経済協力基金と日本輸出入銀行が1999年10月に統合されてできた政府系金融機関であったが,2008年10月1日に設立された株式会社日本政策金融公庫(Japan Finance Corporation, 全額政府出資)の国際部門(旧国際協力銀行の国際金融等業務部門を継承)として統合され,引き続き国際協力銀行(JBIC)の名称を用いて業務を遂行してきた。そして,2011年4月28日に株式会社国際協力銀行法が可決され,2012年4月1日に株式会社国際協力銀行として分離・独立した。円借款など,民間金融機関よりも低利で,長期の資金を主として途上国に貸し付けることを主要業務としているが,企業への海外投融資なども事業の柱である。

Japan Commercial Arbitration Association ［日本商事仲裁協会］

貿易紛争の相談,斡旋,調停,仲裁を行なう専門機関で1950年に設立された。各国の仲裁機関と協力して仲裁協定を結び,仲裁判断の承認と執行を容易にすべく活動している。

Japan-EU AEO Mutual Recognition ［日EU間AEO相互承認］

日本EU間のAEO(Authorized Economic Operator)制度の相互承認が,2011年5月24日から開始された。日本にとってEUとのAEO相互承認はニュージーランド,米国に次いで3例目となる。AEOと認められているわが国企業は,自己の日EU相互承認用コード(日本の税関から通知されている)をEUの取引先に知らせておき,EUのAEO企業はそれをEUでの通関の際に入力することでEUの通関手続上相互承認のメリット(手続きの簡素化など)を受けることができる。その反対に,EUのAEO企業と取引する際にはその企業に付与されている12桁(A+英数字7桁+国コード2桁+数字2桁で構成)の日EU相互承認用コードの通知を受けておき,わが国での通関の際にNACCSの所定欄に入力することで同様の相互承認メリットが受けられる。なお,カナダ,韓国とも相互承認の取り決めに署名している。

Japan Industrial Standard ［日本工業規格］

JISと略称する。

わが国の鉱工業製品の規格を統一して,品質の向上と生産の能率化をはかるために,1949(昭和24)年の工業標準化法にもとづいて実施されている。指定された品目の国内および外国の製造業者は

主務大臣に申請し，工場の生産条件の審査に合格すると合格品にはJISマークが付けられる。しかし，製品規格の国際的統一の要望が強いので，わが国の規格，基準も可能なかぎり国際規格に合わせる方向で検討されている。

Japan Marine Surveyors & Sworn Measurers' Association ［日本海事検定協会］

運輸省の管轄下にある公益財団法人で，海運貨物の鑑定，検量を行なっている。ここで発行された容積・重量証明書が海上運賃の基礎となる。検定協会には，ほかに(財)新日本検定協会がある。

Japan PI ［日本船主責任相互保険組合］

PIはProtection and Indemnity Insurance（船主責任保険）をいう。世界各国にP&Iクラブがある。

Japan Singapore Economic Agreement for a New Age Partnership (JSEPA) ［日本・シンガポール新時代経済連携協定］

地域ブロック化にくみしなかった日本が，政策転換して自由貿易協定（FTA）を初めて締結した。2002（平成14）年1月13日にシンガポールと締結した自由貿易協定（正式名称は「新たな時代における経済上の連携に関する日本国とシンガポール共和国との間の協定」）がそれである。153条からなる協定書であるが，①目的・効果，②協定が取り扱う分野に大別できる。協定が取り扱う分野では，物品貿易，人の移動，サービス取引，資本・情報の移動の促進，経済活動の連携強化を取り決めている。物品貿易の促進については，関税の撤廃，原産地規則，税関手続の簡素化，貿易取引文書の電子化，相互承認をあげている。

Japan's Trade Balance of 2011 ［日本の2011年貿易収支］

日本の2011年の貿易収支は，1980年以来31年振りの赤字（2兆4,927億円）となった。経常収支（current account）は，所得収支の黒字に支えられて黒字を維持している。経常収支は，貿易・サービス収支，所得収支，経常移転収支から構成されている。

2011年　日本の貿易収支	
輸出額	65兆5,547億円
輸入額	68兆0,474億円
貿易収支	▲2兆4,927億円

出所：財務省・貿易統計（速報）

JAS ［農産物品質規格］

Japanese Agricultural Standardのこと。

「農林物資の規格化および品質表示の適正化に関する法律」（JAS法）にもとづいた，食品，木材製品などの品質規格で，JASマークはJAS規格に合格していることを示す。JASマークを付けるためには，製造業者は，登録格付機関に申請して検査など所定の手続を経て，農林水産大臣の認可をえなくてはならない。

JASTPRO ☞ Japan Association for Simplification of International Trade Procedures

JETRAS（Japan Electronic Open Network Trade System） ［貿易管理オープンネットワークシステム（ジェトラス）］

IT化が推進されるなかで，経済産業省が所轄する輸出入の許可・承認・確認等の申請から発給に至る過程を電子的にシステム化したもので，書類を使用しないペーパーレス化やスピード化が実現され，輸出入業者等関係業者には利便性が大きい。

JETRO ［日本貿易振興会］

Japan External Trade Organizationの

略称。ジェトロと俗称する。

1958（昭和33）年7月に，日本貿易振興会法にもとづき，資本金20億円の全額政府出資の特殊法人として設立された。その目的は，世界各国市場の調査，海外商社の信用調査，海外産品の展示，見本市への参加，図書（「ジェトロ・センサー」「ジェトロ貿易投資白書」など）の刊行など貿易振興をはかることにある。その前身は，1954（昭和29）年8月にイギリスの輸出貿易調査機関であるBETROを手本として設立された海外貿易振興会であった。現在は（独立行政法人）日本貿易振興機構と名称変更している。

Jettison and Washing Overboard ［投荷・浪渫危険］

Jettison（投荷）は海難にさいして船脚を軽くするために積荷の一部を船外に投棄することで，打荷ともいう。投荷は本来，共同海損たるべき性質のもので，通常の保険条件で填補されるはずのものである。しかし，こうした投荷や浪渫えが，強酸類や木材などの甲板積貨物について行なわれたばあいは，特約がなければ填補されない。

JFFF ［日本海運貨物取扱業連合会］

Japan Federation of Freight Forwarders の略語で，スイスに本部のあるFIATA（Fédération International des Associations de Transitaires et Assimilés，国際海貨業者協会連合会）の会員である。

JIFFA ［日本インターナショナル・フレイト・フォーワーダーズ協会］

Japan International Freight Forwarders Association の略語。

同協会は1984（昭和59）年 JIFFA B/L を発表した。現在わが国の複合運送人が使用する複合運送証券は JIFFA B/L, FIATA B/L, あるいは大手業者自社作成の B/L のいずれかである。

JIS ☞ Japan Industrial Standard

Jobber ［卸売商］

輸入商，製造業者，大手卸商などから商品を仕入れて，小売商人とのあいだで取引する中間商人である。取り扱う商品は，比較的小口の商品が多い。

Job Description ［職務仕様］

特定の職務の義務と責任についての明細書で，職務概要，遂行業務，職務遂行要件などから構成されており，職務の規準となるべきものである。アメリカの職業人は，この職務仕様の指示内容の枠内でしか仕事をしない。職務仕様がないと，何をしてよいかわからないし，その仕様の難度や貢献度によって給与が定まる。

Joint Action of Several Different Causes ［異種原因の協力作用］

いくつかの異種な危険に遭遇して損害がより大きなことをいう。異種原因が担保危険と免責危険とのばあい，解決がむずかしくなる。

Jointed B/L ☞ Local B/L

Joint Float System ［共同変動為替相場制］

共同フロート制のことで，欧州では Snake* とも俗称する。

Joint Rate ［合同（共同）運賃］

国際複合一貫運送で単一通し運賃が適用できないばあいに，各運送区間の運賃を合算した運賃をいう。

Joint Service ［共同配船］

1社だけでは定期船サービスが困難なばあいに，2社以上の船会社が船を出しあって配船すること。

Joint Venture ［合弁事業］

企業活動を行なうばあいに，企業が100％の投資を行なうのに対して，外国資本など他社（パートナー）の資本参加によ

る事業の方式をいう。100％の企業進出が不可能な場合には合弁企業の形をとらざるをえない。基本的な実行可能性調査 (Feasibility Study*)，出資比率の検討，取り組む相手先の選択が合弁事業の成否を決定する。

We should be pleased to know whether you would be interested in a licensing arrangement or a joint venture. (特許権実施契約と合弁事業のいずれに興味があるか知りたい。)

Jump ［急騰］

We confidently expect a jump (=sharp rise=sudden rise) very shortly. (近く価格の急騰があると内々期待している。)

Jurisdiction Clause ［裁判管轄約款］

原告がその訴状に，特定裁判所が管轄することを記載することを定めた条項である。

J/V ☞ Joint Venture ; Consortium

J/V Agreement ［合弁事業契約］

複数のプロジェクト当事者が，共同で事業を遂行するばあいに，会社形態をとらず (unincorporated)，当事者間で締結した契約にもとづいて任意の団体を結成する契約。

JWOB ☞ Jettison and Washing Overboard

K

KD ☞ Knocked Down

Keen ［熱心な］

eager は欲望を満足させるための熱心さ。zealous は情熱的な熱心さ。keen は日常広く用いられる口語。

We are writing to you with a keen desire to enter into business connections with you.（貴社との取引関係を始めたいと切望して本状を認めている。）

As competition is very keen, please reduce your price by 10％.（競争がきわめて厳しいので、10％値引きしてほしい。）

Keep Dry ［湿気注意］

荷印（Shipping Marks*）中の注意マークの1つである。

Keep Sample ［控え見本］

見本を送付する側が、自社の控えとして保有しておく見本をいう。Duplicate Sample；File Sample ともいう。

Keg ［小樽］

釘やボルト、ナットなどの包装容器として用いる。標準量目は100ポンドである。

Kelly's Directory ☞ Directory

Kennedy Round ［ケネディ・ラウンド］

アメリカのケネディ大統領が提唱した関税の一括引下げ交渉（Negotiation for a linear tariff-reduction）で、これまでの国別・品目別の関税引下げに代えて、交渉参加国が一律35％の関税引下げを行なうというもの。しかしその後、輸出競争が激化し保護貿易主義が台頭し交渉は難航した。やがて、ガット（GATT）の自由・無差別の原則を堅持するための新国際ラウンド（東京ラウンド）に引き継がれることになった。

Key Currency ［基軸通貨］

国際貿易・金融取引のうえで、基軸になる国際通貨のことをいう。戦前は英ポンド、戦後は米ドルが中心的な役割を果たしたが、1971年8月15日の米ドルの金との交換性の停止によって、複数の基軸通貨をもつ国際通貨制度が検討されることになった。その後、円、ユーロを加えた三極体制に進みつつあるが、基本通貨米ドルの地位と同レベルには到ってない。

Kilo Ton

Metric Ton ともいう。フランスをはじめ、欧州諸国でもっとも広く使用されている1,000キログラム、すなわち、2,204.616ポンドを1トンとする重量単位。

Kind of Package ［荷姿］

Packing（外装）の形態で、裸のまま積み出す（Unpacked Cargo）散荷以外は、貨物それぞれの通常の荷姿が慣習的に決められている。同じ繊維製品でも、綿製品は Bale（俵）、絹製品は Case（木箱）包装がふつうである。

Knocked Down ［ノック・ダウン］

自動車輸出にみられる方式で、完成品に対しては現地で高い輸入税が課せられるので、部品の形で輸出し、現地で組み立てる方式。この方式は関税が安くつき現地の安い労働力が利用でき、また販売

市場に接近できるなどの利点がある。一方，輸入国にとっても，技術の習得，雇用機会の拡大などの利点がある。

Knot ［ノット（海里）］

船の速力の単位で，1ノットは1時間に1カイリ（1.852km）を走る速さをいう。

定期の客船は1時間20〜30ノットで走り，不定期の貨物船は，だいたい12ノットで走る。もともとKnotは縄の結び目を意味する。帆船時代には船の速さをはかるのに，縄のさきにうきをつけて船首から海中に投げ込み，砂時計で一定の時間がきたときに，縄をおさえて流れるのを止めた。この縄には一定間隔に結び目があって，流れた結び目を縄をたぐって数えた。5個あれば速力は結び目5個分，すなわち5ノットというようにはかった。

Know-How ［ノウ・ハウ］

製造上の技術もしくは秘法をいい，一種の工業所有権である。外国の優秀な生産技術を導入するためには，高額のノウ・ハウ使用料を払わねばならない。

Know-How License ［ノウ・ハウ実施権］

ノウ・ハウ（技術情報）の保有者（許諾者）が第三者（実施権者）に対して，その保有するノウ・ハウを伝授し，それを利用する権利を許諾することをいう。ノウ・ハウの実施料額は，ノウ・ハウの技術的・経済的価値その他の要素で決定される。

Known or Reported Loss Warranty

船積通知を入手した輸入者が，海上保険契約を締結するときには，貨物がすでに海上危険により滅失していたとしても，保険者も被保険者もその事実を知らなかったばあいには，Lost or not Lost Clause（遡及約款）が適用されて，保険者の責任は開始する。しかし，被保険者は損害の発生を知っており，保険者はそれを知らされていないばあいは，被保険者の詐欺または告知義務違反として，保険契約は無効となる。

Kuangton Fair ［広州見本市］

Canton Export Commodities Fair（中国出口商品交易会）のことで，毎年，春と秋，広州市で行なわれるので，広州交易会ともよばれている。中国が農産物，繊維，軽工業製品などの輸出を主目的とした見本市であるが，同時に日本，欧州諸国からの機械類などの輸入の商談も行なわれる。

L

L/A

清算勘定（Open Account）地域との取引は，現金取引と区別するために，通常の信用状と機能的には同じであるが，L/A（Letter of Authority）とよぶ信用状を使っていた。これは，通常，取消不能であり，Without Recourse*であるので，その効力はふつうの取消不能信用状と同じであるが，信用状面に，本信用状は両国間の支払協定にもとづいて発行されたものである旨が明記されていた。手形の名宛人はいずれも輸入者で，この信用状にもとづく手形はすべて，米ドル表示であった。

Label Clause ［レッテル約款］

中身に異常がなく，レッテルだけに損傷のあったばあいであっても，瓶詰類は商品価値を低下させ保険金も高額となるので，レッテルの取替費用にもとづいて保険金を計算するという規定である。

LAFTA

アルゼンチン，ブラジル，チリ，コロンビア，エクアドル，メキシコ，パラグアイ，ペルー，ウルグアイの9カ国が加盟しているラテン・アメリカ自由貿易連合。1980年のモンテビデオ条約に基づき，ラテンアメリカ統合連合（ALADI）に統合。

Land Bridge ［ランド・ブリッジ］

海上輸送を主体として，一部に陸上区間を橋のように利用することによって，時間と経費を節約させる輸送の方式で，日本→ナホトカ→欧州（シベリア・ランド・ブリッジ）や日本→北米太平洋岸→鉄道→北米大西洋岸→欧州（アメリカ・ランド・ブリッジ）が代表例である。

Landed Quality Terms ［陸揚げ品質条件］

Arrival Quality Terms（到着品質条件）ともいう。品質決定の時期を示すための条件で，契約商品の陸揚げもしくは到着した時点が，契約で定めた品質であることを，売主が保証する条件である。

Landed Terms ［陸揚げ条件］

DEQ（埠頭持込み渡し）のように，輸入港で貨物を陸揚げするところまでの費用，危険を売主が負担し，所有権も陸揚げの時点で，売主から買主へ移転する条件をいう。

Landed Weight Final ［陸揚げ数量条件］

重量を取引単位とする散積み大量貨物などのばあいに，陸揚げ数量が契約の数量と合致することを，売主が保証した条件。輸送上に減量のあったばあいは，売主の負担となる。

Landing ［荷卸し；陸揚げ］

Discharging；Unloading ともいう。

貨物が艀から陸地に卸されること。あるいは陸地に横付けに係留された船舶から直接，貨物を陸地に卸すことをいう。これには，荷受人が艀などで直接荷卸しするばあいと，船会社側が揚荷するもの（直受け），さらに第三者である倉庫業者を通して揚荷する（倉受け）ものがある。倉受けは，陸揚げされた貨物を倉庫業者が，荷受人に荷渡しするまで保管・管理するもので，多種多様の荷主別の貨物の

陸揚げのばあいには，荷役の迅速化のために，この方法が用いられることが多い。いずれのばあいも，揚荷作業はStevedoreが請け負う。

Landing Agent ［陸揚げ代行業者］

港湾運送事業法（昭和26年）で規定されている一種業者，すなわち一般港湾運送事業者のうち無限定の海貨業者は，荷主の委託をうけて港湾運送を代行すると同時に，船会社からの委託をうけて元請船内荷役をも行なう。輸入のばあいは陸揚げ代行業者として，総揚げ，あるいは自家取り業務およびそれに接続する業務を行なう。☞ Freight Forwarder

Landing Certificate ［陸揚げ証明書］

貨物が陸揚げされたことを，輸入地駐在の輸出国領事館に確認してもらった証明書をいう。

Landing Charges ［陸揚げ費用］

総揚げ貨物を，本船船側フック下で受け取ってから，所定の荷さばき場へ搬入するまでの，港湾運送に関する料金をいう。したがって，荷受人に貨物を引き渡すまでの上屋保管料，搬出料，トラック積み賃および事務処理費などは，別途加算される。

Landing Note ［ランディング・ノート；荷物陸掲げ票］

艀取りのさい，本船の一等航海士が，積荷目録にもとづいて作成し交付する覚え書をいう。

Landing Port ［陸揚げ港］

船舶の貨物の陸揚げを目的とした海上ないし空港。

Landing Quantity Terms ［陸揚げ数量条件］

重量を取引単位とする散荷の大量貨物のばあいには，船積みのさい正確に看貫することがむずかしかったり，また海上輸送中の温度，湿度の変化によって積荷の重量に増減が生じる可能性も大きいので，貨物の現実の数量が，どの時点で契約数量に一致すべきかが問題となる。陸揚げ数量条件のばあいには，契約数量は，陸揚げ時の数量をもって最終とみなされる。

Landed Weight Final ; Outturn Weight Final ともいう。

Landing Report ［陸揚げ故障報告書］

輸入貨物の船卸しのさいに，本船側の検数人と荷主側の検数人との検数結果に不一致があったばあいに，再検数の結果をまとめた報告書をいう。貨物に損害があり，保険会社に損害通知を行なうさいに，海難報告書その他の書類とともに，その提出が要求される。

Land Risk ［陸上危険］

Shore Risk ともいう。

船積港，陸揚港，積替港の埠頭，上屋，保税地域などで発生する火災，盗難などの危険をいう。

1982年ICC*約款では，陸上輸送用具の転覆，脱線，地震，雷，火山の噴火は担保するとしている。

LASH ［ラッシュ船］

Lighter Aboard Ship の略語。

相当複数の艀を，本船に設備されたクレーンで船上に収納できる構造の船である。艀を船舶に搭載して輸送できるラッシュ方式のばあいは，必ずしも，岸壁などの港湾施設を必要としないので，コンテナ専用埠頭をつくるだけの資力のない途上国でも利用できる。

Lashing ［ライシン］

港湾荷役作業で用いられる慣用語で，荷動きや荷くずれを防止するために，ロープなどで抑え貨物を固定させることをいう。☞ Securing

Latent Defects ［隠れた欠陥（瑕疵）］

Late Shipment

Hidden Defects*, Secret Defects と同じ。

Late Shipment ［船積み遅延］

船積期日が契約所定の期日または信用状の最終船積日（the latest shipping date）よりも，遅れることをいう。不可抗力（Force Majeure*）の理由によるばあい以外は，それによる損失は輸出者の責任となる。

Latest Shipping Date ［最終船積日］

契約の船積期日が8月積み（August Shipment）であれば，信用状では not later than August 31 と船積みが許される最終日が明記される。信用状そのものの有効期限（Expiry Date*）は最終船積日より10日くらい余裕があるのがふつうである。

Latin American Free Trade Association ☞ LAFTA

Law of Large Number ［大数の法則］

契約数が多ければ多いほど，発生する損失の数は，基本的な損失確率に合致するという法則をいう。

Lay Days ［停泊期間］

航海用船契約において，荷主が船主に対して約束した，貨物の積荷または揚荷に必要な日数をいう。一般的な用法として，本船が積揚地に入港したときから，荷役終了時までの期間をいう。

Lay Days, Lay Time というばあいの Lay はギリシャ語の Larkos に由来する Unspiritual という意味で Holiday に対する世俗の日，働く日の意味なので，Lay Days から Sunday, Holiday はのぞくのが原則である。

Laydays Statement ［停泊日数計算書］

Laytime Statement ともいう。

荷役時間協定書ともいう。航海用船契約において，滞船料や早出料を算定する資料となるものである。荷役の開始時間，終了時間，中止時間およびその理由，荷役トン数などが，荷役日の Time Sheet および荷役報告（Daily Report）にもとづいて記載する。荷主側と本船側の荷役責任者とが署名する。

Lay Time ☞ Lay Days

lb. ［ポンド］

重さのポンド（Pound）を示す。ラテン語の libra の省略。複数形は lbs.として使用する。lb.のままでもよい。

LBO ［レバレッジド・バイアウト］

Leveraged Buyout の略称。買収しようとする企業の資産を担保として借り入れた金で企業を買収し，買収後その企業の資産を売却して借入金を返済するか，あるいは買収後の企業があげる利益のなかから借入金を返済するやり方をいう。この方法を使えば，極端なばあい，無一文で企業の買収ができるので，M&A（Merger and Acquisition，企業買収）の手段として欧米で盛んに用いられる。

L/C

We opened an L/C for $10,000 in your favor with A bank.（信用状を貴社を受益者として1万ドル，A 銀行で発行した。）

As no boat is available, please extend your L/C for one month more.（便船がないので，信用状をもう1カ月延長してほしい。）☞ Letter of Credit

LCL ［エル・シー・エル貨物］

Less than Container Load の省略。1つのコンテナを満たすことができない小口貨物のことをいう。小口の LCL 貨物は，CFS*受けのうえ Carrier's Pack（運送業者によるコンテナ詰め）される。

Less than Carload Lot（鉄道貨物小口扱い貨物）の省略としても用いる。これ

は1貨車積み（a carload）するには足りない数量の貨物，すなわち，小口扱いとなる貨物をいう。このような小口扱いの貨物は，鉄道側に引き渡されると，他の小口貨物と混載して1貨車として運送される。したがって，通常のばあい，小口貨物は駅渡し条件で鉄道側に引き渡されることになり，貨物を指定駅に搬入し，駅の責任者立会いのうえで，指定の荷置き場所に卸した時点で，荷送人の責任は終わる。

Leads and Lags ［リーズ・アンド・ラグズ］

Leads は「進み」，Lags は「遅れ」の意味。為替取引において，金利差または為替相場の先行き予想から，対外支払いもしくは受取りを，意識的に早めたり遅らせたりすることをいう。たとえば，A国の輸入者は，相手国Bのほうが低金利のばあいに，B国の低金利を利用しB国で金融をうけ，対B国支払いを遅らせる傾向となるし，逆にこのばあい，B国の輸入者はA国の高金利を避け自国での低金利の金融をうけることによって早期に対A国支払いを行なう傾向となる。あるいはまた，円高の為替相場が予想されるばあいには，輸出決済を早め，輸入決済を遅らせる傾向ともなる。Leading and Lagging ともいう。

Leakage ［漏損］

海上輸送中に，液体類が Drum や Barrel などの容器から漏失する損害で，俗に「刺し」という。航海が正常に行なわれ，外部からの衝撃がないにもかかわらず生じた漏損は，付加危険であるから，特約を結ばないと塡補されない。このさい，保険会社は Excess*方式による免責歩合をつけるばあいが多い。漏損もけっきょく，そのものの減量による損害であるから，結果的には Shortage（不足）と同じ性質のものとして取り扱われる。

Lease ［リース］

1950年代初期から米国でリース産業が発達し，63年に銀行によるリース業の兼業が認められるようになり，銀行リースが1つの金融制度として定着するようになった。リースの利点は，建物や機械設備などの固定資産購入資金が不要であり，また機械設備の陳腐化リスクも回避できる。リース料の損金計上が可能で税務上の利点もある。

リースの形態には，対象物件の単純な賃貸に近い Operating Lease と，リース利用者にリース業者が融資を行なうのと同一の効果をもつ Financial Lease がある。

Lease Back ［リース・バック］

企業が自己の保有する建物や機械設備などをリース会社にいったん売却して代金を受領したうえで，改めて当該固定資産を長期リースで借りるという資金調達の方法。

Leased Channel ［国際専用回線］

海外の本支店，または特定の相手先と多量の通信を行なうばあいに，KDDI（国際電信電話株式会社）から国際通信回線を月極めで借り切って，昼夜の別なく，独占的に通信するための方式をいう。

Legal ［合法的な；法的な］

適法条件を満たした（lawful）という意味。

Unless this matter has your immediate attention, we shall be compelled to take some legal steps for it.（至急この件についてご配慮下さらなければ，法的処置をとらざるをえない。）

Legal Action ［法的行為；訴訟］

Legal Maxims ［法格言］

法諺のこと。普遍的に承認された法原則，法格言をいう。

Length ［長さ］

繊維類にあっては，長さが取引の基準

単位として用いられることが多い。フランスその他ラテン系諸国ではメートル(Meter)，米国ではヤード(Yard)を単位として用いる。

Lengthy Cargo ［長尺物］

鉄道レールや木材のような，長さ30フィート以上の長尺の貨物をいう。積付け場所や取扱いが特殊となるので，割増(Additional Freight; Lengthy Surcharge)や，特別費用が要求される。

Less than Container Load
☞ LCL

Let's Go ［レッコ］

港湾荷役作業で用いられる慣用語で，荷を完全に下げることを意味する。

Letter ［手紙］

《米》Mail。Favo(u)r は商用文で相手の手紙に敬意を払うばあいに用いる古い表現。Correspondence は手紙で通信すること，またはその手紙。

Letter-paper(書簡用紙)。商用用としては全紙4つ折り大を使う。小型のもの(Smaller Size)は Note-paper といい，私信用である。

Letterhead ［レターヘッド；頭書］

書簡用紙（Stationery または，Letter Paper）の上部に印刷された，会社の概要についての部分で，社名（Firm Name），所在地（Address），古くは電信略号（Cable Address），使用電信暗号書（Code used），営業品目（Line of Business），取引銀行（Bankers），国際電話番号（Telephone Number），支店の所在地（Branch Office Address）などが示されている。頭書は，その会社についての第一印象を相手側にあたえる大切な部分であるためデザイン化して印刷しておかねばならない。

Letter of Abandonment ［委付証］

委付（Abandonment*）に対して保険者が保険金を支払うばあいに，被保険者からの提出を求める書面。これにより被保険者の委付の意思や他の保険契約がないことを確認する。

Letter of Authority ☞ L/A

Letter of Awareness ［レター・オブ・アウエアネス］

特定の事に関し内容を aware（知覚している）旨したためた念書の一種。

Letter of Comfort ［コンフォート・レター］

貸手に対し，差し出す推薦状，監査人が出状する推薦意見書。

Letter of Countermarque ［報復捕獲免許状］

敵の商船に対する報復的捕獲の権利を，国家が免許した認許証をいう。海上保険の危険約款中の，列挙危険の1つとして塡補される。

Letter of Credit ［信用状］

Credit ともいう。通常 L/C と略す。

貿易取引に用いられる信用状は，その取引についての代金決済を円滑にするため，輸入者の依頼によって輸入者の取引銀行が発行し，それに記載された一定の条件に従って輸出者が発行銀行または輸入者にあてて振り出す一定金額の手形の引受け・支払いを保証する証書（Instrument）である。

信用状は，主として売買商品の代金決済に用いられるが，必ずしもそれだけとはかぎらない。たとえば，旅行者用信用状 Traveller's L/C（巡回信用状，Circular Credit ともいう）は，海外に旅行するばあいに現金を携帯することは不便であり，危険でもあるので，これをもち歩き，必要に応じて，現金に換えることを内容とした信用状である。

商品代金の決済のために用いられる信用状を商業信用状（Commercial Letter of Credit）といい，貿易業者が信用状という

ときは、ふつうこの商業信用状を意味する。

この商業信用状はさらに、大きく2つに分かれる。1つは、振り出された手形に船積書類がつかないもので、これを Clean L/C（無担保信用状；普通為替信用状；荷落信用状）という。一方、手形に船積書類が担保として添付されるものが、Documentary L/C（荷為替信用状）とよばれるものである。現実的には、商品代金の決済に用いる信用状としては、無担保信用状は少なく、ほとんどが荷為替信用状である。なお、とくに定めが無ければL/Cは一度発行すれば関係当事者の合意がない限り取消不能（irrevocable）である。

Letter of Guarantee (L/G) [保証状]

貿易取引上 L/G と略称され、契約不履行などによる損害を防ぐために、債務者が債権者に差し入れる保証状である。たとえば、船荷証券の記載事項の訂正のために船会社へ差し入れたり、あるいは荷為替手形の買取りにさいして、書類上の食違い（Discrepancy*）のあるばあいに、銀行に差し入れたりする。また輸入取引のさい、本船入港までに船積書類が未着のばあいは、船会社所定の書式に所要事項を記入し署名したものと、銀行所定の輸入担保荷物引取保証依頼書に必要書類を添付して、銀行と連署した保証状の交付をうけ、これを B/L に代えることが許されるが、これを保証状荷渡し（Taking Delivery against L/G）という。

海上保険上では、共同海損分担保証状のことをいう。これは保険者が、将来、共同海損が精算されたさいに、荷主に代わって共同海損負担額を支払うことを約束した保証状である。共同海損が発生したばあい、本来、船主はその有する共同海損債権の保全のため、貨物に留置権を行使して貨物の引渡しを延期することになるが、保証状の提出または供託金の支払いによって、貨物の引取りを認める。このばあい、保険者が提出する保証状には、制限付保証状（Limited Guarantee）と無制限保証状（Unlimited Guarantee）とがある。前者は、貨物の保険金額の共同海損負担価額に対する割合で、共同海損分担額を支払う保証であり、後者は保険金額の負担額に対する割合のいかんを問わず、分担額全額を支払う保証である。

Letter of Hypothecation [荷為替手形副書]

輸出者が、為替銀行と荷為替手形取引を開始するばあいに、銀行に差し入れる輸出荷為替契約書をいう。これには、手形名宛人の引受け拒絶や、支払不能のばあいには、手形金額および利息その他の費用の返済を、為替銀行として請求できる旨などが記載されている。

Letter of Indemnity [補償状]

本船受取書（M/R）面に記載された貨物の事故摘要（Remarks*）が、そのまま船荷証券（B/L）に記載されると、銀行はこの買取りを拒絶するので、荷送人としては、船荷証券だけは Clean（無故障）の状態で発行してもらいたいために、船会社に対して、M/R 面記載の事故摘要の削除について、その責任は荷送人の負担であることを記述したうえで差し入れるものである。

Letter of Instructions [信用指図書]

手形買取指図書ともよばれ、機能的には、手形買取授権書（Authority to Purchase）と変わりがない。ただ同一銀行の本支店間でだけ使用される。すなわち、輸入地の銀行が、輸出地の自己の本支店に対して、一定の条件のもとで振り出された手形の、買取りを指図したものである。もちろん、発行銀行の支払保証はな

Letter of Intent ［意図表明状］

企業の合併・買取りのさいの売主と買主とのあいだとか，あるいは証券の発行会社と引受業者とのあいだで一応の合意に達した事項を記載した書面で，了解書ともいう。法的拘束力はないことが原則である。

Letter of Subrogation ☞ Letter of Transfer

Letter of Transfer ［権利移転証］

貨物の損害について，被保険者が運送人その他第三者に対する求償権を保険者にあたえて，保険金の支払いをうけるばあいに，保険会社に差し入れるもので，権利移転領収証（Subrogation Receipt）と同趣旨のものであるが，保険金の領収文言が削除されている。保険者は後日，船主あてに損害の求償を行なうなどのばあいに利用される。

Letter Subject ［件名］

手紙の内容を簡潔に示すためのもので，Salutation（冒頭礼辞）の1ないし2行下，書簡用紙の中央に書く。その方法としては，アンダーラインを引くか，その前に Subject：，または re：をつける。

（例）

　Your Order No.10
　Subject : Invoice No.1
　re : Your Counter Offer

（注） re は英語の単語の省略ではなく，in re（＝in the matter）というラテン語の re だけを残したものであるから，略号の Period をつけず，小文字で書く。読み方は「ínrí」。

L/G ☞ Letter of Guarantee

L/G Negotiation

船積書類と信用状記載の条件に不一致（Discrepancy*）があり，輸出地の銀行としては，このままでは買い取れないが，しかしその不一致が信用状の変更とかケーブル・ネゴ（Cable Nego.*）するほど重大でないばあいに，輸出者からの念書（Letter of Guarantee）の差入れを条件に，荷為替手形を買い取ることをいう。

L/I ☞ Letter of Indemnity

Liability ［責任］

広義では債務（Obligation）を負担する状態をいう。狭義では，金銭債務（Debt）の対語として，将来の未確実かつ不十分な債務を意味する。たとえば，他人の保証人となったものは，それが将来いかなる具体的な内容になるか未確実である。

This information is given in absolute confidence and without liability on our part. (この情報は秘密事項として，また当社側免責としてあたえられたものである。)

We must disclaim all liability in this case. (この件についてのすべての責任を否認しなくてはならない。)

Liability of Carrier by Sea ［海上運送人の責任限度］

1992（平成4）年に改正され，93年6月から施行された国際海上物品運送法第13条は，運送人の責任限度を規定している。1包または1単位につき次に揚げる金額のうちいずれか多い金額を限度とするとし，①1計算単位の666.67倍の金額，②滅失，損傷または延着に係る運送品の総重量について1㌔㌘につき1計算単位の2倍を乗じて得た金額，と明記している。ただし，例外もある。1計算単位は1 SDR（特別引出権）と決められているが，SDR の相場は日々変動する。

Liability Insurance ［責任保険］

被保険者が，一定の事故によって，第三者に対して損害賠償責任を負担することになったばあいの損害を塡補する保険である。複合運送人が荷主に対する運送責任について，責任保険を締結する。

Employer's Liability Insurance（使用者

責任保険）は使用者の過失の有無を問わず労働者災害を塡補する。

Products Liability Insurance（製造物賠償責任保険）は商品の欠陥による損害を塡補する。

Liaison Office ☞ Representative Office

Liberalization of Exchange ［為替の自由化］

為替に対する国家的な介入を撤廃して，取引当事者が経済の原則に従い自己の欲するままに自由に取引できる方向をいう。しかし，そうした為替の自由な移動は，1930年以前の金本位制のもとでだけ可能であった。今日の管理通貨制度のもとでは，為替に対する国家の管理・統制の範囲を縮小して，自由原則の働く場を拡大しようとするのが精一杯である。さらに現実的には，そうした方向を目標としているGATTおよびIMFの規定に，いかに適応させていくかということである。昨今では変動相場制を各国の協調介入のもとで，いかに持続させるかが問題となっている。

Liberalization of Trade ［貿易の自由化］

高率関税と直接的な輸入制限は，外貨の流出を防止し国際収支を均衡化させるうえで，また国内産業を保護するために必要なばあいがある。しかし，第2次大戦後の世界の貿易は，1948年のOEEC（欧州経済協力機構）の設置，56年以降における西欧諸国の通貨の交換性回復にみられるように，貿易自由化が，自由主義諸国間の一大潮流となっている。

1991年現在,わが国の残存輸入制限（非自由化）品目は小麦粉，ミルクなど15品目である。ちなみにドイツは14品目（ばれいしょ,陶磁器など），英国は3品目（バナナ，黄麻織物，包装用の袋），米国は7品目（精製糖，英文書籍），フランスは46品目（ラジオ，テレビなど）である。

Liberty Clause ［自由約款］

自由に選ぶ権利（Option）をいう。輸出港の選択は通常,売主の選択（at Seller's Option）である。船荷証券には，運送人に離路（Deviation*）の自由を認めている。

License ［認可］

Export Licenseは経済産業省関係の輸出承認をいい，Permitはもともと課税品についての許可を意味するので，税関関係の許可（Customs Permit）をいう。

License Agreement ［ライセンス契約］

特許，実用新案，意匠，商標などの工業所有権，ノウ・ハウの供与に関して2企業間で結ぶ契約をいう。技術提携契約（Technical Collaboration Agreement），技術導入契約，技術輸出契約，特許実施契約，ノウ・ハウ契約ともいう。

Licensed Customs Specialist ［通関士］

Registered Customs Specialistともいう。通関士試験に合格して通関手続の代理，代行に従事する者をいう。通関業者は通関業法にもとづいて，一定数の通関士をおかなくてはならない。通関士は通関と関税についての専門家であるが，弁護士，公認会計士，税理士のような自由職業ではなく，通関業者に雇用されて通関業務に従事する。

Licensee ［ライセンシー；実施権者］

特許権，商標権，著作権などについて許諾者（Licensor）からその実施を許された実施権者をいう。

Lien Clause ［留置権条項］

運賃または用船料の支払いを確保するために，船主側に貨物差押えの権利がある旨の条項である。

Lifting Charge ［リフティング・

チャージ]

為替の交換が起こらないばあいの手数料をいう。円建て輸出や，外貨建て為替手形を買い取って外貨預金口座に入金したようなばあいに生じる。これに対して為替の交換にともなう手数料をHandling Charge という。

Lift on/Lift off ［リフトオン・リフトオフ方式］

LO/LO方式のこと。垂直荷役方式ともよばれ，本船の積込み，荷卸しとも，クレーンまたはデリックによるつり上げ，つり下げだけで荷役できる。大部分のコンテナ船はこの方式を用いている。

Light Cargo ［軽量貨物］

Heavy Cargo（重量貨物）の対語で，乾いたけのような軽量だがかさのある貨物をいう。船が完全満載（Full and Down）のためには，重量貨物と軽量貨物をかみ合わせて吃水線まで船体を沈めなくてはならない。そのために船会社としては，貨物の集荷を容易にするために運賃計算も，W/M（Weight or Measurement at ship's option）を採用している。

Lighter ［艀］

輸出入貨物の沖荷役のばあいに，沖に停泊している本船と陸上とを結んで，貨物や乗客を運搬する小型の船舶をいう。曳き船でひかれる艀をバージ（Barge）といい，機関をそなえて自航できる艀をライター（Lighter）とよぶ。

もともとLighterとは座礁した本船に横付けして本船を軽くして浮かせた船を語源とする。小型のものは木船，大型のものは鋼船で500～600トンくらいが多い。日本語の艀の語源は，室町時代の「橋懸け船」が，「橋船」に，さらにつまって「はしけ」になったといわれる。

Lighter Aboard Ship ☞ LASH

Lighterage ［艀の使用料；艀回漕料]

本船積込みが沖荷役のばあい，あるいは接岸荷役で自家積みのばあいに，使用する艀の回漕料をいう。

Lightering ［艀回漕業］

港湾運送業のなかの艀回漕業をいう。

Lighter Man ［艀人夫］

埠頭または沖合で，輸出入貨物の荷役を行なう荷役人夫のうち，艀内で作業するものをいう。

Lighting ［瀬取り］

座礁などのばあいに，貨物の一部を艀（Lighter）に積み換えて船脚を軽くすること。

Light Load condition ［軽荷状態］

船が軽吃水で浮いている状態をいう。すなわち，満載状態から貨物，燃料，バラスト，清水，食糧，乗組員などを取り去って，船舶だけの重量で浮いているばあいの吃水を軽吃水という。

Limit ［限度］

貿易取引上は，指値（Limit Price）をいう。保険契約上は，特定の事故について支払われる給付の最高額をいう。

Please give us your limit price.（指値を乞う。）

Your consignments have been realized at your limits.（委託品は貴社の指値で売りさばけた。）

Limitation of Carrier's Liability ［海上運送人の責任限度］

外航船舶に適用されるわが国の国内法は，国際海上物品運送法と呼ばれる。この法律にもとづく海上運送人の責任限度は第13条に規定がある。それによると，運送を引き受けた運送人に対して積送品の価額申告を行なっていない場合（それがごく一般的）には，運送人の荷主に対する責任は積送品の1包または1単位につき666.67計算単位（第2条の規定により1計算単位は1SDR。SDR＝Special Drawing Right の円貨換算レートは火

曜日から土曜日の日本経済新聞夕刊に掲載されている）が限度である。なお，2008年12月11日に国連で採択された「全部あるいは一部が海上運送である国際物品運送契約に関する条約（Convention on Contracts for the International Carriage of Goods Wholly or Partly by Sea）」（発効要件：20カ国が批准・加盟してから一年後）では，その第59条で1包みまたは1単位につき875計算単位を運送人の限度額とすることが規定されている。

Limited Guarantee ☞ Letter of Guarantee

Limited Partnership ［合資会社］

Special Partnership ともいう。

1人以上の無限責任社員（General Partner）と1人以上の有限責任社員（Limited Partner）からなる組合（Partnership）で，日本の合資会社にあたる。

Limit of Liability Clause ［責任制限約款］

巨額輸送に対する保険者の免責を規定した包括保険（Open Policy）のなかの約款で，添付別表に記載された塡補限定額をこえては責任を負わないことを規定している。

Line ［業種；商品；航路］

営業の種類をいう。たとえば Insurance Line, Textile Line。取扱品目をもいう。保険の種類，担保する危険の種類をもいう。輸送上は船，航空機，またはトラックのサービスの航路，路線をいう。経営組織上は Staff に対して，企業目的達成のために第1次的に必要とされ，かつ命令系統が単一な職能部分をいう。

This line of business（この種の取引）

The competition in this line is very keen.（この種の商品の競争は大変厳しい。）

There is a considerable demand for this line here.（当地ではこの種の商品の需要が相当にある。）

Main lines＝Chief lines（主要取扱い商品）

New York Line（ニューヨーク航路）

Liner ［定期船］

Regular Liner のこと。

定期航路を定期配船表（Shipping Schedule）にもとづいて，規則的に航行している船舶をいう。個品運送は，このような定期船によって行なわれる。不定期船（Tramp；Tramper）の対語。

Liner Conference ☞ Freight Conference

Liner Service ［定期海運業者］

定期船（Liner）の運航を主として行なう海運業者をいう。

Liner Shipping ［定期船運送］

通常の梱包貨物を定期船（Liner）によって輸送すること。大量の散荷は不定期船（Tramper）を用船（Charter）する。

Liner Term ☞ Berth Term

Liner Waybill ［ライナー・ウエイビル］

海運会社が使用する Sea Waybill＊をいう。

Link ［リンク］

自国通貨の対外価値の基準となる相場（基準相場）を決めるばあいに，自国と関係が深くかつ経済力の強い国の通貨を選ぶことになるが，これを為替相場のリンクという。たとえば，1949年4月以降，73年2月まで円の基準相場は1米ドル360円として，米ドルにリンクしていた。

貿易取引上は，輸出と輸入とを数量または金額のうえで，関連させる制度をいう。たとえば，戦後，輸出奨励策として，一定金額の輸出の実績のある業者に，輸入割当をあたえるというリンク方式がとられた。

Liper ［ライパー］

Liner と Tramper をつなげた俗称。一

般貨物船とバルク・キャリアの性能をあわせもたせようとした船型で、定期船としても不定期船としても使える。

Liquidated Damages ［確定損害賠償額］

売主の約定品の引渡し不履行などのばあいに、買主の求償する損害賠償金額が契約上確定していることをいう。

Liquid Cargo ［液体貨物］

缶、樽、瓶、タンクなどに入れられた液体または半液体の貨物で、薬液、酒類などである。これらの貨物には、漏損、発散、汚損などの危険があるが、タンカー貨物、腐敗性貨物、散荷などの特殊貨物（Special Cargo）と区別して、海上保険上は一般貨物（General Cargo）として取り扱われる。

List ［表（にのせる）；上場する］

Is there any information you would like to have about any of the items listed in the catalog?（カタログに記載した品目について必要な情報がありますか。）

We can expand our sales if we could have a 10％ discount off the list prices on all items.（すべての品目について価格表の値段から10％値引きしてくれれば、販売を拡大できる。）

Listed Company ［上場会社］

企業が株式などで取引所に上場審査をクリアし売買取引されている企業。公開会社とも言う。

List (Certificate) of Measurement and/or Weight ［容積重量証明書］

輸出貨物が保税地域に搬入されたさいに、公認の検才量人である社団法人日本海事検定協会または新日本検定協会に検量を依頼する。検才量人は1荷口の貨物の個々について、包装を含めた最大部分の寸法・容積と重量をはかり、その検量結果として発行するものが容積重量証明書である。この検量の結果が、海上運賃や船積費用計算の基礎となる。

Litigation ［訴訟］

当事者間での紛争を仲裁（Arbitration*）によって解決するという合意がえられないばあいに、一方の当事者が自国または相手国の裁判所に訴えを起こして、強制的に紛争を解決することをいう。訴訟は強制的な性質があるので、不服申立の道が残され、一般に三審制をとっている国が多い。

国際商事紛争を訴訟によって解決しようとするばあいに問題となるのは、原告である当事者の国の裁判所でえた判決を、被告の国で強制執行するためには、その国の法律で定めた外国判決の承認要件が満たされなくてはならないという点である。しかも、この承認要件は一般にきわめて厳しい。

Live Cargo ［動植物］

生きた動物のことで、牛、馬などの家畜や、鳥、魚などを、生きた状態のまま運送するもので、上甲板または特殊の場所に積み込まれ、飼育しながら輸送される。ふつうは、専門の飼育人が同船して世話するが、飼育の簡単なものは、本船側に依頼することもできる。しかし、このばあいも、「死亡、逸走、病傷無関係」（Not Responsible for Mortality, Escape, Injury and Sickness）の摘要をつけて輸送され、運送中のいっさいの事故については、荷主側の責任であるのが通常である。航空輸送の発展により、動植物の輸送も、今日では簡便に行なえるようになった。

Live Stock Clause ［家畜約款］

生動物の航海中の死亡は、その原因が海上固有の危険によるものか、内在的原因か判断が困難であるばあいが多い。原因のいかんによらず、いっさいの死亡を保険者が填補するという特約が家畜約款

である。

Live Stock Container ☞ Pen Container

L'kge

Leakage*（漏損）の略語。

LLDC ［後発発展途上国］

Least Less Developed Countries の略語。

発展途上国のなかでもとくに開発の遅れている諸国をいう。1人あたりのGDP (Gross Domestic Products, 国内総生産) が396ドル程度で, 先発発展途上国とのあいだの経済格差が拡大する傾向にあるので, 南北問題のなかでも南南問題として浮かび上がる。

Lloyd's ［ロイズ］

ロンドンにある海上保険業者（Insurance Underwriter ; Underwriter*）の組合で, 会社ではない。Lloyd's Underwriters' Association（ロイズ保険業者協会）の実績は, 100社をこすロンドンの保険会社（Insurance Company）全体の取扱高とほぼ同額である。Lloyd's Form は各国の保険証券の様式の基礎となっている。

ロイズの歴史は, 17世紀末に Edward Lloyd がロンドンのテームズ河畔で営んでいたコーヒー店に起源する。このコーヒー店が, たまたま回漕業者のたまり場であったところから, 1697年ロイドはこの店でロイド新聞を発行した。やがて保険を口実に一種の賭博が始まったが, この賭博保険（Wager Policy*）を防ぎ, 保険業の信用を高めるために, 信用のおける保険業者が集まって1871年ロイズ組合が, 法人組織で設定された。今日, ロイズは生命保険をのぞく, あらゆる分野の保険を営業としている。1994年からは法人会員も認められている。

Lloyd's Agent ［ロイズ代理人］

ロイズ組合が世界の主要場所に設置している代理店で, 船舶の動向, 事故の有無などをロイズ組合に通報する一方, 貨物の損害の査定などを行っている。

Lloyd's Broker ［ロイズ・ブローカー］

ロイズのフロアで, 保険業者と保険契約を結ぶ権限のある者をいう。

Lloyd's Register ［ロイズ船名録］

Lloyd's Register of British and Foreign Shipping の省略で, ロイズ船級協会（Lloyd's Register of Shipping）が毎年発行する世界の商船の船名録である。

今日, 世界では, American Bureau of Shipping（略称 AB, 国籍米国）, British Corporation for the Survey and Registry of Ships(略称 BC, 国籍英国), 日本海事協会（略称 NK ; 国籍日本）など合計9つの船級協会がある。なかでも1760年創設のロイズ船級協会が, 歴史も古く組織も大きく有名である。

ロイズ船名録には, 船の性能, 設備, 大きさの概要, 船舶番号, 船名, 総トン数, Owners, Managers, Flag, Port of Register, 建造年数, 造船所, 船体寸法, 速力, 馬力が明記されている。タンカーのばあいには, タンク関係の設備, 1日あたりの燃料消費量が記載されている。

Lloyd's SG Policy ［ロイズ保険証券］

今日, 世界の海上保険証券様式の基礎をなしているロイズ保険業者協会制定の保険証券である。SG は Ship and Goods の略語である。ロイズの様式は今日では, Hull Form（船舶保険様式）と Cargo Form(積荷保険様式)に分かれているが, いずれにも SG の記号が残っている。ロイズ保険証券の記載事項は, 保険契約申込み時の申告事項のほかに, 普通保険約款（General Clause）と特別保険約款（Special Clause）とが掲げられている。普通約款は, 証券の本文とその欄外に印刷されている。特別約款は印刷した付箋,

手書きまたは印字，スタンプまたはゴム印の押捺によって証券に書き添えられている。

Lloyd's Surveyor ［ロイズ鑑定人］
ロンドンのロイズ保険協会所属の海事鑑定人 (Surveyor*) のことで，世界の主要貿易港に配置されている。検量などの仕事をも行なうが，本来は，船舶や貨物に損害が生じたばあいに，利害関係者の依頼によって，検査，鑑定を行ない鑑定報告書 (Survey Report*) を作成するのが業務である。ロイズ鑑定人による鑑定報告書は，国際的に権威があり，保険会社，船会社に対し，損害の原因や状態を証明する有力な証拠となる。

Lloyd's Underwriters' Association
［ロイズ保険業者協会］
海上保険を取り扱うロイズ会員の大部分を網羅したロイズ保険業者協会のことである。ロイズ保険仲立人協会 (Lloyd's Insurance Brokers' Association) とともに，ロイズの中枢をなす。ロイズ保険業者協会は，ロイズの海上保険引受人に利害関係のあるすべての事項を取り扱う。また外部からロイズの海上保険引受人に対して公式に連絡するばあいの公認機関であって，ロイズの海上保険引受人を代表している。

Loading ［積込み］
貨物が航洋船（通常，本船という）の甲板上または船艙内に卸されることをいう。したがって桟橋，埠頭または艀から，揚貨機で積荷が引き揚げられているあいだは，まだ正式に Loading が行なわれたとはいえない。しかし米国では，積込みについての解釈が相達し，貨物積載船舶のスリングが埠頭その他の置場から貨物を吊り上げ，貨物が置場を離れた瞬間に積込みがあったとするほか，積込み艀の揚貨機または埠頭据付けの揚貨機のばあいは，スリングが甲板上または船艙内で，貨物を解放した時点を積込みとする。
コンテナに貨物を詰め込む作業 (Vanning; Stuffing) を Loading と呼ぶことがある。

Loading Charge ［船積み費用］
輸出貨物について，上屋戸前受けから本船船側フック下で荷渡しするまでの港湾運送に対する料金をいう。狭義の Shipping Charge* と同義で用いられることが多い。

Loading List ［船積作業予定表］
検数業者が船積作業にさいして作るもので Loading Plan ともいう。

Loading Survey ［積付け鑑定］
鑑定人が貨物の積付けについて行なう鑑定で，船積み貨物の一般積付け状態について検査する。とくに危険物，長尺物，高価品，冷凍貨物，腐敗貨物，散積穀物類，上甲板積貨物などの積付けのさいに，この検査が必要となる。

Load Line (Mark) ［満載吃水線］
船腹の中央部にある目盛りで，安全運航のための貨物の最大重量を示す。

Loan Form Payment ［貸付金形式支払い］
被保険者が運送業者その他の受託者に対して求償を行なっている段階で，海上保険契約上の損害填補額が決定したとき，求償上の便宜や被保険者の利益を考えて，保険者は Loan Receipt を被保険者から差し入れることを条件として，無利子の貸付金形式で保険金相当額を支払うことをいう。後日，運送業者その他第三者から賠償金の回収ができたばあいは，被保険者は，それに要した費用を控除したうえで，賠償金を保険者に返還する。

Local ［地方の；国内の］
They have been in close relations with us for more than ten years as importers and local distributors. (同社は輸入商および国内の流通業者として10年以上当社

と密接な関係にある。)

We will make arrangements for their local manufacture. (現地生産についての準備をする。)

Their products manufactured locally is of the first class quality. (現地で生産されている彼らの製品は優良な品質である。)

Local B/L ［国内船荷証券］

国内海上運送に用いられる船荷証券である。この国内船荷証券が貿易取引に利用されるのは，たとえば，数量の大きい契約貨物を，神戸と横浜の2カ所から船積みする予定のところ，買主から船荷証券は一本で作成するよう依頼があったとする。こうしたばあい，神戸から横浜を経て仕向港へ向かう本船を選んで，まず神戸で神戸積み分の船積みを終え，これに対して国内船荷証券を発行してもらう。つぎに，同一の本船が横浜に入港したとき，横浜積み分の船積みを行ない，この積荷に対して海洋船荷証券(Ocean B/L)を発行してもらうさいに，神戸積みの国内船荷証券を横浜積み分と合併させて，一本の海洋船荷証券にまとめる。このまとめられた船荷証券を Jointed B/L または Combined B/L という。

Local Cargo ［ローカル・カーゴ］

定期船の始発港から最終港までの途中の中間港間だけを輸送する貨物をいう。たとえば，欧州航路船を利用して，香港で積み込みシンガポールで卸すような貨物である。

Local Carriage ［ローカル運送］

Local Transport ともいう。

集配送のために主要ターミナルと荷主に最寄りの地点との国内輸送をいう。コンテナ運送では，コンテナ航路に接続する国内運送をとくにフィーダー・サービス(Feeder Service)という。

Local Content Bill ［ローカル・コンテント法案］

米国の自動車産業に関する法案で，進出企業に対して外国産部品の輸入を制限し，米国の国内産部品の使用を義務づけようとするもの。1981年12月にニューヨーク州選出のリチャード・オッテンジャー議員が米下院に提出して以来，毎年のように同種の内容の法案が提出されるが，廃案になっている。その後の日米包括経済協議でも米国側は強い関心を示している。

Local Credit ［国内信用状］

輸出者が，輸出商品の調達先の金融を容易にするため，海外からえた原信用状(Original Credit ; Master Credit)を見返りとして，輸出地の通知銀行または自社の取引銀行に依頼して，調達先あてに発行してもらう信用状をいう。米国では，Original Credit に裏付けされているという意味から Backed Credit または Back to Back Credit ともいう。

Local Credit の条件は，原則として原信用状のそれと同一であるが，その金額は，船積諸掛や輸出者の利潤を控除し原信用状より少額となるし，表示通貨は国内通貨であり，また，貨物の引渡し条件や時期も異なってくるし，信用状の有効期限も，原信用状よりは短くなる。なお，Local Credit の受益者に対する支払いは，原信用状の受益者に対する前貸の形式をとり，輸出荷為替が取り組まれたときに，その手形金から決済される。Local Guarantee ; Supplementary Credit ; Subsidiary Credit ; Subcredit ; Domestic Credit ; Ancillary Credit ともよばれる。

Local Financing ［現地金融］

わが国企業の海外支店が現地で行なう資金調達のことで，Stand-by Credit*を差し入れ外銀から借り入れるなどの方法で行なわれる。

Local Freight ［区間運賃］

複合運送においては単一の通し運賃(Through Rate)か，各区間の合算運賃(Joint Rate)が徴収される。後日，契約運送人は第2運送人以下に対して，それぞれ担当した区間に対する区間運賃を支払うことになる。

Local Guarantee ☞ Local Credit

Local Point ［ローカル・ポイント］

米国向け定期船による貨物の運送のばあい，ロッキー山脈以西の地域をいう。OCP*の対語。カナダではサスカチワン州以西の地域をいう。

Local Rate ［ローカル・レート］

Local Point*向け貨物に適用される運賃をいう。

Local Vessel or Conveyance ［国内運送用具］

本船積み前の，船舶名または輸送用具をいう。海上保険証券本文の空白欄の明細書(Schedule)に記入する1項目である。

Location Clause ［集積損害填補限度額約款］

Open Policyの本文約款で，巨額の港頭集積危険担保を一定限度に制限するための規定で，横浜，東京，名古屋，大阪，神戸などの地区について，地区別填補限度額が定められている。被保険者がこのような制限を不都合と考えるばあいには，事前に増額について保険者と協議する。

Lockout ［工場閉鎖］

Force Majeure*（不可抗力）の1つと考えられ，免責約款があれば，それによる船積みの遅延，あるいは船積みの一部または全部の取消しを主張できる。SRCC*（ストライキ約款）の特約により，保険者が填補する。

Loco ［ロコ］

"Loco"は，ラテン語でplace；on spotのことで「現場」の意味。現在あるその場所で，貨物が引き渡される取引条件である。

Loco Invoice ☞ Commercial Invoice

Log Book ［航海日誌］

一等航海士が記入・保管して，本船に常備する日記帳で，もっとも重要な公式書類である。本船の日々の出来事，風向，天候，航路，その他航海中本船内外で起こったいっさいの重要な事項を毎日詳しく記載する。後日，本船側免責の立証書類ともなる。帆船時代に，船の速力をはかるために，船首から丸太を海に落とし，甲板上を走って時間をはかったところから，丸太の記録をした本として，Log Bookということばが生まれた。

LO/LO

Lift on/Lift off Systemの略語で，垂直荷役方式ともよばれる。大部分のコンテナ船はこの方式であり，本船の積込み，荷卸しのいずれのばあいも，クレーンまたはデリックによるつり上げ，つり下げだけで荷役を完了できる。

Lomé Convention ［ロメ会議］

Togoの首府ロメで1975年，かつてのEC諸国とACP（アフリカ，カリブ海，太平洋地域）諸国とのあいだで行なわれた会議。EC諸国は，ACP産品を無税で輸入し，経済発展に助力することを取り決めた。

London Acceptance L/C
☞ New York Acceptance L/C

London Confirming House
☞ Confirming House

L-1 Visa ［エル・ワン・ビザ］

1年以上ある法人の役員あるいは管理職にある者で，引き続きその法人の在米子会社あるいは関連会社で役員あるいは管理職として働くため一時的に米国に入国しようとする者にあたえられる査証

で，最長有効期間は3年，更新は条件を満たせば1年だけ認められる。

Long ［買いもち］

株式や商品売買において，受渡しすべき数量以上に，特定銘柄の株式または商品を保有して，将来の値上がりによる利益を見込むことをいう。これに対して売りもち（Short）は，将来より安く手当てができると期待して，みずから保有していない株式または商品を売り込むことをいう。

Long Form B/L ［ロング・フォーム］

Standard B/L；Regular B/L ともいう。裏面に運送約款が記載されている従来の船荷証券をいう。これに対して，運送約款の記述を省略したものが Short Form B/L*で，米国などで使用されている。

Long Length Surcharge ［長尺物割増］

長尺物について徴収される割増運賃。

Longshore Cargo Handling ［沿岸荷役］

本船と陸上の荷さばき場とのあいだで行なわれる貨物の搬出入，荷さばき，積卸し，保管などの業務をいう。沿岸荷役業者がこれを担当する。

Longshoreman ［仲仕；沖仲仕］

船内や埠頭で貨物の積卸し，その他の雑作業を行なう労働者をいう。その職場によって埠頭仲仕，沖仲仕（浜仲仕），船内仲仕，倉庫仲仕などに分かれる。

Longshoring ［沿岸荷役業］

港湾運送業のなかの沿岸荷役業をいう。上屋その他の荷さばき場への搬入や，本船への積込み，あるいは艀からの荷卸し，荷さばき場からの搬出などの作業を行なう。沿岸荷役業を行なうためには，国土交通大臣の免許が必要である。

Long-term Export Finance ［長期輸出金融］

船舶，プラント輸出などのばあいに必要な，6カ月をこえる長期間の輸出金融をいう。これを市中銀行で取り扱うのは困難なので，国際協力銀行が市中銀行と協調融資の形で行なうのが原則である。融資の方法としては貸付，割引，保証などの形がとられる。

Long Ton ［重トン］

2,240ポンドを1トンとするもので，英国系の諸国で主として用いられてきた。English Ton；Gross Ton ともいう。

Loose Cargo ［ルーズ貨物］

梱包されているが，パレット化やコンテナ詰めされないで輸送される定期船積みの貨物をいう。Unitized Cargo の対語である。

Loss ［損失；損害］

企業の収益に寄与しない費用をいう。保険上は，事故の発生によって被保険者が被った財産的損失をいう。

Net Loss（純損）は Net Earning（純収益），Net Profit（純利益）の対語。

We shall hold you responsible for any loss caused by the delay in shipment.（船積遅延による損失は貴社に責任をとってもらう。）

Loss of Market ［市場の喪失］

貨物の遅延や損傷のために，その市価が下落したり，売却が不可能となったりすることをいう。こうした危険は海上保険では塡補されない。

Loss of Venture ［航海損失］

貨物とは無関係に，たとえば航路について全面的な破壊，官憲による抑留などによる損失をいう。このような時は推定全損を構成する。

Loss of Voyage ［航海の中止］

官憲の抑止によって航海を中止せざるをえないばあいをいう。このばあい，貨物が無損傷であっても，それによる損害

を被保険者は保険者に請求できる。

Loss or Abandonment of Voyage ［航海の中止］

被保険貨物の到着港として保険証券に記載された港にいたる途中で，航海が打ち切られることをいう。航海変更約款により，保険者は割増保険料を追徴して担保を継続する。

Loss or Damage ［滅失または損傷］

保険の目的が，滅失または損傷することをいう。

Loss Ratio ［損害率］

保険の対象物が損害を被った割合，すなわち減価率をいう。

Lost or not Lost Clause ［遡及約款］

海上保険証券の本文にある約款で，「滅失したと否とは問わない」という意味で，保険契約の効力を，保険契約成立時より前まで遡らせる文言である。たとえばFOB契約で，船積みは2月10日に行なわれ，輸入者は2月15日に船積通知を受け取ってただちに，積荷に遡及約款のある保険をつけたとする。一方，積荷はそれをさかのぼる2月13日に保険者の担保する危険によって全損になっていたとしても，輸入者はその損害を填補してもらえる。ただしこのばあい，保険契約両当事者が，損害発生の事実または航海無事完了の事実を知らなかったことが前提となる。なお，遡及約款は海上保険特有の文言ではなく，船荷証券にも「貨物の滅失したと否とを問わず」運賃は，不返還である旨の条項がある。

Lot ［1口］

A lot of（たくさんの）

He has a lot of(米国は，lots of)money. （彼はたくさんお金をもっている。）

Please ship our goods in two lots at an interval of one month. （1カ月の間隔で2回に分けて積出しせよ。）

Lot Cargo ［口物］

1口が何千トン，何万トンと大量の大口貨物のことをいう。☞ Bulky Cargo ; Bulk Cargo

Low

信用調査報告書で用いられる数字の用語で，つぎのように用いる。

Low	1〜2
Moderate	3〜4
Medium	5〜6
High	7〜9

たとえば, Low Five Figures は10,000〜20,000という意味。Figure（Proportion）は桁数を示す。

The total volume of their exports handled for the past one year stands at low five figure proportions. （過去1カ年の輸出総額は10,000〜20,000台である。）

Low Cost Carrier ［格安航空会社；LCCと略称］

コストを徹底的に切りつめて格安の航空運賃で旅行できる機会を提供する航空会社。日本の空港にも姿を現している。もちろん，空の安全を確保した上で，機材を1機種に絞ってメインテナンスのコストを低く抑えるとか，機内サービスも必要最低限にして低コスト化し運賃の上で比較優位を実現している航空会社である。空の旅の豪華さよりも格安運賃を選ぶ旅客にとっては好ましい。アジア地域だけをみてもシンガポール，マレイシア，タイ，フィリピン，インド，中国、韓国には格安航空会社が存在し，わが国でもANA系の格安航空会社が2012年3月からサービスを開始した。JAL系の格安航空会社も2012年7月からサービスを開始した。

Loyalty Contract ☞ Dual Rate System

Ltd. ［株式会社］

Limited（有限責任の；株式組織の）の略称。株式会社(Stock Company＝Joint-stock Company＝Stock Corporation) の社名には，日本ではLtd.を，米国ではInc.(＝Incorporated) をつける場合が多いが,corporationで表現している場合もある。英国ではplc.を用いている。フィンランド，スウェーデンではAB(＝Aktie Bolage), スペインではSA(＝Sociedad Anonima), 仏ではSA(＝Société Anonyme), 独ではAG(＝Aktien Gesellschaft) をつける。

Lump Sum Charter ［総括運賃用船契約］

航海用船契約（Voyage or Trip Charter）のばあいの用船料は，実際に積み込んだ貨物の数量に対する運賃の形で計算されるのがふつうであるのに対して，実際の積込み数量とは無関係に，運賃を一括いくらと決める形で結んだ用船契約をいい，このばあいの運賃を総括運賃(Lump Sum Freight) という。

Lump-sum Contract ［確定金額契約］

定額請負契約ともいう。

すべての費用を1つの塊(Lump)ととらえ，確定した金額と引換えにプラント建設を約する契約をいう。したがって，設計費，資材費，運搬費，工事費，人件費などのコストはもちろん，不測の事態に備えての予備費も利益もすべてが契約金額に含まれている。

発注者による仕様変更などの場合をのぞいて，インフレなどによるコスト増も契約者負担となる。こうした負担増を契約者として回避するためには，インフレ率にあわせて金額を変動させるEscalation Clauseの挿入が必要となる。

これに対する契約方式がCost-plus Contract*。

Lump Sum Fixed Payment ［定額法］

特許，ノウ・ハウ実施料を，一定の金額で定める方式をいう。実施権者の事業成果と無関係に，一定額の実施料を取得できるので，許諾者にとっては有利である。定額法による実施料の支払いには，契約発効時に，その全額を支払う一括払い(Lump Sum Payment) と，一定額の頭金(Down Payment) を支払い，残額を契約期間中に分割払い(Instalment Payments) する方法がある。

M

MacRae's Blue Book

MacRae社（Chicago, USA）が発行している"The Directory of American Industry, Trade Name Index"のことで，企業名，住所，Ratingが記載されている。

Madrid Agreement ［マドリッド協定］

1891年に成立した「製造標または商標の国際登録に関するマドリッド協定」をいう。加盟国の出願者が商標登録を本国に出願し登録されれば，加盟各国に登録されたのと同じ効力をもつ。

Mail ［郵便］

外国へ輸送する郵便物についてみると，一般郵便物と特殊郵便物とがある。いずれも「郵袋」に入れて船または航空機で積送される。一般郵便物とは，封書，葉書，小包などをいい，特殊郵便物とは，書留郵便物のことで高価貨物として取り扱われる。

Mail Confirmation ［メール・コンファメーション］

開設銀行が，信用状の開設について，とりあえずプレ・アド（Preliminary Advice of Credit）を通知銀行に電送したあいに，あとで送られてくる正式な信用状原本をいう。

Mail Credit ［メール・クレジット］

銀行間における輸出手形買取資金を調達するための金融である。すなわち，銀行が輸出者から買い取った船積書類が，輸入地の支払銀行に到着するまでの期間（Mail Days）だけ，うける金融をいう。

Mail Days ［メール・デイズ］

書類の発送から到着までに要する日数をいう。一覧払輸出手形を買い取った輸出地の為替銀行は，メール期間として10日間くらいを見込む。この間，為替銀行は円資金が手許から流出し外貨債権の買いもちによる為替リスクを負担する。そこで外銀から外貨を借り入れ，これを直物で売ると円資金の調達と為替買いもちの調整ができることになる。借り入れた外貨は10日後，輸出手形の取立てにより回収された外貨で返済すれば，買取銀行としては10日間の外貨借入れ利息だけの負担となる。そこで，この分に相当する外貨金利要因を，「メール期間」として電信為替買相場から控除した相場で，一覧払輸出手形を買い取ることになる。

Mail Order Business ［通信販売］

19世紀末から始められた販売の方法で，商品またはサービスを，カタログあるいはその他の印刷物を使用して販売するもので，郵便か電話で注文をうけた。米国では大規模小売形態の1つとして重要な地位を占めている。とくにSears, Roebuck & Co.の通信販売は有名であり，そのカタログは1,500ページにものぼる。

わが国では，通信販売に対する評価は必ずしも高くない。文書をもって，一方的に説明する通信販売では，対面販売と異なり，標準化，規格化されていない商品の販売がむずかしいと考えられるからである。

消費者側からみた利点には，1)注文し

ただけで，簡便に商品が手もとへ届く，2)買物にでる必要がない，3)地方でも，東京の名店街から商品が入手できるなどの点があげられる。

不利な点には，1)商品を手にもってみることができない，2)品物の入手が遅れる，3)販売会社の信用状態が不明であるなどがある。

つぎに，企業側の利点には，1)セールスマンを雇用する必要がない，2)市場が全国的となるし，3)カタログだけで商売できるなどがある。一方，不利な点には，1)売込み先の調査がむずかしい，2)送料がかかる，3)輸送中のトラブルが多い，4)代金回収の問題などがみられる。

かつて遠隔地の不便さを利した通信販売も，近年ではインターネットにその地位を譲り渡している。

Mail Remittance ［普通送金為替］

送金人は為替銀行から，受取人が居住する地の銀行を支払人とした一覧払いの送金為替手形（Demand Draft）または送金小切手（Banker's Check）を買い，これを直接，受取人へ送付する方法である。急ぐばあいは電信送金為替（Telegraphic Transfer; TT）が利用される。送金為替は並（または順）為替ともよばれる。

Mail Transfer ［郵便振替］

送金決済の1つの方法である。外国への送金（Remittance）に際し，銀行振出送金小切手を使わず，郵便で，外国の銀行に対して，特定金額の支払いについて指示する方法である。Ordinary Transferともよばれる。

Main Feeder ［中央フィーダー］

穀物が船艙内に満遍なく積み込まれるための補給装置で，甲板中央にあるものをいう。甲板両翼のものを Wing Feederという。

Main Line ［主要航路］

航路とは，商港と商港とをつなぐ海上輸送路のこと。外国航路とは，内地と外国とを結ぶ輸送路および外国港間の輸送路をいう。世界における主要航路としては，つぎのものがある。

① 北大西洋航路（ヨーロッパと北米間）
② 南大西洋航路（ヨーロッパと南米間）
③ ヨーロッパーアジア航路（ヨーロッパと極東間）
④ 北太平洋航路（極東と北米間）
⑤ 南太平洋航路（極東と南米間）
⑥ 南ア航路（ヨーロッパと南ア間）

Main Mark ［主マーク］

荷印（Shipping Marks）の一部で，荷受人（Consignee）を示すマーク。Principal Mark ともいう。

Main Port ［正規の寄航港］

海運同盟が指定し，運賃計算の基礎としている正規の寄航港（Regular Port of Call）をいう。これ以外の Outport に寄港し荷役するばあいは割増金が課せられる。

Maintenance Agreement
☞ After-sales Service

Maintenance Shop ［メンテナンス・ショップ］

コンテナ機器の点検，補修，修理，維持を行なう場所をいう。

Major Casualties ［主要事故］

海固有の危険のうち，沈没（Sinking），座礁（Stranding），火災（Burning），衝突（Collision）を主要事故という。頭文字をとって SSBC 事故ともいう。

Major Import Cargo Tariff Agreement ［主要輸入貨物料率協定］

MICA（ミカ）と略称する。

保険料率は原則として，各社の自由裁量による自由率（Free Rate）であるが，Oil, Corn, Raw Cotton, Raw Sugar, Coal などの主要輸入貨物については，料率に

ついての協定が行なわれている。

Maker FOB ［メーカー・エフオービー］

輸出商が輸出契約をFOB条件で契約し、同時に約定品調達のためのメーカーとの契約もFOB条件で締結することをいう。輸出商とメーカーとの契約は、輸出港保税地域渡しが多いが、メーカーFOBのばあいは、積込み完了までをメーカーが行なってくれるので、輸出商にとっては手間のはぶける調達方式といえる。

Mala Fide ［悪意］

法律的には、ある事実を知っていることを悪意といい、知らないことを善意（Bona Fide）という。道徳的な意味での善意・悪意とは異なる。AがBからぬすんだ品物を、Cが盗品とは知らないで、Aから購入したばあいは善意であり、知って買ったばあいは悪意である。Mala Fideは「悪意の」の意味で、Bona Fide（善意の）の対語。

Malicious Damage ［悪意的損害］

労働争議加担者などが、故意に被保険物にあたえる損害をいう。協会ストライキ約款によって塡補される。

Malpractice ［違法行為］

無知、不注意、過失、未熟の技術、あるいは故意に行なう背徳的な違法行為をいう。医療過誤をさして言う場合が多い。貿易取引においては、海運同盟における協定事項についての違反行為をいう。

Managed Trade ［管理貿易］

政府により、あるいは2国間貿易協定や国際協定によって価格や数量を規制している貿易のこと。

Management ［経営；管理］

Managing Committee（経営委員会）、Managing Director（業務執行取締役）、Manager＝Chief Manager＝Mgr.(部長)、General Manager（総務部長）、Export Manager（輸出部長）。

Management Cost ［管理費；直接船費］

一般的には管理費を言うが、海運では燃料費などの運航費の対語で、船舶をいつでも航行可能な状態にしておくために要する船員費や船用品費、一般管理費などをいう。

M & A ［企業の買収・合併］

Mergers and Acquisitionsの略語。

企業の買収・合併には友好的なものと非友好的なものとがあり、後者のばあいには買収対象企業の株式を一定の値段で買いつけることを公表するTake-over Bid（株式公開買付け、TOB*）やLBO*、MBO*の方法が用いられる。

Manifest (M/F) ［積荷目録］

船積み貨物についての明細書であり、揚地における荷役上、必要な書類であるし、輸入貨物について揚地の税関、警察関係に提出する重要書類である。各国とも、ほぼ一定の様式を用いているが、港によってはInward Manifest（輸入税用積荷目録）用紙を使用させるところもある。

通常、積地における船会社が、運賃明細目書（Freight List）作成のさいに同時に作成するが、本船側でも船積指図書（S/O）と対照ずみの運賃明細目録を基礎として作成することがある。内容は、船荷証券(B/L)番号の順に、揚地別に荷印、荷姿、品名、数量、積地、揚地、荷受人名を列記する。

Manipulation Warehouse ［手入保管倉庫］

輸出入貨物の消毒、選別、改造などの手入れを行なえる倉庫をいう。

Manufactured-goods Import Ratio ［製品輸入比率］

輸入に占める製品割合のことである。わが国の輸入品目は、かつて、原料輸入・製品輸出（加工貿易パターン）中心の時

代には原油や鉱石などの割合が高かった。しかし，1985（昭和60）年のプラザ合意後の円高や，製造業の海外移転の加速化，あるいは大幅な貿易黒字解消のための輸入拡大策などにより，製品の輸入比率が相対的に高まってきている。

Manufacturer's Export Agent ［製造業者輸出代理店］

メーカーに代わって輸出を代行する輸出国内の代理店をいう。MEA と略称する。

海外市場に設置する海外販売代理店と違って，メーカーが直接輸出への１つのステップとして，これを利用するばあいが多い。

Manufacturer's Mark ［副マーク］

Counter Mark ともいう。外装上に刷り込む荷印（Shipping Marks）のなかで Shipper（荷送人）を示すマークをいう。

Manufacturer's Representative ［レップ］

Rep. と略称する。

販売代理店の１つの形態で，メーカーに代わって注文をとり，流通，在庫，集金まで行なうばあいが多い。通常，競合しない数社の代理を行なう。

Margin ［マージン］

余白；幅；利幅；利潤をいう。

たとえば，原価と売価との開きが，利幅の意味でのマージンである。

信用状のつかない荷為替手形決済において，手形金額と先取り金額との開きをマージンとよぶ。すなわち，荷為替手形の買取りのさいに，輸入者の支払いがあるまで，買取銀行が輸出者の振り出した手形金額の一部を積み立てさせるが，この証拠金をマージン・マネー（Margin Money）という。

また，信用状の発行を依頼するばあい，銀行に差し入れる保証金をもマージン，または，マージン・マネーとよぶ。

為替予約のスリップに印刷してある No Margin Allowed は予約金額と実行金額との差額は，認められないという意味である。

タイプライターで書類を作成するばあい，書類の File を考えて左側に余白（Left Margin）をとってタイプする。

No margin of profit is left to us. （当社に利幅が残らない。）

Remarks are given on the left margin. （左の欄外に摘要が記載されている。）

Marginal Clauses ［欄外約款］

海上保険証券の本文約款（Body Clauses）に付随する欄外約款のことで，捕獲・だ捕不担保約款（FC & S Clause；Free of Capture and Seizure Clause*），ストライキ，暴動等危険不担保約款（FSR & CC Clause；Free of Strikes, Riots and Civil Commotions Clause*），運河約款（Canal Clause*），他保険約款（Other Insurance Clause*）から構成されている。

Marginal Propensity to Import ［限界輸入性向］

国民所得または国民総生産の増加にともなって促進される輸入増加率をいう。国民所得を Y，輸入を M とすれば dM/dY である。限界輸入性向が平均輸入性向より大きいばあいは，輸出の急速な増大がないかぎり，国際収支は赤字となり，経済成長を制約することになる。

Margin Money ［マージン・マネー］

信用状のつかない荷為替手形の買取り時に，輸出地の買取銀行が輸出者に手形金額の一部を積み立てさせる保証金のことで，輸入者の支払いがなされたあとで，輸出者にもどされる。信用状付荷為替手形のばあいには，信用状の発行銀行の保証があるので買取銀行も不安はないが，

信用状のないばあいには，輸入者の支払いに対する不安があるので，保証金として積立てが要求されるわけである。

信用状発行時に，発行銀行に差し入れる担保金を，マージン・マネーというばあいもある。

Marine ［海の］

海産，船舶など海事に関するもの。Maritime と同意。

Marine Insurance（海上保険），Mariner（船員）。

Marine Accidents ［海難］

航海にともなって，船舶に生じる事故をいう。たとえば，浸水，漂流，座礁，沈没，衝突，火災や戦争，だ捕などによる事故である。

Marine Accidents Inquiry Agency ［海難審判庁］

海難に関する紛争を処理する官庁である。

Marine Casualty ［海難］

Marine Perils と同じ。衝突，座礁などの海上危険によって生じた損害をいう。

Marine Insurance ［海上保険］

貨物または船舶の海上運送にともなう事故を保険事故として，保険者(Insurer；Assurer；Underwriter，日本では会社組織のものしか認められない)が損害の塡補を約し，一方，被保険者(Insured；Assured)は，これの対価として保険料(Insurance Premium) の支払を約したものが海上保険契約である。CIF 契約においては売主が，FOB または C & F 契約においては，買主が保険会社と契約する。

海上保険には，貨物のための貨物保険(Cargo Insurance) のほかに船舶のための船舶保険（Hull Insurance），運賃保険（Freight Insurance），希望利益保険（Profit Insurance）がある。

Marine Insurance Act ［(英国)海上保険法］

MIA と略称する。

1906年に制定された英国海上保険法のことで，海上保険の原理，原則のほとんどを含んでいる。この成文法と，その後の判例と，これにもとづいて制定された海上保険証券とが，英国における海上保険の体系を構成している。

Marine Insurance Business ［海上保険業］

海上保険は世界的な規模で利用されるので，英国のロイズをのぞいて，危険負担能力のある株式会社の形態が多い。また危険負担を減少させるために，他の保険会社へ再保険することによって危険分散をはかっている。

Marine Insurance Policy ［海上保険証券］

海上保険契約が成立した証拠書類として，保険者である保険会社が発行するもので，貨物に滅失や損傷のあったばあいに，この海上保険証券の保持者は，この証券で規定された範囲内の損害塡補を，保険会社に対して請求できる。このような機能をもつ海上保険証券は，CIF 契約における船積書類のなかの重要書類であって，有価証券ではないが，その被保険利益(Insurable Interest)は裏書(Endorsement) によって譲渡される。

海上保険契約は，保険契約者（Policy Holder）である輸出者からの通知事項に対して，保険者（Insurer）である保険会社が，承諾することによって成立するが，その際，保険の条件や保険料率などが決定され，海上保険証券が作成される。わが国では，保険業法により，会社組織以外の保険者は認められないが，外国では，個人保険業者（Underwriter）が，これを行なうばあいもある。

海上保険証券の様式は，英国のロイドSG フォーム（Lloyd's Ship and Goods

Form) が，船舶保険証券 (Hull Policy) と積荷保険証券 (Cargo Policy) の両方に共通な基本様式となっている。しかし，その約款の文言が難解であるという理由から，発展途上国からの非難が厳しかったために，英国では1982年1月1日から新貨物保険証券フォーム，新協会貨物約款 (Institute Cargo Clauses)，新協会戦争約款，新協会ストライキ約款を実施することになった。

Marine Loss ［海上損害］

海上危険によって生じた損害をいう。これは全損 (Total Loss) と分損 (Partial Loss) に，さらに分損は共同海損 (General Average) と単独海損 (Particular Average) に分類される。

Marine Perils ［海難］

船舶の沈没，座礁，衝突などの海上固有の危険や火災，投荷，船員の不法行為，やむをえぬ事由による航路，航海の変更など，航海にともない，または航海に付随して生じる船舶や積荷の事故をいう。いずれも航海中の事故として，海上保険契約しておけば，保険会社が通常担保してくれる。

海難の原因は，それが人の故意または過失によるものか，船体の構造や装備によるものかなどあらゆる面から調査される。この点に関して紛争が生じたさいには，海難審判庁で審判される。また船長は，海難が発生したばあいには，海難の事実と，それが不可抗力によることを主張するために海難報告書 (Sea Report)，または Captain's Protest (船長抗議書) を監督官庁あてに提出する。監督官庁によって，この海難報告書が正当と認められると，これに調印がなされ海難証明書となる。

Marine Quotation ［海上保険提率書］

海上保険契約を締結するさいに，保険会社が被保険者に提示する料率書をいう。通常，所定の書式が用いられるが，被保険者は保険の目的 (Interest) である貨物の明細 (Particulars of Shipment)，保険金額 (Insured Amount)，航海 (Voyage)，船名 (Vessel)，出帆予定日 (Sailing about)，保険条件 (Condition) などを告知したうえで，料率 (Rate) を回答してもらう。

Marine Rates ［海上危険料率］

海上保険料 (Insurance Premium*) 率は，海上危険を塡補してもらう反対給付として支払う料率で，たとえば0.40%，戦争およびストライキ危険料率 (War and SRCC Rates) 0.20%というように表示される。保険料率は原則として各損害保険会社の自由裁量であるが，ミカ貨物 (MICA*) については協定料率が定められている。

Marine Supplier ［マリン・サプライヤー］

船舶の運航上必要な船用品や乗組員の食糧などを供給する業者をいう。

Marine Surveyor ［海事検査人］

貨物の損害程度および原因を検査する人で，通常，保険会社またはその損害査定代理人が指定する。検査の結果は，検査報告書 (Survey Report) として提出される。

Maritime Enterprise ［海運業］

船舶を所有して運航したり，船舶の貸渡し，海運取引の仲立ちなどを行なう業種で，海上運送法と港湾運送事業法による規制がある。

Maritime Lien ［海上先取特権］

海上物品運送人は，債務者の海上財産 (船舶未収運賃，積荷) を差し押えることによって，その競売代金からの優先弁済権を確保できる権利をいう。

Maritime Loan ［海上貸借］

船舶が航海継続に必要な費用を手当て

するために，船舶，運送費および積荷を抵当・質入れし，その抵当物または質物が目的地到着を条件として返済する消費貸借である。Respondentia (Bond) と同じ。

Maritime Loss ［海上損害］

海上損害の程度は，つぎのように分類できる。

全損(Total Loss) ─┬─ 現実全損(Actual Total Loss)
　　　　　　　　　└─ 推定全損(Constructive Total Loss)

分損(Partial Loss) ─┬─ 共同海損(Geneal Average)
＝海損(Average)　　└─ 単独海損(Particular Average)

Maritime Perils ［海上危険］

海上運送に起因または付随するいっさいの危険をいう。英国海上保険法(Marine Insurance Act, 1906：MIA) によると，「海上危険とは航海にともないまたは付随する危険，すなわち海固有の危険 (Perils of the Seas)，火災，戦争危険，海賊，剽盗，強盗，捕獲，だ捕，官憲の抑留および抑止，投荷，海員の悪行および以上と同種または保険証券により定められたその他の危険をいう」としている。しかし海上保険契約上，保険者が担保するのは，これらの海上危険のうち，保険証券に列挙された特定の危険についてだけである。

Mark ［印（をつける）］

Shipping Marks（荷印）

Bills of Lading must be made out to order and marked notify party. (船荷証券は指図人式で作成し通知先を記入しなくてはならない。)

Market Claim ［マーケット・クレーム］

貿易クレームの一種で，契約を取り決めてから後に，輸入地における景気が下降し，商品の市価が下落したようなばあいに，買主は自社がうける価格上の損失を補うために，通常時ならば，クレームの問題とするに足りないような些細なことがらに対して，売主に苦情を提起して，値引きを要求してくる不当なクレームをいう。過去の時代には，悪質なこのようなクレームが多かったが，最近は少なくなっている。

Market Fluctuations ［市価の変動］

貿易商品は市価の変動が激しいので，価格表も The Prices are subject to market fluctuations.（値段は市価の変動により，変更することがありうる）のように市価の変動条件付きである旨を明記する。

取引上，市価の変動による損失を軽減する方法として，掛けつなぎ(Hedging*)などの方法がある。

Marketing ［マーケティング］

アメリカ・マーケティング協会は，「マーケティングとは，商品もしくはサービスを生産者から消費者または使用者まで，流通させるための企業の経営活動の遂行」と定義したが，生産者中心の考え方が残存するとして批判された。その後，買手志向に立脚した組織的体系化をめざしてマネジリアル・マーケティング論が発展し，顧客の要求を満たすために，市場の需要動向を十分に把握することを前提として，販売量よりもむしろ，大きい利潤を長期的に確保するために，企業のすべての営業活動を結集する戦略としてとらえられるようになった。貿易取引においても，従来の売手志向の貿易売買取引から，海外市場志向の貿易マーケティング戦略が望まれている。

Market Orientation ☞ Inter-

national Marketing

Market Rate ☞ Interbank Rate

Market Report ［市況報告］

取引先に対して行なう,自国市場の市況報告書をいう。輸出者としては,買主側からの引合いに対して,ただ受身的に受け答えするだけでなく,積極的な売込みのために,時機を逸せずに売申込みするとともに,市況報告書を定期的に送付することが効果的である。この種の報告書は,貿易企業の規模や営業品目の多寡によって,数十頁にもなるパンフレット式のものから,ごく簡単な1枚のものまである。いずれのばあいも,できるだけ具体的な内容で,しかも定期的に,これを続行することが重要である。

Market Research ［市場調査］

戦後しばらくのあいだ,物資が不足して売主の発言力が強い Seller's Market の時期には,海外市場について深く検討しなくても結構取引は成り立った。しかし,オイル・ショック以降の低成長時代に入ると,買手志向(Buyer's Orientation)のマーケティングを展開させないと,有利な取引は期待できなくなった。そのためには,まず当該商品について海外市場の潜在的購買量を,それぞれの市場ごとに比較分析 (Comparative Analysis*) しながら,相手市場の格付けを行なう。その結果,優先順位 (Priority) をおいた市場について,品質的適応性(Quality Suitability),価格的適応性 (Price Suitability),受渡的適応性 (Delivery Suitability),決済的適応性(Payment Suitability)を調査・検討したうえで,信頼できる相手先と取引関係を締結しなくてはならない。

Market Segmentation Policy ［市場細分化政策］

相手市場をいくつかに区分 (Segment) して,それぞれの区分の需要に合致するような,製品の多角化をはかる政策である。先進諸国では高所得にともなって需要も多様化しているので,たとえば同じ時計でも,男性用,女性用,実用的,アクセサリー用,高級品など細分化が必要である。発展途上国のばあいは,貧富の差が著しいので,どの階層をねらうかによって,製品のモデル・チェンジも必要となる。

Marking ［荷印の刷込み］

荷印(Shipping Marks*)を,貨物の外装に刷り込むことをいう。

Marry ［為替マリー］

為替銀行が,買為替の多い買持ち,あるいは売為替の多い売持ちのばあいの為替危険を回避するために,持高をゼロ (Square) にするための操作をいう。

Marshalling ［マーシャリング］

Container Yard のなかで,コンテナ貨物を,揚積荷役に便利なように整列させることをいう。整列される場所を Marshalling Yard といい,ここにコンテナが見つけだしやすいように,適宜ブロックに分けて段積みする。

Marshall-Lerner Condition ［マーシャル=ラーナー条件式］

εf を輸出の需要弾力性
εh を輸入の需要弾力性
ηf を輸入の供給弾力性
ηh を輸出の供給弾力性

とすると,メツラー (Metzler) の為替安定式は $dB/X = k\{\varepsilon h \cdot \varepsilon f(1+\eta h+\eta f) + \eta h \cdot \eta f (\varepsilon h + \varepsilon f - 1\} \div (\varepsilon f + \eta h)(\eta f + \varepsilon h)$ となる。

いま $\eta f = \infty$, $\eta h = \infty$ とすると,メツラー式は $k(\varepsilon f + \varepsilon h - 1)$ となる。貿易収支が改善されるためには,$\varepsilon f + \varepsilon h > 1$,すなわち外国および自国の輸入需要弾力性の和が1より大きければよいということになる。これがマーシャルやラーナーが導いた,貿易収支改善に必要にして十分

な条件とされている。

Mart ［捕獲免許状］

旧英文保険証券に記載されていたことばで，君主が敵国の商船を襲い捕獲する権利を自国民にあたえた権利書。

Maru Ship ［マル・シップ］

日本籍船を外国船会社へ裸用船に出し，賃金の安い外国船員を配乗させた本船を Charter Back して運航する船（便宜置籍船 Flag of Convenience）をいう。日本籍船でありながら日本人船員は乗っていない船である。

Master ［船長］

一般的には，監督，管理，支配する地位にあるものをいう。また Master Plan というばあいのように，従属的な装置や細則を支配する基礎になるものをいう。

海運上は商船の船長をいう。ちなみに軍艦の艦長が Captain である。

Master AWB ☞ House Air Waybill

Master Credit ☞ Local Credit

Master Policy ［基本保険証券］

包括予定保険において，個々の積荷に対して発行される Certificate of Insurance*（保険承諾状）の基礎となっている基本契約書をいう。

Master's Protest ［海難報告書］

航海中に，荒天に遭遇した本船の船長は，発航港から到着港までの航海の概略を管轄官庁に届けて，報告事故の認証をうけなくてはならないが，これを海難報告書という。これは貨物に損害が生じたばあいに海難事故の証拠として，海損精算代理店（Claim Settling Agent）へも提出する必要がある。Master's Report, Captains Protest, Sea Report ともいう。

Mat ［アンペラ包］

綿実，砂糖などの包装用に用いる。標準量目は100～150ポンドである。

Material Circumstances ［重要事項］

保険契約締結にあたって，被保険者が保険者に告知すべき重要な事実をいう。

Material Fact ［重要事実］

そのことがなかったならば，契約締結にいたらなかったであろうような重要な事実をいう。

Mate's Receipt ［本船受取書］

在来船の場合，貨物の船積みが完了すると，本船側が貨物を受け取ったことの証として発行する積荷の受取書であり，M/R と略称する。Ship's Receipt ともいう。すなわち，船積みが終わると，船積指図書（S/O）とセットになっている M/R の用紙に，一等航海士（Chief Mate）が署名し，受取りの証拠として荷主側に渡す。

なお，積込みのさいには，本船側と荷主側双方から検数人（Tallyman；Checker）が立ち会い，積込み数量および貨物の荷姿について調べ，事故が発見されたばあいは，M/R の摘要欄に事故のある旨の摘要（Remarks）を記入する。摘要の記入された M/R を故障つき受取書（Foul Receipt；Dirty Receipt）といい，これに対して摘要のついていないものを無故障受取書（Clean Receipt）という。故障つき受取書のばあいの M/R 面に記入された Remarks は，そのまま B/L 面に摘要として転記され，故障つき船荷証券（Foul B/L；Dirty B/L；B/L with Reservation）となるので，船会社に補償状（Letter of Indemnity）を差し入れて，無故障船荷証券（Clean B/L）を発行してもらうように交渉する。

Matter ［ことがら；問題］

処理すべきことがらをいう。Affair は「問題となる事件」。

We would probably settle this matter at the end of this month.（おそらく今月末に本件を解決するだろう。）

MAWB　☞ House Air Waybill
Maximum and Minimum Tariff
　[最高最低税率制]
　1つの輸入品目に対して，最高および最低の2種類の税率を設置して，最恵国待遇を許す国には最低税率を，また通商条約のない国には最高税率を適用させる制度をいう。

Maximum Quantity Acceptable
　[最大引受け可能数量]
　供給能力に限度があって，大量注文に応じられないばあいに取り決めておく受注の最大限度数量のこと。

May
　契約上で用いられる"may"は，契約上の権利，権限，特権を表示するばあいに使用する。権利（Right）を表示するばあいに，その権利が法律的に強制しうるものであれば"may"を，法律的に強制まではできないばあいは"is entitled"を用いる。☞ shall；will

MBO　[マネジメント・バイアウト]
　Management Buyout の略語。企業の経営者が，自社の資産を担保として借入れし，その資金で株式を買い取り，企業買収後，自社の資産を売却して借入金の返済に当てる。外部からの乗っ取りを防いで，独立して経営したいようなばあいに用いられる。当該企業の経営者が行なう LBO* といえる。

MEA　☞ Manufacturer's Export Agent

Means　[財産；手段]
　That firm is reputed to be possessed of some considerable means. (同社は相当の資産があるという評判だ。)
　The goods reached here by means of container service. (コンテナ輸送によって貨物が到着した。)

Measurement　[容積]
Space was secured for your order at the rate of $100 per measurement ton. (1容積トンあたり100ドルで貴注文の船腹を獲得した。)

Measurement Capacity
　☞ Cargo Capacity

Measurement Cargo　[容積貨物]
　重量にくらべて容積のほうが大きく，容積建て運賃が適用される貨物をいう。1容積トン（Measurement Ton）は1立方メートル（$1m^3$）をいう。以前は容積をフィートではかる習慣があり，40cu.ft.（立方フィート；才）を1容積としたが，1972年以降，船会社は $1 m^3 = 1$ トンを採用し，40 cu.ft.は$1.133m^3$と換算する。

Measurement List　[容積重量証明書]
　Certificate and List of Measurement and/or Weight の略称。輸出貨物が保税地域に搬入されると，公認の検量人である社団法人日本海事検定協会または新日本検定協会に検量を依頼する。検量人は，1荷口の船積貨物の個々について，包装を含めた最大部分の寸法・容積と重量をはかり，その検量結果を容積重量証明書として発行する。この検量の結果が，海上運賃や船積費用計算の基礎となる。

Measurement Ton　[容積トン]
　1容積トンは1立方メートル（$1 m^3$）をいう。
　40才（cu.ft.，立方フィート）は1.133立方メートルと換算される。M/T と略記する。

Measure of Indemnity for Partial Loss　[分損計算尺度]
　被保険貨物の分損（Partial Loss*）について，支払保険金を計算する方式を分損計算という。これは損傷貨物の正品市価（Sound Market Value*）に対する減価割合としての損率（Allowance）を基礎に計算する。

Measuring ［検量］

宣誓検量人（Sworn Measurer）が保税地域で貨物の総重量と容積をはかることをいう。この検量の結果が，海上運賃計算の基礎となる。

Mediation ［調停］

Conciliation ともいう。

貿易取引履行上に，なんらかの欠陥があってクレーム（Claim）が提起され，両当事者間での直接交渉で話合いがつかず和解（Compromise）がえられなかったばあいに，第三者の仲介による両当事者の自主的納得をいう。すなわち，両当事者が選んだ調停人が，事情を聴取して調停案を示し，両当事者の自主的承服を求めるものである。このばあい，相手方当事者は第三者の斡旋に応じる義務はなく，これを拒否できる。すなわち調停とは，第三者が当事者間の話合いの機会を設け，これを促進させようとするものである。

Mediator ［調停人］

両当事者間で解決がつかない紛争について，紛争当事者の依頼により双方のいい分を聞いて解決策を示す仲介者をいう。

Medium ［ミディアム］

信用調査報告書では，数字を表わす用語としてつぎのように用いる。

Low　　　　1〜2
Moderate　　3〜4
Medium　　　5〜6
High　　　　7〜9

したがって，たとえば Medium Five Figures といえば50,000〜60,000を意味する。Figure（Proportion）は桁数を示す。

信用調査において，具体的な数字の代わりに，こうした文字で表現する理由は，銀行もしくは興信所としては，信用調査依頼人にはできるだけ明確な情報を提供したいという気持がある一方，被調査会社の秘密保持にも気をつかっているからである。

Their balance stands at medium five figures.（同社の残高は50,000〜60,000である。）

Memorandum ［覚書］

貿易取引上は一般的取引条件覚書（Memorandum of General Terms and Conditions of Business*）の略称として用いる。

海上保険上では，免責歩合約款をいう。すなわち船舶が座礁，沈没，炎上したばあいをのぞいて，一定歩合未満の単独海損については，保険者は免責であることを規定している。当初，保険証券に注意または覚書として挿入されていたため，この名称がある。

企業内通信（Internal Communication）をメモと呼称する。同一部門内，他部門間，本支店間の通信として用いられる。

Memorandum of General Terms and Conditions of Business ［一般的取引条件覚書］

貿易は，異国間取引である。政治，経済，文化の諸制度も，言語，風俗，慣習も，すべてが相違する異国間取引であるから，誤解や紛争の生じる危険はきわめて大きい。また，同じような取引上の原則を取引のつど，いちいち打合せするのでは，繁雑にたえない。また紛争でも生じたとき，事後に，これを解決するための規則をつくるのでは，公正を欠くことにもなる。こうした観点から，これからのすべての取引に共通した，基本的な規則の打合せが必要となる。そうした基本的な条件を，あらかじめ印刷しておき，取引を開始する段階で，相手側と打ち合わせするさいに用いる協約書である。

その内容は，各貿易企業の販売政策，取扱い商品，相手市場などによって相違するが，おもな記載事項は，①取引形態

についての規定，②売買契約の基礎条件としての品質，数量，価格，受渡し，決済についてのとり決め，③取引方法ないし手続についての規定，④紛争が生じたばあいの解決方法などである。

Memo Slip ［メモ・シップ］

保税地域に搬入された貨物について，検量業者 (Sworn Measurer) が計量した重量と容積についての報告書のことで，海貨業者を経て船会社に提出される。正式には Memorandum Slip of Measurement and/or Weight という。同じく海貨業者をつうじて荷主に渡されるものを Certificate and List of Measurement and /or Weight (容積重量証明書) という。

Men-of-War ［軍艦］

軍艦旗を掲げ，軍紀に服する乗務員が海軍将校によって指揮されている船舶をいう。英文海上保険証券の危険約款では，戦争に関する危険として，Men-of-War のほかに，Enemies (外敵), Letters of Mart (捕獲免許状), Countermart (報復捕獲免許状), Surprisals(襲撃), Takings at Sea (海上における占有奪取), Arrests (強留), Restraints(抑止), Detainments (抑留) などがあげられている。

Mercantile Credit Agency ［商業興信所］

Credit Bureau; Commercial Enquiry Office ともいう。

相手の会社の信用状態すなわち，誠実性，評判，財政状態，営業能力，営業成績，あるいは相手の会社をとりまく客観的諸条件などについての調査およびその報告を，有料で，専門的に行なう機関である。米国のダン・アンド・ブラッドストリート社 (Dun and Bradstreet, Inc.) は国際的に，もっとも著名である。

このダンと略称される興信所は，ただたんに信用調査業務を行なうにとどまらず，信用調査に関連する債権の取立てや，市場調査や出版などをも行なっている。また，調査予約者には，重要なニュースをのせたレポートを，継続的に送付するなどのサービスを行なっている。

銀行，同業者による信用調査がややもすると表面的なことがらしか把握できないのに対して，商業興信所の調査は，より専門的，具体的であって，信頼される。

Mercantile Exchange ［商品取引所］

大量取引が行なわれる品質均等な農産物，ゴム，綿糸，綿花，綿糸布などの商品について，現物および先物取引を行なう取引所のこと。

Merchandise

We have felt that our high quality merchandise should have a ready sale in your market. (当社の優れた商品は貴市場でもただちに売れるに違いないと考えている。) ☞ Goods and Merchandises

Merchandising ［製品化政策］

顧客の多様化した需要に合致する製品を開発し，製品差別化政策 (Product Differentiation Policy) と市場細分化政策 (Market Segmentation Policy) などの方法を実施して，市場への適合性をはかる販売戦略をいう。

Merchant ［商人］

卸売大商人 (Wholesale Trader), とくに貿易商をいう。昔は海上航行船の多くは貿易商の持船 (Merchant Carrier) であったため, Merchant＝Merchantman は「商船」の意味をももつ。

Merchant Adventurer ［冒険商人］

中世の帆船貿易時代における，貿易商人のことをいう。無事航海を終えて仕向港に到着すれば売主1人，買主大勢で巨万の富を獲得できるが，逆に航海中に海賊に遭遇したり，船が難破でもすれば，

元も子もなくなるので,貿易取引は一種の賭,冒険と考えられた。

Merchant Banker ☞ Accepting House

Merchant Carrier ［商人船主］

船舶を保有して運送人としての仕事のほかに,みずからの船舶を利用して貿易取引をも行なう商人をいう。昔は海運業務が貿易業のうちに包摂されていたが,その名残りである。Merchant とは「商人」のほかに「商船」の意味でも用いられる。

Merchant Haulage ［マーチャント・ホーリジ］

荷主戸口あるいは倉庫と Container Yard*間のコンテナ内陸輸送を荷主自身の手配によって行なうことをいう。

Merchanting Trade ［仲介貿易］

Intermediary Trade* ともいう。

わが国の商社が,外国相互間で移動する貨物の,代金決済の当事者となるような貿易契約をいう。

このような仲介貿易による外国相互間の貨物の移動が,わが国からの通常の輸出と競合する危険があるので,以前は政府の承認を必要としたが,1980(昭和55)年12月1日の新外為法の実施にともなって,原則として自由に行なえるようになった。

貨物が輸出者から輸入者へ直送される点,および代金決済が仲介に立つ第三者をとおして行なわれる点でスイッチ貿易と同じであるが,契約は,輸出者と輸入者とのあいだで直接結ばれず,それぞれが仲介者ととり結ぶ点が違う。

Merchant Vessel ［商船］

水に浮かぶものを総称して船舶 (Vessel) というが,それらのなかで商業上の目的で使用される船舶を商船という。用途上,旅客船と貨物船に分類できるし,運営上,定期船 (Liner) と不定期船 (Tramper) とに分けられる。機関の種類上は,蒸気タービン (Steam Turbine ; S/S=Steam Ship),ディーゼル機関 (Diesel Engine ; M/S=Motor Ship),原子力機関 (Nuclear Engine ; N/S=Nuclear Ship) に分けられる。

Merger ［吸収合併］

2つの会社が結合することを合併 (Amalgamation) という。一方の会社が他方に吸収されて消滅するばあいを吸収合併という。このばあい,存続会社は消滅会社の資産・負債を承継するし,消滅会社の株主は,合併比率に応じて,その持株とひきかえに存続会社の株式の交付をうける。

METI ［経済産業省］

Ministry of Economy, Trade and Industry の略称。通商の振興・調整ならびに通商にともなう外国為替の管理,鉱工業製品の生産・流通の増進・調整などに関する行政事務を行なう行政機関である。

Metric System ［メートル法］

現在では世界の中心的な計量単位となっている。長さをメートル,体積をリットル,重量をキログラムで表示することはよく知られているが,1875 (明治8) 年にメートル条約〔日本は1886年に加盟〕が成立したのを受けて1891年にわが国の度量衡法が制定された。イギリスは欧州連合 (EU) のメートル法使用の指令を受けて計量法を改正し,大半の商品はメートル法表示している。アメリカはいまだ抵抗感が強い。

Metric Ton ［メートル・トン］

1,000キログラム (約2,204ポンド) を1トンとする度量衡単位で,世界的な重量単位といえる。

Metzler's Condition of Elasticity of Balance of Payment ［メツラーの国際収支弾力性の条件］

ロビンソンの為替市場の安定条件式

を，初期輸出入額が均衡していたとすると，貿易収支の改善額 dB/X は $dB/X=k\{\varepsilon h\cdot\varepsilon f(1+\eta h+\eta f)+\eta h\cdot\eta f(\varepsilon h+\varepsilon f-1)\}\div(\varepsilon f+\eta h)(\eta f+\varepsilon h)$ すなわち，この式が正であれば為替相場は安定するし，為替相場下落によって貿易収支が改善されるための十分条件は，$\varepsilon h+\varepsilon f>1$ のばあいである。すなわち，両国の輸入需要の弾力性の和が1より大きければよい。☞ Robinson's Condition of Exchange Stability

M/F ☞ Manifest
Mgr. ☞ Management
MIA ☞ Marine Insurance Act
MICA ［主要輸入貨物料率協定］

Major Import Cargo Tariff Agreement のことで，わが国の主要輸入貨物（MICA，ミカ貨物という）である大豆，綿花，羊毛，砂糖，米・麦類，石炭，石油，鉄鉱石などについて，損保各社が，協定料率を定めるための取決めである。☞ Insurance Premium

Micro-Land Bridge ［マイクロ・ランド・ブリッジ］

コンテナ輸送の1方式で，米国西海岸，たとえば Oakland までは海上輸送し，そのまま鉄道にのせて Inland Point，たとえば Chicago まで陸上輸送する複合運送をいう。

MLB* が Port to Port であるのに対して，内陸のポイントを起・終点とする。IPI（Interior Point Intermodal Tariff）ともいう。

MIGA ［国際投資保証機構］

Multilateral Investment Guarantee Agency の略。

発展途上国向けの民間直接投資にともなう非商業リスク，たとえば，収用，戦争や投資受入れ国による法的債務不履行などを扱う国家または民間の保証機関を補完するとともに，国際復興開発銀行および国際金融公社の活動を補完して途上国の投資環境の整備を行なう機関である。

Mildew ［かび損］

Mold または Mould ともいう。

海水の浸入による貨物のかび損は保険で塡補されるが，外来の原因のないばあいのかび損は貨物固有の瑕疵とみなされ，保険者は免責である。

Mine Clause ［触雷不担保約款］

機雷（Mines），魚雷（Torpedoes），爆弾（Bombs），その他の兵器（Other Engines of War）による損傷については，塡補しないという海上保険証券の規定である。したがって，これらの危険が塡補されるためには，戦争危険の特約が必要である。

Mini-Land Bridge ［ミニ・ランド・ブリッジ］

コンテナ輸送の1つの方式で，日本から米国の西海岸，たとえば Oakland までは海上輸送し，米大陸を鉄道で横断して New York へ輸送するといったように，米国の西海岸と東海岸を結ぶ複合運送をアメリカ Mini-Land Bridge という。同様に日本からカナダの西海岸 Vancouver までは海上輸送し，以後，鉄道で東海岸 Quebec へ輸送する輸送形態を，カナダ Mini-Land Bridge という。

Minimum Freight Rate ［最低運賃率］

少量貨物に適用させるために船会社が定めた最低限度の運賃をいう。船積み貨物が少量で，W/M* 方式で計算したその運賃総額がこの所定の最低率に達しないばあいは，実量のいかんにかかわらず，そのままこの最低率が適用される。たとえば，運賃率が50ドル，最低運賃率15ドル，貨物の大きさが2才（cft）のばあい W/M 方式で計算すると，この貨物は $50\times\frac{2.266}{40}=2.8325$ ドルとなるが，これは

Minimum Premium

最低率以下であるから,インフル(Infull)計算法が適用されることになって,最低運賃率の15ドルが請求される。

Minimum Premium [最低保険料]

保険証券または保険承認状1通を発行する,保険契約1件あたりの最低保険料のことをいう。円貨建て保険証券のばあいは¥2,000(1981年1月現在),外貨建て証券のばあいは¥2,000相当の外貨が最低保険料として決められている。

Minimum Quantity Acceptable [最小引受け可能数量]

注文数量が少量のばあいには,生産の能率が上がらないばかりか,陸上・海上運送とも最低運賃率に抵触して割高となり,売主としては思わぬ損失をうけるので,引受け可能な1回の注文数量の最低限を示したもの。

Minutes [議事録]

裁判所の書記が特定事件の訴訟の手続を記載した記録,あるいは株主総会,取締役会,売買当事者の商談などの議事や決議を記載した覚書をいう。

Mis-Landing [揚違い]

船荷証券に記載された陸揚港以外の港で誤揚されたため,所定の陸揚港では不足貨物(Short Landed Cargo)となり,また他の港では過剰貨物(Over Landed Cargo)が生じることをいう。船会社または代理店は,過不足貨物を発見すると,ただちにトレイサー(Tracer)を発行し,各寄港地の揚荷を調査したうえで,過剰貨物を本来の陸揚港へ追送する。このさい,通常,B/Lに条項を設けて,追送,積戻しは船会社の費用で行なうが,そのために生じる荷渡しの遅延や貨物の損害などに対しては,賠償しない旨を約定している。揚違いが,荷印の誤記その他,荷主の過失に起因するばあいは,追送,積戻しの運賃,揚港費用,保管料などは,すべて荷主の負担となる。

Misrepresentation [不実表示]

不真実な事実の表示をいう。相手方に不実表示があって契約が成立したばあいは,契約者はこれを取り消す権利がある。ただし,損害賠償請求権が発生するためには,その不実表示が,悪意の不実表示(Fraudulent Misrepresentation),すなわち詐欺(Fraud ; Deceit)であることが前提条件となる。

Missing ☞ Total Loss

Mixed Policy [混合保険証券]

特定の2港間で特定の期間,たとえば1ヵ年について,ある船舶の全航海を担保する保険で,Time Policy(定期保険)とVoyage Policy(航海保険)とを総合して填補する保険証券である。

Mixed Style [準垂直式]

Semi-blocked Styleともいう。

英文書簡形式のうちのタイプライターの打ち方。これは垂直式(Blocked Style)と凹凸式(Indented Style)の長所をとり入れたもので,本文(Body)の部分には各節第1行目の先頭を右に若干ずらして凹凸をつけ,その他の構成要素はすべて垂直式で打つやり方。

Mixed Tariff [混合関税]

1品目について,従量税と従価税が定められている関税で,選択関税(Alternative Duties*)と複合関税(Compound Duties*)とに分類される。前者は従量税と従価税のいずれかを選択適用するもので,後者は従量税と従価税を結合して適用する。

MLB

Mini-Land Bridge System*の略語で,日本と米西海岸間をコンテナ船で海上運送し,その後,米東海岸・ガルフ湾岸諸港までトラックまたは鉄道輸送する方式をいう。このばあいIntermodal B/L*が発行される。

MM ☞ Mould & Mildew

Mobilization ［動員］
Force Majeure*（不可抗力）の1つと考えられ，免責約款があれば，これによる船積遅延，契約の一部または全部の取消しを主張できる。

Moderate
信用調査報告書で用いられる数字の用語で，つぎのように用いる。

Low	$1\sim2$
Moderate	$3\sim4$
Medium	$5\sim6$
High	$7\sim9$

たとえば，Moderate Four Figures は，3,000〜4,000という意味。Figure（Proportion）は桁数を示す。

信用調査報告書でこうした文字を用いる理由は，調査機関としては調査依頼人に正確な情報を伝えたいという気持の反面，被調査会社の秘密保持をも考慮しているからである。

Module Ship ［モジュール船］
プラント全体を，いくつかのセクションに分割して大型ブロックに組み立てて輸送する，いわゆるプラントのモジュール工作に対処するための専用船で，クレーン以外による積揚げ付帯設備を装備している。

MOF ［財務省］
Ministry of Finance の略語。国の財務，通貨，外国為替，証券取引などに関する行政事務を行なう行政機関。貿易取引に関しては，支払手段，貴金属の輸出入の許可，コルレス契約の許可，外国為替資金の管理・運営などの事務を行なっている。

MOF a/c ［モフ勘定］
財務大臣名義の預金勘定で，モフ勘定と俗称される。政府は，この勘定をつうじて外貨の対外支払い，振替などを行なっている。

MOF Basic ［財務大臣の基準相場］
かつての固定相場制の頃の1米ドルが360円というように，財務大臣（Minister of Finance）が定めた基準相場をいう。

MOF Depository ［モフ・デポジトリー］
財務大臣名義の外貨当座預金勘定の開設先銀行をいう。日本政府の外貨資金は，内外の有力銀行に預金されており，これらデポジトリーは MOF 勘定をつうじて，政府外貨資金の受払業務を行なう。

Moisture Damage ［湿損］
船艙の湿気によって水滴が生じ貨物に損傷をあたえること。Sweat Damage*（汗濡れ）の特約によって塡補される。

Mold ☞ Mildew

Money Order ［郵便為替］
Postal Money Order ともいう。
郵便局で取り扱う為替証券で，銀行が扱う Bank Check とともに外国への送金方法として用いる。

Monthly Shipment ［連月積］
貨物の数量が大きいばあいに，May/June/July Shipment のように特定月の連続で船積期日（Time of Shipment*）決めること。各月の積出し数量が規定されたばあいは分割船積（Partial Shipment；Instalment Shipment*）となる。

Moody's Industrial Manual
Moody's Investors Service（New York, USA）が発行している人名録で，世界的に有名なアメリカその他の約350社について，その企業の内容を詳細に述べ，投資家のために，投資価値からみたその企業内容を Bond Rating で表わしている。

Mooring ［係船］
船舶を港湾または岸壁に一時的に，また永久的に係留すること。

Moral Hazard ［道徳的危険］
保険の目的の所有者または関係者の主観的な事情であって，しかも事故発生の

可能性に影響を及ぼす，道徳的または慣習的な状態をいう。たとえば，酒酔運転をする者，放火狂などがこれにあたる。これに対して Morale Hazard（心理的危険）とは，保険契約があるために，損害に対する無関心から生じる危険をいう。

More or Less Terms ［過不足認容条件］

大豆，石炭のような散荷は過不足の生じる危険があり，契約数量どおりの貨物の受渡しが困難なので，あるパーセント内の過不足を認容するという取決め。

Mortality ［斃死危険］

生動物の運送上の自然死，病死をいう。特約によって填補される。

Mortgage ［モーゲージ；担保］

（譲渡）担保，貸金のかたで，土地，建物などの不動産，機械設備，株式などの有価証券が担保とされる。期日がきても債務が弁済されないばあいは担保物件は競売される。債権者と債務者の双方に利便が多く，これにより資金の融通が促進される。☞ Charge

Mortgage Clause ［抵当権者条項］

保険金は抵当権者に，その利益の範囲内で支払われ，抵当権者の保険金回収権は，被保険者のいかなる行為または不作為によっても無効とはならないという規定である。

Most Favored Nation Treatment ［最恵国待遇］

第三国にあたえられている条件よりも，不利にならない待遇をあたえるという国家間の協定をいう。世界貿易機関（WTO）は，加盟国間では無条件で自動的に，最恵国待遇をあたえるべきことを規定している。

Motor Vessel ☞ MS

Mould & Mildew ［かび］

水分または湿度の関係で食料品，繊維製品，雑貨について生じたかびによる損害をいう。海上保険上は特約によってだけ填補される。

Movables ☞ Goods and Merchandises

M/R ☞ Mate's Receipt

MS ［機船］

Motor Ship の略語。MV（Moter Vessel）ともいう。ディーゼル・エンジンなどの内燃機関によって推進力を生み出している船舶で，重油を燃料としている。M/S "Fuji Maru" というように用いられ，今日の航洋船はほとんど MS である。

Maintenance Shop の略語としても用いる。これは，コンテナ・ターミナル内にあって，コンテナ自体の検査，補修，掃除などを行なってコンテナ機器の維持・補修を行なう工場をいう。

M/T ［容積トン］

Measurement Ton の省略。

1容積トン（M/T）は1 m³（立方メートル）として用いる。かつては40cu.ft.（立方フィート；才）=1.133立方メートルを1容積トンとした時代もあった。

R/T（Revenue Ton）は M/T か K/T かというような用い方をするが，海外ではM/T というは Metric Ton=Kilo Ton（K/T）をいう。

Mail Transfer* の略語としても用いる。☞ Advise and Pay

Multilateral Trade ［多角貿易］

多国間貿易ともいう。

2国間貿易における片貿易を防ぎ，相互決済上の収支の不釣合を是正するために，他の国々をも貿易協定に加入させて，それぞれの国の貿易上の不均衡を調整するためのものであるが，3国間の協定による三角貿易が常態である。たとえば戦前，日本は仏印から米を，仏印はフランスから各種雑貨を，フランスは日本から生糸を輸入したが，いずれも片貿易とな

るので，日本はフランスからうける債権で仏印への支払いを決済することによって輸出入の均衡をはかった。

Multimodal Transport ☞ Combined Transport

Multinational Company ［多国籍企業］

Multinational Corporation ともいう。

世界中で，外資の進出によって生まれた子会社の数は増加している。世界企業，多国籍企業が世界経済に及ぼす問題点の第1は，その資本移動が各国の国際収支に及ぼす影響である。かつてドイツ・マルクやフランス・フランの平価変更に強く反対するのは多国籍企業であったし，また，1968年の米国国際収支が資本収支面で大幅の黒字となったのも，欧州にある米系子会社がユーロダラー市場でカネを集め，米国へ送金したことが一因であるといわれた。

多国籍企業の問題点の第2は，国際貿易構造を大きく変える点である。すなわち，多国籍企業の発展とともに，製品の国際移動ないし製品輸出が減って原料輸出へウエイトが移る可能性があるのと，製品ないし原料貿易に代わって，資本，マネジメント，特許，技術移動の比重が，大きくなることが考えられる。

Multinational Corporation
☞ Multinational Company

Multinetting ［多元的相殺決済］

1998（平成10）年4月，外国為替及び外国貿易法の施行を契機に，総合商社等が関連グループ企業を対象に，子会社として設立したインハウス・バンク（社内銀行 in-house bank）に金融業務全般を担当させ，多元的相殺決済（マルチネッティング）により外国為替業務を処理するとか，資金調達やグループ企業への投融資あるいは資金運用などをてがけることができるようになった。多元的相殺決済によって相殺処理できる金額が大きい総合商社にとっては決済業務に必要とされた諸経費（手数料等）削減の効果が期待できる。

Multiple Exchange Rates System ［複数為替相場制度］

為替相場を複数化して，通貨面と貿易面とで，あるいは品目ごとにそれぞれのレートを適用させる制度をいう。たとえば，1983年2月，ベネズエラは二重為替相場制の実施を発表した。これによると，公的・民間対外債務の元利支払い，国際的な契約にもとづく支払い，石油・鉄鋼部門などへの外貨売りなど6項目については1ドル＝4.3ボリバールという従来レートを適用するが，これら以外のすべての為替取引には切り下げられた別のレートを適用させるとした。

Mutual ［双方の］

We shall have enough chance to see mutual business activities. (貴我双方にとって活発な取引を行なう機会があるだろう。)

You may rest assured that it will turn out a profitable business to our mutual benefit. (お互いに有利な取引になるだろうからご安心下さい。)

We hope you will secure large orders to mutual advantage. (双方の利益のために大量受注するよう希望する。)

Mutual and Cooperative ［相互会社；協同組合］

相互会社は保険会社や貯蓄銀行にみられる形態で，保険証券所有者や貯金者のために受託者によって運用される株券のない会社である。

協同組合は，消費者のために中間業者を排除して大量購入の利益をえる目的で設立される。

Mutual Insurance ［相互保険］

加入者相互の保険を行なうために相互

組織の法人をつくって，その構成員のために行なう保険をいう。

Mutual Recognition of Standards/Certification ［基準・認証の相互承認］

電気製品や自動車などについて，消費者の生命や健康，あるいは環境保護のため，政府は安全規格や証明方法を定めている。この基準・規格と検査手続きや証明の方法を定めた制度のことを基準・認証という。基準・認証の相互承認は，企業が製品輸出する場合に輸出国の機関が認証し，それを政府間で承認しあうことで，この制度が導入されると非関税障壁視される批判にも応えることになる。日本はEUとの間に「相互承認協定（MRA）」を締結し，2001（平成13）年の通常国会で承認され，相互承認関連法が成立した。

M/V ☞ MS

N

NACCS

もともとは Nippon Air Cargo Clearance System（航空貨物通関情報処理システム）の略語。通信回線により空港と，税関，航空会社，通関業者，銀行に端末機をおいて，航空貨物の到着情報から通関，納税，出荷までの手続処理を，電算機で行なうシステム。（かつては Air-NACCS と呼ばれた）このシステムを横浜，神戸など主要海港に Sea-NACCS として導入することになったので両者に共通する呼称として Nippon Automated Cargo Clearance System, すなわち NACCS となった。システム運営母体は，2008年10月1日から民営化され「輸出入・港湾関連情報処理センター株式会社」（NACCS センター）と呼ばれる。

NAFTA ［北大西洋自由貿易地域］

North Atlantic Free Trade Area の略称。EC と EFTA とのあいだにみられた関税引下げの動きに対抗するために，米国，カナダ，日本，中南米諸国などが提唱したもの。

North American Free Trade Agreement(北米自由貿易協定；米国，カナダ，メキシコが締結)あるいは New Zealand and Australia Free Trade Agreement（ニュージーランド・オーストラリア自由貿易協定）も NAFTA と呼ばれる。

Name ［名（指す）］

Your name was given by the Chamber of Commerce.（商業会議所から紹介された。）

We shall keep your name in our file.（貴社名を記録にとどめる。）

Reference named（指名された信用照会先）

Named Bill ［記名式手形］

為替手形の受取人（Payee）の欄に Pay to‥‥Bank と記名した手形をいう。Pay to のあとは手形の買取銀行を記名するのが一般的である。

Named Perils ［列挙危険］

保険証券に，保険者が塡補責任を明記し列挙してある危険をいう。列挙危険以外の危険による損害については，特約によって塡補される。

Named Policy ［船名確定証券］

保険契約時に船舶名が未定であるために，とりあえず予定保険（Provisional Insurance）を締結したばあい，船名が確定した時点で発行される確定保険（Definite Insurance）の証券を，船名確定証券という。

Narrow ［狭い］

幅の狭いこと。

The market remains firm with very narrow fluctuations.（ごく僅かな上下はあるが，全体として市況は強保合いである。）

Nation ［国民；国家］

State は政治的に統一された国。Country は地理的観念を強調したばあいの国。Nation は一民族をなす人間の集団。

Nation-wide sales（全国的規模の販売）

National Holidays（祝日）

National Brand ［ナショナル・ブランド］

製造業者商標（Manufacturer's Brand）をいう。これに対して，商業者商標をPrivate Brand という。

National Duties ［国定関税］
国内規定で定められた国定税率（National or General Tariff*）によって課せられる関税をいう。

National Interest ［国益］
一国の利益をいう。同じく先進諸国のなかでも失業問題，防衛問題など，それぞれの国がかかえている問題が違うし，貿易に対する考え方も相違する。とくに発展途上国においては，工業化をはかって近代国家に Take-off することが国益であるから，製品輸入に代わって，技術輸入，プラント輸入を希望している。こうしたそれぞれの国の国益に適合するような，貿易マーケティングをはかることが，貿易摩擦解消にも役立つ。そのためには，これまでの売手志向の貿易の姿勢に代わって，すべての戦略が，海外市場志向にもとづかなくてはならない。

National Trade Estimate Report on Foreign Trade Barriers（U.S.） ［アメリカの外国貿易障壁報告書］
毎年3月末に，1974年アメリカ通商法（The 1974 Trade Act）に基づき，アメリカ通商代表部（USTR）がアメリカ議会に提出する「年次報告書」で，この報告書に基づき「優先交渉」相手国・分野（対象品目）等が決まる。

Nationalism of Insurance ［保険の国家主義］
保険業についての国家主義をいう。とくに東南アジア，中近東，中南米諸国にみられる傾向で，他国の保険業者を締め出すために，輸出は CIF，輸入は FOB で契約することを強制して，自国の保険業の保護育成と国際収支の改善をはかろうとしている。

Nationality of Ship ［船籍］
船舶が登録された国籍（Flag）をいう。日本国籍の船舶は日本に船籍港（Port of Registry）を定め海運局に登録される。

Nationalization ［国有化］
企業が外国に投資したばあい，外国政府がその後その資産に対する権益をとりあげること。収用（Expropriation）ともいう。

National Tariff ［国定税率］
関税定率法第3条にもとづき同法別表で定められている基本税率と，関税暫定措置法第8条にもとづき同法別表で定められている暫定税率，および政令で指定された特定開発途上国からの輸入品に適用される特恵税率を国定税率とよぶ。

Navigation ［航海］
船を Ship というが，これは北ヨーロッパ系のことばで，南ヨーロッパでは Navis（ラテン語），Nave（イタリア語，スペイン語），Navire（フランス語），そこで Navigation（航海），Navy（海運）は南方系のことば。

Navigational Accident ［航海に関する事故］
航海に関する事故は海上保険によって塡補される。おもなものとしては Sinking（沈没），Stranding（座礁），Burning（火災），Collision（衝突）など，SSBC がある。

ND ☞ Non-Delivery

Near Delivery ［直積み（じきづみ）］
最短で契約後2週間，最長で1ヵ月くらいの期間内に行なう船積み。
Immediate Shipment；Prompt Shipment；As soos as possible Shipment；At Once；Soonest；Without Delay；Ready なども，同じく直積みを意味してきたが，このような表現はあいまいなので契約上では使用しないこと。

NEGA ［米国輸出穀物協会］

North American Export Grain Association, Inc.の略称で，穀物取引についての標準契約書式を作成している。

Negative List　［残存輸入制限］
世界貿易機関（WTO）に違反して行なわれている輸入数量制限をいう。

Negligence Clause　［過怠約款］
売買契約における過怠約款とは，取引条件覚書または契約書に挿入される過怠約款（Default Clause）のことで，売主や買主の契約不履行に関する取扱いを規定したものである。

用船契約書（Charter Party）でいう過怠約款とは，船主が果たすべき義務を十分に履行したことを立証することによって，船会社側のとるべき責任と一見みえるような過失，怠慢などから生じる損害，損失に対する免責についての取決めである。しかし，積付けの不良による破損，汚損あるいは通風，換気に対して適当な措置がとられなかったために生じる汗濡れ，変質，また船会社使用人の悪意による貨物の抜荷などについては，船会社の責任とされる。

Negotiable　［流通可能の］
裏書（Endorsement）することによって流通（Negotiation）・譲渡できること。

Negotiable B/L（流通船荷証券）

Negotiable Instrument（流通証券）

Negotiable B/L　［流通船荷証券］
船荷証券は権利証券であり，だれを貨物の受取人として発行するかが重要な問題である。具体的には，船荷証券中の荷受人（Consignee）の表示方法いかんによって，その船荷証券が，流通船荷証券（Negotiable B/L）ともなるし，また非流通船荷証券（Non-negotiable B/L）ともなる。つまり，荷受人の欄に，特定人を記名せず，たんに to　order または to order of shippers と表示する指図人式のばあいには，流通船荷証券である。一方，この欄に特定人を表示する記名式（Straight B/L）のばあいには，流通性がなくなる。

中南米では，慣習として Straight B/L が多く使われるし，指図人式のばあいも輸入地銀行何某の指図人式という制限づきの流通船荷証券が使われることが多い。

Negotiate　［買い取る；商議する；譲渡する］
Drafts must be negotiated not later than September 10.（為替手形は9月10日以前に買い取られなくてはならない。）

As your draft was unpaid, please negotiate for the matter with the drawees and let them protect it at once.（貴社振出しの為替手形が不渡となったので，この件について手形の名宛人と協議し，ただちに支払わせなさい。）

Negotiated Contract　［随意契約］
発注者が自己の意図する一定のコントラクターと価格など諸条件について交渉し契約を締結すること。

Negotiating Bank　［買取銀行］
外貨建ての荷為替手形を買い取る（negotiate）銀行。どこの銀行を買取銀行にするかは，買取銀行指定信用状（Restricted L/C*）のばあいをのぞいて，輸出者が自由に選択できる。荷為替手形が自国通貨建てのばあいは，手形を割り引く（discount）といい，手形を割り引いて手形代金を支払う銀行を割引銀行（Discounting Bank）という。

Negotiation　［買取り；商議］
輸出者が振り出した外貨建ての荷為替手形を，輸出地の取引銀行が割り引いて，代金を輸出者に支払うことをいう。この輸出者に割引を行なった銀行が，買取銀行（Negotiating Bank）である。これに対して，自国貨建て手形を割り引いてもらうことを discount という。

Drafts must be presented for negotiation on or before October 10. （10月10日またはそれ以前に手形は買取りのために呈示されなくてはならない。）

We have got these goods at your limits after considerable negotiation.（相当の交渉の結果，貴指値でこれらの商品を入手した。）

Negotiation by Draft ［逆為替］

債務者が送金手形を振り出す並為替によらないで，逆に，債権者が債務者に対して取立てを行なう形の決済方法をいう。具体的には，債権者が債務者を名宛人とする手形を振り出し，銀行にその買取りを依頼する。これを買い取った銀行は，その手形を支払地の自行の本支店またはコルレス先へ送付し，債務者から代金の支払いをうける。すなわち，並為替によるばあいには，手形と金の流れる方向が同一であるが，逆為替のばあいには，それが逆となる。貿易決済に用いられる荷為替手形は，逆為替の典型的なものである。

Negotiation Charge ［買取り手数料］

手形取組み時に，銀行が請求する手数料をいう。自行の本支店の発行した信用状による手形を買い取るばあいには，請求しないのが原則である。しかし，他行の発行した信用状にもとづいて振り出された手形を買い取るようなばあい，あるいは，手形が買取地通貨表示，すなわち振出地通貨建てのばあいには，手形の買取銀行は，為替相場上の利益がないので，買取りにともなう事務経費として請求する。

Negotiation Credit ［ネゴシエイション信用状］

信用状にもとづいて振り出された手形が，買い取られる（negotiate）ことを許している信用状である。これに対して，手形の Negotiation を予想せず，信用状の発行銀行またはその特定する銀行に，手形が呈示されたばあいに支払うことを規定した信用状が Straight Credit である。Straight Credit のばあいは，これにもとづいて振り出された手形の買取りは禁じられているので，第三者の銀行が自己の危険で買い取ることは可能であるが，このばあいは，Negotiation Credit のばあいと違って，買取銀行としての立場は保護されないので，Straight Credit にもとづく手形を第三者の銀行が買い取ることはまれである。Negotiation Credit のばあいには，信用状面に裏書人（Endorsers），善意の保持者（Bona Fide Holders）に対する規定，および Negotiation の文字があるのに対して，Straight Credit のばあいは，そのような文言がない。なお，Straight Credit と Special Credit（買取銀行指定信用状）とは混用されやすいが，Special Credit か General Credit かが問題となるのは，Negotiation Credit を前提としてのことである。

Neither to Blame ［無過失衝突］

船舶の無過失による衝突をいう。このばあい，船主責任は発生しない。これに対して過失衝突のばあいは，他船または自船による一方過失（One to Blame）のばあいも，双方過失（Both to Blame）のばあいも，船主責任が発生する。

Net ［正味］

割引料，税金，諸経費，風袋（Tare）などを差し引いた正味をいう。たとえば，Net Weight（正味重量）は，商品それ自体の重量で，これに風袋を加えると，Gross Weight（総重量）となる。Net Price は割引やバイヤーへの Return Commission が含まれない正味価格をいう。

英国では Nett。

Net Cash＝Ready Cash（10日以内支払い）

Net Assets(純資産)
Net Earning(純収得)
Net Income(純所得)
Net Profit(純利益)

Net Assets ☞ Net Worth

Net Cash

Ready Cash ともいい、10日以内の支払いをいう。

Net Charter [ネット・チャーター]

本船が船積港へ回航されて以降、仕向港で陸揚げされるまでのすべての費用を用船者が負担する方式をいう。これに対して Gross Charter は、船主がすべての費用を負担し、必要とするすべての設備と船員を提供する方式である。

Net Terms [割引条件]

割引条件つきの販売方法で、Net 30 days は 30 days for payment without discount の略語で、30日払いのばあいは送り状金額そのまま支払うという条件。10日以内に支払えば2%の割引があるばあいは、2% 10 days, net 30 days (2/10 net 30) となる。

Net Ton [軽トン]

2,000ポンドを1トンとするトンで、主として米国系の会社が使用する。Short Ton; American Ton ともいう。

Net Tonnage [純トン数]

船の税金算出の基礎となる数値。総トン数から船首・船尾水槽、脚荷水槽、機関室、船員常用室、航海用機具機械室などの区画を控除したトン数をいう。

Net Value Clause [正味価格約款]

単独海損の算定にあたって、総価格主義によらず、正味価格主義で填補するとする特約である。正味価格とは総価格から運送費、関税および陸揚費などを控除したものをいう。

Net Weight [正味重量]

商品それ自体の重量をいう。これに包装の目方、すなわち風袋(Tare)を加算したものが、総重量(Gross Weight)である。

Network Liability System [対荷主単一責任;非同一責任制]

複合運送人は、荷主に対しては全運送区間にわたって一貫責任を負うが、その責任内容については損害発生区間に適用される法体系によって決定されるという制度。

Net Worth [正味資産]

貸借対照表の総資産(Total Assets)から総負債(Total Liabilities)を差し引いたもので、これには優先株(Capital Stock-Preferred)、普通株(Capital Stock-Common)、資本剰余金(Paid-in Surplus)、特定準備金(Appropriated Surplus)、任意準備金(Unappropriated Surplus)が含まれる。Net Assets と同義。

New for Old [新旧交換費]

船舶の損害に対する保険者の賠償額は、造船会社に支払う修繕費を基準とする。修繕にあたってはすでに消耗している部分を新品材料に取り替えることもあるが、こうした新旧交換費は通常、控除される。

New Jason Clause [過失共同海損約款]

航海上の過失によって生じた共同海損たる損害を、運送人が積荷所有者に分担せしめうる旨を明らかにした約款。Jason 号事件によってその有効性が認められ、その後句の修正と追加規定も加わって New Jason Clause という名称になった。

New Round of Multilateral Trade Negotiations at WTO [WTO多角的貿易自由化交渉]

2000年に始まる予定だった世界貿易機関(WTO)の多角的貿易自由化交渉は、1999年11月末のシアトル閣僚会議の決裂

以来，開始できない状況が続いてきた。市場参入機会の拡大を交渉の中心に据えて性急な目標達成を求めようとするアメリカ，農業，サービスにかぎらず包括的な交渉を求める日本やEU，先進国主導の市場開放に疑念を抱く発展途上国など，加盟国・地域の思惑が交錯して合意に至らなかった。しかし，2001年11月にドーハ（カタールの首都）で開催されたWTO閣僚会議で新ラウンドの立ち上げ（交渉開始）にこぎつけた。当初の妥結目標は2004年末であったが，その期限までには交渉がまとまらず今日に至っている。

New York Acceptance L/C ［ニューヨーク決済信用状］

主として対中南米貿易に用いられるもので，手形の決済地をニューヨークとしているところから，ニューヨーク決済信用状とよばれる。対アフリカ貿易のばあいには，手形の決済地をロンドンとしたロンドン決済信用状（London Acceptance L/C）が用いられることが多い。

たとえば，中南米の輸入者は現地の発行銀行に依頼して，輸出者が発行銀行のニューヨーク支店あてに手形を振り出すことを認めた信用状を発行させる。この信用状にもとづいて振り出された手形の買取銀行は，その手形に船積書類の1組と，船積書類が信用状に合致している旨の認証を添えて，発行銀行のニューヨーク支店へ送り，引受けを求める。一方，船積書類の1組は，輸入地の発行銀行へ直送される。ニューヨークの手形名宛銀行は，手形の呈示ありしだい，これを引き受けて，手形金額と支払期日を発行銀行に通知する。発行銀行はこの通知にもとづいて，ニューヨークでの引受手形と同一金額で，支払日を1日早めた手形を輸入者あてに振り出し，これを引き受けさせて満期日に支払わせ，その代金をニューヨークへ送る。

もともと，中南米やアフリカは，貿易取引が不活発で，為替相場が建てられないことが多く，代金決済上，種々不便があるので，手形の決済地をニューヨーク，ロンドンにしたものである。ニューヨーク，ロンドンには，こうした銀行関係の仕事を世話するConfirming House＊がたくさんある。

New York Confirming House
☞ Confirming House

NF

Normes Française の略語。フランスの国家規格の規格略号。日本規格（JIS），ドイツ規格（DIN），国際規格（ISO）に相当する。

NICS ［新興工業国・地域群］

Newly Industrializing Countries の略。1988年6月の先進国首脳会議で，NIES（Newly Industrializing Economies, 新興工業経済群）とよばれるように改めた。これは国際政治上の配慮をしたためである。

NIES ☞ NICS

Night Work ［夜荷役］

夜間荷役のことで，時間外作業となるのでそのための追加費用は原則として荷主の負担である。ただし，荷受人は夜間に貨物を引き取る義務はないので，そうしたための費用は本船側の負担となる。

Nippon Automated Cargo Clearance System ☞ NACCS

NK ☞ Lloyd's Register

NNW ［国民福祉指数］

Net National Welfare の略称。純国民福祉または国民福祉指数をいう。経済急成長のかげで破壊される環境，増大する災害の問題がめだってきた。そのためGNP至上主義が反省され，福祉水準を示す新しい指標として，①個人消費，②財政支出，③公害防止，④余暇などが考

No

統計上の数量単位記号。個，台，本，枚，機，着は，統計上ではNo（Raw Number）と書く。たとえば，自動車50台は，50 Noとなる。

No Arrival, No Sale ［到着しなければ売買なし］

貨物が到着しなかったばあいは，その売買契約の効力が消滅という条件の約款。

No Claim Bonus or Return ［無事戻し］

保険料の戻しをいう。個々の契約についてか，あるいは一定期間の契約全体について保険賠償金の請求がなかったばあいに，保険料の一定割合を払い戻す制度である。

No Commercial Value ［無料］

無償で見本を送付するようなばあいに送り状に表示する。

No Franchise ［ノー・フランチャイズ］

免責歩合を適合せず，小損害も塡補する契約をいう。IOP（Irrespective of Percentage）ともいい，WA＊IOPというように契約する。All Risks条件であれば免責歩合の適用はない。

No Hooks ［手鉤無用］

荷印（Shipping Marks）の一部である取扱注意マーク（Side Mark; Care Mark; Caution Mark）の1つで，手鉤による作業を禁止するというしるしである。

No Interest, No Insurance ［利益なければ保険なし］

被保険利益（Insurable Interest＊）がなければ保険契約は締結できないという意味。

No Margin Allowed

先物為替の予約額と実行額とのあいだに，差額が生じることを許さぬという意味。通常，予約票（Contract Slip）に印刷してある。すなわち，予約の未使用残高の発生を認めず，予約金額全額を実行しなくてはならないという約定文言である。

Non Acceptance ［受領拒否］

貨物の受領を拒絶することをいう。引渡予定貨物が契約の条件と相違しているようなばあいに，買主はその受領を拒否できる。

Non-Calling Certificate ［不寄港証明書］

中東向け貨物についての輸出信用状で要求されることの多い証明書で，経由地を規制する目的のものである。

Non-Conference Cargo ［非同盟貨物］

海運同盟が契約対象からはずしている米，セメントなどの除外貨物をいう。Exceptional CargoまたはFree Cargoともいう。こうした貨物については，海運同盟と契約した荷主であっても，盟外船に積むことが認められている。☞ Cargo Open

Non-Contractor ☞ Tariff Rate

Non-Contract Rate ［非契約運賃率］

同盟船と盟外船（Outsider）のいずれを問わずに利用する荷主（Non-Contractor）に対して，海運同盟が適用させる一般運賃率をいう。Base Rateともいう。☞ Tariff Rate

Non-Cumulative ☞ Cumulative

Non-Delivery ［不着］

個数の1つ以上が不足して引渡しできないことをいう。したがって散荷のばあいには，全体が不着であればNon-deliveryといえるが，引渡し数量の不足はShortageとなる。協会盗難不着担保約款

(Institute Theft, Pilferage and Non-delivery Clause；TP&ND)によって塡補される。

Non-depository Bank ［ノンデポ銀行］

預金勘定を開設していない銀行をいう。コルレス関係を結んでいるコルレス銀行（Correspondent Bank）には，ノンデポ銀行と，預金勘定を開設しているデポ銀行（Depository Bank）とがある。

Non-Draft ［無為替］

貨物代金の全部について決済を要しない輸出入取引，および貨物代金を内国支払手段によって決済する取引をいう。No Draftともいう。

Non-dutiable Goods ［無税品］

国内で生産されない羊毛，鉄鉱石などが無税品目である。

Non-Entrance in Ports ［寄港のとりやめ］

雨中荷役の強制や，出港の変更などとともに，これによって生じる損失は船会社の負担となる。

Non-life Insurance ［損害保険］

生命保険（Life Insurance）に対して生保以外の保険をいう。主として海上保険，火災保険，運送保険，自動車保険などが損害保険である。

Non-Policy ［ノン・ポリ］

輸出者が保険会社と包括保険契約を締結しているばあいに，船積みのつど保険証券や保険承認状を発行する代わりに，Commercial Invoiceの空欄に付保ずみの文言を記入して，保険証券もしくは保険承認状の発行を省略することを，ノン・ポリと俗称する。

Non-Resident ［非居住者］

外国為替及び外国貿易法では，居住者と非居住者を次のように区別している。

「居住者」とは，本邦内に住所又は居所を有する自然人及び本邦内に主たる事務所を有する法人をいう。非居住者の本邦内の支店，出張所その他の事務所は，法律上代理権があると否とにかかわらず，その主たる事務所が外国にあるばあいにおいても居住者とみなす。（第6条5）

「非居住者」とは居住者以外の自然人及び法人をいう。（第6条6）

Non-Shipment ［不積み］

売買契約書中の不可抗力約款（Force Majeure Clause）において，不積みあるいは船積遅延は，輸出者の責任でないことを規定しておかなくてはならない。

Non-Tariff Barrier ［非関税障壁］

NTBと略称する。

国内産業を保護するために，関税によらないで行なう輸入抑制の手段をいう。本来は，貿易を制限するという目的よりも，環境保護などの国内的要請にもとづいてとられた措置であったが，結果的には貿易阻害の効果をもつことになった。世界貿易機関（WTO）事務局は，各国の非関税障壁について利害関係国からの報告にもとづいてリストを作成している。

Non-Vessel Operating Common Carrier ☞ NVOCC

No Partial Shipment ［分割船積禁止］

Partial Shipment not Allowedと同じで，契約数量の一括（One Lot）積みを要求し，分けて船積みすることを禁止するという意味。ただし，同一船舶による同一航海のもとでの運送のばあいは，積出港，積出日が異なっていても，船荷証券が一本であれば（Combined B/L*；Jointed B/L）1回積みとみなされる。

No-Par Value Stock ［無額面株］

株式の時価が額面を割っているばあいに，新株を自由に発行して資本の調達を容易にするために用いられる。

Not Before Clause

用船契約において，本船が提供期日よ

りも早く回航されても用船者は規定の期日まで本船に積み込む義務はないという約款。

Note ［ノート］

海上保険では、協会貨物約款（分損担保）にある「注意」の規定をいう。ここでは保険の変動があったばあい、保険保護を継続させるためには、被保険者は、事情の発生をただちに保険者に知らせるべきことを規定している。

金融上は Promissory Note（約束手形）のことを Note と略称する。Note receivable（受取手形）。

商用文では「計算書；注目する；書きとめる」の意味で用いる。

Debit Note (借方票), Credit Note (貸方票)

You make note that there is a discount available for a large order.（大量注文に対しては割引の恩典があることを書きとめている。）

Please note that we have shipped your orders today.（本日船積みしたことを認めてもらいたい。）

Notice ［気づく；通知］

Prices are subject to change (＝alteration) without notice.（価格は予告なしに変更するかもしれない。）

We notice that you order them at ＄10 a dozen.（ダースあたり10ドルで注文していることに気づいた。）

Shipping Notice (＝Shipping Advice)「船積通知」

This agreement is terminable at three months' notice.（本協約は3カ月前の予告により終了となる。）

Notice of Abandonment ［委付の通知］

被保険者が保険契約の目的を委付 (Abandonment*) して、保険金額全額を請求するために、保険者に対して行なう通知をいう。通常、書面によって行なうが、口頭による申し出も有効である。

Notice of Arrival ［着船通知書］

Arrival Notice* と同じ。

Notice of Damage ［留保通知］

損害発生のばあいに、船会社の責任を追及しつつ、被保険者が保険金の支払いをうけるばあいは、船会社に対する求償権を保険会社に譲渡しなくてはならない。この請求権を保全するために、被保険者が貨物引取り前に、あらかじめ船会社に、後日正式にクレームを提起する旨の通知として行なうものを留保通知という。

Notice of Loss or Damage ［事故通知］

輸入港に陸揚げされた貨物に、不足や損傷などの事故が発見されたばあいに、貨物引取り前に船会社に提出する通知のことで、船会社側の責任か否かが不明のばあいでも、損害賠償請求の権利を留保する旨を通知しておく。貨物の損傷が、揚荷以前にわかったばあいは、鑑定人 (Surveyor) に損傷検査 (Damage Survey)、艙口検査 (Hatch Survey) を行なわせ、艙口のなかの積付状態なども調べておく。貨物損傷の責任が船会社側にあることが判明したばあいには、Survey Report のほかに、Claim Letter、送り状、検数票などをそえて、正式に賠償請求をする。船会社側に損害賠償の責任がないことが判明したばあいには、つぎに保険会社に対し求償の手続をとることになる。

Notice of Readiness ［荷役準備完了通知書］

用船契約のばあいの積みは、保税地域外から、自家積みの方法で行なわれることが多い。本船の入港検査完了後に、船長から用船者またはその代理人に伝達されるものが荷役準備完了通知書で、こ

れにもとづいて，荷主側は艀を船側まで動かして積込みを行なう。

Notify ［通知する］

形式ばった公用の語で「通知する」（＝make know＝inform）の意味。

You will be duly notified of it. (のちほど正しく通知されよう。)

Seller must notify buyer, without delay, that the goods have been delivered on board the vessel. (売主は貨物が本船甲板に引渡しされた旨をただちに買主に通知しなくてはならない。) これを Shipping Notice（船積通知）という。

Notify Party（通知先）

Notifying Bank ［通知銀行］

取次銀行（Transmitting Bank*）ともいう。輸入者の依頼で発行された信用状は，発行銀行から直接，信用状の受益者へ郵送されてくるばあいもあるが，発行銀行の輸出地にある支店または取引銀行（コルレス先）である通知銀行を経由して，輸出者に届けられるばあいが多い。通知銀行は，信用状を受け取りしだい，ただちにこれを輸出者に手渡す。Advising Bank ともいう。

Notify Party ［通知先］

船荷証券（B/L）に記入されるもので，船会社の義務ではないが，本船の輸入港への到着予定について，船会社が通知する相手先であり，通常，輸入者名を記入する。

No Transshipment Clause ［積替禁止条項］

積替え（Transshipment）や分割船積（Partial Shipment）は売主にとって便利である。したがって，信用状に禁止の条項が挿入されると売主の貨物の引渡し業務に支障が生じるので，この条項を削除（delete）してもらうか，Transshipment Permitted と訂正（Amend）してもらう。

Not Responsible Clause ［船主免責条項］

ヘーグ・ルールによって船主が免責される列挙事由をいう。

なお N/R* として本船受取証に記入される用法もある。

Not to Insurance Clause ［保険利益不供与約款］

この保険は運送人その他の受託者（Bailee）を利するために利用されてはならないという約款。

Not Working Days ［荷役不能日］

天候不良で積卸しの荷役が不可能な日をいう。

N/R ［無責任］

Not Responsible の省略で，たとえば本船受取証（M/R）に Liquid Cargo, N/R for Breakage and Leakage of Contents（液体ゆえ，内容物の破損，漏損無関係）のように，船主側が記入し免責とする。

NS

Nuclear Ship の略語。原子力によって推進力を生み出している原子力船をいう。NS "Mutsu"（原子力船むつ）のように用いられる。☞ MS; SS

N/T ☞ Net Tonnage

NTB

Non-Tariff Barrier*（非関税障壁）の略語。

Numbering ［ナンバリング］

木箱（Case）や俵（Bale）などの輸出包装の外側に，荷印の一部とし記入する番号である。

Number of Ships Registered in Japan ［日本籍の商船数］

1970年代初期までは日本企業が運航する商船は日本船籍が多かった（72年の1,580隻がピーク）が，73年には石油危機を契機として低コストの外国船籍へのシフト（⇒「便宜置籍船」）が始まり，急減（「海事レポート」平成23年版によると，日本船籍の商船数（2,000総トン以上）は

119隻)してきた。この減少傾向は，日本に船籍登録すると税負担や乗組員の人件費等が高くなり運航コストが割高になるため海運企業の国際競争力が維持できないことから，便宜置籍船として外国に船籍登録する傾向が強いためである。一方，日本政府は「トン数標準税制」(2008年)を導入するなど日本船籍の商船数を増やす努力を続けている。

NVO

NVOCC*と同じ。

NVOCC ［国際複合運送一貫業者］

Non-Vessel Operating Common Carrier の略語。みずからは船舶を保有していないが，荷主に対しては Contracting Carrier*として運送を引き受け，船会社や航空会社を利用して複合運送を行なう者をいう。大手の海貨業者等が，こうした業務を行なっている。コンテナによる国際複合輸送が盛んになると，船舶，鉄道，トラック，飛行機など異なった輸送手段を組み合わせ調整する仕事が重要となるが，これらの業者はそうした国際的な規模における一貫運送を行なうためのサービス網を構築している。NVO ともいう。

O

OACT

Osaka Air Cargo City Terminal の略称。東京の TACT は2003年に解散した。

Objection ［反対］

object は熟慮を要しない日常的な「反対する」, oppose は熟慮した結果「反対する」の意味。

We have no objection to your drawing on us.（当社あての手形振出しについては異存がない。）

Obligation ［義務］

契約にもとづいて、ある者が他の者に対して一定の行為を行なうことの債務、債権の関係をいう。1つのことが債務者からみれば債務、債権者からみれば債権となる。売買契約のばあいであれば、買主に金銭債務が発生するし、売主には引渡債務が生じる。

This information is given without obligation on our part.（この情報は当方で責任を負わないという条件であたえられている。）

Obligation＝Liability＝Responsibility

Oblige ［余儀なくさせる；恩を施す］

oblige「余儀なくさせる」もっとも弱い意味。compel は強い意味。force は強制させるのでもっとも意味が強い。

Be obliged to＝be in debted to「有難く思う」

Lack of demands obliges us to reduce production.（需要不足のため生産を縮小せざるをえない。）

We are obliged for your order.（注文に感謝する。）

We shall be much obliged if you will introduce us to some reliable firms.（信頼できる会社に紹介して下されば有難い。）

O/C ☞ Open Contract

Ocean B/L ［海洋船荷証券］

外国貿易船によって、外国の港を仕向港とする国外海上運送について発行される船荷証券であり、貿易取引において、もっともふつうに用いられるものである。国内海上運送のばあいに用いられる国内船荷証券（Local B/L）や、陸上運送に用いられる鉄道貨物引換証（Railway B/L）、トラック運送貨物引換書（Trucking Company B/L）などに対するものである。

Ocean-Going Vessel ［航洋船］

Sea-Going Vessel ともいう。

通常3,000トン以上の大型船で、海事関係者間では外航船、貿易業者間では本船とよぶ。

Ocean Trade ［遠洋貿易］

地中海諸国間などの沿岸貿易の対語で、遠い外国との国際取引をいう。

Short Sea Trade（近海航路）の対語として遠洋航路のことをもいう。

OCP ［オー・シー・ピー］

Over Land Common Point の略称。ロッキー山脈以東の地域をさし、北米およびカナダ太平洋岸を経由するこの地域向けあるいはこの地域出しの貨物に対して、海上運賃の特別割引が認められてい

る。これに対して，港に比較的に近い地点を出貨地とするばあいをLocalという。

O/D ☞ On Demand

OECD ［経済協力開発機構］

Organization for Economic Cooperation & Development の略語。

欧州経済の復興とともに貿易の自由化，開発途上国援助の調整が必要となったため，1959年に欧州経済協力機構（OEEC, Organization for European Economic Cooperation）を改組して新たにつくられた機構。世界経済の発展，世界貿易の多角的・無差別的な拡大に寄与することを目的としている。加盟国は，アメリカ，イギリス，ドイツ，フランス，イタリア，日本など30カ国である。

OEM ［納入先ブランドによる製造］

Original Equipment Manufacture（またはManufacturing）の略語。

生産委託契約，すなわち下請契約である。カセットレコーダーが出回った当初は，アメリカのメーカーや輸入業者は人件費の高いアメリカで製造するよりも日本につくらせたほうが有利と考え，日本メーカーとOEM契約を結んだ。客先のデザイン，仕様にもとづいて客先の自家ブランドの製品を供給するだけでなく，取扱説明書や外装箱にいたるまで客先の指示どおり準備し，梱包して出荷するのがふつうである。

Offer ［売申込み］

見本や価格表の送付と並行して，基本的な一般的取引条件の打合せが終わると，つぎに取引を具体的にとりまとめるために，売主は買主に対して，ある商品の特定の規格もしくは品質のものを，ある数量だけ，ある価格で，ある船積時期，ある支払条件のもとで売りたい旨を内容とした売申込み（Offer；乙波；オファー）を行なうことになる。

この売申込みを，買主が無条件で絶対的に承認（Absolute Acceptance）したばあいは，諾成契約である売買は成立する。しかし，現実には，売主の売申込みを，そのまま買主が承諾することは少なく，ある修正・変更を加えて承認してくるばあいが多い。このような部分的もしくは条件づきの引受けを，反対申込み（Counter Offer）といい，これを売主が絶対的に承諾すれば，このばあいも契約は成立する。

なお，Offer には，有効期間をつけた Firm Offer（確定売申込み）のほかに，先売ご免条件付き売申込み（Offer subject to Prior Sale；Offer subject to being unsold）などがある。

Competitors are offering better prices. （競争者は安値をオファーしている。）

We shall be only too pleased to offer our services. （ぜひともサービスを提供したい。）

It is to your advantage to accept this offer without delay. （ただちに本売申込みを引き受けることがお得策である。）

We are not in a position to make any offer to you. （いかなる売申込みもできない。）

Please e-mail your firm offer. （確定売申込みをイーメールせよ。）

Offer Subject to Prior Sale ［先売ご免条件付き売申込み］

かぎられた数量の商品について，同時に複数の買主あてに，オファーするばあいに用いるもので，商品の売切れと同時にオファーの効力が消滅する。すなわち，買主側から承諾があったとき，商品がまだ残っているばあいにかぎって，売ることを認めるものである。早い者がち式に，在庫品を売りさばくようなばあいに用いる。Offer subject to being unsold ともい

う。

Offer Subject to Seller's Final Confirmation ［売主の最終確認条件付き売申込み］

市況の変動があれば、いつでも自由にその条件を変更できる売申込み。Offer subject to market fluctuations（市価変動条件付き）売申込みと実質的に同じである。

Offer without Engagement ［不確定売申込み］

市況の変動があれば、いつでも自由にその条件を変更できる売申込み。Offer subject to market fluctuations と実質的に同じである。

Off Hire ［オフ・ハイヤー］

期間用船契約中に、船体の故障や海難などのため、用船者が本船を使用できなくなったばあいには、その期間を Off Hire として、用船を一時停止した期間として取り扱われる。どのくらいの時間までを Off Hire としないかといった Off Hire の認容時間については、12時間ないし24時間程度が一般的である。

Official Invoice ［公用送り状］

商業送り状（Commercial Invoice）に対して、税関送り状（Customs Invoice）および領事送り状（Consular Invoice）をいう。いずれも輸入通関のさいに、課税価格の決定、ダンピング防止などの目的で使用される。買主から信用状中で要求があったばあい、売主はこれらを手配する援助を提供しなくてはならない。

Official Log Book ［航海日誌］

Log Book*；Ships Log ともいう。

Offshore Center ［オフショア・センター］

非居住者間での資金の調達・運用を金利規制や源泉利子課税など金融・税制上の制約をとりのぞいて、自由に行なわせるための市場をいう。最初はカリブ海のバハマ、ケイマン諸島に始まり、その後シンガポール、香港、パナマ、バーレーンにまで拡大した。わが国では1986年に東京オフショア市場（JOM）が創設された。

Off-shore Loading and Unloading ［沖荷役］

港内の浮標（Bouy）に係留した本船へ艀を用いて貨物を積み込む沖積みおよび本船から艀に卸す沖取りをいう。Loading は積込み、荷卸しを Unloading；Discharging といい、本船が接岸していれば Landing ともいう。

OGL ［包括輸入許可制］

Open General License のこと。輸入許可の方式の1つ。輸入許可制を実施するばあい、通常は個々の商品の輸入を、個別的に当局が承認する方式をとるが、OGL においては、個別的に許可することをやめて、一定のわく内で特定地域とのあいだに、特定商品に輸入許可申請なしで、自動的に為替の割当をあたえて、輸入を認める制度をいう。

Oil Depot ［オイル・デポ］

陸上にある石油備蓄のための貯油施設。

タンカーからここにオイルを送り込むための送油装置を Oil Terminal という。

Oil Terminal ☞ Oil Depot

OLT ［陸路運送］

Overland Trip の略語。保税運送（Bonded Transportation；Transport in Bond；Immediate Transportation（IT））の1つの方法で、陸路運送のことをいう。保税運送はほかに海路運送、空路運送も可能である。

OMA ［市場秩序維持協定］

Orderly Marketing Agreement の略語。

日本製カラーテレビの対米輸出急増の結果、現地における失業者の増大と経営不振が問題となり、1977年に3年間を期

限とする市場秩序維持協定が締結された。その後、日本の家電メーカーは、いっせいにアメリカへ直接投資して現地生産を開始したので、製品輸出は急減した。

On

為替予約についての契約書であるContract Slip に、決済地を示す欄としてON の欄がある。この欄には為替の決済地を記載するので、米ドルであれば New York、英ポンドのばあいは London と記載する。

信用状のなかで、為替手形作成の要領を規定した個所に、たとえば、〜available by your draft at sight on us のばあいのon は、手形の Drawee（名宛人）を示す。

On Arrival Terms ［到着条件］

契約商品が、仕向地に到着するまでの費用と危険を、売主が負担し、所有権も到着の時点で売主から買主へ移転する売買条件をいう。

On Board ［積込み］

本船の甲板に貨物を積み込むこと。FOB, CIF 契約のばあい、Incoterms*1953年では、本船の欄干を有効的に貨物が通過した時点を積込みとみなすとし、その時点を売主から買主への危険負担の分岐点としている。

On Board B/L ［船積船荷証券］

Shipped B/L ともいう。貨物が現実に本船に積込み完了後に、発行される船荷証券をいう。

On Board Endorsement ［船積裏書］

On Board Notation ともいう。

受取船荷証券（Received B/L*）には、積み込まれるべき予定の船名を全然記載していないばあいもあるし、不確定的にではあるが記載しているもの、また、やや確定的に記載しているものもある。しかし、いずれのばあいも、特定の本船に積み込まれたことの確認はなく、不安であるので、受取船荷証券が発行されたばあいは、貨物が実際に船積みされたときに、船会社に、積み込まれた旨（Loaded on Board）と積込年月日を記入し、署名してもらう。これを船積裏書という。この船積みを証明する裏書によって、受取船荷証券は船積船荷証券と同一効力のものとなる。船積裏書のない受取船荷証券は、銀行がその買取りに応じないのがふつうである。

On Board Notation ☞ On Board Endorsement

On Board Only Clause ［本船のみ担保約款］

貨物の本船積み込み以前、および仕向港での荷卸し以降の危険を担保せず、貨物が本船に積み込まれている期間だけを、担保するという約款である。

Once-Land ［仮陸揚げ］

狭義の仮陸揚げとは、遭難などのために一時的に陸揚げすることをいう。しかし、関税法でいう仮陸揚げとは広義に解釈され、輸入通関未済で、まだ内国貨物として取り扱われていない貨物のことをいう。

On Deck Cargo ［甲板積み貨物］

本来、船舶の上甲板は、荷積み場所ではないが、慣習上、発火性液体や毒ガスのような危険物、船艙内に積むことの困難な長尺物の鋼材や、動植物などは、特約によって甲板積みが認められている。このような上甲板積み貨物は、危険発生のさいに、いちばん投荷、海水濡れ、波さらえなどの可能性が強く、しかも船主はその危険から免責されているし、通常の海上保険でもこれを担保しない。したがって、これらの危険を塡補してもらうためには、特約し割増保険料を支払わなければならない。こうした甲板積み貨物については、あらかじめ船会社の了解をとりつける必要があるばかりか、ばあい

On Deck Clause ［甲板積み約款］

甲板積み貨物については、特殊の危険を被りやすいので、保険証券に定めた条件のいかんを問わず、保険の始期から、FPA including Jettison & Washing Overboard に改訂されたものとする旨を規定した保険者自衛のための特別約款である。

On Deck Container ［甲板積みコンテナ］

艙内積みとせず、甲板上に積み込まれ輸送されるコンテナをいう。艙内積みにくらべて危険が大きいので、Optional Stowage Clause（甲板積選択権約款）を船荷証券に記載したうえで、相当数のコンテナを甲板積みで輸送している。

On Deck (Stowage) Clause ［甲板積み約款］

貨物を甲板積みして輸送することは危険が大きいので、原則としては禁止されている。保険のうえでも特約がなければ填補されない。しかし、コンテナ輸送においてはコンテナの積付け場所を艙内にするか甲板積みにするかについて広い裁量権を運送人にあたえないと実際上積込みできないために、この約款が必要となる。

On Demand ［参着為替］

O/D と略称する。Demand Draft（要求払い為替手形）のことで、外国送金用の送金為替（並為替）である。手形が支払地で支払人に呈示されるとただちに支払われる一覧払いの為替手形である。送金為替にはほかに、郵便振替（M/T; Mail Transfer）と電信送金（T/T; Telegraphic Transfer）がある。

One Lot ［1荷口］

One Shipment のことで、船舶または貨車への1回の積荷をいう。ある契約数量を、2回に分けて積み出すばあいには、2荷口の積出しとなる。しかし、分割船積みのばあい、かりに2荷口の船積みが行なわれても、それが同一航海の同一船舶に船積みされ、船荷証券が1本であれば、One Shipment（1荷口）とみなされる。

One-Side Balance of Exchange ［片為替］

他国との為替の受払いが、一方に片よることをいう。ある2国間の貿易取引が、量的に一方に片よると、為替の受払いに不均衡が生じ、物品の交流を円滑に行なうことが困難となる。

"One Stop Service" between NACCS and Port EDI ［輸出入・港湾関連手続きのシングルウインドウ化］

1回の入力・送信でNACCS, 港湾EDI, JETRAS 等の輸出入に必要とされる諸手続きを電子化された方法で処理し、所要時間の短縮をめざすものである。

One to Blame ［一方過失］

船舶の過失衝突は、一方過失と双方過失（Both to blame）とがあり、一方過失にもまた、自船の過失と他船の過失とがある。自船の過失のばあいは、他船の損害および積荷の損害について賠償責任が生じるが、自船の積荷については船荷証券上の免責約款によって船主は免責となる。他船の過失のばあいは、自船の損害および積荷の損害を他船から回収できる。

One-Way Trade ［片貿易］

輸出もしくは輸入が、一方に偏重し均衡を失った貿易をいう。貿易は国際協調のもとで、両面通行もしくは多角的な取引を行なわないと、貿易摩擦が発生する。

On Sale or Return ［承認売買］

「みはからい」取引ともいう。一定期間

内に買主の承認が必要で，万一気にくわないばあいは，返品を条件とした売買である。わが国では耐久消費財や洋書などの販売に用いられる。Sale on Approval ともいう。

Onus of Proof ☞ Burden of Proof

OP ☞ Open Policy

OPEC ［石油輸出国機構］

Organization of Petroleum Exporting Countries の略語。1960年，国際石油資本の原油公示価格引下げの対抗措置として設立された。加盟国は11カ国。これに対してサウジアラビア，クウェート，リビア3国でつくり現在10カ国が加盟しているアラブ石油輸出国機構は OAPEC という。

Open ［開く］

We desire to open a market for Japanese machines in our country.（この国に日本製機械の市場を開拓したい。）

An irrevocable L/C was opened in your favor.（貴社を受益者として取消不能信用状が開設された。）

We are pleased to open an account with you.（貴社と取引関係を結びたい。）

Open Account ［清算勘定］

2国間の協定貿易における決済方法で，協定国間に設けられた清算のための勘定に，貿易の貸借を記録し，一定期間に，差額を現金決済する方法である。協定国が貿易取引をするばあい，そのつど現金で決済するのではなく，たんにその貸借関係を帳簿に記録し，毎年，定期的に（わが国では6月末と12月末），その貸借尻を清算し，現金決済した。この方法は現金つまり金またはドルの支払いを節約するという長所があるが，一方，おたがいに貿易額を無理につり合わせようとするため，貿易額を縮小させたり，逆に割高物資を買ったりしなければならない弊害があるばかりか,最悪のばあいには，超過分債権の焦付きの危険もある。

わが国のばあい，こうした2国間の協定貿易にもとづく清算勘定は，日韓オープン勘定を最後として，今日ではない。したがって，現在，清算勘定といえば，本支店間，あるいは企業間の帳簿決済をいう。

Open Bid

Open Tendering ともいう。

当該プロジェクトに入札する意向を有するすべての業者に入札の機会をあたえること。

Open Cargo ［自由貨物］

海運同盟は，貨物の大部分について表定運賃率（Tariff Rate）を定めており，この表定運賃率に拘束される貨物を Closed Cargo というのに対して，米やセメントのように，契約の対象から除外されている除外貨物（Exception Cargo; Free Cargo）を Open Cargo という。したがって，Open Cargo は非同盟貨物（Non-Conference Cargo）でもあるから，各船会社が自由に運賃（Open Freight; Open Rate）を決定できるし，海運同盟と契約を結んでいる荷主も，自由に非同盟船に積むことができる。

Open Charter ［オープン・チャーター］

用船契約締結にあたって協議事項に未確定な部分があるにもかかわらず，早く契約を締結しなくてはならないばあいに，未確定の事項についてはあとで協議する条件で締結する用船契約のこと。

Open Conference ［オープン・コンファレンス］

開放的（米国式）海運同盟をいう。海運同盟は，定期船の不当競争を避けるための国際カルテルであるが，Open Conference のばあいは，これに加盟を希望する船会社の加入を，無条件で認めるもの

Open Contract ☞ Open Policy
Open Cover ☞ Open Policy
Open Economy ［開放経済］

自給自足の封鎖経済に対することばで，輸入および外国為替取引，総じて外国との経済取引を，自由に行なえる経済体制をいう。

Opener ［発行依頼者］

信用状の開設を依頼する者で，通常，輸入者である。輸入者は取引銀行で，売主を受益者とした信用状を発行してもらう。Applicant ともいう。

Open for Port Operations, 364 days, and 24 hours a day ［港湾荷役のフルオープン化］

国民生活の根幹を担う港湾運送業は，過去の労使協約等に拘束されて，休日や夜間荷役が不可能な状態が続いていた。一方で近隣諸国の追上げは激しく，ハブ(hub)港としての地位が問題視されるに至った。そこで，関係当事者の真剣な審議がなされた結果，2001 (平成13) 年11月，364日24時間体制が合意された。

Open Indent ［オープン・インデント］

買付委託(Indent)にあたって，買入れ先を指定せずに受託者(Indentee)に任せる方式をいう。

Opening Bank ［発行銀行］

輸入者であり信用状の発行依頼者である買主の，手形信用についての責任を負う銀行。すなわち買主の依頼によって，買主の取引銀行である信用状の発行銀行は，一定の期限，一定の金額，一定の条件にかぎって，輸入者の手形信用について責任を負うことになる。Establishing Bank または Issuing Bank ともいう。

Opening Charge ［信用状発行手数料］

信用状が発行されるとき，発行依頼者に課せられる手数料をいう。信用状の発行銀行は，一種の債務を負担することになるので，その保証料と信用状発行の事務経費という意味で徴収する。信用状の有効期間3カ月または端数ごとに，通貨別に信用状金額の何パーセントというように規定されている。

Open L/C ［買取銀行無指定信用状］

輸出者が船積み後，振り出す荷為替手形の買取りについて，特定銀行の指定がなく，どこの銀行も買取銀行となりうることを認めた信用状をいう。General L/C ともいう。

Open Policy ［包括予定保険（証券）］

Open Cover（包括予定保険）のばあいに発行される保険証券のことで，Open Contract ともいう。一定の航路，貨物の種類，保険条件の大要，概算予定額を保険金額として，一括して特定の保険会社と契約し，貨物の船積みのつど，明細を保険会社に通知し，予定保険金額に達するまで包括的に塡補される保険である。個々の積荷に対しては Certificate of Insurance*（保険承認状）が発行される。

国内保険のばあいには，特定の貨物，特定の不動産について，保険金額未定のまま担保する保険のことをいう。たとえば，在庫品の価値を，定期的に被保険者が保険会社に報告し，保険料は年末に決定される。Reporting Policy ともいう。

Open Port ［開港］

関税法にもとづいて，貿易のために開かれた港をいう。輸出入貨物や外国航路船は，必ずこの開港をつうじて出入りしなければならない。開港には経済的国境ともいえる関税線 (Customs Line) がしかれ，税関 (Customs; Customhouse) が関税線を出入りするいっさいの物資を取り締まるとともに関税 (Custom Duty;

Tariff)の取立てに遺漏なきを期している。輸出入許可をあたえる税関は,開港だけに設置され,不開港に設置された税関は通常,通関手続を行なわない。外航船が不開港(Closed Port)に出入りするときは,税関に「不開港入出港特許申請書」を提出して,許可をうけなければならない。

明治初年には,安政条約で認めた函館,横浜,神戸,長崎の4開港にすぎなかったが,現在は開港120港,税関空港25港(平成14年9月現在)を数える。これは地域開発の進展などにより,地方港に入港する外国貿易船や外国貿易機が増加しているためである。

Open Punctuation

英文書簡形式の1つでClose Punctuationの対語。

Date(日付),Inside Address(書中あて先),Signature(署名)の各行末には,略号のPeriodをのぞいて,CommaもPeriodもつけない方式である。

Open Rate Cargo　［オープン・レート・カーゴ］

海運同盟の契約対象貨物であるため,海運同盟と契約を結んでいる荷主としては,同盟船に積む義務はあるが,運賃率については船会社とそのつど,自由に取決めできる貨物をいう。Free Rate Cargoともいう。

Open Tendering

Open Bidともいう。当該プロジェクトに入札する意向を有するすべてのコントラクターに入札の機会をあたえるもの。

Open-top Container　［オープン・トップ・コンテナ］

特殊コンテナの一種で,一般のドライ・コンテナの屋根の部分が開放され,上方からの荷役が可能である。開口部はキャンバスで覆う。重量物や長尺物がクレーンだけでコンテナの上部から揚積みできる。

Open-Yard Storage Clause　［野積約款］

貨物が陸揚港で,野積みの状態で保管されたばあいは,その期間にかぎってFPA条件とされることを規定している。この適用からのがれるためには,割増保険料の支払いが必要である。

Operate　［運転する］

As you will see from the catalog, it is easier to operate the new model than old-fashioned model.(型録でおわかりのように,旧式のものより新型は操作が容易である。)

Operating Expenses（営業費）

Operation　［企業経営］

ダン・レポートでは,企業経営についてつぎの項目を含めている。事業目的(Line of Business),製品または取扱商品(Products),販売先および販売条件(Distribution, Terms of Sale),使用人数(Number of Employee),事務所,工場の所在地,据付機械の明細(Descriptions of Activity and Location),同系会社の明細(Subsidiary)。

Operation Contract　［運航委託契約］

本船の運送を船主みずから行なわず,海運会社に委託する運送契約をいう。

Operation of Hostility　☞ Hostilities

Operator　［運送人］

本来は,工場で機械を操作する人,採炭に従事する個人または会社(Mine Operator),市場の変動の騰落差を取引対象とする投機筋(Speculators)などを意味するが,貿易取引では通常,船舶運航業を営む海運業者,すなわち,船会社のことをいう。

Opinion　［意見］

Viewは多少個人の感情や偏見の加わ

った意見。

Bank Opinion（信用調査における「銀行の所見」）

Your candid（＝frank＝honest）opinion（率直な意見）

In our opinion, they are considered good for any normal engagements.（当社の意見として，同社は通常の契約履行の能力は良好と考えられる。）

Option ［選択権］

一定の商品または一定の証券を一定期間に所定の価額で相手方から買い受ける権利，または相手方に売りつける権利をいう。

選択権が買うか否かの選択を認めるもののばあいを Call（買付選択権），売るか否かの選択を認めるものであるときは Put（売付選択権）とよぶ。一定期間以内であれば，いつでも選択権を行使できるのが American Option，一定期日にだけ行使できるのが European Option。

The port of shipment shall be at seller's option.（輸出港は売主の選択によるものとする。）

Optional B/L ［揚地選択船荷証券］

船荷証券には，陸揚港として通常は1港だけが記載される。しかし船積み当時，陸揚港が確定していないばあい，本船の寄港の順に数港を書き，いずれか1港をその着港前に決めることを表示した船荷証券をいう。このばあい，荷送人または荷受人は，希望の揚地を選ぶ権利をもち，いくつかの陸揚港のうち，最初に到達する港に本船が入港する24時間，または48時間以前に，確定した陸揚港を船会社に申し出る。ただし，揚地選択権付きで船積みしたばあい，それに要した特別の積付け費用は，荷主側が公定運賃のほかに，揚地任意割増（Optional Surcharge）として支払わなければならない。

Optional Cargo ［揚地選択貨物］

船積みの時点で，貨物の陸揚港が確定していないばあい，本船の寄港順に数港を書き，いずれか1港を，本船の着港前に決める条件で船積みされた貨物をいう。このばあい，荷揚港（Port of Discharge）として "New York/Boston Option" のように記載される。そのような条件の船積みを Optional Shipment, 揚地選択を表示した船荷証券を Optional B/L（Bill of Lading*）という。

Optional Contract ［選択権契約］

一定の金額の支払いの対価として，一定期間内に商品または債権の売付選択権（Put）または買付選択権（Call）をあたえること。

船積み条件としては，連月積みのばあい，毎月の積出し数量を規定せず，売主に任せる（at Seller's option）取決めをいう。

Optional Deal ［オプション取引］

オプション（Option）取引は，商品，債券あるいは通貨などの取引で利用されている。「買う権利」をコール・オプション（call option），「売る権利」をプット・オプション（put option）とよぶ。

たとえば，ある商品を2ヵ月後に1個1万円で100個買う権利をオプション料10万円を支払って購入したところ，2ヵ月後に1個1万5,000円に値上がりしたとする。この場合，「買う権利」を行使すると50万円の儲けからオプション料10万円を差し引いて40万円得したことになる。このような考え方を基本にした通貨オプションが一般化している。オプション料は変動する。

Optional Ports of Discharge ［選択陸揚港］

複数の荷卸港のうち，どの港を選択するかの権限を売主に許していることをいう。

Optional Shipment ［揚地選択権付船積み］

Optional B/L*にもとづいて行なわれる船積み。

Optional Stowage Clause ［自由裁量権留保条件］

貨物の積付け場所について，船会社が自由に裁量できる条件である。この条件づきの船荷証券のばあいには，甲板積みとするか船艙内積付けとするかなど，いっさい船会社側が選択できることになる。

Optional Surcharge ☞ Optional B/L

OR

Dun Report*にでてくる記号で，Original Reportを意味し，最初の調査報告書をいう。

Order ［注文；指図（人）］

諾成契約である貿易取引にあっては，OfferまたはCounter Offerを相手側が無条件的に承認したばあいにかぎって，注文は正式に成立する。

手形または船荷証券上に記載されているOrderは，指図人式のこと。たとえば船荷証券でいうto orderは，Consignee（荷受人）が，指図人式であることを意味する。

We accept your order subject to the following alterations. (下記変更条件で注文を引き受ける。)

Please be careful in executing this order. (本注文の手配には慎重を乞う。)

We can't ship all your orders by the time stipulated. (規定された期日までに注文品のすべてを船積みできない。)

We acknowledge with thanks your order sheet. (注文書を受領したことを有難く確認する。)

The particulars of your invoice are in order. (送り状の明細には間違いがない。)

Order Bill ［指図（人）式手形］

為替手形の受取人（Payee）の欄にPay to‥‥Bank or orderまたはPay to the order of‥‥Bankと指図人式で振り出す手形をいう。

Order B/L ［指図（人）式船荷証券］

船荷証券が指図人式で発行されたばあいには，白地裏書（Blank Endorsement）によって流通譲渡が可能となる。この「指図人式」という文句は，L/CやB/L面ではto orderと書かれるばあいが多いが，これは「荷送人の指図人」(to order of shipper)の意味である。「輸入地銀行何某または荷受人何某の指図人」のばあいには，to the order of輸入地銀行名または荷受人が船荷証券の荷受人（Consignee）の欄に記入されるが，このばあいは，輸出地においては流通性がなくなり，荷送人は，裏書できない。

Order Letter ［書中注文状］

買主が売買契約の内容を確認する方法として，特別の書式を用いずに，通信書簡文のなかに記載してくるばあいをいう。

Orderly Marketing ［オーダリー・マーケティング］

秩序ある輸出の方式をいう。売手志向型の，過剰製品の集中豪雨的な輸出は，相手市場を混乱させる。したがって，秩序ある輸出のためには，海外市場それぞれの実情をよく把握し，海外市場志向を基本理念として，国際協調の枠のなかで貿易すべきである。市場秩序維持の目的で，政府間で結ばれた協定が市場秩序維持協定（OMA*）である。

Order Sheet ［注文書］

成立した売買契約の内容を確認するために，買主側が売主あてに，自社の所定様式に記入し送付してくる確認書。注文書に記載すべき事項は，注文書番号，商

品の明細, 数量, 価格, 包装方法, 荷印, 船積時期, 支払条件, CIF 契約のばあいには, 保険条件も付記される。

Ordinary ［通常の］
usual＝common と同意で,「ふつうの」の意味。
Ordinary Payment (通常決済)
Ordinary Transfer (普通送金)

Ordinary Breakage ［通常の破損］
ガラス製品や陶磁器などが, 航海そのものは無事終了したにもかかわらず, 運送中に生じた破損をいう。これは貨物固有の性質によるものであり, その発生は, 偶発的な危険によるものではないので, 保険会社は特約によってだけ填補する。

Ordinary Franchise ☞ Franchise

Ordinary Leakage ［通常の漏損］
酒類などの液体が, 航海は無事終了したにもかかわらず, 容器のつぎ目などから漏れる損害をいう。これは貨物の性質に原因するもので, 偶発的な危険によるものではないので, 保険会社は特約のばあいにかぎって填補する。

Ordinary Losses ［通常的損失］
液体類の通常の漏損 (Ordinary Leakage) とかガラス製品の通常の破損 (Ordinary Breakage) などをいう。特約がなければ保険者は填補しない。

Ordinary Mortality of Animals ［動物の自然死］
積荷である動物が, 罹病または船酔で航海中に死亡することをいう。これは貨物固有の性質によるもので, 海固有の危険によるものでないので, 原則として填補されない。しかし, 現実には死因の証明が不可能のばあいが多いので, その原因のいかんを問わず, いっさいを填補する家畜約款 (Live Stock Clause) を特約することによって填補される。

Ordinary Payment ［通常決済方法］
Special Payment＊（特殊決済方法）以外の決済方法をいい, 政府の承認は不要である。

Ordinary Transfer ［普通送金］
Mail Transfer とか Airmail Transfer と呼ばれる場合と同様であるが, 支払指図が郵便の手段を使ってなされる送金のこと。

Ordinary Wear and Tear ［自然消耗］
船舶および船舶属具が, 自然に消耗することで, 保険目的の固有の瑕疵または性質と考えられ, 特約がなければ填補されない。

Organization ［組織；会社］
The enclosed catalog describes the organization of our firm. (同封のカタログは当社の組織を説明している。)

There is no other organization like ours in the United States. (米国にはわれわれのような会社は他にない。)

Origin ［発端］
Beginning は始まる時期 (Period) についていうが, Origin はその原因。
The Country of Origin (原産国)
Certificate of Origin (原産地証明書)
Original (原本)

Original Equipment Manufacture ☞ OEM

Original Insurance ［元受け保険］
保険契約が再保険されるばあいに, 元の保険契約をいう。

Original L/C ［原信用状］
信用状の受益者である輸出者が, メーカーや国内の集荷問屋に金融をつける必要から, 通知銀行または取引銀行に, 海外からきた信用状を差し入れ, その見返りとして国内信用状 (Local Credit ; Secondary L/C ; Subsidiary Credit) を発行

してもらう。この銀行に差し入れる信用状を，原信用状（Original Credit）またはPrime Credit，またはMaster Creditという。このばあいの，Local Creditの条件は，原則的には原信用状のそれと同一であるが，その金額は，船積諸掛や輸出者の利潤を控除し，原信用状より少額となるのがふつうであるし，さらに表示通貨は国内通貨である。また貨物の引渡し条件や引渡し時期についても異なってくるし，信用状の有効期限も，船積手続などの関係上，原信用状よりは短くなる。なお，Local Creditの受益者に対する支払いは，原信用状の受益者に対する前貸しの形式をとり，輸出荷為替手形が取り組まれたときに，その手形金から決済される。

Original Policy ［原保険証券］

包括予定保険契約（Open Policy*）のばあい，個々の船積み時に発行される保険承認状（Certificate of Insurance）のもとになっている詳細な保険証券をいう。

Original Sample ［原見本］

見本を海外へ送付するばあいに，メーカーからたとえば3個受け入れた見本のうち，海外へ送るものを原見本という。あとの2つはDuplicate Sample（控見本），Triplicate Sample（第3見本）として自社で保有しておく。

Other Engine of War ［その他の兵器］

機雷（Mines），魚雷（Torpedoes），爆弾（Bombs）と並列記載されている戦時または平時における危険で，協会戦争約款によって塡補される。

Other Insurance Clause ［他保険約款］

貨物海上保険証券の欄外約款（Marginal Clauses）にある規定で，当該保険貨物について，他の保険契約が結ばれているばあいに，保険者相互間の塡補責任の順位，方法に公平を期するための規定である。

Otherwise ［さもなければ］

Otherwise you will run the risk of losing this business. （さもなければ，この取引を逃がす危険がある。）

Unless otherwise specified, this contract is subject to the following conditions. （他に規定がなければ，本契約は下記の条件に従う。）

Please ship our contracts immediately, otherwise we will miss the season. （至急に約定品を船積みせよ。さもないと好機を逸する。）

Outer Packing ［外装］

貨物の内容，外形を保護し，その価値を維持するために，貨物について行なう荷造りをいう。輸出港で本船に積み込まれた貨物が，無事輸入港に到着できることを保証するだけの包装でなくてはならないし，とくに船積み・陸揚げ時の落下，気温・湿度の変化による汗濡れ，雨濡れに耐えうるものでなくてはならない。

貨物の1つ1つにほどこす内装（Inner Packing）をPackagingというのに対して，Packingは外装を意味するばあいが多い。

Outport Surcharge ［僻地港割増］

荷動き量の少ない僻地のばあいに，積荷・揚荷する貨物に対して課せられる割増運賃のことをいう。

もともとOutportは主要税関から離れた外港のことで，英国では主要地（Main Port；Base Port）であるロンドンに対して，リヴァプールは外港（Open Port；Minor Port）である。日本のばあいであれば，東京，横浜，清水，名古屋，大阪，神戸をのぞく，他の港，たとえば四日市，呉などは外港ということになる。

Outright Forward Rate ［順月確定日渡し相場］

先物為替取引の受渡し条件（Delivery）が確定日渡しのばあいの相場をいう。アウトライトは Outright Ahead Date の略で，暦月渡し相場（Calendar Month Delivery Rates with Option*）の対語。順月確定日渡し相場は輸入ユーザンスの決済や送金の取組みに利用され，顧客に有利な相場となっているが，引渡日が確定日となっているので，そのデリバリーに注意を要する。

Outright Operation ［アウトライト取引］

買戻しや売戻しの条件づけを行なうスワップ取引の対語で，それらの条件をつけず，余剰外貨を売り，あるいは不足外貨を買う為替取引をいう。

Outright Transaction ［アウトライト取引］

外国為替銀行は，為替相場変動上の危険をさけるために，たえず手持為替を売買して，外貨資金の過不足を調整する。そのばあい，余裕資金を売りなら売りだけ，不足資金を買いなら買いだけというふうに，それぞれ独立して行なうのが，アウトライト取引である。すなわち，売戻しまたは買戻し条件をつけないで行なう取引であり，この点，買戻し条件を前提とするスワップ取引と異なる。

Outside ［外に］

The goods are packed in case iron-banded outside.（外側に帯鉄をかけた木箱に包装される。）

You shall refer orders from anywhere outside of this territory.（本地域以外からの注文は照合しなくてはならない。）

You shall not export the products to countries outside the territory.（規定地域以外の国へ輸出してはならない。）

Outsider ［同盟外船；部外者］

海運界では，海運同盟（Shipping Conference）に加入していない船会社の船をいう。盟外船ともいう。

証券業界では，企業と関連のある部内者もしくは投資の専門家に対して，部外者もしくは専門外の投資家をいう。

Outstanding ［未決済の］

We have many outstanding accounts.（未決済の勘定が多くある。）

You have repeatedly requested us to settle our outstanding account.（未払勘定を決済するようたびたび要求がなされた。）

Please give us the schedule of delivery on outstanding orders.（懸案の注文についての引渡し計画を知らせてほしい。）

Outstanding Stock ［発行ずみ株式］

発行ずみ株式（Issued Stock）のうち発行会社保有株式（Treasury Stock）をのぞき株主の手にあるもの。

Outturn Report ［陸揚げ報告書］

貨物を本船から艀に卸し，さらにこれを陸上の一定の場所に陸揚げすることを，水切りまたは水揚げといい，その費用を水切り賃または水揚げ賃という。この水切り状態を毎日，倉庫ごとに書いた報告書が陸揚げ報告書である。

Outturn Sample ［着荷見本］

到着した積荷から抜取りされた見本のことで，契約規定の品質と相違がないかを調べるために用いられる。

Outturn Weight ［陸揚げ重量］

Landed Weight と同義で，貨物を仕向港で陸揚げした時点の重量をいう。In-taken Weight（Terms）の対語。

Overbought Position ［為替の買いもち］

買為替の合計が，売為替の合計をこえることをいう。現物為替取引においても，先物為替の予約のさいにも行なわれる。

Overcarriage ［もち越し］

荷印の不鮮明，荷揚げ時の照合，検数

Over-Flow Rule ［オーバーフロー・ルール］

コンテナ輸送のばあいの、はみ出し (Over-flow) 貨物に対する運賃計算の方法である。複数のコンテナを使用するばあいには、最後のコンテナの Minimum (最低積込み基準、すなわち容積建て貨物は19トン、重量建て貨物のばあいは16トン) を低くし、13容積トンまたは11重量トンとする。ただし、このばあい、他社の貨物の追積みを認めない。他社の貨物との混載を認めるばあいは、運賃は、はみだし部分の実際の重量または容積にもとづいて計算される。

Over in Dispute ［過剰揚げ調べ］

船側の検数 (Tally) の数が荷主側の船積指図書 (S/O) 面の Tally 数より超過しているばあいに、荷主側の依頼によってつける摘要 (Remarks)。積荷のときに S/O 面の数で積んだものが、揚荷のさいに超過しているばあいは、この摘要はつけず、S/O 面の数で荷受人に渡しても苦情はない。

Over Insurance ☞ Insurable Value

Overland Common Point ☞ OCP

Overlanded Cargo ［陸揚過剰貨物］

決められた仕向港以外の港に揚違いによって卸された貨物のことをいう。その結果、決められた本来の仕向港では Shortlanded Cargo (陸揚不足貨物) が発生する。

Overland Transport ［オーバーランド輸送］

わが国から米国の西海岸まで海上輸送し、さらに米大陸を鉄道で横断し、東海岸からふたたび海上輸送して欧州へ運ぶ米国 Land Bridge や、西海岸から東海岸までを鉄道輸送させる Mini Land Bridge のように、コンテナを利用した大陸輸送をいう。

Overseas Advertisement Insurance ［海外広告保険］

海外で宣伝・広告活動を行なったにもかかわらず、投下費用が輸出の増加によっても回収できなかったばあいの損失を塡補する輸出保険 (Export Insurance*) の一種であったが、現行の貿易保険制度のもとでは廃止された。

Overseas Advertising ［海外広告］

生活、慣習、風土などすべてが相違する海外市場を対象とした広告は、現地の顧客にアピールするように、その用語、図案に特別の研究が必要である。とくに強烈な個性のある広告をとおして、顧客にその商品の Brand を売り込むことが大切である。こうした海外広告に必要な費用は貿易価格に織り込まれなくてはならない。

Overseas Economic Cooperation Fund ［海外経済協力基金］

東南アジア開発基金がその前身で、開発途上国の経済発展上必要な資金を供給する機関であり、全額政府出資の法人の形態をとっていたが、国際協力銀行に改変された。

Overseas Investment Insurance ［海外投資保険］

貿易保険 (Trade Insurance*) の一種で、海外投資を行なった者が、投資受入国内の非常危険 (Emergency Risk*) によって事業の継続不能、送金遅延などによって被った損失を塡補する保険である。

Overseas Market Research ［海外市場調査］

貿易取引の環境は絶えず変化するので、海外市場の動向を的確に把握するこ

とが取引の成否を決定する。各市場の潜在購買力を比較分析（Comparative Analysis）して，どの市場を優先的に扱うか（Priority）を考え，選ばれた市場について品質的適応性（Quality Suitability），価格的適応性（Price Suitability），受渡的適応性（Delivery Suitability），決済的適応性（Payment Suitability）を検討する。

Overseas Net Assets of Japan ［対外純資産］

日本の政府，企業，個人が海外で保有する資産から負債をマイナスしたもので，2002年末における日本の対外純資産は時価換算で175兆3,080億円（日銀の試算）であった。

Overseas Production of Japanese Cars ［自動車の海外現地生産］

1982（昭和57）年にホンダがアメリカで現地生産を本格的に開始して以来，貿易摩擦や円高の回避，あるいは市場確保などを契機に主要メーカーの現地生産が進行した。アメリカ，アジア，ヨーロッパでの生産が中心である。なお，わが国輸出の第1位品目は現地生産にもかかわらず依然として自動車である。

Overside Delivery ［船側渡し］

本船積載貨物を，船側の艀または埠頭に卸した時点で，荷受人に引き渡す受渡し条件をいう。

Oversold Position ［為替の売りもち］

売為替の合計が，買為替の合計をこえることをいう。現物為替取引においても，また先物為替の予約のばあいにも生じる。

Overtime Service of Customs ［臨時開庁］

日曜，祭日その他税関の執務時間外に，貿易関係業者からの申請にもとづいて臨時に執務することをいう。

臨時開庁してもらうためには，臨時開庁承認申請書を提出し，所定の料金を支払って，税関長の承認をうける。日曜，祭日の開庁については，前日の執務時間中に申請しておく。臨時開庁で処理する事務は，①外国貨物である船用品，機用品を外国貿易船に積み込む承認申請 ②庫入・移入承認申請 ③保税展示場に入れる承認申請 ④保税運送または内国貨物の運送承認申請 ⑤輸出または輸入の許可 ⑥証明書の交付などである。

Owe ［負う］

be indebted to と同意で「負債がある」。

We owe you 1,000 Dollars.（貴社に千ドル借りがある。）

We owe your name to our business friend.（貴社名は当社の同業者から知らされた。）

Owing to は due to と同意で「〜により」。

Owing to a brisk demand the market shows signs of strength.（活発な需要により市場は強気の兆候がある。）

Owned Vessel ［自社船］

用船に対して自社が所有する船舶をいう。

Owner ［船主］

持ち船を自分で運航せずに，賃貸，用船契約などによって，賃貸料または用船料を稼ぐ者をいう。船主みずから運航する場合もある。

Owner's Agent ［船主代理店］

船主の代行者のことで，その本船を船主みずから運航しているばあいには，本船入出港荷役手配はもとより船用金の立替支払い，給油，給水，修理，集荷など万般の業務を行なう。本船が他社に用船運航されているばあいには，船主としてなすべき業務，すなわち本船自体の維持・運営にかかわる事項，乗組員に関する事項だけを代行する。

P

PA

海上保険上は単独海損(Particular Average*)の略語。

金融上は、P/A は、Pay on Application の略語で、海外送金の1つの方法である。このばあい送金依頼者は、海外の受取人に対して、何銀行あてに送金した旨を連絡する。受取人は指定された銀行へ出向いて支払いを請求することになる。送金到着銀行が受取人に通知する通知払い(A/P; Advise and Pay)に対する送金方法である。

p.a.は per annum(1年につき)の略語。

P/A ☞ Advise and Pay

Package Limitation of Liability [責任制限額]

運送人の責任である一般の商業過失(Errors of Cargo-handling and Custody)、陸揚げ時の照合ミスによる揚げ違い(Mislanding)、揚げ不足(Shortlanding)などによる貨物の滅失・損傷についての、賠償責任制限額をいう。わが国の船社の場合、国際海上物品運送法第13条の規定に従う。

Package Program System [パッケージ・プログラム方式]

発展途上国の経済開発については、主として政府開発援助(ODA; Official Development Assistance)によって行なわれるが、そのばあいの援助計画を資金援助、技術援助、食糧援助、医療援助、贈与など、多方面にわたった総合的なものとして実効をえようとする方式をいう。

Package Tariff Reduction [関税一括引下げ]

GATT*は関税について、2国間交渉を数多く行ない、その結果えられた加盟国の関税引下げ効果を他の加盟国にも及ぼすという方式を考えていたが、ケネディ・ラウンドでは大幅な関税引下げを行なうために一括引下げ方式を採用した。すなわち、米国は関税率の一律50%引下げを主張したが EC(現在の EU の前身)の反対があり、4年にわたる交渉の結果、平均35%の引下げに合意した。

Packaging [内装]

貿易商品、とくに消費財が最終消費者に提示されるための包装で、商品個々について行なわれる内部包装(Inner Packing)のこと。外装(Packing)が輸送中における内容品の破損防止を目的とするのに対して、内装は、輸入地での販売をしやすくするためのものである。したがって、色彩、意匠、デザインなどにも、工夫が必要であり、各商品の特性に応じて十分な研究がなされなければならない。

わが国では、内装の問題がとかく軽視されやすく、包装の問題といえば外装の問題と考えられる傾向がある。それゆえ商品価値にもっとも直接的な関係をもつ内部包装の合理性、スマート性などについての研究が進められなければならない。

Packed Cargo [包装貨物]

麻袋に入れ電気プレスで圧縮したBaled Cargo(俵包装貨物)や木箱(Wooden

Case)，あるいは段ボール（Carton）などで包装された貨物など包装貨物の総称。無包装の散荷(ばらに)の対語。

Packing　[包装；外装]

包装，梱包のことをいう。機械類であれば木箱による Case Packing（木箱包装）やクレート（Crate）梱包，綿花はベールに包装してプレスを加えて圧縮する Bale Packing（俵包装）がふつうである。Packaging が内(個)装の意味で用いられるのに対して，Packing は外装（Outer Packing)の意味で，用いられることが多い。

Packing Charge　[包装費]

輸出包装（Export Packing）に要する費用で，FOB，CIF 条件で輸出するばあいは，輸出者の負担である。輸出者が商社のばあい，これをメーカーに負担させるかどうかは，輸出者とメーカーとの契約によって決定される。

Packing Credit　[前貸信用状]

信用状の受益者である輸出者に対し一定額までの前貸を許す旨の文句（ふつう，赤で記載されているので，Red Clauseという）が記載された信用状である。Anticipatory Credit；L/C and (or with) Red Clause Advance ともいわれる。ふつうの信用状で輸出前貸（Export Advance*）をうけることが困難なばあい，この Red Clause があれば，貸付金の回収についても，発行銀行が前貸銀行に対して保証してくれることになるので，輸出前貸は円滑に行なわれることになる。

Packing List　[包装明細書]

荷為替取組み時には，とくに要求のないかぎり必要はないが，買主または税関が積荷を照合するばあいに，商業送り状（Commercial Invoice）の補足書類として要求する。これには注文番号，荷印，各梱包の箱番号，各箱ごとの内容明細，正味重量，総重量，才数などが記載される。信用状に包装明細書の要求がないばあいも，買主へ送付する船積書類の写しのなかには，必ずこれを同封しなくてはならない。

Paid-up Capital　☞ Authorized Capital

Pallet　[パレット]

ある量の貨物を，まとめて載せる平らな荷台をいう。一定の形をしたケース入りの缶詰食品やカートン・ボックスに入れた雑貨品などを輸送するばあいに，簡単な設備でしかも荷役能率が向上する。コンテナ輸送のばあいのような複合運送には適さないし，一定の形をしない家具などはパレット化（Palletization）がむずかしいが，岸壁に大規模な固定設備を必要としないので，Outport(外港；僻地港)にも適する。

Panama Canal　[パナマ運河]

1914年に操業開始以来100年を経過したパナマ運河（全長約80km）の拡張工事が，総事業費52億5千万ドルと9年の歳月をかけて2016年6月に完了した。従来は，全長291.4m，幅32.3m，喫水12.0m までの，いわゆるパナマックス型の船舶しか航行できなかったが，拡張工事の完成によって，全長366m，幅49.0m，喫水15.2m までの船舶（"ネオ・パナマックス型"）の航行が可能となった。コンテナ船は13000TEU（20フィート換算），バルク船は17万 DWT（重量トン），LNG船（液化天然ガスの運搬船）は17万立方 m までの積載能力の船舶が航行可能となった。

Panamax

Panama と Maximum を合わせた造語。パナマ運河を通航できる最大船型で，船幅32.3m 以下で，重量6万トン程度である。

P&I Insurance

P&I は Protection and Indemnity の略語。

船舶の所有，運航にともなって生じる賠償責任を塡補する保険。タンカーの油濁事故などが塡補される。この保険の引受は，日本船主責任相互保険組合が行なっている。

Panel Arbitrator ［登録仲裁人］

商事仲裁機関に，あらかじめ登録されている仲裁人のことをいう。もともとPanel は，特定の裁判に選ばれるべき陪審員名簿をいう。

Par ［パー］

Even または Flat ともいい，為替の直物と先物との両相場に，開きのないことをいう。

Parallel Importation ［並行輸入］

輸入総代理店（特約店）制度がとられているブランド商品であっても，その総代理店以外の業者が輸入できることになった。これを並行輸入という。1972（昭和47）年以前は，輸入総代理店が，第三者による並行輸入は商標専有使用権の侵害として税関に対し輸入差止請求を申し立てることができた。しかし，パーカー万年筆訴訟をめぐる大阪地裁・高裁の判決を経て72年8月以降，並行輸入が許されることになった。

Paramount Clause ［至上約款］

船荷証券がヘーグ・ルールを摂取した国内法に従って有効であるばあいに，その国内法に従ってその船荷証券が効力を有する旨を表示した約款。

Parcel Freight ［パーセル運賃］

貨物の1個あたりの容積がきわめて小さく Minimum Freight を課するにもいたらないものに適用されるもので，このばあいは B/L に代わって Parcel Receipt が発行される。

Parcel Post ［小包郵便］

郵便局を使うばあい，無償でしかも1個の目方が500グラム以下であれば商品見本として Sample Post 扱いとなる。このばあいには，包装の上面に Sample of No Commercial Value（商品見本・非売品）と書き，外国郵便取扱い郵便局に備えてある税関告知書に，必要事項を記入のうえ添付する。この Sample Post に Price List（価格表）は同封できるが，書簡の同封は許されない。また，容易に内容の検査ができる包装でなくてはならない。書留（Registered）にすることも，航空便（Air Mail）扱いもできる。

有価物を含むか，あるいは無償見本でも目方が500グラムから1キログラムまでのばあいには，小型包装物（Small Packet）扱いとなる。このばあいは，郵便局に備えてある税関告知票符をはりつけ，税関告知書を添付する。包装は Sample Post のばあいと同じであるが，有価証券，宝石，貴重品はこの方法では送付できない。

目方が1キログラム以上のものは，有償でも無償でも，小包郵便（Parcel Post）扱いとなる。包装は封印してよく，税関告知書を添付する。小包郵便の大きさ制限は，つぎのとおりである。

（米）　長さ1.25m まで，容積10キログラムまでは0.08m³まで。

（豪）　長さ1.06m まで，長さ＋横周は1.81m まで。

（カナダ）　長さ1.05m まで，長さ＋横周は1.8m まで。

（その他）　長さ1.25m まで，容積5キログラムまでは0.06m³まで，5～10キログラムは0.08m³まで。

ただし，航空小包は，長さ1 m，幅0.5 m，厚さ0.5m まで。

郵便小包に対して発行される郵便局の貨物の受取証を，郵便小包受取証（Receipt for Parcel received）という。有価証券ではないが，荷為替取組みのさいは，船荷証券（B/L）と同じように取り扱われる。

見本の大きさが，郵便局扱いの小型包装物の制限をこえるばあいには，航空会社扱いで送付することになる。このばあいは，無償見本であれば送り状(Invoice) 3 通，仕向地によっては領事送り状 (Consular Invoice) を添えて，航空会社に持ち込む。航空会社からは Air Waybill (航空運送状) が発行される。

Partial Charter　［一部用船］

船腹の一部分を，借り切る形の用船契約で，全部用船(Whole Charter)の対語。

Partial Endorsement　［一部裏書］

手形金額の一部分についてだけ，裏書譲渡することを記載した裏書である。しかし，このような裏書は，手形法第12条第 2 項において，「一部の裏書はこれを無効とする」と規定されており，手形法上は無効である。もともと，裏書の本質は，手形全体の譲渡であって，為替手形から生じるいっさいの権利が，被裏書人に移転するものであるから，その一部分にかぎっての裏書譲渡は無効となるわけである。しかし，たとえば，金額 5 万円の手形のうち，3 万円だけはすでに支払いをうけ，残りの 2 万円だけを裏書譲渡するようなばあいは，一部裏書ではなく，全部の裏書と解されて，有効である。また数人に対して共同被裏書人として，手形を裏書するばあいは，一部裏書とは解されない。

Partial Insurance　［一部保険］

保険金額 (Insured Amount) が協定保険価額 (Agreed Value, 保険評価額) よりも小さいばあいをいう。Under Insurance ともいう。

Partial Loss　［分損］

被保険貨物の一部分の損失をいう。これには単独海損 (Particular Average*) と共同海損 (General Average*) とがある。単独海損とは，その損害が被害者である被保険者の，単独の負担となる分損をいう。これに対して共同海損は，船舶，積荷および運賃が，共同の危険に瀕したばあいに，これを救うための異常な犠牲や費用を，船主，荷主などが，共同負担する分損である。分損のことをAverage* (海損) ともいう。

Partial Shipment　☞ Instalment Shipment

Partial Transfer　［一部譲渡］

譲渡可能信用状 (Transferable L/C*) のばあい，信用状に記載された権利，義務の一部を 1 回にかぎって第 2 受益者 (Second Beneficiary) に譲渡すること。

Particular　［特別の；（複）明細］

special (特別の) のさらに特殊のものをいう。

Particular Address　［特別あて先］

会社あての英文書簡で，しかもそのなかの特定の個人または部課に届くことを期待するばあいは，書中あて先 (Inside Address) と冒頭礼辞 (Salutation) のあいだに，Attention あるいは Attention of の語句を入れ，そのうしろに特定の個人名または部課名を書く。

会社と特定人との関係が，当該会社の社員でなく，たんに連絡上託送を依頼するばあいは，「…気付」の意味の care of または in case of, 通常, c/o と省略してつぎのように用いる。

Mr. W. Baker

c/o Optory Trading Co.

80 Juan Luna, Manila

Particular Average　☞ Partial Loss

Particular Charges　［特別費用］

貨物の安全，保存のために，被保険者または第三者によって支出された費用をいう。たとえば，航海上の事故のため，途中港に陸揚げして保管し，再積出ししたようなばあいの費用である。こうした費用は通常，保険者が塡補する。

Part Insurance ☞ Insurable Value

Partnership ［組合；合名会社］
営業の目的で事業を共有者として運営する2人以上の集団で，パートナー全員が無限責任(General Partnership)を負う。

Party ［当事者］

PASSED
輸出検査法に指定された貨物が，輸出検査に合格したばあい，貨物またはその包装に「合格」の意味でつける表示で，同時に検査機関の名称が表示された。しかし，現在は輸出検査法は廃止されている。

Passive Improvement Trade ［受動的加工貿易］
逆委託加工貿易（Inverse Processing Deal Trade*）のことをいう。

Past Due
支払期限の経過した与信額をいう。
Past Due Bill は期限経過手形，不渡手形をいう。

Patent License ［特許実施権］
特許権者（許諾者）が第三者（実施権者）に対して，設定行為の範囲内で，その特許発明を実施する権利を許諾することをいう。同一の特許発明についても，特許権は各国ごとに成立しているので，認められる実施権の内容は異なってくる。

Pattern ［柄見本］
意匠や図案や模様などを，検討するための見本をいう。

Payable on Completion of Discharge ［運賃揚高払い］
輸入地での貨物の揚高（Outturn Weight)にもとづいて計算される運賃をいう。Freight Payable on Outturn Weight* と同じ。

Payee ［(手形金) 受取人］
荷為替手形の本文中に印刷された Pay to のあとに書かれる部分で，手形の買取銀行（Negotiating Bank）が記入される。どこの銀行を買取銀行にするかは，買取銀行指定信用状のばあいをのぞいて，輸出者が自由に選択できるが，通常は，輸出者の取引銀行である。

Paying Bank ［支払銀行］
支払いをする銀行。銀行信用状(Banker's L/C*)にもとづいて振り出された為替手形の名宛人(Drawee)，あるいは手形支払授権書 (Authority to Pay*) のばあい，支払いの指図をうけて支払いを行なう銀行。

Payload ［ペイロード］
運賃の対象となる貨物の重量をいう。コンテナ輸送のばあいには，総重量から，コンテナ自体の目方を差し引いたものがペイロードとなる。

Payment ［支払い］
金銭その他の価値あるものが債務者から提供され，かつ，受領され，それに従って債務が消滅する行為。

Payment Advice ［支払通知］
一覧払い手形条件のばあいに，輸出地の支払銀行から，信用状開設銀行へ送付されてくる通知をいう。

Payment against Documents ［書類引換え払い］
売主が提供する船積書類と引換えに買主が代金決済する方法をいう。通常，信用状は，〜available by your draft(s) at sight to be accompanied by shipping documents as follows：（下記のような船積書類を添付した一覧払いの為替手形により有効）と規定し，船積書類と為替手形を要求している。しかし，ときには〜available by shipping documents as follows：（下記の船積書類によって有効）のように，船積書類だけを要求し，為替手形を不要とする書類引換え払いを規定し

た信用状がくる。これは輸入者が手形引受けのさいに，貼付すべき収入印紙が高額のため，手形が送付されてくるのを嫌うばあい，あるいは一覧払手形条件にあって手形を省略するばあいに用いる。また手形法のないソ連などでも用いる（インカッソ方式）。

Payment Bond ☞ Contract Bond

Payment Commission ［支払手数料］

信用状発行銀行によって手形の買取銀行に指定された銀行が，輸出者への支払いを行なう際に請求する手数料をいう。

Payment in Advance ☞ Advance Payment

Payment of Claim Clause ［保険金支払約款］

Open Policy*にある約款で，支払いは，保険証券または保険承認状に記載された保険金額の表示通貨で支払うこと，保険金が内地払いされるばあいの，円換算率などが規定されている。

Payment of Premium Clause ［保険料支払約款］

Open Policy*にある約款で，保険料の支払いは，毎月末単位で行なうことを原則とすること，および外国通貨と日本円との換算率が規定されている。

Payment on Receipt Credit ［受取証払い信用状］

船積書類と署名ずみ受取証さえ提供すれば，輸出地の銀行が支払ってくれることを約した信用状。

Payment Order ［支払指図書］

並為替（送金為替）の一種で，一定金額を受取人に支払うよう支払銀行に指図したもの。

Payment Terms ［決済条件］

外国貿易と国内取引とを問わず，およそ売り渡された商品の代金が，いつ，いかなる方法で決済されるかの問題は，売主にとって，きわめて重要な問題である。貿易取引の決済方法として，もっとも一般的なものは，荷為替手形決済（Payment by Documentary Bill of Exchange）の方法である。これは商品を証券化し，その証券と引換えに決済するという書類引換払いの方法である。すなわち，国際荷為替制度を利用して，売主は輸出地の為替銀行に船積書類を担保とした為替手形を提出して，貨物の船積みと同時に，為替銀行から手形代金を入手する。一方，買主は，その荷為替手形の引受け（D/A）もしくは支払い（D/P）と交換に，船積書類を受け取り，これと引換えに契約品を入手する。このばあい，買主の取引銀行の発行する信用状があれば，売主振出しの手形が保証されることになるので，信用状付荷為替手形決済（Payment by Documentary Bill of Exchange with L/C）が売主にとって，もっとも望ましい決済方法となる。信用状のつかないばあいの荷為替手形決済は，D/P手形，D/A手形決済とに分かれる。

以上のように，決済手段が信用状づきと信用状の添付のないD/P手形，D/A手形決済のいずれのばあいにも，売主が振り出す為替手形が，一覧払い（at sight*）か期限づき（Usance*）かによって売主・買主の利害は対立するので，決済条件としては，決済手段を何にするか，手形の期限はどうなるかの両方を取り決める。

Pay on Application ［請求払い］

外国の銀行が受取人から支払いの請求をうけて，パスポートなどで受取人を確認のうえで支払う方法である。

Pay to ［支払委託文句］

為替手形に印刷してある手形要件の1つで，あとにPay to Marunouchi Bank or Orderのように買取銀行または指図式と記入する。

PC

Piece（個数）の略語。

PCC ［純自動車専用船］

Pure Car-Carrier の略語で、CBU (Complete Built-up, 完成車) の輸送だけを対象とした自動車専用船をいう。

PCS (PCV) ［Pallet Conveyance Ship (Vessel)］☞ Pallet

P/D ☞ Payment against Documents

Peak Cover Clause ［自動増値保険約款］

Automatic Increased Value Clause ともいう。価格変動の激しい、国際商品のばあいの特約である。船積日と特定の危険終了日までの期間に、価格が高騰したばあいには、保険金額を増額するという約款である。

Pen Container ［ペン・コンテナ］

生きている牛、馬を運ぶためにつくられた特殊コンテナで、金網などを用いて通風をよくし、餌をあたえやすい構造になっている。

Pending ［未決］

すでに開始されたが、最終的な決定をみていない過程にあることをいう。待つこと、または待たされること。たとえば、代金の支払いは、貨物の到着まで pending にされるというように用いる。

Please settle the pending claim. (懸案のクレームを解決してほしい。)

Pending Order (未決注文)

Penetrate ［入り込む］

突き通す (pierce through) こと。

Penetration Pricing (Price) Policy (市場浸透価格政策)

cf. Skimming Pricing Policy* (上層吸収価格政策)

Penetration Price Policy ［市場浸透価格政策］

新製品の発売にあたり、低価格を設定して、短期に大量の商品を市場に浸透さ せ、シェアの拡大をはかる方式をいう。こうした大量安売りのやり方は、相手市場の反発も大きく、また売主側も薄利となって余裕がなく、生活水準の向上や新製品開発に支障をきたすことになる。

PER ［株価収益率；〜について；〜によって］

Price Earnings Ratio の略語。株価を1株あたり税引き利益で割ったもので、この値が大きいと、利益に対して株価が高いことを示し、小さいと割安ということになる。投資基準として利回り以上に注目される。

また、英文書簡文の代理署名を示す記号として、サイン権をもたないものが行なったサインの前に付記する。By または For も、同じく代理サインを示す。

Per Annum (p.a.)「年率」

Performance ［履行］

契約または契約上の義務を成就すること。

Performance Bond ☞ Contract Bond

Perils Clause ［危険約款］

海上保険証券の本文にある条項で、被保険危険の種類を列挙し、それらの危険によって損害が生じたばあいにその損害を、保険者が塡補する義務を負担することを規定している。危険約款に列挙されている危険は、つぎのとおりである。

「海固有の危険 (Perils of the Seas*)、火災 (Fire)、強盗 (Thieves)、投荷 (Jettisons)、船長および船員の悪行 (Barratry of the Master and Mariners)、海賊、戦争危険、政府または官憲の強留・抑止・抑留（およびこれらと類似の危険）」。

これらのうち、海賊以下の3種類の危険は、保険証券左側欄外の捕獲・だ捕不担保約款 (Free from Capture & Seizure Clause) によって免責されているので、これらの戦争危険を保険者が担保するため

には，同盟罷業危険と同じく，割増保険料を支払って協会戦争危険担保約款(Institute War Clauses)を保険証券に挿入しなくてはならない。

Perils of the Seas ［海固有の危険］

英文の保険証券の危険約款(Perils Clause*)に列挙されている海上での偶発的な事故または災害で，これに近因して生じた損害については填補される。具体的には，沈没(Sinking)，座礁(Stranding)，火災(Burning)，衝突(Collision)などSSBC事故といわれる主要事故(Major Casualty)や，荒天による浸水・荷崩れ・貨物の波さらえなどである。

Period Bill ☞ Usance Bill

Period of Insurance ［保険期間］

Duration of Riskと同じ。保険者が填補責任を負う期間のことで，原則としては輸出港での積込み(On Board)から輸入港の荷卸し(On Board)，On Board to On Boardであるが，ICC Clauseには運送約款(Transit Clause)の規定があるので，貨物が保険証券記載の地の倉庫または保管場所を離れたときから，仕向地の荷受人の倉庫もしくは保管場所またはその他の最終倉庫もしくは保管場所に引き渡されるまでである。

Perishable Cargo ［腐敗貨物］

野菜，果物，魚肉，卵などの加工品で，運送中の高温，高湿などが原因で腐敗，変質の危険のある貨物。積込みに際しては，「腐敗貨物につき荷主負担」(Perishable Cargo at Shipper's Risk)の摘要がつけられる。

Permanent Address ［本籍］

permanentは一時的の(temporary)に対して「永く」の意味。eternalは「永久の」。Permanent Wave(パーマ)，現住所はPresent Address。

Permanent Normal Trade Relations ［恒久的正常貿易関係］

最恵国待遇を恒久的に認めることは正常な貿易取引関係を意味するのでPNTRとよばれる。アメリカは中国にPNTRを認める法案を可決（2000年5月に下院，9月に上院）したが，これによって中国のWTO(世界貿易機関)加盟が実現する大きな契機となった。

Permanent Repair ［本修理］

避難港で行なう本修理をいう。その費用を節約するために行なう仮修理(Temporary Repair)は代替費用とみなされ，共同海損として扱われる。

Permission ［許可］

(米) Permit (許可；許可書)

Export Permission(輸出許可), Export Permit (輸出許可書)

Personal ［個人的の］

personal(＝private＝confidential)「親展」

Personal History (＝Life History)「履歴書」

Personal Effects ［携帯品；引越荷物］

携帯品とは手荷物，衣類，書籍，化粧用品，身辺装飾用品その他本人の私用に供することを目的とし，かつ必要と認められた貨物をいう。携帯品および引越荷物については，輸出申告書を要せず，原則として口頭申告によって税関監視部旅具課の手によって，簡単に通関される。

入国のための引越荷物として免税される物品は，本人またはその家族の個人的な使用に供するもの，職業上必要な器具などで，すでに使用したものであることが必要条件であるが，携帯品と異なって，生活の本拠を移転するものであるから，免税される物品の範囲も，携帯品と比較して広い。

Personal Effects Floater ［身回品包括保険］

旅行者の携帯する身回品に対して，被保険者の住居地以外の世界各地にわたって担保する保険である。

Person Call ［指名通話］
国際電話（International Telephone）の1つの種類で，相手の名前を指定して，申し込むことができる通話である。

Persons Acting Maliciously ［悪意で行動する者］
ストライキ，暴動などの発生時に，どさくさにまぎれて悪意的になす抜荷や破壊をいう。協会ストライキ約款によって填補される。

Petty Claim ［小口クレーム］
貨物の輸送中に発生する自然不可避的な軽微の損耗についての少額クレームをいう。これについては，免責歩合約款（Memorandum）が規定されており，保険者は填補しないことが原則である。

PG
Perusian Gulf（ペルシャ湾）の俗称。たんに Gulf といえば Gulf of Mexico（メキシコ湾）をいう。

Phased Contract ☞ CM Contract

Physical Delivery ［物理的引渡し］
CIF 条件など，C で始まる条件以外の Trade Terms は，すべて契約品が，ある特定の場所で現実に引き渡されたばあいに，所有権の移転が行なわれる現実的または物理的引渡しを特徴としている。CIF 条件などのばあいの象徴的引渡し（Symbolic Delivery*）の対語である。

Physical Distribution ［物的流通］
生産された商品が，消費者に到達するまでの物理的な流通をいい，運送，荷役，保管，荷造り，情報などをも含む。これに対して非物的流通とは，卸売，小売などの活動をいう。

大量生産にともなう大量流通にあっては，いかに合理的な物的流通をはかるかが問題となる。そのための目標として，Instant Availability が指摘されるが，具体的には，経済性，簡便性，安全性，迅速性の要求である。

Phytosanitary Certificate ［燻蒸証明書］
オーストラリア，ニュージーランド向け貨物をわら類，古新聞などで包装したばあいや，梱包やショアリング作業に材木を使用したばあいなどは，輸入通関時に燻蒸証明書が必要とされる。

PI＝Protection and Indemnity Insurance ［船主相互保険］
海上運送における船主の損害をカバーするための保険である。通常の海上保険で担保されない人命および旅客に関する損害，船員の過失によって生じた船体または積荷の損害などに対して，この保険に加入した船主相互が，一定の限度を定めて填補するものである。

Piece ［個数］
雑貨品などに用いられる取引の数量単位。12 Pieces で1ダース（Dozen），12 Dozen で1グロス（Gross）。

Piece Goods ［反物］
Yard Goods ともいう。Roll で供給される綿布などに対して，顧客に便利なように標準的な切り方（piece）で販売される繊維製品をいう。

Cotton Piece Goods（綿反物）

Pier ［ピア］
埠頭の一種で，陸上から海に突き出した形のものである。Quay が片側だけが水に接しているのに対して，両側が水にのぞんでいる。桟橋と俗称される。

Piggy-Back ［ピギーバック］
コンテナ輸送の方式で，鉄道台車にコンテナとトレーラが一体となったセミトレーラを乗せて輸送する方法で，豚が背中に乗っている格好に似ているところから，名づけられた。米国で盛んである。

Pile

正式には Trailer on Flat Car；TOFC という。これに対してコンテナを船に積み込むばあいを Fishy-Back，航空機に積み込むばあいを Birdy-Back と俗称する。

Pile ［はい］

貨物を積み重ねること，あるいはその一山をいう。

Pilferage ［抜荷］

荷造梱包の中身の一部を，抜き取るような小盗，隠密な窃盗をいう。これに対して，Theft（窃盗）は荷造梱包ごとひそかに盗むもので，いずれも協会盗難・不着担保約款（TP&ND）によって填補される。

Pilot ［水先案内人］

パイロットの業務を，水先法は「船舶の安全を図り，あわせて船舶の運行能率の増進に資することを目的とする」と規定している。すなわち港への出入りにさいし，船長の補佐として，その港の地理，規則その他諸般の事情につうじている操船誘導者をいう。横浜港では，1,000トン以上の日本船，日本船でない300トン以上の船舶は，すべてパイロットを乗せる強制水先制度をとっている。

パイロットの語源はオランダのピジル・ローラに由来するという。ピジルは鉛のこと，ローラはまっすぐな棒を意味し，まっすぐな棒で浅瀬の深さをはかり船を案内した。このことばが英国に渡って，パイロットとなったという（港湾経済研究所編『港湾業務の体系』第2章「パイロット業務」）。

Piracy ［海賊行為］

掠奪および放火のような，海賊の行なう加害行為をいう。陸上，海上とを問わず，海賊（Pirates）の行為として，海上危険として取り扱われ，通常，海上保険によって填補される。

Piracy Incidents ［海賊事件］

2010年における世界全体の海賊発生件数は，445件（前年より35件増）［国際海事局レポート］で，そのうち，ソマリア周辺海域などアフリカ地域が219件，東南アジア地域が70件，極東地域は44件である。ソマリア海域では乗っ取った船舶を母船として利用し，ソマリア沖，インド洋まで地域を拡大して海賊行為を行なっているのが最近の特徴といわれる。2010年末時点で28隻の船舶と638名の乗組員が未開放であった。わが国では，08年6月19日に海賊対処法（海賊行為の処罰及び海賊行為への対処に関する法律）が成立し，同年7月24日に施行された。同法を根拠にジブチに対処拠点施設を置き，海上自衛隊の護衛艦2隻とP3C哨戒機2機がソマリア海域に派遣され，「海賊対処行為」を遂行している。なお，アジア海域における海賊対処としては，「アジア海賊対策地域協力協定（Regional Cooperation Agreement on Combating Piracy and Armed Robbery against Ships in Asia；ReCAAP），締約国は14ヵ国，06年9月発効」のもと，情報共有センター（Information Sharing Center）をシンガポールに置き海賊行為の防止に取り組んでいる。

Pirates ［海賊］

掠奪を目的とする各種の暴行で，海上と陸上とを問わず，海上危険として取り扱われ，海上保険によって，通常，填補される。

PL ☞ Packing List

Place ［注文を出す］

place＝furnish＝favor（すえる；注文を出す）

We will place orders with you.（発注する。）

Plague ［悪疫］

The Plague はペスト，黒死病。Force Majeure（不可抗力）の1つと考えられ，そのためによる船積遅延，契約の一部ま

Plain Language Telegram ［普通語電報］
平文電報ともよばれる外国電報で、電文が、国際電信上使用が認められている国語で書かれており、かつその国語のもつ意味に従って理解できる電報をいう。しかし、ファックスやパソコンの普及により、国際電報の時代は終わった。

Plantation ［農場］
Ex Plantation は、農場または納屋渡しの意味。

Plant Export ［プラント輸出］
工場設備、諸機械などの設備財の輸出をいう。船舶、鉄道車両、自動車、繊維機械、電気機械、産業機械などの輸出がその例である。プラント輸出は、付加価値の高い知識集約型の輸出であるし、一方、相手国としても雇用誘発効果が大きいので、歓迎する方式であり、輸出摩擦にも役立つ。Turn-key 方式が多い (Export by Turn-key System*)。

Platform Container ［プラットフォーム・コンテナ］
特殊コンテナで、ドライ・コンテナから屋根、側壁、端壁を取り去り、床構造と四隅のすみ柱だけで、強度を保つ構造になっている。大型の貨物のばあいに、これを数枚並べて、その上に載せることもできる。

Plimsoll Mark ［満載吃水線標］
Load Line Mark* と同じ。

Point of Destination ☞ Port of Destination

Policy ［政策；保険証券］
一般的には戦略；政策；方針の意味で、たとえば Skimming Price Policy*（上層吸収価格政策）のように用いる。
海上保険上は Insurance Policy のことをいう。
保険会社所定の保険申込書（Insurance Slip）に記載事項を全部記入して契約したばあいには、保険証券（Insurance Policy）が発行される。記載事項に不明個所があったばあい発行される予定保険証券（Provisional Policy）に対して、すべてが判明しているばあいの Policy を確定保険証券（Definite Policy）という。
ちなみに Policy Term は保険証券の期限、Policy Value は保険証券の価格、Policy Holder は保険証券保持者をいう。
Policy に対するものが保険承認状（Certificate of Insurance）で、これは Open Cover（包括保険）のばあいに発行される。

Policy Body ［保険証券本文］
英文貨物海上保険証券は、表面の右側上欄に明細表（Schedule）が印刷されており、その下に Be it known that（つぎの事項を承認する）で始まる本文が印刷され、さらに、左側に欄外約款（Marginal Clause）が印刷されている。保険証券の裏面には協会貨物約款、協会戦争約款、協会ストライキ約款などが印刷されている。

Policy Valuation ［協定保険価額］
被保険者と保険者とのあいだで協定した、協定保険価額（Insured Value）をいう。

Political Risk ［政治的危険］
海外市場における政変、内乱、革命などの非常危険（Emergency Risk）で、貿易保険によって塡補される。

Pool Account ［プール計算］
海運同盟の加盟各社が、過当競争を避けるために一定期間内の各社の運賃収入をプールし（Pooling）、これをあらかじめ定めた比率で各社に配分する制度。

Port ［ポート］
一般的には、船舶が到着し、貨物や乗客を卸したり積み替えたりする場所をい

う。近代においては，貨物または乗客がある国から出入りする場所をいい，輸送手段は船，鉄道，航空機を問わない。Inland Airport も出入国および税関法規上，港として扱われる。Port は Harbour（避難港）と異なって，税関，倉庫などの商業的機関を含む「商港」「開港市」をいう。

語源的には船の左舷を Port という。これに対して右舷を Starboard という。桟橋につけるための梯子をとりつける側が Port。Stern Board, すなわち Steering Board（舵のある側：ヴァイキングの頃の船の舵は船の右側にあった）が Starboard となった。

Port Agent

海運会社の業務全般の代理業務を行なう総代理店（Sole Agent）のもとで，現場活動だけを代行する副代理店（Sub-agent）をいう。

Port Authority ［港湾管理者］

港湾の管理，運営を行なう港務局または地方自治体の港湾局や港湾事務所をいう。

Port Charge ［港湾諸掛］

港湾の維持・整備のために，これを使用する者に課する港湾諸掛のことで，港税（Port Rates），港湾使用料（Port Dues），灯台料（Light Dues），水先料（Pilotage），トン税（Tonnage Dues），桟橋使用料（Pier Dues）などを総括したものである。

Port Congestion Surcharge

☞ Congestion Surcharge

Port Dues ［港湾使用料］

輸入貨物などの一部に課せられる，港湾使用料をいう。地方自治体の港湾管理者が，岸壁や桟橋の使用者について課するばあいもある。

Port Facilities ［港湾施設］

港湾運送に必要な施設で，錨地，岸壁，上屋，倉庫，野積みの場所，鉄道，Container Yard*, Gantry Crane* などである。

Portfolio Investment ［証券投資］

経営参加を目的とせず，たんに資金の有利な運用を目的とした有価証券投資をいう。経営参加を目的とする直接投資（Direct Investment*）に対して，間接投資（Indirect Investment）ともいわれる。

Port Industry ［港湾産業］

港湾運送に関連する産業の総称で，海運貨物取扱業，通関業，倉庫業，検数業，港湾運送業などが含まれる。

Port Mark ［仕向港マーク］

Shipping Marks（荷印）の一部として，貨物の外装に刷り込む仕向港または仕向地を示すマークである。仕向港がサンフランシスコで仕向地がシカゴであれば，Chicago via San Francisco, または Chicago overland via San Francisco と書く。到着港から，さらに他の場所へ，輸入者の責任で転送されることになっているが，その転送先がわからないばあいは，たとえば Manila in transit と書き，転送先が明らかになったばあいに，Manila in transit to Cebu のように書く。

Port of Destination ［仕向港］

積荷が陸揚げされる輸入港のことをいう。輸入者の所在地が奥地のばあいは，仕向港は仕向地（Point of Destination；Destination）ではなく，送貨は仕向港で陸揚げされ，ここを経由して，さらに奥地へ運ばれることになる。また，揚地荷主選択荷渡し（Optional Delivery）のばあいは，貨物船積み当時，仕向港が未定であり，出港後において，荷主がもっとも便利な揚地を選定し，その港で陸揚げし，荷渡しを行なうことになる。このばあい B/L 面陸揚港欄には，たとえば"London Hamburg Option", あるいは"Kobe Yokohama Option"のように，仕向港を 2 港以上併記する。

Port Rates ［港税］
外国貿易船が開港に入港したさいに課する一種の通過税で，港湾の維持・改良にあてられる。積換えとなる通過貨物をのぞくすべての輸出入貨物に対して賦課・徴収される。

Positive List System for Agricultural Chemical Residues in Foods ［ポジティブリスト制度］
生鮮食品・畜水産食品・加工食品を含むすべての食品に含まれる農薬等（農薬・動物用医薬品・飼料添加物）の残留基準について従来の食品衛生法で283の農薬等の残留基準が示されていたが，それ以外の農薬等が使用された食品の安全性が問題になっていた。そこで，新たな制度としてポジリプリスト制度が，06年に導入された。この制度は，従来の残留基準や国際基準等を勘案して，799の農薬等について残留基準（Maximum Residue Limits；MRLs）をリスト化している。この制度に適合しない食品の輸入，国内流通は認められない。

Possession ［占有］
他人による認識可能な，ある物に対する物理的支配行使の可能性をいう。

Possessory Lien ［留置権］
債権発生の因となったものを，留置しうる権利をいう。たとえば，危険に瀕した海上財産を任意に救助した者は，自己の救助行為の報酬について，救助財産上に留置権をもつ。

Postal Money Order ［郵便送金為替］
郵便局を利用した郵便送金為替で，書籍代を海外へ送金するようなばあいに用いられる。郵便局備えつけの外国郵便為替振出請求書によって申し込むと，局では海外の受取人所在の郵便局に通知し，その支払局が受取人に通知する。

Post Receipt ［郵便小包受領書］
信用状で要求される積出書類（Shipping Documents）に含まれる書類で，貨物の発送を証明する書類である。

Postscript ［追って書き；追伸］
通信文を書き終えてから，さらに通知すべきことがあることを発見して書く追って書き。Postscriptの略語であるP.S.と記号を書いて，そのあとに用件を書く。

Pound ［封度；磅（ポンド）］
貨幣単位としての磅と重量単位としての封度の意味があるが，重量単位の封度のばあいは，libra（ラ）の略称lbを用いる。

Pound Area ［ポンド地域］
1934年7月24日，イギリスおよびカナダをのぞくイギリス連邦は帝国宣言を公表して，スターリング・ブロックを形成し，取引通貨としてポンドを使用した。しかし第2次大戦時に，英政府はポンドのドルへの交換を要許可としたために，ポンドは国際通貨としての条件を失い，スターリング・ブロックもしだいに崩壊していった。

P.P.
ラテン語のper procuration（＝as agent for）の省略で，per proとも書き，by, forとともに代理署名するばあいに，署名者氏名のまえにつける略語。
P.P. Managerは部長代理という意味の肩書であるが，同じく部長代理でも，Acting Managerというときには，Managerが欠員または長期不在のばあいの部長代理を意味する。

PPI
Policy Proof of Interestの略語。保険証券自体が，保険利益を証明することをいう。たとえば，市価が上昇し増額保険の申込みを行なうさいに，保険者は被保険者の申告をそのまま引き受け，しかも損害が発生したばあいは，保険金の内容を詮索することなしに，保険証券そのも

のが，証明書となって保険金額を請求できることをいう。

PQS
Percentage Quantity System のこと。輸出商やメーカーに，輸出実績に応じた一定比率を割り当て，それ以上の輸出を認めない，比例割当制度をいう。

Pre. Ad. ☞ Preliminary Advice of Credit

Prefer ［選ぶ］
判断，比較したうえで A よりも B を選ぶことをいう。choose は多数のもののなかから選ぶ意味。したがって prefer しないで choose させられることがありうる。

Preferential Duties ［特恵関税］
特定の国に対して，とくに低い関税率をあたえたり，あるいは関税そのものを廃止して，他の国よりも有利な待遇をあたえる制度である。これは自由・無差別を原則とする WTO の原則に反するものであるが，WTO は貿易の現実をも無視できないところから，先進国が発展途上国から輸入する産品に対して，最恵国待遇税率よりも低い特恵税率を例外的に認めている。先進国がすべて，発展途上国に対して認めているという意味で，一般特恵関税 (General Preferential Duties*) という。わが国は1971年から実施している。

Preferred Stock ［優先株］
普通株 (Common Stock) より配当受領の面で優先する株式のことで，会社解散のばあいも，その資産の分配その他の権利について普通株に優先する。

Preliminary Advice of Credit ［プレ・アド］
信用状の開設銀行が，開設した信用状の内容の大略を，あらかじめ電気通信の手段で知らせることで，通常，Details to follow (詳細は後便で) もしくは Confirmation follows という文句が記載してある。このばあいには，あとで Mail Confirmation が送られてくるが，時間的に余裕がない場合には，電気通信の手段で送達されたものを信用状の原本とすることもできる。

Premium ［プレミアム；保険料］
海上保険上では Insurance Premium (保険料) のことをいう。

外国為替上は，先物為替相場を表示する方法として，直物相場との開きを Premium (P) または Discount (D) とよぶ Swap Rate 方式がある。プレミアムは先物相場が直物相場より高いことを示し，ディスカウントは先物相場が直物相場より安いことを示す。直物相場と先物相場が等しいときは，Flat (F)；Even；Par などと表現する。

Premium は語源的には，ラテン語の prae (前に)＋emere (とる) に由来する。前売券は興業前に代金を受け取るので，また保険のばあいには保険金の支払いよりも前に，受け取る料金だから，保険料を意味することになった。

Premium Rate ☞ Insurance Premium

Prepaid B/L ［運賃前払い船荷証券］
輸出地で荷送人が海上運賃 (Ocean Freight) を支払ったあとで発行される船荷証券で，貿易契約が CIF 系統の条件か揚地条件で締結されているばあいである。Prepaid B/L を入手した荷受人は，これを輸入地の船会社に提出すると，これと引換えに荷渡指図書 (D/O＝Delivery Order) の交付がうけられる。

Prepaid Import Insurance ［前払輸入保険］
前払輸入者が非常危険もしくは信用危険の事由によって輸入貨物の輸入ができなくなったばあいに，輸入貨物の船積期日前に支払った前払金の返還をうけるこ

とができないことによる損失を塡補する貿易保険の一種で，1987（昭和62）年3月新設された。

Prescription of Insurance Claim ［保険金請求の時効］

わが国の商法では，保険金額支払いおよび返還の義務を，2年と規定しているが，英文貨物保険証券では，英法上の一般債権の時効である6年を規定している。

Presentation ［(手形の) 呈示］

手形をその Drawee（名宛人；支払人）に呈示することをいう。

Presenting Bank ［呈示銀行］

取立銀行のことをいう。D/P 手形，D/A 手形は，信用状決済のばあいと違って，支払いの保証がないので，輸出者は，荷為替を取り組む輸出地の仕向銀行（Remitting Bank）に取立事務を委任する。仕向銀行は呈示銀行に取立指図を行なう。呈示銀行は支払人に対して呈示を行なって，取立ての処理を行なう。

Present Sale ［即時売買］

契約締結と同時に，代金の支払いと物品の所有権の移転が行なわれる売買をいう。

Pressed Bale ［圧縮梱包］

綿製品などのかさばる商品は，Bale Packing（俵包装）したうえで電気プレスにより容積を小さくして運賃の低減をはかる。

Prevailing ［広く行なわれる］

「広く行なわれる；流行の」の意味。

Price ［価格］

Cost は「実費；仕入値段」(cost price) の意味であるから，Price は Cost より高い。Value は「価値」，物の価値である価格のことをもいう。

Price Current ［時価表］

相場表ともいう。相場の変動の激しい商品について，市場の一般的な通り相場を示したものである。したがって，価格表に記載した価格である List Price とは異なり，売主はこれに拘束されない。

Price Estimate ☞ Estimate

Price List ［価格表］

商品名，品種，価格，各品種ごとの Code Word（暗号文字）などを示した表である。価格表は，買主側に，価格についての，いちおうの目安をあたえ，取引を誘導するものであるから，後日，これを変更することも可能なように，市価の変動によって変更することもありうる旨の文句を，入れておくのがふつうである。たとえば，The list prices are subject to change without notice.（価格表の価格は予告なくして変更することがある）。These prices are subject to our final confirmation.（本価格は，当方の最終確認を要する。）

Price Risk ［価格危険］

市価の変動（Market Fluctuations）によって被る危険をいう。先物に掛けつなぎ（Hedging*）するか，あるいはメーカーもしくは問屋と仮契約を行ない，その条件にもとづいて Firm Offer*（確定売申込み）を発し，これにより売買契約を締結するような方法により，価格危険を

TOKYO TRADING CO., LTD.

e-mail: toktraco@nifty.com
http://www.toktra.co.jp
To American Trading Co., Inc.
40 Fifth Ave. New York

P.O.Box 103, Tokyo
PHONE 03-3210-1110

PRICE LIST NO.11

Code No.	Description	Unit	Price
			CIP New York
TVA 10	TV Set A type	set	U.S. $500
TVB 11	TV Set B type	set	U.S. $550

The above prices are subject to market fluctuations.

Remarks;
1) Minimum Quantity : 100 sets
2) Time of Shipment : Within 2 months after receipt of Irrevocable L/C
3) Terms of Payment : Sight draft under Irrevocable L/C
4) Packing : One carton contains 1 set.

Tokyo Trading Co., Ltd.

E.&O. E.　　　　　　　　　　　　　　　　　(Signed)

回避する。

Price Terms　［価格条件］

貿易契約の構成条件としての価格に関する条件をいう。価格の基礎ないし建て方を示す貿易条件の問題と，表示（または決済通貨）をどうするかが問題となる。

① 価格の建て方

貿易価格を算定する基礎となり，また価格の構成内容を示す貿易条件（Trade Terms）として，CIF か FOB か DES かなど，いずれを使用するかが，問題となる。貿易条件とは売買両当事者の費用の負担，契約品に対する危険負担の分岐点，および契約品の所有権の移転についても，規制できる強い力をもった条件である。

② 取引通貨

貿易の取引価格を，どこの国の通貨で表示し，決済するかの問題である。現実には，米ドル，ユーロ，英ポンド，円のいずれかが多用されている。

Prima Facie　［いちおうの］

ラテン語で at first sight の意味。反証によって覆されるまでは，いちおう正しいと考えられることをいう。

Primage　［船長謝礼金］

昔は運賃のほかに，船主に酒手（Drink Money）として，秘密に支払われた少額の賄賂であった。その後これが制度化されて，運賃のほかに，プライメージ何パーセントと計算されるようになった。19世紀末からは，運賃の割増は船主のものとなり，船長に対しては給料で考慮することになったために，船長謝礼金の慣習はなくなった。

Prime Credit　☞ Original L/C

Prime Rate　［プライム・レート］

米国の大銀行が，最優良な大企業に貸し付けするばあいに適用させる貸付金利で，これが銀行貸出金利の基準として用いられる。

Principal　［本人］

みずからの勘定（Account）と責任（Responsibility）において取引を行なうもので，代理人（Agent）の対語である。代理人は本人（Principal）に代わって，仲介を行なうだけで取引の費用と責任とを直接負担しない。

Principal Office（主たる事務所）

Principal Place of Business（主たる営業の場所）

Principal Mark　☞ Main Mark

Principle of Causa Proxima

複数の原因による損害のばあい，結果に直近の原因（Causa Proxima）によって生じた損害だけを保険者は塡補するとい

う原則。直近とは必ずしも時間的, 場所的に近いという意味ではなく, 発生の効果にもっとも関係のある原因をいう。Causa Proxima*.

Principle of Change of Risk [危険変動の原則]
運送開始の遅延や特定の発航港や到着港の変更など, 保険者の危険引受けの基礎条件である危険事情が変動したばあいは, 変動のときからあとの危険負担責任は, 解除されるという原則をいう。

Printed Clause [印刷約款]
保険証券や船荷証券にあらかじめ印刷してある基本的な約款をいう。これに不足があったばあいや反対の約款を必要とするばあいは, 手書きもしくはタイプで追加, 補正される。

Printed Matter [印刷物]
カタログなどの印刷物は目方がかさむので, 航空便のばあい, 書簡に同封せず, 別送するのがふつうであるが, このばあいには封筒に Printed Matter と明記すると安い料金が適用される。

Prior Agreement [事前同意]
通産大臣の輸出承認を要するばあいに, 一部農水産物資については, 農林水産大臣の事前同意が必要となる。

Prior Sale [先売り]
かぎられた在庫品などについて, 同時に多数の買主にオファーして早い者がち式に, 売りさばくこと。通常, Offer subject to prior sale* (先売りご免条件付き売申込み) の形でオファーする。

Private Carrier [私的運送人]
Common Carrier (運送業者) の対語で, 用船契約により, 自社貨物を運送する者をいう。これに対して運送業者は, 公衆の貨物を運送する公衆運送人である。

Private Code Book [私製暗号書]
暗語電報は, 料金の節約と通信の秘密を保つために用いられたものであるが, そのばあいに使用する暗号帳 (Code Book) に, 公刊のものと私用のものとがあった。私用の Private Code は, 当事者間で作成し, それを使用するばあいは書簡用紙の頭書 (Letterhead) の使用電信暗号書 (Code used) の部分に, Private と記載したが, 電報の時代は終わった。

Private Company [私会社]
英国の会社法 (Companies Act, 1929) にもとづいて設立される会社で, 株式会社 (Company Limited by Shares) の一種であるが, 定款で株式譲渡の権利を制限でき, 貸借対照表の公表の義務が免除され, 社員数を50名以下に制限できる点が一般の株式会社と違う。社員は2名以上であればよいので, 家族的営業に利用される。

Privateer [私掠船]
商船を襲って, これを捕獲するものをいう。これを国家が認めたものが Letter of Mart (捕獲免許状), または Letter of Countermart (報復捕獲免許状) である。

Private Import [個人輸入]
個人的所有を目的として売買の対象としないブランド品などの輸入をいう。

Private Warehouse [自家倉庫]
みずからが所有し, みずからが利用する倉庫のことで, 手倉ともいう。これに対するものが, 一般の営業倉庫であり, 取引上でいう指定倉庫渡し (Ex Warehouse) というばあいは, 通常, 営業倉庫をさす。

Proceeds [代わり金]
一般的には, 取引の結果えられる収益をいう。しかし貿易取引では, 輸出者が振り出した荷為替手形が, 輸出地の銀行で割引され, 輸出者に支払われる輸出代金のことをいう。Avails ともいう。

proceed (進める；続ける)

Processing Deal Contract [順委

託加工貿易］

わが国の業者が，外国の委託者（Truster）から原料の供給をうけ，日本で加工したうえで，委託者またはその指定する荷受人に輸出する方式をいう。こうした順委託加工貿易は，必要な原材料の一部もしくは全部を外国から供給されるので，資金の負担が軽減されるほか，加工品が確実に輸出できるので，わが国の受託者にとっては有利な取引である。しかし，日本国内の賃金，物価が上昇したため，今日では，むしろ逆委託加工貿易（Inverse Processing Deal Trade*）が増加している。

Procure ［える］

obtain と同意，多くの仲介人の手を経て努力して手に入れるの意味。secure は「確実に手に入れる」，gain＝win は首尾よく手に入れる。

Produce Exchange ［商品取引所］

Commodity Exchange と同じ。

Product ［産物］

Produce は主として自然のままの産物であるのに対して，Product は自然産物のほか製造物をもいう。

Production-Sharing System ［生産物分与方式］

PS 方式と略称する。外国からの借款により建設した生産設備によって生産された製品を，借款の返済にあてるため，借款供与国に輸出する方式である。開発輸入，プラント輸出などのばあいにみられる。

Product Life Cycle ［製品のライフサイクル］

製品は導入期，成長期，成熟期，衰退期のいずれかにあるわけであるから，それぞれの段階に合致する販売政策が必要となる。Life Cycle については，とくにハーバード大学の Raymond Vernon 教授の「プロダクツ・ライフサイクル論」が有名である。同教授によると，比較優位を有する米国のメーカーは A 国（たとえば日本）における輸出市場を確保するために，A 国において現地生産を始める。このため米国からの輸出は減退し，A 国が比較優位を奪って輸出を始めることになる。やがて米国は，この製品については純輸入国となるし，A 国からの輸出は途上国 B にも向かい，やがては同じようなプロセスで B 国が比較優位を奪うことになる。こうした過程のなかで，新製品は導入期，成熟期，標準化期を経過する。

Product Orientation ☞ International Marketing

Product Liabilily Insurance ［製造物賠償責任保険］

PL（Product Liability）保険のこと。各種製品の製造もしくは販売業者が，その製品が原因で起きた事故によって損害賠償責任を負わねばならなくなった場合に，その損害を肩代わりする保険である。とくに米国では，製造業者の責任を厳しく問う厳格主義の法理論と権利意識の強い国民性を背景にして製造物賠償責任を問う PL 訴訟が急増し，かつ損害賠償額も高額化している。日本においても製造物責任法（1995年7月施行）ができたので，重要視される保険である。

Product Tanker ［プロダクト船］

石油製品を輸送するタンカーで，主として灯油，ナフサ，ジェット燃料，ガソリンなどの「しろもの」を輸送するところから Clean Tanker ともいう。

Profit ［利益］

金銭的な利益をいう。Benefit（＝Earnings＝Gain）と同意で Loss の対語。Advantage は他人にまさる有利さをいう。Profit や Benefit をえることなしに，Advantage（たとえば，Cultural Advantage，教養上の利益）をえることができ

Loss and Gain（損得）

Profit Insurance ☞ Expected Profit

Proforma Account Sales ［試算用売上勘定書］

現実の売上勘定書（Account Sales）ではなく，予想として作成した売上勘定書である。すなわち，受託者は委託者から委託商品の送付をうけたと仮定して，売上代金を見積り，そのなかから販売に要する必要経費，たとえば輸入税，陸揚諸費用，保管料，保険料，手数料などを控除して，委託者の純手取金を算出し，委託者へ送付する計算書である。見積り売上勘定書もしくは仮売上勘定書ともいう。委託者は，これを参考にして委託取引を行なうか否か，また行なうばあいの規模を検討する。

Proforma Invoice ［試算用（または仮）送り状］

通常の送り状（Invoice）は，実際に船積みされた貨物に対する，出荷案内書と代金の請求書をかねたものである。これに対して，取引促進の手段のためや，輸入商品の価格計算の内容を調べる資料として，あるいは，輸入国における輸入許可申請の添付書類として，売買契約締結以前に，買主の要求によって，売主が将来の取引の完結と船積完了を予想して作成し買主にあたえる送り状である。

また，輸入通関のための申告書類として必要な，商業送り状が未着のばあいに，輸入者が作成してとりあえず税関に提出する送り状をもいう。

Progressive Payment ［繰延払い］

分割払い（Instalment Payment）ともいう。たとえば，契約時に3分の1，船積み時に3分の1，到着時に3分の1といった繰延べないし分割による支払いの方法である。具体的にどのような方式の繰延払いを行なうかによって，売主，買主の利・不利の程度に差異が生じるのはもちろんであるが，ともかく前払いと延払いという両極端のあいだの，ある1点に妥協点を見いだそうとする方法である。輸出者としては前払いのばあいの有利さには劣るが，延払いのばあいよりはまさる。一方，輸入者にとっても，船積み時までに何割かを支払えばよいので，後払いよりは劣るが，前払いよりはまさる。鉄道車両や船舶，工場設備など，いわゆるプラント類の輸出は，金額も巨額なので，分割ないし繰延払いの方法がとられることが多い。なお，こうしたプラント類の輸出の後払いとなる部分の回収不能のばあいに備えて，輸出代金保険制度が利用される。

繰延払いのばあいは，たとえば，つぎのように決済条件を規定する。"10 % of the CIF value is payable within one month after the approval of this contract, 10 % of the CIF value is payable against presentation of the shipping documents, and 80 % of the CIF value is payable at 365 days after B/L date."

Prohibit ［禁じる］

forbid（禁じる）より意味が強く，形式ばった法律上の語。

Prohibition of Export（輸出禁止）

Prohibitive Duty ［禁止的関税］

輸入禁止に等しい効果をあげるための高率な関税をいう。

Promise ［約束する］

engage は promise より意味が強く「約束する；引き受ける」という意味。「約束」とは何をなすか，なさないかの意思表示をいう。

Promissory Note ［約束手形］

受取人またはその指定する者に対して，一定の期日に一定の金額を支払うことを約した証券である。Note と略称す

る。

貿易取引で用いられるばあいは，ユーザンス付き取引において輸入者がAcceptanceを行なうさいに，信用状の発行銀行または呈示銀行に対して，満期日に支払いを約束するしるしとして差し入れるばあいとか，輸出前貸（Export Advance）をうけるさいに差し入れる。

Prompt
代金決済で用いるばあいは，期日払いをいう。Net Cash条件でPromptとは即時払いであるし，3—10EOMでPromptであれば，仕入書日付の翌月月末に支払うことを意味する。

Prompt Cash
4，5日以内に支払う決済条件。

Prompt Exchange ［直物為替］
3日以内くらいに，受渡しされる為替のことで，Spot Exchange（現物為替）ともいう。

Prompt Shipment ［直積み］
Immediate ShipmentまたはAs soon as possible shipmentともいい，通常，受注後1カ月以内の船積みを意味するが，国によって解釈上の相違もあるので，現行の「信用状統一規則（UCP500）」ではその使用を認めていない。

Proof ［証拠］
疑いを決定する証拠（Evidence），Evidenceより積極的で意味が強い。

Propensity to Import ［輸入性向］
国民経済が輸入に依存する度合をいう。国民所得または国民総生産に対する輸入額の比率で示し，これを平均輸入性向という。

Proper ［適当な］
本来あるべきように（as it should be）あること。suitableはことの目的と使用に適合していることを意味する商用語。appropriateは趣味のうえでの適合をいう。

Proper Law of Contract Clause ［準拠法約款］
Governing Clauseともいい，海上保険本文では，クレーム請求に対する責任およびその決済については，イングランドの法律および慣習によることが規定されている。

Property ［財産；所有権］
金銭的な価値のある財産のことで，不動産，動産のほかに商標権，特許権，債権などが含まれるし，また物的財産（Real Property）だけでなく，人的財産（Personal Property）も含まれる。所有権と同意義にも用いる。

Property Insurance ［損害保険］
貨物の被保険利益の所有者に対して，貨物の損傷による損害を塡補する保険である。海上・火災保険業者の取り扱う保険は，すべてこれに属する。

Proportion ［比例；割合］
RateやRatio（割合）よりも品位のある科学語。

According to our records, the total volume of their exports handled for the past one year stands low six figure proportions.（当社の記録によると，同社の昨年1カ年の輸出総額は100,000〜200,000である。）

Proposal ［提案］
Propositionは熟慮から起こった提案。Proposalは行為（Action）をいう。Offerは「申し出」。

Proprietor ［所有者］
ある物に対して法的権利を有するもので，Ownerと同意で用いる。

Sole or Individual Proprietor＝Private Concern（個人企業）をいう。

Pro Rata ［比較して］
ラテン語でaccording to the rateの意味。

たとえばすでに支払いがなされたサー

ビスの提供が，その期限の終期以前に取消しとなったばあいは，すでにうけた期間もしくは未使用期間に比例して，返金が行なわれる。

Prospect ［眺め；見込み］

遥か遠くを望むような眺め。Sight は一物，一件の光景，View は一方面から目に映じた眺め。

We have been negotiating with several prospective buyers.（見込みがありそうな買主と商議している。）

Prosperous ［繁栄している］

prosper（＝flourish＝thrive）「繁栄する」

Protect ［防ぐ］

将来に起こるらしいと危ぶまれることを防ぐ永久的行為。defend はときどきの現実の危険を防ぐこと。

Protectionism ［保護主義］

輸入関税の引き上げ，輸入数量制限，輸入許可制，輸入港の制限などにより自国の産業を守ろうとすること。保護主義的傾向が強まることは市場経済を前提とする世界経済の潮流に逆行する。ある輸入国が保護貿易的措置を講ずれば，その輸出国は報復的措置を取りがちとなる。そのような事態が世界のあちこちで起これば貿易は縮小傾向の悪循環に直面し，対立は激化しがちとなる。164カ国・地域が加盟（2016年12月現在）する世界貿易機関（World Trade Organization；WTO）は，多角的通商交渉を通じて貿易の自由化やルール化の実現を目指している。

Protective Duties ［保護関税］

国内の産業が外国品と競争できるように，輸入品に賦課する高率の関税をいう。

関税は初期的な段階では財政収入を主たる目的としたが，今日，先進諸国では，国内産業保護機能へ重点が移っている。

Protective Trade ［保護貿易］

18世紀から19世紀をつうじて栄えた自由貿易も，その基盤となっていた金本位制が，1929年に勃発した世界恐慌を契機に，各国とも停止され，各国通貨の自由交換も停止された。そのため，各国は産業と貿易を保護して，為替相場を安定させるために，為替ダンピング，関税競争，輸入許可制，輸入割当制などを中心とした貿易統制を，経済的国民主義の名のもとで，とらざるをえなくなった。こうした強力な保護貿易政策が，やがて世界経済のブロック化，第２次大戦の原因ともなった。このため戦後は，ガット（GATT）の自由・無差別の原則のもとで，貿易の自由化をはかったが，石油ショック以来，国際収支の悪化から，アメリカおよびEC諸国は国内産業保護と貿易収支のたて直しのため，保護貿易主義の主張を強めた。

Protest ［拒絶証書］

手形や小切手の支払いが拒絶されたばあいに，遡求権保全に必要な事実があったことを立証するため，公証人によって作成される証書。

英語としての一般的な用法としては，protest は異議を唱えること。頑として断言する（affirm；assert strongly）の意味。

Our draft was protested.（手形が拒絶された。）

Prove ［証明する；あることがわかる］

testify＝witness は法廷で証人が証言する。prove は be found out to be＝turn out〜であることがわかるという意味でも用いる。

Provide ［用意する］

Provision ［規定］

法令の規定をいう。

provisional は「暫定の」

Prorvisional Insurance（予定保険）

Provisional Customs Clearance ［仮通関］

国際見本市や国際博覧会に展示する商品は，保税展示場に搬入するさいに，事前に税関長に申告して承認をうけるが，これを仮通関という。当該商品を外国に積み戻すばあいは，仮通関貨物の積戻し申告を行なって許可をうける。

Provisional Declaration ［予定通知］

包括予定保険契約のもとで，個々の積荷の内容の概略を，船積み以前に予定として通知することをいう。船積み後，確定通知（Definite Declaration）がなされる。

Provisional Insurance ［予定保険］

海上保険契約の締結時に，告知事項に不明個所があったばあいは，通常の確定保険（Definite Insurance）を締結できないので，予定保険をとりあえず結ぶことになる。船名が未定のために予定保険を結ばざるをえなかったときは，船名未詳保険証券（Floating Policy）が，また保険金額が未定のばあいには，金額未詳保険証券（Unvalued Policy）が発行される。

Provisional Invoice ［プロビジョナル・インボイス］

Proforma Invoice※（仮送り状；試算用送り状）は船積み前に作成されるのに対して，プロビジョナル・インボイスは，船積み時に作成される。船積み後，為替相場や取引数量・価格の変動を予想して，最終的な決済金額を調整できるようにした価格変動条件づき取引に用いられる。このばあい，輸出時にはプロビジョナル・インボイスで通関，船積みを行ない，その後，為替相場と商品自体の最終価格が決定した時点で，輸出者はFinal Invoiceを作成して輸入者へ送付する。

Provisional Policy ［予定保険証券］

保険契約時に，告知事項に不明または未定個所のあるようなばあいには，確定保険（Definite Insurance）を締結できないので，個別的な予定保険（Provisional Insurance）をとりあえず締結しておく。個別予定保険には，船名が未定のばあいや，保険金額が未定のばあいがあるが，いずれのばあいにも，保険証券面にProvisionalと記入された予定保険証券が発行され，のちに不明個所が確定したさいに，正式な確定海上保険証券（Definite Marine Insurance Policy）に切り換えられる。

このような個別予定保険とは別に，個々の貨物に対してではなく，将来船積みされる多数貨物を包括的に，契約対象とする包括予定保険（Open Cover）がある。

英国では，（個別）予定保険および包括（予定）保険の双方を含めて予定保険契約といい，発行される予定保険証券をFloating Policy とよぶばあいがある。

Provisional Tariff ［暫定税率］

Temporary Rate of Duty と同じ。緊急大量輸入を必要とするばあい，輸入者に刺激をあたえるため一定期間にかぎって適用される基本税率より低率な税率をいう。またこれとは逆に，国内産業保護の目的で基本税率よりも高率な暫定税率が適用されるばあいもある。

Prox.

proximo（来月の）の略語。たとえば3―10―PROXは翌月月末払いが標準支払いで（net）で，10日以内支払いのばあい3％値引きすることをいう。

Proximate Cause ［主因］

いくつかの原因によってある結果が生じたばあいの，中心的な原因をいう。結果の発生時にもっとも近い原因が必ずしも主因ではなく，その原因がなければ，その結果が発生しなかったと考えられる直接原因をいう。たとえば，消火に使用

した水による損害の主因は，水ではなく火災である。

PS

Production-Sharing System（生産物分与方式）の略語で，外国からの借款で建設した生産設備によって生産した製品を，借款の返済にあてるために借款供与国に輸出する方式をいう。開発輸入，プラント輸出などのばあいにみられる。

なお，Postscript＊（追伸）のことをもP.S.と略称する。

PSSI

Political System Stability Index の略語。米国の Foreign Policy Research Institute が開発したもので，投資国の政治的リスクを客観的に分析している。

Public Weigher ［公認検量人］

船積み，陸揚げ時に，貨物の個数，容積，重量などの照査作業を行ない，これを証明する者をいう。

そもそも，輸出入貨物の受渡しにおいて，数量の確定は，当該貨物の海上運賃や港湾諸掛算定の基礎となる。したがって，その公正・誠実な算定は利害関係者にとって，もっとも関心事であるため，公認された検量人の検量が必要となる。

検量の結果は容積重量証明書（Certificate and List of Measurement and/or Weight）に記載される。

わが国では現在，登録検量業者（Sworn Measurer）として，日本海事検定協会と新日本検定協会がある。

Purchase ［購入する］

buy よりも重要なことがらに関して用いる。したがって，大量に購入したばあいや有名商店で買ったようなばあいに用いる誇大な感じを表わす語。

Purchases Returns（仕入戻し高）

Purchase Note ［買約書］

Order Sheet と同意。売買契約が成立したときに，契約内容を確認するために買主が作成する。売主はこれに対して注文請書（Sales Note）を作成して，逆に，買主へ送って確認を求める。

Purchase Order；Confirmation of Order ともいう。

Purchasing Agent ［委託買付業者］

国内のメーカーや小売店などから，外国貨物の買付けについての委託をうけた者。欧米のデパートは，日本に委託買付業者をおいて日本品の購入を行なっている。

Purchasing Power Parity ［購買力平価］

G. Cassel（1866—1945）は，2通貨間の為替相場の変動を決定するものは，その通貨の需給ではなく，その需給を導きだすもとになっている各通貨の購買力であるとした。通貨の購買力とは，とりもなおさず貨幣価値であり，それが変化することは，物価水準の変化を意味する。したがって，為替相場は物価水準の変化によって変動するということになる。このように，2通貨間の為替相場は，両通貨の購買力の比率に落ち着くという考えを購買力平価説という。

Pure Owner ［純船主］

船舶を所有するがみずからは運航せずに，用船にだして稼ぐ投機業者をいう。

Pusher Barge ［プッシャー・バージ］

艀（Barge）と，それを押し動かす押船とで行なう輸送方法で，2隻以上の艀を連結して1隻の押船で押していけるので，曳航式（Towing）艀よりも，操縦性もすぐれており，能率的である。雑貨，鉱石などのピストン輸送に多く用いられる。

Q

QC ［品質管理］

Quality Control のこと。もともと米国で生まれた技術であるが、今日、日本企業の品質管理技術は米国を凌ぐ勢いであり、日本企業の職場の QC 運動は世界の注目を浴びている。

Quadruplicate ［4通］

Original（原本）; in duplicate（2通）; in triplicate（3通）; in quintuplicate（5通）

Qualified Endorsement ［無担保裏書］

裏書人が手形、小切手上の担保責任（遡求義務）を負わない旨を付記した裏書。この文言がないばあいは、裏書人は被裏書人およびその後の手形取得者全員に対して担保責任を負うことになる。

Quality ［品質］

Our goods have enjoyed a good reputation because of the excellent quality, quick delivery and competitive prices.（品質が優れ、引渡しが早く価格が安いために好評を博している。）

The quality of shipments must be fully equal to the sample.（積荷の品質は見本と完全に合致すること。）

Quality Claim ［品質クレーム］

貿易クレームの直接的原因が、品質に関するものをいう。具体的には品質不良（Inferior Quality）、品質相違（Different Quality）、不完全包装（Bad Packing）、破損（Breakage）などで、これらは直接的と間接的とを問わず、約定品の品質が、契約条件と合致していないわけであるから、品質クレームとして総括できる。わが国の輸出商品に対するクレームのうち件数、金額ともに8～9割が、このような品質クレームといわれる。

Quality Mark ［品質マーク］

Shipping Marks（荷印）の一部で、内容商品の品質を示すもの。主マークの右または左下端につけるのがふつうである。A1*などの記号が用いられる。

Quality Sample ［品質見本］

狭義の品質を検討するために使用する見本。

Quality Terms ［品質条件］

品質決定の方法には、①見本売買（Sale by Sample）、②見本は用いずに記述ないし説明で決める説明売買（Sale by Description）との2種がある。製造加工品の取引にあっては、ふつう、見本をもって品質決定の基礎とし、売主は見本と引き渡すべき契約商品とを、名称（Description）、品質（Quality）、状態（State）において合致させる義務を負う。説明売買はさらに、銘柄売買（Sale by Brand; Sale by Trade Mark, 商標売買）、規格売買（Sale by Grade）、仕様書売買（Sale by Specifications）、標準品売買（Sale by Standard）に分かれる。標準品売買においては、その取引商品の標準品質を示す方法として、平均中等品質条件（FAQ*）と適商品質条件（GMQ*）とがある。

つぎに、品質決定の時点の取決めが必要である。貿易商品は、長期の海上輸送を必要とするので、輸出地船積み時の品質と輸入地陸揚げ時の品質とのあいだ

に，相当な差異が生じるばあいが少なくない。そのため，船積み品質条件(Shipped Quality Terms)と陸揚げ品質条件(Landed Quality Terms)とのいずれかが用いられる。前者は，船積み時の品質が，契約上定められた品質に一致していれば，売主の責任が解除される条件であり，後者は，約定品が輸入港で陸揚げされた時点の品質が，契約で決められた品質と合致しなければならない条件である。

Quantity ［数量］

Price List shows our best prices and rate of quantity discount for our supplies. (価格表は供給品についての勉強値と数量割引率を示している。)

Quantity Claim ［数量クレーム］

数量に関して生じる損害賠償の請求である。具体的には船積み不足(Short Shipment)，着荷不足 (Short Landing) などのほか，取引の基準数量についての誤解によるもの，たとえば，トンについての解釈上の相違，About*や More or Less Terms*の解釈上の相違などが原因となる。

Quantity Discount ［数量割引］

注文数量が大きいばあいにあたえる値引きをいう。たとえば，A quantity discount of 2% shall be accorded for an order exceeding 1,000 dozen. (1回の注文が，1,000ダースをこえるばあいには，2％の数量割引をあたえる)のように用いる。

Quantity Terms ［数量条件］

売買契約を構成する数量についての取決めで，これには，

(1) 取引の数量基準 (Unit)

貿易取引に使用される数量の単位は，商品の性質や慣習から種々のものがあるが，主要なものとしては，①重量，②容積，③個数，④包装，⑤長さ，⑥面積などである。このうち，重量はポンド，キログラム，トンなどによって計算されるが，トンについては重量トンと容積トンとがある。重量トンにはさらに3つの種類がある。重トン (Long Ton＝English Ton＝Gross Ton, 2,240封度)，軽トン (Short Ton＝American Ton＝Net Ton, 2,000封度)，メートル・トン (Metric Ton＝約2,204封度)である。したがって，トンを数量単位として取引するばあいには，これらの3種類のうちの，どのトンを用いるかを明示しなければならない。

(2) 数量決定の時点

重量を取引単位とする散荷の大量貨物のばあいには，船積み時に正確な看貫がむずかしかったり，また海上輸送中の温度，湿度の変化によって，積荷の重量に増減が生じる可能性も多い。そこで，契約数量は，船積みしたときの重量をもって最終とする船積み重量条件 (Shipped Weight Final*)か，あるいは陸揚げ時の重量を最終とする陸揚げ重量条件(Landed Weight Final*) かを取り決めておく必要があり，いずれのばあいも査定機関，公認検量業者の証明を必要とする。

(3) 過不足認容条件 (More or Less Terms)

正確に契約上の重量を引き渡すことが困難な貨物のばあいには，若干の過不足が認められなくてはならない。

(4) 最小引受可能数量 (Minimum Quantity acceptable)

注文数量が極端に少量のばあいには，生産の能率があがらないばかりか，最低運賃率との関係で，思わぬコスト増となる心配がある。そこで，1回の注文数量の最低限を明示しておく必要がある。

Quarantine ［検疫］

汚染された恐れのある船舶，貨物，船員を指定場所で検査,消毒を行なうこと。検疫が完了すると検疫ずみ証 (Free Pratique) が交付される。

Quasi ［準］

ラテン語で，as if の意味。性格が類似することをいう。たとえば，未成年者に給付した者の代金請求権や海難救助料の請求権などは Quasi Contract（準契約）にもとづく。Quasi Arbitrator は準仲裁人をいう。

Quasi Warship ［準軍艦］

Merchant Warship のこと。政府に徴用されて，軍需品を輸送する商船をいう。準軍艦の衝突，座礁，荒天による事故は戦争危険とみなされ，協会戦争危険担保約款で塡補される。

Quay ［埠頭］

波止場と俗称される係船岸のことである。水際で貨物の積卸しができ，上屋などの建造物をもっている。埠頭には形態のいかんによって，Quay，Pier，Dock，Wharf などの種類がある。Quay は海岸にそって平行か，あるいは海に突き出して人工的につくられた岸壁で，両側が水にのぞんでいる Pier と違って，片側だけが水に接している。Dock は陸地を掘りけずってつくり，周囲が埠頭岸壁で囲まれたドック型港湾を意味し，米国で広く用いられることばであるが，貿易取引上は，埠頭の意味で用いることが多い。

「埠頭」は広義では，埠頭設備のほか，埠頭広場，臨港鉄道，倉庫および上屋など各種の荷役設備を常置した埠頭地域を総称する。

Questionable ［疑問の］

Question（疑問，質問）より穏やかな「質問；問合せ」が Inquiry。

Your price of $ 100 is quite out of question.（100ドルという価格は問題外である。）

It is questionable whether the firm will agree to our terms.（同社がわれわれの条件をのむかどうか疑問である。）

Should their standing turn out unquestionable, we are prepared to accept their proposal.（同社の信用状態に問題がないことがわかれば，提案を承諾するつもりである。）

Questionnaire ［質問票］

メーカーが顧客に技術資料を提供するさいに，顧客の条件や環境に合致したサービスを提供することを考えて記入してもらう，調査もしくは質問票をいう。

Quick ［迅速な］

rapid は quick より意味が強い。fast は不断の運動で「とまらずにずんずん」速く続く意味。speedy は動作の迅速をいう。Speedy Recovery（速い回復），Speedy Answer（即答）。

Quick Delivery（迅速な引渡し）

We are able to quicken the time of shipment.（船積期日を早めることができる。）

Quick Dispatch ［迅速な荷役］

迅速に荷役を行なうことをいう。CQD（Customary Quick Dispatch）のように，用船契約の荷役条件として用いられることが多いが，一般用語としても，つぎのように用いられる。「コンテナによる一貫輸送は，クイック・ディスパッチの観点から，戸口でのコンテナ詰めが要望される」。

Quintuplicate ［5通］

Original（原本）；in duplicate（2通）；in triplicate（3通）；in quadruplicate（4通）

Quotation ［見積り；相場］

貿易取引上は，ある貨物の価格を算定することをいう。特定の1つの貨物についての価格は，Quotation（見積書）としてこれを相手側に提示する。雑貨のように多種類の品目についての価格を表示するばあいには，Price List（価格表）としてまとめる。見積りの構成内容を明記した社内の見積起案書のようなものは

Estimate という。

海上保険上は，保険料率を算定してもらうことをいう。保険者は，海上保険料率見積書（Marine Quotation）を作成してくれる。

In view of the quotation ruling in this market your price is rather stiff.（市場の時価の観点からすると，貴価格はいささか高い。）

QUOTE ［引用する；相場を付ける］

かつて，国際電報では，引用符（" "）が使えないので，QUOTE；UNQUOTE のように書いた。

Quote（見積る）

Please quote your rockbottom prices on CIF basis.（cif の条件で最低値を見積ってほしい。）

You quoted us on these goods.（これらの商品を見積ってくれた。）

We will quote our best prices to bear any competition.（いかなる競争にも負けない最低値を見積る。）

Premiums are quoted as so much for $ 100.（保険料は100ドルについていくらと見積られる。）

R

Rack Container ［ラック・コンテナ］

枠だけの棚式コンテナで，自動車や機械類の積付けに適している。

Radio-active Contamination ［放射能汚染］

原子核反応または原子の崩壊による損害をいう。英国では，それが軍事的行為の結果でないかぎり，全危険担保（All Risks），単独海損担保（WA），単独海損不担保（FPA）の条件で担保されるとしている。しかし，米国では戦争危険担保約款によってだけ，填補されると解釈している。

Raft Clause ［筏約款］

協会貨物保険約款にある規定で，艀船および筏は，別個の保険とみなすとしている。

Raft Handling ［筏荷役］

木材をいかだ組みして行なう作業。

Railway Bill of Lading ［鉄道貨物引換証］

陸上運送に託送した貨物の請求権を表わした証券である。米国では Railway B/L というし，英国では Way Bill，日本では鉄道貨物引換証という。荷送人の請求によって，鉄道会社または運送会社が，貨物の受取りの証として発行し，これと引換えに貨物の引渡しを行なう。荷為替の取組みにさいしては，船荷証券と同一に取り扱われる。

Railway Consignment Note ［鉄道運送状］

Rail Waybill ともいう。

日本の鉄道貨物引換証，米国の Railway Bill of Lading*と同じ。

鉄道運送人が運送のために貨物を受け取ったことを証する受取証である。船荷証券のような有価証券性はないが，銀行は運送書類として受理する。

Rain and Fresh Water Damage ［雨濡れ・淡水濡れ損害］

雨濡れとは，貨物が輸送中，荷役中，艀による積荷・揚荷中，または上屋その他における保管中に降雨にあって生じる損害をいう。一方，淡水濡れは雨以外の淡水，たとえば河川湖沼を航行中，貨物が水に濡れたり，あるいは消火のための水に濡れたことによって生じる損害をいう。これらの損害については，保険者は，通常は免責されているが，雨濡れ・淡水濡れの特約があれば，填補する。また船舶の沈没，座礁などによる淡水濡れ損害に関しては免責されていないし，共同海損の処分によって生じたばあいも同様である。

Rain Work ［雨中荷役］

雨中，雪中（Snow Work）の荷役は，濡れても影響の少ない石炭，木材などをのぞいては，一般には行なわれないのがふつうである。しかしときには，出港を急ぐ船主側の都合から，また，台風や雨季などのために，荷主側の要求で行なわれることがある。船主側の都合によって雨中・雪中荷役を行ない，そのための濡損に対してクレームがついたばあいは，船主側の責任となる。一方，荷主の要求によるばあいは，船主側はその旨の摘要

をとるとともに，濡損を最小限にくいとめるための努力をする。

Raise ［上げる］

lift は「もち上げる；地面からもち上げる」。elevate は「上げる；向上させる」品位のある語。

We are reluctantly compelled to raise our prices by 10%. (不本意ながら10%値上げせざるをえない。)

It is rumored that freight rate to your place will shortly be raised by 10%. (貴地向け運賃率が近く10%値上がりするだろうという噂がある。)

Exporters are demanding a 10% price raise of Prawn export contracts. (輸出者はえびの輸出契約について10%の値上げを要求している。)

Rally ［回復］

The latest rally of cotton products market is attributable to two major accelerators. (最近の綿製品市場の盛返しは2つの大きい加速材料に起因する。)

Rate ［レート］

Exchange Rate (為替相場), Insurance Premium Rate (保険料率), Freight Rate (運賃率) などの形で用いる。

The weakening of the commodity market is the resultant moves for higher money rates in various countries. (商品市況の弱含みは各国の高い金利率に由来する動きである。)

The freight rate to your place will be raised by 10%. (貴地向け運賃率が10%引き上げられそう。)

At what rate can you buy exchange on New York? (対米為替買相場はいくらか。)

Please quote the lowest rate against WPA on silk goods. (絹製品について分損担保の条件で最低保険料率を見積ってほしい。)

Rate Basis ［運賃建て］

Freight Basis と同じ。運賃の基礎となる単位のことで，重量 (Weight) か容積 (Measurement) か大きいほうで計算されるし，高価品は送り状金額にもとづいて従価計算 (Ad Valorem*) する。

Rate of Duty ［関税率］

価格または数量を，課税標準として課せられる関税比率をいう。わが国では，関税定率法および関税暫定措置法等によって関税率が定められているが，その根拠となっているのは，H/S*品目である。

関税率には，基本税率 (General Rate of Duty*), 暫定税率 (Temporary Rate of Duty*), 協定税率 (GATT Rate of Duty*), 特恵税率 (Preferential Rate of Duty*) があり，原則として特恵税率，協定税率，暫定税率，基本税率の順に優先適用される。協定税率は暫定税率または基本税率より低いばあいに適用される。

Rate of Foreign Exchange ［為替相場］

異種通貨の交換比率をいう。すなわち，2国間の通貨の価値の比率である。通貨についての売買価格ともいえる。銀行が輸入者などに売るばあいの売相場と，逆に銀行が輸出者から買うばあいの買相場とがある。

Rate of Foreign Production ［海外生産比率］

企業レベルで考えると，ある企業グループの世界全体の生産額に対する海外生産額の割合のことである。円高による輸出価格の上昇や労働コストの上昇などで製造業を中心とした海外シフトが加速され，海外生産比率も上昇している。それによって製品輸入が増加するなど，貿易構造も大きく変化している。

Rate Open ☞ Open Rate Cargo

Rating ［格付け］

信用度を格付けすること，また貨物の

品質の格付け (Grading) を行なうこと。たとえば、ダン興信所 (Dun & Bradstreet, Inc*.) の総合信用度 (Composite Credit Appraisal) は High (優)、Good (良)、Fair (可)、Limited (不可) の4つの区分で格付けを行なっている。

Rats and Vermin ［鼠・害虫］

鼠や穀象虫、あぶら虫などの害虫による損害で、保険者は特約によってだけ填補する。

Raw Sugar Clause ［原糖約款］

粗糖の海上保険で適用される特別約款で、分損担保 (WA) を基礎にしているが、協会貨物約款の WA と異なって、免責歩合不適用 (IOP*) である。ただし、通常の損害 (Ordinary Loss) は控除されることが規定されている。

RBP Code ［制限的商慣習に関するコード］

The Set of Multilaterally Agreed Equitable Principles and Rules for the Restrictive Business Practices (制限的慣習規制のための多国籍によって合意された衡平な原則と規則群) の略語で、1980年国連総会で成立した。このコードの目的は、発展途上国の国際取引と経済発展に悪影響を及ぼすような商慣習を規制することにある。

RCP

Rules of Construction of Policy の略語。1906年、英国海上保険法第1付則の「保険証券の解釈に関する規則」をいう。

re

ラテン語で in re (= in the matter) の re だけを残して Letter Subject (件名) の前につける。

Re. (= with reference to)「～に関して」

Ready ［準備ができている；即座の］

The goods are ready for shipment. (約定品はいつでも積み出せる。)

These goods have met with a ready sale. (これらの商品は売行きが早い。)

Our high quality merchandise should have a ready sale in your market. (当社の優れた品質の商品は貴市場で売行きが早いはず。)

Realize ［実現化する］

Your consignments have been realized at your limits. (委託品は指値で売りさばかれた。)

The half of their net worth is readily realizable. (同社の正味資産の半分は容易に現金化できる。)

Real Tare ［実際風袋］

包装材料、もしくはその重量を風袋 (Tare) という。1個ずつ実際にはかるばあいを実際風袋、抜取りをしてはかり平均をとる平均風袋 (Average Tare)、商慣習にもとづく慣習風袋 (Customary Tare) などのはかり方がある。

Reasonable ［適度な］

合理的な、理性に適合するという意味。

Special shades can always be supplied within a reasonable time. (特別の色合いの品も、つねに適当な期間内に納めることができる。)

It will take some time before our endeavours will lead to a reasonable success. (当社の努力が相当の結果をみるまでには時間がかかる。)

We can assure you of reasonable order for this item. (この品目について相当量の発注を保証できる。)

We will supply service parts at reasonable prices. (サービス部分を合理的な価格で供給する。)

Reasonable Dispatch Clause ［迅速処置約款］

保険期間 (Duration of Risk*) についての協会貨物約款の1つで、保険担保期間中に発生した危険変動については、被

保険者は迅速な通知（Prompt Notice）と合理的な対応措置（Reasonable Dispatch）をとらなくてはならないとしている。ただし，そのつど，協定される保険料の支払いを条件として，保険担保は継続される。

Reasonable Time ［相応の期間］

荷為替信用状の統一規則では，発行銀行は Reasonable Time 内に書類を点検し，クレームを申し立てなくてはならないとある。

Incoterms では，契約で船積期日の規定がないばあい，たとえば新製品，新収穫物のような船積みは，それらの貨物が供給できる状態になってから Reasonable Time に船積みすべきことを規定している。このばあいの「相応の期間」は1カ月以内と解釈するのがふつうである。

米国統一商法典（Uniform Commercial Code ; UCC）では「署名入りの文書でなされた物品の売買の申込みは，有効期限を定めたばあいは所定期間，有効期間の定めのないばあいには，相当の期間，これを撤回できないが，撤回不能の期間は，3カ月をこえてはならない」と規定している。

Rebate ［割戻し］

払戻しをいう。特定の金額ないし支払いから割り戻すことで，Discount と違って，あらかじめ値引き（Deduction）するのではなく，全額支払い後に割り戻される。関税支払いずみの輸入貨物を積戻しするばあいは，関税の一部または全額が払戻しされる。海上運賃についての割戻しは Drawbacks とよばれることがある。

Rebate Circular ［戻し金宣言書］

海運同盟と契約のある荷主は，低率の契約運賃率（Contract Rate）の適用をうけることができるが，さらに運賃の割戻し方法について，Deferred Rebate System*（運賃延払い制）と Fidelity Rebate System*（運賃割戻し制）の，いずれを適用させるかについての同盟からの通知書をいう。

Rebellion ［謀反］

自由行動の範囲を逸脱して，国権に反抗する擾乱や組織的武力をもってする政治的擾乱をいう。協会ストライキ約款によって塡補される。

Receipt for Parcel Received ［小包郵便物受領証］

Air Parcel Receipt ともいう。輸出貨物を郵便小包で郵送するばあいに，郵便局が受取証として交付するものをいう。この受領証は Air Waybill* と同様に，たんなる受領証にすぎないため，有為替の貨物については，代金回収の安全性のために荷受人を銀行あてにしておく必要がある。

Received B/L ［受取船荷証券］

貨物の船積み以前に，貨物が船会社の倉庫あるいはコンテナ基地に搬入された時点で，荷主の依頼により発行されるもの。受取船荷証券には，積み込むべき予定の船名を全然記載していないもの，不確定的ではあるが記載してあるものなどがあるが，いずれも，積み込まれたことの確認はないので輸入者にとっては危険である。そこで，船積港から遠いところに所在する輸出者が，貨物の出荷後ただちに金融をつける必要があるようなばあいなどに用いる。なお，戦争危険保険（War Risk Insurance）は船積み以降しか付保できないので，受取船荷証券では不都合である。受取船荷証券が発行されたばあいには，貨物が実際に船積みされたときに，船会社に，積み込まれた旨と積込年月日を記入し署名してもらって On Board B/L* と同じ効力をもたせるのがふつうであるが，これを船積み裏書（On Board Endorsement* ; On Board Notation) という。

Receivership [財産管理]

支払不能となった法人, 組合または個人のために, その財産の保護, 売却および債権者への分配などを行なうために財産管理人 (Receiver) を任命する手続。

Receiving Cargo under L/G [保証状荷渡し]

Taking Delivery against L/G* と同じ。

Receiving Quotation [受取勘定建て相場]

1ドルが130円というように, 一定量の外貨に対する邦貨額を表示する方式を邦貨建てまたは支払勘定建てという。これに対して, 一定量の邦貨に対する外貨額を示すばあいを, 受取勘定建て相場または外貨建て相場という。

Reciprocal Credit [抱合せ信用状]

同時開設信用状, または相殺信用状 (Back to Back L/C*) ともいう。求償取引のばあいに, 輸出信用状と輸入信用状を, それぞれ同時に開設し, 両信用状によって, 互いに信用状による支払い資金を相殺させる。Escrow Credit* (第三者寄託信用状) も求償取引に用いられるが, エスクロウ信用状のばあいには, 輸入信用状と輸出信用状の開設が, 時間的にずれる点が Reciprocal Credit と相違する。

Reciprocal Duty [互恵関税]

Reciprocal Trade Agreement (互恵通商協定) にもとづいて, 両国で取り決めた特別に有利な関税率をいう。相互に関税を安売りする結果になるところから Bargaining Tariff System* ともいう。

Reciprocal Trade Agreement [互恵通商協定]

2国間で協議し, 他国からの輸入品に適用させる税率よりも低率の関税を適用させることの協定。

Reciprocity [互恵取引]

2つの企業 (集団) または国が, お互いに相手方だけと取引すること。第三者に対しては排他的, 競争制限的な取引となる。

Recognize [認める]

知っているものとして認めること (admit=acknowledge)。

You will recognize that we are compelled to renounce this contract. (本契約を破棄せざるをえない点を認めてもらえよう。)

Recommend [推薦する]

It is your responsibility to recommend the machine that will not give troubles. (故障のおきない機械を勧めるのが貴社の責任。)

We may recommend you to accept this offer in consideration of the quick delivery. (納期の迅速さを考えて, この売申込みを引き受けるようお勧めする。)

We are pleased to recommend you the following firm. (喜んで下記の会社をお勧めする。)

Will you please introduce us to any recommendable concerns who are interested in this line. (本品に関心のある信頼できる会社にご紹介願いたい。)

Reconciliation [和解]

商事紛争解決方法の1つで, 当事者間の話し合いによる和解, あるいは, 裁判官が当事者に和解をうながすことなどをいう。

Reconditioning Expenses [手入費用]

運送途中で包装のゆるみなどが生じたばあいの手直し費用をいう。

Recourse [償還請求権]

手形の償還請求をいう。第1次的責任者が履行しなかったときに, 第2次的責任者に対して履行を請求することをいう。

Red B/L ［赤船荷証券］

船荷証券と保険証券を結合したもので，全体が赤字で印刷されていたためこの名称がある。このばあい，船会社は自己の発行する赤船荷証券について，一括保険をつけている。したがって，赤船荷証券の運賃は，通常の運賃に保険料を加算した金額となる。中国および朝鮮向けにかぎって利用された。

Red Book ［国際化学プラント工事約款］

イギリス化学技術協会（The Institute of Chemical Engineers）がプラント建設の定額請負標準約款として1968年に公表したもので，その表紙が赤いところからRed Book とよばれる。なお，同協会は76年にコストプラス契約に適した標準約款を公表しているが，このほうは表紙が緑色のため Green Book と呼称する。

昔，日本の商業英語ないしは外国貿易実践の教科書として用いたフウパア著 *Import and Export Trade* を赤本とよんだ。

Red Clause ☞ Packing Credit

Redelivery of Vessel ［返船］

用船者が，用船開始と同じ良好な状態で，船舶を船主に返還すること。

Red Import Clause ☞ Important Clause

Re-direct ［再出荷する］

Once the shipments are unpacked we have to re-direct them to our various warehouses for distribution. （積荷の包装がとかれ次第と，流通のため各地の倉庫に再出荷する。）

Rediscount ［再割引］

市中銀行が，自行で割り引いた輸出者振出しの手形を，他の金融機関や日本銀行で再び割り引いてもらって，資金を調達することをいう。

輸出前貸手形制度により，市中銀行が輸出業者に対して，輸出前貸資金を融通したばあい，日本銀行はこの貸付けにかかわる手形が適格であると判断すると，輸出前貸関係準商業手形として再割引に応じる。

Red Line Clause ☞ Important Clause

Reduce ［減らす］

The cost for promotion of your products was much reduced. （貴製品の販売促進費が大幅に減少された。）

Our customers would probably buy at a reduced price. （顧客は価格を下げれば買うであろう。）

A 30% reduction of the current import duty is to be expected. （現行の30%の関税引下げが見込まれる。）

The increased prices would have an adverse effect on our sales with the resultant reduction in orders. （価格が上がれば販売に悪影響をあたえ，その結果，注文が減少しよう。）

Reefer Container ［リーファ・コンテナ］

コンテナの外周に断熱を施し，陸上輸送中は発動機付専用シャーシから，コンテナ・ヤードでは陸上電源から，海上では船内電源で貨物に適した温度を保ちつづけるようにしたもので，青果物，魚，肉，薬品などの輸送に利用される。

Re-Export ［再輸出］

外国から輸入した貨物を，ふたたび輸出することをいう。一般に仲継貿易という。修理や加工のために輸入された貨物，あるいは輸出品の容器として輸入した貨物のばあいは，1年以内に再輸出することを条件として輸入税が免除される。

Ref. CL.

海上保険条件のなかの Refrigeration Clause* （冷凍約款）の略語。

Refer ［照会する］

Please refer these inquiries to us.（引合いを当方に照会してほしい。）

We would refer you to our letter of May 10.（5月10日付弊状を参照願いたい。）

With reference to＝as regards＝as to＝in regard to＝with regard to＝regarding（～に関して）

Thank you for your letter of May 10 with reference to our order.（当社の注文に関する5月10日付貴状に感謝する。）

Referring to your letter regarding the price increase, we are sorry to inform you that we cannot accept it.（値上げに関する貴状について、当社は承諾できないのが残念である。）

Reference ［信用照会先］

相手先の信用状態（Credit Standing）を調べてくれる照会先をいう。銀行が調査してくれるばあいは，その銀行をBank Reference（銀行信用照会先）というし，同業者が調査してくれるばあいは，その同業者をTrade Reference（同業者信用照会先）という。日本のばあいには，Bank Referenceを利用し，さらに詳細については商業興信所（Mercantile Credit Agency*）に依頼するやり方が多い。

Reference Book

Dun & Bradstreet, Inc.*が年6回発行しているもので，アメリカ，カナダ所在の300万にのぼる企業のアウトラインを記載している。その内容は簡単であるが企業の信用状態を早く知りたいようなばあいに利用される。Dun興信所はこのReference BookのほかにDun Report*を出している。

Reference Sample ［参考見本］

製造加工品の品質を相手にみてもらうための参考として送る見本。あるいは売主が買主へ送った原見本（Original Sample）の控えとして保持しているDuplicate Sample（控見本）およびTriplicate Sample（第3見本）のことをもいう。

Refinance ［リファイナンス方式］

輸入ユーザンスの一種。外国の輸出者が振り出した一覧払い手形の決済資金を手に入れるために，輸入者が期限付手形（Refinance Draft）を振り出してロンドンまたはニューヨークの銀行で引き受けてもらい，これによって輸入手形を決済すること。また，本邦の為替銀行が輸入者に代わってリファイナンス手形を振り出し対外決済を行う場合もある。

Refrigerated Cargo ［冷凍貨物］

冷凍された魚類，肉類，果物などのことで，船の冷凍庫に積み込んで輸送する。特別運賃がとられる。

Refrigeration Clause ［冷凍約款］

冷凍魚，冷凍肉などが本船の冷凍庫の故障によって被った損害を，塡補するための特別約款である。

Refundment Bond ［前受金返還保証状］

プラントなどの設備輸出において，輸出代金の一部を輸出者が受領するばあいに，買主側から要求される保証状である。これには，売主の責に帰すべき理由で輸出契約の一部または全部が解除されたばあいに，前受金を返還すべき旨が記載されている。輸出保証保険（Export Bond Insurance*）によって塡補される。

Refuse ［拒む］

積極的にいやだと拒む意。rejectは嫌忌すべきものとしてはねつける意味。declineは丁寧に謝絶すること。

We naturally refuse to accept your bill because you have no authority to draw on us.（貴社は当社あて手形振出しの権限がないので，当社としては当然，貴社の手形の引受けを拒絶する。）

Regard ［みなす；関係］

These demands are regarded "unreasonable" in relation to conventional international trade practices. (国際取引の慣習に照らして，これらの要求は不合理とみなされる。)

Regarding your request for exclusive distributorship, we are willing to be represented by you in your country. (一手特約権についてのご要望に関し，貴国を貴社にお任せしたい。)

Regional Comprehensive Economic Partnership (RCEP) ［アジア地域包括的経済連携協定］

東アジアの広域FTAともいわれる。東南アジア諸国連合（ASEAN）と6カ国（日本，中国，韓国，インド，オーストラリア，ニュージーランド）による東アジア地域の包括的経済連携協定構想が，2012年11月開催の東アジア首脳会議を機にその実現に向けて交渉を始めた。ASEAN10カ国と日本，中国，韓国，インド，オーストラリア，ニュージーランドによる第5回交渉会合は，15年末までの大筋合意を目指して14年6月にシンガポールで開かれた。しかし，交渉の進め方をめぐって参加国全体が合意に達するまでには至らなかった。15年7月には，マレーシアで開催された閣僚会合において関税撤廃交渉の進め方で合意に到達した。年内の大筋合意を目指して16年8月に閣僚会合が開かれたが，合意には至らなかった。世界人口の約半数（約34億人）を占め，巨大な経済圏にわたる共通ルール作りとなるので，発展レベルが異なる国々を前提に例外措置や緩やかな連携を模索することが考えられ，TPPのような厳しいルールとはならないことが予想される。2019年の合意をめざしている。

Register Book ☞ Lloyd's Register

Registered ［書留］

航空書簡または航空便による小包郵便（Parcel Post＊）の書留扱いをいう。

Registered Customs Specialist ［通関士］

Licensed Customs Specialistともいう。

1967（昭和42）年9月施行の通関業法にもとづいて生まれたもので，国家試験に合格した通関士という専門職業を制度化し，これによって通関業務の質を向上させ，通関手続の改善，能率化をはかろうとしている。そもそも，最近の通関業務量は増加の一途をたどるとともに，関税についての申告納税制度の導入は，申告手続の精度が要求されることになった。このため通関業者の能力水準を高めるために，通関業務に関する専門知識を備えた実務専門家を国家試験によって選抜し，通関業者がこの有資格者を業務処理の中核とすることによって，みずからの権威，信用を高め，利用者の利益を考えることが必要となった。

通関士試験は，各税関長が，年1回以上行ない，①関税法，関税定率法その他関税に関する法律および外国為替及び外国貿易法，②通関書類の作成要領その他通関手続の実務，③通関業法の3科目について筆記試験を行なう。

Registered Gross Tonnage ［登録総トン数］

船舶の総積載量をトン数で表示したもの。船の手数料算出や各種統計に利用される。二重底，肋骨間などの除外空間を含まない総積載量を$100ft^3$を1トンとして表わす。

Registered Trade Mark ［登録商標］

公的に登録された商標。日本，北欧では先願登録（Principal Register）主義をとり先に申請した者が優先する。これに対して米国，英国などは実績者優先の先

使用（Prior Use）主義をとっている。

Registration, Evaluation and Authorization of Chemicals [EU 新化学物質規制；REACH／リーチ]

欧州議会は2005年11月に EU 新化学物質規制について採択した。EU 域内で生産，輸入される約3万種類の化学物質について企業側に登録や安全性の評価などを義務づけるシステムづくりを目指し，製造業者や輸入業者に製品に使用する化学物質を「欧州化学機関（EU Chemi-cals Agency）」に登録することを義務づける。業者側には登録，安全性の評価業務等で相応のコストがかかる。

Regret [残念に思う]

文語調ゆえ，会話などでは I am sorry を用いる。

We regret that we cannot accept this order at the old price.（旧価格では残念ながら本注文の引受けはできない。）

We regret to see that your prices are too high.（貴社の価格があまりに高価なのが残念。）

We greatly regret (＝sincerely regret) to inform you that we will no longer be able to market your products.（貴製品をもはや販売できないのが大変に残念である。）

It is regretable to inform you〜.（残念だが知らせる。）

Regular [規則的の]

We have regular sources of supply in your country.（貴国に常時供給先をもっている。）

We are expecting to place regular orders for your products.（貴製品に常時発注の予定である。）

Regular Line [定期航路]

寄航港（Calling Port）を特定して定期的に船舶が運行されている航路をいう。定期航路を航行する船を定期船（Regular Liner；Liner）といい，これを運営する海運業者は定期海運業者（Liner Service）という。

Regulation [規則]

The money regulations for import are very strict.（輸入についての金融法規が厳しい。）

The regulations for the control over luxious goods shall be put in force on the 10th of this month.（贅沢品に対する統制規則が本月10日に実施される。）

Re-handling [横もち]

倉庫内あるいは埠頭で，貨物を短距離，運び移すこと。

Reimburse [返済する]

「返済する；補償する」という意味で，立替金などを返済することをいう。信用状取引のばあいには，発行銀行が輸出地の買取銀行の買取資金を補償することをいう。

Reimbursement [銀行間の資金の授受]

資金を受領する側からの求償と資金を支払う側からの補償の意味で用いられる。為替の支払代金を相手銀行に請求するばあい，電信で請求すれば T.T. Reimbursement, 郵便為替の一覧払い請求を Mail Reimbursement または Sight Reimbursement という。請求のために振り出される為替手形が Reimbursement Draft。信用状の発行銀行が買取銀行の支払いもしくは買取資金を補償することをもいう。

Reimbursement Bank [（手形買取金）補償銀行]

信用状決済のばあいに，輸出者の振り出す手形の名宛人（Drawee）が輸入者のばあいはまれで，発行銀行かそのコルレス先のばあいが多い。発行銀行のコルレス先に振り出されるばあいは，発行銀行

が名宛コルレス先に預金口座がある Depository Correspondent であるわけであるが，これを Reimbursement Bank という。

Reimbursement Draft ［補償を求める手形］

輸出地の荷為替の買取銀行が，手形と船積書類を発行銀行へ直送するとともに，発行銀行または信用状で指定されたそのコルレス先に，買取代金の求償を行なうために振り出すクリーン・ビルをいう。実務では俗称として「リイドラ」と呼ぶ場合が多い。

Reimbursement Service ［補償サービス］

一定の損害が発生したばあいに，保険者が被保険者に保険金を支払うことをいう。

REIMP

Reimport（再輸入）の略語。

輸入（納税）申告書の「申告種別符号」の1つで，Re-Import（再輸入）の略語。内国産貨物を再輸入するばあいをいう。外国で生産または製造された貨物の再輸入は含まれない。

Re-Import ［再輸入］

海外に輸出したものを，ふたたび輸入することをいう。わが国で加工または修繕が困難な貨物を外国に輸出して加工・修繕を行なって再輸入するばあいは，輸出許可の日から1年以内の輸入を条件として輸入貨物の関税が減税される。

Re-Insurance ［再保険］

保険者が保険事故によって損害が生じたばあいに負担する危険を，他の保険者に保険をつけることによって分散をはかるために結ぶ保険をいう。このばあい，最初の保険を元受保険といい，その保険者を元受保険者という。またその責任を引き受けた者を再保険者という。再保険者は，引き受けた再保険につき，元受保険者から保険料を徴収する。これを再保険料という。また損害が発生したばあいに，再保険者が保険金として元受保険者に支払う金額を再保険金という。

経済活動が拡大化する傾向にある昨今では，元受保険契約の金額も巨額化するので，保険契約を引き受けると，再保険による危険の分散をはかるのがふつうである。

Relation ［関係］

They have been in close business relations with us for more than ten years.（同社は10年以上当社と密接な取引関係がある。）

We have learnt that you have the intention to enter into relations with a Japanese firm.（日本企業と取引関係を始めたいという意向のあることを知った。）

It is our custom to set forth one year before we enter into such a relationship.（そのような取引関係を結ぶためには1年の期間をおくことが当社の慣習である。）

Release ［放棄］

請求権または，第三者に対する強制執行権を放棄し解除すること，あるいはそのための証拠書類をいう。

Release of Letter of Guarantee ［保証状の解除］

保証の対象となった債務が履行されたので差し入れた保証状を戻してもらうことをいう。保証状荷渡し（Taking Delivery against L/G*）のばあい，あるいはD/P期限付手形のばあいに銀行から船積書類，債務完了時に借り受けるために差し入れた保証状を，債務完了時に戻してもらうなどのばあいである。

Release Order ［引渡し指図書］

Air Waybill（航空運送状）は記名式であるため，信用状決済のばあい，発行銀行としては関係貨物を銀行の担保とした

いので，自行を受取人とする航空運送状の作成を要求する。このばあい，輸入者が銀行に輸入代金を支払ったうえで受け取るものが，銀行の署名ずみの航空貨物の引渡し指図書である。

輸入者はこの引渡し指図書を通関代理店に渡す。通関代理店は運賃着払いのばあい，これを支払って Delivery Order の発行をうけ，Delivery Order と輸入許可通知書とを貨物の保管事務所に提出して，貨物を引き取る。

Reliable ［信頼できる］

trusty（＝trustworthy）は秘密をも打ち明けられる信頼性であるのに対して，reliable は間違いなく業務をこなすうえでの信頼性。

We are looking for a reliable firm in your place.（貴地の信頼できる会社を求めている。）

Re-loading Charges ［再積込み費用］

Re-shipment Charges ともいう。

荷繰りの都合や本船の故障などで貨物を中間港で卸し，ふたたび積み込むばあいの費用をいう。運送人の堪航能力担保義務違反のばあい以外は，荷主の負担となる。

Remarks ［事故摘要；指摘］

総積みのばあいは，船会社が，上屋または倉庫で貨物の荷受けを行なうさいに，貨物の外観上異常があれば，その故障のことがらを船積指図書（S/O）に記入するが，これを故障摘要という。また，貨物の本船への積込み，または荷卸しのさいに，本船側と荷主側の検数人（Tallyman）が貨物の外観上事故を発見したばあいにも，検数票に事故の事柄を摘記する。いずれのばあいも，これらの事故摘要は，本船受取書（M/R）または Boat Note に転記され，M/R と交換に発行される船荷証券（B/L）も故障づきの Foul B/L となる。

以上のような貨物の積卸しのさいの一般の損傷事故を現在摘要（Conditional Remarks*）というのに対して，貨物固有の性質から輸送上の損傷発生が予想されるばあいに，船会社はその責任を負わない旨，摘要をつけることがあるが，これを General Remarks*（一般摘要）という。

なお，船会社は，Tally Sheet または Dock Receipt の Remarks にもとづいて Exception List* を作成する。

Please give your further consideration to our remarks.（当社の所見に再考慮乞う。）

Remarks are given on the left margin.（左の欄外に摘要が記録されている。）

Exceptions（＝Remarks）are inserted in the relative Mate's Receipt.（関連する本船受取書に事故摘要が挿入されている。）

Remittance ［送金］

通常の貿易取引の代金回収は，荷為替手形の取組みの方法で行なわれるので，送金による取引は，見本取引，貿易外取引，本支店間取引にみられる。通常，銀行振出送金小切手によって送金するが，送金小切手を使わずに，輸出者が，ある金額の支払いについて特定銀行に指示する方法もあり，これを Mail Transfer という。急を要するばあいには，この指示を電信で行なう（電信送金，Telegraphic Transfer Remittance）。

なお送金方式で，税関への輸出申告以前に貨物代金をすでに受領しているばあいを前受け（Advance Payment，輸入者からみれば前払い），船積み後，輸入者からの送金をうけるばあいを後受け（Deferred Payment）という。

We will apply to our bankers for making the advance remittance in your favor.（貴社あてに前金を送金するため

取引銀行に申請する。)

The government license for the remittance will be granted before long. (送金についての政府の許可が近く下される。)

Remitting Bank ［仕向銀行］

輸出者が D/P 手形, D/A 手形の取立事務を委任した銀行のことをいう。信用状決済のばあいの買取銀行にあたる銀行であるが, D/P 手形, D/A 手形のばあいには支払いの保証がなく, 原則として買取りできないので, 仕向地の取立銀行 (Presenting Bank*) に取立指図を行なう。

Renewal ［契約更新］

有効期間内に, 同じ内容で再契約することをいう。

Rep. ［レップ］

Manufacturer's Representative* の略称。

Repair Shop ［リペア・ショップ］

コンテナ取扱いに必要な機器の点検, 修理などを行なう作業場。Maintenance Shop ともいう。

Reparations in Service ［役務賠償］

戦争による賠償を, 労務提供の方法で支払うことをいう。たとえば, 沈没船の引揚げ, 技術の提供, 原材料の無償加工などの方法で行なわれる。

Report on Unfair Trabe Policies ［不公正貿易報告書］

産業構造審議会〔経済産業大臣の諮問機関〕が作成・発表する報告書のこと。WTO 協定など国際的に合意されたルールを分析基準として, 日本の主要貿易相手国の貿易政策・措置を明らかにし, 問題のあるものについてはその撤廃や改善を求めることを促す。経済産業省はこの報告書で示された改善要求項目などをもとに国際的な交渉の場に臨む。

Represent ［代表する］

We are already represented in your market. (すでに貴地に代理店がある。)

We are willing to be represented by you in the eastern part of your country. (貴国の東部を喜んで貴社に任せたい。)

We would like to represent you in our market if you are not represented yet. (まだ代理店をもたないならば, 当市場で貴社の代理店になりたい。)

Representation ［告知義務;表示］

海上保険上は, 表示すなわち被保険者の告知義務をいう。Disclosure ともいう。保険者にとっては危険引受けの基礎となるので, 正確な申し出がないばあいは, 保険者はその責任を免除される。

Representative ［代表者;代理人］

他人を代表し, または他人の代理を行なう人。

As we have no representatives in your market, we are willing to appoint you as our sole agent. (貴地に代理店がないので, 貴社を喜んで一手代理店に指名したい。)

Representative Office ［駐在員事務所］

Liaison Office, Liaison Representative, Information Office ともいう。

商社, メーカー, 銀行, 運輸会社, 保険会社などの海外事務所で, 営業活動は行なわず, 主として市場調査, 情報収集, 広告・宣伝活動などを行なう。その設置および運営に要する資金および経費は本社からの送金によって賄う。駐在員事務所は原則として, 営業行為 (Doing Business) を行なうことはできない。

Reputable ［評判の］

We are much anxious to open connections with the most reputable firms in your market. (貴地のもっとも評判のいい会社と取引関係を結ぶことを切望している。)

Selling under our trade marks is the best solution considering our reputation. (当社の評判から考えて, 当社の商標で販売するのが最高の解決策である。)

Request ［要求する］

ask for（要求する）より, 幾分形式ばった丁寧な語。demand は強い権威をもって断固として要求すること。require は規則上, 義務上当然のこととして要求するという意味。

You are kindly requested to include with your next surface shipment, at no charge to us, the necessary replacement parts. (つぎの海上運送を利用して, 無償で, 必要な取替部品をも送ってくれるようぜひ願いたい。)

Requirement ［必要物］

要求；必要物(Something demanded)。しばしば複数形。

We would suggest that you advise your clients to draw their requirements from us. (顧客の必要物は当社から購入するよう忠告してもらいたく提案する。)

It is still difficult for us to give you an accurate forecast of our future requirements. (将来の必要物について正確な予測を行なうことはまだ困難である。)

Can you fulfill (=meet) these reqrirements? (これらの要望に応じられるか。)

Resale Price Maintenance ［再販売価格維持］

メーカーが販売店に対してその販売価格を定めたり, 販売価格の決定に制限を加えたりする方法で, 販売店による契約製品の販売価格を指示する行為をいう。

Reschedule ［リスケジュール］

計画の再編成という意味から, 債務の返済が不可能となったばあいに, これを繰り延べることをいう。1983年, 一次産品市況の低迷から国際収支が悪化した発展途上国20カ国あまりが, 日本の銀行に対して, 債務返済の繰延べを要請してきた。

Reserve ［予約する］

You promised us to reserve space of 5 tons. (5トンの船腹予定を約束してくれた。)

We enclose our application for reservation (=booking) for freight space on the m/s "Africa Maru". (アフリカ丸の船腹予約についての申込書を同封する。)

Reship(ment) ［積戻し］

外国からきた貨物を陸揚げ後, 輸入手続未済の保税の状態で, 保税地域または他所蔵置場所から, ふたたび外国向けに積み出すことをいう。このばあいは, 輸出申告書の標題を積戻申告書と訂正し, 一般の輸出手続に従って通関する。指定保税地域に蔵置された外国貨物に, 簡単な加工を施して積み戻すばあいには, 積戻申告書に組成材料の品名, 数量, 価格, 生産地または製造地を朱書注記する。

You will recognize that we are compelled to renounce the contract and reship the goods to you. (本契約を取り消し, 貨物は貴社あてに積戻しせざるをえないことがわかるであろう。)

Resident ［居住者］

本邦内に住所または居所をもっている自然人, および本邦内に主たる事務所を有している法人をいう。主たる事務所が外国にある非居住者のばあいも, 本邦内にある事務所は, 居住者とみなされる。

Non-Resident*の対語

Residual Quantitative Import Restriction ［残存輸入制限］

ガット (GATT) に違反して行なわれている輸入制限をいう。WTO は加盟国に対して, いっさいの輸入数量制限の撤廃を義務づけているが, 国内産業保護などの理由で, どこの国も若干の残存輸入制限品目がある。

Respect ［点；尊敬（する）］

respect は外部的性質から「ふたたび注意してみて」尊敬するという意味。esteem は道徳的価値からみて真価を尊ぶ意味。regard は esteem に愛慕を結合して尊敬する。hono(u)r は名を挙げる意味。

We found them reliable in every respect.（あらゆる点で信頼できることがわかった。）

They have been long established and enjoy the fullest respect in the business circles here.（創業が古く，当地の業界では最高の尊敬をうけている。）

With respect to the conformity of the contract with the specifications furnished by you, our inspection shall be final.（契約品と貴社指定の明細との合致に関しては，当方の検査をもって最終とする。）

Respective ［それぞれの］

Would you please let us have your respective comment on these questions.（これらの問題それぞれについての批判がほしい。）

We would refer you to our letters of April 5 and May 5 respectively.（4月5日と5月5日の弊状，それぞれを参照願いたい。）

Respondentia ［積荷冒険貸借］
☞ Maritime Loan

Rest ［よりかかる］

Please rest assured that with this quotation a large business can be established.（この価格で大量取引がまとまる点について確約するのでご休心乞う。）

You may rest assured that your order shall have our best attention.（ご注文には全力を尽くすのでご安心乞う。）

Restraints ☞ Arrests

Restrict Clause ［買取銀行指定文言］

買取銀行指定信用状（Restricted L/C；Special L/C）のばあい，買取銀行を限定するための文句。たとえば，つぎのように書かれている。

"Negotiations under this credit are restricted to ABC Bank, Tokyo."

"This credit is available with ABC Bank only."

"This payment order is available with ABC Bank only."

"ABC Bank holds special instructions regarding reimbursement."

Restricted L/C ［買取銀行指定信用状］

Special Credit ともいう。受益者振出しの手形の買取りを，特定の銀行に限定している信用状をいう。買取銀行を指定しない（Open or General）か，指定するか（Restrict）は主として発行銀行の都合による。買取銀行が特定されると，受益者としては，もっとも有利な為替相場を建てている銀行を選択できなくなるし，また受益者と取引関係のない銀行にRestrict されると，自社の取引銀行を経由して指定銀行にプロセスに回されるので買取・入金が遅延するばあいもある。したがって支障のあるばあいには，相手方に Restrict 文言（Restrict Clause*）の削除を要求すべきである。

Restriction of Tuna Fishing ［マグロの漁獲制限］

2006年11月，クロアチアで開催された大西洋まぐろ類保存国際委員会（International Commission for the Conservation of Atlantic Tunas；ICCAT, 42カ国・地域が加盟）が取り決めた漁獲制限。クロマグロ（本マグロ，bluefin tuna）の漁獲量を年々削減していく。年々の各国別の漁獲枠は年ごとに決まる。国際条約（Convention for the Conservation of Atlantic Tunas, 日本も加盟）もある。メバチマグロ（bigeye tuna）について同様

な漁獲制限は中西部太平洋まぐろ類委員会（Commission for the Conservation and Management of Highly Migratory Fish Stocks in the Western and Central Pacific Ocean；WPCFC）でも決めている。今後は養殖場（fish farm）で育ったマグロを食べる機会が増えよう。一方、大西洋クロマグロをワシントン条約（絶滅の恐れがある動植物の取引を規制）の対象に加えようとする提案が浮上し，10年3月に開催されたワシントン条約締約国（175ヵ国加盟）会議で提案されたが3分の2以上の賛成には至らずペンディングとなっている。

Retaliatory Tariff ［報復関税］

ある国が緊急関税（Emergency Tariff）を発動した結果，本邦の産業がその影響をうけて損害を被ったばあい，この緊急関税に対抗するために緊急関税を発動した国からの主要な輸入品に対して賦課する割増（高率）関税をいう。関税定率法第7条で規定している。

Retention Money ［留保金］

工事の完成もしくは瑕疵修補義務の履行の担保として契約金額の一部の支払いが留保されること。Performance Bondと同じ目的をもつが，請負者にとっては留保金担当の資金を自己調達しなければならないので不利であるし，さらにPerformance Bondについては貿易保険が適用できるが，Retention Moneyのばあいは不当な留保，引延しには訴訟で対抗するほかない。

Return ［返り；返す］

On receipt of our check, you are kindly requested to send us the receipt by return mail.（当方の小切手入手しだい，折返し領収書を送ってほしい。）

Please inform us by return whether you could book our order.（注文を引受けできるか否か折返し通知乞う。）

When will you return to us the damaged goods?（損傷品をいつ送り返すか。）

Tax Return（税の戻し），Return Commission＝Rebate（戻し口銭），Rate of Return（投資収益率），Return Address（封筒に書いた発信者の住所・氏名）

Return Commission ［戻し口銭］

販売代理人（Selling Agent）が，本人である輸出者から払い戻してもらうことを取り決めた販売手数料（Selling Commission）のこと。Rebate*ともいう。

Returns ［返送品］

積み出された貨物について，揚地で荷受人がその引取りを拒絶したか，あるいは，輸入通関ができないために，輸出地へ返送される貨物をいう。

Revaluation ［平価切上げ］

固定為替相場制のもとで，一国の通貨の対外価値を引き上げること。たとえば1米ドル＝360円という平価（Par Value）を1米ドル＝308円にすること。

Revenue Duties ［財政関税］

財政収入を目的とした関税で発展途上国が多く採用している。これに対して，先進国では国内産業保護を目的とした保護関税（Protective Duties*）を採用するばあいが多い。

Revenue Ton ［運賃トン］

Freight Ton*, Shipping Ton, B/L Tonともいう。海上運賃徴収の基礎になるトンをいう。重量トン（Weight Ton）を採用するか，容積トン（Measurement Ton）を採用するかは，船会社の選択となる（W/M*）。

Reverse Bill ［逆為替］

Adverse Exchange*；Negotiation by Draftと同じ。

Revise ［改訂する］

amendは欠陥や誤りを修正する。correct（＝rectify）はものを正しいものとす

る。

Thank you for your revised price list in Japanese yen.（日本円建の改訂価格表有難う。）

Revised American Foreign Trade Definition

1919年制定のインデア・ハウス規則を1941年に改正した現行の米国貿易定義である。原場渡し（Ex Point of Origin），船側渡し（FAS），運賃込み（C&F），運賃保険料込み（CIF），埠頭渡し（Ex Dock），持込み渡し（FOB）について，売主・買主の原則的な義務を規定している。このなかでFOBは米国独自の国内取引の慣習をふまえて，広義に解釈され，つぎのようなばあいを含む。

① FOB (named inland carrier at named inland point of departure)「指定国内積出地における指定国内運送人への持込み渡し」

② FOB (named inland carrier at named inland point of departure) Freight Prepaid to (named point of exportation)「同上。ただし指定輸出地までの運賃込み」

③ FOB (named inland carrier at named inland point of departure) Freight allowed to (named point)「同上。ただし指定地点までの運賃控除」

④ FOB (named inland carrier at named point of exportation)「指定輸出地における指定国内運送人への持込み渡し」

⑤ FOB Vessel (named port of shipment)「特定船積港における本船への持込み渡し」＝本船渡し）

⑥ FOB (named inland point in country of importation)「輸入国における指定地点への持込み渡し」

Revocable L/C ［取消可能信用状］

受益者に通知することなしに，発行銀行が一方的に，その条件を変更または取消しできる信用状である。この信用状の発行銀行は，取消不能信用状（Irrevocable L/C*）のばあいと違って，受益者に対して法律上の債務を負わない。ただし，信用状が支店またはコルレス銀行に伝達され，そこで支払い，引受け，買取りが行なわれることが規定されているばあいは，発行銀行は，その変更あるいは取消し以前に行なわれた支払いについて，それが信用状条件に合致しているかぎり，償還義務を負う。現行の信用状統一規制（UCP500）では，信用状のなかにrevocableの文字がないものは，irrevocable L/Cとして取り扱われる。

Revolution ［革命］

同一国内で，統治者および国政を覆すべく行なう政治的，社会的な擾乱状態をいう。その目的が成功するか否かを問わず，そのためによる損害は，内乱とともに協会ストライキ約款によって塡補される。

Revolving L/C ［回転信用状］

循環信用状ともいう。信用状の金額が一定期間，自動的に更生して，くりかえして使用できる信用状をいう。同一種類の商品について，売買当事者間で継続的，規則的な船積みが行なわれるばあいは，取引のつど，信用状の発行を為替銀行に依頼するのは不便であるし，そうかといってまた，多額の金額を一度に信用状金額とすることは，信用状発行保証金などの関係からも容易でない。そこで一定期間，信用状金額が自動的に更生して，くりかえして同様な取引に利用できるようなしくみになっている信用状が用いられるが，これを回転信用状という。

回転信用状の金額が更生的に回転する方法には，つぎの4種類がある。

(1) 過去に振り出された手形の支払通

知があれば，その金額だけ更生するもの。
(2) 手形振出し後，一定期間（たとえば，手形決済の予定日数）が経過すれば，その金額が更生するもの。
(3) 船積みするごとに，その金額全部が更生するもの。
(4) 一定期間（たとえば，1カ月）ごとに，一定金額が更生するもの。これには，一定金額に前月の未使用残高を翌月に加算して繰込み使用できる monthly revolving cumulative と，未使用残高の繰込み使用を許さない monthly revolving non-cumulative との2つがある。

回転信用状には，つぎのような文言が記載されている。

"This letter of credit is revolving, but the amount of any draft drawn by you and paid by us will become available again under this credit only after you receive notice of reinstatement from us by cable through ABC Bank."

"This credit is revolving and non-cumu-lative and the full amount becomes available in Japan on the first business day of each succeeding calendar month. The unused portion of any monthly period is not cumulative to the succeeding months."

Reward　[報酬]

Your letter states that in reward for our efforts you are now considering the way to enable us more workable.（当社の努力に報いるために，より活動しやすい方法を考えていると貴信で述べている。）

RFWD　☞ Rain and Fresh Water Damage

RGDS

Regards の略。あいさつ語で，テレックスで用いた「よろしく」の略語。

RI　☞ Re-Insurance

Rider　[追約書；乗り手]

保険証券発行後に，内容の一部に変更があったようなばあいに，保険証券を訂正する代わりに発行される追約書をいう。Endorsement*；Addendum ともいう。船名，出帆日，仕向港の変更などのばあいに用いられるが，保険金額や保険条件のような重要な事柄については，後日，トラブルの発生が心配されるので，追約書の形式では取り扱われないのがふつうである。

Rider は「乗り手」の意味があり，既存の有名ブランド，たとえば「SONY」を利用してソニー・パンというような，ブランドのただ乗りを Free Rider という。

Rigging　[リギング]

本船の荷役がしやすいように，荷役用諸設備を調整，セットすることをスタンバイ(Stand-by)というが，荷役のさいの腕となる Derrick をスタンバイすることをいう。

Right of Recourse　[償還請求権]

遡求権ともいう。

手形の不渡（Unpaid；Dishonored）が発生したばあい，手形の所持人が1つ前の裏書人，振出人に対して支払いを請求できる権利をいう。手形面に Without Recourse（償還請求権なし）と記載してあるばあいも，英米法では有効であるが，日本の手形法はこれを認めていないので，手形振出人は償還請求の義務を負う。

Right of Stoppage in Transit　[運送差止権]

貨物が運送人の占有下にあって，まだ買主に引き渡されていないあいだに買主の支払不能を知ったばあい，運送人は占有する貨物の引渡しを差し止めることができる。ただし，船荷証券が善意の譲受人の保持するところとなっていれば，貨物が運送人の保管中であっても差止めは

Riots ［騒擾］

私的なある目的をとげるために，集団で行なう暴行をいう。これによる損害は，協会ストライキ担保約款によって塡補される。

Rise ［上がる］

come up＝go up と同意。

We expect a sharp rise very shortly. (すぐに急騰があると考える。)

The market here has been rising steadily with further upward tendency. (さらに上昇気配のもとで当地市場は確実に値上がりしている。)

Risk ［危険］

貿易取引上では，輸送上の危険，代金回収上の危険，市価変動上の危険，為替相場変動上の危険などの商業危険（Commercial Risk*）と，相手国における政変，内乱などの非常危険（Emergency Risk*），相手先の倒産（Credit Risk）などの非商業危険がある。

海上保険上では，損害発生の原因，保険事故，被保険危険，あるいは被保険危険発生の可能性をあたえる危険状態など，種々の意味で用いる。

You would not run any risk in opening a connection with the firm. (同社と取引関係を始めても何んら危険はないだろう。)

We would not like to take the risk of exchange as it is fluctuating violently at present. (目下，為替相場がはげしく変動しているので，為替危険はもてない。)

Risk Attachment ［危険開始］

海上保険上の危険開始時は，売買契約の条件に従って，危険負担が売主から買主へ移転する時点によって定められている。すなわち，船側渡し（FAS）条件のばあいは本船の船側で移転するし，FOB, CIF 条件のばあいには，貨物が輸出港の本船の手すり（Ship's Rail）を有効的に通過した時点で移転する。

Risk Management ［危険管理］

企業の意思決定にともなう危険を減少させることをいう。商品の損傷や品質，価値の低下，盗難，不可抗力による損失，クレジットの拡張，市況の変化など，企業活動をとりまく種々の危険に対する対応・管理が問題となる。貿易取引にあっては，とくに為替相場の変動，相手国のカントリー・リスクなどについての対応が検討されなくてはならない。

Risks Covered ［担保危険］

保険証券に記載され，保険者に塡補義務のある危険をいう。担保危険は同じでも，FPA と WPA とでは塡補される損害の程度に相違がある。

Rival ［競争者］

取引上の競争者（Competitor in business）のこと。

We are doing our best to beat some rival firms. (競争会社に負けないよう全力を尽くしている。)

RM ☞ Risk Management

Robinson's Condition of Exchange Stability ［ロビンソンの為替安定条件］

J. Robinson は，輸出品に対する外国の需要弾力性（εf），輸入品に対する自国の需要弾力性（εh），輸出品に対する自国の供給弾力性（ηh），輸入品に対する外国の供給弾力性（ηf）を前提として，為替市場の安定条件式を構成した。

$$k\{Eq\,\frac{\varepsilon f(1+\eta h)}{\varepsilon f+\eta h}-Ip\,\frac{\eta f(1-\varepsilon h)}{\eta f+\varepsilon h}\}>0$$

E は輸出量

I は輸入量

q は輸出品の邦貨建て価格

p は輸入品の邦貨建て価格

k は為替相場引下げ率

この安定条件式は，為替相場引下げが

貿易収支にあたえる影響を表わし，この式が正ならば，為替相場の引下げが貿易収支を改善し為替市場を安定させることを意味する。かっこ内の前項は為替相場の引下げが，輸出額をどれだけ増大させるかを示すし，後項は為替相場の引下げが，輸入額をどれだけ減少させるのかを示す。一般的には，両国の輸入品需要弾力性の和が1より大きいか，両国の輸出品供給の弾力性がきわめて小さいばあいに，比較的安定する。

Rockbottom ［最低］
Ceiling（天井）の対語。
Please quote your rockbottom（= lowest）prices.（最低値を見積ってほしい。）
As this is our rockbottom price（= special price），we can recommend your acceptance.（最低値ゆえ，引受けをお勧めする。）

ROG
Receipt of Goods のこと。
割引（Discount）開始の時期もしくは支払期日は，買主が商品を受け取った時点であることを意味する。

RoHS Directive ［ローズ指令］
EU が2006年7月1日より施行したローズ（RoHS；Restriction of the use of certain Hazardous Substances in electrical and electronic equipment）指令（特定有害物質使用制限指令）は，電気・電子製品や部品に鉛，水銀，カドミウム，6価クロム，ポリブロモビフェニール，ポリブロモジフェニルエーテルの6物質を使うことを原則禁止する指令である。この指令は EU 以外の国々からの輸入に対しても適用される。

Roll on/Roll off System ［ロールオン・ロールオフ方式］
デリックや岸壁のガントリー・クレーンを使用して行なう Lift on/Lift off System に対して，貨物を積載したトラックやトレーラが船側と岸壁とのあいだにかけた Ramp Way を通り，そのまま船内に入って荷卸しできる水平荷役方式をいう。

Ro/Ro Vessel ［ロロ船］
Roll on/Roll off 方式で，クレーンを使用せず，船側と岸壁とのあいだにかけた Ramp Way を通って，貨物を積載したトラックやトレーラがそのまま船内に入って荷卸しできる構造の船をいう。

Rough Cargo ［粗悪貨物］
包装または貨物の性質によって，汚染，発臭，発熱などを発生し他の貨物に汚損，濡損，着臭などの損傷をあたえるおそれのある貨物で，たとえば，生皮革，セメント，肥料，塩蔵漁獲物などの貨物をいう。

Roundabout Trade ［迂回貿易］
直接仕向国へ送らず，いったん第三国に持ち込み，そこから仕向国へ持ち込む取引である。
戦後，清算勘定（Open Account*）協定のもとでの貿易取引にあっては，2国間の貸借のバランスをとるために多く用いられた。

Rovers ［漂盗］
海上を漂泊，徘徊し，商船を襲撃して積荷を掠奪するものをいう。海賊（Pirates）と同義であるが，ムーア人，アラビア人の海賊が漂盗とよばれていたために，海上保険証券では海賊ということばに加えて，このことばが記載された。

Royalty ［ロイヤルティ］
著作権や工業所有権の使用料をさす。工業所有権は特許権，実用新案権，意匠権，商標権などを含み，産業発展や発明の奨励のために特権として保護されており，国際的にも工業所有権保護同盟条約（1883年）やウルグアイ・ラウンドにおける合意などがあって，保護されている。

こうした工業所有権を使用するための使用料がロイヤルティである。

RP ［返信料前払電報］

Reply Paid（返信料前納）の略語で、かつて国際電報の指定語として用いられた。

RT ［ライ・タームズ］

Rye Terms の省略で、ライ麦の取引がこの条件で行なわれたところから、この名称がついた。この条件のばあいには、売主は貨物の仕向地到着時における品質を保証する。

Rubber Clause ［ゴム約款］

ゴム類について海上保険で用いる特別約款で、分損担保（WA）条件を基礎としながら、さらに盗難、抜荷、1個ごとの不着などの付加危険が追加填補されている。

Rule ［支配する］

rule は govern よりも絶対的, 独裁的に支配する意。control は消極的にたんに制御する意味。

Dullness rules the market at present.（目下市場は一般に不景気である。）

Quotation ruling in this market＝price prevailing in this market＝current price＝ruling price（この市場での通り相場）

Run ［動く］

Since time is running short, we would appreciate your immediate reply.（時間がないので至急ご返事乞う。）

Otherwise you will run the risk of losing this business.（さもなければ、この取引をとり逃がす危険がある。）

The market has run along the upward tendency.（市況は上昇傾向にある。）

We received your letter which runs as follows :（下記のごとき趣旨の貴状を入手した。）

Running Number（連続番号）, Running Stocks（正常在庫）

Running Account ［交互計算］

Open Account＊ともいう。

取引ごとには代金決済を行なわず、一定期間の取引から生じた債権・債務の総額について決済する方法。帳簿決済ともいう。商社の本支店間で多く用いられる。

Running Days ［連続停泊期間］

航海用船（Trip Charter＊; Voyage Charter）で荷役期間を規定したばあい（ランを切ると俗称する）、時計の針で数えて24時間で1日とする取決め。Running Laydays＊と同じ。Weather Working Days＊（好天24時間）の対語。

Running-down ［衝突］

Collision と同義。船舶間の衝突をいう。したがって、船舶の岩礁との衝突は海固有の危険（Perils of the Sea＊）ではあるが、Running-down としては取り扱わない。

Running Laydays ［連続停泊期間］

雨天、休日などを考慮せずに、1日を24時間として荷役終了までの日数を決めるもので、1日の積荷揚量を決めて契約するばあいが多い。

Running Royalty ［継続実施料法］

特許、ノウ・ハウを、利用した程度に応じて実施料を定める方式である。実施権者にとって有利であるが、許諾者にとっては不利であるところから、非独占的（非排他的）な実施権を、許諾するばあいに用いられる。

Russo-Japanese Agreement on the Protection of Investment ［日ロ投資保護協定］

日本とロシアの間で、1998年11月に締結された投資保護協定は、2000年3月1日に日ロ双方の批准手続きが完了し発効した。日本企業の対ロ投資促進を促す本

協定は，投資許可についての最恵国待遇や投資紛争解決手続き，送金の自由などを協定し，投資環境を整えることによって両国の経済関係の発展が促進されることを期待している。

Rust ［錆］

金属類に錆が生じることをいう。貨物固有の瑕疵または性質による損害とみなされるので，保険者は特約によってだけ塡補する。

RV ☞ Rats and Vermin

Rye Terms (RT) ［ライ・タームズ］

ロンドン市場における農産物取引において用いられる陸揚品質条件（Landed Quality Terms*）をいう。

S

SA

Sociedad Anonima（ス）または Société Anonyme（仏）の略語で、スペイン系の株式会社の社名のあとにつける。

S/A はまた Shipping Application* の略語としても用いる。

Sack ［布袋］

小麦粉などを入れる布袋をいう。

Safe Berth ［安全バース］

埠頭もしくは沖合に設けた Sea Berth が、安全に荷役できる状態にあることをいう。

Safeguard Clause ［セーフガード・クローズ］

緊急輸入制限のこと。WTO 協定やガット（GATT）19条の Safeguard Clause はエスケープ条項（Escape Clause*）ともよばれ、特定商品の輸入が増大して、国内産業に甚大な被害を及ぼしたばあいは、輸入数量制限や関税引上げなどの、輸入制限がとれることを規定している。

Safely Landed ［安全な陸揚げ］

安全な陸揚げとは、それぞれの港の慣習によるが、船舶が陸揚港に着後相当期間以内に行なわれること、また艀によって陸揚げするばあいは、艀の危険をも含めて無事、貨物を陸上に揚げられることをいう。

海上保険の期間は、危険の開始時点である積込み（Loading）と危険の終了時点である安全な陸揚げ（Safely Landed）までを原則とする。

Safe Port ［安全港］

用船者は用船契約にもとづいて安全に荷役できる港だけを指定できる。

Said to be ［数量無関係］

「〜ありと称する」の意味。積込みのさいに検数するには、多大の時間がかかり、出港時間に間に合わないようなばあい、あるいは船会社側が立ち会って検量することが困難なばあいに、数量の前に Said to be もしくは Shipper's Weight と付記して、数量について運送人は責任を負わないことを示す。

Said to Contain ［不知約款］

Unknown Clause* の１つで、荷主がコンテナ詰めした（Shipper's Pack*）ばあいに、船会社は中身については免責であることを示す。

在来船で散荷を積むようなばあいは Said to be* が用いられる。

Sailing Agreement ［配船協定］

海運同盟に加盟している数社が定期的に順番で配船するという協定。

Sailing for a Different Destination ［異なる仕向港向けの出港］

被保険貨物を積載した船舶が、所定の仕向港へ向かって出港しないことをいう。航海中に所定の仕向港を変更したばあいは、Change of Voyage（航海の変更）となる。こうした航海の変更があったばあいに、保険者の担保を継続させるためには、離路約款を含む延長担保約款（Extended Cover Clause）および航海変更約款（Change of Voyage Clause*）を挿入しなくてはならない。

Sailing on or about ［出港月日］

海上保険証券の明細表（Schedule*）や

送り状 (Invoice*) に印刷されている文言で, 本船の出港予定日を示す。

一般に about のなかに on の意味も含まれるので, 8月10日頃は about August 10でよく, このばあい信用状統一規則では, 前後5日間のずれを認めている。

Sailing Schedule　［配船表］

自社の定期船 (Liner) について, 入港・出港の予定を示した配船の予定表で, 船会社が広く荷主, 海貨業者に配布・広告して貨物を誘致する。Shipping Schedule* ともいう。

Sailing Terms　［出港条件］

FOB, CIF などの積地条件のもとでは, 売主は特定された船積期日 (Time of Shipment) までに, 貨物を輸出港の本船に積み込み, 船荷証券の日付 (B/L Date*) をもって, それを証明するのが原則である。しかし出港条件づきの契約のばあいには, 積み込んだ本船が, 特定期日までに輸出港を出港することまでが, 売主に義務づけられる。

これは船舶が小型であった昔, 欧州で用いられることが多かった条件であり, 今日のような大型船舶の時代には, 本船をいつ出港させるかは, 船主の営業政策によるので, 輸出者の権限外である。しかし, 出港条件をつける買主が今なお存在するのも確かなので, これを防ぐためには, 船積期日は船荷証券の日付をもって final とする旨, 明記しておく必要がある。

Sale　［販売］

Eventually, when the sale is made, we have to allow you the extended credit so as to help you for importing. (貴社の輸入をしやすくするため取引成立のさいには, おそらく長期の信用供与が必要となる。)

Regarding sales facilities we are still waiting for details. (販売上の便宜については, その詳細を待っている。)

Your shipments have been found in unsalable condition. (積荷は商売にならない状態であることが判明した。)

Sale by Certificate　［証明書売買］

積荷の品質は公認検査機関の証明書によって最終決定されるという条件の取引。

Sale by Credit　［掛売り］

つけ売りともよばれ, 貨物の引渡し後に, 代金を支払うという条件で, Cash on Delivery* の対語。主として, 小売商が行なう月末払いなどが, 掛売りの好例である。

Sale by Description　［説明売買］

取引商品の品質を, 現物や見本によって打ち合わせるのでなく, 明細書や仕様書, あるいは, 青写真, 型録などによる説明によって, 打ち合わせる取引方法である。原材料取引は, 多くこの方法で行なわれる。製造加工品のばあいもたとえば, 巨大貨物や高価品は, 見本を用いず, それらの構造, 性能, 取扱い方法などの仕様書や青写真を用いて, 品質を打ち合わせる説明売買がふつうである。こうした説明売買にあっては, 説明に用いた資料が契約書に明記され, 引き渡すべき約定品の品質は, その説明と合致しなければならない。

Sale by Inspection　［実見売買］

商品を直接, 点検して行なう取引。貿易取引のばあいは, 実見売買が困難であり, 見本売買 (Sale by Sample*), 説明売買 (Sale by Description*) が一般的である。

Sale by International Standard　［規格売買］

生糸や綿糸布のような, 国際的に規格が定まっている商品の取引にあっては, その規格を, 品質条件として明示することによって, 取引が成立するが, こうし

Sale by Sample ［見本売買］

見本によって売買の対象物品の品質を表示し決定して、契約を成立させる売買で、製造加工品についての貿易売買に多くみられる。貿易取引にあっては、売主と買主とが隔離されているため、買主は契約成立にさきだって、取引商品全部の品質を詳しく検討することができないので、見本を基礎として品質についての打合せを行なう。このばあいに用いられる見本には、Seller's Sample（売手見本），Buyer's Sample（買手見本），Counter Sample（反対見本）がある。見本売買にあっては、売主は、取引の基礎となった見本と契約品とを、名称、品質、状態において合致させる義務を負う。

Sale by Selection ［選択売買］

買主が現物をみずから直接に検査・検討して、欲する商品を選びだして契約する取引をいう。

Sale by Specification ［仕様書売買］

Sale by Sample*（見本売買）に対するSale by Description*（説明売買）の一種。巨大貨物、とくに発動機、大型の機械類、船舶などのように、技術的に経費的に見本の送付ができないばあい、買主の引合いに応じて、売主は設計図、青写真などの仕様書をつくり、これによって引合いのあった商品の、品質条件を定めて行なう取引をいう。

Sale by Standard ［標準品売買］

標準と認められるものを基礎にして価格を決め、実際に引き渡された商品の品質が異なっていたばあいは、価格の増減で調整する取引。たとえば、粗糖は糖度96度を標準とする。毎年、品質が違う穀物類にあっては、FAQ*かGMQ*の条件が用いられる。

Sale by Trade Mark ［商標売買］

有名商品は見本を用いず商標（Brand*；Trade Mark）を利用して取引する。説明売買（Sale by Description*）の一種である。

Sale by Type or Grade ［規格売買］

鉄鋼、羊毛、セメントなど国際的に規格が定められているばあい、その規格を表示することによって品質を決定する。

Sale of Future Goods ［先物取引］

将来の引渡しと支払いを約する商品または証券の売買で、価格の騰落に応じた差額利得を見込んで行なわれる。価格の変動による損失を防ぐ目的でHedging*のためにも用いられる。

Sale of Goods Act ［英国物品売買法］

M.D. Chalmersの草案にもとづき、1893年に発布された英国物品売買法で、64条からなっている。英本国およびその属領で施行されただけでなく、米国も本法と内容的にほぼ同一の売買法（Uniform Sales Act）を施行させているので、その適用される範囲はきわめて広い。本法は英国において契約法に対して特別法の地位にあり、本法の規定の欠陥は、契約法をもって補完される。

なお、本法は1979年に改正された。国際的な条約としては1980年の国連条約（ウィーン条約）がある。

Sale on Approval ［承認売買］

一定の期間における買主の検討を認め、気にくわないときは返品できることを条件として行なう売買で、買主は現品を検討し、これを承認できないときは、返品することができる。「みはからい」取引ともよばれ、耐久消費財や洋書などの販売にみられる。

Sale on Consignment ［委託販売］

Consignment Sales*と同じ。

Sales Contract ☞ Contract Note

Sales Invoice ［売買用送り状］

積荷の明細書であると同時に計算書ないし請求書，出荷案内書の性格をもつ船積書類の一種である。通常，送り状（Commercial Invoice*）といえば，この Sales Invoice をさす。これに対して，委託販売用送り状（Consignment Invoice*）や見本品の送付にともなう見本用送り状（Sample Invoice*）などがある。

Sales Note ☞ Contract Note

Sales Rep. ［セールス・レプ］

Sales Representative の略称で，米国国内で，輸入業者またはメーカーの代理店として手数料ベースで取引する業者をいう。

Salvage(**Charges**) ［海難救助費］

船舶や積荷または人命が，海難に遭遇したばあいに，第三者が任意に救助活動を行なったばあいの費用をいう。

Salvage Contract ☞ Contracted Salvage

Salvage Loss ［救難損失］

海難によって準全損が発生したばあいに，被保険物の保険金額と，救助された残存物品の処分によってえた金額との差額をいう。

Salvage Loss Settlement ［救助物差引塡補方式］

本船の事故によって貨物を航海途中で陸揚げしたが，仕向港までの便船を待ったのでは損傷が大きくなるので，貨物を売却処分したばあいに，保険金額から正味売却手取金額を差し引いたものを，保険金とする計算方法をいう。

Sampan ［サンパン］

小型平底の沿岸就航船をいう。船側左右各1枚，船底1枚の合計3枚の板で簡単につくられているところから，この名称がある。

Sample ［見本］

取引の申込みのさい，価格表（Price List），カタログ（Catalog）とともに相手側へ送るもので，これをもって，取引商品の品質，形状を理解してもらう。

見本の種類には，売主が売込みのために買主へ送る売手見本（Seller's Sample*），買主の希望している商品を買主側から送付してくる買手見本（Buyer's Sample*），買手見本に類似したものを作成し，確認のためあらためて買主へ送ったり，また，売手見本に対して買主が修正を加え，類似した見本を売主あてに送る対見本（Counter Sample*）のほかに船積後，積荷と同一物を航空便で買主あてに送る船積（または先発）見本（Shipping or Advance Sample*）がある。

これらの見本を，相手側へ送付するにさいしては，同一の見本を少なくとも3部以上整える必要がある。そのうち原見本（Original Sample）は相手あてに送付し，控見本（Duplicate Sample；Keep Sample；File Sample）は，送付者みずからの控え用に保留し，第3見本（Triplicate Sample）は，契約成立後，メーカーまたは問屋に提示する仕入れのための見本である。

これらの見本を土台としてとり結ぶ取引を見本売買（Sale by Sample*）というが，このばあい，売主は見本と約定品とを，①名称（Description），②品質（Quality），③状態（State）の3点について，合致させなければならない。

なお，買手見本，対見本については知的所有権の抵触に関して考慮を要する。

We can do nothing without samples.（見本がなくては何もできない。）

You must guarantee your shipments to be exactly equal to the sample.（積荷は見本と同一であることを保証しなくてはならない。）

The quality of your shipments is below (＝inferior to) the sample.（積荷

Sample Collector ［見本商人］
Sample Merchant＊と同じ。

Sample Discount ［見本割引］
商品見本は，無償で送付するのが原則であるが，大量の見本や高価品のばあいには，無償では送れない。このばあい，通常の取引のさいよりも何パーセントか割引した価格で仕切るのがふつうであるが，これを見本割引という。

Sample Invoice ☞ Sales Invoice

Sample Merchant ［見本商人］
悪徳商人の一種で，自社を自賛した書簡をばらまいて，各国の輸出者から見本を要求し，正式な注文は発注せず，とり集めた見本を売却して，それによって生計をたてている商人をいう。

Sample of No Value ［無償見本］
Free Sample ともいう。無料で提供する見本のこと。

Sample Post ☞ Parcel Post

Sanitary Certificate ［衛生証明書］
Health Certificate＊と同じ。

Scale ［スケール］
直物相場と先物相場との開きで，直物相場を基準として先物相場の開きを先物スケールといい，一定の開きを加算するばあいをスケール・アップ，差し引くばあいをスケール・ダウンという。

Schedule ［予定；明細表］
Shipping Schedule (配船予定)，Schedule Order（予定注文）のように，一般に予定を意味する。海上保険上は，保険証券の右側上欄の明細表をいう。

M/S "Japan Maru" scheduled to sail (＝due to sail＝leaving＝expected to set sail) from Kobe on the 10th. (10日に神戸出港予定のジャパン丸)＊ leaving の場合は from をつけない。

This shipping schedule is subject to change with or without notice. (この配船予定表は予告して，あるいは予告なしに変更することがありうる。)

Scheduled Payment
建設プロジェクトにおける支払条件の1つで，契約時に予想出来高にもとづいて割賦払いの各支払時期と支払金額をあらかじめ定めておく方法である。これに対して業務の出来高（Work Progress）に応じて支払う方法が Progress Payment である。

Scope of Cover ［損害塡補の範囲］
保険者が責任を負う損害塡補の範囲をいう。1983年 ICC＊ (Institute Cargo Clauses, 協会貨物約款) は FPA (C)，WA (B)，All Risks (A) の3つの基本条件を規定している。

Scorching ［灼くこと］
焦がし (Charring)，燻り (Smoking) とともに，海上保険上は火災 (Fire) として取り扱われる。保険証券に列挙された危険の1つで，通常，保険者によって塡補される。

Screwdriver Operations
日本企業の海外市場での生産活動は，日本から部品を輸入して，これを現地工場で組み立てる形態のものが多い。こうした形の生産活動をいう。

これに対して欧米では，現地で生産された部品 (Local Content Requirements) の購入を義務づけるか，日本からの部品輸入にも高関税を課す傾向があるが，一方，日本企業側は，部品メーカーが直接海外進出して現地生産する方式が一般化している。

SD
Sea Damaged の省略で，原則的には船積品質条件であるが，航海中貨物が潮濡れまたは凝結による損害をうけたばあいは，売主が負担するという条件である。

SDBL

Sight Draft with Negotiable Bill of Lading Attached の略語で，売主は指図人式船荷証券を添付した一覧払為替手形を買主あてに振り出す決済条件である。

SDR ［特別引出し権］

Special Drawing Rights の略語。IMF協定の加盟国が，国際収支の赤字のときにかぎって，出資の裏付けなしに引き出せる権利をいう。1969年の創設当時は，金・ドルの補完のための準備資産としての意義が大きかったが，今日では，その安全性が注目され，各国通貨の価値基準の役割を担っている。すなわち，米ドルを含む世界の主要通貨16の平均値と一致して動くことになっているので，かりに米ドルなり英貨ポンドの価値が下落したばあいも，SDR を構成する他の通貨の価値はその分だけ高まることになり，SDR それ自体は，つねに安定する傾向にあるからである。

Sea Berth ［シー・バース］

沖合に特設された埠頭で，主としてタンカーの荷役に用いられる。陸上の施設とはパイプラインで結ばれている。

Seaborne Only ［海上のみ担保］

海上保険は原則として，輸出港における本船積込みから仕向港における荷卸しまでの海上だけに限定されることをいう。しかし，現実には Transit Clause* によって，この範囲が延長されている。

Seaborne Trade ［海上貿易］

海上輸送を仲介して行なわれる対外貿易をいう。大陸間の陸上貿易に対して，日本や英国は四方が海であるため，貿易取引は海上貿易として発展した。

Sea-going Vessel ［本船］

貿易商品を積み込んで，直接，仕向地へ安全に航海できる航洋船をいう。わが国の船舶検査法による第1級船のことで，長さ60メートル以上，最大10ノット以上の速力のある船をいう。ふつう，Ship もしくは Vessel という。

Sealed Sample ［封緘見本］

それを破らなくては，内容の交換ができないように包装の封じ目を封緘した見本。

Seals Off ［封印切れ］

高価品の受渡しにさいしては厳重に封印を検査し，封印切れのものについては本船側は積込みを拒絶するのが原則であるる。しかしやむをえないばあいには，封印切れのまま，Seals off, N/R for shortage of contents（封印切れ，中品不足無関係）と摘要をつけて，積み込んでもらうことがある。

Sea Protest ［海難報告書］

人夫負傷，荒天遭遇，衝突，座礁などの海難の事実と，それが不可抗力によるものであることを主張するために，船長が監督官庁あてに届け出る報告文書をいう。

Seasonal ［季節的の］

Seasonal active transaction（季節的に活発な取引）

Seasonal sales are expected in this market.（季節的な販売が当市場で見込まれる。）

Seasonal Duties ［季節関税］

柑橘類などについて国内生産者を保護するために，一定の収穫期にかぎって輸入品に課する通常よりも高率の関税をいう。

Seawater Damage ［海水濡れ］

潮濡れともいう。船体外板の損傷または艙口を突破口として，海水が船艙内に浸入して貨物に濡損が生じることをいう。荒天による危険（Unusual Stress of Weather）として通常，保険者によって填補される。

Sea Waybill ☞ Waybill

Seaworthiness ［堪航能力］

船舶がその運行を完結させるために船

体，機関，属具を完備し，必要な乗務員を配置し，十分な燃料，食糧，水などを積載して，航海を無事に終えうるだけの能力をいう。わが国の国際海上物品運送法では，堪航能力担保義務を運送人の責任としている。

Each dozen of our goods are wrapped up in paper and packed in seaworthy tin-lined cases iron-banded outside, each containing 100 dozen. (1ダースずつ紙に包まれたもの100ダース詰めで，堪航包装のブリキ張り外側帯鉄の木箱に梱包される。)

Secondary L/C ☞ Original L/C

Second Beneficiary ［第2受益者］

Transferable L/C*（譲渡可能信用状）のばあいに，原受益者(First Beneficiary)から譲渡された被譲渡人をいう。譲渡は全額(Full Transfer)も分割譲渡(Partial Transfer)も可能である。しかし譲渡は1回にかぎるので，Second Beneficiary が Third Beneficiary へ直接には譲渡することはできない。

Second of Exchange ☞ First of Exchange

Second Unpaid ［第2券未払い］

為替手形の第1券の本文中にある文言で，同じ手形期限および振出日の第2券未払いのばあいの意味。第2券には，逆に第1券未払いのばあいにかぎると印刷されている。

Secret Defects ［潜在瑕疵］

Inherent Defect* と同じ。

Secret Language Telegram ［暗語電報］

国際電報の内容が他社にもれるのを防ぐために，特定の暗語で打つ電報のことで，Code Language Telegram ともいったが，電報の時代は終わった。

Secure ［確実にえる］

えようと思ったものを，確実にえる(obtain)こと。gain は努力してえる。win は偶然に obtain すること。

We are unable to secure any business due to the dull condition prevailing here. (当地は一般に不景気のため取引獲得は困難である。)

We will do our best to secure space for your order on the first available vessel. (貴注文については第1便船に船腹を獲得するよう努力する。)

Securing ［締めつけ］

Cargo Securing のことで，積み込まれた貨物を固定して，荷崩れを防止するための作業をいう。このうち，木材またはパイプなどで貨物の位置を固定させることを Shoring*，ロープやチェーンで貨物を固縛し，または引っ張ってその位置を固定させることを Lashing という。

Securing Shipping Space
☞ Booking Ship's Space

Security ［担保；保証］

「担保；抵当；保証」の意味で用いる。Securities と複数形で用いるばあいは，有価証券を意味するばあいが多い。

Security Bond は，海外建設工事の請負のさいに差し入れる銀行，保険会社などが発行する保証状をいう。

Segmented Transport Service ［区間運送サービス］

複合運送のばあい，運送人が全区間の運送について一貫責任をとる通常のばあいと違って，荷主が各運送人と契約して通し運送を行なうことをいう。

Seizure ［だ捕］

海上における占有奪取(Taking at Sea)のことをいう。捕獲(Surprisals)とともに，海上保険証券の列挙危険の1つで，保険者が通常，その損害を塡補する。

Selective Bid

Selective Tendering ともいう。あらかじめ決められた基準に従って選定された

コントラクターだけに入札の機会を認めるもの。

Selective Tendering ☞ Selective Bid

Self-Insurance ［自家保険］

貨物の所有者みずからが，保険者となる保険で，船会社や危険品を製造するメーカーなどで用いられる。その方法としては，事故の発生確率にもとづいて，支払わなければならない損害保険料に相当する金額を算定して，基金を用意し，これをもって運営する。この方式は保険基金を自己の所有として利用できること，危険の減少がただちに自己の利益となること，保険会社と保険契約を結ぶばあいにくらべて経費の負担が少なくてすむ，などの利点がある反面，自家保険は危険分散が不十分であり，異常な大損害の発生に対抗できない。

貿易取引における CIF 契約では，売主が付保義務を有するが，このばあいには，売主みずからが保険者となる自家保険，およびそれらにもとづく証明書類は，すべて認められない。

Seller's Market ［売手市場］

需要が供給を上回り，売主が有利な立場に立ったばあいの市況をいう。

Seller's Option ［売手の任意］

売主が自由に選択できる権限をもつことをいう。たとえば，The port of shipment shall be at seller's option.（積出し港は売手選択のこと。）

Seller's Sample ［売手見本］

売込み商品の品質を相手に認識してもらうために，売主が送付する見本をいう。

Selling ［販売の］

This will stop us from selling your products.（そのため貴製品の販売ができなくなる。）

Selling Rate「（為替の）売相場」

At what rate can you sell exchange on London?（対英為替売相場はいくらか。）

Selling Agent ［販売代理人］

特定の商品を現地で継続的に販売する代理人としての権限をあたえられているもので，Sales Agent ; Commission Representative ともいう。販売代理人は，輸出者の代理人として特定地域において，本人（Principal）たる輸出者のために，現地の顧客から注文を集める。本人たる輸出者は，その注文を確認したうえで，現地の顧客からの信用状の発行を待って，商品を現地の顧客へ直送し，契約価格全額の荷為替を現地の顧客あてに取り組む。この間の販売および信用危険は，いっさい，本人たる輸出者が負担する。販売代理人は，あらかじめ本人たる輸出者と取り決めた販売手数料（Selling Commission）を，3 カ月なり 6 カ月ごとにまとめて，本人から送金してもらう。

Selling Commission ☞ Selling Agent

Selling Contract ［売り予約］

輸入為替または送金為替の決済のためにとり結ぶ予約。銀行の売り，顧客の買いとなるので，契約文言は，Sold to (Customer), Bought from (Exchange Bank) となる。

Selling Exchange ［売為替］

為替のことばは銀行中心に表現するので，売為替とは銀行が外貨を売るばあいの総称。

輸入者が輸入決済のために必要とする為替は輸入者からみれば買いであるが，銀行中心に表現するので銀行からみて売為替ということになる。輸入取引に関連する為替である。

Selling Offer ［売申込み］

Offer for Sale と同じ。売主が一定の内容の契約を成立させるための意思表示で，被申込者の承諾によって契約は成立する。Offer 参照。

Selling Rate　［売相場］

為替の取引は，銀行側からみて，売為替と買為替とに分かれる。売相場とは，為替銀行が為替需要者に対して，為替を売るときの相場をいう。正しくは銀行売相場（Banker's Selling Rate）である。海外へ送金しようとする者に適用される送金為替相場や電信為替相場，あるいはまた，輸入者が輸入代金（期限付き手形）決済のために適用される相場をいう。

Semi-blocked Style　［準垂直式］

Mixed Style（混合式）ともいう。

英文書簡の Body（本体）を Indented Style（凹凸式）とし，他の構成要素はすべて Blocked Style（垂直式）で配列する書簡の形式。

Semi Container Ship　☞ Container Ship

Semi-exclusive Selling Agent　［限定一手販売代理人］

排他独占代理権に販売地域や取扱商品について若干の制約を加えたもの。たとえば，当該国の政府機関への販売は輸出者の自由とするなど，制約条件がつけられた販売代理人。

Sensitive Farm Products　［農業の「重要品目」］

WTO ドーハ・ラウンド交渉の場で，農産物の関税削減率の対象から除外される例外的な品目のことである。不調に終わった2010年夏のドーハ・ラウンド交渉の場で，ラミー事務局長調停案として示された重要品目数（農産物の関税品目数の最大6％）を前提に考えると，わが国の場合，農畜産物の関税品目数は1,332品目なのでその6％は約80品目となる。コメなど200％を超える高関税率品目は101品目あるので，21品目は重要品目から除外されることになり関税削減率70％の対象品目となるとことが予想されたが，交渉が妥結に至らなかったので未決のままである。

Separate Contract　☞ Instalment Shipment

Separately　［別々に］

under separate cover（別封で）の意味。型録とか見本は目方があるので航空書簡とは別封して，PRINTED MATTER（印刷物）もしくは PARCEL POST（小型包装物）と封筒に明記すると安い料金で送れる。

We request you to ship these goods separately.（これらの品を別便で送ってもらいたい。）

We take pleasure in sending you separately a copy of the latest catalog.（最新のカタログ1部を別送する。）

Separation Board　☞ Bulk Head

Series of Lot　［口分法］

大量貨物について保険契約を締結するばあいに，全体をまとめて一口として契約せず，いくつかに分割して付保すること。この方法をとると，免責歩合適用単位が小さくなるなどの有利さがある。これに関する約款を Series Clause（口分約款）という。

Servant　［被用者］

Assistant, Sub-contractor ともいう。

雇用者の指揮・監督のもとで，雇用者の業務履行を補助する者。

Service　［役務］

一般的に，他人の要求もしくは現存する需要を満たすために提供するもので，とくに商品の製造・加工や商品の小売・卸売などの流通とは関係なしに行なわれる労力をいう。電信・電報のような公共事業，クリーニング，補修なども含まれる。

役務取引について1980（昭和55）年12月施行の新外為法では，つぎのばあいをのぞいて，自由に行なうことができるようになった（外国為替及び外国貿易管理

① 鉱山物の加工または鉱業権の移転その他これらに類するもの

② わが国が締結した条約その他の国際的約束の誠実な履行または国際的な平和および安全の維持を妨げることとなると認められるもの

All future shipments are to be forwarded on the container service instead of normal service.（今後の積荷は在来船でなくコンテナ輸送されるべきこと。）

Our extensive mechanized production facilities will be of service to you, now and in the years ahead.（広範に自動化された生産設備が現在と将来にわたって貴社に役立つであろう。）ただし，1998(平成10)年4月1日の外為法改正・施行により上記①鉱業権の移転に係る規制は廃止された。

Service Speed ［航海速力］

Sea Speed ともいう。

船が実際に航海するさいに期待できる速力。¾の載貨状態で，しかも常用出力で機関を動かして走る速度である。速力の単位にはノットを使用するが，1ノットは毎時1,852メートルの速さである。

Service Trade ［無形貿易］

Invisible Trade* と同じ。

Service Type ［サービス・タイプ］

コンテナ貨物についての，船会社のサービスの形態をいう。荷受け時（on Receiving），荷渡し時（on Delivery）ともに，CY*受け，CFS*受け，Door*受けの3種類がある。

Set Bill ［組み手形］

外国為替手形は，同一内容，同一効力のものを第1券，第2券と2通作成する。このような手形を組み手形といい，内国為替手形のように1通だけを振り出す単独手形（Sole Bill）と異なっている。これは，手形の送り先が遠距離の地にあるので，手形が輸送の途中で紛失したり，遅着したり，盗難などの危険があるためである。こうした手形流通上の障害を防ぐために，第1券に船積書類正本を，また第2券に，船積書類副本を添付して，異なった輸送経路で，あるいは発送時を変えて，受取人へ送付する。このような組み手形は手形法上，同一効力をもつので，二重払いを防止するために，第1券には，「第2券未払いのばあいにかぎる」と，また第2券には「第1券未払いのばあいにかぎる」の文言が記載されている。

Setting Temperature ［設定温度］

冷凍コンテナ（Refrigerated Container）を使用するばあいに，荷主は運送人に貨物に適した設定温度を指示する。

Settle ［解決する；決済する］

Please settle the pending claim without delay.（懸案のクレームを至急解決してほしい。）

The return premiums will be settled in our debit note.（割戻し保険料は弊社からの借方票のなかで決済する。）

You have repeatedly requested us to settle our outstanding account.（未払勘定の決済を繰返し要求している。）

As to the settlement of account, we are agreeable to your terms.（支払いに関しては貴社の条件に同意できる。）

Settlement Discount ［決済割引］

決済条件が売主にとって有利なばあいに，何パーセントかの値引きを認めること。大量注文に対して行なう数量割引（Quantity Discount）や同業者に対して行なう同業者割引（Trade Discount）とともに，貿易取引上，販売促進策として用いられる。

Settlement in Foreign Trade ［貿易の決済］

輸出入取引の決済をいつどのような方法で行なうか（決済条件）は，取引を行

なう当事者間の取決めの問題であるが、信用状付き荷為替手形決済などのオーソドックスな方法に加えて今後ますます決済方法の多様化が進むことが予想される。企業の多国籍化が進むにつれて企業内取引 (intra-company dealings) が進行すれば信用状 (L/C; Letter of Credit) を必要としないかもしれないし、電信送金 (TT remittance) ベースの決済で済ますこともできよう。ファクター (factor) を利用することも考えられる。貿易書類の電子化 (BOLERO や TEDI など) も考えられる。コンピューターを駆使した多元的相殺決済 (multi-netting) を考えることもできる。当該国の関係法令が許容することが前提であるが、それぞれの企業にとって最適な決済方法を選択実行する時代である。なお、外貨建て輸出決済の場合には、想定為替レート (assumed exchange rate) を超えた円高で為替差損が生じないよう先物為替予約 (forward exchange contract) など慎重な対応を要する。

Settlement Trade ［居留地貿易］
治外法権があたえられている居留地の外国人との取引をいう。

SF
容積の数量単位で、木材のばあいは、1平方フィート×1インチの容積をSuper Foot (SF) とよび、48SF をもって1容積トンとする。

Stowage Factor* の略語としても用いる。

SGA ☞ Sale of Goods Act

SGS
Société Générale de Surveillance S.A. の略号で、従来は Far East Superintendence Co. (FESCO) とよんだ。本部がスイスのジュネーブにある輸出入貨物の検査機関で、SGS グループは90余の関連会社からなり、世界150カ国で営業活動を行なっている。日本では SGS Far East,Ltd. (エス・ジー・エス・ファー・イースト・リミテッド) が活躍している。従来扱っていた農産物、鉱産物および工業製品の検査業務に加えて、電子機器産業、精密化学製品、石油化学製品、一般消費財および、その他多くの分野の品質管理業務を展開している。

SH
Sweat and Heating の略語。☞ Heating

Shade ［色合い；ごく僅か；値下げする］

Special shades can be supplied within a reasonable time. (特別の色合いの品も適当な期間内に納められる。)

Rayon piece goods are a shade weaker. (人絹反物の相場は心持ち弱い。)

We have shaded our prices to a point where no margin is left. (利幅のない点まで値下げした。)

Shall
契約書で用いられる"shall"は債務 (obligation) であって、契約当事者が法的な義務として履行を強制される。したがって、"shall"を用いて表示された債務を履行できなかったばあいは、契約違反 (Breach of Contract) を構成し、損害賠償、強制履行、契約解除などの対象となる。☞ Will; May

Sharp ［鋭い］
We expect a sharp rise very shortly. (近く価格が急騰すると考える。)

Tin also moved up sharply following the uptrend overseas. (錫もまた海外の上昇傾向につれて急騰した。)

Shed ［上屋］
輸出入貨物を集積し、検査、仕分け、梱包などの荷さばきを行なうために、一時的に保管する場所をいう。私設上屋と公共上屋とがある。ときには倉庫 (Warehouse*) を上屋として使用するばあいも

ある。

上屋の語源は、明治維新開国時にWarehouse(ウェアハウス)を仮揚倉庫にも適用して「うわや」と略称したことによる（小原健児『船積陸揚通関実務指針』15頁）。なお上屋という用語は、つぎのように種々の意味で用いられるので注意を要する（港湾経済研究所編『港湾業務の体系』220頁）。

① 港湾法上の「荷さばき施設」の上屋
② 港湾運送事業法上の「上屋その他の荷さばき場」の上屋
③ 公共上屋（市営上屋）の上屋
④ 関税法上の「保税上屋」の上屋（私設上屋および倉庫）、「指定保税地域」の上屋（公共上屋）
⑤ 駅、トラックのターミナル、CFSなどの上屋

なお、かつての「保税上屋」は「保税倉庫」と合体して、現在では「保税蔵置場」（関税法参照）と呼ばれる。

Sheddage ［上屋(うわや)使用料］
埠頭の上屋（Shed*）の使用料のこと。

Shed Delivery ［総揚げ］
Delivery Ex Warehouse ともいう。
貿易貨物が陸揚港において船会社の手で、全部一度に陸揚げされること。すなわち、船会社の陸揚代理人（Landing Agent*）またはステベ（Stevedore*）の手で、他社の貨物といっしょに、保税地域にまとめて陸揚げされることをいう。これは、多数の荷受人が自社の輸入した貨物をみずから陸揚げすることは、かぎられた停泊期間内には不可能であるところから、船会社がまとめて陸揚げすることになるためである。このばあい、荷受人は、裏書した船荷証券（B/L）と引換えに、陸揚代理人またはステベあての荷渡指図書（D/O*）を船会社の事務所から受け取り、これに裏書して陸揚代理人、またはステベに提出して総揚げされた貨物を引き取る。個品運送の総揚げ貨物は、倉渡しされることが多い。

Sherman Anti-trust Act ［シャーマン法］
米国の反トラスト法のなかでもっとも古く、かつもっとも基本的な法令で1890年に制定された。取引制限を内容とする企業間の共同行為と独占行為とを禁止の対象としている。

SHEX
Sundays and Holidays excepted の意味で、日曜、祭日は作業日でないので、Laydays*（停泊期間）から除外されるという意味。
これに対して日曜、祭日込み条件をSHINC (Sundays and Holidays Included) という。

Shift ［交替勤務制］
港では1日を昼と夜とに分け、昼を1st Shift または Day Shift（午前8時から午後6時まで）、夜を2nd Shift または Night Shift（午後7時から翌朝4時半まで）という。

Shift Cargo ［場所換え貨物］
同一本船で、積付けの都合上、やりくりしないと貨物を卸せないようなばあいに、上積み貨物をのぞいて貨物を引き出し、のぞかれた貨物をふたたび積み戻すことをいう。

Shifting Board ［仕切り板］
散積(ばらづみ)貨物の船艙内での移動を、防止するための仕切り板をいう。Separation Board；Bulk Head ともいう。

Shifting Cargo System ［けんか巻式荷役］
船艙上のハッチ・ブーム（Boom）と舷側外の貨物を卸す地点上のドック・ブームの、それぞれの荷役索を利用して揚卸しする荷役方式をいう。

Shifting Charge ［荷繰り費用］
上積み貨物をのぞいたりする、荷繰り

のために要した費用をいう。

SHINC

Sundays and Holidays Included の省略。

航海用船（Trip または Voyage Charter*）において停泊期間を決め（ランを切る），好天 24 時間（Weather Working Days*）を採用したばあい，日曜，祭日は作業しなくても停泊期間に算入されるという条件。算入しないばあいは SHEX* という。

Ship ［本船；船積みする］

Sea-going Vessel*（航洋船）のことで，直接，仕向港へ安全に航海できる船をいう。これは船舶検査法による第1級船を意味し，長さ60メートル以上，最大10ノット以上の速力のある船である。

We will ship the correct goods by the next available vessel.（正しい商品を，次便で船積みする。）

Ship American ［米貨米船主義］

米国のドル防衛政策の一方策として生まれたもので，米国船優先使用，あるいは米貨米船主義ともよばれる。米国の輸出入物資の輸送は，米国船を優先的に使用するという原則であり，一種の国内産業保護政策である。1958年以降，米国の国際収支は急速に悪化したが，60年秋から本格的にドル防衛政策がとられはじめたのと関連して，この動きが強まり，米国船の使用が拡大されて，現在では米国の対外援助の，あらゆる物資輸送にゆきわたっている。

Buy American（米国品優先買付け）やケネディ大統領の「国際収支に関する特別教書」において発表された利子平衡税も，ドルの海外流出の阻止という，同様な目的をもっていた。

Ship Boss ［小頭］

船内で作業する荷役人夫の取締りを行なう者をいう。

Ship Broker ［海運仲立人（甲仲）］

甲種海運仲立人（甲仲と略称する）をいう。船主と荷主のあいだに入って，不定期船貨物の仲立や船舶の貸渡し，売買，運航などの仲介，代理的な仕事を行なう。Chartering Broker* ともいう。

Ship Foreman ［小頭］

Ship Boss* ともいい，船内荷役人を監督する者をいう。

Shipment ［船積み（品）］

本船上に貨物を積み込むこと。ときには船会社に貨物を引き渡すことをもいう。米国では，たんに船舶だけでなく鉄道に貨物を積み込むばあいもその他の運送機関による運送のばあいも Shipment という。

通常は，本船の欄干（Ship's Rail）を有効にこえて積み込まれた（loading）ことをもって，船積みと解釈される。ただし定期船（Liner*）による個品運送のばあいには，船艙積付けのための仕分けを陸上で行なう必要から船会社指定の荷受場所で荷受けされるので，船会社側への貨物の引渡しが船積みとみなされる。

複数形の場合，船積品の意味でも用いる。

We hope the shipments will reach you in due course of time.（積荷はやがて到着すると思う。）

We are glad to say that the goods are ready for shipment.（貨物の船積準備ができていることを報告する。）

It would be appreciated if you could make the partial shipments.（分割船積みができればうれしい。）

Shipment by Instalment ［分割船積み］

Instalment Shipment*；Partial Shipment と同じ。

Shipment Contract ［積地売買］

船積地を契約履行地とする売買契約で

現場渡し（Loco），貨車渡し（FOT；FOR），倉庫渡し（Ex Warehouse），船側渡し（FAS），本船渡し（FOB），運賃・保険料込み渡し（CIF）などが，これに属する。これらのうち，貿易取引にあっては，FOB条件とCIF系統の条件がもっとも多く用いられるが，これらの条件は，特約がなければ，船積港における本船への積込みが，売主と買主との危険負担の分岐点となる。

Shipment Sample
☞ Advance Sample

Shipnets ［シップネット］
Shipping Cargo Information Network System の略称。港湾貨物情報を効率的に処理するための港湾関係業者間のオンライン情報システムをいう。

Ship Owner ［船主］
定期航路船のばあい，船主は同時に運送人（Operator）であるし，航海用船（Trip Charter*）のばあいも，船主は，同時に航路を運航する運送人でもある。しかし，期間用船（Time Charter*）のばあいは，この関係がくずれて，用船者が運送人となる。

Shipowner's Liability ［船主責任］
船主は堪航能力（Seaworthiness*）を備えることについて相当の注意を払うことが要求されている。一方，運送責任を制限する Package Limitation* も決められている。

Shipped B/L ［船積船荷証券］
貨物が現実に本船に積込み完了後に発行される船荷証券をいう。すなわち，船会社が貨物を本船上で受け取ったことを証する本船受取書（Mate's Receipt*）と引換えに発行されるものである。On Board B/L ともいう。

受取船荷証券（Received B/L*）のばあいも船積み裏書（On Board Endorsement*）を船会社につけてもらえば，船積み船荷証券と同一の効力をもつことになる。わが国の貿易企業が使用する船荷証券は，船積み船荷証券がほとんどである。

Shipped Quality Terms ［積出し品質条件］
Shipping Quality Terms ともいう。品質決定の時期を規定するための条件で，売主は契約で規定されたとおりの品質の商品を積出しさえすれば，たとえその商品に陸揚げ時に損害があっても，責任を負わないという条件である。

Shipped Weight Final ［積出し数量条件］
散積大量貨物のような，重量を取引単位とする貨物のばあいに，積込み数量が契約数量あれば，売主は自己の責任を免れうる条件をいう。したがって，輸送中の減量は買主の負担となる。

Shipper ［荷送人］
貨物の荷送人を意味し，輸出者（Exporter）であり，売主（Seller）でもある。米国では船舶によるばあいも，また陸上運送のばあいも，およそ貨物の積出人を Shipper という。

All negotiable B/L made out to order must be endorsed in blank by the shipper.（指図人式で作成された流通船荷証券には荷送人の白地裏書が必要である。）

Please deliver these shipments to the order of shipper.（積荷を荷送人の指図人に引き渡してほしい。）

Shipper's Load ☞ Shipper's Pack
Shipper's Pack ［シッパーズ・パック］
FCL*貨物のばあいは，通関手続以前に荷主の戸口（Door）でコンテナ詰めするか，あるいは海貨業者の倉庫で輸出許可後にコンテナ詰めするが，いずれも輸出者の責任と費用でコンテナ詰めするので，これを Shipper's Pack または Ship-

Shipper's Tare ［船積み風袋］
per's Load という。Carrier's Pack*の対語。

Shipper's Tare ［船積み風袋］
　船積み時に検量した重量をもって，受渡し貨物の風袋とみなすもの。

Shipper's Usance ［シッパーズ・ユーザンス］
　輸入代金の決済について，輸出者が輸入業者に対して，銀行の信用によらずに，ユーザンスを直接あたえ，その間，輸入者に代金支払い上の猶予をあたえる短期の信用をいう。具体的には，輸出者が期限付為替手形（Usance Bill）を振り出し輸入者がこれを引き受けるのが一般的である。たとえば，輸出者が一覧後60日払い（at 60 d/s）の荷為替手形を振り出し，これが輸入国の為替銀行へ送付されてくる。このばあいの手形は，船積書類を手形の引受けと同時に引き渡すことを条件としたD/A（引受け渡し）の条件である。輸入者は銀行から入手した船積書類をもって貨物を引き取りこれを売却して，その回収した代金をもって，手形の満期日に手形金額を払い込む。
　シッパーズ・ユーザンスに対するものが，輸入地の銀行が行なう輸入ユーザンス（銀行ユーザンスともいう）である。

Shipper's Weight ［シッパーズ・ウエイト］
　船会社側が立ち会って検量することが困難なばあいに，数量の前に Shipper's Weight もしくは Said to be* と付記して，運送人としては数量について，責任を負わないことを示す。

Shipping Act ［海運法］
　米国海運法は，安定運賃を協定する国際カルテル海運同盟（Freight Conference*）を認めるため，独禁法の特例法として1916年制定された。しかし，84年改正法では，協定許可手続の緩和と引換えに，国際海運の完全自由競争（Deregulation）の方向を打ち出し，すべての同盟は，そのメンバーが同盟会議の多数決に従わずに運賃その他について独自の行動をとる権利を保証することを規定し，さらに二重運賃制も原則として禁止することとしたため，同盟内外の競争は激化した。

Shipping Advice ［船積み通知］
　積込み完了しだい，輸出者が買主に打電する通知で，船名，積込み日，積込み数量・金額を知らせるためのものをいう。輸入者はこれにもとづいて，たとえば，FOB契約にあっては確定保険をつけることになるし，また，契約品を未着商品（Goods to arrive）として販売できることになる。インコタームズ（Incoterms*）では，FOB，CIFいずれの条件のばあいも，「売主は契約品が本船に引き渡された旨を遅滞なく買主に通知しなくてはならない」と規定している。
　Shipping Notice ともいう。

Shipping Agent ［船積み代行業者］
　港湾運送事業法（昭和26年）で規定されている一般港湾運送事業者のうちの無限定業者のことで，船会社からの委託をうけて行なう元請船内荷役業者である。すなわち輸出のばあいであれば，船積み代理店業務およびそれに先行または後続する船内荷役業務をも行なう業者である。☞ Freight Forwarder

Shipping Application ［船積申込み］
　輸出貨物の積込みにあたって，海貨業者が船会社に提出する申込書で，コンテナ船のばあいには Dock Receipt（D/R）という。ワンライティング・システム（One Writing System）で作成でき7枚1組となっている。Shipper's Copy（荷主控用）のほかに，表題が Mate's Receipt（M/R，本船受取書），Bill of Lading（船荷証券），Office Copy（船会社控）などの書

類から成り立っている。船会社は Shipping Application の提出をうけると，船腹の予約（Booking）を確認したうえで，発行番号（S/O No.）を付して船積指図書（S/O）に署名し，未署名の本船受取書（M/R）を添えて海貨業者に返却する。

Shipping Broker　［海運仲立人（乙仲）］

1939（昭和14）年制定の海運組合法において，海運仲立人は，甲種海運仲立人（甲仲）と乙種海運仲立人（乙仲）とに分類された。

甲仲とは，荷主と不定期船運航者（船主または用船者）とのあいだに立って船舶の用船を仲介し，その報酬として仲立人口銭を，運賃または用船料の一定割合で受け取る Chartering Broker*（Space Broker ともいう）のことをいう。これに対して，乙仲は荷主と運航業者（船主または用船者）とのあいだに立って，定期船貨物の個品運送の取次を行なった。

同法は1947（昭和22）年廃止されたが，乙仲は俗称として今日でも用いられ，海貨業者，すなわち海運貨物取扱業者（Freight Forwarder*）のことをいう。海貨業者は同時に，貨物の積卸しを代行する船積代行業者（Shipping Agent or Landing Agent）であり，また，同時に，通関手続を代行する通関業者（Customs Broker*）でもあるのがふつうである。

Shipping Capacity　［載貨能力］

Cargo Capacity* ともいう。

船舶が貨物を積載できる能力。Capacity Tonnage 参照。

Shipping Charges　［船積み諸掛］

輸出貨物について，上屋戸前受けから本船船側フック下で荷渡しするまでの港湾運送に対する料金をいう。通常，基本料金のほかに，艀内荷さばき料金，トラック積卸し料金，事務処理費，港湾公共福利施設分担金，港湾労働法関係付加金などから構成されている。

なお，広義としては，貨物を本船に船積みするまでに要するいっさいの費用をいう。このばあい出荷地から輸出港までの運賃（Inland Freight），荷造費（Packing Charge），保管料（Storage），沖荷役のための艀賃（Lighterage）などいっさいが含まれるが，船内での積付け費用（Stowage）は含まれない。

しかし，個品運送のばあいは，実際には積込み費（Loading Charge），積付け費用（Stowage）は，海上運賃のなかに含まれているのがふつうである。用船契約にあたっては，積込み費，積付け費用の負担は船主と用船者で特約する。

Shipping Conference　［海運同盟］

☞ Freight Conference

Shipping Documents　［船積書類］

積荷を代表し象徴化した書類で，物品の売買と受渡しを処理するために必要であるだけでなく，貿易取引においては，国際荷為替制度を利用して，輸出者が輸出代金回収のために船積み後振り出す為替手形（Bill of Exchange；Draft）の担保物件として，重要な意味をもつものである。

船積書類は，①船荷証券（B/L），②商業送り状（Commercial Invoice）を中核とし，これに CIF 契約のばあいは，③海上保険証券（Insurance Policy）または保険承認状（Insurance Certificate）が加わる。ほかに，④包装明細書（Packing List），⑤領事送り状（Consular Invoice）または税関送り状（Customs Invoice），⑥原産地証明書（Certificate of Origin），⑦検査証明書（Inspection Certificate），などから構成される。

これらのうち主要書類として，つねに為替手形に添付すべきものは，FOB 契約にあっては，船荷証券と商業送り状の2つ，CIF 契約のばあいには，これに海上

保険証券が加わって3つである。包装明細書は商業送り状の補足書類である。領事送り状または税関送り状と原産地証明書などは，輸入者の輸入通関手続上，必要な書類であり，輸入者の要求のあったばあいにかぎって，輸入者の勘定と危険において，輸出者がその作成を代行すべきものである。

Shipping Exchange ［海運取引所］

船主，荷主，ブローカーなどの海運関係者が集まって海運サービスの需給の出会いをはかるための取引所をいう。ロンドンの The Baltic Mercantile and Shipping Exchange がとくに有名であり，その市況は，*Japan Times* 紙の経済欄に Baltic Exchange としてのることがある。

Shipping Instructions ［船積指図書］

船積依頼書ともいう。輸出者が海貨業者に対して，船積みの要領や船積書類作成上の注意事項などについての指示を記載した書面をいう。貨物がいつ保税地域に搬入されるか，船腹の予約が行なわれている本船名，船荷証券（B/L）の Consignee（荷受人），Notify（通知先）の作成要領，手配を依頼したい船積書類の種類・枚数などが記載されている。輸出者はこの船積指図書に，輸出申告に必要な書類を添付して海貨業者に渡し，通関，船積みの代行を依頼する。

Shipping Invoice ［船積送り状］

Proforma Invoice*（仮送り状）に対して，契約商品の船積み後に，輸出者が作成する通常の商業送り状（Commercial Invoice）をいう。たんに「送り状」というばあいは，この船積送り状のことである。船積送り状は，輸出者が輸入者あてに作成する積荷の代金請求書，出荷案内書の役割を果たすものであるから，船積み後作成するのが原則であるが，現実には税関あての輸出申告にもこれを必要とするので，輸出者は船積みの前に作成し，税関にも提出するし，荷為替取組み時に船積書類の一部として，銀行にも提出する。

Shipping Law ［海上運送法］

1949（昭和24）年に制定された法律で，海上運送の秩序維持と公共の福祉増進を目的としている。

米国の新海運法（Shipping Act*, 1984）は，米国の伝統的な独占禁止政策を背景に海運同盟の規制を主眼としている。

Shipping Market ［海運市場］

海運サービスの売主と買主とが，取引のために集まる場所をいう。具体的には海運取引所（Shipping Exchange*）がその場所となる。これには定期船市場と不定期船市場とがある。定期船市場は，大手船会社が結成している海運同盟による独占市場である。一方，不定期船市場は，多数の小企業による完全競争市場であったが，近時，大手石油会社，鉄鋼会社などによる Industrial Carrier の比重が大きくなるにつれて，比較的安定した方向へ進みつつある。

Shipping Marks ［荷印］

貿易貨物の外装に刷り込む記号で，積込み，荷卸し作業に不可欠なものである。無印のもの，荷印が不明瞭，不完全なものは，延着または不着の事故が生じやすいし，国によっては罰金が課せられる。船会社によっては，荷印の文字の大きさを規定しているところもある。

この荷印のうち，①主マーク（Main Mark）は荷受人を示すもので，一番重要である。②副マーク（Counter Mark）は，荷送人である輸出商またはメーカーを示すもので，主マークの左または右上端につける。③品質マーク（Quality Mark）は内容商品の品質を示すもので，主マークの右または左下端につける。④仕向港

マーク (Port Mark) は仕向地または仕向港を示す。ほかに⑤連続荷番号 (Running Number), ⑥原産地国マーク (Country of Origin Mark), ⑦注意マーク (Care Mark) などがある。

以上のようなマークが下記のようにしるされる。

Y ……………………… 副マーク
<AS> ……………………… 主マーク
　A1 ………………… 品質マーク
San Francisco ………… 仕向港マーク
C/1/40 ………………… 連続荷番号
Made in Japan …… 原産地国マーク

Shipping Memo ［シッピング・メモ］

注文請書または売買契約書の主要内容を列記して作成したものである。これを自社の仕入係, 倉庫係, 保険係, 会計係など関係部課へ回送して, 実務を分業化すると同時に, 売買契約と合致した約定品の引渡しが正しく行なわれるよう, 全体として把握し実行することができるように工夫されている。

Shipping Notice ☞ Shipping Advice

Shipping Order ［船積指図書］

船会社の事務所が貨物を船積みするよう, 船長あてに発行した指図書で, S/Oと略称する。荷送人はこのS/Oとともに貨物を船側まで運ぶ。船の荷役責任者はS/Oと貨物を対照しながら積込みを行なう。S/Oには, 荷送人名, 積地, 揚地, 品名, 荷姿, 個数, トン数, S/O番号などが記入され, 危険物 (Dangerous Cargo) のばあいには, 上縁に赤紙または赤線, 高価物 (Valuable Cargo) のばあいには, 青紙または青線が入れられるのがふつうである。

S/Oは本船受取書 (M/R) その他の用紙とセットになっているので, S/O面の記載事項は, そのままM/Rにも記載される。積荷についての事故摘要も, 同時に両方の書面に記載されることになる。一等航海士がM/Rにサインして荷送人に渡したばあい, このS/OはM/Rの本船側の控の役割をも果たすことになる。

Shipping Parcel Receipt ［船積小荷物受取証］

1トン未満の小荷物を, 船会社が船積小包 (Shipping Parcel) として扱ったばあいの受取証をいう。これはたんなる貨物の受取証で有価証券ではないが, 船荷証券に準じて扱われる。

Shipping Point ［船積み地点］

米国におけるFOBは, 運送機関への持込み渡しを意味するので, Free on Boardを本船渡しの意味で用いるばあいには, たとえばFOB Shipping Point (またはFOB vessel) N.Y.のように, Boardを限定するためにこのことばを入れる。

Shipping Quantity Terms
　☞ Intaken Weight Final

Shipping Sample ［船積み見本］

本船に積み込まれたと同じ貨物を, 航空便で送る見本。先発見本 (Advance Sample; Shipment Sample) ともいう。

Shipping Schedule ［配船予定(表)］

船会社が, 自社のLiner＊(定期船) の出入港日を表示した予定表で, 船会社が荷主, 海貨業者に配布して貨物を誘致する。Sailing Scheduleともいう。

Shipping Ton ［運賃トン］

船会社が運賃を請求するばあいに計算の基礎とするトンをいう。重量トンを採用するか容積トンを採用するかは, 船会社の選択 (at ship's option) であるが, 船会社はよりつよいほう, すなわち大きいほうのトンを計算の基礎とする。Freight Ton; Revenue Ton; B/L Tonともいう。

Ship's Agent ［船舶代理店］

船会社は船舶のおもな寄港地に支店をおいているが, 支店がない港には代理店

をおいて船会社の業務を委託している。これを船舶代理店という。船舶代理店業務は海上運送法（Shipping Law*）によって規定されている。

Ship's Building Certificate ［船舶建造証明書］

船齢16年以上で定期船以外の船舶に対しては、老齢船積船齢割増保険料が課徴されるので、これをさけるために船舶建造証明書が要求される。

Ship's Flag Certificate ［船籍証明書］

政治的理由のため、輸出のばあいに要求されることが多い書類である。民族抗争が根深く対立する国々や、他の船舶にくらべて海難事故発生の頻度が高く割増保険料が高いなどの理由から、船籍証明書が要求されることがある。

Ship's Flag of Convenience ［便宜置籍船］

船員配乗規則から免れて、船員費の節減をはかったり、税負担の軽減の目的で、便宜的に有利な国に置籍されている船舶をいう。したがって、労働条件は劣悪で老朽船も多いために、海難事故発生率も高い。マル・シップともよばれる。

Ship Side ［シップ・サイド］

貨物の積卸しの立会いにさいして、荷主側（Dock Side）に対して運送人側をShip Sideという。

Shipside Delivery ［自家取り］

Alongside Delivery*のこと。用船契約のばあいの貨物の引取り、あるいは個品運送のばあいも、貨物が40トン以上も大きいばあいには、荷主の責任で自家取りすることが多い。

Ship's Log ［航海日誌］

Log Book*と同じ。

Ship's Rail ［舷側欄干］

船内と船外との境界線を示す本船舷側の欄干をいう。この欄干は鉄棒（Rail）でできており、人間や貨物が船外に転落しないように設けられている。国際商業会議所（ICC*）のIncoterms*によると、FOB条件のばあいも、CIF条件のばあいも、貨物が輸出港の本船の舷側欄干を有効に通過した時点で、危険負担は売主から買主へ移転すると規定している。

Ship's Receipt ［本船受取書］

本船積込みと同時に、本船側が交付する貨物の受取書。Mate's Receipt; M/Rともいう。

Ship's Registry ［船籍］

船舶の登録された国籍をいう。日本籍の船舶は、船員に関する規制が厳しく、船主としては採算がとれないので、便宜置籍船が多用される。すなわち、日本で建造した船舶を、税金その他の点で便宜の多い国へ移籍し、これを期間用船する、いわゆるCharter Back*が盛んである。

Ship's Space ☞ Freight Space

Ship's Sweat ［汗濡れ］

船艙の鋼材部分に凝結が生じることをいう。これに対して、貨物自体の汗濡れをCargo Sweatという。いずれも、保険者は特約によって塡補する。

Ship-Stores ［船用品］

船舶または航空機で使用する船（機）用品のこと。これらの備品、食料品などの陸揚げについては、船用品積込承認書などによって内国貨物であることが確認できるばあいは、輸入手続は不要で、税関の確認をうけさえすればよい。外国で積み込んだ外国製品のばあいは、通常の輸入手続が必要である。

Ship to Ship ☞ Transshipment

Ship Wreck ［船舶の破損］

船舶が異常な風波に遭遇して破損することをいう。船舶の転覆、異常傾斜、荷崩れなどとともに海固有の危険（Perils of the Seas）とみなされ、保険者は通常、塡補する。

Shore Man ［岸壁人夫］
埠頭および上屋内で，貨物の出し入れを行なう荷役人をいう。

Shore Risk ☞ Land Risk

Shoring ［ショアリング］
支柱でささえる作業をいう。コンテナ詰め貨物のばあいは，貨物の安定性をもたせるために木材などを用いて貨物の位置を固定する作業のことをいう。在来船のばあいには，船内に積み込まれた貨物の積付けのバランスをはかったり，固定させたりする作業をいう。

Short ［不足の］
Since time is running short, we would appreciate your immediate reply.（時間がないので至急ご返事をもらいたい。）

Short Delivery（揚荷不足）；Short Shipment（船積不足），Short Sale（空売り）

Shortage ［不足］
石炭や鉱石などの散荷の，荷こぼれによる数量不足や，粉や液体などの包装貨物の中身の不足をいう。貨物の特性に原因するばあいが多いので，割増保険料を支払って特約を結ばないと塡補されない。免責歩合（Franchise*）の適用をうけるのがふつうである。

Short Bunker ［ショート・バンカー］
燃料不足の意味で，航行の遅れなどのために，仕向港までに必要な燃料が不足し予定港以外で補給することをいう。

Short Delivery ［ショート・デリバリー］
受渡し数量が，契約規定の数量とくらべて不足していること。揚地の鑑定人がこれを証明する。

Short Form B/L ［略式船荷証券］
船荷証券の裏面に記載されている運送約款の，一部または全部を省略した船荷証券をいう。これに対して従来の船荷証券を Long Form（または Standard B/L；Regular B/L）という。1993年改正信用状統一規則（UCP500）では，禁止文言がないかぎり略式船荷証券も受理されるとしている。

Short in Dispute ［不足詮議中］
船側の検数（Tally）の結果，船積指図書（S/O）に記載された数より実際の積込み数が不足し，かつ，荷主側の検数の数とも相違があるために，目下，調査中であるという意味。

Short Landing ［揚げ不足］
船卸しされた貨物が，船荷証券記載の数量よりも不足していることをいう。このような不足揚荷貨物（Short-landed Cargo）については，原則として船主側の責任となる。

Short Term Finance ［短期金融］
返済期限1年以内の貸付けのこと。原料の仕入れから製品の積込みまでに必要な資金の手当などに用いられる。工場建設などのばあいの長期金融の対語。

Short Ton ［軽トン］
2,000封度を1トンとするトンで，米国系諸国で主として用いる。Net Ton；American Ton ともいう。

Shut Out ［積残し］
本船が貨物の引取りを，拒絶することをいう。荷主側の持込み遅延のための積残しを，No time, shut out といい，これに対しては，本船側には責任がない。本船に船腹がないための積残しを，No space, shut out という。このばあい，条件づきの船積指図書（S/O）によるばあいは，本船側に責任はないが，無条件の貨物が積み残されたばあいは，それによる損害は，本船の責任となる。

Shut Out Cargo ［積残し貨物］
船腹不足または，時間不足のために積み残された貨物をいう。

S/I ☞ Shipping Instructions

Siberian Land Bridge ［シベリア

ン・ランドブリッジ]

コンテナ船で日本からナホトカまで海上輸送したうえで，シベリア鉄道を利用してモスクワもしくは，セントペテルブルグ（旧レニングラード）まで輸送し，モスクワからはトラック（トラコンス）もしくは鉄道輸送（トランスレール），あるいは海上輸送（トランスシー）で欧州各国やイランなどへ輸送する輸送方式をいう。シベリアを橋のように考えて日本と欧州や中近東を結ぶので Land Bridge という。輸送距離が短く輸送経費の節約がはかれるほかに，Through B/L（通し船荷証券）の利用によって迅速な商品代金の回収が可能となり，戸口から戸口への一貫輸送サービスが徹底できるなどの利点がある。

Side ［側］

Owing to a brisk demand for this line on the American side the market shows sign of strength. (米国地域で本品の需要が活発のため，市場は強調の兆候を示している。)

Our bankers telegraphed to their correspondents on your side. (弊社の取引銀行が貴地の取引銀行に打電した。)

Side Mark ☞ Caution Mark

Side Net ［サイド・ネット］

貨物が本船と岸壁とのあいだの海中に落下するのを防ぐために張った網をいう。Sling Net ともいう。

Side Open Container ［サイド・オープン・コンテナ］

側面が開閉できるコンテナで，奥行が浅く間口が広いので，貨物の積付けが容易である。

Sight ［一覧］

We will open a sight L/C. (一覧払い信用状を開設する。)

We have drawn a draft at 30 days' sight on you through A Bank for $1,000. (A 銀行経由で1,000ドルの一覧後30日払い手形を貴社あてに振り出した。)

A sight draft on New York was drawn on you. (ドル建一覧払い手形が貴社あてに振り出された。)

Sight Bill ［一覧払い手形］

一覧（at sight）の日，すなわち，手形呈示の日を満期としているために，支払期限が表示されていない手形をいう。このばあい，手形上の債務者は，債権者から手形の呈示をうけしだい，ただちに支払いを行なわなければならない。したがって，手形の支払いは，振出しの日から郵便日数だけ遅れるにすぎない。

Sight Buying

At Sight（一覧払い）為替の買相場をいう。

Sight Credit ［一覧払い信用状］

一覧払い（At Sight）手形の振出しを規定している信用状をいう。これに対するものが Acceptance L/C（引受信用状）もしくは Usance L/C（期限付信用状）である。

Sight Rate ［一覧払い相場］

為替相場表に表示されているもので，一覧払いの外貨建て輸出手形，あるいは外貨建て輸入手形に適用される為替相場をいう。

Signal Man ［デッキ番］

船艙の指揮者で，ウインチ作業の合図や，船艙内での作業の指示や危険に対する見張りを行なう。

Signature ［署名］

貿易関連書類の署名は，だれもが勝手にできるものではなく，署名権のある者にかぎられる。署名は，自分独特の，他人によって簡単にはまねられないようにくふうした一定の字体を肉筆で書かなければならない。本文がタイプ字であっても，タイプの署名やゴム印で代用してはならない。また他人にまねられないとの

意図のもとに，判読しがたいような署名もあるが，そうした書き方もさけなければならない。また，姓名（First Name）を頭文字だけですませてもいけない。判断しがたいペン書き署名のばあいは，Check-typewritten Signature といって，署名の下に，同一氏名をタイプする。

Silo Warehouse ［サイロ倉庫］

セメント，ソーダ，とくにばら状で運送されてくる米，麦その他の穀物をたくわえる気密倉庫をいう。形状は，角柱型より円筒型が合理的とされており，下部漏斗状が多い。貨物の収容は，伝送機によって，サイロ上方へ運び，その重量で落下，堆積させ，取出しは，漏斗の栓を開いて，重力で落下してくるのをうける仕掛けになっている。ふつうの袋詰めにして，蔵置されるばあいより，むだなく貯蔵できる。穀物などについては，下方から抜いて上方へ運び回転させ，その間に空気にあてて乾燥させるということもできる。

貿易用サイロの立地条件としては，臨水地帯で航洋船の係留しやすい場所に近いところがもっともよい。

サイロ運用上注意すべき点は，塵埃が飛散しているので，サイロのなかに火気がはいると爆発する危険があるということである。

Simple Contract ［単純契約］

Verbal Contract（口頭契約）と同じ。口頭または Informal（略式）の書面によって成立した契約をいう。

Simple L/C

信用状にもとづいて振り出された荷為替手形に対して，買取り銀行が，手形振出人に対して支払った手形代金を，輸入地の信用状発行銀行に求償するばあい，買取り銀行にあらかじめ積んである発行銀行の勘定を借記して，簡単に求償することを許した信用状をいう。

Simplified Declaration Procedure ［簡易申告制度］

輸入貨物の輸入通関を簡略化する制度で，従来からの輸入申告と納税申告を同時に行う方法に代えて，事前に輸入貨物の見込み税額（担保を積む方式）を納入し，貨物引取り後の一定期間内に輸入した貨物をまとめて納税申告し支払うべき税額を精算する方法である。ただし，この制度の適用を受けるには，過去3年間，関税法違反がないことや適用対象貨物が過去1年間に24回以上輸入されているものに限定されるなどの制約条件がある。輸入業者にとっては事務コスト削減につながるメリットがある。2001年3月から導入されている。

Simplified Import Declaration Procedure ［特例輸入申告制度］

認定事業者（AEO）制度が導入され，従来の簡易申告制度が特例輸入申告制度と呼称変更された。もともと簡易申告制度は，輸入貨物の輸入通関を簡略化する制度で，2001年3月から導入された。輸入申告と納税申告を同時に行なう方法に代えて，事前に輸入貨物の見込み税額（担保を積む方式）を納入し，貨物引取り後の一定期間内に輸入した貨物をまとめて納税申告し支払うべき税額を精算する方法である。

Sincere ［心からの］

Please accept our sincere（＝cordial）congratulations on this initial order.（初注文に対し心から祝詞を申し上げる。）

We greatly regret（＝sincerely regret）to inform you that〜．（〜報告しなければならないのが大変に残念である。）

Single Factor Through Rate ［単一通し運賃］

国際複合一貫運送において適用されるもので，各運送区間の運賃を合算して1本にした Joint Rate で請求される運賃

のこと。

Single L/G ［単独の保証状］

船積書類未着のばあい，船会社から荷物の引渡しをうけるためには，引取保証状（Letter of Guarantee）が必要であり，通常は銀行の連帯保証が要求されるが，銀行の保証のない輸入者だけの署名の単独の保証状をいう。これはリスクをともなう貨物引渡しの方法であるため船会社は依頼人の信用状況を考慮したうえで，やむなく応じるばあいがある。

Sinking ［沈没］

船舶が浮力を失って，水面下に没することをいう。檣の先端が水面上にでていても，干潮時に船体の一部が水面上に現われても，沈没とみなされる。海固有の危険として，保険者は通常，塡補する。

Sister Ship Clause ［姉妹船約款］

同一所有者の2隻以上の船腹が衝突したばあいに，自分自身に損害賠償を請求するのはおかしいわけであるが，保険上は算定された賠償金を保険者が塡補するという約款。

SITC

国連が1950年に発表，59年に改正したStandard International Trade Classification（標準国際貿易商品分類）をいう。わが国では現在H/S*品目表を採用している。

Sizable ［相当に大きい］

We will grant you the payment by D/P time bill in the future for sizable transactions. (将来の相当量の取引に対しては，支払渡し期限付手形による支払いを認めるつもりである。)

Skeleton Case ［透し箱］

玉葱，馬鈴薯，機械などの包装に用いられる。

Skimming Price Policy ［上層吸収価格政策］

上澄み吸収価格ともいう。新製品を市場に導入させるにあたって，高品質の商品に高価格を設定して，市場の上層階級をねらう価格政策をいう。少量を高値で販売するこの政策は，相手市場における摩擦も少なく，また売主側は資源を有効に利用できて利潤も大きく，生活水準も向上するし，つぎの新製品の研究開発のための余裕も生じる。

SLB ☞ Siberian Land Bridge

Sleeping Commission ［眠り口銭］

実際には何もしないで入手する手数料をいう。たとえば，輸出商がバイヤーと対外的にFOB条件で契約し，対内的にメーカーともFOB条件で契約する。メーカーFOBと俗称されるこうした取引のばあい，輸出商は眠り口銭が期待できる。

Slightly ［わずかに］

little, small よりも少ない，ごくわずかの意味。

Your goods are nicer designs and slightly better in price than the British made. (貴製品は英国製品より意匠がよく価格が若干安い。)

We can offer the slightly better and very similar goods. (若干良質な類似品を売申込みできる。)

Sling ［スレギ］

港湾荷役作業で用いられる慣用語で，荷物を吊る道具（Sling）をスレギという。

Sling Loss ［スリング・ロス］

Sling Risk ともいう。荷役中に貨物がSlingからはずれて，海中または甲板上に落下して破損することをいう。Slingとは，貨物を吊りあげるために用いる本船常備のかけ縄（Rope Sling），繋索（Wire Sling），鈎索（Chain Sling）などをいう。スリングをかけたり，もっこをひろげたりする人夫を Sling Man という。Sling Loss は，特約によってだけ塡補される付加危険の1つである。

Sling Man ［スリング・マン］

本船常備のかけ縄（Rope Sling），繋索（Wire Sling），鉤索（Chain Sling）などをかけたり，もっこをひろげたりする荷役夫をいう。

Slip ［スリップ］

英国では保険契約はブローカーをとおして行なわれるが，ブローカーは申込書（Slip, 仮保険契約証書）に必要事項を記入して保険者に提出する。

先物為替の予約のばあいの申込書をもいう。

Slow

代金決済で用いられるばあいは支払遅延をいう。Slow Payments は資金繰りが楽でないことを示す。

Small Gross ［スモール・グロス］

12個×10＝120個のこと。これに対してGreat Gross は，12個×12×12＝1,728個をいう。

Small Packet ［小型包装物］

重量が1キログラム以下の貨物は，郵便物として送ることができるが，これを小型包装物という。このばあいは，包装上に Sample of No Value および Small Packet と明記し，さらに郵便局の窓口に常備してある税関票符または税関告知書に所要事項を記入して，外国郵便物取扱郵便局に出す。

Smithsonian Agreements ［スミソニアン合意］

1971年8月15日，当時のニクソン米大統領が発表した米ドルと金の交換性停止にともなう世界貿易の混乱を収拾するために，同年12月17日と18日にワシントンのスミソニアン博物館で開催された10カ国蔵相会議で合意をみた主要国通貨の調整をいう。日本円のばあいは1ドル308円という平価で固定為替相場制になったが，73年3月この合意もくずれ，変動為替相場制へ移行した。

Smoking ［燻ること］

焦がし（Charring）とか，灼くこと（Scorching）などとともに，Fire（火災）として取り扱われ，通常，保険者が塡補する。

Smuggling Trade ［密貿易］

外為法その他の法規に違反した不正輸出，不正輸入をいう。禁制品を不正に輸入したり，あるいは仕入れ価格を実際の取引価格よりも安くして，脱税する関税法違反などのばあいである。

SN

Dun Report* で用いられる記号。Special Notice の略語で，経営者や企業所有者の変更あるいは企業経営（Operation）に重要な変化がみられたときに出される。

Snow Work ［雪中荷役］

雨中荷役（Rain Work）と同じく，濡れても影響の少ない石炭，木材などをのぞいては，雪中の荷役は一般に実施されない。しかし，出港の都合などで本船側がこれを要請したばあいは，濡損についてのクレームは本船側の責任として扱われる。

S/O ☞ Shipping Order

Social Dumping ［ソーシャル・ダンピング］

自国労働者の劣等な労働条件のもとで期待できる低生産費，低輸出価格で，有利に輸出しようとすること。つまり，労働者の劣悪な労働条件という社会的な犠牲において，不当廉売を行なうところから，社会的不当廉売（Social Dumping）とよばれる。

戦前，日本製雑貨の輸出が，輸入国から，ソーシャル・ダンピングとして非難された。

Soft Currency ［軟貨］

他の外貨との交換が制限されている通貨をいう。これに対して，金に裏付けされ，他の外貨との交換が自由に行なえる通貨が硬貨（Hard Currency）である。

Soft Loan ［ソフト・ローン］

外貨不足に悩む発展途上諸国援助の一環として，一部または全部を，交換性のない通貨，すなわち軟貨(Soft Currency*)，たとえば当該被援助国の通貨で，返済することを認めた借款の方式である。

Sole Agency Agreement ［総代理店契約］

特定商品について，特定市場における独占的な販売権の付与についての契約をいう。

Sole Bill ☞ Set Bill

Sole Distributor ［独占的特約店］

特定商品について，特定地域での独占権を有する特約店をいう。

Solicit ［懇願する］

やや切に，しつこく乞うこと。

We have drawn a draft on you at 30 d/s, for which we solicit your kind protection on presentation. (貴社あてに一覧後30日払いの手形を振り出したので，呈示ありしだい引受けを乞う。)

Solicitor ［集貨マン］

船会社の集貨マンで，荷主を往訪して，貨物を自社船に誘致する。

Solid Bulk Container ［粉体用バルク・コンテナ］

大豆，米などの粒体・粉体食料品を輸送するのに適した構造のコンテナで，屋根部の蓋つきマンホールをとおして落下させる。

Solvency ［支払可能］

債務者がすべての債務について支払いをなしうること。

Insolvency (支払不能)の対語。

Somewhat ［やや］

rather (＝a little＝slightly)と同意で，「幾分，少し」の意味の口語調の語。

The market here is somewhat dull. (当地の市況はやや沈滞ぎみ。)

Sound Market Value ［正品市価］

貨物が保険事由による損害を被ったばあいに保険会社が塡補する金額は，損率(Allowance*)を損傷貨物に対する保険金の割合に乗じてえた額である。このばあいの損率とは，その貨物が損傷なしの正常な状態で仕向地に到着したばあいの正品市価と，鑑定人の査定した総損傷貨物の市価（Gross Damaged Market Value）との差額の正品市価に対する割合である。総正品市価（Gross Sound Market Value）は通常，仕向地におけるそのときの卸売市価，もしくは CIF Value に陸揚げ費用，輸入税，希望利益などを含めた価額である。

South-North Trade ［南北貿易］

発展途上国(南)と先進工業国(北)との格差が，第2次大戦後の植民地体制崩壊のもとで大きな問題となった一方，政治的独立によって自覚を高めた発展途上国は「援助よりも貿易を」という考えが強くなった。途上国の貧困は，1次産品の価格が先進国の製品にくらべて安くかつ不安定なためであるとして，UNCTAD*(国連貿易開発会議)を中心に新国際経済秩序が検討されることになった。

Sovereign Immunity ［主権免責］

主権を有する国家，政府に対しては，その同意のないかぎり訴訟をもって損害の賠償請求をすることができないとする法理論。したがって，国家機関を相手とする投資にあっては，主権免責の放棄条項を契約に挿入させることが必要である。

SP

Selected Products の略。

SP 品目のこと。鉱工業産品に対する特恵関税率は，原則として全品目について無税とされているが，国内産業のなかには，無税の特恵関税が供与されると困難に直面する産業があるので，それらの産業にかかわる物品と競合する輸入品につ

いては，次善の措置として有税の特恵関税が供与されている。これがSP品目で，その特恵税率は一般実行税率の2分の1とされている。

積付け図のことをもいう。☞ Stowage Plan

Space ［船腹；空間］

Do your best to book the necessary (freight) space at our limit. (当方指値で必要な船腹を予約するよう努力せよ。)

Space has been secured for your order at the rate of $100 per kilo ton. (キロトンあたり100ドルで貴注文に対する船腹が確保できた。)

Spacingはタイプライターを用いるばあいの行と行とのあいだの余白（Space）をいう。

Space Book ［船腹原簿］

船腹予約の申込みを承諾したばあいに，船会社が記入する船腹原簿。

Space Charter ［スペース・チャーター］

2社以上の船会社が少数の船舶を所有し運航するばあいに，相互にスケジュールを調整し，かつ他社船についてもそれぞれ一定のスペースを持ち合うことをいう。

SPC ☞ Strategic Product Control Program

Special Cargo ［特殊貨物］

貨物の輸送上，特別の配慮を必要とする貨物のことで，タンカー貨物，ばら積み貨物(Bulk Cargo)，危険物(Dangerous Cargo)，高価品（Valuable Goods），重量貨物（Heavy Cargo），腐敗性貨物（Perishable Cargo），冷凍貨物（Refrigerated Cargo），動植物（Live Stock and Plant）などがこれにあたる。

Special Charges ［特別費用］

保険の目的の安全または保全のために，寄港または避難のための中間港で，被保険者によって，または被保険者のために支出された費用のうち，共同海損費用および救助費以外のものをいう。陸揚げ，保管などの費用も入る。これらの特別費用は分損不担保（FPA）条件のばあいも，保険者が負担する。Particular Chargesともいう。

Special Container ［特殊コンテナ］

一般貨物用のDry Cargo Container*をのぞく特殊構造のコンテナで，Open Top Container*, Flat Rack Container*, Pen Container*, Reefer Container（冷凍コンテナ）などがある。

Special Customs Invoice ［税関送り状］

米国が1958（昭和33）年以降，1積出500ドルをこえる貨物について要求していた税関送り状（Customs Invoice*）で，輸入品に対する課税価格の決定やダンピング防止の目的で使用していたが，1982（昭和57）年3月1日以降，廃止した。ニュージーランドも1982（昭和57）年7月1日以降，税関送り状を廃止した。しかし，現実には輸入通関手続上，買主から要求されるばあいがある。

Special Drawing Rights ☞ SDR

Special Endorsement
☞ Endorsement

Special Indent ［スペシャル・インデント］

委託買付けの1つの方式で，買入れ先を指定して受注者に買付けさせる方法。Closed Indent*ともいう。

Specialists ［専門商］

相互に関連性のある2〜3種類の製品や原料を取り扱う商社で，たとえば，鉄鋼商社とか繊維商社というのは，いずれも，鉄鋼または繊維を専門的に取り扱う専門商社である。General Trading Company*（総合商社）の対語として用いられ

ることが多いので，広義では，メーカーの直接貿易をも含めて呼称する。

Specialized Ship ［専用船］
Industrial Carrier ともいう。
特殊貨物の輸送に適するような構造をもつ船で，自動車専用船，オイル・タンカー，ケミカル・タンカー，穀物専用船などがある。

Special L/C ☞ General L/C

Special Policy ［個別保険証券］
包括予定保険（Open Policy*）のもとで，個々の船積み時に貨物の内容について保険者に行なう確定通知（Definite Declaration）にもとづいて発行される証券。Certificate of Insurance*（保険承認状）と同じ。

Special Risk ［特殊危険］
Incoterms*1953の CIF の売主の義務（Seller must）の項に記載されている特殊危険とは，売主と買主の両当事者が協議して付保する付加危険（Extraneous Risks*）をいう。

Special Transit Clause（Pipe-Line） ［パイプライン特別運送約款］
石油などの散積みの液体に適用される約款で，船積港における本船の固定送油管への連結部を通過した時点以降，仕向港における荷受人のタンクに荷卸しされるまでの危険が塡補される。

Specie ［正貨］
銀行券または政府紙幣を兌換するための金貨，金地金などの準備資金をいう。

Specification ［仕様書］
スペクと略称する。製品の構造，材料，性能などを，詳細に解説した説明書をいう。
Please send us detailed engineering drawing including the material specifications.（材料の明細書をはじめ詳細な工事図面を送ってほしい。）

Specific Duty ［従量税］
関税の課税標準の1つで，輸入品の数量，たとえば，重量，容積，個数を基準として課税する関税である。現行関税は従価税（Ad Valorem Duty*）が多いが，砂糖，石炭，大豆などの重要輸入貨物のなかに従量税品目がある。
なお，価格および数量を課税標準として税率を定めるものを，従価従量税（Ad Valorem & Specific Duty）という。

Specimen ［雛型］
規格の一定した商品中から，1〜2個とり出して全体の標準とするもの。

Speculative Import ［見込み輸入］
将来の需要増を見越して，安値のときに行なう投機的な輸入をいう。

Speculator ［投機筋］
商品，株式，外国為替などを対象に，価格の騰落差による短期的な利益を求めて，危険を冒して取引するものをいう。
外国為替についても，実需原則が廃止され，今日ではこうした投機筋の行為も許されている。
不動産取引のばあいには，所有を目的とせずに，転売を意図して土地や建物を購入するものをいう。

Spontaneous Combustion ［自然発火］
航海中の自然発火をいう。自然爆発（Spontaneous Explosion）と同じく，石炭，硫化鉄鉱，銅精鉱，魚粉などにみられる危険である。これらの危険は貨物の性質または固有の瑕疵による損害なので，保険者は特約によってだけ塡補する。

Spot ［現物］
契約と同時に引き渡しうる貨物。為替のばあいには，「現物」もしくは「直物」ともいい，2日営業以内に受け渡される為替のこと。
Inquiries are fair for spots and nears, while there is no demand for futures.（現

物および期近物に対する引合いはかなりあるが，先物に対する需要はない。)

Spot and Single ☞ Spot Charter

Spot Cash ［即金払い］
契約と同時に現金で支払うこと。

Spot Charter ［スポット用船］
原材料などの貨物を，一航海かぎりの航海用船で運ぶこと。Spot and Single ともいう。

Spot Exchange ［現物為替；直物為替］
契約の成立と同時または契約後2営業日以内に受渡しが行なわれる為替をいう。直物為替ともいう。この直物為替の取引に，適用される相場が直物相場である。先物為替の対語。

Spot Market ☞ Cash Market

Spot Rate ［スポット・レート］
海運上は，契約後ただちに積込みできる用船契約に対して支払う運賃のことで，先物運賃，長期契約運賃の対語。
為替上は直物相場のことで，対顧客取引では取引の当日に受渡しが行なわれる相場。

Spot Transaction ☞ Cash Market

Spouting Clause ［スパウティング約款］
散積みの穀物に適用される保険の特約で，穀物が送穀管またはコンベヤー・ベルトによって船積港の穀倉のギャラリーまたはサイロをでたときから，本船積込みまでの期間，免責歩合なしの全危険担保（All Risks）の条件で，担保されることを規定している。

Spread ［運賃差］
海運同盟（Shipping Conference）は，一般運賃率（Base Rate；Non-Contract Rate）のほかに，同盟と契約し同盟船だけを利用する荷主に適用させる，より低率の契約運賃率（Contract Rate）を定めている。この二重運賃率の運賃差をSpread という。わが国の公正取引委員会は，その差が9.5％までを合法としている。

Square Foot ☞ SF

Square Position ［スクウェア・ポジション］
為替銀行の売為替と買為替が均衡したことをいう。為替もち高（Exchange Position）が売りもち（Oversold Position）になったり，買いもち（Overbought Position）になったりして，売買のいずれかが超過すると，その超過部分について，為替危険が発生することになる。

SRCC ☞ Strikes, Riots and Civil Commotions

SS ［蒸気船］
Steam Ship の略語。SV（Steam Vessel）ともいう。石炭を燃料とした蒸気船のことをいう。

SSBC ［沈没・座礁・火災・衝突］
Sinking（沈没），Stranding（座礁），Burning（火災），Collision（衝突）をいう。海固有の危険（Perils of the Seas*）のうちの主要事故（Major Casualty）とよばれるものである。沈没とは船舶の全部が，水中に没した状態をいう。座礁は水底上の妨害物に接触し容易に引きもどせない状態。火災には，放火などの不法行為や失火，貨物固有の瑕疵にもとづく火災のほかに，消火のための濡損，破損などの派生的損害も含まれる。衝突は，本来，船舶と船舶の衝突を意味するものであるが，現行では，艀その他の運搬用具，岸壁，桟橋など他物との衝突一般を意味し，その原因が自然的なものでも人為的なものでも海固有の危険とみなされる。SSBC による損傷についてはいずれも通常，保険者が塡補する。

Stability of Foreign Exchange Market ［為替市場の安定性］
為替相場が，なんらかの原因で均衡点から離脱したばあい，もとの均衡へ復帰

させようとする力が働けば，その為替市場は安定的といえる。為替市場についてはじめてその安定条件を考えたのは，C. F. Bickerdike である。ついで J. Robinson*は，為替相場が均衡値から離脱したばあいの均衡回復の条件を考えたが，これが為替安定に関する正統的見解とされている。

S'tage
Shortage*（不足）の略語。

Stained ［汚損］
Dirty と同じで，かび，泥などで貨物が汚れによって損害を被ったことをいう。

Stale B/L ［時期経過船荷証券］
船積み後かなりの時日が経過してから，輸出地の銀行に提出された船荷証券をいう。船積み後，長い日時が経過すると，貨物のほうがさきに仕向地に到着したりして，種々の紛争が生じやすく，銀行はこれの買取りを拒絶したり，保証状（L/G；Letter of Guarantee*）を要求したりする。信用状統一規則では，証券発行後21日経過した B/L は，特約のないかぎり，Stale B/L と規定している。

Stamp Clause ［印紙貼付約款］
海上保険証券の欄外約款の最後にあるもので，United Kingdom で発行された保険証券は，それを受け取ってから30日以内に，保険証券の所持人が6ペンスの印紙を貼ることを規定している。

Stamp Duties ［印紙税］
為替手形，不動産の売買契約書，売買代金の領収書などに，書類作成者が印紙を貼付し消印することによって納付する租税をいう。わが国のばあい，荷為替手形に貼付する収入印紙は一律200円が原則（10万円未満は非課税）であるが，国によっては手形引受けのさいに，手形金額の何パーセントという収入印紙を貼付しなくてはならないため，印紙税節約のために為替手形をともなわない（Without Draft），書類引換払い（Payment against Documents）を要求してくるばあいがある。

Standard ［標準品］
収穫予定の農産物を取引するばあいには，実物見本を利用できないので，その商品の各等級に応じて，通常，公共機関で選定した標準品をもって取引の基礎とする。見本売買のばあいには，引き渡されるべき契約品は，正確に見本と合致しなければならないのに対して，標準品売買にあっては，若干の差異は許される。差異があったばあいは，通常，当該同業組合などの公共機関による判定をうけ，標準品を価格の基礎にしたうえで，差異分を代金の値増しもしくは値引きで調整する。

Standard Arbitration Clause ［標準仲裁条項］
一般的取引条件覚書(Memorandum*)や売買契約書に印刷してある。商事紛争は仲裁に任せて解決するという約款。

Standard Contract Form ［標準契約書］
定型的取引について，一般的，標準的な内容をとりまとめた契約書式。国際商業会議所が公表しているものもある。土木工事に関しては FIDIC* 約款が著名である。

Standard International Trade Classification ☞ SITC

Standard Payment ［標準決済方法］
「標準決済方法に関する省令」は輸出入の標準決済方法を規定しており，これ以外の方法によるばあいは，標準外決済方法（Non-standard Payment）として，政府の事前承認を必要とするとしていた。同省令は1980（昭和55）年12月1日の新外為法実施にともなって廃止された。かつての標準外決済は「特殊決済方法に関

する省令」で規定されたが，1998（平成10）年4月1日の外為法の改正・施行により，同省令も廃止され特殊決済・通常決済の区分が廃止された。

Standby Credit ［スタンドバイ信用状］

日本企業の在外支店が，現地の外国銀行から融資をうけるようなばあい，当該会社の日本における取引銀行が，融資銀行に対し，その返済についての保証を信用状の形式で発行する保証状である。もし借主が返済期日に支払えないときは，融資銀行は，その信用状の発行銀行に対し，求償できる旨の規定が入っている。無担保信用状（Clean L/C*）の一種である。なお，国際スタンドバイ規則ISP98（国際商業会議所が1998年に制定）に準拠する旨の文言（たとえばThis Standby credit is subject to ISP98.）を付記することが望ましい。

Standing ［立場］

You are kindly requested to give us any information respecting their business standing. (同社の信用状態に関する情報がほしい。)

As to our business standing, our business friend, A & Co., will be pleased to furnish you with any information you may require. (当社の信用状態に関しては，当社の取引先であるA社が，貴社の希望する情報を喜んで提供しよう。)

Starboard ☞ Port

Statement ［計算書；報告書］

state は詳しく述べるという意味。

Please send us your catalog and state your best terms. (カタログを送ってもらいたいし，貴社の最良の決済条件も知らせてほしい。)

We are sending our commission statement for the fiscal year of 2004. (2004年度の手数料計算書を送る。)

The statement shows a balance in your favor of $100. (計算書は100ドル貴社の受取り残を示している。)

Financial Statements （財務諸表）

Statement of Account ［勘定摘要書］

複数の送り状を一括して荷為替を取り組むばあいや，Debit Note（借方票）およびCredit Note（貸方票）によって送り状金額を増減するようなばあいに，各送り状またはNoteの重要事項を摘記して，金額の内容を明確にするための計算書をいう。

Statement of Fact

航海用船の荷役期間について，使用停泊期間の計算の資料となる事実の記録をいう。Time Sheet ともいう。

Statement of GA ［共同海損精算書］

共同海損精算人（Average Adjuster）が作成する計算報告書のこと。

State Trading ［国営貿易］

旧ソ連，中国などの貿易の方式で，政府機関が売買の当事者となる。これに対して資本主義国の政府貿易（Government Trade）は民間業者が介在して実務を行なう。

Steam Ship ☞ SS

Step ［処置］

We are loath to take such a drastic step. (そうした厳しい手段をとりたくない。)

We shall be compelled to take some legal steps for it. (法的手段をとらざるをえない。)

Sterling Area ［スターリング地域］

ポンド地域（Pound Block）ともいう。広義では英ポンドで結びついている地域で，自国通貨をポンドとリンクさせ，対外取引をポンド建てで行なう諸国全般を意味する。しかし，1967年の第2次ポンド切

Stevedore　[船内荷役請負業者]

ステベと略称される荷役の請負業者で、積荷、積付けおよび揚荷にさいして、船主と契約して荷役作業を行なう。こうした船内荷役作業を Stevedoring* という。荷主が指定するばあいは少なく、一般に船主が直接契約し、その費用は船主が負担する。

ステベ業者は倉庫業者などに所属するものと、ステベドア専門の組織のものとがある。米国では Longshoremen とよぶ。

Stevedoring　[船内荷役業]

港湾運送事業のなかの２種事業に該当する船内荷役業をいう。往時スペインから帆船で羊毛を輸出していた羊毛の梱包業者(Estibador; Estibar はスペイン語で荷を締めつけて梱包する意味)が、帆船乗組員の手伝いをして船積みしたことに由来し、後に船内の揚積荷を専業とするようになった。

Stiff　[厳しい]

価格が異常に高いこと。

We found your conditions unreasonably stiff. (貴社の条件は納得できないほど厳しい。)

Your prices are rather stiff. (貴価格はいささか高い。)

They are demanding a stiff price for their new products.(新製品に異常に高い価格を要求している。)

Stock Acquisition　[株式買取り]

売主会社の株式の全部または一部を買い取ること。売主会社が消滅するわけではないので合併（Amalgamation; merger)と区別されるし、売主会社の資産や事業内容に変化があるわけではないので資産買取り（Asset Acquisition）とも区別される。

Stock Piling　[備蓄]

緊急事態に備えるために物資を通常の操業の必要量以上に蓄えること。石油のばあいは1975年石油備蓄法が制定された。

Stock Sale　[在庫売買]

倉庫にある在庫品を売買の対象とし、そこで引き渡される売買。

Stoppage in Transit　☞ Right of Stoppage in Transit

Storage　[保管料]

Godown-rent ともいう。

他人の物品を預かり、外部からの侵害を防いで、保存・管理する行為を保管という。保管料は倉敷料ともよばれ、倉庫業者が寄託契約によって、物品を保管する報酬として受け取る一定料金で、荷役料は含まれない。

保管料は従量率と従価率とで計算したものの合計である。また、１日から15日までと、16日から月末までとをそれぞれ１期として計算する。たとえば、５月の15日に寄託した貨物を翌日の16日に出庫したとしても、２期分の保管料を支払わねばならないことになる。冷蔵倉庫のような特殊倉庫を利用するばあいの計算は特別に決める。

Storage Atmosphere　[船艙内の気温]

船艙内の気温が上昇すると、汗濡れ（Sweating）の危険が増大する。

Stowage　[積付け]

船艙内に貨物を積み付けることで、かぎられた船腹に最大量の積載力が発揮できるように作業しなければならない。そのためには、重量貨物については満載吃水線に達するまで積荷し、一方、容積貨物については船艙容積いっぱいになるまで積荷することになる。しかし現実には、重量貨物と容積貨物との混合積みが多

く，このばあい，満載吃水線に達し，しかも船艙が充満（Full and Down）の状態に積み付けることは容易でない。そこで，一等航海士は引受貨物一覧表（Shipping-list；Booking-list）を基礎として貨物を揚地別に組み替え，包装および大きさから各貨物のBroken Space（空積み）を判定し，各貨物が積付けのために船艙において占める容積を計算する。つぎに，揚地，積合せ貨物などを考慮して船艙割当てを行ない，船艙別貨物明細書（Hatch List；H/L）と積付け図（Stowage Plan*；Hatch Plan）とを併用して，積付け場所を調整することが必要となる。

Stowage Factor ［ストウェージ・ファクター］

貨物の積付けが合理的に行なわれてBroken Space*（空積み）が発生しないために，特定の貨物を積んだばあい，重量1英トン（2,240ポンド）を積み付けるのに必要な容積を，立方フィートで表わした計算表をいう。

Stowage Plan ［積付け図］

Hatch Plan, Stuffing Plan ともいう。積荷貨物の積付け状態を表わした図面で，各船艙担当の航海士と打ち合わせ，各船艙の貨物積付けの概略位置，荷印，荷姿，品名，数量，トン数などを詳細に記入する。揚地における荷役関係人の荷役手配上重要な参考資料となる。

Stowage Survey ［積付け検査］

貨物の積付けをあやまると，貨物自体の損害発生ひいては船舶の危険にも追い込むので，貨物の性質，重量，船の構造などを考慮して，経済的にかつ安全度の高い積付けを行なわなくてはならないが，この積付け状態を検定機関が検査することをいう。

Stowing ［積付け作業］

船艙内に貨物を積み込むことをいう。荷姿の異なる貨物を混載積みするようなばあいは，上下左右の接触面を十分保護するために，適当な荷敷（Dunnage），Shifting Board（仕切板）を選ぶとともに，航路，気候，船舶の構造など，あらゆる点を考慮して積み付けなくてはならない。

Straddle Carrier ［ストラドル・キャリア］

重量貨物やコンテナを積み卸しでき，同時に運搬もできる構造のトラックをいう。接岸した本船からガントリー・クレーンで卸されたコンテナは，ストラドル・キャリアによって指定場所まで運ばれ，卸される。

Straight B/L ［記名式船荷証券］

船荷証券の荷受人の欄に，特定人が記入されたものをいう。このような証券は非流通性（Non-negotiable）となり裏書（Endorsement*）ができず，輸出地銀行としては，荷為替手形取組みのさいの担保物件として取り扱うことはできない。すなわち，記名式船荷証券のばあいは，買主名が荷受人として記入されるので，船積みとともに，その貨物の所有権は買主側へ移転する。したがって，買主から代金の前払いをうけたばあいとか，帳簿決済（Open Account*）や委託販売（Consignment Trade*）のような契約のばあいにはよいが，一般的には，売主側にとって危険が大きく，銀行も買取りを拒否するばあいがある。しかし，中南米向け貨物に対する船荷証券では，慣習的に指図人式は少なく，輸入地の買主あるいは売主の代理人，あるいは銀行を荷受人とした記名式船荷証券を使うばあいが少なくない。

Straight Cargo ☞ Direct Cargo

Straight L/C ［買取銀行指定信用状］

受益者の振り出す手形の買取銀行が指定されている信用状であり，Restricted

L/C ともいう。一方，受益者が任意に買取銀行を選択して，手形の買取りを依頼できる信用状が Open (=General) L/C である。手形を外貨で振り出すばあいには，受益者にとっては Open Credit のほうが有利である。なぜなら，自己にもっとも有利な為替相場をあたえてくれる銀行に，買取りを依頼できるからである。したがってまた逆に，手形が輸出国の自国通貨で振り出されるばあいには Open Credit とする必要がなくなる。

なお，米国における慣習的用法として，手形の買取銀行をとくに限定しない Open Credit を Negotiation Credit とよび，受益者が自国通貨で手形を振り出し，発行銀行が受益者の地の特定銀行にもっている輸出地通貨のコルレス勘定を借記することによって手形決済が行なわれるばあいを，とくに Straight Credit とよぶばあいがある。

Straight Sample ［実物見本］

製造加工品についての貿易取引は，実物見本を基礎として取引されるのが一般的である。したがって，売主は見本と引き渡すべき契約商品とを，名称，狭義の品質，状態において，合致させる義務がある。

Stranding ［座礁］

沈没 (Sinking)，火災 (Burning)，衝突 (Collision) とともに，SSBC*といわれる海上保険の主要事故の1つで，通常，保険者によって塡補される。ただし，欄外約款 (Marginal Clauses*) のなかの運河約款 (Canal Clause*) によって，運河航行上の座礁については，保険者の免責が規定されている。

Strategic Product Control Program ［戦略物資等管理プログラム］

戦略物資および技術の輸出管理を徹底させる必要から，通産省（現在の経済産業省）は産業界に対して輸出管理体制の整備を要求した。この要請に応えて各社が自社の事業形態に即して作成した管理プログラムをいう。SPC と略称する。

Stress of Weather ［荒天による危険］

風波の異常な作用が原因となって本船が浸水し，そのために貨物が海水濡れ，その他の損傷を被ることをいう。船舶の沈没，衝突などの海固有の危険とともに，通常，保険者が塡補する。

Strict ［厳格な］

Your information will be treated in strict confidence.（貴社の情報は極秘に付される。）

We will do our best to execute your order in strict accordance with your instructions.（貴社の指図どおり調達するよう努力する。）

Strike Diversion Expenses Clause ［ストライキ追加費用約款］

ストライキ約款によって担保されるのは，労働者に加担したものの悪意的損害 (Malicious Damage) であって，ストライキにともなう運送打切港における貨物の保管費用や継続輸送費用は塡補されない。それらの追加費用を塡補してもらうためには，ストライキ追加費用約款の挿入が必要となる。

Striker ［同盟罷業者］

職場締出し職工 (Locked-Out Workeys)，労働紛争，紛争または暴動への加担者 (Persons taking part in Labour Disturbances, Riots or Civil Commotions) などをいう。これらの者による保険貨物の窃盗，抜荷，破壊は，協会ストライキ担保約款によって塡補される。

Strikes ［ストライキ］

ストライキ，暴動，内乱はストライキ約款 (SRCC; Strikes, Riots and Civil Commotions) のあるばあいだけ保険会

社によって塡補される。

Strikes Exclusion Clause ［ストライキ免責約款］

港湾における沖仲仕などの労働争議による荷役不能や航海の遅延について，保険者は塡補しないという約款。

Strikes, Riots and Civil Commotions ［同盟罷業・暴動・騒乱］

Strikes, Riots & Civil Commotions（同盟罷業・暴動・騒乱）は SRCC と略称される。保険証券左側欄外の同盟罷業・暴動・騒乱不担保約款（Free from Strikes, Riots & Civil Commotions Clause ; FSR & CC Clause）によって保険者免責であるので，担保を要求するばあいは，割増保険料を支払って特約を行ない，協会ストライキ約款（Institute Strikes, Riots and Civil Commotions Clauses）を挿入する。この特約によって担保されるのは，同盟罷業者，職場閉鎖をうけている労働者，その他労働紛争，暴動，騒乱や悪意をもってする行動によって貨物に生じた損害である。戦争危険とは異なって，一般の Marine Risks と同様に，輸送約款（倉庫間約款統合）（Transit Clause incorporating Warehouse to Warehouse Clause）の適用があり，仕出地倉庫搬出から仕向地倉庫搬入まで海陸をつうじて担保される。ただし担保される損害は，貨物の実態的損害にかぎられるので，同盟罷業によって航海が遅延した結果生じる，間接的な損害は塡補されない。通常，戦争危険といっしょに特約する。

String Contracts ［連鎖取引］

相場変動の危険を回避するため，先物相場を利用して何回も売り買いを繰り返す取引。

Stuffing ［コンテナ詰め］

コンテナに貨物を詰め込むことをいう。Vanning または Loading ともいう。これに対して，コンテナから貨物を取り出すことはデバンニング（Devanning）という。

Style of Packing ［荷姿］

貨物を無事，仕向地に到着させるための外装（Packing）の形をいう。商品の種類により，また相手先の希望により種々の形態があるが，商品おのおのの慣習的な荷姿が決まっているばあいが多い。包装の種類，適用商品を例示すると，

Bag 　　（袋）穀類，飼料等
Bale 　　（俵）綿花，麻等
Barrel 　（樽）酒，醬油，油等
Flask 　 （壜）化学用液体等　各種
Coil 　　（巻）針金，帯鉄等
Case 　　（箱）一般雑貨等　各種
Can 　　（缶）塗料，石油等

のような荷姿がある。箱そのものも，さらにふつうの木箱，特殊木箱，紙箱など細かく分かれていく。無容器包装として，材木や鋼材を束ねただけのものもある。さらに，パレットやコンテナのような特殊な外装形態もある。

Sub Charter

荷主と契約した運航者（Operator）が，その貨物の輸送を，自己の運航船舶でなく，航海用船によって行なう用船契約をいう。このばあい，オペレータは Sub Charter として荷主の立場となるが，最初の荷主に対し，オペレータとしての責任を有する。このような契約は，運賃差益の獲得を目的として行なわれる。

Sub-con ［サブ・コン］

Subject to のついた売申込み，または契約をいう。

We offer subject to our final confirmation.（当方の最終確認条件つきで売申込みする。）

This contract is subject to Export License.（本契約は輸出承認取付け条件である。）　☞ Subject Contract

Sub-Contract ［下請契約］

Master Contract の条件のもとで結ば

れる下請契約をいう。たとえば，プラント輸出契約を締結した輸出者は，それぞれの部門の実際の仕事を行なわせるために，他社と Sub-Contract を結ぶ。Sub はラテン語で，under（～の下；副）の意味。

Sub-Credit ☞ Local Credit

Subject ［条件として；主題］

Unless otherwise specified, this contract is subject to the following conditions.（他に規定がないかぎり，本契約は下記の条件に従う。）

Please let us have your news on this subject.（この件について情報をあたえてほしい。）

Subject Contract ［サブ・コン］

条件づきの契約の俗称。たとえば，戦略物資の輸出契約を締結するにあたって，早期に契約を締結しないと同業者に契約を横取りされる危険があり，しかも政府の輸出承認が確実にえられるかどうか疑問であるようなばあいに，This contract is subject to Export License.（本契約は輸出承認取付けが条件）というような，条件づきで契約することをいう。条件付契約，すなわち Subject Contract をサブ・コンと略称する。

Subject-Matter insured ［保険の対象］

Subject-Matter of Insurance ともいい，保険の対象のことで，商法では「保険の目的」といっている。海上保険の対象となるものが，貨物であるばあいの貨物保険（Cargo Insurance）のほかに，船会社が，船舶に対してかける船舶保険（Hull Insurance）や事故によってえられなくなる運賃に対してつける運賃保険（Freight Insurance），あるいは輸入者が，貨物の事故による利益の喪失に備えてつける希望利益保険（Profit Insurance）などがある。

Subject Open ［サブジェクト・オープン］

船主が用船希望者に Firm Offer* を出していたところ，承諾の返事の前に別の希望者とのあいだで契約が決まったばあいに，この Firm Offer を船主は取り消せるということ。

Subject to License ☞ Subject Contract

Sublet ☞ Sub Charter

Sublicense ［再実施権］

技術提携契約において実施権を許諾された Licensee が，あたえられた権限の範囲で第三者に実施権を許諾すること。

Sub-mark ☞ Counter Mark

Submersion ☞ Foundering

Submission to Arbitration ［仲裁付託合意］

当事者間における紛争は仲裁に付託し，その仲裁判断に拘束されることを約束する当事者間の合意。

Subrogation ［保険代位］

被保険者が運送人その他の第三者に対する求償権を，保険者に譲渡することをいう。これにより被保険者が保険金の支払いをうけるさいには，権利移転領収証（Subrogation Receipt）を差し出す。これは被保険者の有するいっさいの求償権を，保険者へ移転するとともに，保険者がその権利を行使するばあいには，被保険者としても全面的に支援するという確約書である。

Subscribed Capital ☞ Authorized Capital

Subsidiary Credit ☞ Local Credit

Substantial ［たくさんの］

If we can import these goods in a knocked-down condition, substantial orders could be secured.（ノック・ダウン方式で輸入できれば，大量注文が確保できる。）

Substitute ［代替品；代理する］

Please let us know whether we may ship these substitutes.(これらの代替品を積出ししていいかどうか知らせてほしい。)

Substituted Expense ［代替費用］

共同海損費用を節約するために、その代わりに支出された費用をいう。たとえば曳航(Towage)、積替え(Transshipment)、仮修繕(Temporary Repair)などの費用である。

Successive Losses &/or Damages ［連続損害］

保険期間中は、1回の事故ごとに、保険金額を限度として塡補されるべきものであるから、かりに2回の連続損害によって修繕費の合計額が保険金額をこえても、保険者はそれぞれ別個に、支払わなくてはならない。

Successive Transport ［相次運送(あいつぎ)］

複数の運送人がたがいに連絡して輸送する業務提携を結んだ連帯運送のこと。これに対して、今日の国際複合運送は最初の運送人が全部または一部の運送を下請けにだす下請運送の形態がほとんどである。

Sue and Labour Charges ［損害防止費用］

海上事故による損害を防止するために支出した費用をいう。保険の目的を保全、回復するために、被保険者またはその代理人が支出した損害防止費用は、海上保険証券の本文約款によって保険者が塡補する。

Suitable ［適合した］

ものの目的、使用、条件などに適合しているという意味の実用語。proper(適当な) はものが当然あるべきように (as it should be)、appropriate は自然にそなわった性質が適合するという意味の趣味的な語。

We are prepared to accept your proposal so long as your goods prove suitable for our market in price and quality. (価格と品質が当市場にふさわしいことがわかれば、貴社の提案を承諾するつもりである。)

Sum ［総計］

Sumは簡単な計算の結果をいう。Total は合計された結果の全体。the sum total (総じめ) は the total sum (総じめ額) の転倒で同意。Amount は現在の合計。

The sum advanced by us would bear interest at 8% p.a. (当社により前渡しされた金額には年率8%の利息が生じる。)

Sum Insured ［保険金額］

Insured Amount＊と同じ。

Sunk ［沈没］

The ship is sunk.は船舶の沈没をいい、船舶が浮力を失って船体の大部分を水没させた状態をいう。保険者は通常、海上保険証券の列挙危険の1つとして塡補する。

Super Foot ☞ SF

Supplementary Credit ☞ Local Credit

Supplier ［サプライヤー］

戦後、連合軍管理下の貿易のころにはやったことばで、連合軍とメーカーとのあいだに入って、メーカーから商品を仕入れ、または仲継ぎして、これを連合軍または外国のバイヤーに供給する者をいった。今日では、輸出商と同義であるが、狭義では商品の供給者であるメーカーをいう。

Supplier's Credit ［サプライヤーズ・クレジット］

輸出者が海外の輸入者に延払信用を供与したばあいに、その輸出者に対して市中銀行等が協調して金融をつけることをいう。

Surcharge ［割増料］

海運や保険上用いることが多い。たと

えば，特別の事情が生じて，Base Port 以外の港に寄港したり，迂回したようなばあい，あるいはまた，2つ以上の運送機関を必要とする「通し運送」のばあいなどに，基本運賃（Base Rate）のほかに，加算される割増料などがその例である。米国ではこの種の割増料をアービトラリー（Arbitrary），または Additionals とよんでいる。

現在は通貨不安定のための Currency Surcharge（Currency Adjustment Factor；CAF）や燃料値上がりのための Bunker Surcharge（Bunker Adjustment Factor；BAF）を課しているのが一般的。

ドル防衛策として当時のニクソン大統領が実施した，輸入課徴金なども記憶に新しい。

Surety Bond ［保証証書］

A が B に負っている債務を履行しないばあいに，B に対して支払う旨の保証人 C の債務確認書。

Surface Mail ［海上郵便］

Sea Mail のことで，航空便（Airmail）の対語。

Survey ［調査（する）］

調査，鑑定，とくに船舶，飛行機，貨物，鉱山，工場などについての詳細な調査をいう。

The matter is now put under survey. （本件は目下鑑定中。）

Surveyor ［鑑定人］

船積み貨物の損害についての検査，鑑定のほかに，貨物の船艙内積付けの適否などを検査する人をいう。危険物，長尺物，高価品，冷凍貨物，腐敗性貨物，散積み穀類などの特殊貨物の積付けのばあいや，船舶，貨物に事故が発生したばあいには，鑑定人の検査が必要となる。鑑定の結果，鑑定人は鑑定報告書（Survey Report＊）を発行する。

わが国のばあい，この事業を㈳日本海事検定協会と㈶新日本検定協会が営んでいる。国際的に信用のあるものに英国のロイズ協会，米国のデルパン社がある。

Survey Report ［鑑定報告書］

船舶，貨物に損害が生じたばあいに，その状態や原因について鑑定人（Surveyor）が行なった鑑定の報告書をいう。損害の責任が船会社にあるか，あるいは保険者が負担すべきものであるかなどの認定に，欠かせない証拠書類である。

Swap Rate ［スワップ・レート］

先物為替相場の表示方法で，直物相場との開きをプレミアム（打歩；Premium；P）またはディスカウント（割引；Discount；D）で表示する方式をいう。プレミアムは先物相場が直物相場より高いことを示すし，ディスカウントは先物相場が直物相場より安いことを示す。Swap Rate 方式に対して，先物相場の実数をそのまま表示する方法を Outright Forward Rate 方式という。

Swap Transaction ［乗換取引］

Change Over ともいう。為替売買の当事者が，直物為替の売買と同時にこれに対応する先物為替の売買を同額かつ交叉的に行なう取引をいう。直買先売と直売先買の2種類があり，為替もち高の調整と為替資金の調整に用いられる。為替銀行の為替操作や予約の取消しのほか，貿易企業の短期外貨投資のリスク・カバーにも用いられる。

Sweat &/or Heat ［汗濡れ；発熱］

玉ねぎ，ふすま，コプラ，小麦粉などの農産物や，原皮，骨粉などの畜産物，魚粉などの水産物に発生するばあいが多い。貨物それ自体の性質によるものと考えられ，保険者は特約によってだけ塡補する。

Sweat Damage ［汗濡れ］

船艙内の湿気，悪天候，適当な換気・通風の不足などから，水滴が滴下して貨

物にあたえる濡損をいう。汗濡れは、また、ある程度以上の水分を含む貨物などから発散する水蒸気によるばあいもある。これらの汗濡れは、海固有の危険とは認めがたいので、特約がなければ、保険会社は担保しないし、船会社もその責任を負担してくれない。しかし、積付けの不完全から生じたようなばあいで、船会社側の手落ちが明白ならば、船会社の責任となる。この汗濡れにより濡損が生じた貨物を汗濡れ貨物（Sweat Cargo）という。このような汗濡れによる事故を防ぎ、また、発汗を減少、絶無とするために、現在では乾燥した空気を送る設備をもつ船が増加している。

Sweeping ［掃き寄せ］

船艙内や荷役場所で、荷屑を掃き集めること。

Swell Allowance ［スウェル・アローワンス］

缶詰輸出のばあいには、缶詰が膨張した状態となって、不良品が発生することが見込まれるので、商慣習として契約数量よりも多く出荷することをいう。このばあい信用状にもその旨記載しておく。

Swing Account ［振子勘定］

戦後各国とも外貨不足のころ行なわれた取引の方法で、国家間で清算勘定（Open Account*）を設け、取引のつどには帳簿だけに記録し、一定期間末に決済する方式。

Switcher ［スイッチャー］

Switch Trade* や Counter Purchase* のような貿易方式のばあいに、仲介の仕事をする第三者をいう。

Switch Trade ［スイッチ貿易］

輸出入両国の業者が、直接契約を結び、商品は輸出国から輸入国へ直接積み出すが、代金決済のほうは、両国間の貿易収支不均衡による為替制限があるために第三者（Switcher）を介入させて行なう方式である。

Sworn Measurer ☞ Public Weigher

Symbolic Delivery ［象徴的引渡し］

積荷をいったん船荷証券をはじめとする船積書類におきかえ、約定品の象徴であるこれらの書類の引渡しをもって、約定品の引渡しとする取引をいい、書類渡しともいう。たとえば、CIF 条件にあっては、危険負担は、FOB 条件のばあいと同じであるが、約定品の所有権は、積込みが完了しても売主から買主へ正式には移転せず、積荷を代表する船積書類が、買主に到着したときをもって船積時にさかのぼって、正式な所有権の移転が行なわれる（遡及説）。すなわち、CIF における所有権の移転は、象徴的な書類渡し（Symbolic Delivery）である。

Syndicate ［シンジケート］

巨額の物件について複数の保険者がグループ形態で行なう引受機構。あるいは金融機関が共同で株式や債券を引き受けること。

Syndicated Loan ［シンジケート・ローン］

複数の銀行が臨時に融資団を結成して行なう、国際的な協調融資をいう。

T

Tackle ［テークル］

揚貨用索具で，板ガラスなどの積込みのさいに用いられる。テークルと俗称する。

Tackle Principle ［テークル主義］

海上運送人の責任区間を示すもので，積みテークルから揚げのテークルまでという原則。

TACT

Tokyo Aircargo City Terminal の略語。成田空港に近い市川市原木にあった航空貨物のターミナルで，荷主から委任された航空代理店は，貨物を TACT 内の保税上屋に搬入したうえで，輸出入通関手続をとることができた。しかし，2003（平成15）年に TACT は解散し，その機能を終えた。

Taft-Hartley Act ［タフト＝ハートレー法］

アメリカ合衆国の連邦法である労使関係法（Labor-management Relations Act, 1947）の通称で，ワグナー法（Wagner Act*）で労働者にあたえた保護が行過ぎであったという反省から同法を改正したものである。

Taint Damage ［汚染損害］

悪天候が原因で皮革が海水に濡れ，その汁が他の貨物を汚染するような損害をいう。こうした損害は海固有の危険と同種の危険として，通常，保険者によって填補される。しかし，航海は無事であったにもかかわらず，油類がしみだして他の貨物を汚染したような損害は，特約がなければ填補されない。

Take Off ［離陸］

近代的経済へ飛躍することをいう。W.W.Rostow によると，経済発展は，①原始的社会，②過渡的社会，③離陸，④成熟社会，⑤大量消費社会の5段階に区分できるという。

飛行機でも離陸するのに一番エネルギーが必要とされる。一国が離陸のためのエネルギーは，経済成長のために禁欲が行なわれ，投資率が人口増加率を上回ることからのみ期待できるが，発展途上国の多くは，それができず苦しんでいる。日本のばあいは，険悪な国際環境のもとでとられた明治維新政府の富国強兵策が，離陸を可能にしたと考えられている。

Take-over ［乗っ取り］

支配権ないし経営権を乗っ取ること。株式公開買付け（Take-over Bid*）の方法によるばあいが多い。このばあい，英国ではテーク・オーバー審査委員会（Take-over Panel）の自主規制があるし，米国では，株式公開買付けは連邦証券諸法および州法の適用をうける。

Take-over Bid ［株式公開買付け］

Tender Offer ともいう。

対象会社の株主から直接にその株式を買い付けるか，あるいは新聞紙上に買付け期間，価格，買付け株数，目的など詳しい内容を公示して，株式を買い占め対象会社を乗っ取ること。英国ではテーク・オーバー審査委員会の自主規制があり，米国では連邦証券諸法および州法の適用をうける。

Taking Delivery against L/G

［保証状荷渡し］

貨物がすでに到着しているにもかかわらず，船積書類が未着のばあいに行なわれる荷受けの方法である。通常，貨物は船荷証券と引換えでなければ引き渡されないが，船荷証券が未着で，しかも貨物の引取りが遅れては，腐敗の危険が大きいようなばあいに，荷受人は銀行と連帯の保証状（L/G＝Letter of Guarantee）を船会社に差し入れて，引換えに船会社から荷渡指図書（D/O＊＝Delivery Order）の交付をうけ，これを本船または倉庫に持参して，引換えに貨物を引き取る方法である。このばあい，荷受人が銀行の保証をうけるためには，船会社所定の書式に記入・署名したもの2通，銀行所定の輸入担保荷物引取保証依頼書および輸入担保荷物引取保証に対する差入証，ならびに本件の荷為替の決済がその銀行を経由することの証拠書類を差し出して依頼する。

Takings at Sea
海上における占有奪取のことをいう。
☞ Men of War

Tale Quale (TQ)
ロンドン市場における農産物取引において用いられる積出品質条件（Shipped Quality Terms＊）をいう。

Tally ［検数］
個数を数えること。昔，東南アジアでは竹の棒を縦に割り，人夫が貨物を1個運ぶと1片があたえられ，荷主側が1片を保持し，労賃はこの棒の数で計算が行なわれたという。

今日の貿易取引における検数とは，貨物の本船への積込みまたは陸揚げを行なうさいに，その貨物の個数の計算，事故の有無の点検または受渡しの証明を行なうことをいう。この検数に従事する者を検数人（Tallyman；Checker ともいう）という。検数は，Dock Side と Ship Side，すなわち荷主側と船会社側のそれぞれの側が検数人を立て，双方の検数を照合・確認して正確を期している。検数の結果は Tally Sheet に記載される。

Tallyman ［検数人］
Checker ともいう。

積荷・揚荷について，貨物の検数および故障の有無を調査する者で，船主側と荷主側との双方から立てられた検数人が，立会いのうえで検数する。船主側の検数人は乗船員が兼務するばあいもあり，その責任者を貨物主任（Head Checker）という。一方，荷主側の検数人はChecker とよばれ，検数協会（Checker Union）から派遣されるばあいがほとんどである。

検数方法は，Sling Tally が一般的である。これは，船積みのさいに舷側において，ロープまたはネット・スリングにかけた貨物の個数と，事故の有無を1 Sling ごとに，Tally Sheet（検数票）に記入する。揚荷のばあいは，船艙内から陸揚げされる1 Sling または1もっこごとに，貨物の数量，状態を Tally Sheet に記入し，荷役が終わると，荷主側および船主側の Tally Sheet をつけ合わせて，荷役貨物の数量を決定する。

なお昔，中国・満州での大豆，豆粕などの肩荷役のばあいに Bamboo Tally が用いられた。これは万棒とよばれる竹または短い棒を貨物1個，または1スリングごとにつけて，受渡しする方法であった。

Tally Sheet ［検数票］
荷役中の貨物の検数（Tally）のさい，貨物の個数，荷印，荷姿，貨物についての事故摘要などを記入したもので，荷役終了後は検数人（Tallyman＊；Checker）のサインをうけて船に保管する。後日，荷主からの損害賠償請求などがあったばあいの証拠書類となる。

Tank Container ［タンク・コンテナ］

液体の食品や化学製品の散積みのための特殊コンテナで，揚荷のさいに加熱を必要とする貨物のためタンク下面にヒーティング装置がある。

Tanker ［タンカー］

原油，ガスなどの液体を大量，安価に運ぶための専用船（Specialized Ship*）の一種。接岸荷役は少なく，沖合の Sea Berth* で荷役する。

Tare ［風袋］

貨物にほどこす包装の材料または容器の重量をいう。風袋が問題となるのは，船積みおよび，陸揚げ時の看貫のさいに，風袋も含めた総重量（Gross Weight），風袋を総重量から差し引いた純重量（Net Weight），さらには外装の木箱などの風袋だけでなく商品に充塡してある木毛や内装の目方も差し引いた正味重量（Net；Net Weight）として検量するかによって，船積み，陸揚げ，おのおのの数量条件が変化してくるからである。

この風袋の秤量方法には，個々に実際にはかる実際風袋（Actual Tare），慣習的に商人間で使用される慣習風袋（Customary Tare），売買当事者の取決めによる推定風袋（Estimated Tare），その他平均風袋（Average Tare），船積み風袋（Shipper's Tare），換算風袋（Converted Tare），原産地風袋（Original Tare）などがある。なお，特殊商品のばあい，これら風袋重量に相当するだけの控除，すなわちアローワンス（Allowance）が慣習として認められているばあいがある。

Tariff ☞ Customs Duties

Tariff Barrier ☞ Customs Wall* と同じ。

Tariff Cap ［上限関税］

すべての農産品の関税率を一定水準以下に抑えようとする制度。WTOドーハ・ラウンドにおける農業交渉で，欧米が関税引下げの方式として提案したが，日本やスイスなど食糧輸入国は重要品目（sensitive goods）の例外扱いを求め，対立点の1つとなった。

Tariff Escalation ［傾斜関税］

自国の製造業保護のために，輸入の原材料に対する関税を低くし，加工度の高い製品輸入については関税率を高めることをいう。

Tariffication of Rice Import ［コメの関税化］

1999（平成11）年4月1日よりコメ輸入の関税化（1キログラム当たり351円17銭）が実施され，関税を支払えば誰でも輸入できるコメ輸入の自由化が実現した。食料法，関税定率法，関税暫定措置法等の関連法規の改正案が国会承認されたためである。商業ベースによるコメの輸入は原則禁止であったが，99年4月にコメ輸入の自由化を実現したことにより，ミニマム・アクセス（最低輸入量）は6.8％（国内消費量に対する割合）に抑制することができた。そして，2000年度では7.2％相当の輸入義務となり，関税（従量税）は1キログラム当たり341円に低減された。2001年度以降の措置については，WTOの新ラウンド（ドーハ・ラウンド）の他国間農業交渉の結果により対応が決まる。それまでは現行の関税とミニマム・アクセスが存続する。

Tariff Quota System ［関税割当制度］

特定商品について，一定量までの輸入には低税率を適用させ，それをこえるものには，高税率の関税を適用させる制度をいう。この制度は需要者と生産者との利益の調整をはかることが，とくに必要であると認められる品目について採用される。つまり，需要者は低税率を希望し，一方，その輸入品と競合する物品の生産

者は，保護の目的で高税率を望むからである。

割当の方法としては先着順と事前割当との2つがある。前者は一定数量に達するまでは低税率を適用させる方法であり，後者は低税率が適用される一定数量を，あらかじめ政府が輸入しようとする者に割り当て，その割当証明書をもっている輸入者だけが，低税率の適用をうける方法である。

わが国のばあいは，関税定率法第9条の3および暫定法第8条の5第3項で関税割当制を規定している。

Tariff Rate ［表定運賃率］

海運同盟は，その対象貨物の大部分について，一定の運賃率を定めて公表しているが，これを表定運賃率という。同盟の表定運賃率は，非同盟船との競争上，二重運賃制（Dual Rate System*）を採用している。すなわち，同盟船，非同盟船（Outsider）のいずれを問わず自己の欲する船に積む荷主（Non-Contractor）に対する一般運賃率（非契約運賃率，Base Rate；Non-Contract Rate）と，同盟船だけを用いることを契約した荷主（Contract Shipper；Contractor）にあたえる，より安い契約運賃率（Contract Rate）との2本立てである。この2本立ての運賃差（Spread）が9.5％以内であれば，わが国の公正取引委員会は合法とみなしている。

Tariff War ［関税戦争］

第1次大戦後の大恐慌期に，各国は悪化する国際収支を守り国内産業を保護するために，関税率の引上げ戦争を行なった。こうした関税戦争が貿易を阻害し不況を深刻化させた経験から，第2次大戦後 GATT*（General Agreement on Tariffs and Trade, 関税および貿易に関する一般協定）は，関税や輸出入規制などの貿易障壁を，多角的な交渉により相互に除去することを目的として，多数国間条約を結んだ。

Taxation on Ship's Tonnage ［トン数標準税制］

日本船籍の船舶を対象に，従来の法人課税方式「(収益－費用)×法人税率」に代わるトン数標準課税方式「(運航船舶の純トン数)×係数（みなし利益）×運航日数)×法人税率」をいう。世界の主要海運国(米国，英国，デンマーク，オランダ，ドイツ，フランス，ギリシャ，スペイン，イタリア，インド，ノルウエー，フィンランド，アイルランド，ベルギー，ポーランド，リトアニア，韓国，日本）が導入している。日本の商船隊（わが国外航海運企業がチャーターして運航する2,000総トン数以上の船舶を含む）は2,566隻で，そのうち日本船籍を持つ外航船舶は184隻（7.2％）（「海事レポート2015」）しかなく，税の優遇をテコに日本船籍の船舶数と日本人船員の増加をねらって2009年度から導入された課税方式である。

Tax Haven ［タックス・ヘイブン；税金避難地］

パナマ，スイス，ベネズエラなどにみられるように，個人，法人の所得に対して税制上優遇措置があたえられている場所をいう。多国籍企業は，こうした場所に拠点を設けて節税や資金操作を行なっている。

Tax Reduction ［減税］

輸入された貨物が，輸入の許可前に変質または損傷したようなばあいには減税される。なお，特定の用途に使用することを要件として，減免税される貨物を関税定率法は，つぎのように規定している。

製造用減免原料品(定率法第13条)，特定用途免税貨物(同第15条)，外交官等免税貨物(同第16条)，再輸出免税貨物(同第17条)，船舶建造・修繕用免税貨物（同

第18条)，輸出貨物製造用減免税貨物(同第19条)

Tax System on Transfer Prices ［移転価格税制］

移転価格操作 (transfer pricing) を防止するための税制のこと。多国籍企業が，グループ企業全体の課税額を極小化するために，たとえば，本社が海外の子会社 (subsidiary) 向けに輸出する製品や部品等の価格（これを移転価格とよぶ）を高めに操作し，子会社の利益を少なくするなどといった課税逃避を防止する税制である。

TB ［財務省証券］

Treasury Bill の略語で，米国財務省が発行する短期証券。通常，91日，182日ものが多く，入札で値決めされる。政府各省や企業の余裕資金の運用や，投資家の投資対象となる。

TBO ☞ Take-over Bid

TCM ☞ Draft Convention on the International Combined Transport of Goods

Technical & Clauses Committees ［技術および約款委員会］

ロンドン保険業者協会 (Institute of London Underwriters) が制定した協会貨物約款 (Institute Cargo Clauses ; ICC*) の約款の制定，改訂などを担当している委員会である。

Technological Assistance ［技術援助］

開発途上国の発展は，世界市場を拡大し，世界資源の増大と生産性の向上などに貢献するので，先進国にも発展途上国にも利益となる。しかし，発展途上国は，その貯蓄の低さと1次産品輸出の不振のために開発資金の調達や資本財輸入に困難があるばかりか，各種の技術に制約があるので，先進国の援助が必要となる。技術の面の援助に関しては，先進国は技術者の派遣，技術学生の受入れ，現地労働者の訓練，コンサルティングなどの方式で行なっている。国際的な技術援助機関としては，国連技術援助機関（通常，技術援助計画，拡大技術援助計画，特別基金）や，コロンボ・プランなどがある。

なお，わが国の外資法でいう技術援助とは，工業所有権その他の技術に関する権利の譲渡，これらに関する使用権の設定，工場経営に関する技術の指導をいう。

Technology Transfer ［技術移転］

工業プラントの輸出は貿易摩擦が少ない方式であり，発展途上国の工業化と技術移転を促進するものとして歓迎されている。

UNCTAD*の「技術移転に関する行動規範草案」が対象とする技術移転とは，基本設計図面や詳細設計図面の供与，プラント・設備の建設・運転，ターンキー・プロジェクトを含む各種の工業的および技術的協力と規定されており，プラント輸出契約も技術移転契約の対象としてとらえられている。

Techno-super Liner ［超高速貨物船］

次世代超高速貨物船テクノスーパーライナー(TSL)〔貨物1,000トンを積載可能な，双胴船（約1万4,500総トン，時速約70キロメートル，全長140メートル）〕が2005（平成17）年に小笠原航路に就航する予定であったが諸般の事情により就航できなかった。

TEEM

Trans Europe Express Merchandises の略語で，欧州における国際貨物特急をいう。欧州各国の鉄道が参加し，国境を通過する貨物の便をはかっている。

Telegram ［電報］

Cable ともいう。

国際電報に用いられる用語は，普通語と暗語とである。普通語 (Plain Language)とは，国際電報に使用することを認められた国語と，ふつうに用いられている商用語，たとえば，FOB, CIF, LC, BL などである。一方，暗語(Code Language)とは，文字または数字を任意に組み合わせてつくられた語で，暗語による電報文は，通常，暗号書(Code Book)を用いて作成する。

国際電報の料金は，1語あたりの基準料金に，あて名欄と本文欄に書かれている語数を乗じて算出される。10字までを1語とし，1語の長さが10字をこえたばあいは，10字までごとに1語と計算される。暗語，商標，参照番号，数量などのように，文字や記号のばあい，またはそれらの混合で書かれているものも10字までごとに1語となる。国際電報の取扱上の種類を示す用語(指定語)は1語として計算し，あて名電号は10字までごとに1語である。

国際電報は，その取扱上，いくつかの種類に分かれる。通常電報(Ordinary Telegram)は，普通語，暗語いずれを使用してもよいが，最低限料金は7語分で，電報取扱上の指定語はつけない。至急電報(Urgent Telegram)は通常電報よりも優先的に送信，配達される電報で，電報料金は通常電報の2倍である。最低限料金は通常電報と同じく7語分で，電報取扱上の指定には，指定語 URGENT をつける。書信電報(Letter Telegram, ヨク電ともいう)は電報文が比較的に長文で，あまり急がないばあいに利用する。受付後8時間から30時間くらいで受取人に届けられるが，あて先の地域によっては，時差との関係もあってかえって都合がよく，また電報料金も安い。書信電報には暗語や使用国語に反したものも使用可能となった。料金は通常電報の半額で，最低限料金は22語分である。電報取扱上の指定には LT をつける。ほかに，照合電報(指定語は TC)，同文電報(指定語は TM)，通信料前払電報(指定語は RP)などがある。しかし，国際電報の時代は終った。

Telegraphic Transfer ［電信送金］
TT と略称する。電信による送金為替(並為替)のことをいう。送金為替は主に貿易外取引，資本取引などの送金に用いられてきたが，現在では貿易取引にも利用されることも多くなってきた。電信指図による電信送金(TT)のほかに，送金小切手(Demand Draft ; D/D)，普通送金(Ordinary Transfer ; O/T)，送金付替票(Credit Note ; C/N)などがある。

Telex ［加入電信］
Telex は，Teleprinter Exchange, Teletypewriter Exchange, または Telegraph Exchange の略称である。国際取引で用いられるものは International Telex (国際加入電信) ということになる。

ふつうの電報は，その発信および受信の作業を局が行なうが，テレックスのばあいは，直接発信，受信が可能となる。つまり，電話のようにダイヤルによって相手を呼びだし，テレタイプ(印刷電信機＝Teletype)をたたくと，相手方のテレックスに，発信した電信文字が現われるようになっている。テレックスの利点としては，(a)記録が残る，(b)対話的に通信ができる，(c)不在通信ができる，(d)電信料を節約できるなどである。

わが国のばあいは，1957年よりサービスが開始され，当時の国際電信電話株式会社と加入電信契約を結べば設備が整えられ，外国の取引先と交信できた。

国際テレックス通信では料金(時間制)の節約のため，次のように3文字略語するのが常識化していた。

ABT (About)
ADV (Advise)
AGN (Again)

AMT（Amount）
ANS（Answer）

しかし,テレックスもその役割を終え,2005年3月にサービスを停止した。電話,ファックス, e-mail, website 中心の時代となっている。

Tempests ［暴風］

Force Majeure（不可抗力）の1つであり,免責約款があるばあいには,これによる船積遅延,契約の一部または全部の取消しを主張できる。

Temporary Landing ［仮陸揚げ］

積換え,荷繰り,故障,修理などのために,予定した仕向港以外の港に一時陸揚げすること。

Temporary Rate of Duty ［暫定税率］

国内法で定めた国定税率の1つで,経済情勢の変化に応じて基本税率（General Rate*）を一時的に修正する必要があるばあいに,基本税率に代えて適用される。

Temporary Repair ［仮修繕］

共同海損費用を節約するための仮修繕は代替費用（Substituted Expense*）として共同海損とみなされる。

Temporary Safeguard ［暫定的緊急輸入制限措置］

2001（平成13）年4月23日,政府は,ネギ（scalion）,生しいたけ,畳表（rush for tatami mat）の3品目について暫定的セーフガードを発動した。わが国がセーフガードを発動したのは初めてであるが,協定税率適用対象国を原産地とするものに適用されるとはいえ,現実には中国からの供給品目である。このため,中国は日本からの自動車,携帯電話,空調機の輸入関税を100％に引き上げ対抗措置（報復関税）をとった。

Tendency ［傾向］

Inclination（傾向）よりも意味が強く,かつ永続的な傾向をいう。Propensity（傾向；性癖）はとくに悪いことに用いる。

The market is expected to be dull (= inactive = lower = bearish) with the further downward tendency. (市況はさらに下落傾向のうちに沈滞している)。

Tender Offer ☞ Take-over Bid

Tenor ［期限］

金融上では,債務発生の日から満期日までの期間を Tenor とよぶ。たとえば,約束手形の発行日から満期日までの期間,すなわち Usance（手形期限）と同じ意味で用いられる。

したがって為替手形のばあいであれば,その引受け日から満期日までの期限をいう。たとえば, ninety days after sight のばあいは,引受け（Acceptance）からの期限である tenor は90日となる。為替手形に記載されてある"second of the same tenor and date being unpaid"は通常,「同日付・同条件の第2券未払いのばあいにかぎり」と訳されているが,「同一の手形振出日と手形期限をもつ第2券が未払いのばあいにかぎり」の意味である。

法律的には,証書の趣旨,文意,また文書の写しが正確であることをも意味する。

Tenure ［保有（権）］

不動産保有者（Tenant）から土地を授与される形態または条件をいう。

役職の保有期間をもいう。

語源的には tenor と同じく,ラテン語 tenere＝hold に由来する。

Term ［用語；（複）条件；決済条件］

為替予約のさいに銀行に提出する Contract Slip に記載されている Term は相場の種類を記載する欄で,予約相場は原則として電信相場であるので, T.T.S.あるいは T.T.B.のように記載する。

Term は語源的にラテン語の Terminus に由来し「ある期間；限界」の意味。

決済のため限定されたある1点の日付で手形の満期日が決まるので,「決済条件」という意味で用いられるようになった。また,契約に含まれた行為を限定するところから「条件」という意味で用いるし,ある表現を限定するところから「用語」という意味でも用いる。

We shall be glad to hear the terms and conditins on which you are prepared to work for us. (当社のため仕事して下さるについての取引条件を聞きたい。)

Our terms are 2% off the invoice amount at 60 days or 3 months net. (決済条件は60日払いは送り状金額の2％引き,3カ月手形払いは正味である。)

Terminal ［ターミナル］

「末端(装置);交通の終着点」の意味で,貿易輸送のばあいは陸海交通の接点にある輸送基地をいう。

Terminal Operator ［ターミナル・オペレータ］

コンテナ・ターミナルを運営し統括している港湾運送事業法上の免許取得業者である。コンテナ船の本船荷役を中心とした一連の作業を行なっている。

Terminal Receiving System
☞ TRS

Terminal Service ［ターミナル・サービス］

港湾や鉄道のターミナルにおける荷役を軸として,これに関連した一連の作業をいう。たとえば,コンテナ輸送のばあいには,Container Yard, Container Freight Station における実入り,受渡し,取出しなどの作業である。これらを行なう Terminal Operator は港湾運送事業法上の免許取得者である港湾運送事業者である。

Termination of Adventure Clause ［運送打切約款］

被保険者が処置できない理由で運送が仕向地以外の港で打ち切られたり,あるいは最終倉庫で貨物が引き渡される以前に運送が打ち切られたばあい,被保険者は運送打切りの事実を遅滞なく保険者に通知し,割増保険料を支払うことを条件として,一定期間,保険期間（Duration of Insurance*）を継続担保することを規定している。

Termination of Contract of Carriage ［運送契約の打切］

貨物の輸送が中間地で打ち切られること。このばあい,保険は原則として終了する。そこで,割増保険料を支払うことを条件として一定期間,保険が継続するように対応する。

Term Insured ［保険期間］

保険者が,保険事故に関して保険責任を負う期間を保険期間,または,危険期間,責任期間とよぶ。そもそも,保険者の責任は貨物が本船に積み込まれたときに始まり,安全に荷卸しされたときに終わるのが原則であるが,保険会社間の競争から,運送約款等により保険期間が拡張されているのがふつうである。

Term Loan

米国の商業銀行または生命保険会社が行なう中長期金融で,資金の使途としては長期運転資金,設備資金,他の負債の返済肩代り資金,社債や株式発行までのつなぎ資金などに利用される。

Terms and Conditions of Business ［取引条件］

貿易取引を簡単,迅速に,しかも誤解や紛争を生じることなしにやっていくためには,政治,経済,文化の諸制度,言語,風俗,習慣などが相違する異国間にかけ橋をかけ,共通の話合いの場をつくっておく必要がある。こうした取引の基本的な条件を一般的取引条件（General Terms and Conditions of Business）という。その内容は,会社によって,また同

一会社のばあいでも，取扱商品の種類，相手市場などによって多少の相違があるが，一般的に①取引の基本形態に関する条件，②取引契約の成立に関する条件，③取引紛争の解決に関する条件，④売買に関する基礎条件，などが含まれる。

とくに，④に関する基礎条件としては，品質 (Quality)，数量 (Quantity)，価格 (Price)，受渡し (Delivery)，決済 (Payment) の5項目を網羅し詳細な打合せを必要とする。

それぞれの会社が慣習としているこれらの基本的条件を，取引条件覚書または協定書 (Memorandum or Agreement) として，あらかじめ印刷しておき，取引を開始しようとする段階で，相手側へ送り，承諾を求めるのが望ましい。

Terms of Contract　［契約条件］

品質，数量，価格，受渡し，決済などが主要構成要因となる。当事者間で打合せした明示条項 (Express) Terms と慣習や法規にもとづいて当然遵守すると考えられる黙示条項 (Implied Terms) とが含まれる。

Terms of Documentary Draft　［荷為替手形条件］

手形期限，金額，付属書類の種類や，書類の引き渡し条件が D/P* か D/A* かなど，荷為替手形を構成する条件をいう。

Terms of Payment　［決済条件］

決済方法としては，信用状 (L/C) 決済と信用状のつかない D/P 手形，および D/A 手形が一般的である。いずれも荷為替手形 (Documentary Bill of Exchange) による決済であるから，船積書類 (Shipping Documents) と為替手形 (Bill of Exchange ; Draft) が必要である。このばあいの為替手形が A/S (At Sight, 一覧払い) か期限付き (Usance) かによって売主，買主の利害は相反する。

これらをまとめると，通常，貿易決済としてつぎのような組合せが考えられ，それぞれ売値に相違が生じる（数字はいちおうの目安を示す。

	at sight	30d/s	60d/s
L/C	$100	101	102
D/P	$101	102	103
D/A	$	103	104

Terms of Sale　［売買条件］

広義では，貿易慣習として売買契約に共通・普遍的な了解事項に属する，たとえば Trade Terms (貿易条件) のようなものと，そのつど，売買両当事者間で特約するものとを含むが，通常，後者を売買条件とよぶ。貿易取引は法律，慣習などすべてが相違する異国間取引であるから，通常，当事者間で，一般的取引条件として基本的な打合せを行ない，その基礎的な打合せのうえで，より具体的に，そのつど決めていくのが売買条件である。商品の品質，数量，価格，受渡しの時期・方法や海上保険，決済についての具体的なことがらが，その主要内容となる。

Terms of Trade　［交易条件］

一定量の輸出の見返りに輸入できる数量をいう。輸出価格指数 (EP) の輸入価格指数 (IP) に対する比率，$\frac{EP}{IP} \times 100$ として算定されるが，これを商品交易条件 (Commodity Terms of Trade) という。これは，輸出品1単位と交換に入手できる輸入品の量を示すもので，この値が100をこせば，交易条件は有利，100以下なら不利という。しかし，かりに商品交易条件が悪くても，貿易による利益は，輸出入取引による素材の転換という点も考慮されなくてはならないし，さらに，輸出価格の低下がそれによる輸出量の大幅な増加でカバーされたばあいは，総利益もなお増大することが考えられる。このような点を織り込んで考えられる交易条件の1つが，所得交易条件 (Income Terms of Trade) であり，これは商品交易条件に輸出数量指数をかけたものとして算定される。

Territory ［販売区域］
企業の全体市場の1区分。顧客層により，あるいは地理的境界によって最善の販売区域管理の目的から設定される。とくに総代理店契約（Sole Agency Agreement*）あるいは特約販売店契約（Exelusive Distributorship Agreement）において販売区域をどう規定するかが重要な問題となる。

It is difficult in that territory to interest customers for your products. （貴社製品について顧客の関心を起こさせることはあの地域では困難である。）

TEU
Twenty (Foot Container) Equivalent Unit の略語で，20'コンテナ換算をいう。

The Baltic
Baltic Exchange* の略称。

The Bank of Japan ［日本銀行］
日銀と略称する。わが国の中央銀行で，通貨の発行，通貨価値の安定をはかるとともに，わが国経済の安定的発展に寄与することを目的としている。

The Export-Import Bank of Japan ［日本輸出入銀行］
1950（昭和25）年12月，日本輸出入銀行法にもとづいて設立され，輸銀と略称された。一般の金融機関では取り扱いがたい長期の貿易金融について，一般の金融機関と協調して融資することを目的としていた。その業務の範囲は，プラント輸出に対する長期金融，海外投資金融，海外事業金融などで，必要な資金は全額政府出資の資本金や資金運用部などからの借入れによってまかなわれた。現在は，海外経済協力基金と統合（1999年）されて国際協力銀行と呼ばれる。

Theft ［窃盗］
人目をしのんで荷造梱包ごと盗むことをいう。これに対して Pilferage（抜荷）は梱包の中身を一部抜き取るPetty Theft（小盗）をいう。いずれも Institute TP & ND Clause（協会盗難不着担保約款）によって塡補される。

Theft, Pilferage and Non-delivery ☞ TP & ND

The International Institute for the Unification of Private Law ［私法統一国際協会］
1926年，イタリア政府が中心となって国際機関として設立され，私法（民商法）の世界的統一をはかっている。

The Japan Commercial Arbitration Association ［日本商事仲裁協会］
1950年発足した国際商事紛争を取り扱う常設の仲裁機関で，本部は東京丸の内にある。同協会の商事仲裁規則は英和両文で作成され，仲裁の手続，仲裁人の任命，料金と費用など，仲裁裁定がだされるまでの細目を規定している。

Thence to ［最終仕向地］
海上保険証券面にある欄で，荷卸港または積替港から，さらに奥地の最終仕向地を記載する。

Theory of Reciprocal Demand ［相互需要説］
D. Ricardo の比較生産費説は国際的交換が行なわれるおおまかな範囲ないし限界を示すのに役立ったが，その範囲のなかで，交易条件が何によってどこで決定されるかが不明であった。相互需要説は，この欠陥を補うために，比較生産費説の土台のうえで，商品交易条件の決定は，貿易両当事国の需要および供給の相互連関によって行なわれる点を指摘したものである。J.S.Mill によってのべられ，A.Marshall, F.Edgeworth がこれを精緻化したが，さらに G.Haberler や B.G.

Ohlin の均衡論的貿易論が展開される。

Thereby ［それによって］

You must bear the additional costs thereby incurred.(それによって生じた追加費用を負担しなくてはならない。)

Thieves ［強盗］

保険上は，暴力または威嚇による強奪を意味し，Perils of the Seas（海固有の危険)の１つであり，通常，填補される。これに対して窃盗（Theft or Pilferage）は Extraneous Risks（付加危険）に属し，特約によってだけ担保される。

Third Arbitrator ［第３の仲裁人］

仲裁を行なうにさいして，当事者が１名ずつ選出した仲裁人２人の意見が合致しないばあいに，両仲裁人が選出する第３の仲裁人をいう。

This Side Up ［天地無用］

荷印（Shipping Marks*）のなかの取扱注意マーク（Caution Mark*）の一種。

Thomas Register

Thomas Publishing Company (461 8th Ave., New York 1, N.Y.) が発行しているもので，アメリカ，カナダ所在の15万企業についての Reference Book である。☞ Directory

Three C's

英文ビジネスレターを書くばあい，注意すべき点として考えられるもので，Clearness（明瞭），Correctness（正確），Conciseness（簡潔），などの項目を略称する。

また信用調査の調査項目のうち，Character（性格），Capital（資産），Capacity（能力）の３点をも Three C's とよぶ。

Three Principles on Transfer of Defense Equipment and Technology ［防衛装備移転３原則］

2014年４月１日，武器輸出３原則に代わる「防衛装備移転３原則」が閣議決定された。新たな３原則は，(1) 移転（輸出）を禁止する場合の明確化，(2) 移転を認め得る場合の限定ならびに厳格審査および情報公開，(3) 目的外使用および第三国移転に係る適正管理の確保，に基づいて防衛装備の海外移転（輸出）の管理を行なう。運用指針は，国家安全保障会議で決定しその決定に基づいて経済産業大臣が外為法の運用を適切に行なう。なお，「防衛装備」とは武器および武器技術を意味する。

Three-tier Rate System ［三重運賃制］

欧州海運同盟が，FOB 契約でしかも盟外船を使用しない荷主に，契約運賃率（Contract Rate*）よりも低率な運賃率の適用をはかったが，独占禁止法違反として現在は廃止されている。

Three T's

貿易取引を有利にまとめるためには，取引形態（Type），取引条件（Terms），販売技術（Techniques）の３点に考慮が必要であるといわれる。

Through B/L ［通し船荷証券］

運送貨物が目的地に到達するまでに２つ以上の運送機関を必要とするばあい，運送業者同士の連絡運送契約にもとづいて，最初の運送業者が全区間の運送をとおして効力のある形で発行した船荷証券をいう。

そもそも，大陸奥地へ輸出するばあいには，２つ以上の別個の運送機関を利用しなくてはならないので，本来ならば各運送機関とそれぞれ別個の運送契約を締結し，たがいに別個の船荷証券または鉄道貨物引換証を入手しなくてはならない。しかし，これでは荷主にとって，運送契約の複雑さと揚地における証券の入手に多くの困難をともない，手続上も繁雑なので，この種の通し船荷証券が用いられるようになった。信用状に，ほかに異なる明示のないかぎり，通し船荷証券

は銀行によって受理される。

Through Cargo Handling ［一貫荷役］

本船から他の運送手段へと一貫して直接行なわれる荷役。

Through Carriage ［通し運送］

Through Transport ともいう。
1つの運送契約のもとで複数の運送人によって行なわれる一貫運送をいう。

Through Freight ［通し運賃］

最初の運送人が全区間について徴収する単一運賃をいう。これには運送手段と無関係に運送経路ごとに決められている単一運賃（Through Rate）のばあいと、運送区間ごとの運賃（Local Freight）を合算した Joint Rate のばあいがある。通常は Joint Rate である。

Through Manifest ［通過目録］

貿易貨物運送中の各寄港地において、通過貨物の申告として提出する書類であるが、一般には、Manifest*をそのまま準用している。

Through Rate ☞ Through Freight

Through Transport ☞ Through Carriage

Tick ［照合ずみの印］

照合ずみの印をつけること。たとえば、1, 2, 3とあり、該当するのが3のばあいに、日本では③と、マルで囲むが、外国では√3とする。タイプでは、√の印がないので×をつける。

Tidal Waves ［高潮損害］

台風による高潮が貨物にあたえる損害をいう。当該海上保険契約が陸上まで延長されているばあいは、海固有の危険とみなされ、通常、塡補される。

Tied Loan ［タイド・ローン］

紐つきの借款をいう。借入れ資金が、貸し手国からの資材や技術の輸入に用いることを義務づけている借款をいう。これに対して、使途について規制のない借款をインパクト・ローン（Impact Loan）という。

Tie-in Ship ［仕組み船；マル・シップ］

外国船主に日本の造船所での建造をあっせんし、できあがった外国籍船を期間用船する（Charter Back*）ことをいう。日本国籍の船舶は日本船員だけしか乗船できず、しかも日本船員の賃金が高いので、船会社の経営を圧迫するところから、こうした方法がとられる。仕組み船のばあいも Charter Back と同じく、外国国籍ではあるが、船名には「〇〇丸」とついていることが多いのでマル・シップ（Maru-Ship）ともいう。

till ［まで］

till (until) だけだと till June 30のばあい6月30日が含まれるか否か明確でないので、含まれるばあいは till (until) and including June 30 と書くし、含まれないばあいは till (until) and not including June 30 と書く。

Timber Trade Federation Clause ［木材通商連盟約款］

木材の海上保険に適用される特別約款で、甲板積みのばあいは、FPA に投荷浪洩危険担保を規定し、船艙内に積み込むばあいは All Risks を規定している。

Time Bill ［期限付手形］

呈示後または確定日後、60とか90日というように、一定の期間をおいて支払うべき期限付きの手形をいう。Usance Bill, Term Bill ともいう。

Time Charter ☞ Charter Party

Time Freight ［定期用船料］

Charterage；Time Chartered Freight ともいったが、今日は通常、Hire* という。

Time-Limit

海上保険上は、Transit Clause（運送約款）において、最終荷卸港において被保

険貨物を荷卸し完了した後, 60日を担保できる限度と規定している。

Time Loss Provision ［喪失時間約款］

航海用船契約の停泊期間の計算のばあい, 本船がバースを利用できるか否かにかかわらず, 本船の着港時から停泊時間に算入されるという約款。

Time of Delivery ［納期］

貿易取引においては, 仕向港への到着時期を示す Time of Delivery を納期として用いることは少なく, 積出港での船積時期（Time of Shipment）を納期という。

Time of Shipment ［船積時期］

貿易取引では, 貨物を特定期日までに仕向港に到着させることは, きわめて困難であるところから, 約定品の引渡し時期といっても, 仕向港への到着時期（Time of Delivery）ではなく, 積出港での船積時期（Time of Shipment）を意味するのが一般的である。

船積時期の決め方には, 月または月の連続をもって表示するばあいと, 何日以内といった日数によるばあい, たとえば, Within 60 days after receipt of L/C（信用状入手後60日以内）とか, Within 3 months after contract（契約後3ヵ月以内）といった決め方がふつうである。月で決めるばあい, たとえば May Shipment（5月積み）のばあいには, 5月1日から5月31日までに船積みを完了すればよい。連月, たとえば, May/June Shipment（5月・6月積み）のように月の連続で決めるばあいは, 特約のないかぎり, 5月1日から6月30日までに船積みを完了させればよい。しかし, 連月積みのばあいは, 各月についての船積数量を特定しておく分割船積みが望ましい。このばあい, Each shipment stands as a separate contract.（各分割船積分は別個の契約とみなされる）と特約するのが常識。とくに, 信用状決済のときは不可欠といえる。

Time Policy ［期間保険証券］

船舶が航行する航路とは無関係に, 特定の期間について船舶を担保する保険の証券をいう。Voyage Policy（航海保険証券）の対語。

Time Sheet ［タイム・シート］

航海用船契約の停泊期間の計算の資料となる記録。Statement of Fact*と同じ。

Time Volume Rate

一定期間に一定量の貨物を保証した荷主に対して適用される, 一般より安い運賃率をいう。

TIR Carnet ［カルネ］

Customs Convention on the International Transport of Goods under Cover of TIR Carnet（国際道路運送手帳による担保のもとで行なう貨物の国際運送に関する条約）は1959年ジュネーブで制定されたコンテナ貨物の税関取扱いに関する国際条約である。TIR カルネ（国際道路運送手帳）のあるばあいは, コンテナ輸送のさいに, 経由地の税関において税関検査は免除され, 輸出入税の納付も免除される。ヨーロッパにおける国際運送貨物はトラックで運ばれるが, 従来, 各国の国境税関の検査が行なわれるので不便であったが, カルネ通関によってこれが解決された。欧州諸国, 米国も加盟し, わが国も1971年に加盟した。

TL

Total Loss*（全損）の略語。

TLO ［全損のみ担保］

Total Loss Only のこと。保険の目的, すなわち, 保険契約貨物が全損（現実全損, 推定全損）に帰したときにだけ, 保険者がこれを塡補する保険条件で, 保険者にとっては, もっとも負担の軽い条件である。したがって, 保険料率もいちばん安い。被保険者は, 全損発生のばあい

には，保険金額の全額支払いを請求できるほか，全損の発生を防止するための，損害防止費用も支払われる。なお海難救助費は「全損のみ，ただし，海難救助費担保」(TLO with Salvage Charges) の特約にも担保される。若干の残留貨物があるようなばあいでも，その権利を放棄して委付（Abandonment*）の手続をとれば，全損に準じた取扱いをうけ，損害全額が塡補される。この条件は，おもに船舶保険に用いられるが，貨物保険では，石炭やセメントなどの散荷，投荷および波さらえ危険のある甲板積貨物などに使用される以外は，きわめてまれにしか使用されない。

TLX ☞ Telex*と同じ。

TOB ［テイクオーバー・ビッド］

Take Over Bid（株式の公開買付け）の略語。買付け期間，株数，価格を公表して，ある会社の経営支配，経営参加のために，株式を買い取ることをいう。会社買収の方法として，欧米では盛んに用いられる。日本では1971年に導入された制度である。

TOFC

Trailer on Flat Car の略語。コンテナをシャーシに取り付けたまま，トレーラーの形態で貨車積みする方式で，ピギー・バック（Piggy Back*）方式ともいう。

Tokyo International Conference on African Development (TICAD) ［アフリカ開発会議］

日本が提唱して5年に1回開催されてきたアフリカ開発会議は，2016年8月に初めてアフリカの地（ケニアのナイロビ）で第6回の会議が開催された。アフリカは援助の時代から投資の時代に移行しており，成長の基盤強化のためインフラの充実や人材育成などに量より質を求めて，わが国は官民合わせて今後3年間で300億ドル（約3兆円）を投じる方針を安倍首相が表明した。

Tokyo Round ［東京ラウンド］

1973年，東京におけるガット（GATT）閣僚会議で合意をみた新国際ラウンドとよばれる多角的通商交渉（Multilateral Trade Negotiation ; MTN）をいう。1979年に7年ごしの交渉が実質的に合意をみた。その内容は，関税引下げについては，鉱工業製品について平均33％，農産物については41％を8年間に引き下げること，また非関税障壁を除去して，公正な世界貿易の拡大をはかるために，補助金および相殺関税の廃止，ダンピングの防止などを規定している。

Tomas Credit ［トーマス信用状］

中国との求償貿易において，わが国からの輸出が確定しているのに，輸入商品が未定のため，確定した契約が結べない輸出先行のばあいに用いる信用状で，中国側が日本あてに信用状を発行するのに対して，日本側は一定期間内に見返り輸入のための信用状の発行についての保証状をだす。この方式をはじめて使用した，東京貿易商会の電信略語 TOMAS にちなんでこの名称がある。これとは逆に，輸入先行のばあいを逆トーマス方式とよんだ。

Ton ［トン］

重量トン（Weight Ton）にはつぎの3種類がある。すなわち，2,240lbs（ポンド）を1トンとする重トン（Long Ton ; Gross Ton; English Ton）は英国で広く用いられる。米国では2,000lbs（ポンド）を1トンとする軽トン（Short Ton ; Net Ton ; American Ton）が一般的であり，さらにフランスをはじめ欧州大陸諸国では，1,000キログラム（約2,204ポンド）を1トンとするメートル・トン（Metric Ton）が用いられる。

容積トン（Measurement Ton）は40cft（立方呎；才）もしくは1立方メートル

(1 m^3)をもって1トンとする。

なお，船舶のばあいの総トン数(Gross Tonnage)とは，船舶の総容積を表わすトン数で，1総トンは100立方フィートである。したがって，2万トンの船は200万立方フィートの容積ということになる。この総トンから，船員室や機関室のような，荷物の積込みに関係のない部分を差し引いたものが，純トン(Net Tonnage)である。

排水トン数(Displacement Tonnage)とは，貨物を満載して吃水線まで沈んだばあいの船の重量をいう。重量トン数(Dead-weight Tonnage; DW)とは，船舶が実際に積載しうる貨物の重量トン数をいう。すなわち，法律的に規定されている夏期満載吃水における排水量から，軽吃水(Light Draught)における排水量を差し引いた重量をトン数で表わしたものである。

Tonnage Dues ［トン税］

外国から入港する船舶に対して，その登録トン数に応じて，徴収する租税をいう。輸入貨物に課せられる関税に匹敵する。

To Order ［指図人式］

船荷証券(B/L)の荷受人(Consignee)の欄に記入する。このばあいは，白地裏書(Blank Endorsement)によって，その船荷証券は流通性(negotiability)をもつことになる。

Torpedoes ［魚雷］

機雷(Mine)，爆弾(Bomb)，その他の兵器(Other Engines of War)とともに，これらによる損害は，戦時と平時とを問わず，協会戦争約款よって塡補される。

Total Loss ［全損］

保険契約貨物の全部が保険危険によって消滅したばあいで，現実全損(Actual Total Loss; Absolute Total Loss)と推定全損(Constructive Total Loss)とがあり，いずれのばあいにも保険者は保険金の全額を支払う。現実全損とは，貨物が現実に全損したばあいや，あるいはその占有が奪われて回復することのできないばあいをいう。

一方，推定全損とは，本船が行方不明のため，現実全損が推定，予測されるようなばあい，あるいは，保険の目的自体は現実全損を構成しないが修繕費，手入れ，保管などの費用がかさむため，経済的に全損を構成するとみなされるようなばあいをいい，構成全損，準全損などともよばれる。このばあい，荷主は残余貨物に対するいっさいの権利を保険者に無条件で譲渡する手続，すなわち，委付(Abandonment*)することによって，保険金の全額を請求することができる。

貨物が全損のばあいは，船会社の不着証明書をつけて保険会社に申請し，損害全額の支払いを正式に請求することになる。

TOT Code ［技術移転コード］

International Code of Conduct on the Transfer of Technology(技術移転行為についての国際規範)の略語。UNCTAD*が作成したもので技術移転に関する国家の規制，技術に関する制限的商慣行などを扱っている。

Touch and Go ［触礁］

沈没(Sinking)，座礁(Stranding)，衝突(Collision)や異常の風波などとともに，海固有の危険(Perils of the Seas)として通常，保険者は塡補する。

Touch and Stay ［寄港・停泊］

海上保険証券にある寄港・停泊約款で，被保険航海の通常の航路上にある港の寄港および停泊の自由を認めている。

Towage ［曳船料］

曳船(Tug Boat)が，独航力のない他船(Tow Boat, 曳かれる船)を曳くための曳船使用料をいう。

Tow Boat ☞ Tug Boat

TP & ND ［盗難・不着］

Theft, Pilferage and Non-delivery の略語。

盗難・不着の危険のことで，特約によってだけ担保される。これらの危険をそれぞれ個別の約款で担保することはまれで，盗難・不着をあわせて担保するのがふつうである。

Theft も Pilferage も人目を盗んで行なわれる盗難であるが，Theft は梱包ごと盗む窃盗をいい，Pilferage は梱包の中身の一部を抜き取る抜荷をいう。盗難は運送約款による保険期間終了後も生じうるものであるから，付保された輸送中に生じたものであることを確認するため，保険期間終了後10日以内に，保険者代理店に損害の立会検査をうける必要がある。なお，盗難損害については免責歩合の適用はない。

不着とは，保険契約貨物が包装ごと，予定の目的地に到着しないことをいう。梱包は到着したが内容が足りないばあいは，不着といわず，不足 (Shortage) という。不着はその原因を問わないが，免責危険によることが明らかであるばあいには，保険者は塡補の責任を負わない。また，荷主はその賠償を運送人からうけるのがふつうであって，保険者は，荷主が運送人から回収できなかった金額だけを塡補することになる。

TQ

Tale Quale のこと。Such as it is の意味で，良好な状態で船積みさえすれば，貨物の品質は仕向地に到着したときのありのままの状態でよく，航海中の損害について売主は負担しない。

関税割当制度の略称としても用いる。
☞ Tariff Quota System

TQC ［全社的品質管理］

Total Quality Control の略。トップから従業員にいたる会社の全員が品質管理 (QC) を理解し，組織的に品質向上をはかる努力をいう。

T/R ☞ Trust Receipt

Trade ［通商；貿易］

語源的には英語の tread (踏みつける) に由来し，踏みつけられた小径の意味。こうした原意から，長いあいだ手がけて習熟している「仕事；職業；通商；貿易」また，きまった区間を繰返し往復して熟知している「航路」の意味で用いるようになった。Trade Wind (貿易風) は，きまった一定の方向へ吹く風をいう。

同じ商業でも Commerce は主として国内商業に用い，「貿易」は Foreign Trade というように主として Trade を用いる。

Trade Act of 1974 ［通商法］

ニクソン大統領によって議会に提出された通商改革法案で，米国の経済的地位の後退をくいとめるために，関税の賦課・徴収および対外通商に関する議会の権限の一部を，大統領に集中させることを意図している。

Trade Agreement ［通商協定］

2国もしくは数カ国において輸出入手続，関税，決済など貿易関係について取り決めた基本的な協定をいう。通商航海条約を同時に締結しているばあいは内容的に重複するが，通商協定は貿易活動に限定され，有効期間も短い。たとえば，日本とインド間は通商協定があり，有効期間2年間，ただし，その後も書面による3カ月の予告をもって廃棄されないかぎり有効としている。また，日本とドイツのあいだでは，通商航海条約 (3年間有効，ただし，その後も廃棄声明があった日から6カ月間まで有効) と貿易協定 (1年間効力を有し，その後は書面による3カ月の予告をもって暦年のいずれかの四半期の終りに終了) が取り交わされて

いる。

Trade Association Clauses ［通商約款］

ロンドン保険業者協会が中心となって規定したもので，特定の商品についての海上保険条件を規定している。ゴム約款，黄麻約款，穀物通商分損不担保約款などがある。

Trade Bill ［貿易手形］

輸出貨物の生産・集荷のための金融に用いられる輸出前貸関係準商業手形，および一覧払輸入手形決済の金融をうけるために輸入者が銀行に差し入れる輸入決済関係準商業手形をいう。

Trade by Agreement ［協定貿易］

広義では2国間または多数国で通商協定を締結し，それにもとづいて貿易することをいう。このばあいの協定には，貿易商品の種類や数量についての貿易協定と代金決済についての協定が含まれる。

狭義では代金決済が清算勘定（Open Account）であるばあいをいう。これは，貿易取引のつど現金決済をせず期末に貸借のバランスだけについて現金決済する方法で，戦後，外貨手持ちの乏しい頃，わが国も多くの国とこうした協定を結んでいた。

Trade Check ［トレード・チェック］

信用調査の対象となる営業活動についての調査で，取引ぶり，支払状況，資金繰りなどが調査される。

Trade Claim ［貿易クレーム］

Transportation Claim（運送クレーム）や Insurance Claim（保険クレーム）が外因的なクレームであるのに対して，契約自体に内在的な，貿易業者それ自身の契約条件の不履行などによる狭義の貿易クレームのことで，Business Claim ともいう。たとえば，Inferior Quality（品質不良），Different Quality（品質相違）などがそれである。

Trade Classification ☞ Commodity Classification for International Trade

Trade Clearance ［同業者決済］

同業者の支払いぶりをいう。Anticipation（前払），Discount（割引払），Prompt（即時払），Slow（支払遅延）などがある。

Trade Discount ［同業者割引］

同業者に対して行なう値引きのこと。

Trade Dispute ☞ Commercial Dispute

Trade Expansion Act of 1962 ［通商拡大法］

米国の通商政策は，1934年以来通商協定法（Trade Ageement Act of 1934）にもとづいて，貿易の自由化による世界貿易の拡大を目的としてきたが，1962年に大統領に関税の大幅一括引下げ権限をあたえた通商拡大法が成立し，自由な通商政策の基本が確認されることになった。

Trade Fair ［見本市］

各種の商品を展示し宣伝して売買取引を促すために催される市場のこと。わが国では展示会的な色彩のものが多いが，欧米の見本市は売買契約を締結する重要な場所である。

Trade Frictions ［貿易摩擦］

繊維，カラーテレビについで，1981年には自動車摩擦，1982年には VTR の摩擦が日米，日欧間に深刻となった。集中豪雨型の日本式の輸出方式と外国製品に対する日本市場の閉鎖性などが問題となった。各国とも自由貿易を堅持する建前から，直接輸入規制をとることができないので，欧州向け VTR は1983年455万台，米国向け乗用車は168万台といった日本側の自主規制を強要してきた。貿易摩擦の問題は，単なる製品輸出の摩擦から，より構造的な摩擦の図式が解決されなくてはならない時期であった。

Trade Insurance ［貿易保険］

従来の輸出保険（Export Insurance）が1987年より貿易保険と改称された。独立行政法人日本貿易保険機構（NEXI；Nippon Export and Investment Insurance）が運営している。なお，2016年4月から海外投資保険の保険期間の上限が15年から30年に引き上げられた。17年4月1日からは，政府全額出資の株式会社日本貿易保険に改組（15年7月17日付け官報で公示）された。

(1) 普通輸出保険。General Export Insurance*
(2) 輸出代金保険。Export Proceeds Insurance*
(3) 輸出手形保険。信用状なしのD/P手形，D/A手形について，輸出地の為替銀行の買取り業務を促進させるための保険。
(4) 海外投資保険。海外投資を行なった者が，相手国の非常危険によって，株式など元本，配当金，不動産に対する権利を取得できないために生じる損失を填補する。
(5) 為替変動保険。決済日が契約日から2年以上の資本財や労務提供を対象として，3％以上の為替差損を填補する。（現在は引受け停止中）
(6) 輸出保証保険。国際入札のさいの保証状（Bond）の没収による損失を填補する。
(7) 前払輸入保険。前払いした輸入者が，非常危険もしくは信用危険によって貨物の輸入ができなくなったばあいの損失を填補する。
(8) 仲介貿易保険。Intermediary Trade Insurance
(9) 海外事業資金貸付保険

Trade Investigation ［仕入先調査］

ダン・レポート（Dun Report*）では，仕入先調査として最高与信額（High Credit），現在与信高（Owe），期日の経過した与信（Past Due），販売条件（Terms of Sale），支払い振り（Payments）について調査している。

Trade Leakage ［通常の漏損］

油類，酒，糖蜜などは，航海中に外部からの原因がなくても貨物の性質として容器のつぎ目から漏れる危険がある。こうした漏損は取引の慣習上，当然考えられるものなので，Trade Leakage もしくは Ordinary Leakage（通常の漏損）として扱われ，保険者は特約によってだけ填補する。

Trade Loss ［トレード・ロス］

貨物固有の慣習的な損失をいう。たとえば，綿花の Country Damage（元地損害）や油類の通常の漏損（Ordinary Leakage）などがこれである。

Trade Mark ［商標］

商標とは，自家商品を他社の模倣から防止し，他の類似品と容易に区別するためにつけるもので，商品についての名前もしくは顔であり，これを登録することによって法律的な保護を求めることのできる工業所有権の1つである。

Trade Mark と Brand とは，その内容においてほとんど差異はないが，Trade Mark は Brand の法的一面を強く表現することばとして用いられるのがふつうである。

世界の市場で売買される商品の約半数は，今日，Trade Mark もしくは Brand による売買だといわれる。したがって，対外貿易で需要を増大させるには，輸出商品を高度化し，多様化させて，品質・性能・デザインの諸点で優秀さを保つとともに，いったんつけた Brand を周知させるために，たえず大規模な広告や販売促進のための活動を行ない，商標の売込みの努力が必要である。

Trade Name ［商号］

Trade Mark*と同じ。米国では商号，すなわち「社名」として用いる。

Selling under our trade name is the best solution considering our reputation. (当社の商号で販売することが当社の評判から考えて最良の解決策である。)

Trade of Non-Equivalents ［不等価貿易］

自由競争経済体制のもとにおいては，交換は等価で行なわれるはずである。しかし，独占・寡占による管理価格などが横行して，自由競争に制限が加わったりすると，交換もゆがんだ形の不等価交換になりやすくなる。

Trade Promotion Authority (TPA) ［米国大統領貿易促進権限法］

米国では，議会が通商交渉に権限をもっており，大統領（政府）が通商交渉を取りまとめても議会で個別の条文修正が可能なため，交渉相手国からはそのような懸念をなくしたいとの要望がある。そこで，通商交渉に当たり，交渉相手に安心感を与え迅速な交渉ができるように，議会が通商権限を大統領に一任することを認めた時限立法である。「Fast-track Authority」とも呼ばれる。2015年6月30日に大統領が署名して同法が成立した。これにより，対外通商交渉で強い交渉力を発揮できる。

Trader ［商人］

Merchantと同じく貿易業者，大商人をいう。StorekeeperやDealerは小商人。Dealerは単独で用いずに，Wholesale Dealer；Dealer in Coalのように用いる。

You are big traders of childrens' wearing apparel. (貴社は子供衣料の大手貿易業者である。)

Trade Reference ［同業者信用照会先］

取引関係のある商社をCredit Reference（信用照会先）として，そこに信用調査を依頼する。類語はBank Reference*。

Trade Terms ［貿易条件］

貿易用語ともいい，つねに価格とともに使用する。これは直接的には，その価格がどのような構成要因から成り立っているか，すなわち，売主はその条件のばあいに，どの範囲までの費用を負担するかを示すものであるが，さらに，契約品に対する危険負担が，売主から買主に，どの時点で移り変わるか，また契約品の所有権の移転が，いかなる時点で行なわれるかを規制できる力をもっている。

貿易条件の解釈に関する統一規則としては，まず，インコタームズ(Incoterms＝International Rules for the Interpretation of Trade Terms, 貿易条件の解釈に関する国際規則）がある。これは，国際商業会議所が，その設立以来，各国の貿易用語を調査し検討して1936年に制定したものであるが，53年に改正が行なわれた。

統一規則の第2としては，米国における代表的な実業機関および貿易団体によって結成されている全米貿易会議が，1919年に制定した米国貿易定義（American Foreign Trade Definitions）およびその41年の改正規則がある。

第3としては，国際法協会が国際商業会議所の協力をえて1932年に制定したCIFに関するワルソー＝オックスフォード規則（Warsaw-Oxford Rules）がある。

なお，国際商業会議所は67年に国境渡し（Delivered at Frontier）と持込渡し関税込条件（Delivered Duty Paid）を，76年にはFOB Airport，80年にはFree Carrier（運送人渡し），Freight/Carriage Paid to（運送手配），Freight/Carriage and Insurance Paid to（運送・保険手配）を追加規定した。

1990年の改訂ではつぎの13種類に分類

整理され，さらに2000年に改正されたものが現行規則である。

　EXW (Ex Works)「工場渡し」
　FCA (Free Carrier)「運送人渡し」
　FAS (Free Alongside Ship)「船側渡し」
　FOB (Free on Board)「本船渡し」
　CFR (Cost and Freight)「運賃込み渡し」
　CIF (Cost, Insurance and Freight)「運賃保険料込み渡し」
　CPT (Carriage Paid To)「運送費込み渡し」
　CIP (Carriage and Insurance Paid To)「運送費保険料込み渡し」
　DAF (Delivered At Frontier)「国境持込み渡し」
　DES (Delivered Ex Ship)「本船持込み渡し」
　DEQ (Delivered Ex Quay)「埠頭持込み渡し」
　DDU (Delivered Duty Unpaid)「仕向地持込み渡し(関税抜き)」
　DDP (Delivered Duty Paid)「仕向地持込み渡し(関税込み)」

Trade White Paper ［通商白書］

わが国貿易の現状について，担当官庁である経済産業省が毎年発表する白書である。1949（昭和24）年以降発表されており，各年の輸出入の実績とその分析がなされるとともに，貿易環境の変化，国際景気の将来性，輸出入取引を安定・発展させるための対策などが記述されている。

Trading Firm ［商社］

Trading Companyともいう。広義では流通活動を専業とする問屋，卸商のことをいうが，貿易取引の比重が大きいわが国においては，商社といえば貿易商社，とくに大手の総合商社の意味で用いることが多い。総合商社は，日本株式会社と非難される独自の経営風土のもとで成長してきた。その情報網，与信機能，オルガナイザー機能を発揮して，世界に類をみない存在となっている。

一方，専門的な知識と経験を必要とする自動車や家電を中心に，メーカーの直接輸出も増加している。

Trading Limits ［航行区域］

期間用船契約（Charter Party*）において限定された本船の航行区域。

Trailer Chassis ☞ Trailer Head

Trailer Head ［トレーラー・ヘッド］

コンテナを陸上運送するばあいの牽引車。コンテナは台車（Trailer Chassis.)にのせて運ばれる。

Trailer on Flat Car ☞ Piggy-back

Tramp Cargo ☞ Tramper ; Bulk Cargo

Tramper ［不定期船］

荷主または運送業者の要求に応じて，どこでも運行する船舶をいう。満船が見込まれる大量貨物や散積みで単載輸送の特殊貨物，たとえば鉱石や穀物のようなTramp Cargo（不定期船貨物）の運送に用いられる。

Transact ［取引する］

We are prepared to transact consignment trade in Audio Devices.（オーディオ機器の委託取引を行なう用意がある。）

Such transaction is not in our line.（そのような取引は当社の取扱い外である。）

Transatlantic Trade and Investment Partnership (TTIP) ［環大西洋貿易投資パートナーシップ］

2013年2月の一般教書演説（オバマ大統領）で，EUとの包括的な貿易投資(TTIP)交渉を開始することが表明され，双方の国内・地域内手続きを終えて交渉が開始された。実現すると世界の貿易量

の約3割を占める市場が誕生し、環太平洋経済連携協定(TPP)と合わせると米国の思惑どおりに高度の市場経済圏が形成されると思われる。しかし、遺伝子組み換え食品などを巡る農業問題、車の安全基準、医薬品など、市場開放に向けたルール作りにはかなり難航が予想される。交渉の成り行きと成果は注目に値するが、オバマ政権下での大筋合意は実現しなかった。

Transfer ［譲渡(する)］

当事者の合意または法律の規定によって、財産権(Title)が、ある人から他の人に移されること。

We have arranged with our bankers to transfer your L/C to your second beneficiary.(貴信用状を第2受益者に譲渡するについて取引銀行と打合せした。)

Transferable L/C ［譲渡可能信用状］

信用状の原受益者が、1名または数名の第三者に、1回にかぎって、全額(Full Transfer)、または一部金額の譲渡(Partial Transfer)を認めた信用状である。信用状面に Transferable の文字が記載されているか、あるいは、受益者の名前のあとに、and/or his transferees の表示がある。これらの表示のない信用状は、譲渡不能とみなされる。

Transfer of Risk ［危険移転］

FOB, CIF 条件のばあいの危険の分岐点は Incoterms によれば、貨物が本船の舷側欄干を通過した(passed the ship's rail)時点である。これに対して米国貿易定義(American Rule*)では貨物が船艙内または甲板に卸された時点である。

Transit Clause ［運送約款］

Transit Clause (incorporating Warehouse to Warehouse Clause) とは倉庫間約款統合の運送約款をいう。保険証券の本文約款では、保険者の責任は、貨物が本船に積み込まれたときに開始(attach)し、貨物が仕地で安全に陸揚げされたとき終了(terminate)するとしている。しかし現実的には、こうした保険期間では被保険者は満足できないので、Warehouse to Warehouse Clause (W/W Clause,倉庫から倉庫までを担保する倉庫間約款)が協会貨物約款に挿入され、さらに1963年の改訂協会貨物約款では倉庫間約款を摂取・統合した運送約款が特約されることになった。これによると、貨物が保険証券記載の地の倉庫での運送開始のときから開始され、仕向地における倉庫で貨物が引き渡される時点で終了すとしている。

Transit Duty ［通過税］

他国の商品が自国を通過して、他の仕向国へでていくばあいに賦課する関税である。通過税は、交通の未発達な時代には、外国商品が近隣諸国へでていって販売されるのを妨げるうえで、また財政収入をあげるうえで効果があった。しかし、交通の発達とともに、貨物の通過運送にともなう利益を失うだけであることが、しだいに認識されい、19世紀後半には通過自由の原則が確立し、通過税は廃止されることになった。

Transit Goods ［通過貨物］

仕向港に貨物が到着するまでの途中で、第三国で陸揚げし再輸出される貨物を、第三国からみて通過貨物という。

Transit Improvement Trade ［通過的加工貿易］

外国から加工を委託され、その加工製品を第三国向けに積み出す取引をいう。

Transit Shed ［トランジット・シェド］

輸送の過程で、一時的に貨物を仮置する上屋(Shed*)をいう。

Transit Trade ［通過貿易］

貨物が輸出国から輸入国への輸送途上

Transmitting Bank ［取次銀行］

Notifying Bank または Advising Bank（通知銀行）ともいう。信用状が開設されると発行銀行は，輸出地にある自社の取引銀行（Correspondent，コルレス先）を取次銀行として送付してくる。取次銀行は，これを信用状の受益者へ送達する。取次銀行は，代金の支払いの保証はしない。

Trans-Pacific Partnership Agreement (TPP) ［環太平洋経済連携協定］

TPPと略称される。2002年のAPECサミットを契機としてシンガポール，ニュージーランド，チリ，ブルネイの4カ国による交渉がまとまり，06年に4カ国間（通称P4＝パシフィック4）で協定が発効した。その後，オーストラリア，ペルー，米国，ベトナム，マレーシア，メキシコ，カナダ，日本が交渉に加わり12カ国の交渉が始まった。15年6月に米国の大統領貿易促進権限法（TPA）も成立し，難航していたTPPは10月のアトランタにおける12カ国閣僚会合で大筋合意した。そして16年2月の署名式でTPP協定が署名された。一方，トランプ大統領は就任してまもなくTPP離脱を宣言し，米国を除く11カ国によるTPP11となった。わが国の場合は，TPPおよび関連法案が16年秋の臨時国会で再審議し可決され，18年7月6日にTPP11の寄託国ニュージーランドへ国内手続きの完了を通報，6カ国が国内手続きを終えたことでTPP11は18年12月30日に発効した。当面，日本，メキシコ，シンガポール，カナダ，オーストラリア，ニュージーランドの6カ国域内で適用される。

Transportation Claim ☞ Claim

Transport Documents ［運送書類］

1974年以前の信用状統一規則ではShipping Documents とよんでいた。物品の積出し，受取りを示す書類で，これには船荷証券，複合運送証券，運送状（Waybill），Forwarder's B/L，郵便小包受領書（Post Receipt），郵送証明書（Certificate of Posting）などが含まれる。

Transport Insurance ［運送保険］

陸上運送中の貨物についての保険をいう。これに対して海上運送中の保険が海上保険（Marine Insurance）であり，航空運送中の保険が航空貨物保険（Aviation Cargo Insurance）である。

Transshipment ［積替え］

当該貨物を積載した本船が，仕向港へ直接行かないばあいに，仕向港向けの他の本船に積み替えることをいう。このばあい，貨物を積載本船から直接または艀をつうじて他船に積み替える方式をShip to Ship（船移し）という。一方，いったん保税上屋に陸揚げし，つぎの本船の到着を待って船積みする方式をOnce-Land（仮陸揚げ）という。

Transshipment Charge ［接続料金］

第1船舶側フック下で貨物を受け取ってから，第2船舶側フック下で貨物を引き渡すまでの，港湾運送に対する料金をいう。

Traveller's Cheque ［旅行小切手］

海外旅行者が外国で必要な資金をえるために使用する小切手。発行銀行はあらかじめ支払基金を徴収したうえで，希望するだけの数通の，定額小切手を発行する。旅行者は発行銀行で署名したうえで交付をうける。外国で支払いをうけるときは，小切手のもう1つの署名欄に改めて署名する。これは紛失を防ぐためで，

買取人は2つの署名が一致していることを確認のうえ、支払いを行なう。

Treasury Stock ［発行会社保有株式］

発行会社の金庫に保有されている自社株式のことで、発行会社が市場から購入するか贈与されたかである。

Treaty of Commerce and Navigation ［通商航海条約］

国と国との経済活動を、活発にさせる目的のための国際的な条約で、通商条約ともいう。内容としては、貨物や船舶の往来、個人の居住や営業の自由、財産の取得、関税、裁判権などの取決めが含まれる。最恵国待遇をあたえるのがふつうである。

Treble Freight System ［三重運賃制］

海運同盟は盟外船との競争上、従来、契約運賃率（Contract Rate）と非契約運賃率（Non-Contract Rate）の二重運賃制（Dual Rate System*）を採用していたが、さらに買主がFOB条件で買い付けた貨物を、同盟船に積むことの特約付FOBに対してあたえる運賃率を加えて、三重運賃制という。

Triangular Payment ［三角決済］

第三国を仲介させて行なう貿易決済の方法で、相手国との貿易が不均衡のため、その決済が困難となったばあい、これを救うために、相手国と関係のある第三国を介入させ、一方の入超による債務と他方の出超による債権とを相殺させて、不均衡を多角的に調整して是正するための決済をいう。

Triangular Trade ［三角貿易］

2国間の貿易が不均衡で、一方に輸入または輸出がかたよりすぎ、物品の交流が円滑に行えないようなばあいに、第三国を介入させて不均衡を是正させようとする貿易方式である。たとえば、A国とB国とのあいだではA国の輸出超過であるばあい、B国にとって輸入超過であり、かつ、A国にとっては輸入超過の関係にある第三国Cを介入させて、AはBに、BはCに、CはAに輸出して収支の均衡をはかる取引である。

Trigger Price ［トリガー価格］

Triggerは鉄砲の引き金のこと。鉄鋼製品の輸入の増大に苦しんだアメリカが、国内業者を救済するために、一定の基準価格以下で輸入された外国鉄鋼製品に対しては、複雑な手続を省略してダンピング調査を開始できることにした輸入規制である。

Trim ［釣合］

散荷をならして均衡をとることをいう。不均衡の結果生じた差額、あるいは船の前後の傾斜をもいう。Trim by Head（船首トリム）、Trim by Stern（船尾トリム）、In Trimは船首吃水と船尾吃水とが相等しい状態（Even Keel）をいう。

Trip Charter ☞ Charter Party

Triplicate Sample ［第3見本］

契約が成立して約定品を調達する際に、メーカーや問屋に参考のためにあたえる見本。

Trouble ［厄介］

取引や事務上の行違いなどによる厄介、心配をいう。

We assure you that we will not give you any further troubles.（これ以上迷惑をあたえないことを保証する。）

TRS ［戸前受け制度］

Terminal Receiving Systemのこと。船積みされる貨物を本船の入港以前に、本船に直結する公共上屋に搬入し、そこから本船に積み込む方式をいう。経岸総積みの1つの方式である。在来船のばあいは、コンテナ船積みのばあいと違って、本来、船会社の責任は本船積み以降、本船荷卸しまでの期間であるが、かつて横

浜港，神戸港の米国航路で実施されていたTRSのばあいは，本船係留バースのすぐうしろにある船会社専属の上屋で荷受けされたときから船会社の責任が始まることになっている。ただし，荷揚げのばあいの船会社の責任は，貨物がテークルを離れた時点までである。

Trust ［信用する］

confideは信用して秘密を打ち明けるようなばあいに用いる。商人が信頼して取引するようなばあいはtrustが用いられる。

We trust that no other goods can easily compete with ours both in price and quality.（価格および品質の点で，他社品は当社品に容易に対抗しえないと信じる。）

Trustee ［受託者］

輸出国のメーカー，または輸出商に販売を依頼された海外の販売業者をいう。

また貿易上では，輸出者は，輸入者に対して契約品を直接に，みずから手渡すことができないので，各種の運送機関を利用して運んでもらうが，これらの運送機関，すなわち，運送の受託者も広義の受託者である。受託者は委託者の依頼によって，委託者の代行はするが，すべての責任は委託者側にあって受託者にはない。

Trust Receipt ［輸入担保荷物保管証］

T/Rと略称する。

輸入者が，輸入荷物の貸渡しをうけるさいに，輸入荷為替決済資金の融資金融機関に対して，差し入れるものである。これにより，当該融資金融機関は付属書類，付帯貨物についての所有権を保有しつつ，Trust Receiptと引換えに，当該担保荷物を貸し渡すことによって輸入者にその占有を許し，かつ当該荷物の陸揚げ，通関，付保，運搬，倉入れまたは自家保管および所定の売先への売却を認め，その売却代金によって当該融資を弁済させるしくみである。このT/R方式には，甲号T/R，乙号T/Rがあり，甲号方式には丙号T/RとL/Gが含まれる。甲号T/Rは付帯荷物の売却まで認めるもので，輸入者の信用状態に問題がないばあいに用いられるもっとも一般的なものである。乙号T/Rは銀行指定の倉庫への倉入れまでを認める方式である。丙号T/Rは銀行を荷受人とする航空貨物の荷為替書類到着前の貸渡しで，担保荷物の処分を認めているので実質的には甲号T/Rである。船荷証券到着前のばあいは，銀行の連帯保証した引取保証状（L/G＝Letter of Guarantee）方式となる。

TSCS

Trans-Siberian Container Serviceの略語。コンテナ船で日本からナホトカまで海上輸送のうえ，シベリア鉄道を利用してモスクワもしくは旧レニングラードまで輸送し，あとは鉄道，トラック，船舶を継続利用して欧州各国へ輸送する方式をいう。

TT ［電信為替］

Telegraphic Transferの略称。電信指図による送金のこと。電信送金ともいわれる。☞ Advise and Pay

Tug Boat ［曳船］

港湾内で本船を移動させる小型機船をいう。曳船される船をTow Boatという。

Turn ［回る］

When times take a favorable turn, we will write to you again.（事態が好転したならばふたたび通信する。）

Once this shipment turns out satisfactory, we are sure to place reorders with you.（この船積みが満足すべきものであるとわかったばあいは再注文を出す。）

Turn-Key Basis ［ターン・キー方

式]

Export by Turn-Key System（ターン・キー方式輸出）と同じ。鍵（Key）を回せ（turn）ば、すべての設備が稼働する状態で、引渡しを行なうプラント輸出の契約方式をいう。発展途上国向けのプラント輸出に多くみられる。

こうしたプラント輸出のばあいは、まずプロジェクトの技術的可能性と採算性を検討するためのフィージビリティ調査（Feasibility Study）が行なわれる。ついで国際入札、成約、機器の製作・調達、現地における土木工事、建設、据付け、試運転、要員訓練、操業指導まで行なって、あとは鍵を回せば、生産が開始できるという状態で引渡しが行なわれる。

Turnover ［売上高］

It is our idea to have a monthly turnover of 5 million euros.（月売上500万ユーロをもちたい。）

TVR ☞ Time Volume Rate

Two-tier Exchange Market System ［二重為替市場制］

Dual Exchange Market System ともいう。貿易関係の経常取引については固定相場を使用し、資本取引については変動相場を適用する為替市場をいう。たとえば、かつて1955年以降ベルギーが二重為替市場制を採用したが、1つの通貨に2つの相場がたつことによる混乱が生じやすく、厳重な為替管理が前提となる。

Two-Way Trade ［往復貿易］

もともと輸出と輸入を均衡させるためのバーター貿易のことを意味したが、今日は、貿易摩擦のもとで、2国間で大幅な出超や入超が生じないような、均衡のとれた貿易という意味で用いられる。

TWX ☞ Telex

Typhoon Exclusion Clause ［台風危険不担保約款］

貨物が陸上の屋外におかれているあいだに被る秒速17メートル以上の台風による損害は、保険者は免責であることを規定している。ただし、コンテナ詰め貨物、貨車またはトラック積み貨物、牽引車と連結されているトレーラーまたは台車に積まれている貨物は適用外である。

U

UCC ☞ Uniform Commercial Code

UCP（UCP600）

Uniform Customs and Practice for Documentary Credits（荷為替信用状に関する統一規則および慣例——「信用状統一規則」）の略称。

信用状の解釈，取扱い，形式などについて国際的統一をはかるために，国際商業会議所（ICC）が制定した規則。1933年に制定，51年，62年，74年，83年，93年の改訂を経て現行は2007年改正の規則である。正式な呼称は，Uniform customs and Practice for Documentary Credits, 2007 Revision, ICC Publication No. 600（UCP600と略称）である。07年7月1日以降の荷為替信用状はこのUCP600にもとづいて発行されている。UCP600で信用状といえば取消不能信用状（irrevocable L/C）を意味する（第2条）。なお，電子記録呈示に関するeUCPも同時に公開されている。

ULCC

Ultra Large Crude（oil）Carrier の略語で，30万重量トン以上の超大型油槽船のこと。

Seawise Giant（リベリア）564,763トン，Pieere Guillaumat（フランス）555,031トン，日本のNissei Maru 484,338トンなど45万トン以上のタンカーもある。これらのタンカーは全長430m，船幅68mの巨体で，5万馬力の高馬力エンジンで航行される。

ULIS ☞ United Nations Convention on the Contract for the International Sale of Goods

Umpire　［審判人］

Third Arbitrator*をいう。

Unascertained Goods　［不特定物］

契約締結時に，引渡しされる商品がこの商品と特定されず，商品の種類，銘柄だけを指定して特定物はあとで引渡しされる。

Unchanged　［不変の］

All other conditions remain unchanged.（その他の条件には変更がない。）

The market remains unchanged.（市況は変動なく保ち合っている。）

UNCITRAL

United Nations Commission on International Trade Law（国連国際取引法委員会）の略語。国際取引面での法秩序を，世界的な規模で確立する必要から，1968年に設立された。ウィーンに本部がある。同委員会が目的としている国際商取引法の確立は，つぎのように貿易実務のすべてを対象としている。

　国際売買（International Sale）
　国際運送（International Transport）
　国際支払（International Payment）
　国際保険（International Insurance）
　国際仲裁（International Arbitration）

Unclaimed Cargo　［未捌(みさばき)貨物］

引取り請求がないか引渡し未済で，上屋や倉庫に一時保管されている貨物。

Unconditional Acceptance　［無条件承諾］

売買契約は一方からの Offer を無条件で承諾（Absolute Acceptance）して、はじめて成立する。申し出のあった条件に、何らかの変更や修正を加えたうえで承諾する条件付承諾（Conditional Acceptance）は、Counter Offer（反対申込みという）となる。反対申込みは、相手からの Offer に対する拒絶であると同時に、新しい申込みでもあり、これを相手が無条件で承諾すれば、ここでも契約は成立する。

Unconfirmed L/C ［無確認信用状］

発行銀行以外の確認銀行（Confirming Bank）による連帯的・重複的な保証のない信用状。Irrevocable and Unconfirmed L/C のばあいと Revocable and Unconfirmed L/C のばあいとがある。

UNCTAD ［国連貿易開発会議］

United Nations Conference on Trade and Development の略語。1964年、ジュネーブで第1回総会が開かれ、「援助よりも貿易を」をキャッチフレーズとして、発展途上国に有利な貿易条件をあたえて経済発展を促進すべきだという方向が打ち出された。これがやがて特恵関税をあたえる契機となった。4年後の第2回ニューデリー総会では、先進国が国民総生産の1％を発展途上国の援助に振り向けるという原則が確立された。

Under Deck Cargo ［船艙貨物］

通常の貨物は船艙内に積載され、危険物、生動植物など特殊貨物だけが甲板積みとなる。海上保険契約も船艙貨物を前提としている。ただし、コンテナ B/L には甲板積みの自由裁量権を運送人が保留する約款が記載されている。

Under Insurance ☞ Insurable Value

Underlying Credit ［裏付信用状］

ロンドン、ニューヨークなどの一流銀行に信用状開設を依頼するばあいに、輸入国の銀行が見返り保証として一流銀行あてに送る信用状。

Underwing ［翼下配船］

海運同盟への加入が認められていない船主が、正式な会員である船主の翼下に入って配船することをいう。英国式の封鎖的海運同盟（Closed Conference）のばあいに、こうしたケースが生じる。

Underwriter ［保険業者］

保険契約を引き受ける個人企業の保険業者をいう。海上保険契約を引き受けたことの証拠として、保険証券の下部に自己の名前を署名したところからこの名称がある。

わが国では保険業は株式会社か相互会社以外は認められないので、個人企業の保険業者は存在せず、保険者は保険会社（Insurance Company）となる。

Underwriter's Register ［保険者船名録］

ロイズ船級協会（Lloyd's Register of Shipping）が編集している船名録である。

UNICEF ［ユニセフ］

United Nations Children's Fund（国連児童救済基金）の略語。国連の常設機関で、発展途上国の児童の栄養不良や健康改善、識字率向上などの活動を目的としている。

UNIDROIT ［私法統一国際協会］

International Institute for theUnification of Private Law のことで、ローマ私法統一国際協会ともいわれる。本部はローマにある。

Unification of Customs Procedures ［通関手続きの共通化］

アジアカーゴハイウエイ構想（2011年5月のアジア開発銀行年次総会で当時の野田財務大臣が表明）の一環として、わが国の NACCS をベトナムへ導入する

ことについて両国税関当局の交渉が合意に達したことを，2011年7月26日に財務省が発表した。NACCS (Nippon Automated Customs Clearance System) は輸出入・港湾関連情報処理システムと呼ばれ，輸出入・港湾関連手続きを一括して処理するシステムで最新のinformation technology (IT，情報技術)を駆使した自慢のシステムである。14年にはわが国と共通化した貿易・通関手続となり通関に要する時間の飛躍的な短縮，関連書類の簡素化，通関コストの削減等が期待される。

Uniform Commercial Code ［米国統一商法典］

米国は連邦および諸州に数多くの制定法があるが，諸州の法を接近・統一させる作業が，1912年の統一州法委員会全国会議によって行なわれた。それら統一法のうち，とくに重要な米国統一商法典は，商取引 (Commercial Transactions) を行なうにさいして通常生じるすべての局面を取り扱っているところに特徴がある。

Uniform Customs and Practice for Documentary Credit ［信用状統一規則］

正式には「荷為替信用状に関する統一規則および慣例」とよぶ。

信用状の様式，用語の解釈，取扱い方法などが国によって異なっていては，貿易取引を円滑に行なうことができない。そのため，これらを統一する目的で，国際商業会議所 (International Chamber of Commerce) が1933年に制定，51年と62年に改訂した。

62年の改訂では，英国の慣習を相当とり入れたため，英国がこれを採択することになり，統一規則が名実ともに世界的なものとなった。

83年改訂規則では，コンテナ等の複合運送書類の新規定の採用をはじめ，従来曖昧だった規定を明確化している。93年改訂の規則が現行規則 (UCP500) である。

Uniform General Charter ［ジェンコン］

Gencon と略称されている航海用船契約についての標準書式をいう。

Uniform Law on the International Sales of Goods ☞ United Nations Convention on the Contract for the International Sale of Goods

Uniform Liability System ［対荷主単一責任；同一責任型］

複合運送人が荷主に対し全運送区間にわたって全く同一内容の責任を負う方式。

Uniform Rules for a Combined Transport Document ［複合運送証券統一規則］

国際商業会議所 (ICC*) が定めた複合運送証券の様式，記載事項，複合運送人の責任などを規定した任意規則。

Uniform Rules for Collections ［取立統一規則］

国際商業会議所 (ICC*) が1956年に制定，67年，78年，95年 (URC522) に改訂した「商業手形類の取立に関する統一規則」をいう。商業手形類だけでなく金融証券の取立をも対象にしている，銀行取引にとって不可欠な規則である。

Uniform Rules for Contract Guarantee ［契約履行保証統一規則］

契約上の義務を履行するうえでの責任について保険会社，銀行などが行なう保証状 (Letter of Guarantee) の取扱いに関する ICC の規定。

Uniform Sales Act ［統一動産売買法］

米国の Uniform Sales Act, 1906をい

う。これは英国の動産売買法（Sale of Goods Act, 1893）を模倣したもので，過半数の州で州法として施行している。

Uniform Straight B/L　［鉄道貨物引換証］

アメリカの州際交通委員会が作成した鉄道会社用の記名式（Straight）の運送証券。

Unimodal Through Transport　［単純通し運送］

通し運送（Through Transport）において，各運送区間を同一の運送手段（Single Mode of Transport）で一貫して行なうことをいう。各運送区間の運送手段が異種のばあいは複合運送（Combined Transport*）という。

Uninvited　［招かれない；よけいな］

We received an uninvited offer from another mauufacturers.（他のメーカーから一方的な売申込みを受け取った。）

Unissued Capital　☞ Authorized Capital

Unitary Exchange Rate System　［単一為替相場制］

国際収支上の目的から，不急不用品の輸入に対しては不利な為替相場を適用させるなど商品別，取引別に異なった為替相場を適用させる複数為替相場制（Multiple Exchange Rate System）に対して，すべての取引に対して単一の為替相場を適用させる為替相場制度。

Unitary Tax　［ユニタリー・タックス］

米国の一部の州が実施した企業課税の方式。ある州に進出している企業の工場または事業所が納めるべき州税額を，関連企業が全世界であげた収益なども合わせて算定するもので，特定の工場が赤字であっても親会社を含む全体が黒字だと課税される。

United Nations　［国連（国際連合）］

1945年，サンフランシスコで開催された連合国会議で国連憲章を採択，同年10月24日に原加盟国51ヵ国で発効した。本部はニューヨークのマンハッタンにある。戦前の国際連盟に代わる国際平和機関である。経済社会に関係する主要な専門機関およびその他の国連関係自治機関には，つぎのようなものがある。

関税貿易一般協定（GATT）→世界貿易機関（WTO）
国際労働機関（ILO）
国連食糧農業機関（FAO）
国連教育科学文化機関（UNESCO）
世界保健機関（WHO）
国際開発協会（IDA）
国際復興開発銀行（世界銀行）（IBRD）
国際金融公社（IFC）
国際通貨基金（IMF）
国際民間航空機関（ICAO）
万国郵便連合（UPU）
国際電気通信連合（ITU）
世界気象機関（WMO）
政府間海事協議機関（IMCO）
世界知的所有権機関（WIPO）
国際農業開発基金（IFAD）
国連貿易開発会議（UNCTAD）
国連大学（UNU）

United Nations Convention on a Code of Contract for Liner Conference　［同盟コード］

UNCTAD*が発展途上国の主張を盛り込んで定めた規定。同盟加入の海運会社の積取比率（Cargo Share）を輸出入取引の当事国の海運会社と第三国の海運会社に対し40/40/20と定めること，契約運賃率の導入にさいしては荷主機関と協議することなど，海運同盟の規制を目的としている。

United Nations Convention on International Multimodal Transport of Goods ［国際複合物品運送条約］

UNCTAD*（Unted Nations Conference on Trade and Development, 国連貿易開発会議）で10年ごしに検討した物品の Door to Door の複合一貫輸送のための条約で，1980年5月ジュネーブで開催の外交会議で採択された。国際複合運送について先進国と発展途上国とのあいだの，利益の公平な均衡を達成することを目的としている。

United Nations Convention on the Carriage of Goods by Sea ［海上物品運送に関する国連条約；ハンブルク・ルール］

国際海上物品運送に関する統一条約として発展途上国の主導のもとで1978年制定された。ハンブルク・ルールとよばれる。ほかに1924年ヘーグ・ルール，1968年ヘーグ・ヴィスビー・ルールがある。

United Nations Convention on Contracts for the International Sale of Goods (CISG) ［国際物品売買契約に関する国連条約］

国際的物品売買についての各国の法律や慣習が相違しているために，準拠法をいかにするかが問題となる。そのための国際規則としては，ローマの私法統一国際協会の採択になる1964年の「国際物品売買に関する統一法についてのヘーグ条約」（Hague Convention relating to the Uniform Law on the International Sale of Goods）と，同じく64年「国際物品売買契約成立に関する統一法についてのヘーグ条約」（Hague Convention relating to Uniform Law on the Formation of Contract for the International Sale of Goods）の2条約（ULISと略称）があり，いずれも英国，ドイツなど10カ国をこす諸国が批准・発効している。しかし，これら2つの ULIS による売買統一法が，西欧中心に起草されているのに反発した発展途上国の主導のもとで UNCITRAL*が10年がかりで検討し1980年4月に採択されたものが「国際物品売買契約に関する国連条約」である。この条約はウイーン外交会議で採択されたことに因んで「ウイーン売買条約」ともいわれる。88年1月1日に発効した。2009年1月1日現在，締約国は日本を含めて73カ国である。（主要国ではイギリスが未加盟）。わが国の場合，08年の通常国会で承認（accession）され，加入書は08年7月1日に国連本部（事務総長）に寄託された。その結果，日本については09年8月1日に効力が発生した（条文（英語）および邦訳文は08年7月7日付け官報（号外第147号）で公示済み）。この条約は，国際物品売買における「契約の成立」について詳細に規定しているほか，「売買当事者の権利義務」等を規定し，条約に加盟している国（締約国）の企業同士の物品売買契約に適用される。ただし，この条約は任意規定であり，特約があればそちらが優先される。締約国間の企業による円滑な国際取引発展のために有力な支えとなることが期待される。

Unitized Cargo ［ユニタイズド貨物］

Break-bulk または Loose Cargo の対語で，パレット化またはコンテナ詰めされた貨物をいう。

Unit Limitation

Package Limitation of Liability*と同じ。Limitation of Carrier's Liability 参照。

Unit Load System ［ユニット・ロード・システム］

貨物の輸送にあたって機械荷役が可能な単位にまとめて荷役し（Unit Load），

貨物の出荷地から着地まで，できるかぎりこのユニットを崩さないで輸送することを Unit Load System という。コンテナ，パレットがこれらの目的で利用され，Containerization が貿易運送を近代化した。

Unit Packaging ［個装］
Packaging* と同じ。

Universal Postal Union ［万国郵便連合］
国連専門機関の1つで UPU と略称する。国際郵便業務の迅速化をめざすもので，わが国もこれに加盟しており，その規定に従って外国郵便を取り扱っている。

Unknown Clause ［不知約款］
船荷証券の裏面の冒頭に"Unknown; contents, weight, measurement, quality, specification, numbers, counter marks and value (except for freight purpose) unknown"（当社は運送品の内容，重量，容積，品質，規格，番号，副マーク，価額（運賃計算に関する目的をのぞく）については，その責に任じない）とある。

コンテナ B/L には，「この船荷証券は，その表面記載のコンテナの数だけ受け取ったことのいちおうの証拠であって，中品の状態および明細は運送人の知るところではなく，運送人はそれらについて何ら責任を負わない」旨の不知約款が記載されている。

UN Layout Key ［国連の貿易書式設計基準］
貿易手続の簡易化，貿易書式の標準化の目的で国連が発表している設計基準。

Unlimited Guarantee ［無制限保証状］
共同海損にさいして，船会社が荷役人から徴収すべき共同海損供託金に代えて，保険会社が提出する共同海損分担保証状のうち，保険会社の塡補金の限度がないものをいう。これに対して制限付保証状を Limited Guarantee という。
☞ Letter of Guarantee

Unlimited Partnership ［合名会社］
General Partnership ともいう。すべての資本は無限責任である。

Unliquidated Damages ［不確定損害賠償額］
損害賠償の請求権は存在するが，その金額が当事者間の約定で確定していない損害賠償をいう。保険証券にもとづく損害賠償の請求は，不確定損害賠償額の請求ということになる。

Unloading Charge ［荷卸し費用］
本船から貨物を荷揚げするための費用をいう。FOB 条件の契約にあっては買主が負担する。しかし，CFR とか CIF 契約で輸出地の運賃支払いの時点で，運賃にこれが含まれていたばあいには，売主が負担することになる。

Unoccupied Area ［真空地域］
需要が存在するにもかかわらず，それがだれによっても供給されず，市場の欲望が充足されていない市場をいう。

Unpacked Cargo ［無包装貨物］
包装貨物（Packed cargo）の対語で，包装が施されておらず，1個1個数えられる貨物をいう。大理石，自動車など。

Unpacking ［アンパッキング］
コンテナから貨物を引き出すこと。Devanning; Unstuffing ともいう。

Unpaid ［未払いの］
As your draft was unpaid (=dishonored), please negotiate for the matter with the drawees and let them protect it at once.（貴社振出しの為替手形が不渡となったので，この件について手形名宛人と協議し，ただちに支払わせなさい。）

Unprotected Cargo ☞ Bare Cargo
Unseaworthiness ［不堪航性］

不耐航性ともいい，航海上の危険に耐ええないこと。たとえば，燃料や食糧や備品が不十分であったり，船舶の機関に欠陥があって十分な力を発揮できなかったり，特定貨物の運送に適する構造や設備がないようなばあいである。船舶は，本来航海を無事終えるだけの能力を，その出航時に保持しているという堪航能力担保の義務があるので，この不堪航に原因する貨物の損害は，船会社がこれを負担し，保険者は免責されている。また特約も認められない。

Unsecured ［無担保］
Unsecured Credit Line（無担保信用供与枠）
Unsecured Loan（無担保の貸付）

Unsold ［売れ残り］
Our offer of this time is subject to the goods being unsold on receipt of your reply.（今回の売申込みは，貴状入手のさいに商品が売れていないという条件付きである。）
We will accept your bid subject to being unsold.（=subject to prior sale）（先売ご免条件付きで買申込みに応じる。）

Unstoring ［倉出し］
貨物を倉庫から出すことをいう。倉入れ（Storing；Warehousing）の対語。

Unstuffing ☞ Unpacking

Untied Loan ［アンタイド・ローン］
資金の使途についての制約のない，紐のつかない借款をいう。紐つきの Tied Loan と違って，自由にどこの国からの商品やサービスの購入にもあてられるので，援助国にとっては効果的で利用価値が大きい。Impact Loan ともいう。

Unusual Stress of Weather
☞ Perils of the Seas

Unvalued Policy ［金額未詳保険］
保険契約時に，保険金額が未定のために予定保険となるものを，金額未詳保険とよぶ。これに対して金額の確定しているものを Valued Policy という。金額未詳保険も船名未詳保険と同様に，のちに保険金額が確定すると，正式の確定保険（Definite Policy）に切り換えられる。

Up to ［まで；義務である］
Your samples are up to our expectation.（見本は期待どおりである。）
Up to date（=Up to the present=To date）we have not heard from you relative to this.（今日までのところ，この件について何も聞いていない。）
It is up to you to do so.（そうすることが貴社の義務。）
Up to the aggregate amount of $ 10,000（合計1万ドルを限度として）

Uptrend ［上昇傾向］
Uptrend tendency と同意。
Tin also moved up sharply following the uptrend overseas.（錫もまた海外の上昇傾向をうけて急騰した。）

Upvaluation ［平価切上げ］
Revaluation と同意。
Devaluation（平価切下げ）の対語。
The effect of upvaluation is to make imports cheaper but exports become dearer in foreign markets.（平価切上げの効果は輸入品を安値にすることにあるが，輸出品は外国市場で高値となる。）

Urgent ［緊急の］
immediate（至急）と同じく，郵便取扱いの指定（Mail Directions）にも用いる。電報のばあいは至急電の指定語として用いた。

Urgent Telegram ［至急電報］
通常電報（Ordinary Telegram）よりも優先的に送信，配達される電報で，電報料金は通常電報の2倍であった。最低限料金は通常電報と同じく7語分，電報取

扱い上の指定には URGENT とつけた。しかし、時代は移り変わり、電報を使う時代は去った。

Uruguay Round ［ウルグアイ・ラウンド］

東京ラウンドの合意にもとづく段階的関税引下げが1987年に完了するため、これに代わる貿易交渉（新ラウンド）を、南米ウルグアイの首都モンテビデオで開かれたガット閣僚会議でウルグアイ・ラウンドとよぶことになった。新ラウンドの特徴は、従来の物の貿易に加えて、金融、情報、通信などサービス貿易をも対象にしている点である。

関税については、従来2国間交渉を主張してきた米国も譲歩して、一律カット方式についての合意が得られた。サービス貿易については、透明性、内国民待遇、最恵国待遇といった概念が重要であるという点についての合意がえられた。現在は、ドーハでの WTO 閣僚会議にもとづく多角的通商交渉（ニューラウンド）が続いているが、目標とする2004年末までには交渉がまとまらず、続行している。農業問題などが大きな障害となっている。

Usage of Trade ［商慣習］

Custom of Trade と同じ。当該取引においても守られることが当然期待できる程度に、通常の取引で守られている取引の方法または実務をいう。

Usance ［手形期限］

もともとは手形の振出地と支払地とを考慮して Days of Grace（支払猶予期間）、すなわち慣習的に許された支払期日を意味した。しかし今日は、そうした慣習期間という意味で用いることはなくなり、日付後定期払いというような手形の期限をいう。Tenor* と同意。

We are prepared to grant you the payment by D/A or D/P usance（＝time）bill in the future for lage orders.（将来大量注文に対しては、期限付きの引受け渡しもしくは支払い渡し手形決済を認めるつもりである。）

Usance Bill ［期限付手形］

一覧払い（At sight）に対して、手形期限のついた手形のことをいう。Time Bill；Period Bill ともいう。

本来ユーザンスとは、ニューヨーク—ロンドン間の綿花手形が、一覧後60日のユーザンスを慣習とするというように、特定地域間の為替手形の慣習的な支払期限をさすものであったが、現在では一般に、たんに手形の期限（Term or Tenor）の意味に解される。

一覧後30日のように一覧後定期払いがふつうである。このばあい手形の名宛人は、これを一覧し引受けを行なった日から数えて定期日に支払うことになる。ときには B/L date 後60日払いという用い方もある。期限付手形は、輸入者の決済に金融上の便宜を供する。すなわち、たとえば D/A 手形の呈示（Presentation）があったばあい、引受け（Acceptance）を行なって船積書類を入手し、貨物を引き取りこれを売却し、その代金で手形の満期日に手形代金を決済（Payment）すればよいことになるからである。

Usance L/C ☞ Acceptance Credit

Use No Hooks ［手鉤無用］

Shipping Marks*（荷印）のなかの注意マーク（Caution Mark）の1つ。

U. S. Gulf ［メキシコ湾］

Gulf of Mexico のことをいう。イニシャルが大文字の Gulf はメキシコ湾をいう。

U. S. Trade Laws ［米国通商法］

米国における貿易に関連する法規の総称。

V

Validity ［有効］
It is impossible for us to ship the goods within the validity of the L/C.（信用状の有効期限以内に船積みすることは不可能。）

Validity of L/C ［信用状の有効期限］
Expiry Date*と同じ。

Valuable Consideration ［有価約因］
価値ある反対給付，すなわち対価を意味する。海上保険契約のばあいであれば，被保険者は保険料を支払い，保険者はその代償として危険を負担することになる。

Valuable Goods ［高価品］
貴金属，美術工芸品，貨幣，有価証券，切手，印紙をはじめ，ときには，特別に高級な貿易商品も高価品として取り扱われるばあいがある。

これらの高価品は特別の申告が必要であり，船積指図書（S/O）にも，その上縁に青紙または青線がつけられる。海上運賃も従価計算（Ad Valorem*）が適用される。

Valuation Clause ［保険評価額約款］
保険証券本文に Valued at〜と記載する部分を空白にしてあるところの約款で，協定保険価額（Insured Value*；Agreed Value；Valuation）を記入する。

Valuation Form ［積荷価額申告書］
貨物の共同海損負担価額を算定するための資料となるもので，貨物の正味市場価額（通常，送り状価額を代用する）から着払運賃，輸入税，陸揚費などの諸費用を控除した価額が記入される。

Value ［価値；価額；為替手形を振り出す］
Invoice Value（送り状価額）は Invoice Cost と同様に用いるが，本来 Value は評価価値，Cost はかかった費用，原価。

Book Value（帳簿価額），Face Value（券面額），Par Value（額面価額）

We authorize you to value（=draw）on us.（当発行銀行あてに為替手形の振出しを認める。）

Our usual terms are to value at 30 d/s under an irrevocable L/C to be opened in our favor for the corresponding value of an order.（当社の通常の決済条件は，注文相当額につき当社を受益者として開設された取消不能信用状にもとづいて一覧後30日払いの手形を振り出すことである。）

Value Added Tax ［付加価値税］
生産者から卸売業者，さらに小売業者へと商品の流通段階ごとに増加した付加価値に対して課税される消費税である。最終的には一般消費者が全額負担することになる売上税であり，課税対象が広いので財源確保には有効であるが，大衆課税である点が問題となる。

Valued Policy ［評価ずみ保険証券］
保険契約時に保険者と被保険者とのあいだで，保険価額が協定された保険証券

のことをいう。通常，貨物の送り状価額(Invoice Value)に希望利益10％を加算した金額を，保険価額として協定する。Unvalued Policy*の対語。

Value Received ［対価受領ずみ］
為替手形の本文にある文言で，手形の振出人である輸出者は，この手形と引換えに買取銀行から輸出代金を受領ずみの意味。

Value Today ［当日渡し］
外国為替取引の現物（直物）取引において，当日渡しをいう。翌日渡しは Value Tomorrow という。

Value Tomorrow ☞ Value Today

Vanning ［コンテナ詰め］
コンテナに貨物を詰め込む作業をいう。Stuffing または Loading ともいう。逆に，コンテナから貨物を引き出すことを，デバンニングという。コンテナ詰め報告書を Vanning Report*という。

Vanning Report ［コンテナ詰め報告書］
Vanning Certificate, Container Certificate と同意。貨物のコンテナ詰め(Vanning)後に検定業者が作成する貨物明細証明書をいう。FCL*のばあい，荷主またはその代理人が，LCL*のばあいは CFS オペレーターが作成するコンテナ内積付表（Container Load Plan*; CLP）をもって代用することが多い。

Variation of Risk ☞ Principle of Change of Risk

Varient CIF Terms ［変型 CIF 条件］
運賃・保険料込みの原型としての CIF 条件に対して，手数料込みの CIF& C,為替費用込みの CIF&E,利息込みの CIF&I などの変型条件をいう。

Ventilated Container ［ベンチレーテッド・コンテナ］
通風孔をコンテナ側壁につけた通風装置のついたコンテナで，床下には含水貨物から出た水分を収めるタンクもあり，コンテナ内部の洗浄も可能である。含水貨物または生皮などの粗悪貨物（Dirty Cargo）の積付けに適している。

Venture Business ［ベンチャー・ビジネス］
研究開発型企業のことで，新しい技術やアイデアをもとに設立される小規模企業である。最近アメリカでは大企業につとめる技術者などが，独創的技術をもって企業を飛び出し，独立することが活発になっているが，それが日本や欧州へも広がってきた。電子機器，情報産業，マーケティング産業などの知識集約型産業にみられる。

Venture Capital ［ベンチャー・キャピタル］
冒険資本のこと。
情報や知識など無形の商品を取り扱う頭脳産業が台頭しているが，これらの新産業は，土地などの担保物件が少ないため，従来の銀行業務の概念からすれば融資の対象になりにくい。しかし，社会情勢や産業構造の変化に対応して，新分野を切り開いていくこれら産業に，担保がないばあいでも融資を行なおうとする方式。

Verbal Contract ［口頭契約］
Single Contract*（単純契約）ともよばれるもので，口頭もしくは Informal な書面によって成立する契約をいう。

Vermin ［害虫］
穀象虫，あぶら虫，衣魚などをいう。これらによる損害については，保険者は特約がなければ塡補しない。

Vertical International Specialization ［垂直分業］
発展途上国が資源を輸出し，先進工業国がこれを製品化して輸出するという一次産品対工業製品の貿易パターンをい

う。

Vessel ［本船］

Ship ともいう。貿易品を運送して仕向港に安全に到着できる航洋船（Sea-going Vessel*）をいう。

Visby Protocol ☞ Hague Rules

Visible Trade ［有形貿易］

目に見える商品の輸出入取引をいう。必ず通関手続が必要である。数量，金額についての通関統計の対象となり，その結果は，貿易収支として発表される。

Viz. ［すなわち］

ラテン語 Videlicet の略で，語尾の z は et を表わす記号。ふつう namely「néimli」と読む。

We find that local makers have reduced their prices from 20 dollars to 18 dollars, viz. 10％ discount.（現地メーカーは20ドルから18ドルへ，すなわち10％の値引きを行なった。）

VLCC

Very Large Crude (oil) Carrier の略語で，20万重量トン以上の超大型油槽船のこと。

Volume Rate

大口貨物の割引（Volume Incentive）の一種で，コンテナの本数増しに応じて運賃率を段階的に引き下げること。このような Volume Rate を享受できる荷主は，実際の貨物の所有者でなくても，小口荷主の貨物をとりまとめて，一定以上の数量にして船会社に提出するNVOCC*業者などでもよい。

Voluntary Restriction of Export ［輸出の自主規制］

相手国が一方的に輸入制限措置をとる危険があるばあいに，その回避策として輸出国が自主的に輸出数量や価格を規制することをいう。これはガット（GATT）19条にもとづかない Safeguard*で，輸入国の要請または2国間の協定で取り決められる。日米，日欧間の貿易摩擦をガットの自由貿易の原則に違反しないで解決するための方法として，しばしば用いられた。たとえば，1983年の日本製 VTR の欧州向け輸出は455万台，米国向け乗用車は168万台というように日本政府は自主規制の措置をとった。

Voluntary Salvage Charges
 ☞ Contracted Salvage

Voluntary Stranding ［任意座礁］

沈没などの危険を避けるために，船長が故意に行なう座礁をいう。共同海損害として扱われる。

Voyage Charter ☞ Charter Party

Voyage Policy ［航海保険証券］

特定の航海，たとえば横浜からニューヨークまでの全区間について，船舶を担保する保険証券である。航海期間がどのくらいかかろうが期間には関係がない。Time Policy（期間保険証券）の対語。

V/R ☞ Vanning

W

WA ☞ With Average

Wager Policy ［射倖保険証券］
Gambling Policy（賭博保険証券）ともいう。☞ Policy

Wagner Act ［ワグナー法］
アメリカ合衆国の連邦法である全国労働関係法（National Labor Relations Act, 1935）の通称。労働者の団結権および団体交渉権の保護を強化することを目的とし、労使紛争の解決に関する規定をおいている。本法はタフト＝ハートレー法（Taft-Hartley Act*）によって改正された。

Waiting for a Berth ［バース待ち］
バース（停泊場所）が空くのを待つために、船舶が港内で待機していることをいう。

Waiver ［ウエーバー］
一般には、契約にもとづく債権や損害賠償権などを、故意的に放棄することをいう。

ガット（GATT）の Waiver Clause（第25条5項）は、自由化義務の免除を規定している。ガットはいっさいの輸入制限措置の排除を原則としているが、自国経済が弱体で輸入自由化の時期を延ばさなくてはならないばあいは、加盟国投票の3分の2以上の賛成があれば、自由化義務の免除が認められる。

Waiver Clause ［放棄約款］
海上保険証券本文にある約款で、被保険危険発生後の、損害回避の行為および費用について規定している。被保険者が被保険貨物の保全のために支出した費用は、特別費用として保険者が負担すること、しかもそれが委付の通知の撤回または承諾とは関係ないことを規定している。

Walking Ashore Clause ［歩行約款］
動物が仕向地で陸揚げされたときに歩行が可能であれば、あとで死亡しても、保険者は責任を負わないという規定である。

Warehouse ［倉庫］
物品の滅失もしくは損傷を防止するための工作をほどこした施設で、物品保管の用に供される建物や置場をいう。普通倉庫、冷凍倉庫、サイロなどの建物のほかに、野積み場、貯木場なども含まれる（港湾経済研究所『港湾業務の体系』216頁）。

営業目的の有無によって、営業倉庫、準営業倉庫（運送業者の手倉など）、自家用倉庫に分類できるし、また立地の観点から、港湾倉庫（臨港倉庫、埠頭倉庫ともいう）、都市倉庫、内陸倉庫、郊外倉庫、駅頭倉庫、流通団地倉庫に分類できる。

倉庫が寄託貨物の保管を目的とするのに対して、上屋（Shed*）は荷さばきや通関手続などのために一時的に仮置きする場所である。

なお Godown は、インドその他の東南アジアで倉庫の意味で用いられるが、元来はマライ語である（井上義昌編『英語類語辞典』）。

We have cleared your shipments from

bonded warehouse.(積荷を保税倉庫から倉出しした。)

Warehouse Receipt ☞ Warrant

Warehousing ［入庫］

倉庫業者の倉庫に，貨物を搬入させることをいう。寄託者は，貨物の寄託にさいし，寄託申込書を提出する。しかし，寄託申込み以前に貨物が入庫してしまってあるばあいは，寄託を引き受けた日付が，倉庫業者が貨物をうけた日とみなされる。寄託者が，寄託申込書に記載すべき事項を記載しないため，または，寄託申込書に記載した事項が，事実と相違するために生じた損害については，倉庫業者は責任を負わない。なお，入庫にさいしては，後日のクレームを防止するため，倉庫業者は貨物の入庫検査を行なう。

Warlike Operations ［軍事的行為］

国際法上戦争とみなされる戦争中の戦闘行為，またはそれに類似する行動のいっさいをいう。戦争危険の特約によって填補される。

Warrant ［倉荷証券］

倉庫証券ともいう。Warehouse Receipt (米) ともいう。倉庫会社が入庫した貨物について寄託者（荷主）の請求によって発行するもので，貨物の権利を表わした有価証券であり，流通が自由である。預り証券と質入証券の２つの機能を兼ねている。倉荷証券は主務大臣の許可がなければ発行できない発券許可制がとられており，発券できる倉庫会社を発券倉庫という。

Warranty ［担保］

売買契約の主目的に付随してなされる約定をいう。契約の本質的な約款は条件（Condition）で，これに違反があったばあいは，相手側は契約を解除できる。しかし，担保約款は付随的な約款であるので，違反があっても，損害賠償義務を発生させるだけである。

保険契約上は，被保険者が特定の事実の真正であること，またある事項を履行することを約束する約款をいう。

Warranty of Legality ［適法担保］

海上保険契約において，堪航担保とともに黙示されている担保で，密貿易でないこと，また被保険航海事業が合法的なものであることなどが前提とされている。

Warranty of Seaworthiness ［堪航担保］

海上保険上は，船舶が危険開始の時点で，航海または港内の危険に堪えられねばならないという黙示担保を充足・具備していなくてはならないことをいう。

War Risks ［戦争危険］

軍艦，敵による加害行為，捕獲・だ捕，銃砲撃，空襲などの戦闘行為ないし軍事行動の結果生じた危険，平時状態において生じる抑留・抑止など官の処分に結果する危険などをいう。これらの保険事故は，捕獲・だ捕不担保約款（Free from Capture & Seizure Clause；FC& S Clause）によって通常の海上保険条件では担保されないので，割増し保険料を支払って特約しなくてはならない。このばあいの料率は，ロンドンにある戦争保険料率委員会（War Risks Rating Committee）の勧告による戦争保険料率表（London War Schedule）にもとづく。

戦争危険を特約しても，原子力兵器の敵対的使用によって生じた損害は，保険者免責である。

また戦争危険の保険期間は，貨物が本船に積み込まれたときから荷卸しまで，貨物が陸上にあるあいだは担保されないことが国際協定（Waterborne Agreement, 1937年）で規定されている。荷卸しが遅れたばあいも，本船の仕向港到着後

15日間しか担保されない。こうした保険者免責は，原子力の破壊力とか陸上戦争危険が広範囲かつ巨額に及び，私企業の手に負えないからである。

戦争危険を特約するばあいは，同時に同盟罷業危険（SRCC Clause）をも特約するのがふつうである。

Warsaw-Oxford Rules ☞ Trade Terms

Washing Overboard ［浪渉危険］
甲板を洗う波浪による危険で，甲板積貨物については，投荷・浪渉危険担保を特約しないと，保険者はその損害を塡補しない。

Wassenaar Arrangement ［新国際輸出管理機構（ワッセナー・アレンジメント）］
1994年3月に使命を終えたココム（COCOM 対共産圏輸出統制委員会）に代わって96年7月に新しい輸出管理機構（ワッセナー協約，事務局はウィーンに設置）が発足した。危険視される国（特別に名指しされてはいない）には軍事技術を強化するような製品を輸出しないことを原則に管理体制を構築しようとするものである。96年11月から規制を実施した。加盟国は，かつてのココム参加国とロシア，ポーランド，韓国，ウクライナ，ブルガリアなど33カ国である。管理対象品目は，①通常兵器（戦車，ミサイル，戦闘機，偵察機，給油機，兵員輸送機，無人飛行機，機雷敷設ヘリなど）と，②軍事転用が可能な汎用品や関連技術（輸出貿易管理令で指定）である。対象国は特定せず，情報交換（自国による輸出実績の通報）による共通認識の確立を前提としている。協約に違反しても国際的な罰則はないが，地域紛争を回避し，人命重視の社会を構築するために効果的な機能を発揮している。

Waste Electrical and Electronic Equipment Directive ［ウイー（WEEE）指令］
EU（欧州連合）の環境規制の1つで，電気・電子機器廃棄物のリサイクル指令。環境汚染防止をめざし，これらの廃棄物を減らすために再利用，リサイクル等のための廃棄物処理費用を義務付ける。EU向け輸出とかEU内で現地生産・販売するとすれば，相応の費用負担を考慮する必要がある。RoHS 指令とともにEUの重要な環境規制である。

Watchman ［監視人］
貨物の移動・荷役・蔵置中における防犯の目的で，貨物を監視する者をいう。貨物受渡しの精通者および警察官出身者などが，検数業に付随して就労している。

Waterborne Only ［ウォーターボーン約款］
戦争危険は，貨物が航洋船舶に積載されている期間以外は担保しないという Waterborne Clause で，協会戦争約款に挿入されている。

Watered Stock ［水増し株式］
株式の支払いに提供された不動産，労働などがオーバー・バリューされているばあいをいう。

Waterfront Warehouse ［水際倉庫］
係船岸壁に沿って建てられた倉庫で，船待ち倉庫，浜倉庫ともよばれる。

Waterway B/L ☞ Waybill

Waybill ［運送状］
航空貨物運送の場合，航空貨物運送状（air waybill）は必ず発行されるが，海上貨物輸送の場合にも利用されている。必ず記名式の発行（荷受人欄に受取人名を記入する）であり，法律的には船荷証券のような権利証券の性格はなく，裏書譲渡することもできない。したがって，企業内取引でない場合には，たとえば輸入者の取引銀行を荷受人として記名し，輸

入者は当該銀行と輸入決済上の手続きをすませて release order（荷渡指図書）の発給を受け，それを運送人に提出して当該輸入貨物を受け取る。もし，混載業者が運送人となって運送状を発行している場合には，その運送状は house waybill と呼ばれ，混載業者と運送人の間で結ばれている master waybill にもとづいて発行されている。

Wear and Tear ［自然消耗］

自然の消耗は，通常の漏損，破損などとともに貨物固有の性質または瑕疵によるものとみなされ，保険者は，特約によってだけ填補する。

Weather Working Days (WWD) ［好天24時間］

天候良好な日を対象として停泊日数を決めるもので，1日の積揚荷量も決めるばあいが多い。雨天などで荷役ができなかった日数は，その分だけ停泊日数が延長される。

好天荷役日，ただし日曜・祭日除外条件を Weather Working Days, SHEX (WWD, SHEX)，日曜・祭日込み条件を Weather Working Days, SHINC (WWD, SHINC) という。

SHEX は Sundays and Holidays Excepted, SHINC は Sundays and Holidays Included の略称。

Webb Act ［ウェッブ法］

Webb-Pomerene Export Trade Act, 1981年の略称。

この法律のもとでは，輸出に関する共同行為（価格，数量，地域などの協定）が反トラスト法の適用除外とされ，輸出組合（Export Association）の結成が認められている。

Weight Cargo ［重量貨物］

容積にくらべて重量のほうが大きい貨物をいう。これに対するものが Measurement Cargo（容積貨物）である。重量貨物は，重量による1トン（Weight Ton, 重量トン）を基準として運賃が計算されるが，このばあいの1重量トンは1 Metric Ton（1,000kgs, 2,204.62ポンド）を原則とする。しかし一部の商品については1重トン（Long Ton, 2,240 ポンド）が適用されるばあいがある。

Weight Ton ［重量トン］

W/T と略称する。これには重トン（Long Ton, 2,240 ポンドが1トン）と軽トン（Short Ton, 2,000 ポンドが1トン），メートル・トン（Metric Ton, 2,204.62ポンドが1トン）の3種類がある。

Wet Cargo ［水もの］

石油や動物油脂など，タンカーを使用して輸送する貨物で，Dry Cargo に対する語。また潮濡れ，蒸気濡れなど Wet Damage（濡損）を被った貨物のことをもいう。

Wet Damage ［濡損］

倉庫や艀に保管中に雨水，浸水などで濡れたり汚損したばあい，あるいは倉庫や船艙保管中に通風不良による発汗，荷役・運送中の潮濡れなどによる損害をいう。このような濡損については，船主側の免責が認められているので，これを担保してもらうためには，割増し保険料を支払って濡損保険を特約しなければならない。

WFP ［世界食糧計画］

World Food Program の略語。余剰農産物または現金を，各国がだしあって基金とし，飢餓の解決をはかろうとする国際飢餓救済計画で，1961年国連食糧農業機関総会で決議された。事務局はローマにあり，63年から実施されている。

Wharf ［埠頭］

人工による平行岸壁である Quay, 直角に突出した突堤岸壁である Pier, 陸地を掘りけずった Dock をも含めた広義の荷揚げ場をいう。

Wharfage ［埠頭使用料］
埠頭業者または埠頭所有者が，埠頭や上屋の使用料として埠頭の維持・改造のために，使用者から徴収するもの。

White Buyer ［ホワイト・バイヤー］
経済産業省の「海外商社登録名簿」に登録ずみの商社のなかで，信用状態良好の商社についての俗称である。これに対して，輸出手形保険が付保できない商社を Black Buyer* と俗称する。

White Paper on International Trade, Japan ［通商白書］
経済産業省が発表する年間の報告書で，世界経済をめぐる動向，各国・地域との経済関係，わが国企業の活動などが報告される。日本の進路を示唆する内容である。なお，2002年度から1冊となり統計などはフロッピーディスクに収録されている。

Whole Charter ［全部用船］
船腹全部を貸し切る形の用船の方法で，一部用船（Partial Charter）の対語。

Whole Delivery ［一括引渡し］
契約の全量を1回にまとめて引き渡すこと。一部引渡し（Part Delivery；Partial Shipment）の対語。契約上とくに禁止の記載がないばあいは，分割積出しが許される。

Wholesaler ［問屋］
Wholesaler House；Wholesaler Store ともいう。

問屋は，原則として，他人の所有する商品を入手し，自己の名義をもってこれを販売し，販売代金のなかから，手数料ならびに諸掛を差し引き，その残額を荷主に支払う手数料商人であり，卸商の一種である。このばあい，取引を自己の名義で行なうという点からみると，卸商と異なるところがないが，その販売する商品について，所有権がないところに相違がある。問屋は，自己の名義で販売し，売買の履行にさいしては，直接の当事者となり，代金の取立て，商品の配達，その他必要な各種の労務を提供する。つまり問屋は，取引の開始からその終結にいたるまで，すべて，荷主に代わってその必要ないっさいの手続，労務を提供するものである。

Whole Turn-Over Contract ［商社包括保険制度］
信用保険は危険の個別的な差異が大きいために，民間の保険業者がこれを扱うことは困難であるところから，商社または輸出業者の全取引高を保険契約の対象として，危険な取引だけの選択付保を排除する保険制度である。

Wider Band ［ワイダー・バンド］
固定相場制を維持しながら，変動幅を，たとえば5％とか6％と大幅に引き上げることをいう（IMFの規定では変動幅を市中直物相場について上下1％以内としている）。固定相場制がもつ安定性と，変動相場制のもつ自律調整機能とを折衷させた方式である。

Will
契約上で用いられる"will"は，契約にもとづく法的義務を表わすが，"shall"と比較して強制の度合が低いので，法的な強制力まではないものについて使用する。
☞ May；Shall

Winch ［揚貨機］
船舶に設備された荷役機械で，原動機の種類によって蒸気ウインチ，電動ウインチ，油圧ウインチ，焼玉ウインチなどがある。揚貨機を操作する人を Winch Man* という。

Winch Man ［ウインチ番］
デッキ番（Deck Man；Signal Man）の合図によって，ウインチを操作する荷役人をいう。通常2～3人が一組となっている。

With Average　［分損担保］

With Particular Average（WPA）ともいう。単独海損担保の条件ともいい，通常の海上損害のすべてが填補される。全損，共同海損たる分損，単独海損たる分損が填補される。ただし，小損害については免責の適用があるばあいがある。なお，海難によらない破損，汗濡れなどの付加危険については特約のないかぎり填補されない。保険料率は FPA（分損不担保）より若干高いが，担保される範囲が広いので製造加工品の輸出入に用いられる。1981年1月1日から英国で実施，わが国も同年7月から実施となった新しい貨物海上保険証券では，この条件は Institute Cargo Clauses（B）に対応する。

With L/C　［信用状付き］

信用状付き荷為替手形（Documentary Draft with L/C）決済のことをいう。信用状決済と俗称する。これに対して，信用状をともなわない D/P 手形，D/A 手形決済を Without L/C Payment と総称する。

With Limit（Consignment）
☞ Consignment Sales

Without Limit（Consignment）
☞ Consignment Sales

Without Recourse L/C　［無償還請求権信用状］

信用状に With Recourse と明示があるか，あるいは，Without Recourse の表示がないものを With Recourse L/C（償還請求権付信用状）とよぶ。これに対して，Without Recourse の表示のあるものを Without Recourse L/C（無償還請求権信用状）という。

With Recourse L/C のばあいには，手形の振出人が償還義務を負うことになり，手形には支払いおよび引受無担保文言を記載できない。これに対して，Without Recourse L/C は，手形振出人に償還義務を負わせない手形の振出しを許すもので，振出人は手形に支払いおよび引受無担保文言を記載できる。

すなわち，具体的には，手形の支払人が，支払いを行なわないばあい，手形の所持者は，その所持者の前の者に対して，手形金額の償還を請求する権利のついた手形の振出しを許すものが With Recourse L/C である。

わが国の手形法では，Without Recourse は認めていないので，割引銀行は，手形に Without Recourse と記載されていても，振出人に償還請求をなしうるが，英米法では，Without Recourse 文言を手形に記載することにより，振出人は償還義務をまぬかれうるから，手形に Without Recourse 文言が記載してあると，発行銀行または支払人が手形の支払いまたは引受けの拒絶をしても，振出人には手形法上の償還義務はなく，割引銀行は振出人に償還請求できず，損害を被ることになる。

取消不能信用状（Irrevocable L/C）のばあいには，With Recourse であっても，信用状の受益者である輸出者が振り出した手形が，信用状の条件に合致さえしていれば，手形の振出人は発行銀行に対して，その手形の引受け，支払いを要求できるので，振出人である輸出者が手形の償還を要求されることは，実際にはない。しかし，たとえば万一，受益者が振り出した手形が，信用状に規定された条件と一致しないばあいとか，あるいは発行銀行が破産して支払不能となったばあいには，手形面に Without Recourse とないかぎり，手形の振出人は償還を請求される。現実問題としては，手形条件の不一致と発行銀行の破産のないかぎり，償還請求の問題はあまり深刻な意味をもたない。

With Particular Average
☞ With Average

With Price Limit ［指値］

委託取引にさいして委託者が指値(Limit Price)を指定することをいう。

委託買付のばあいには，ここまでなら買付けしてよいという上限値段となるし，委託販売のばあいは，これ以上なら売ってよいという下限値段となる。価格の指定をせず市場の変化にまかせるばあいは Without Price Limit という。

With Recourse L/C ☞ Without Recourse L/C

Witness ［証拠］

一般的には，口頭または書面により，ある事実について証拠を提供する者をいう。厳格には，裁判所に出頭して口頭で証言する者をいう。

証書の常用文句として，in witness thereof (右証拠として) として，責任者が署名する。

W/M

Weight or Measurement (at Ship's Option) の略語。

運賃計算の基準として重量を用いるか，容積を用いるかは，船会社に選択権があるという意味である。船会社としては，Weight Cargo (重量貨物，1トンが1立方メートル以下) か Measurement Cargo (容積貨物，1トンが1立方メートル以上) かを調べる。すなわち，トンに換算して，より大きいほう，換言すれば，船会社にとって，より有利なほうが採用される。このばあい1重量トンはメートルトン（キロトン；1,000kgs；約2,240ポンド），1容積トンは1立方メートル（1 m^3）の計算である。

WND Catch All Controls ［キャッチオール規制］

輸出品の用途，需要者からみて大破壊兵器 (WMD＝weapons of mass destrucion) 開発等に用いられるおそれがある場合には，経済産業省への輸出許可申請が必要で，輸出の可否が判断される。原則として，すべての輸出貨物・技術を対象としている。これとは別に，輸出管理レジームで合意されている規制リスト品 (the listed items of the internatioal export control regimes) の輸出については経済産業省への輸出許可申請が不可欠である。

規制リストによる対象は，武器，汎用品(核兵器関連品目，化学兵器関連品目，生物兵器関連品目，ミサイル関連品目，通常兵器)。リスト規制 (export control of the listed items) とよばれる。

Working at Night ［夜荷役］
☞ Night Work*と同じ。

Working Daily Report ［荷役日報］

検数人が作成する毎日の荷役の作業状況を記載した日報。

Working Day ［作業日］

当該港において行なわれる通常の荷役日をいう。航海用船契約のさいには，停泊期間に作業不能日を算入するか否か明記する。

Workman ［仲仕］

埠頭または沖合で輸出入貨物についての荷役を行なう荷役人夫のことで，Coolie ともいう。ステベドア (Stevedore) に所属するものと独立組織のものとがある。

これらの仲仕は，つぎのようなものから構成されている。

① 頭 (Boss)

荷役全体の監督で，全荷役人の取締りを行なう。

② 小頭 (Ship Foreman；Ship Boss)

船内で作業している荷役人夫の取締りを行なう。

③ 組長 (Hatch Foreman)

各組配属の荷役人の監督で，荷役作業の指揮をしたり，人夫の先頭に立って荷役作業を行なったりする。

④ 岸壁組長 (Dock Foreman)

岸壁上で作業の指揮・監督を行なう者。岸壁での貨物の積卸しや仕分けや整理は，甲板積込み後の積付けを能率的に行なううえできわめて重要であり，相当の経験を必要とする職務である。

⑤ 組 (Gang)

実際の荷役を行なう組で，足船を利用して第一線で作業する。

1つの組はつぎのようなもので構成されている。

1) デッキ番 (Deck Man ; Signal Man)

船艙の指揮者で，ウインチ作動の合図や，船艙内での作業の指示や危険に対する見張りを行なう。組長が兼務するばあいもある。1組に1名がふつう。

2) ウインチ番 (Winch Man)

デッキ番の合図によって，ウインチを操作する者。1組に2～3名。

3) ダンビロ番 (Hold Man)

船艙内で貨物の積付け，陸揚げの作業を行なう。もっこの位置を決める役を「はこ回し」，肩に荷をのせてやるのを「はねかた」，肩にかつぐのを「うわかた」という。

4) 岸壁人夫 (Dock Man ; Shore Man)

埠頭および上屋内で，貨物の出入れを行なう人夫で，組から派遣されているばあいは，1組3～5名。ほかに，岸壁人夫そのものが1つの組を構成しているばあいもある。なお，艀内で作業するものを艀人夫 (Lighter Man) という。岸壁で貨物運搬車 (Forklift Truck) の Pallet (木台) に貨物を積卸しするものを Front Man という。

Works Alongside Pier ［経岸荷役］

本船が沖合に係船されたまま荷役する沖荷役 (Offshore Loading and Unloading) に対して，本船が岸壁に横付けになってから行なわれる荷役をいう。

Works Outside the Office Hour ［執務時間外作業］

税関に申請し手数料を支払って，税関の執務時間外に，貨物の積卸し，庫入れ，庫出しなどの作業を行なうことをいう。

World Bank ☞ IBRD

World Enterprise ［世界企業］

海外企業進出の発展形態であって，国際市場志向にもとづいて発展した最高形態である。この形態では，生産も販売活動も，また会社組織も，すべてが国際市場に立脚して，世界全体を自己の市場とみなし，自国市場も，その世界市場の一部と考えて国際マーケティング活動を行なう。ここでは，もはや組織的にも，活動内容的にも，国内市場は，その中核的基盤となりえない。さらに，この形態では，生産も，販売も，また金融や企業経営も，すべてに多国籍形態が導入される。一方，あらゆる形態の数多くの子会社活動を，総括・統合するある種の最高決定機関，または持株会社が設定されなければならない。

わが国でも，最近，国際企業としての形態をとるところが多くなってきたが，現実には，現地企業は自国本社にある国際事業部の管轄下にある1つの独立単位にすぎないばあいも多い。

World Scale ［ワールド・スケール］

タンカーの1航海の用船料を示す運賃指数。主要航路の基準運賃を指数で示し，これと実質運賃の関係は毎年1月1日に発表される運賃表で決められる。

WS*と略称する。

World Trade ［世界貿易］

客観的な立場でみたばあいの，世界の物資およびサービスの交流をいう。これに対して，一国，たとえば日本の立場か

ら貿易取引をみるばあいを，外国貿易(Foreign Trade) という。

World Trade Organization (WTO) ［世界貿易機関］

1994年4月，ガット・ウルグアイ・ラウンド（GATT 多角的貿易交渉）に参加していた世界124カ国・地域の閣僚は，モロッコのマラケシュで開催された閣僚会議に参加した。そこでは，世界貿易機関（WTO）設立協定，貿易と環境に関する決定文書，WTO 準備委員会設立決定文書への署名（日米両国は国内手続き終了後に署名）のほかに，ウルグアイ・ラウンド合意に関する最終文書への署名やマラケシュ宣言（Marrakesh declaration ガット閣僚宣言）の採択がなされた。このマラケシュ宣言は，平均40％の関税引下げ（鉱工業品など）のほか，農産物輸入規制の緩和やサービス貿易などに関わる合意の意義を述べ，各国が国内手続きを終えて95年1月1日までにその効力が発生することを希望し，WTOへの移行を宣言した。これを受けて95年1月，WTO（本部はスイスのジュネーブ）が新しい世界の貿易秩序の構築をめざして発足した。サービス貿易や知的所有権問題などもカバーする。

WPA ☞ With Average

WPEA ☞ Webb Act

WS

World Scale*（Worldwide Tanker Nominal Freight Scale）の略語で，ロンドンの International Tanker Freight Scale Association と，ニューヨークの Association of Ships Brokers & Agents が合同で作成し，WS Tariff として発表する。タンカーの運賃はトンあたり何ドルという取決めをせず，WSの基準運賃額（WS Flat Rate）の何パーセントというように決められる。

WTO Doha Round ［WTO ドーハ・ラウンド］

正式にはドーハ開発アジェンダ（Doha Development Agenda；DDA）とよばれるWTOドーハ・ラウンド（多角的通商交渉；多角的貿易交渉ともよばれる）は，2001年にカタールの首都ドーハで開催されたWTO閣僚会合で，自由貿易の拡大とそれを支える新しい世界の通商ルール作りを目指す多国間交渉の開始が合意され，ジュネーブを中心に政府間交渉が重ねられてきたが，12年2月現在に至るも未だ交渉はまとまっていない。先進国，とくに米国と新興国の間の溝が埋まらず，一括合意を取り下げ，部分合意を目指す方法に切り替えても進展しない状態に陥っている。WTOに加盟している164カ国・地域の交渉を結実させることは自己主張が強ければ強いほど困難なことかもしれない。それを見透かすかのように，2国間あるいは複数国間のFTAないしはEPA交渉が活発化しているのが現状である。

W/W Clause ［倉庫間約款］

Warehouse to Warehouse Clause の略語。

海上保険において，保険者が損害を塡補してくれる範囲は，本船積込みから陸揚げまでが原則であるが，この担保期間を積出地の倉庫から仕向地の倉庫までに拡張するための特約条件であった。1963年に Transit Clause*（Incorporating Warehouse to Warehouse Clause）と改訂され，さらに保険期間が延長された。

WWD

Weather Working Days* の名称。
WWD, SHEX* 参照。

WWD, SHEX

Weather Working Days, Sundays and Holidays Excepted の略語。

天候が良好で荷役可能な状態の日を Laydays（停泊期間）に算入するが，ただ

日曜・祭日をのぞくという取決め。天候が荷役可能か否かの判断は，船長と荷主の話合いによるのがふつうである。日曜・祭日に荷役を行なったばあい，これを Laydays に算入するときは，unless used という条件を付記し，WWD, SHEXUU と略記する。

WWD, SHINC ☞ Weather Working Days

Y

YAR ☞ York-Antwerp Rules

Yen Clause ［円約款］

外貨建ての契約において，決済時における為替相場の変動による損失を防ぐために，当該外貨と円との交換比率を固定させ，決済時の円高（輸出のばあい。輸入のばあいには円安）による為替差損を相手に負担させる取決めをいう。たとえば，U.S.\$10,000の輸出契約においてU.S.\$1＝¥120という円約款を挿入しておけば，決済時の為替相場がU.S.\$1＝¥100のばあいに，U.S.\$10,000×120÷100＝U.S.\$12,000となり，輸入者側がU.S.\$2,000追加負担することになる。逆に，決済時にU.S.\$1＝¥200と円安になったばあいは，¥200万が入金でき輸出者に差益が生じる。

Yen Credit ［円借款］

相手国に円資金を貸し付け，これをわが国からの輸入や技術導入などに使用させる借款の方式をいう。エンクレと略称されるこの方式は具体的には，対インドのばあいにみられるように，両国政府間で協定を結び，ついで日本側銀行がインド政府と貸付け契約を結ぶ。そのもとで，わが国から輸出するつど，その代金をわが国の業者に立替払いする延払いの方式で行なわれるものと，あるいは，東南アジア諸国に対して行なっているように，世界銀行への出資円を利用して，世界銀行をつうじてこれを貸し付ける方法とがある。

Yen Exchange ［円為替］

自国通貨の円が国内で流通するばあい，外国為替取引の対象とはならないが，外貨債権の売買に使用されるばあいには円建ての外国為替，すなわち円為替となる。したがって，たとえ円表示の送金為替などであっても，それがたんなる国内決済手段として使用されるばあいには円為替とはいわない。

戦前においては，わが国の輸出入決済は円為替がかなり利用されたが，戦後はもっぱら外国通貨が使用され，ほとんど円の対外取引は行なわれなかった。しかし，1960年7月1日以降為替の自由化の一環として自由円の創設，円為替の導入の措置が実施されてからは，外国為替取引の決済に円が使用される余地が生じた。つまり，円が交換性を回復したわけで，わが国は円を決済通貨として用いることにより外貨の節約ができ，輸出業者は為替リスクを負わないですむようになった。すなわち，71年12月に円の16.88%の切上げが行なわれたことによって実証されたように，わが国の円が世界の諸通貨のなかでもきわめて強い通貨としての地位を占めるにいたったのにともない，国際決済面での円の利用度は徐々に拡大されることになった。

現在，円建輸出件数は全輸出の40%前後にもなっている。国際競争力の強い花形商品にあっては為替リスク回避のため，とくに円建輸出に積極的である。

Yen Shift

外貨建輸入ユーザンスを円金融に移行させること。わが国の金利水準が外国より低くなったばあいに生じる。逆に，円

金融から外貨金融への乗換えを逆シフトという。

York-Antwerp Rules ［ヨーク‐アントワープ規則］

共同海損のあったばあいの損害と費用の処理に関する国際的な統一規則である。そもそも共同海損の取扱いを各国独自の慣習，法規で行なうのは不便であり，不合理でもあるので，海運業者，保険業者その他の関係団体が協議してできたもので，船荷証券，保険証券にも明記されている。現行規則は York‐Antwerp Rules of General Average, 1950 である。

主な参考文献

Donald T. Clark and Bert A. Gottfried, *University Dictionary of Business and Finance*, 1967. (Thoman Y. Crowell Co., N. Y.)
J. H. Adam, *Dictionary of Business English*, 1989. (Longman)

井上義昌『英語類語辞典』(開拓社)
浜谷源蔵監修『貿易実務辞典』(同文舘出版)
鴻　常夫・北沢正啓編『英米商事辞典』(商事法務研究会)
堀内克明・高田正純編『最新英語情報辞典』(小学館)
日本海上コンテナ協会・コンテナ用語辞典編集委員会『コンテナ用語辞典』(成山堂)
中山伊知郎・金森久雄・荒憲次郎編集『有斐閣経済辞典』(有斐閣)
大阪市大経営研究所編『経済学辞典』(岩波書店)
日本経済新聞社編『経済新語辞典』(日本経済新聞社)
上坂酉三・朝岡良平『貿易用語辞典』(東洋経済新報社)
東京銀行貿易投資相談所編『貿易為替用語辞典』(日本経済新聞)
佐波宣平『海の英語』(研究社)
石田貞夫・東京銀行貿易投資相談所編『貿易実務・英語ハンドブック』(同文舘出版)
朝岡良平・土井輝生編『国際取引ハンドブック』(中央経済社)
森沢三郎・笹森四郎編『実用英語ハンドブック』(大修館書店)
来住哲二・中村　弘編『新輸出入取引ハンドブック』(同文舘出版)
葛城照三『英文積荷保険証券論』(早稲田大学出版部)
葛城照三『貨物海上保険普通約款論』(早稲田大学出版部)
亀井利明『貨物海上保険の実際』(ダイヤモンド社)
浜谷源蔵『貿易実務』(同文舘出版)
来住哲二『基本貿易実務』(同文舘出版)
中村　弘『輸入取引の要点』(東洋経済新報社)
斉藤　優『プラント輸出の実務』(ダイヤモンド社)
岡垣憲尚『外国為替実務入門』(ダイヤモンド社)
大佐正之『貿易金融と外国為替』(東洋経済新報社)
山崎　清『国際経営入門』(日本経済新聞社)
水野泰行監修『海上コンテナ輸送実務指針』(海文堂)
港湾経済研究所編『港湾業務の体系』(港湾経済研究所)
小原健児『船積陸揚通関実務指針』(海文堂)
徳永　豊他編『マーケティング英和辞典』(同文舘出版)
『現代用語の基礎知識』(自由国民社)

英 文 索 引

A

AAR ············· 1
AI ············· 1
AB ············· 1
Abandonment ············· 1
Abatement ············· 1
ABC Code ············· 2
Ability ············· 2
Able-bodied Seaman ············· 2
About ············· 2
Above ············· 2
ABS ············· 2
Absolute ············· 2
Absolute Total Loss ············· 3
Absorption ············· 3
Abstract ············· 3
AC ············· 3
ACA ············· 3
Accelerated Depreciation ············· 3
Acceleration ············· 3
Accept ············· 4
Acceptable ············· 4
Acceptance ············· 4
Acceptance Advice ············· 4
Acceptance by Intervention ············· 5
Acceptance Credit ············· 5
Acceptance House ············· 5
Acceptance Rate ············· 5
Acceptance Sampling ············· 5
Acceptance Supra Protest ············· 5
Accepting Bank ············· 5
Accepting House ············· 6
Access ············· 6
Accident ············· 6
Accident Incidental to Voyage ············· 6
Accident Insurance ············· 6
Accident of Navigation ············· 6
Accommodation ············· 6
Accommodation Line ············· 6
Account ············· 6
Account Current ············· 6
Account Sales ············· 6
Accreditee ············· 6
Accurate ············· 7
Acid ············· 7
Acknowledge ············· 7
Acknowledgement Receipt of Documents ············· 7
Acme Code ············· 7
ACP ············· 7
Acquaintance ············· 7
ACT ············· 7
ACTA ············· 20
Acting ············· 7
Action ············· 7
Active Underwriter ············· 7
Act of God ············· 7
Act of Hostility ············· 8
Act of War ············· 8
Actual Carrier ············· 8
Actual Delivery ············· 8
Actual Loss ············· 8
Actual Rate ············· 8
Actual Sample ············· 8
Actual Tare ············· 8
Actual Total Loss ············· 8
AD ············· 8
Ad. ············· 9
a. D. ············· 9
A/D ············· 9
ADB ············· 9
Addendum ············· 9
Additional Charge ············· 9

英文索引

Additional Freight	9
Additional Premium	9
Additionals	9
Additional Surcharge	9
Address	9
Adjust	9
Adjustment	9
Admass	9
Administration	9
Admit	9
ADR	9, 18
Ad Referendum	10
Ad Valorem	10
Ad Valorem Duty	10
Advance	10
Advanced Countries	10
Advance Payment	10
Advance Sample	11
Advantage	11
Adventure	11
Adverse Exchange	11
Adverse Trade Balance	11
Advertisement	11
Advertising	12
Advice	12
Advice to Purchase	12
Advise	12
Advise and Pay	12
Advising Bank	12
AEO	29
Affiliate	12
Affreightment	12
Affreightment in a General Ship	12
Afloat	12
Afloat Goods	12
AFTA	25
After Date	12
After-sales Service	13
After Sight	13
AG	13
Against	13
Against All Risks	13
Agency	13
Agency Agreement	13
Agent	13
Agent of Necessity	14
Aggregate	14
Aggressive	14
Agree	14
Agreed Insurable Value	14
Agreed Total Loss	14
Agreement	14
Agreement on Currency Swap	14
Agreement to Sell	14
Ahead	15
AICO	25
Aid	15
Air Bill	15
Air Borne	15
Airbus	15
Air Cargo	15
Air Cargo Consolidator	15
Air Consignment Note	15
Aircraft Loading System	15
Air Customs	15
Air Freight	16
Air Freight Forwarder	16
Air Mail	16
Airmail Transfer	16
Airport	16
Air Transportation	16
Air Waybill	16
Aktiebolaget	17
Aktiengesellschaft	17
ALB	17
All-Loss Insurance	17
All Other Perils	17
Allowance	17
All Risks	17
All Risks Whatsoever	17
Alongside Delivery	18
Alongside Ship	18

Alter ································· 18	Apron ································ 22
Alteration Clause ····················· 18	AR ································· 22
Alternative Dispute Resolution ········· 18	Arbitrage ····························· 22
Alternative Duties ····················· 18	Arbitral Award ························ 22
Always Afloat ························· 18	Arbitral Institution ···················· 22
Amalgamation ························ 19	Arbitrary ····························· 22
Amend ································ 19	Arbitrated Rate ······················· 23
Amendment of L/C ···················· 19	Arbitration ···························· 23
Amendment Letter ····················· 19	Arbitration Clause ····················· 23
America Land Bridge ·················· 19	Arbitration of Exchange ················ 23
American Bureau of Shipping ··········· 19	Arbitrator ····························· 24
American Depositary Receipt ··········· 19	Arctic Ocean Route ···················· 24
American Option ······················ 19	Arms Trade Treaty ···················· 24
American Rule ························ 19	Arranged Total Loss ··················· 24
American Selling Price ················ 20	Arrests ······························· 24
American Ton ························· 20	Arrival ································ 24
Amount ······························ 20	Arrival Notice ························· 24
Amount Insured ······················· 20	Article ································ 25
Amtrak ······························· 20	A/S ·································· 25
Anchor ······························· 20	ASA ·································· 25
and/or ······························· 20	ASAP ································· 25
Annual ······························· 20	As arranged ·························· 25
Annum ······························· 20	ASEAN ······························· 25
Ante-date ···························· 20	ASEAN Economic Community ········· 25
Anticipate ···························· 20	ASEAN Industrial Cooperation
Anticipatory Import ··················· 20	Scheme ····························· 25
Anti-counterfeiting Trade	Asian-African Conference ·············· 25
Agreement ·························· 20	Asian Development Bank ··············· 25
Anti-dumping Duties ·················· 21	Asked Price ··························· 25
Anti-trust Acts ························ 21	Asking Price ·························· 25
A/P ·································· 21	ASP ·································· 26
Apparel and Tackle ···················· 21	As Per ································ 26
Application ··························· 21	Assessment Chart ····················· 26
Appointment ·························· 21	Asset Acquisition ····················· 26
Apportionment ························ 21	Assets ································ 26
Appraisal ····························· 21	Assign ································ 26
Appreciate ···························· 21	Assignee ······························ 26
Appropriation ························· 21	Assignment ··························· 26
Approval ····························· 21	Assistant Manager ····················· 27
Approved Vessel ······················ 21	As Soon as Possible Shipment ··········· 27
Approximately ························ 22	Assume ······························· 27

Assumed Liability······27	Bad Packing······32
Assurance······27	BAF······32
Assured······27	BA Finance······32
Assurer······27	Bag······32
ATA Carnet······27	Bag for Fresh-water Transport······32
At and From······28	Bail······32
At Once······28	Bailee······32
At Sight······28	Bailee Clause······32
Attachment······28	Bailment······32
Attention······28	Balance······33
Attestation Clause······28	Balance of International Indebtedness ······33
Auction······28	Balance of International Payments······33
Authority······28	Balance of Invisible Trade······33
Authority to Pay······28	Bale······33
Authority to Purchase······29	Bale Cargo······33
Authorize······29	Bale Packing······33
Authorized Capital······29	Ballast······33
Authorized Economic Operator······29	Baltic Exchange······33
Authorized Foreign Exchange Bank ······29	Baltime······34
Availability······29	Bank Acceptance······34
Available······29	Bank Bill······34
Average······29	Bank Check······34
Average Adjuster······29	Bank Draft······34
Average Bond······29	Banker······34
Average Loss Settlement······30	Banker's Credit······34
Average Tare······30	Bank for International Settlement······34
Aviation Cargo Insurance······30	Bank Guarantee······35
Aviation Clause······30	Bank Loan······35
Await······30	Bank Opinion······35
Award······30	Bank Reference······35
AWB······30	B/A Rate······35
	Bare Cargo······35
B	Bare Charter······35
BA······31	Bargaining Tariff System······36
B/A······31	Barge······36
Back Date······31	Barratry······36
Back Freight······31	Barrel······36
Back to Back Credit······31	Barter Trade······36
Backward Countries······31	Base Cargo······36
Bad······31	Base Rate······37

Basic Rate ··············· 37	Bill for Collection ··············· 41
Basic Rate of Exchange ··············· 37	Bill in Foreign Currency ··············· 41
Basis ··············· 37	Bill of Exchange ··············· 41
Basis Transaction ··············· 37	Bill of Lading ··············· 43
BB ··············· 37	Bills Receivable ··············· 43
BBB ··············· 37	Bind ··············· 43
BC ··············· 37	Binder ··············· 43
BCR ··············· 37	Biometrics Passport ··············· 43
BD ··············· 37	BIS ··············· 43
BDA ··············· 37	Bitt ··············· 43
B/E ··············· 37	B'kge ··············· 43
Bear ··············· 37	B/L ··············· 43
Bearer ··············· 37	Black Buyer ··············· 43
Bearish ··············· 37	Blading ··············· 44
Before long ··············· 38	Blank ··············· 44
Before Permit ··············· 38	Blank Endorsement ··············· 44
Being Unsold ··············· 38	Blanket Clearance ··············· 44
Be it known, That ··············· 38	Blanket Policy ··············· 44
Below ··············· 38	B/L Clause ··············· 44
Bending ··············· 38	B/L Date ··············· 44
Beneficial Tariff ··············· 38	B/L Delivery ··············· 44
Beneficiary ··············· 38	Bleeding Export ··············· 44
Benefit ··············· 38	B/L Instructions ··············· 44
Benefit of Insurance Clause ··············· 39	Blockade ··············· 45
Benelux ··············· 39	Block(ed) Style ··············· 45
BERI ··············· 39	B/L Weight Final ··············· 45
Bern Union ··············· 39	BM ··············· 45
Berth ··············· 39	BMW ··············· 45
Berth Terms ··············· 39	B/N ··············· 45
Best ··············· 40	Board ··············· 45
Best Price ··············· 40	Boat Note ··············· 45
BETRO ··············· 40	Body ··············· 45
Better ··············· 40	Body Clauses ··············· 45
Beyond ··············· 40	Bolero Project ··············· 46
BFM ··············· 40	Bombs ··············· 46
BI ··············· 40	Bona Fide Holder ··············· 46
Bid ··············· 40	Bond ··············· 46
Bid Bond ··············· 40	Bonded Area ··············· 46
Bilateral Contract ··············· 40	Bonded (=Hozei) Display Area ··············· 47
Bill ··············· 40	Bonded Exhibiting Area ··············· 47
Bill Bought ··············· 41	Bonded Factory ··············· 47

Bonded Manufacturing Warehouse……47	BT……51
Bonded Shed……47	BTN……51
Bonded Transportation……47	Bu.……51
Bonded (=Hozei) Warehouse……47	Buffer……51
Bond Insurance……48	Bulk……51
Bonus……48	Bulk Cargo……51
Bonus Return……48	Bulk Carrier……51
Book……48	Bulk Container……51
Booking……48	Bulker……52
Booking Agent……48	Bulk Head……52
Booking Note……48	Bulk Oil Clause……52
Booking Ship's Space……48	Bulky Cargo……52
Booklet……48	Bullish……52
Boom……48	Bundle……52
Boomerang……48	Bunkes Adjustment Factor……52
Booz Allen and Hamilton……49	Bunker Surcharge……52
Border Tax Adjustment……49	Buoy……52
Boss……49	Burden of Proof……52
Both to Blame Collision Clause……49	Burning……52
Bottom Cargo……49	Burnt……53
Box……49	Bushel……53
Box Rate……49	Business……53
BP……49	Business Ability……53
BR……49	Business Catalog(ue)……53
Branch……49	Business Claim……53
Brand……49	Business English……53
Breach of Contract……50	Business Risk……53
Breakage……50	Business Standing……53
Break-Bulk Cargo……50	Business Writing……53
Breakdown……50	Buy……53
Bretton Woods Agreement……50	Buy American……53
Bright……50	Buy-Back……53
Brisk……50	Buyer……53
Brochure……50	Buyer's Credit……54
Broken Date……50	Buyer's Market……54
Broken Space……50	Buyer's Option……54
Broker……51	Buyer's (CFR) Policy……54
Brokerage……51	Buyer's Sample……54
Brussels Tariff Nomenclature……51	Buyer's Warehouse……54
B/S……51	Buying Agent……54
BSS……51	Buying Branch……55

Buying Commission ················· 55	Cargo ································· 59
Buying Contract ··················· 55	Cargo Arrival Base ··················· 59
Buying Exchange ··················· 55	Cargo Base ··························· 59
Buying Offer ························ 55	Cargo Boat Note ····················· 59
Buying Rate ························ 55	Cargo Capacity ······················· 59
BV ································· 55	Cargo Demurrage ···················· 59
B/W ································· 55	Cargo Form ··························· 59
By ································· 55	Cargo Handling ······················ 59
Byrd Amendment of U. S. Antidumping Law ··················· 55	Cargo Hook ··························· 60
	Cargo in Bulk ························ 60
	Cargo in Dispute ····················· 60

C

	Cargo Insurance ······················ 60
Cable ······························· 56	Cargo Manifest ······················· 60
Cable Address ······················· 56	Cargo Open ··························· 60
CAF ································· 56	Cargo Policy ·························· 60
Calculation of Laytime ·············· 56	Carge Securing ······················· 60
Calendar Month Delivery Rates ······ 56	Cargo Sharing ························ 60
Calendar Month Delivery with Option Forward Rate ··············· 56	Cargo Space ·························· 60
	Cargo Superintendent ················ 60
Canadian Land Bridge ··············· 57	Cargo Sweat ·························· 60
Cancel ······························· 57	Cargo to Abandon ···················· 60
Cancellation ························ 57	Cargo Worthiness ····················· 60
Cancelling Clause ··················· 57	Car Load (Lot) Cargo ················ 60
Cancelling Date ····················· 57	Carnet ································ 61
C & F ······························· 57	Carriage ······························· 61
C & F Landed ······················· 57	Carriage by Charter-Party ············ 61
C & I ································· 57	Carriage of Goods by Sea Act ········ 61
Candid ······························· 57	Carrier ································ 61
Canned Goods ······················· 57	Carrier Clause ························ 61
Canton Export Commodities Fair ····· 57	Carrier's Haulage ····················· 61
Canvassing Agent ··················· 57	Carrier's Load ························ 61
Capable ······························ 58	Carrier's Pack ························ 61
Capacity ······························ 58	Carrying Vessel ······················· 62
Capacity Tonnage ···················· 58	Cartage ······························· 62
Capital ······························· 58	Carton ································ 62
Capital Flight ························ 58	Case ··································· 62
Captain ······························ 58	Case Law ····························· 62
Captain's Protest ····················· 59	Case Mark ···························· 62
Captures ······························ 59	Case Packing ·························· 62
Care ···································· 59	Cash Credit ···························· 62
Care Mark ··························· 59	Cash Discount ························· 62

Cashier's Check ·········· 63	Change of Destination ·········· 68
Cash in Advance ·········· 63	Change of Risk ·········· 68
Cash Market ·········· 63	Change of Route ·········· 68
Cash on Delivery ·········· 63	Change of Sailing ·········· 68
Cash on Shipment ·········· 64	Change of Ship ·········· 68
Cash with Order ·········· 64	Change of Voyage Clause ·········· 68
Cask ·········· 64	Channel of Distribution ·········· 68
Catalog(ue) ·········· 64	Character ·········· 69
Catastrophe Risk ·········· 64	Charge ·········· 69
Causa Proxima ·········· 64	Charring ·········· 69
Caution Mark ·········· 64	Charter ·········· 69
C/B ·········· 65	Charterage ·········· 69
CBD ·········· 65	Charter Back ·········· 69
C/C ·········· 65	Charter Base ·········· 70
CCC ·········· 65	Charter by Demise ·········· 70
CCCN ·········· 65	Chartered Owner ·········· 70
CD ·········· 65	Charterer ·········· 70
Ceiling ·········· 65	Charterer's Stevedore ·········· 70
Ceiling Method ·········· 65	Charter Hire ·········· 70
CE Marking ·········· 66	Chartering Broker ·········· 70
Central Terminal system ·········· 66	Charter Party ·········· 70
Certificate ·········· 66	Charter Party B/L ·········· 71
Certificate and List of Measurement and/or Weight ·········· 66	Cheap ·········· 71
Certificate Final ·········· 66	Check Book ·········· 71
Certificate of Analysis ·········· 66	Checker ·········· 71
Certificate of Declaration ·········· 66	Checking Operation ·········· 71
Certificate of Fumigation ·········· 66	Check Price ·········· 71
Certificate of Insurance ·········· 67	Chest ·········· 71
Certificate of Origin ·········· 67	Chief ·········· 72
Certificate of Posting ·········· 67	Chief Mate ·········· 72
Certificate of Quality ·········· 67	Chief Officer ·········· 72
Certified Copy of Master's Protest ·········· 67	Chill Cargo ·········· 72
CFR ·········· 67	CHINCOM ·········· 72
CFS ·········· 67	Chinese Abroad ·········· 72
CFT ·········· 67	Chinese Merchant ·········· 72
CGCCE ·········· 68	Chip ·········· 72
Chamber of Commerce and Industry ·········· 68	Chocking ·········· 72
	Chop Marks ·········· 72
Chance ·········· 68	Chose in Action ·········· 72
Change ·········· 68	CIF ·········· 72
	CIF & C ·········· 73

CIF & E ··············· 73	CLM ··············· 78
CIF & I ··············· 73	Close ··············· 78
CIF Cleared ··············· 73	Closed Conference ··············· 78
CIF Duty Paid ··············· 73	Closed Dock ··············· 78
CIF Landed ··············· 73	Closed Indent ··············· 78
CIF Net ··············· 74	Closed Port ··············· 78
CIM ··············· 74	Closing Date ··············· 78
CIP ··············· 74	CLP ··············· 78
Cipher ··············· 74	CM Contract ··············· 78
Circa ··············· 74	CMR ··············· 78
Circle ··············· 74	C/N ··············· 78
Circular ··············· 74	C/O ··············· 78
Circular Credit ··············· 74	COA ··············· 79
Circumstances ··············· 74	Coaster ··············· 79
CISG ··············· 407	Coasting Trade ··············· 79
Civil Commotions ··············· 74	Coasting Vessel ··············· 79
CL ··············· 74	Coastwise Shipping ··············· 79
C/L ··············· 75	COC ··············· 79
Claim ··············· 75	COCOM ··············· 79
Claimant ··············· 75	COD ··············· 79
Claim Clause ··············· 75	Code ··············· 79
Claim, if any, payable at/in～ ··············· 75	Code Book ··············· 79
Claim Merchant ··············· 76	Code of Ethics for the Exchange
Claim Notice Clause ··············· 76	of Information ··············· 79
Claim Settling Agent ··············· 76	Code Words ··············· 79
Classification ··············· 76	COFACE ··············· 79
Classification Society ··············· 76	COFC ··············· 80
Clause ··············· 76	COGSA ··············· 80
Clayton Act ··············· 76	Co-Insurance ··············· 80
CLB ··············· 76	Collateral Export ··············· 80
CLC ··············· 76	Collect ··············· 80
Clean Bill ··············· 76	Collect B/L ··············· 80
Clean B/L ··············· 77	Collect Call ··············· 80
Clean Cargo ··············· 77	Collection ··············· 80
Clean Credit ··············· 77	Collection Bill ··············· 80
Clean Receipt ··············· 77	Collection Order ··············· 80
Clear ··············· 78	Collision ··············· 80
Clearance ··············· 78	Color ··············· 80
Clearing Agreement ··············· 78	Combination Carrier ··············· 81
Clerk ··············· 78	Combination Deal Trade ··············· 81
Client ··············· 78	Combination Rate ··············· 81

Combined B/L ···81	Compensating Balance ···86
Combined Transport ···81	Compensation Duties ···86
Combined Transport B/L ···81	Compensation Trade ···86
Combined Transport Operator ···81	Compete ···86
Comeback ···81	Complete ···86
COMECON ···81	Completive Shipment ···86
Commencement and Termination of Insurance ···82	Compliance ···86
Commercial Bill ···82	Compliance Program ···87
Commercial Credit ···82	Complicated ···87
Commercial Dispute ···82	Complimentary Close ···87
Commercial English ···82	Composite Credit Appraisal ···87
Commercial Invoice ···82	Compound Duties ···87
Commercial Letter of Credit Agreement ···82	Compromise ···87
Commercial Port ···83	Compromised Total Loss ···87
Commercial Position ···83	Concealed Damage ···87
Commercial Risk ···83	Concealment ···88
Commercial Traveller ···83	Concern ···88
Commercial Treaty ···84	Concerning ···88
Commercial Warehouse ···84	Concession ···88
Commission ···84	Concession of Tariff ···88
Commissioner ···84	Conciliation ···88
Commitment Line ···84	Conclude ···88
Commodity Box Rate ···84	Conclusion ···88
Commodity Classification for International Trade ···84	Conclusive ···88
Commodity Exchange ···84	Condition ···88
Common Carriage ···85	Conditional Acceptance ···88
Common Carrier ···85	Conditional Offer ···88
Common Law ···85	Conditional Remarks ···89
Common Stock ···85	Conditional Sale ···89
Common Tariff ···85	Condition Precedent ···89
Companies Combined Policy ···85	Condition Report ···89
Company ···85	Conditions of Insurance ···89
Company Prospectus ···85	Condition Subsequent ···89
Comparative Analysis ···85	Condition Survey ···89
Comparative Cost ···85	Conduct ···90
Comparatively ···86	Conference Agreement ···90
Comparison ···86	Conference Cargo ···90
Compensate ···86	Conference Member Ship ···90
	Conference Rules and Regulations ···90
	Conference Tariff ···90
	Confidence ···90

Confident···90	Container B/L··94
Confirm··90	Container Certificate·······························94
Confirmation··90	Container Freight Station·····················94
Confirmation of L/C································90	Container Insurance·································95
Confirmation of Order···························90	Containerizable Cargo···························95
Confirmation of Sales····························90	Containerization······································95
Confirmed Credit······································90	Container List···95
Confirming Bank······································91	Container Load Cargo····························95
Confirming House····································91	Container on Flat Car·····························95
Conformity··91	Container Rules··95
Congestion Surcharge····························91	Container Seal···95
Conglomerate··91	Container Security Initiative···············96
Connection···91	Container Service Charge·····················96
Consecutive···91	Container Ship··96
Consensual Contract·······························91	Container Terminal·································96
Consent···91	Container Trade Terms·························96
Considerable···91	Container Yard···96
Consideration···91	Contamination··97
Consignee···91	Content···97
Consignee's Cover···································91	Contents Unknown Clause··················97
Consigner (Consignor) ························92	Continental Term·····································97
Consignment···92	Contingency··97
Consignment Invoice······························92	Contingency Freight Insurance
Consignment Note···································92	Clause··97
Consignment Sales··································92	Contingency Insurance··························97
Consignment Trade·································92	Contingent Liabilities····························97
Consolidated Cargo·································92	Continuation Clause·······························97
Consolidation···92	Continuous Chain of Endorsement·····98
Consolidator··92	Contraband of Import····························98
Consortium··92	Contract··98
Construction Claim·································93	Contract Bond···98
Constructive Delivery···························93	Contract Carrier·······································98
Constructive Tare····································93	Contracted Salvage·································98
Constructive Toral Loss························93	Contracting Carrier·································98
Construcutal Liability Insurance········93	Contract Note··98
Consular Fee···93	Contract of Affreightment····················99
Consular Invoice······································93	Contract of Carriage of Goods by
Contact··94	Sea··99
Contact with Other Cargo····················94	Contract of Sale··99
Container··94	Contractor··99
Container Base···94	Contract Rate··99

Contract Sheet ················· 99
Contract Shipper ················· 99
Contract Slip ················· 99
Contract under Seal ················· 99
Contributory Value ················· 99
Control ················· 99
Convention on International
  Trade in Endangered Species of
  Wild Fauna and Flora ················· 99
Conventional Tariff ················· 100
Conventional Vessel ················· 100
Convention on a Code of Conduct
  for Liner Conference ················· 100
Converse Preference ················· 100
Conveyance ················· 100
Convince ················· 100
COOC ················· 100
Coolie ················· 100
Cooperate ················· 100
Cooperation ················· 100
Coordinating Committee for
  Export Control ················· 100
Cordial ················· 100
Corporate Reform Law (U. S.) ········ 100
Corporation ················· 101
Corporation of Lloyd's ················· 101
Correct ················· 101
Correspond ················· 101
Correspondence ················· 101
Correspondent ················· 101
Cost ················· 101
Cost and Insurance ················· 101
Cost, Insurance and Freight ············· 101
Cost of Stowage ················· 101
Cost-Plus Contract ················· 102
COTIF ················· 102
Council for Mutual Economic
  Assistance ················· 102
Countable Loss ················· 102
Counter ················· 102
Counter Guarantee ················· 102

Counter Mark ················· 102
Counter Mart ················· 102
Counter Offer ················· 102
Counter Purchase ················· 103
Counter Sample ················· 103
Counter Tariff ················· 103
Counter Trade ················· 103
Countervailing Duty ················· 103
Cover ················· 103
Covering Letter ················· 103
Cover Note ················· 103
CP ················· 103
C/P ················· 103
CPI ················· 103
CPT ················· 104
CQD ················· 104
Cracking ················· 104
Craft ················· 104
Craft Clause ················· 104
Crane ················· 104
Crate ················· 104
Crawling Peg ················· 104
Credit ················· 104
Credit Agency ················· 104
Credit Bureau ················· 104
Credit Dumping ················· 104
Credit Information ················· 104
Credit Inquiry ················· 104
Credit Insurance ················· 105
Credit Line ················· 105
Credit Note ················· 105
Credit Reference ················· 105
Credit Risk ················· 105
Credit Standing ················· 105
Creeping Nationalization ················· 106
Cross Claim ················· 106
Cross Liability Clause ················· 106
Cross License ················· 106
Cross License Contract ················· 106
Cross Offers ················· 106
Cross Rate ················· 106

Cross Trade ·· 106
CSI ··· 96
CT Bill of Lading ·································· 106
CTD ·· 106
CTO ·· 106
CTS ··· 106
C-TPAT ··· 112
Cumulative ·· 106
Currency ·· 107
Currency Adjustment Factor ············· 107
Currency of Settlement ······················ 107
Currency Percentages in Japan's
　Export and Import ·························· 107
Currency Surcharge ···························· 107
Current ··· 107
Current Account ································· 107
Current Assets ····································· 108
Current Balance ·································· 108
Current Liabilities ······························· 108
Custody ·· 108
Custom ··· 108
Customary ··· 108
Customary Law ··································· 108
Customary Losses ······························· 108
Customary Quick Dispatch ················ 108
Customary Route ································ 108
Customary Tare ··································· 109
Customer ··· 109
Custom House ···································· 109
Customs ··· 109
Customs Broker ·································· 109
Customs Clearance ····························· 109
Customs Clearance of Cargo
　aboard Barge ···································· 109
Customs Clearance of Cargo
　aboard Ship ······································ 109
Customs Convention on Container
　·· 110
Customs Cooperation Council
　Nomenclature ··································· 110
Customs Declaration ·························· 110

Customs Duties ··································· 110
Customs Invoice ································· 110
Customs Law ······································· 111
Customs Line ······································ 111
Customs Procedure ···························· 111
Customs Procedure Entry System ····· 111
Customs Tariff Law ···························· 111
Customs Tariff Schedule ···················· 111
Customs-Trade Partnership
　Against Terrorism ··························· 112
Customs Union ··································· 112
Customs Wall ······································ 112
Customs Warehouse ··························· 112
CWO ·· 112
cwt ·· 112
CY ·· 112
Cylinder ··· 112
Cypher ··· 112
Cypher Language Telegram ··············· 112

D

D/A ··· 113
DAF ·· 113
Daily Charter ······································ 113
Daily Report ·· 113
Damage ·· 113
Damaged Market Value ······················ 113
Damage for Detention ························ 114
Damage Survey ··································· 114
D & B Report ······································ 114
Dangerous Cargo ································ 114
DAP ·· 114
DAT ·· 114
Date ·· 114
Data Communication ························· 114
Data Freight Receipt ··························· 114
Date of Issue ·· 115
Date of Maturity ································· 115
Days of Grace ······································ 115
Day Work ··· 115
DBA ·· 115

DC	115
DD	115
D/D	115
DDP	115
DDU	115
Dead Freight	115
Dead Space	116
Deadweight Cargo	116
Deadweight Tonnage	116
Dealer	116
Dealers Act	116
Dealing in Emissions Rights	116
Debate	116
Debit	116
Debit Advice	116
Debit Note	116
Deck Cargo	117
Deck Man	117
Declaration before Carrying in Bonded Area	117
Declaration Certificate	117
Declaration Clause	117
Declared Value	117
Decline	117
Decode	117
Deductible Franchise	117
Deduction	117
Deed	118
Deep Rock Doctrine	118
Deep Tank	118
Default Clause	118
Deferred Payment	118
Deferred Period	118
Deferred Rebate	118
Definite Declaration	118
Definite Insurance	118
Definite Policy	118
Degree of Dependency on Export	119
Delay Damage	119
Delayed Shipment	119
Del Credere Agent	119
Deliver	119
Delivered (Duty Paid)	119
Delivered at Frontier	119
Delivery	119
Delivery against Letter of Guarantee	119
Delivery Ex-Warehouse	120
Delivery in the Ship's Hold	120
Delivery Memo	120
Delivery Order	120
Delivery Record	120
Delivery Terms	120
Delivery Verification	121
Dem	121
Demand	121
Demand Draft	121
Demise Charter	121
Demurrage	121
Denomination	121
Denting	121
Deposit	121
Deposit of Guarantee Money	121
Depository Bank	121
Depot	122
DEQ	122
Derangement	122
Derrick	122
DES	122
Des.	122
Description	122
Design	122
Designated Bonded Area	122
Designated Item for Health Inspection	122
Desire	122
Despatch	122
Despatch Money	122
Destination	122
Destination Contract	122
Detail	123
Detainments	123

Detention Charge ··············· 123	Dispatch ················· 126
Detention of Vessel ············· 123	Dispatch Money ············· 126
Deterioration ················ 123	Dispensation ··············· 126
Devaluation ················· 123	Displacement Tonnage ········· 127
Devanning ·················· 123	Disponent Owner ············· 127
Devanning Report ············· 123	Disposal Risk ··············· 127
Develop and Import Scheme ····· 123	Dispose ··················· 127
Developed Countries ··········· 123	Dispute ··················· 127
Developing Countries ·········· 123	Distributor ················· 127
Development of New-generation Passenger Planes ············ 123	Distributorship Agreement ······ 127 Diversion Charge ············· 127
Deviation Clause ············· 123	D/N ····················· 127
DI ······················· 124	D/O ····················· 127
Difference ·················· 124	Dock ····················· 127
Different Duties ·············· 124	Dock Foreman ··············· 127
Differential Tariff System ······· 124	Dock Man ·················· 127
Different Quality ············· 124	Dock Receipt ················ 127
Different Shipment ··········· 124	Dock Side ·················· 128
Digital Communication ········ 124	Dock Warehouse ············· 128
Dilution Clause ·············· 124	Doctrine of Strict Compliance ··· 128
DIN ····················· 124	Documentary ··············· 128
Direct B/L ················· 124	Documentary Bill ············ 128
Direct Cargo ················ 124	Documentary Clean Bill ········ 128
Direct Deal ················· 125	Documentary Credit ·········· 129
Direct Discharge ············· 125	Document of Title ············ 129
Direct Investment ············ 125	Documents ················· 129
Directory ·················· 125	Documents against Acceptance ·· 129
Direct Ship ················· 125	Documents against Payment ···· 129
Direct Steamer ·············· 125	Documents against Trust Receipt · 129
Direct Trade ················ 125	Doing Business ·············· 129
Direct Transport ············· 125	Dollar Area ················ 129
Dirty B/L ·················· 125	Domestic ·················· 130
Dirty Cargo ················· 125	Domestic Credit ············· 130
Dirty Receipt ··············· 125	Domestic Exchange ·········· 130
Disbursement ··············· 126	Door to Door ················ 130
Discharge ·················· 126	Double Insurance ············ 130
Disclosure ················· 126	Double Invoicing ············ 130
Discount ·················· 126	Double Stack Train ··········· 130
Discount House ············· 126	Double Tariff ··············· 130
Discrepancy ················ 126	Down ···················· 130
Dishono(u)r ················ 126	Down Below ················ 130

Down Payment ··· 131
Dozen ··· 131
D/P ··· 131
D/R ··· 131
Draft ··· 131
Draft Convention on the International Combined Transport of Goods ··· 131
Draft Survey ··· 132
Draft Weight ··· 132
Draught ··· 132
Draw ··· 132
Draw Back ··· 132
Drawee ··· 132
Drawer ··· 132
Drawing ··· 132
Dropped Cargo ··· 132
Drum ··· 132
Dry Cargo ··· 132
Dry Container ··· 132
Dry Dock ··· 133
D/S ··· 133
DST ··· 133
Dual Exchange Markets System ··· 133
Dual Rate System ··· 133
Dual Tariff ··· 133
Due ··· 133
Due Date ··· 133
Due Diligence ··· 133
Dull ··· 133
Dummy ··· 133
Dumping ··· 133
Dun & Bradstreet, Inc. ··· 134
Dunnage ··· 134
Dun Report ··· 134
Duplicate ··· 134
Duplicate Sample ··· 134
Duration of Carrier's Liability ··· 134
Duration of Risk Clause ··· 134
Duty ··· 135
Duty Clause ··· 135
Duty Free ··· 135
Duty Insurance ··· 135
Duty of Declaration ··· 135
Duty of Disclosure ··· 135
Duty Paid ··· 136
DV ··· 136
DWT ··· 136
Dz ··· 136

E

ea. ··· 137
Eager ··· 137
Earthquake ··· 137
Earthquake (exempted) Clause ··· 137
East-West Trade ··· 137
EC ··· 137
ECAFE ··· 137
ECGD ··· 137
Economic and Monetary Union ··· 137
Economic Partnership Agreement ··· 138
ECU ··· 138
E/D ··· 138
EDI ··· 138
EDO ··· 138
EDP ··· 138
EDR ··· 138
EEC ··· 138
EEO ··· 138
Effect ··· 139
Effective ··· 139
Effort ··· 139
EFTA ··· 139
EIL ··· 139
Ejusdem Generis ··· 139
E/L ··· 139
Electronic System for Travel Authorization ··· 139
Electronic Transfer of Shipping Documents ··· 139
Embargo ··· 139
Emergency Import ··· 140

Emergency Risk ································ 140	Escrow Credit ································ 143
Emergency Tariff ······························ 140	ESTA ··· 139
Employment and Indemnity Clause ··· 140	Establish ·· 143
Empresa Extranjera ························ 140	Establishing Bank ·························· 143
Empresa Mixta ······························· 140	Esteem ··· 143
Empresa Nacional ··························· 140	Estimate ·· 143
EMS ··· 140	Estimated Tare ······························ 143
Encourage ······································ 140	Estoppel ·· 143
Endeavo(u)r ·································· 140	ETA ··· 143
Endorse ·· 140	ETC ··· 143
Endorsed Import License ················ 140	ETD ··· 143
Endorsement ·································· 140	Euro ··· 144
Enemies ··· 141	Euro-Dollar ···································· 144
Engage ··· 141	European Union ····························· 144
Engagement ··································· 141	Euro Yen ·· 144
English Ton ···································· 141	Evaluation ······································ 144
Enquiry ·· 141	Even ··· 144
Entire Agreement Clause ················· 141	Event or Accident Insured Against ··· 144
Entitlement ···································· 141	Ex ·· 144
Entrepôt Trade ······························ 141	Excellent ·· 144
Entrust ··· 141	Excepted or Excluded Perils ············ 144
EOM ·· 141	Exceptional Cargo ·························· 145
E-1 Visa ··· 141	Exceptional Remark ······················· 145
E/P ·· 141	Exception Clause ···························· 145
EPA ··· 138	Exception List ································ 145
Epidemics ······································ 141	Excess ·· 145
Equipment Despatch Order ············· 141	Excess Insurance ···························· 145
Equipment Receipt ························ 141	Exchange ······································· 145
Equity ·· 142	Exchange Arbitrage ························ 145
E/R ·· 142	Exchange Bank ······························ 145
ERIS ··· 142	Exchange Broker ···························· 145
Errors of Cargo-handling and Custody, etc. ································ 142	Exchange Contract ························· 145
Errors of Navigation and Management of Ship ······················ 142	Exchange Control ·························· 146
Escalator Clause ···························· 142	Exchange Cover ····························· 146
ESCAP ··· 142	Exchange Dumping ························ 146
Escape Clause ································ 142	Exchange Marry ····························· 146
Escrow Account ····························· 142	Exchange Pegging ·························· 146
Escrow Agreement ························· 143	Exchange Position ························· 146
	Exchange Quotation ······················· 146
	Exchange Rate ······························ 146

Exchange Risk	147
Exchange Risk Guarantee	147
Exchange Speculation	147
Exchange Stabilization Fund	147
Exchange Theory	147
Exclusion	148
Exclusive	148
Exclusive Agency Agreement	148
Exclusive Buying Agent	148
Exclusive Dealing	148
Exclusive Distributorship	148
Exclusive Patronage Contract	148
Exclusive Selling Agent	148
Execute	149
Executed Sale	149
Executive Director	149
Exertion	149
Ex Factory	149
Ex Godown	149
Ex Gratia Payment	149
EXIM Bank	149
Existing Goods	149
Ex Lighter	149
Ex Mill	149
Ex Mine	149
Expected Profit	149
Expense	149
Expiry Date	149
Ex Plantation	149
Explosion	149
Export Advance	150
Export Advertising	150
Export and Import Transaction Law	150
Export Association	150
Export Bill Insurance	150
Export Bond Insurance	150
Export Bounty	150
Export by Turn-Key System	151
Export Commission House	151
Export Control of War-related Items	151
Export Control System	151
Export Credit Insurance	151
Export Customs Clearance	151
Export Declaration	152
Export Drawback	152
Export Drive	152
Export Duties	152
Export Financing	152
Export First	152
Export FOB Insurance	152
Export/Import Statistical Schedule	152
Export Inspection	153
Export Insurance	153
Export License	153
Export Marketing	153
Export of Technology	153
Export Permit	153
Export Proceeds Insurance	154
Export Statistical Schedule	154
Export with Exchange	154
Export without Exchange	154
Expressly	154
Express Warranty	154
Expropriation	155
Ex Quay	155
Ex Ship	155
Ex Store	155
Extend	155
Extended Cover Clause	155
Extension	155
Extensive	155
Extent	155
External Cause	156
Extra	156
Extra Charges	156
Extraneous Risks	156
Extra Premium	156
Extreme	156
EXW	156

Ex Warehouse 156	FIDIC 160
Ex Works 156	Fighting Ship 161
F	Figure 161
	File Sample 161
FAA S/C 157	Final Claim 161
Facility 157	Final Destination 161
Factor 157	Final Invoice 161
Factoring 157	Financial Statements 161
Factory 157	Financial Status 161
Fade-out Policy 157	Fine 161
Fair 157	Fine Cargo 161
Fair Average Quality 158	FIO 161
Fair Trade 158	FIO and Stowed 161
FAK 158	FIOT 162
Fall Overboard 158	Fire 162
Family Brand 158	Firm 162
Fancy 158	Firm Bid 162
FAQ 158	Firm Mark 162
Farm Security and Rural	Firm Order 162
Investment Act of 2002 158	First Beneficiary 162
FAS 158	First of Exchange 162
FAS Attachment Clause 158	Fishy-Back 162
Fauts Commerciales 158	Fixed 163
Fauts Nautiques 159	Fixed Rate 163
Favo(u)r 159	Fixture Note 163
FAZ 166	F/L 163
FCA 159	Flag 163
FC & S Clause 159	Flag AP 163
FCL Cargo 159	Flaging Out 163
FCR 159	Flag of Convenience Vessel 163
Feasibility Study 159	Flat 163
Fee 159	Flat Car 163
Feedback 160	Flat Rack Container 163
Feeder Service 160	Fleet Insurance 163
FEFC 160	Flexible Freight Container 163
Fell Overboard 160	Flexible Rate 163
Fesco 160	Flexible Tariff 164
FFC 160	Floater Policy 164
FI 160	Floating Charge 164
FIATA 160	Floating Crane 164
Fidelity Commission System 160	Floating Derrick 164

Floating Exchange Rate	164
Floating License	164
Floating Policy	164
Floating Security	164
Floods	164
Floor Price System	164
Flour All Risks Clause	165
Fluctuation	165
FMC	165
FO	165
FOA	165
FOB	165
FOB Airport	166
FOB & I	166
FOB Stowed	166
FOC	166
Food Miles	166
FOR	166
Forced Discharge	166
Force Majeure	166
Foreign Access Zone	166
Foreign Adjustment Clause	167
Foreign Affiliate	167
Foreign Currency Finance	167
Foreign Currency Reserves	167
Foreign Direct Investment	167
Foreign Exchange and Foreign Trade Law	167
Foreign Exchange Bank	167
Foreign Exchange Fund Special Account	168
Foreign Exchange Holdings	168
Foreign Exchange Market	168
Foreign General Average Clause	168
Foreign Goods	168
Foreign Trade	168
Foreign Trade Finance	168
Foreign Trade Multiplier	169
Foreign Trade Statistics	169
Foreign Trade Zone	169
Foreman	169
Formal Document	169
Form Letter	169
Form of Credit	169
Fortuitous Accident	169
Forwarder	169
Forwarder's B/L	170
Forwarder's Cargo Receipt	170
Forward Exchange Contract	170
Forward Rate	170
FOT	170
Foul Bill	170
Foul B/L	171
Foul Receipt	171
Foundering	171
Four C's	171
FPA	171
Fragile	171
Franchise	171
Franco	171
Franco Invoice	171
FRC	171
Free	171
Free Allowance	172
Free Alongside Ship	172
Freeboard	172
Free Cargo	172
Free Carrier	172
Free Delivered	172
Free Dispatch	172
Free District	172
Free from Capture and Seizure Clause	172
Free from Particular Average	172
Free In	172
Free In and Out	172
Free Offer	172
Free on Board	172
Free on Rail	172
Free on Truck	172
Free Out	172
Free Port	172

Free Port Quarter 173
Free Rate Cargo 173
Free Sample 173
Free Time 173
Free Trade Agreement (FTA) 173
Free Trade Agreement among Japan,
　People's Republic of China and
　Republic of Korea 173
Free Trade Zone (FTZ) 173
Freight 174
Freight Agreement 174
Freight All Kinds Rate 174
Freight as Arranged 174
Freight Basis 174
Freight/Carriage and Insurance
　Paid to 174
Freight/Carriage Paid to 174
Freight Clause 175
Freight Collect 175
Freight Conference 175
Freight Contingency Clause 175
Freighted Manifest 175
Freight Forwarder 175
Freight Index 175
Freight Insurance 175
Freight Liner 175
Freight List 175
Freight Market 176
Freight Payable on Outturn
　Weight 176
Freight Prepaid 176
Freight Rate 176
Freight Rebate 177
Freight Space 177
Freight Ton 177
Fresh Water Damage 177
From 177
Frustration Clause 178
FS 178
FSR & CC Clause 178
FTA 173

FTZ 173
Full and Down 178
Full Cable Advice 178
Full Cargo 178
Full Conditions Clause 178
Full Container Load 178
Full Container Ship 178
Full Endorsement 178
Fuller Condition 178
Full Insurance 179
Full Set 179
Fully Paidup Capital 179
Future Market 179

G

GA 180
GA Contribution 180
GA Declaration 180
GAFTA 180
Gain 180
Gang 180
Gantry Crane 180
GAP 180
Gate Price System 180
GATT 180
GATT Rate of Duty 180
GC 181
GDP 181
GE 181
Gencon 181
General Agreement on Tariffs and
　Trade 181
General Average 181
General Average Clause 181
General Average Deposit 181
General Average Disbursements
　Insurance 181
General Average Expenditure 182
General Average Sacrifice 182
General Cargo 182
General Conditions of Marine

and/or Transport Insurance·············182
General Council of British
　Shipping···182
General Exclusion Clause··················182
General Export Insurance···················182
General Immunities Clause···············182
Generalized System of Preferences
　···183
General L/C···183
General Letter of Hypothecation······183
General Liability Insurance···············183
General Partnership····························183
General Preferential Duties···············183
General Rate Increase·························184
General Rate of Duty·························184
General Remarks··································184
General Ship··184
General Tariff·······································184
General Terms and Conditions of
　Business···184
General Trade Company····················184
Genetically Manipulated Food·········184
Geographical Indication System······185
Giving Quotation·································185
G-G Trade···185
Global Budget·····································185
Global Quota·······································185
GMQ··185
Godown··185
Gold and Foreign Currency
　Reserve···185
Gold Clause···185
Gold Exchange Standard···················186
Gold Point··186
Gold Standard·····································186
Good··187
Good Merchantable Quality·············187
Good Record Return··························187
Goods··187
Goods and Merchandises··················187
Good Will··187
Governing Clause·······························187
Governing Law···································187
Government Procurement··················188
Government to Government Trade
　···188
Government Trade·····························188
Grade···188
Grading···188
Grain Elevator····································188
Grain Tonnage····································188
Grant···188
Grant Element····································188
Gray Buyer··188
Great Gross···188
Green Book···188
Gross···188
Gross Charter······································189
Gross Damaged Value·······················189
Gross for Net······································189
Gross Sound Market Value···············189
Gross Terms··189
Gross Ton···189
Gross Tonnage····································189
Gross Weight·······································189
Gross Weight Terms··························189
Ground Coverage·······························189
Grounding··189
Grounding Clause······························189
GSP···189
Guarantee···189
Guaranteed Freight·····························189
Guaranteed Stock·······························189
Guarantee Money·······························189

H

H···190
Hague Rules···190
Hague Visby Rules·····························190
Halal Food···190
Half Night Work·································190
Hamburg Rules···································191

H & C	191
Handle with Care	191
Handling Instructions	191
Handy Size	191
Harbour	191
Hard Currency	191
Hard Loan	191
Hardship Clause	191
Harter Act	191
Hatch	191
Hatch Foreman	191
Hatch List (H/L)	191
Hatch Officer	192
Hatch Survey	192
Hatch Survey Report	192
Haven	192
HAWB	192
Hazard	192
H/B	192
Headroom	192
Health Certificate	192
Heating	192
Heavy Cargo	192
Heavy Lift Charge	192
Heavy Weather	192
Heckscher-Ohlin Theory	193
Hedging	193
Held Covered	193
Herfindahl-Hirschman Index	193
HERMES	193
Hidden Defects	193
High	194
High Credit	194
Himalaya Clause	194
Hire	194
Hire Base	194
H/L	191
Hoghead	194
Hold	194
Hold Bill	194
Hold Cleaning	194
Hold Man	194
Home Booking	194
Hono(u)r	194
Hono(u)r Policy	195
HOOC	195
Hook	195
Hope	195
Horizontal International Specialization	195
Hostilities	195
Hot Money	195
House	195
House Air Bill	195
House Air Waybill	195
House Bill	196
H/S	196
HSC	196
Hull Form	196
Hull Insurance	196
Hull Policy	196
Humidity of the Atmosphere	196
Hundredweight	196
Hunger Export	196
Husbanding	196

I

IA	197
I/A	197
IATA	197
IBP	197
IBRD	197
IC	197
ICA	197
ICC	197
ICC Model International Sale Contract	198
Ice Clause	198
ICSID	198
ICT	198
IC Tag	198
I/D	198

IEA ································· 198	Incoterms ································· 203
IGA ································· 198	INCOTERMS 2010 ······················ 204
I/L ································· 198	Increased Value Insurance ················ 204
Illegal Shipment ································ 198	Indemnification ································ 205
IM ································· 198	Indemnity ································ 205
Imaginary Profit ································ 199	Indent ································ 205
IMF ································· 199	Indented Style ································ 205
Immediate Shipment ······················ 199	Indent Invoice ································ 205
Immediate Transport ······················ 199	Independent Action ························ 205
Impact Loan ································ 199	Indication ································ 205
Implied Warranty ································ 199	Indirect Trade ································ 205
Import ································ 199	In Dispute ································ 205
Important Clause ································ 199	Indorsement ································ 205
Import Certificate ································ 199	Industrial Carrier ································ 205
Import Commission House ············ 200	Industrialized Countries ·················· 205
Import Customs Clearance ············ 200	Industrial Marketing ······················ 206
Import Declaration ······················ 200	Industrial Property Right ·················· 206
Import Deposit ································ 200	Inevitably ································ 206
Import Duties ································ 200	Inferior ································ 206
Import/Export Trade Statistics ········· 201	Inferior Quality ································ 206
Import Financing ······················ 201	Information ································ 206
Import First ································ 201	Infrastructure Exports ······················ 206
Import from Manufacturing	In Full ································ 206
Warehouse ································ 201	Inherent Defect ································ 206
Import Liberalization ······················ 201	Inherent Quality or Nature ·············· 206
Import License ································ 201	Inherent Vice ································ 207
Import Permit ································ 201	In-house Rate of Exchange ·············· 207
Import Quota System ······················ 201	Initial Payment ································ 207
Import Surcharge ································ 202	Inland ································ 207
Import Tariff ································ 202	Inland Additional Premium ·············· 207
Import Usance ································ 202	Inland Depot ································ 207
Import without Exchange ················ 202	Inland Freight ································ 207
Impound L/C ································ 202	Inland Haulage Charge ···················· 207
Improper Packing ································ 202	Inland Marine Transportation ··········· 207
Improve ································ 202	Inland Waterway Bill of Lading ······· 207
Improvement Trade ······················ 202	Inner Packaging ································ 207
IMW ································ 202	Inquiry ································ 208
In Bond ································ 203	In Regular Turn ································ 208
Inc. ································ 203	Insert ································ 208
Incentive System ································ 203	Inside Address ································ 208
Inchmaree Clause ································ 203	Inspection ································ 208

Inspection Certificate············208	Integrated Hozei Area············213
Inspection Fee·················208	Intellectual Property············213
Instalment Payment··············208	Intention··················213
Instalment Shipment·············208	Inter-bank Exchange Dealings······213
Institute Air Cargo Clauses········209	Inter-bank Rate···············213
Institute Cargo Clauses···········209	Interchange Plan··············213
Institute Classification Clause·····209	Interest····················214
Institute of London Underwriters···209	Interest Arbitration············214
Institute Replacement Clause······209	Interest Bill··················214
Institute Strikes, Riots and Civil	Interest Clause···············214
Commotions Clauses··········209	Interim····················214
Institute War Cancellation Clause··209	Interim Report···············214
Instructions·················210	Interior Packing···············214
Instrument of Pledge············210	Interior Point Intermodal········214
Insufficient Packing·············210	Intermediary·················214
Insulated and Ventilated Container	Intermediary Trade·············214
···························210	Intermediary Trade Insurance·····215
Insurable Interest··············210	Intermediate Trade·············215
Insurable Value···············210	Intermodal B/L···············215
Insurance····················211	Intermodal Carrier·············215
Insurance Application···········211	Intermodal Transport···········215
Insurance Broker···············211	Internal Cause················215
Insurance Certificate············211	International Air Transport
Insurance Claim···············211	Association················215
Insurance Clauses or Conditions···211	International Bank·············215
Insurance Company·············211	International Bank for Recostruction
Insurance for Piracy Damage······211	and Development···········215
Insurance of Charter Hire········211	International Carriage··········215
Insurance Policy···············212	International Cartel············215
Insurance Premium·············212	International Chamber of
Insurance Slip················212	Commerce·················215
Insurance Underwriter··········212	International Combined
Insured·····················212	(or Multimodal) Transport·····216
Insured Amount···············212	International Commercial
Insured B/L··················212	Arbitration················216
Insured Invoice················212	International Commodities······216
Insurer·····················212	International Convention for the
Insurrection··················212	Unification of Certain Rules
Intaken Weight Final············213	relating to Bills of Lading·····216
Intangible Assets···············213	International Customs Transit····216
Inteco·····················213	International Enterprise·········216

International Law Association ············216
International Liquidity ······················217
International Marketing ·····················217
International Market Orientation ·······218
International Monetary Fund ·············218
International Multimodal Transport
    ···218
International Orgnization for
    Standardization ·································218
International Standards for
    Phytosanitary Measures No.15
    (ISPM No.15) ····································220
International Trade ····························218
International Trade Law ·····················218
Inter-office Rate ·································218
Interstate Commerce Commission ····218
Intra-trade ··218
Introduction of Technology ···············218
Inv. ···218
Inventory Finance ······························218
Inverse Processing Deal Trade ··········219
Investigate ···219
Investor State Dispute Settlement ·····219
Invisible Trade ···································219
Invoice ···219
Invoice Back ······································219
Inward Manifest ·································219
IQ System ··219
Irregularity ···220
Irrespective of Percentage ··················220
Irrevocable L/C ··································220
IS ··220
ISD ···220
ISO ···220
ISP98 ··220
ISPM No.15 ·······································220
Issue ···221
Issued Capital ····································221
Issuer ··221
Issuing Bank ······································221
ISW ··221

ITC ···221
Item ··221
Item Number ······································221
IT Entry ···221
ITF ···221
ITI ··222
IUCN Red List ··································222

J

Japan Agricultural Standard ··············223
Japan Association for Simplification
    of International Trade Procedures
    ···223
Japan Bank for International
    Cooperation ······································223
Japan Commercial Arbitration
    Association ·······································223
Japan Electronic Open Network
    Trade System (JETRAS) ···············224
Japan-EU AEO Mutual
    Recognition ······································223
Japan Industrial Standard ···················223
Japan Marine Surveyors & Sworn
    Measurers' Association ··················224
Japan PI ···224
Japan Singapore Economic
    Agreement for a New Age
    Partnership (JSEPA) ······················224
Japan's Trade Balance of 2011 ··········224
JAS ···224
JASTPRO ··224
JETRAS ···224
JETRO ···224
Jettison and Washing Overboard ······225
JFFF ···225
JIFFA ···225
JIS ··225
Jobber ··225
Job Description ·································225
Joint Action of Several Different
    Causes ··225

Jointed B/L ······ 225	Landing Certificate ······ 230
Joint Float System ······ 225	Landing Charges ······ 230
Joint Rate ······ 225	Landing Note ······ 230
Joint Service ······ 225	Landing Port ······ 230
Joint Venture ······ 225	Landing Quantity Terms ······ 230
JSEPA ······ 224	Landing Report ······ 230
Jump ······ 226	Land Risk ······ 230
Jurisdiction Clause ······ 226	LASH ······ 230
J/V ······ 226	Lashing ······ 230
J/V Agreement ······ 226	Latent Defects ······ 230
JWOB ······ 226	Late Shipment ······ 231
	Latest Shipping Date ······ 231

K

	Latin American Free Trade
	Association ······ 231
KD ······ 227	Law of Large Number ······ 231
Keen ······ 227	Lay Days ······ 231
Keep Dry ······ 227	Laydays Statement ······ 231
Keep Sample ······ 227	Lay Time ······ 231
Keg ······ 227	lb. ······ 231
Kelly's Directory ······ 227	LBO ······ 231
Kennedy Round ······ 227	L/C ······ 231
Key Currency ······ 227	LCC ······ 245
Kilo Ton ······ 227	LCL ······ 231
Kind of Package ······ 227	Leads and Lags ······ 232
Knocked Down ······ 227	Leakage ······ 232
Knot ······ 228	Lease ······ 232
Know-How ······ 228	Lease Back ······ 232
Know-How License ······ 228	Leased Channel ······ 232
Known or Reported Loss Warranty	Legal ······ 232
······ 228	Legal Action ······ 232
Kuangton Fair ······ 228	Legal Maxims ······ 232
	Length ······ 232

L

	Lengthy Cargo ······ 233
	Less than Container Load ······ 233
L/A ······ 229	Let's Go ······ 233
Label Clause ······ 229	Letter ······ 233
LAFTA ······ 229	Letterhead ······ 233
Land Bridge ······ 229	Letter of Abandonment ······ 233
Landed Quality Terms ······ 229	Letter of Authority ······ 233
Landed Terms ······ 229	Letter of Awareness ······ 233
Landed Weight Final ······ 229	Letter of Comfort ······ 233
Landing ······ 229	
Landing Agent ······ 230	

Letter of Countermarque	233
Letter of Credit	233
Letter of Guarantee (L/G)	234
Letter of Hypothecation	234
Letter of Indemnity	234
Letter of Instructions	234
Letter of Intent	235
Letter of Subrogation	235
Letter of Transfer	235
Letter Subject	235
L/G	234, 235
L/G Negotiation	235
L/I	235
Liability	235
Liability of Carrier by Sea	235
Liability Insurance	235
Liaison Office	236
Liberalization of Exchange	236
Liberalization of Trade	236
Liberty Clause	236
License	236
License Agreement	236
Licensed Customs Specialist	236
Licensee	236
Lien Clause	236
Lifting Charge	236
Lift on/Lift off	237
Light Cargo	237
Lighter	237
Lighter Aboard Ship	237
Lighterage	237
Lightering	237
Lighter Man	237
Lighting	237
Light Load condition	237
Limit	237
Limitation of Carrier's Liability	237
Limited Guarantee	238
Limited Partnership	238
Limit of Liability Clause	238
Line	238
Liner	238
Liner Conference	238
Liner Service	238
Liner Shipping	238
Liner Term	238
Liner Waybill	238
Link	238
Liper	238
Liquidated Damages	239
Liquid Cargo	239
List	239
Listed Company	239
List (Certificate) of Measurement and/or Weight	239
Litigation	239
Live Cargo	239
Live Stock Clause	239
Live Stock Container	240
L'kge	240
LLDC	240
Lloyd's	240
Lloyd's Agent	240
Lloyd's Broker	240
Lloyd's Register	240
Lloyd's SG Policy	240
Lloyd's Surveyor	241
Lloyd's Underwriters' Association	241
Loading	241
Loading Charge	241
Loading List	241
Loading Survey	241
Load Line (Mark)	241
Loan Form Payment	241
Local	241
Local B/L	242
Local Cargo	242
Local Carriage	242
Local Content Bill	242
Local Credit	242
Local Financing	242
Local Freight	242

Local Guarantee ·· 243
Local Point ··· 243
Local Rate ·· 243
Local Vessel or Conveyance ··············· 243
Location Clause ·· 243
Lockout ··· 243
Loco ··· 243
Loco Invoice ··· 243
Log Book ·· 243
LO/LO ·· 243
Lomé Convention ·· 243
London Acceptance L/C ···················· 243
London Confirming House ··············· 243
L-1 Visa ··· 243
Long ··· 244
Long Form B/L ··· 244
Long Length Surcharge ······················ 244
Longshore Cargo Handling ·············· 244
Longshoreman ··· 244
Longshoring ·· 244
Long-term Export Finance ················ 244
Long Ton ·· 244
Loose Cargo ·· 244
Loss ··· 244
Loss of Market ··· 244
Loss of Venture ··· 244
Loss of Voyage ··· 244
Loss or Abandonment of Voyage ······ 245
Loss or Damage ··· 245
Loss Ratio ··· 245
Lost or not Lost Clause ····················· 245
Lot ··· 245
Lot Cargo ·· 245
Low ··· 245
Low Cost Carrier ·· 245
Loyalty Contract ··· 245
Ltd. ·· 245
Lump Sum Charter ······································· 246
Lump-sum Contract ······································ 246
Lump Sum Fixed Payment ··············· 246

M

MacRae's Blue Book ·····························247
Madrid Agreement ·······························247
Mail ···247
Mail Confirmation ·······························247
Mail Credit ···247
Mail Days ···247
Mail Order Business ··························247
Mail Remittance ·······································248
Mail Transfer ···248
Main Feeder ··248
Main Line ···248
Main Mark ··248
Main Port ···248
Maintenance Agreement ···················248
Maintenance shop ·································248
Major Casualties ····································248
Major Import Cargo Tariff
  Agreement ···248
Maker FOB ··249
Mala Fide ···249
Malicious Damage ································249
Malpractice ··249
Managed Trade ··249
Management ··249
Management Cost ·································249
M & A ···249
Manifest（M/F）·······································249
Manipulation Warehouse ················249
Manufactured-goods Import Ratio ····249
Manufacturer's Export Agent ···········250
Manufacturer's Mark ··························250
Manufacturer's Representative ·········250
Margin ···250
Marginal Clauses ··································250
Marginal Propensity to Import ·········250
Margin Money ···250
Marine ···251
Marine Accidents ·································251
marine Accidents Inquiry Agency ····251

Marine Casualty ··················251	MAWB ··················256
Marine Insurance ··················251	Maximum and Minimum Tariff ········256
Marine Insurance Act ··················251	Maximum Quantity Acceptable ········256
Marine Insurance Business ···············251	May ··················256
Marine Insurance Policy ··················251	MBO ··················256
Marine Loss ··················252	MEA ··················256
Marine Perils ··················252	Means ··················256
Marine Quotation ··················252	Measurement ··················256
Marine Rates ··················252	Measurement Capacity ··················256
Marine Supplier ··················252	Measurement Cargo ··················256
Marine Surveyor ··················252	Measurement List ··················256
Maritime Enterprise ··················252	Measurement Ton ··················256
Maritime Lien ··················252	Measure of Indemnity for Partial
Maritime Loan ··················252	Loss ··················256
Maritime Loss ··················253	Measuring ··················257
Maritime Perils ··················253	Mediation ··················257
Mark ··················253	Mediator ··················257
Market Claim ··················253	Medium ··················257
Market Fluctuations ··················253	Memorandum ··················257
Marketing ··················253	Memorandum of General Terms
Market Orientation ··················253	and Conditions of Business ············257
Market Rate ··················254	Memo Slip ··················258
Market Report ··················254	Men-of-War ··················258
Market Research ··················254	Mercantile Credit Agency ··················258
Market Segmentation Policy ·············254	Mercantile Exchange ··················258
Marking ··················254	Merchandise ··················258
Marry ··················254	Merchandising ··················258
Marshalling ··················254	Merchant ··················258
Marshall-Lerner Condition ···············254	Merchant Adventurer ··················258
Mart ··················255	Merchant Banker ··················259
Maru Ship ··················255	Merchant Carrier ··················259
Master ··················255	Merchant Haulage ··················259
Master AWB ··················255	Merchanting Trade ··················259
Master Credit ··················255	Merchant Vessel ··················259
Master Policy ··················255	Merger ··················259
Master's Protest ··················255	METI ··················259
Mat ··················255	Metric System ··················259
Material Circumstances ··················255	Metric Ton ··················259
Material Fact ··················255	Metzler's Condition of Elasticity of
Mate's Receipt ··················255	Balance of Payment ··················259
Matter ··················255	M/F ··················249, 260

Mgr.	260
MIA	260
MICA	260
Micro-Land Bridge	260
MIGA	260
Mildew	260
Mine Clause	260
Mini-Land Bridge	260
Minimum Freight Rate	260
Minimum Premium	261
Minimum Quantity Acceptable	261
Minutes	261
Mis-Landing	261
Misrepresentation	261
Missing	261
Mixed Policy	261
Mixed Style	261
Mixed Tariff	261
MLB	261
MM	261
Mobilization	262
Moderate	262
Module Ship	262
MOF	262
MOF a/c	262
MOF Basic	262
MOF Depository	262
Moisture Damage	262
Mold	262
Money Order	262
Monthly Shipment	262
Moody's Industrial Manual	262
Mooring	262
Moral Hazard	262
More or Less Terms	263
Mortality	263
Mortgage	263
Mortgage Clause	263
Most Favored Nation Treatment	263
Motor Vessel	263
Mould & Mildew	263
Movables	263
M/R	263
MS	263
M/T	263
Multilateral Trade	263
Multimodal Transport	264
Multinational Company	264
Multinational Corporation	264
Multinetting	264
Multiple Exchange Rates System	264
Mutual	264
Mutual and Cooperative	264
Mutual Insurance	264
Mutual Recognition of Standards/ Certification	265
M/V	265

N

NACCS	266
NAFTA	266
Name	266
Named Bill	266
Named Perils	266
Named Policy	266
Narrow	266
Nation	266
National Brand	266
National Duties	267
National Interest	267
National Trade Estimate Report on Foreige Trade Barriers (U. S.)	267
Nationalism of Insurance	267
Nationality of Ship	267
Nationalization	267
National Tariff	267
Navigation	267
Navigational Accident	267
ND	267
Near Delivery	267
NEGA	267
Negative List	268

Negligence Clause	268
Negotiable	268
Negotiable B/L	268
Negotiate	268
Negotiated Contract	268
Negotiating Bank	268
Negotiation	268
Negotiation by Draft	269
Negotiation Charge	269
Negotiation Credit	269
Neither to Blame	269
Net	269
Net Assets	270
Net Cash	270
Net Charter	270
Net Terms	270
Net Ton	270
Net Tonnage	270
Net Value Clause	270
Net Weight	270
Network Liability System	270
Net Worth	270
New for Old	270
New Jason Clause	270
New Round of Multilateral Trade Negotiations at WTO	270
New York Acceptance L/C	271
New York Confirming House	271
NF	271
NICS	271
NIES	271
Night Work	271
Nippon Automated Cargo Clearance System	271
NK	271
NNW	271
No	272
No Arrival, No Sale	272
No Claim Bonus or Return	272
No Commercial Value	272
No Franchise	272
No Hooks	272
No Interest, No Insurance	272
No Margin Allowed	272
Non Acceptance	272
Non-Calling Certificate	272
Non-Conference Cargo	272
Non-Contractor	272
Non-Contract Rate	272
Non-Cumulative	272
Non-Delivery	272
Non-depository Bank	273
Non-Draft	273
Non-dutiable Goods	273
Non-Entrance in Ports	273
Non-life Insurance	273
Non-Policy	273
Non-Resident	273
Non-Shipment	273
Non-Tariff Barrier	273
Non-Vessel Operating Common Carrier	273
No Partial Shipment	273
No-Par Value Stock	273
Not Before Clause	273
Note	274
Notice	274
Notice of Abandonment	274
Notice of Arrival	274
Notice of Damage	274
Notice of Losss or Damage	274
Notice of Readiness	274
Notify	275
Notifying Bank	275
Notify Party	275
No Transshipment Clause	275
Not Responsible Clause	275
Not to Insurance Clause	275
Not Working Days	275
N/R	275
NS	275
N/T	275

NTB ···································275	On Board Notation ······················280
Numbering ····························275	On Board Only Clause ················280
Number of Ships Registerd in	Once-Land ································280
Japan ································275	On Deck Cargo ··························280
NVO ···································276	On Deck Clause ·························281
NVOCC ································276	On Deck Container ····················281
	On Deck (Stowage) Clause ········281
O	On Demand ·······························281
	One Lot ····································281
OACT ···································277	One-Side Balance of Exchange ········281
Objection ·······························277	"One Stop Service" between
Obligation ······························277	NACCS and Port EDI ···········281
Oblige ···································277	One to Blame ····························281
O/C ······································277	One-Way Trade ·························281
Ocean B/L ·····························277	On Sale or Return ·····················281
Ocean-Going Vessel ················277	Onus of Proof ··························282
Ocean Trade ····························277	OP ···282
OCP ·····································277	OPEC ·····································282
O/D ······································278	Open ·····································282
OECD ···································278	Open Account ···························282
OEM ·····································278	Open Bid ································282
Offer ·····································278	Open Cargo ·····························282
Offer subject to Prior Sale ·········278	Open Charter ···························282
Offer subject to Seller's Final	Open Conference ······················282
Confirmation ·······················279	Open Contract ··························283
Offer without Engagement ········279	Open Cover ······························283
Off Hire ·································279	Open Economy ························283
Official Invoice ·······················279	Opener ···································283
Official Log Book ····················279	Open for Port Operations, 364 days,
Offshore Center ·······················279	and 24 hours a day ·················283
Off-Shore Loading and Unloading	Open Indent ·····························283
······································279	Opening Bank ···························283
OGL ·····································279	Opening Charge ·······················283
Oil Depot ·······························279	Open L/C ································283
Oil Terminal ···························279	Open Policy ·····························283
OLT ······································279	Open Port ·································283
OMA ·····································279	Open Punctuation ····················284
On ·······································280	Open Rate Cargo ······················284
On Arrival Terms ·····················280	Open Tendering ························284
On Board ·······························280	Open-top Container ··················284
On Board B/L ·························280	Open-Yard Storage Clause ········284
On Board Endorsement ············280	

Operate	284
Operation	284
Operation Contract	284
Operation of Hostility	284
Operator	284
Opinion	284
Option	285
Optional B/L	285
Optional Cargo	285
Optional Contract	285
Optional Deal	285
Optional Ports of Discharge	285
Optional Shipment	286
Optional Stowage Clause	286
Optional Surcharge	286
OR	286
Order	286
Order Bill	286
Order B/L	286
Order Letter	286
Orderly Marketing	286
Order Sheet	286
Ordinary	287
Ordinary Breakage	287
Ordinary Franchise	287
Ordinary Leakage	287
Ordinary Losses	287
Ordinary Mortality of Animals	287
Ordinary Payment	287
Ordinary Transfer	287
Ordinary Wear and Tear	287
Organization	287
Origin	287
Original Equipment Manufacture	287
Original Insurance	287
Original L/C	287
Original Policy	288
Original Sample	288
Other Engine of War	288
Other Insurance Clause	288
Otherwise	288
Outer Packing	288
Outport Surcharge	288
Outright Forward Rate	288
Outright Operation	289
Outright Transaction	289
Outside	289
Outsider	289
Outstanding	289
Outstanding Stock	289
Outturn Report	289
Outturn Sample	289
Outturn Weight	289
Overbought Position	289
Overcarriage	289
Over-Flow Rule	290
Over in Dispute	290
Over Insurance	290
Overland Common Point	290
Overlanded Cargo	290
Overland Transport	290
Overseas Advertisement Insurance	290
Overseas Advertising	290
Overseas Economic Cooperation Fund	290
Overseas Investment Insurance	290
Overseas Market Research	290
Overseas Net Assets of Japan	291
Overseas Production of Japanese Cars	291
Overside Delivery	291
Oversold Position	291
Overtime Service of Customs	291
Owe	291
Owned Vessel	291
Owner	291
Owner's Agent	291

P

PA	292
P/A	292
Package Limitation of Liability	292

Package Program System ············292	Payload ····································296
Package Tariff Reduction ···············292	Payment ····································296
Packaging ··································292	Payment Advice ·························296
Packed Cargo ·····························292	Payment against Documents ···········296
Packing ·····································293	Payment Bond ····························297
Packing Charge ···························293	Payment Commission ···················297
Packing Credit ····························293	Payment in Advance ·····················297
Packing List ·······························293	Payment of Claim Clause ··············297
Paid-up Capital ····························293	Payment of Premium Clause ··········297
Pallet ·······································293	Payment on Receipt Credit ············297
Panama Canal ·····························293	Payment Order ····························297
Panamax ····································293	Payment Terms ····························297
P & I Insurance ····························293	Pay on Application ······················297
Panel Arbitrator ···························294	Pay to ······································297
Par ··294	PC ···297
Parallel Importation ······················294	PCC ···298
Paramount Clanse ·························294	PCS ···298
Parcel Freight ······························294	PCV ···298
Parcel Post ·································294	P/D ··298
Partial Charter ·····························295	Peak Cover Clause ·······················298
Partial Endorsement ······················295	Pen Container ·····························298
Partial Insurance ·························295	Pending ·····································298
Partial Loss ································295	Penetrate ···································298
Partial Shipment ···························295	Penetration Price Policy ················298
Partial Transfer ····························295	PER ···298
Particular ··································295	Performance ·······························298
Particular Address ························295	Performance Bond ·······················298
Particular Average ························295	Perils Clause ······························298
Particular Charges ························295	Perils of the Seas ·························299
Part Insurance ·····························296	Period Bill ·································299
Partnership ·································296	Period of Insurance ······················299
Party ··296	Perishable Cargo ··························299
PASSED ····································296	Permanent Address ······················299
Passive Improvement Trade ············296	Permanent Normal Trade Relations ····································299
Past Due ···································296	
Patent License ·····························296	Permanent Repair ························299
Pattern ·····································296	Permission ·································299
Payable on completion of Discharge ································296	Personal ····································299
	Personal Effects ··························299
Payee ·······································296	Personal Effects Floater ················299
Paying Bank ·······························296	Person Call ································300

Persons Acting Maliciously ··············300	Port Industry ·································303
Petty Claim ·································300	Port Mark ·····································303
PG ··300	Port of Destination ························303
Phased Contract ····························300	Port Rates ····································304
Physical Delivery ··························300	Positive List System for
Physical Distribution ·····················300	Agricultural Chemical Residues
Phytosanitary Certificate ················300	in Foods ·································304
PI = Protection and indemnity	Possession ···································304
Insurance ································300	Possessory Lien ····························304
Piece ··300	Postal Money Order ·······················304
Piece Goods ·································300	Post Receipt ·································304
Pier ··300	Postscript ····································304
Piggy-Back ··································300	Pound ···304
Pile ··301	Pound Area ··································304
Pilferage ·····································301	P.P. ··304
Pilot ···301	PPI ···304
Piracy ··301	PQS ··305
Piracy Incidents ····························301	Pre. Ad. ······································305
Pirates ··301	Prefer ···305
PL ···301	Preferential Duties ·························305
Place ··301	Preferred Stock ·····························305
Plague ··301	Preliminary Advice of Credit ···········305
Plain Language Telegram ···············302	Premium ·····································305
Plantation ····································302	Premium Rate ·······························305
Plant Export ·································302	Prepaid B/L ·································305
Platform Container ························302	Prepaid Import Insurance ················305
Plimsoll Mark ·······························302	Prescription of Insurance Claim ········306
Point of Destination ······················302	Presentation ·································306
Policy ··302	Presenting Bank ····························306
Policy Body ·································302	Present Sale ·································306
Policy Valuation ···························302	Pressed Bale ································306
Political Risk ·······························302	Prevailing ···································306
Pool Account ·······························302	Price ··306
Port ···302	Price Current ································306
Port Agent ···································303	Price Estimate ······························306
Port Authority ·······························303	Price List ····································306
Port Charge ·································303	Price Risk ···································306
Port Congestion Surcharge ··············303	Price Terms ·································307
Port Dues ····································303	Prima Facie ·································307
Port Facilities ·······························303	Primage ······································307
Portfolio Investment ······················303	Prime Credit ································307

Prime Rate ································307	Proper Law of Contract Clause ········311
Principal ···································307	Property ·····································311
Principal Mark ····························307	Property Insurance ······················311
Principle of Causa Proxima ············307	Proportion ··································311
Principle of Change of Risk ···········308	Proposal ····································311
Printed Clause ·····························308	Proprietor ··································311
Printed Matter ·····························308	Pro Rata ····································311
Prior Agreement ···························308	Prospect ····································312
Prior Sale ···································308	Prosperous ·································312
Private Carrier ·····························308	Protect ······································312
Private Code Book ·······················308	Protectionism ·····························312
Private Company ·························308	Protective Duties ·························312
Privateer ····································308	Protective Trade ·························312
Private Import ·····························308	Protest ······································312
Private Warehouse ·······················308	Prove ··312
Proceeds ····································308	Provide ·····································312
Processing Deal Contract ···············308	Provision ···································312
Procure ·····································309	Provisional Customs Clearance ········312
Produce Exchange ························309	Provisional Declaration ··················313
Product ·····································309	Provisional Insurance ····················313
Production-Sharing System ············309	Provisional Invoice ······················313
Product Life Cycle ·······················309	Provisional Policy ························313
Product Orientation ······················309	Provisional Tariff ························313
Products Liability Insurance ···········309	Prox. ···313
Product Tanker ····························309	Proximate Cause ··························313
Profit ··309	PS ···314
Profit Insurance ···························310	PSSI ··314
Proforma Account Sales ················310	Public Weigher ····························314
Proforma Invoice ·························310	Purchase ····································314
Progressive Payment ·····················310	Purchase Note ·····························314
Prohibit ·····································310	Purchasing Agent ·························314
Prohibitive Duty ··························310	Purchasing Power Parity ················314
Promise ·····································310	Pure Owner ································314
Promissory Note ··························310	Pusher Barge ······························314

Q

QC ···315
Quadruplicate ·····························315
Qualified Endorsement ··················315
Quality ······································315
Quality Claim ·····························315

Prompt ······································311
Prompt Cash ·······························311
Prompt Exchange ·························311
Prompt Shipment ·························311
Proof ··311
Propensity to Import ·····················311
Proper ·······································311

Quality Mark ················· 315	RCP ················· 321
Quality Sample ················· 315	re ················· 321
Quality Terms ················· 315	REACH ················· 327
Quantity ················· 316	Ready ················· 321
Quantity Claim ················· 316	Realize ················· 321
Quantity Discount ················· 316	Real Tare ················· 321
Quantity Terms ················· 316	Reasonable ················· 321
Quarantine ················· 316	Reasonable Dispatch Clause ········· 321
Quasi ················· 317	Reasonable Time ················· 322
Quasi Warship ················· 317	Rebate ················· 322
Quay ················· 317	Rebate Circular ················· 322
Questionable ················· 317	Rebellion ················· 322
Questionnaire ················· 317	Receipt for Parcel Received ········· 322
Quick ················· 317	Received B/L ················· 322
Quick Dispatch ················· 317	Receivership ················· 323
Quintuplicate ················· 317	Receiving Cargo under L/G ········· 323
Quotation ················· 317	Receiving Quotation ················· 323
QUOTE ················· 318	Reciprocal Credit ················· 323
	Reciprocal Duty ················· 323
R	Reciprocal Trade Agreement ········· 323
Rack Container ················· 319	Reciprocity ················· 323
Radio-active Contamination ········· 319	Recognize ················· 323
Raft Clause ················· 319	Recommend ················· 323
Raft Handling ················· 319	Reconciliation ················· 323
Railway Bill of Lading ················· 319	Reconditioning Expenses ················· 323
Railway Consignment Note ········· 319	Recourse ················· 323
Rain and Rresh Water Damage ········· 319	Red B/L ················· 324
Rain Work ················· 319	Red Book ················· 324
Raise ················· 320	Red Clause ················· 324
Rally ················· 320	Redelivery of Vessel ················· 324
Rate ················· 320	Red Import Clause ················· 324
Rate Basis ················· 320	Re-direct ················· 324
Rate of Duty ················· 320	Rediscount ················· 324
Rate of Foreign Exchange ········· 320	Red Line Clause ················· 324
Rate of Foreign Production ········· 320	Reduce ················· 324
Rate Open ················· 320	Reefer Container ················· 324
Rating ················· 320	Re-Export ················· 324
Rats and Vermin ················· 321	Ref. CL. ················· 324
Raw Sugar Clause ················· 321	Refer ················· 324
RBP Code ················· 321	Reference ················· 325
RCEP ················· 326	Reference Book ················· 325

Reference Sample ··················325
Refinance ··················325
Refrigerated Cargo ··················325
Refrigeration Clause ··················325
Refundment Bond ··················325
Refuse ··················325
Regard ··················325
Regional Comprehensive Economic
　　Partnership ··················326
Register Book ··················326
Registered ··················326
Registered Customs Specialist ········326
Registered Gross Tonnage ··················326
Registered Trade Mark ··················326
Registration, Evaluation and
　　Authorization of Chemicals ··········327
Regret ··················327
Regular ··················327
Regular Line ··················327
Regulation ··················327
Re-handling ··················327
Reimburse ··················327
Reimbursement ··················327
Reimbursement Bank ··················327
Reimbursement Draft ··················328
Reimbursement Service ··················328
REIMP ··················328
Re-Import ··················328
Re-Insurance ··················328
Relation ··················328
Release ··················328
Release of Letter of Guarantee ········328
Release Order ··················328
Reliable ··················329
Re-loading Charges ··················329
Remarks ··················329
Remittance ··················329
Remitting Bank ··················330
Renewal ··················330
Rep. ··················330
Repair Shop ··················330

Reparations in Service ··················330
Report on Unfair Trade Policies ········330
Represent ··················330
Representation ··················330
Representative ··················330
Representative Office ··················330
Reputable ··················330
Request ··················331
Requirement ··················331
Resale Price Maintenance ··················331
Reschedule ··················331
Reserve ··················331
Reship (ment) ··················331
Resident ··················331
Residual Quantitative Import
　　Restriction ··················331
Respect ··················332
Respective ··················332
Respondentia ··················332
Rest ··················332
Restraints ··················332
Restrict Clause ··················332
Restricted L/C ··················332
Restriction of Tuna Fishing ··················332
Retaliatory Tariff ··················333
Retention Money ··················333
Return ··················333
Return Commission ··················333
Returns ··················333
Revaluation ··················333
Revenue Duties ··················333
Revenue Ton ··················333
Reverse Bill ··················333
Revise ··················333
Revised American Foreign Trade
　　Definition ··················334
Revocable L/C ··················334
Revolution ··················334
Revolving L/C ··················334
Reward ··················335
RFWD ··················335

RGDS	335
RI	335
Rider	335
Rigging	335
Right of Recourse	335
Right of Stoppage in Transit	335
Riots	336
Rise	336
Risk	336
Risk Attachment	336
Risk Management	336
Risks Covered	336
Rival	336
RM	336
Robinson's Condition of Exchange Stability	336
Rockbottom	337
ROG	337
RoHS Directive	337
Roll on/Roll off System	337
Ro/Ro Vessel	337
Rough Cargo	337
Roundabout Trade	337
Rovers	337
Royalty	337
RP	338
RT	338, 339
Rubber Clause	338
Rule	338
Run	338
Running Account	338
Running Days	338
Running-down	338
Running Laydays	338
Running Royalty	338
Russo-Japanese Agreement on the Protection of Investment	338
Rust	339
RV	339
Rye Terms (RT)	339

S

SA	340
Sack	340
Safe Berth	340
Safeguard Clause	340
Safely Landed	340
Safe Port	340
Said to be	340
Said to Contain	340
Sailing Agreement	340
Sailing for a Different Destination	340
Sailing on or about	340
Sailing Schedule	341
Sailing Terms	341
Sale	341
Sale by Certificate	341
Sale by Credit	341
Sale by Description	341
Sale by Inspection	341
Sale by International Standard	341
Sale by Sample	342
Sale by Selection	342
Sale by Specification	342
Sale by Standard	342
Sale by Trade Mark	342
Sale by Type or Grade	342
Sale of Future Goods	342
Sale of Goods Act	342
Sale on Approval	342
Sale on Consignment	342
Sales Contract	342
Sales Invoice	343
Sales Note	343
Sales Rep.	343
Salvage (Charges)	343
Salvage Contract	343
Salvage Loss	343
Salvage Loss Settlement	343
Sampan	343

Sample	343
Sample Collector	344
Sample Discount	344
Sample Invoice	344
Sample Merchant	344
Sample of No Value	344
Sample Post	344
Sanitary Certificate	344
Scale	344
Schedule	344
Scheduled Payment	344
Scope of Cover	344
Scorching	344
Screwdriver Operations	344
SD	344
SDBL	344
SDR	345
Sea Berth	345
Seaborne Only	345
Seaborne Trade	345
Sea-going Vessel	345
Sealed Sample	345
Seals off	345
Sea Protest	345
Seasonal	345
Seasonal Duties	345
Seawater Damage	345
Sea Waybill	345
Seaworthiness	345
Secondary L/C	346
Second Beneficiary	346
Second of Exchange	346
Second Unpaid	346
Secret Defects	346
Secret Language Telegram	346
Secure	346
Securing	346
Securing Shipping Space	346
Security	346
Segmented Transport Service	346
Seizure	346
Selective Bid	346
Selective Tendering	347
Self-Insurance	347
Seller's Market	347
Seller's Option	347
Seller's Sample	347
Selling	347
Selling Agent	347
Selling Commission	347
Selling Contract	347
Selling Exchange	347
Selling Offer	347
Selling Rate	348
Semi-blocked Style	348
Semi Container Ship	348
Semi-exclusive Selling Agent	348
Sensitive Farm Products	348
Separate Contract	348
Separately	348
Separation Board	348
Series of Lot	348
Servant	348
Service	348
Service Speed	349
Service Trade	349
Service Type	349
Set Bill	349
Setting Temperature	349
Settle	349
Settlement Discount	349
Settlement in Foreign Trade	349
Settlement Trade	350
SF	350
SGA	350
SGS	350
SH	350
Shade	350
Shall	350
Sharp	350
Shed	350
Sheddage	351

Shed Delivery	351
Sherman Anti-trust Act	351
SHEX	351
Shift	351
Shift Cargo	351
Shifting Board	351
Shifting Cargo System	351
Shifting Charge	351
SHINC	352
Ship	352
Ship American	352
Ship Boss	352
Ship Broker	352
Ship Foreman	352
Shipment	352
Shipment by Instalment	352
Shipment Contract	352
Shipment Sample	353
Shipnets	353
Ship Owner	353
Shipowner's Liability	353
Shipped B/L	353
Shipped Quality Terms	353
Shipped Weight Final	353
Shipper	353
Shipper's Load	353
Shipper's Pack	353
Shipper's Tare	354
Shipper's Usance	354
Shipper's Weight	354
Shipping Act	354
Shipping Advice	354
Shipping Agent	354
Shipping Application	354
Shipping Broker	355
Shipping Capacity	355
Shipping Charges	355
Shipping Conference	355
Shipping Documents	355
Shipping Exchange	356
Shipping Instructions	356
Shipping Invoice	356
Shipping Law	356
Shipping Market	356
Shipping Marks	356
Shipping Memo	357
Shipping Notice	357
Shipping Order	357
Shipping Parcel Receipt	357
Shipping Point	357
Shipping Quantity Terms	357
Shipping Sample	357
Shipping Schedule	357
Shipping Ton	357
Ship's Agent	357
Ship's Building Certificate	358
Ship's Flag Certificate	358
Ship's Flag of Convenience	358
Ship Side	358
Shipside Delivery	358
Ship's Log	358
Ship's Rail	358
Ship's Receipt	358
Ship's Registry	358
Ship's Space	358
Ship's Sweat	358
Ship-Stores	358
Ship to Ship	358
Ship Wreck	358
Shore Man	359
Shore Risk	359
Shoring	359
Short	359
Shortage	359
Short Bunker	359
Short Delivery	359
Short Form B/L	359
Short in Dispute	359
Short Landing	359
Short Term Finance	359
Short Ton	359
Shut Out	359

Shut Out Cargo ··········· 359	Smuggling Trade ··········· 363
S/I ··········· 359	SN ··········· 363
Siberian Land Bridge ··········· 359	Snow Work ··········· 363
Side ··········· 360	S/O ··········· 363
Side Mark ··········· 360	Social Dumping ··········· 363
Side Net ··········· 360	Soft Currency ··········· 363
Side Open Container ··········· 360	Soft Loan ··········· 364
Sight ··········· 360	Sole Agency Agreement ··········· 364
Sight Bill ··········· 360	Sole Bill ··········· 364
Sight Buying ··········· 360	Sole Distributor ··········· 364
Sight Credit ··········· 360	Solicit ··········· 364
Sight Rate ··········· 360	Solicitor ··········· 364
Signal Man ··········· 360	Solid Bulk Container ··········· 364
Signature ··········· 360	Solvency ··········· 364
Silo Warehouse ··········· 361	Somewhat ··········· 364
Simple Contract ··········· 361	Sound Market Value ··········· 364
Simple L/C ··········· 361	South-North Trade ··········· 364
Simplified Declaration Procedure ··· 361	Sovereign Immunity ··········· 364
Simplified Import Declaration Procedure ··········· 361	SP ··········· 364
Sincere ··········· 361	Space ··········· 365
Single Factor Through Rate ··········· 361	Space Book ··········· 365
Single L/G ··········· 362	Space Charter ··········· 365
Sinking ··········· 362	SPC ··········· 365
Sister Ship Clause ··········· 362	Special Cargo ··········· 365
SITC ··········· 362	Special Charges ··········· 365
Sizable ··········· 362	Special Container ··········· 365
Skeleton Case ··········· 362	Special Customs Invoice ··········· 365
Skimming Price Policy ··········· 362	Special Drawing Rights ··········· 365
SLB ··········· 362	Special Endorsement ··········· 365
Sleeping Commission ··········· 362	Special Indent ··········· 365
Slightly ··········· 362	Specialists ··········· 365
Sling ··········· 362	Specialized Ship ··········· 366
Sling Loss ··········· 362	Special L/C ··········· 366
Sling Man ··········· 362	Special Policy ··········· 366
Slip ··········· 363	Special Risk ··········· 366
Slow ··········· 363	Special Transit Clause (PipeLine) ··· 366
Small Gross ··········· 363	Specie ··········· 366
Small Packet ··········· 363	Specification ··········· 366
Smithsonian Agreements ··········· 363	Specific Duty ··········· 366
Smoking ··········· 363	Specimen ··········· 366
	Speculative Import ··········· 366

Speculator	366
Spontaneous Combustion	366
Spot	366
Spot and Single	367
Spot Cash	367
Spot Charter	367
Spot Exchange	367
Spot Market	367
Spot Rate	367
Spot Transaction	367
Spouting Clause	367
Spread	367
Square Foot	367
Square Position	367
SRCC	367
SS	367
SSBC	367
Stability of Foreign Exchange Market	367
S'tage	368
Stained	368
Stale B/L	368
Stamp Clause	368
Stamp Duties	368
Standard	368
Standard Arbitration Clause	368
Standard Contract Form	368
Standard International Trade Classification	368
Standard Payment	368
Standby Credit	369
Standing	369
Starboard	369
Statement	369
Statement of Account	369
Statement of Fact	369
Statement of GA	369
State Trading	369
Steam Ship	369
Step	369
Stealing Area	369
Stevedore	370
Stevedoring	370
Stiff	370
Stock Acquisition	370
Stock Piling	370
Stock Sale	370
Stoppage in Transit	370
Storage	370
Storage Atmosphere	370
Stowage	370
Stowage Factor	371
Stowage Plan	371
Stowage Survey	371
Stowing	371
Straddle Carrier	371
Straight B/L	371
Straight Cargo	371
Straight L/C	371
Straight Sample	372
Stranding	372
Strategic Product Control Program	372
Stress of Weather	372
Strict	372
Strike Diversion Expenses Clause	372
Striker	372
Strikes	372
Strikes Exclusion Clause	373
Strikes, Riots and Civil Commotions	373
String Contracts	373
Stuffing	373
Style of Packing	373
Sub Charter	373
Sub-con	373
Sub-Contract	373
Sub-Credit	374
Subject	374
Subject Contract	374
Subject-Matter insured	374
Subject Open	374

Subject to License	374
Sublet	374
Sublicense	374
Sub-mark	374
Submersion	374
Submission to Arbitration	374
Subrogation	374
Subscribed Capital	374
Subsidiary Credit	374
Substantial	374
Substitute	374
Substituted Expense	375
Successive Losses &/or Damages	375
Successive Transport	375
Sue and Labour Charges	375
Suitable	375
Sum	375
Sum Insured	375
Sunk	375
Super Foot	375
Supplementary Credit	375
Supplier	375
Supplier's Credit	375
Surcharge	375
Surety Bond	376
Surface Mail	376
Survey	376
Surveyor	376
Survey Report	376
Swap Rate	376
Swap Transaction	376
Sweat &/or Heat	376
Sweat Damage	376
Sweeping	377
Swell Allowance	377
Swing Account	377
Switcher	377
Switch Trade	377
Sworn Measurer	377
Symbolic Delivery	377
Syndicate	377
Syndicated Loan	377

T

Tackle	378
Tackle Principle	378
TACT	378
Taft-Hartley Act	378
Taint Damage	378
Take Off	378
Take-over	378
Take-over Bid	378
Taking Delivery against L/G	378
Takings at Sea	379
Tale Quale	379
Tally	379
Tallyman	379
Tally Sheet	379
Tank Container	380
Tanker	380
Tare	380
Tariff	380
Tariff Barrier	380
Tariff Cap	380
Tariff Escalation	380
Tarification of Rice Import	380
Tariff Quota System	380
Tariff Rate	381
Tariff War	381
Taxation on Ship's Tonnage	381
Tax Haven	381
Tax Reduction	381
Tax System on Transfer Prices	382
TB	382
TBO	382
TCM	382
Technical & Clauses Committees	382
Technological Assistance	382
Technology Transfer	382
Techno-super Liner	382
TEEM	382
Telegram	382

Telegraphic Transfer ······················· 383	Thieves ·· 388
Telex ·· 383	Third Arbitrator ······························ 388
Tempests ··· 384	This Side Up ···································· 388
Temporary Landing ························ 384	Thomas Register ······························ 388
Temporary Rate of Duty ················· 384	Three C's ·· 388
Temporary Repair ··························· 384	Three Principles on Transfer of
Temporary Safeguard ······················ 384	Defense Equipment and
Tendency ··· 384	Technology ································· 388
Tender Offer ···································· 384	Three-tier Rate System ····················· 388
Tenor ·· 384	Three T's ··· 388
Tenure ·· 384	Through B/L ···································· 388
Term ··· 384	Through Cargo Handling ·················· 389
Terminal ··· 385	Through Carriage ····························· 389
Terminal Operator ··························· 385	Through Freight ······························· 389
Terminal Receiving System ·············· 385	Through Manifest ···························· 389
Terminal Service ····························· 385	Through Rate ··································· 389
Termination of Adventure Clause ····· 385	Through Transport ··························· 389
Termination of Contract of Carriage ··· 385	TICAD ··· 389
	Tick ·· 389
Term Insured ···································· 385	Tidal Waves ····································· 389
Term Loan ·· 385	Tied Loan ·· 389
Terms and Conditions of Business ···· 385	Tie-in Ship ······································· 389
Terms of Contract ···························· 386	till ·· 389
Terms of Documentary Draft ············ 386	Timber Trade Federation Clause ······· 389
Terms of Payment ···························· 386	Time Bill ·· 389
Terms of Sale ··································· 386	Time Charter ···································· 389
Terms of Trade ································· 386	Time Freight ···································· 389
Territory ··· 387	Time-Limit ······································ 389
TEU ·· 387	Time Loss Provision ························ 390
The Baltic ·· 387	Time of Delivery ····························· 390
The Bank of Japan ··························· 387	Time of Shipment ···························· 390
The Export-Import Bank of Japan ···· 387	Time Policy ····································· 390
Theft ··· 387	Time Sheet ······································ 390
Theft, Pilferage and Nondelivery ······ 387	Time Volume Rate ··························· 390
The International Institute for the Unification of Private Law ······ 387	TIR Carnet ······································ 390
	TL ··· 390
The Japan Commercial Arbitration Association ································· 387	TLO ··· 390
	TLX ·· 391
Thence to ··· 387	TOB ··· 391
Theory of Reciprocal Demand ·········· 387	TOFC ··· 391
Thereby ··· 388	Tokyo International Conference

on African Development ⋯⋯⋯⋯⋯391	Trade Promotion Authority ⋯⋯⋯⋯396
Tokyo Round ⋯⋯⋯⋯⋯⋯⋯⋯⋯⋯⋯391	Trader ⋯⋯⋯⋯⋯⋯⋯⋯⋯⋯⋯⋯⋯⋯396
Tomas Credit ⋯⋯⋯⋯⋯⋯⋯⋯⋯⋯391	Trade Reference ⋯⋯⋯⋯⋯⋯⋯⋯⋯396
Ton ⋯⋯⋯⋯⋯⋯⋯⋯⋯⋯⋯⋯⋯⋯⋯391	Trade Terms ⋯⋯⋯⋯⋯⋯⋯⋯⋯⋯⋯396
Tonnage Dues ⋯⋯⋯⋯⋯⋯⋯⋯⋯⋯392	Trade White Paper ⋯⋯⋯⋯⋯⋯⋯⋯397
To Order ⋯⋯⋯⋯⋯⋯⋯⋯⋯⋯⋯⋯⋯392	Trading Firm ⋯⋯⋯⋯⋯⋯⋯⋯⋯⋯⋯397
Torpedoes ⋯⋯⋯⋯⋯⋯⋯⋯⋯⋯⋯⋯392	Trading Limits ⋯⋯⋯⋯⋯⋯⋯⋯⋯⋯397
Total Loss ⋯⋯⋯⋯⋯⋯⋯⋯⋯⋯⋯⋯392	Trailer Chassis ⋯⋯⋯⋯⋯⋯⋯⋯⋯⋯397
Total Loss Only ⋯⋯⋯⋯⋯⋯⋯⋯⋯392	Trailer Head ⋯⋯⋯⋯⋯⋯⋯⋯⋯⋯⋯397
TOT Code ⋯⋯⋯⋯⋯⋯⋯⋯⋯⋯⋯⋯392	Trailer on Flat Car ⋯⋯⋯⋯⋯⋯⋯⋯397
Touch and Go ⋯⋯⋯⋯⋯⋯⋯⋯⋯⋯392	Tramp Cargo ⋯⋯⋯⋯⋯⋯⋯⋯⋯⋯⋯397
Touch and Stay ⋯⋯⋯⋯⋯⋯⋯⋯⋯392	Tramper ⋯⋯⋯⋯⋯⋯⋯⋯⋯⋯⋯⋯⋯397
Towage ⋯⋯⋯⋯⋯⋯⋯⋯⋯⋯⋯⋯⋯392	Transact ⋯⋯⋯⋯⋯⋯⋯⋯⋯⋯⋯⋯⋯397
Tow Boat ⋯⋯⋯⋯⋯⋯⋯⋯⋯⋯⋯⋯393	Transatlantic Trade and Investment Partnership ⋯⋯⋯⋯⋯⋯⋯⋯⋯⋯⋯397
TPA ⋯⋯⋯⋯⋯⋯⋯⋯⋯⋯⋯⋯⋯⋯⋯393	
TP & ND ⋯⋯⋯⋯⋯⋯⋯⋯⋯⋯⋯⋯393	Transfer ⋯⋯⋯⋯⋯⋯⋯⋯⋯⋯⋯⋯⋯398
TQ ⋯⋯⋯⋯⋯⋯⋯⋯⋯⋯⋯⋯⋯379, 393	Transferable L/C ⋯⋯⋯⋯⋯⋯⋯⋯⋯398
TQC ⋯⋯⋯⋯⋯⋯⋯⋯⋯⋯⋯⋯⋯⋯⋯393	Transfer of Risk ⋯⋯⋯⋯⋯⋯⋯⋯⋯398
T/R ⋯⋯⋯⋯⋯⋯⋯⋯⋯⋯⋯⋯⋯⋯⋯393	Transit Clause ⋯⋯⋯⋯⋯⋯⋯⋯⋯⋯398
Trade ⋯⋯⋯⋯⋯⋯⋯⋯⋯⋯⋯⋯⋯⋯393	Transit Duty ⋯⋯⋯⋯⋯⋯⋯⋯⋯⋯⋯398
Trade Act of 1974 ⋯⋯⋯⋯⋯⋯⋯⋯393	Transit Goods ⋯⋯⋯⋯⋯⋯⋯⋯⋯⋯398
Trade Agreement ⋯⋯⋯⋯⋯⋯⋯⋯393	Transit Improvement Trade ⋯⋯⋯⋯398
Trade Association Clauses ⋯⋯⋯⋯394	Transit Shed ⋯⋯⋯⋯⋯⋯⋯⋯⋯⋯⋯398
Trade Bill ⋯⋯⋯⋯⋯⋯⋯⋯⋯⋯⋯⋯394	Transit Trade ⋯⋯⋯⋯⋯⋯⋯⋯⋯⋯398
Trade by Agreement ⋯⋯⋯⋯⋯⋯⋯394	Transmitting Bank ⋯⋯⋯⋯⋯⋯⋯⋯399
Trade Check ⋯⋯⋯⋯⋯⋯⋯⋯⋯⋯394	Trans-Pacific Partnership Agreement ⋯⋯⋯⋯⋯⋯⋯⋯⋯⋯⋯⋯⋯⋯⋯⋯⋯399
Trade Claim ⋯⋯⋯⋯⋯⋯⋯⋯⋯⋯394	
Trade Classification ⋯⋯⋯⋯⋯⋯⋯394	Transportation Claim ⋯⋯⋯⋯⋯⋯⋯399
Trade Clearance ⋯⋯⋯⋯⋯⋯⋯⋯⋯394	Transport Documents ⋯⋯⋯⋯⋯⋯⋯399
Trade Discount ⋯⋯⋯⋯⋯⋯⋯⋯⋯394	Transport Insurance ⋯⋯⋯⋯⋯⋯⋯399
Trade Dispute ⋯⋯⋯⋯⋯⋯⋯⋯⋯⋯394	Transshipment ⋯⋯⋯⋯⋯⋯⋯⋯⋯⋯399
Trade Expansion Act of 1962 ⋯⋯⋯394	Transshipment Charge ⋯⋯⋯⋯⋯⋯399
Trade Fair ⋯⋯⋯⋯⋯⋯⋯⋯⋯⋯⋯⋯394	Traveller's Cheque ⋯⋯⋯⋯⋯⋯⋯⋯399
Trade Frictions ⋯⋯⋯⋯⋯⋯⋯⋯⋯394	Treasury Stock ⋯⋯⋯⋯⋯⋯⋯⋯⋯⋯400
Trade Insurance ⋯⋯⋯⋯⋯⋯⋯⋯⋯395	Treaty of Commerce and Navigation ⋯⋯⋯⋯⋯⋯⋯⋯⋯⋯⋯⋯⋯⋯⋯⋯⋯400
Trade Investigation ⋯⋯⋯⋯⋯⋯⋯395	
Trade Leakage ⋯⋯⋯⋯⋯⋯⋯⋯⋯395	Treble Freight System ⋯⋯⋯⋯⋯⋯400
Trade Loss ⋯⋯⋯⋯⋯⋯⋯⋯⋯⋯⋯395	Triangular Payment ⋯⋯⋯⋯⋯⋯⋯400
Trade Mark ⋯⋯⋯⋯⋯⋯⋯⋯⋯⋯⋯395	Triangular Trade ⋯⋯⋯⋯⋯⋯⋯⋯⋯400
Trade Name ⋯⋯⋯⋯⋯⋯⋯⋯⋯⋯⋯396	Triger Price ⋯⋯⋯⋯⋯⋯⋯⋯⋯⋯⋯400
Trade of Non-Equivalents ⋯⋯⋯⋯396	Trim ⋯⋯⋯⋯⋯⋯⋯⋯⋯⋯⋯⋯⋯⋯⋯400

Trip Charter ································· 400	UNIDROIT ································· 404
Triplicate Sample ···························· 400	Unification of Customs Procedures
Trouble ·· 400	·· 404
TRS ··· 400	Uniform Commercial Code ············ 405
Trust ··· 401	Uniform Customs and Practice for
Trustee ·· 401	Documentary Credit ····················· 405
Trust Receipt ·· 401	Uniform General Charter ·················· 405
TSCS ·· 401	Uniform Law on the International
TT ··· 401	Sales of Goods ································· 405
Tug Boat ·· 401	Uniform Liability System ················· 405
Turn ·· 401	Uniform Rules for a Combined
Turn-Key Basis ··· 401	Transport Document ························ 405
Turnover ·· 402	Uniform Rules for Collections ········· 405
TVR ··· 402	Uniform Rules for Contract
Two-tier Exchange Markets System	Guarantee ·· 405
··· 402	Uniform Sales Act ····························· 405
Two-Way Trade ······································· 402	Uniform Straight B/L ························ 406
TWX ·· 402	Unimodal Through Transport ············ 406
Typhoon Exclusion Clause ··············· 402	Uninvited ·· 406
	Unissued Capital ································ 406
U	Unitary Exchange Rate System ········ 406
UCC ·· 403	Unitary Tax ·· 406
UCP(UCP600) ·· 403	United Nations ··································· 406
ULCC ·· 403	United Nations Convention on
ULIS ··· 403	a Code of Contract for Liner
Umpire ··· 403	Conference ······································ 406
Unascertained Goods ······················· 403	United Nations Convention on
Unchanged ··· 403	International Multimodal
UNCITRAL ··· 403	Transport of Goods ······················ 407
Unclaimed Cargo ······································ 403	United Nations Convention on
Unconditional Acceptance ················ 403	the Carriage of Goods by Sea ······· 407
Unconfirmed L/C ····································· 404	United Nations Convention on
UNCTAD ·· 404	Contracts for the International
Under Deck Cargo ··································· 404	Sale of Goods ································ 407
Under Insurance ······································· 404	Unitized Cargo ··································· 407
Underlying Credit ···································· 404	Unit Limitation ··································· 407
Underwing ·· 404	Unit Load System ······························ 407
Underwriter ·· 404	Unit Packaging ··································· 408
Underwriter's Register ························· 404	Universal Postal Union ····················· 408
unfavorable ··· 13	Unknown Clause ································ 408
UNICEF ··· 404	UN Layout Key ·································· 408

Unlimited Guarantee	408
Unlimited Partnership	408
Unliquidated Damages	408
Unloading Charge	408
Unoccupied Area	408
Unpacked Cargo	408
Unpacking	408
Unpaid	408
Unprotected Cargo	408
Unseaworthiness	408
Unsecured	409
Unsold	409
Unstoring	409
Unstuffing	409
Untied Loan	409
Unusual Stress of Weather	409
Unvalued Policy	409
Up to	409
Uptrend	409
Upvaluation	409
Urgent	409
Urgent Telegram	409
Uruguay Round	410
Usage of Trade	410
Usance	410
Usance Bill	410
Usance L/C	410
Use No Hooks	410
U.S. Gulf	410
U.S. Trade Laws	410

V

Validity	411
Validity of L/C	411
Valuable Consideration	411
Valuable Goods	411
Valuation Clause	411
Valuation Form	411
Value	411
Value Added Tax	411
Valued Policy	411
Value Received	412
Value Today	412
Value Tomorrow	412
Vanning	412
Vanning Report	412
Variation of Risk	412
Varient CIF Terms	412
Ventilated Container	412
Venture Business	412
Venture Capital	412
Verbal Contract	412
Vermin	412
Vertical International Specialization	412
Vessel	413
Visby Protocol	413
Visible Trade	413
Viz.	413
VLCC	413
Volume Rate	413
Voluntary Restriction of Export	413
Voluntary Salvage Charges	413
Voluntary Stranding	413
Voyage Charter	413
Voyage Policy	413
V/R	413

W

WA	414
Wager Policy	414
Wagner Act	414
Waiting for a Berth	414
Waiver	414
Waiver Clause	414
Walking Ashore Clause	414
Warehouse	414
Warehouse Receipt	415
Warehousing	415
Warlike Operations	415
Warrant	415
Warranty	415

Warranty of Legality ············415	With Limit (Consignment) ········419
Warranty of Seaworthiness ········415	Without Limit (Consignment) ······419
War Risks ···············415	Without Recourse L/C ············419
Warsaw-Oxford Rules ··········416	With Particular Average ·········419
Washing Overboard ············416	With Price Limit ·············420
Wassenaar Arrangement ········416	With Recourse L/C ············420
Waste Electrical and Electronic	Witness ·················420
Equipment Directive ·······416	W/M ···················420
Watchman ················416	WND Catch All Controls ········420
Waterborne Only ············416	Working at Night ············420
Watered Stock ·············416	Working Daily Report ·········420
Waterfront Warehouse ·········416	Working Day ··············420
Waterway B/L ·············416	Workman ················420
Waybill ················416	Works Alongside Pier ·········421
Wear and Tear ·············417	Works Outside the Office Hour ···421
Weather Working Days ········417	World Bank ···············421
Webb Act ···············417	World Enterprise ············421
Weight Cargo ··············417	World Scale ···············421
Weight Ton ···············417	World Trade ···············421
Wet Cargo ···············417	World Trade Organization ······422
Wet Damage ··············417	WPA ··················422
WFP ··················417	WPEA ·················422
Wharf ·················417	WS ···················422
Wharfage ···············418	WTO ··················422
White Buyer ···············418	WTO Doha Round ···········422
White Paper on International	W/W Clause ··············422
Trade, Japan ············418	WWD ················417, 422
Whole Charter ·············418	WWD, SHEX ·············422
Whole Delivery ·············418	WWD, SHINC ·············423
Wholesaler ···············418	
Whole Turn-Over Contract ······418	**Y**
Wider Band ···············418	YAR ··················424
Will ···················418	Yen Clause ···············424
Winch ·················418	Yen Credit ···············424
Winch Man ···············418	Yen Exchange ·············424
With Average ·············419	Yen Shift ················424
With L/C ················419	York-Antwerp Rules ··········425

和文索引

あ

ISDS 条項……219
ICC 標準売買契約書式……198
IC タグ……198
相次運送……375
アイ・ティー・エントリー……221
合い間……214
アウトライト取引……289
赤船荷証券……324
上がる……336
明るい……50
空き船腹……116
空高……192
悪意……249
悪意的損害……249
悪意で行動する者……300
悪疫……301
悪行……36
アクセプタンス方式……4
アクメ暗号書……7
揚違い……261
揚地条件……122
揚地選択貨物……285
揚地選択権付船積み……286
揚地選択船荷証券……285
揚地変更……68
揚地変更料……127
揚げ不足……359
上げる……320
麻袋……33
アジア・アフリカ会議……25
アジア開発銀行……25
アジア地域包括的経済連携協定……326
ASEAN 産業協力計画（AICO）……25
ASEAN 経済共同体……25
汗濡れ……358, 376

あたえる……188
頭金……131, 207
アツ・エンド・フロム……28
預ける……121
圧縮梱包……306
あて先（を書く）……9
後払い……118
油および他貨物との接触……100
雨濡れ・淡水濡れ損害……319
アムトラック……20
アメリカ2002年農業法……158
アメリカの外国貿易障壁報告書……267
アメリカ「バード修正法」（関税配法）……55
アメリカ貿易定義……19
アフリカ開発会議……391
あることがわかる……312
アロウワンス……17
暗号……74, 79, 112
暗語電報……346
安全港……340
安全な陸揚げ……340
安全バース……340
アンタイド・ローン……409
アンパッキング……408
アンペラ包……255

い

イアタ……197
いい値……25
委員……84
筏荷役……319
筏約款……319
いかなる危険でも担保……17
錨……20
域内貿易……218
意見……284

和文索引

異種原因の協力作用 …………………225
意匠 ……………………………………122
委託 ………………………………………92
委託買付け ……………………………205
委託買付業者 …………………………314
委託買付け用送状 ……………………205
委託者 ……………………………………92
委託販売 …………………………92, 342
市 ………………………………………157
いちおうの ……………………………309
1荷口 …………………………………281
1年の ……………………………………20
一部裏書 ………………………………295
一部譲渡 ………………………………295
一部保険 ………………………………295
一部用船 ………………………………295
一覧 ……………………………………360
一覧後 ……………………………………13
一覧払い …………………………………25
一覧払い信用状 ………………………360
一覧払い相場 …………………………360
一覧払い手形 ……………………121, 360
一括運賃 ………………………………206
一括引渡し ……………………………418
一貫荷役 ………………………………389
一致 ………………………………………91
一致する …………………………………14
一手買付代理人 ………………………148
一手販売代理人 ………………………148
一手販売店 ……………………………148
一等航海士 ………………………………72
一般特恵関税 …………………………183
一般運賃率 ………………………………37
一般貨物 ………………………………182
一般貨物船 ……………………………184
一般税率 ………………………………184
一般的取引条件 ………………………184
一般的取引条件覚書 …………………257
一般摘要 ………………………………184
一般特恵関税 …………………………183
一般賠償責任保険 ……………………183

一般免責条項 …………………………182
一般免責約款 …………………………182
一方過失 ………………………………281
移転価格税制 …………………………382
遺伝子組み換え食品 …………………184
意図 ……………………………………213
意図表明状 ……………………………235
イー・ピー・エイ（EPA） …………138
委付 ………………………………………1
委付証 …………………………………233
委付の通知 ……………………………274
燻ること ………………………………363
イーブン ………………………………144
違法行為 ………………………………249
EU経済通貨統合 ……………………137
EU新化学物質規制 …………………327
色 …………………………………………80
色合い …………………………………350
イー・ワンビザ ………………………141
インコタームズ ………………………203
インコタームズ2010 …………………204
印刷物 …………………………………308
印刷約款 ………………………………308
印紙税 …………………………………368
印紙貼付約款 …………………………368
インシュレーテッド・コンテナ ……210
インター・オフィス相場 ……………218
インダストリアル・
  マーケティング ……………………206
インターチェンジ・プラン …………213
インターバンク取引 …………………213
インターモーダル船荷証券 …………215
インチマリー約款 ……………………203
インテコ ………………………………213
インパクト・ローン …………………199
インフラ輸出 …………………………206
インベントリー・ファイナンス ……218
引用する ………………………………318
インランド・デポ ……………………207
イン・レギュラー・ターン …………208

う

ウイー（WEEE）指令 416
浮いている 12
ウインチ番 418
ウェッブ法 417
上に 2
ウエーバー 414
ウォーターボーン約款 416
迂回貿易 337
浮き起重機 164
受入れ抜取検査 5
受取勘定建て相場 323
受取証払い信用状 297
(手形金)受取人 296
受取船荷証券 322
受渡し条件 120
動く 338
打合せずみ 25
雨中荷役 319
移出し・移入れ 201
海固有の危険 299
海の 251
産む 37
裏書 140
裏書する 140
裏書の継続 98
裏付信用状 404
裏付保証状 102
売上勘定書 6
売上高 402
売為替 347
(為替の)売相場 347, 348
売手市場 347
売手の任意 347
売手見本 347
売主の最終確認条件付き売申込み 279
売主の指値 25
売り残りの 38
売申込み 278, 347
売り予約 347

ウルグアイ・ラウンド 410
売れ残り 419
上屋 350
上屋使用料 351
運航委託契約 284
運送 61
運送（料） 62
運送打切約款 385
運送業者 85
運送契約書 12
運送契約の打切 385
運送差止権 335
運送状 416
運送書類 399
運送代理人 169
運送手配ずみ 174
運送人 61, 284
運送人の責任の始終 134
運送人渡し 159, 172
運送費 61
運送保険 399
運送・保険手配ずみ 174
運送約款 398
運送用具 100
運賃 72, 174
運賃揚高払い 176, 296
運賃協定 174
運賃契約どおり 174
運賃込み渡し 57, 67
運賃差 367
運賃指数 175
運賃収得約款 175
運賃建て 174, 320
運賃着払い 175
運賃着払い船荷証券 80
運賃同盟（海運同盟） 175
運賃トン 177, 333, 357
運賃の一括引上げ 184
運賃保険 175
運賃・保険料および口銭込み渡し 73
運賃・保険料および利息込み渡し 73

運賃・保険料込み渡し	72
運賃前払い	176
運賃前払い船荷証券	305
運賃用船	79
運賃率	176
運賃割戻し	177
運賃割戻し制	160
運転する	284

え

エアバス	15
エイ・イー・オー（AEO）	29
営業	53
営業型録	53
営業行為	129
営業状態	83
営業政策的引受け	6
営業倉庫	84
営業能力	53
英国海運評議会	182
英国規格	51
英国物品売買法	342
英国輸出貿易調査機関	40
エイ・シー・ティー・エイ（ACTA）	20
衛生証明書	344
エイ・ビー・シー・暗号書	2
エイ・ワン	1
エカフェ	137
液体貨物	239
役務	348
役務賠償	330
エスカップ	142
エスタ（ESTA）	139
FCL 貨物	159
エプロン	22
エプロン渡し	185
選ぶ	305
える	309
エル・シー・エル貨物	231
エル・シー・シー（LCC）	245
エル・ワン・ビザ	243
円為替	424
沿岸荷役	244
沿岸荷役業	244
沿岸貿易	79
円借款	424
援助	15
演説する	9
（信用状の）延長	155
延長する	155
延長担保約款	155
円約款	424
遠洋貿易	277

お

追積み	86
オイル・デポ	279
負う	291
欧州共同体	137
欧州経済共同体	138
欧州自由貿易連合	139
欧州通貨制度	140
欧州通貨単位	138
欧州預託証券	138
凹凸式	205
往復貿易	402
大樽	194
沖仲士	244
沖荷役	279
オー・シー・ピー	277
汚染損害	378
汚損	368
オーダリー・マーケティング	286
追って書き	304
劣る	38, 206
オーバーフロー・ルール	290
オーバーランド輸送	290
オフショア・センター	279
オプション取引	285
オフ・ハイヤー	279
オープン・インデント	283

和文索引

オープン・コンファレンス	282
オープン・チャーター	282
オープン・トップ・コンテナ	284
オープン・レート・カーゴ	284
覚書	257
親方	49
卸売商	225
恩恵日	115
恩を施す	277

か

可	157
海運業	252
海運市場	356
海運同盟	355
海運取引所	356
海運仲立人（乙仲）	355
海運仲立人（甲仲）	352
海運法	354
海外経済協力基金	290
海外広告	290
海外広告保険	290
海外市場調査	290
海外生産比率	320
海外投資保険	290
海貨業者	175
外貨金融	167
外貨準備高	185
外貨手形	41
外貨保有高	168
買い為替	55
解決する	349
開港	283
外国貨物	168
外国為替および外国貿易法	167
外国為替銀行	167
外国為替公認銀行	29
外国為替資金特別会計	168
外国共同海損約款	168
外国精算約款	167
外国貿易	168

外国貿易地域	169
外国向荷為替手形約定書	183
買指値	26
概算	74
外資企業	140
外資系企業	167
海事検査人	252
会社	88, 287
会社統一保険証券	85
回収する	80
回状	74
海上運送契約	99
海上運送事業	11
海上運送人の責任限度	235, 237
海上運送法	356
海上危険	253
海上危険料率	252
海上コンテナ安全対策	96
海上先取特権	252
海上損害	252, 253
海上貸借	252
海上のみ担保	345
海上物品運送に関する国連条約	409
海上貿易	345
海上保険	251
海上保険業	251
海上保険証券	251
海上保険提率書	252
（英国）海上保険法	251
海上郵便	376
海上運送人の責任限度	235
解除条件	89
海水濡れ	345
概数	2, 22
開設銀行	221
開設する	143
改善する	202
外装	288, 293
海賊	301
海賊行為	301
海賊事件	301

和文索引

海賊保険	211
海損	29
海損精算人	29
海損分担額	29
外為市場	168
害虫	412
買付事務所	55
買付代理人	54
改訂する	333
外敵	141
買手市場	54
買手見本	54
回転信用状	334
解読する	117
買取り	268
買い取り扱い	37, 41
買取銀行	268
買取銀行指定信用状	332, 371
買取銀行指定文言	332
買取銀行無指定信用状	283
買取り手数料	269
買い取る	268
海難	251, 252
海難救助費	343
海難証明書	67
海難審判庁	251
海難報告書	59, 255, 345
買主の選択	54
買主保険	54
開発（発展）途上国	123
開発輸入方式	123
回復	81, 320
開放経済	283
海没	158, 160
買い申込み	55
買いもち	244
解約	57
解約期限	57
買約書	314
解約条項	57
解約する	57
海洋船荷証券	277
買い予約	55
外来原因	156
海路運送	198
買う	53
カウンター・トレード	103
カウンター・パーチェス	103
返す	333
返り	333
変える	18
価格	306
価額	413
価格危険	306
価格条件	307
価格増減約款	142
価格の上昇	52
価格表	306
書留	326
華僑	72
格落ち	123
確実にえる	346
確信して	90
格付け	188, 320
確定売申込み	162
確定送り状	161
確定海上保険証券	118
確定金額契約	246
確定損害賠償額	239
確定保険	118
確定保険申込み	118
確認	90
確認銀行	91
確認信用状	90
確認する	7, 90
革命	334
格安航空会社	245
隠れた欠陥（瑕疵）	193, 230
掛売り	341
加工貿易	202
カーゴ・オープン	60
カーゴ・スペース	60

和文索引

カーゴ・セキュアリング	60
カーゴ・フォーム	59
カーゴ・フック	60
嵩	51
火災	161
かさ高貨物	52
貸方票	105
貸出し	10
過失共同海損約款	270
貸付金形式支払い	241
貨車扱い	60
貨車渡し	170
華商	72
過剰揚げ調べ	290
カストマリー・クイック・ディスパッチ	108
加速	3
加速減価償却	3
過怠約款	118, 268
片為替	281
片貿易	281
型録	64
価値	411
家畜約款	239
ガット	180
活発な	50
合併	3, 19
カナダ・ランドブリッジ	57
加入電信	383
可能性	68
カバー	103
カバー取引	146
カバー・ノート	103
かび	263
かび損	260
株価収益率	298
株式会社	85, 101, 245
株式買取り	370
株式公開買付け	378
過不足認容条件	263
カペス／CUPES 税関手続申請システム	111
貨物	187
貨物受取書	45
貨物状態検査	89
貨物取扱い指示	191
貨物の汗濡れ	60
貨物の固有性欠陥	207
貨物保険	60
貨物保険証券	60
貨物保険普通保険約款	182
空積み	50
柄見本	296
借方	116
借方票	116
仮修繕	384
仮通関	312
仮陸揚げ	280, 384
軽荷状態	237
カルネ	390
側	360
為替	145
為替安定基金	147
為替学説	147
為替管理	146
為替危険	147
為替裁定取引	23
為替市場の安定性	367
為替相場	146, 320
為替相場表	146
為替ダンピング	146
為替手形	41
為替手形を振り出す	413
為替投機	147
為替仲立人	145
為替の売りもち	291
為替の買いもち	289
為替の釘付け	146
為替の裁定	145
為替の自由化	236
為替（の）マリー	146, 254
為替の予約	145

和文索引

為替費用込みシフ	73
為替変動保険	147
為替もち高	146
為替予約スリップ	99
代わり金	308
簡易申告制度	361
乾貨物	132
関係（がある）	88
関係	91, 325, 328
乾舷	172
関して	88
監視人	416
慣習法	108
勘定	6
勘定借記通知書	116
緩衝装置	51
勘定摘要書	369
勘定をつける	69
関税	110
関税一括引下げ	292
関税協力理事会	65
関税込みシフ	73
関税譲許	88
関税障壁	112
完成する	86
関税線	111
関税戦争	381
関税定率法	111
関税同盟	112
関税品目分類表	65
関税法	111
関税率	320
関税割当制度	380
間接貿易	205
完全合意条項	141
完全な	86
完全満載	178
環大西洋貿易投資パートナーシップ	397
環太平洋経済連携協定	399
缶詰品	57
鑑定人	376
鑑定報告書	376
ガントリー・クレーン	180
甲板積み貨物	117, 280
甲板積みコンテナ	281
甲板積み約款	281
岸壁組長	127
岸壁人夫	127, 359
管理	9, 249
管理費	249
管理貿易	249
関連請求	106

き

機会	68
既開発国	123
規格売買	341, 342
飢餓輸出	196
期間保険証券	390
機器受渡証	141
機器引渡指図書	141
企業改革法（アメリカ）	100
企業危険	53
企業経営	284
企業の結合体	92
企業の買収・合併	249
危険	336
期限	384
危険移転	398
危険開始	336
危険管理	336
危険事情	192
期限付手形	389, 410
危険物	114
危険変動	68
危険変動の原則	308
危険約款	298
既工業化国	205
寄港・停泊	392
寄港のとりやめ	273
記載する	37

和文索引

兆し	205
記事	25
議事（日程）	53
基軸通貨	227
汽車	45
技術移転	382
技術移転コード	392
技術援助	382
技術および約款委員会	382
技術導入	218
技術輸出	153
基準	37
基準為替相場	37
基準・認証の相互承認	265
議事録	261
既積貨物	12
季節関税	345
季節的の	345
機船	263
基礎	37
艤装	21
規則	327
規則的の	327
期待のもてる	52
寄託	32
寄託勘定	142
寄託信用状	143
北大西洋自由貿易地域	266
気づく	274
気付	28, 78
吃水	132
吃水検査	132
規定	312
気にする	59
記入する	48
希薄化条項	124
木箱番号	62
木箱包装	62
厳しい	370
希望する	59
希望利益	149
基本税率	184
基本保険証券	255
基本料率	37
決まらない	12
義務	135, 277
義務である	409
記名式手形	266
記名式船荷証券	371
疑問の	316
逆委託加工貿易	219
逆為替	11, 269, 333
逆特恵	100
キャッシュ信用状	62
キャッチオール規制	422
キャリヤーズ・パック	61
キャリヤー約款	61
ギャング	180
吸収合併	259
求償貿易	86
救助物差引塡補方式	343
急送（する）	122, 126
急騰	226
救難損失	343
協会貨物約款	197, 209
協会航空貨物約款	209
協会船級約款	209
協会戦争取消約款	209
協会取替約款	209
強行荷卸し	166
業種	238
行政官	84
競争者	336
競争する	86
競争抑圧船	161
供託金	121
共通関税	85
協定税率	100, 180
協定全損	87
協定貿易	394
協定保険価額	14, 302
協同一貫運送人	215

和文索引			
共同海損費用保険	181	銀行間の資金の授受	327
共同海損	181	銀行信用状	34
共同海損犠牲	182	銀行信用照会先	35
共同海損供託金	181	銀行手形	34
共同海損精算書	369	銀行の所見	35
共同海損宣言書	180	銀行引受け（手形）	34
共同海損費用	182	銀行引受手形	31
共同海損分担額	180	銀行引受手形金融	32
共同海損盟約書	29	銀行保証状	35
共同海損約款	181	禁止的関税	310
協同組合	264	禁じる	310
共同配船	225	禁反言	143
共同変動為替相場制	225	金本位制度	186
共同保険	80	金約款	185
強留	24	金融業者	34
協力	100	金利	214
協力する	100	金利裁定取引	214
許可	299		
許可前引取り	49	く	
曲損	38	空間	365
極東運賃同盟	160	空港	16
極度の	156	空港税関	15
居住者	331	空白（の）	44
挙証責任	52	偶発	97
拒絶証書	312	偶発債務	97
魚雷	392	偶発事故	6
居留地貿易	350	偶発的事故	169
切れはし	72	空輸の	15
近因主義	64	区間運送サービス	346
金額	20	区間運賃	242
金額相殺信用状	31	苦情	9
金額未詳保険	409	口物	245
金為替本位制	186	口分法	348
緊急関税	140	屈伸相場	163
緊急の	409	組	180
緊急輸入	140	組合	296
金現送点	186	組合せ貿易	81
均衡	33	組長	191
（複）銀行	34	組み手形	349
銀行家	34	倉出し	409
銀行間相場	213	倉荷証券	415

クリアランス	78
繰延払い	310
クリーン・ビル	76
クレイトン法	76
グレイ・バイヤー	188
クレジット・ライン	105
グレート・グロス	188
クレーム	75
クレーム商人	76
クレーム約款	75
クレーン	104
グレーン・エレベーター	188
グロス	188
クローズド・コンファレンス	78
クロス・ライセンス	106
クロス・ライセンス契約	106
クロス・レート	106
グローバル予算	185
クローリング・ペッグ	104
軍艦	258
軍事関連品目の輸出管理	151
軍事的行為	415
燻蒸証明書	66, 300

け

経営（する）	90, 249
経岸荷役	421
景気づく	48
景気動向指数	124
傾向	384
経済協力開発機構	278
経済産業省	259
経済連携協定	138
計算書	369
傾斜関税	380
経常収支	108
係船	262
係船岸	39
継続実施料法	338
継続担保	193
継続約款	97
携帯品	299
係柱	43
軽トン	20, 270, 359
契約（する）	98
契約違反	50
契約運送業者	98
契約運送人	98
契約運賃率	99
契約仮引受証	43
契約救助料	98
契約金	207
契約更新	330
契約書	205
契約条件	386
契約荷主	99
契約履行保証統一規則	405
軽量貨物	237
結果	139
決済条件	297, 384, 386
決済する	349
決済通貨	107
決済割引	349
結辞	87
決定的な	88
結論	88
ケネディ・ラウンド	227
原因	133
検疫	316
検疫証明書	192
減価	1, 88
限界輸入性向	250
厳格一致の原則	128
厳格な	372
けんか巻式荷役	351
現金現品引換渡し	63
現金割引	62
権限	28
権限を与える	29
検査	208
現在摘要	89
現在の	107

和文索引

検査証明書 … 208
検査料 … 208
原産地証明書 … 67
現実全損 … 8
現実的引渡し … 8
原受益者 … 162
原信用状 … 287
検数 … 379
検数人 … 379
検数票 … 379
減税 … 381
建設請負保証 … 98
建設クレーム … 93
舷側欄干 … 358
現地金融 … 242
限定一手販売代理人 … 348
限度 … 237
原糖約款 … 321
現物 … 149, 366
現物為替 … 367
現物市場 … 63
現物見本 … 8
原保険証券 … 288
件名 … 235
兼用船 … 81
権利移転証 … 235
権利証券 … 129
検量 … 257

こ

好意 … 159
合意 … 14, 141
交易条件 … 386
硬貨 … 191
航海 … 267
航海過失 … 142, 159
航海速力 … 349
航海損失 … 244
航海中絶不担保約款 … 178
航海に関する事故 … 6, 267
航海日誌 … 243, 279, 358

航海の事故 … 6
航海の中止 … 244, 245
航海変更約款 … 68
航海保険証券 … 413
効果的な … 139
高価品 … 412
交換 … 145
恒久的正常貿易関係 … 299
工業所有権 … 206
航空運送 … 16
航空運送状 … 15, 92
航空運送保険 … 30
航空FOB … 166
航空貨物 … 15
航空貨物運送 … 7
航空貨物運送状 … 15, 16
航空貨物運送取扱業者 … 16
航空機搭載システム … 15
航空便 … 16
航行区域 … 397
広告 … 11
広告すること … 12
交互計算 … 6, 338
交叉申込み … 106
鉱山渡し … 149
合資会社 … 238
広州交易会 … 57
広州見本市 … 228
甲種海運仲立人（甲仲）… 70
工場 … 157
工場閉鎖 … 243
工場渡し … 149, 156
後進国 … 31
洪水 … 164
口銭 … 84
口銭なしシフ … 73
拘束する … 43
交替勤務制 … 351
荒天損害 … 192
好天24時間 … 417
荒天による危険 … 372

和文索引

強盗	388
合同（共同）運賃	225
口頭契約	412
購入する	313
公認検量人	313
購買力平価	313
後発発展途上国	240
広範囲の	155
衡平法	142
合弁企業	140
合弁事業	225
合弁事業契約	226
合法的な	232
合名会社	183, 296, 408
項目	221
公用送り状	279
航洋船	277
航路	238
航路の変更	68
港湾管理者	303
港湾産業	303
港湾施設	303
港湾使用料	303
港湾諸掛	303
港湾倉庫	128
港湾荷役のフルオープン化	283
越えて	40
焦がし	69
小頭	352
小型の箱	49
小形包装物	363
顧客	78, 109
国営企業	140
国営貿易	369
国益	267
国際運送	215
国際エネルギー機関	198
国際海貨業者協会連合会	160
国際海上物品運送法	61
国際化学プラント工事約款	324
国際カルテル	215

国際協力銀行	223
国際決済銀行	34
国際穀物協定	198
国際コーヒー（ココア）協定	197
国際市場志向	218
国際自然保護連合レッドリスト	223
国際収支	33
国際商業会議所	197, 215
国際商取引法	218
国際商品	216
国際商品分類	84
国際スタンドバイ規則	220
国際専用回線	232
国際貸借	33
国際ダイヤル通話	220
国際通貨基金	199
国際鉄道運送条約	102
国際鉄道物品運送条約	74
国際投資保証機構	260
国際標準化機関	220
国際複合運送	216
国際複合物品運送条約	407
国際複合運送一貫業者	276
国際復興開発銀行	197
国際物品売買契約に関する国連条約	407
国際物品複合運送条約案	131
国際貿易	218
国際法協会	216
国際保税運送	216
国際マーケティング	217
国際流動性	217
国籍	163
国籍割増	163
告知義務	135, 330
小口クレーム	300
固定関税	267
固定税率	267
国内運送用具	243
国内信用状	130, 242
国内総生産	181

和文索引

国内の……………………130, 207, 241
国内船荷証券……………………242
国民……………………………266
国民福祉指数……………………271
穀物取引業協会…………………180
国有化……………………………267
国連（国際連合）………………406
国連の貿易書式設計基準………408
国連貿易開発会議………………404
ごく僅か…………………………350
互恵関税…………………………323
互恵通商協定……………………323
互恵取引…………………………323
ココム……………………………79
心からの……………………100, 361
故障…………………………50, 122
故障付き船荷証券…………125, 171
故障付き本船受取書………125, 171
故障手形…………………………170
個人的の…………………………299
個人輸入…………………………308
個数………………………………300
個装………………………………408
小樽………………………………227
5通………………………………316
国家………………………………266
国境税調整………………………49
国境持込み渡し…………………113
国境渡し…………………………119
小包郵便…………………………294
小包郵便物受領証………………322
固定した…………………………163
固定相場…………………………163
ことがら…………………………255
異なる仕向港向けの出港………340
コード・ワード……………………79
コネ………………………………91
拒む………………………………325
個品運送…………………………12
個別保険証券……………………366
戸前受け制度……………………400

コミットメントライン（融資枠）………84
小麦粉用オール・リスク担保約款……165
ゴム約款…………………………338
コメコン……………………………81
コメの関税化……………………380
固有の欠陥………………………206
固有の性質………………………206
雇用………………………………141
雇用機会平等……………………138
コルレス先………………………101
コレポン…………………………101
こわれもの注意…………………171
懇願する…………………………364
混合関税…………………………261
混合危険…………………………97
混合保険証券……………………261
混載………………………………92
混載貨物…………………………50, 92
混載業者…………………………92
混載航空貨物運送状……………195
コンソーシアム借款団……………92
コンテナ…………………………94
コンテナ・オン・フラット・カー……95
コンテナ貨物……………………95
コンテナ・サービス・チャージ……96
コンテナ条約……………………65
コンテナ・シール…………………95
コンテナ船………………………96
コンテナ・ターミナル……………96
コンテナ通関約…………………110
コンテナ詰め………………373, 412
コンテナ詰め報告書…………94, 412
コンテナ船荷証券………………94
コンテナ・フレート・ステーション…94
コンテナ・ベース…………………94
コンテナ貿易条件………………96
コンテナ保険……………………95
コンテナ・ヤード…………………96
コンテナリゼーション……………95
コンテナ・ルール…………………95
コンファーミング・ハウス…………91

コンフォートレター	233	サイロ倉庫	361

さ

災害保険	6	再割引	324
載貨能力	355	差額関税制度	124
載貨容積	59	下がりぎみの	37
載貨容積トン数	58	先売り	308
最恵国待遇	263	先売ご免条件付け売申込み	278
最高最低税率制	256	先物為替の予約	170
在庫売買	370	先物市場	179
在庫融資	218	先物相場	170
財産	256, 311	先物取引	342
財産管理	323	作業完了予定日	143
再実施権	374	作業日	420
最終仕向地	161, 387	指図	210
最終船積日	231	指図（人）	286
再出荷する	324	指図（人）式手形	286
最小引受け可能数量	261	指図（人）式船荷証券	286
財政関税	333	指図人式	392
財政状態	161	指値	40, 420
最大の	40	座礁	372
最大引受け可能数量	256	査定表	26
再積込み費用	329	サーティフィケート・ファイナル	66
最低	337	錆	339
最低運賃率	260	サービス・タイプ	349
最低価格制	164	サブ・コン	373, 374
裁定相場	23	サブジェクト・オープン	374
最低保険料	261	サプライヤー	375
サイド・オープン・コンテナ	360	サプライヤーズ・クレジット	375
サイド・ネット	360	差別関税	124
裁判外紛争処理（ADR）	18	さもなければ	288
裁判管轄約款	226	さや取り売買	22
再販売価格維持	331	三角決済	400
再保険	328	三角貿易	400
財務省	262	産業用運送業者	205
財務省証券	382	参考見本	325
財務諸表	161	三国間貿易	106, 214
財務大臣の基準相場	262	三重運賃制	388, 400
再輸出	324	残存輸入制限	268, 331
再輸入	328	残高	33
在来船	100	参着為替	281
		暫定税率	313, 384
		暫定的	10

和文索引

暫定的緊急輸入制限措置 … 384
酸による腐食 … 7
残念に思う … 327
サンパン … 343
産物 … 309

し

シー・アイ・エス・ジー（CISG） … 407
CE マーキング … 66
仕入先調査 … 395
シー・エス・アイ（CSI） … 96
GI 制度 … 185
ジェネラル信用状 … 183
CM 契約 … 78
ジェンコン … 181, 405
私会社 … 308
自家倉庫 … 308
自家取り … 18, 125, 358
市価の変動 … 253
時価表 … 306
自家保険 … 347
しかるべき … 133
市価を増す … 21
時期経過船荷証券 … 368
直積み … 27, 28, 199, 267, 311
直物為替 … 311, 367
至急電報 … 409
市況報告 … 254
仕切り板 … 52, 351
仕切り戻し … 220
仕組み船 … 389
自己宛小切手 … 63
自国籍船の海外流出 … 163
事故通知 … 274
事故摘要 … 329
仕事 … 53
資産 … 26
持参人 … 37
資産の買取り … 26
試算用売上勘定書 … 310
試算用（または仮）送り状 … 310

指示 … 205
自社船 … 291
支出 … 149
事情 … 62, 74
市場細分化政策 … 254
市場浸透価格政策 … 298
市場秩序維持協定 … 279
市場調査 … 254
市場の喪失 … 244
至上約款 … 294
地震 … 137
自信のある … 90
地震不担保約款 … 137
私製暗号書 … 308
次世代航空旅客機開発 … 123
自然消耗 … 287, 417
事前調査 … 159
事前同意 … 308
自然発火 … 366
辞退する … 117
下請契約 … 373
下に … 38
質入証券 … 210
しっかりした … 162
湿気注意 … 227
実現化する … 321
実見売買 … 341
執行 … 9
実行関税率表 … 111
実際運送人 … 8
実際風袋 … 8, 321
実施権者 … 236
実勢ルート … 8
湿損 … 262
実損 … 8
シッパーズ・ウエイト … 354
シッパーズ・パック … 353
シッパーズ・ユーザンス … 354
実費精算契約 … 102
シッピング・メモ … 357
シップ・サイド … 358

実物見本	372
シップネット	353
執務時間外作業	421
質問票	316
指定検疫物	122
指定された日時	21
指定仕向地持込渡し	114
シーティパット	112
指定保税地域	122
指摘	329
私的運送人	308
支店	49
自動車の海外現地生産	291
自動増値保険約款	298
しのびよる国有化	106
支配する	338
シー・バース	345
支払い	296
支払手数料	297
支払委託文句	297
支払可能	364
支払勘定建て相場	185
支払銀行	296
支払指図書	297
支払い品物渡し	180
支払通知	296
支払保証代理人	119
支払渡し	131
（借金を）支払う	78
シベリアン・ランドブリッジ	359
私法統一国際協会	387, 404
資本	58
資本逃避	58
姉妹船約款	362
仕向銀行	330
仕向港	303
仕向港マーク	303
仕向港または仕向地の 指定ターミナル持込渡し	114
仕向地	122
仕向地持込み渡し	
（関税込み）条件	115
仕向地持込み渡し （関税抜き）条件	115
指名	21
指名通話	300
締めつけ	346
社員	78
射倖保険証券	414
借金しないで	12
社内為替レート	207
シャーマン法	351
主因	313
従価計算	10
従価税	10
集荷代理店	48, 57
集貨マン	364
自由貨物	282
習慣	108
自由港	172
州際商業委員会	218
自由権裁量権留保条件	286
従事する	141
修正する	19
集積損害塡補限度額約款	243
集中貯蔵施設	66
充当金	21
収得運賃	189
重トン	141, 244
自由な	171
重複保険	130
自由貿易協定（FTA）	173
自由貿易地域（FTZ）	173
自由約款	236
収用	155
重要事項	255
重要事実	255
重要約款	199
重量貨物	116, 419
従量税	366
重量トン	419
重量物割増	192

和文索引

受益者	38
熟練船員	2
授権資本	29
主権免責	364
濡損	419
主題	374
受託者	32, 401
受託者約款	32
受諾責任	27
手段	256
出血輸出	44
出港禁止	139
出港条件	341
出港月日	340
出港の変更	68
出港予定日	143
受動的加工貿易	296
主マーク	248
需要	121
主要航路	248
主要事故	248
主要な	72
需要のある	50
主要部	45
主要輸入貨物料率協定	248, 260
受領拒否	272
種類	122
準	317
順委託加工貿易	308
巡回信用状	74
準拠法	187
準拠法約款	187, 311
準軍艦	317
順月確定日渡し相場	289
純自動車専用船	298
準垂直式	261, 348
純トン数	270
準備ができている	321
純船主	314
ショアリング	359
照会する	324

商慣習	410
償還請求権	323, 335
商議	268
商議する	268
蒸気船	367
商業送り状	82
商業過失	142, 158
商業危険	83
商業興信所	258
商業信用状約定書	82
商業手形	82
上限	65
上限関税	380
（複）条件	384
条件	37, 88
条件付き売り申込み	88
条件付き承諾	88
条件付き売買	89
証券投資	303
条件として	374
証拠	311, 420
商港	83
商号	162
条項	25, 76
商行為	129
商工会議所	68
照合ずみの印	389
商工人名録	125
詳細	123
照査事務	71
小冊子	48, 50
常時浮揚	18
商事紛争	82
商社	162, 195, 397
商社包括保険制度	418
仕様書	366
証書	46
上場会社	239
上昇傾向	409
上場する	239
仕様書売買	342

商船	258	書中宛先	208
上層吸収価格政策	362	書中注文状	286
小損害免責歩合	117, 145, 171	ショート・デリバリー	359
状態	88	ショート・バンカー	359
承諾	4	処分危険	127
承諾する	4, 14	処分する	127
象徴的引渡し	377	署名	360
(信用状の) 譲渡	26	所有権	311
譲渡 (する)	398	所有者	37, 311
譲渡可能信用状	398	書類貸渡し	129
譲渡する	26, 268	書類引換え払い	296
衝突	80, 338	白地裏書	44
商人	258, 396	私掠船	308
承認	21	シーリング方式	65
承認売買	281, 342	印 (をつける)	253
商人船主	259	新旧交換費	270
消費者物価指数	103	真空地域	408
商標	49, 72, 395, 396	新興工業国・地域群	271
商標売買	342	申告価格	117
商品	238	新国際輸出管理機構	
商品取引所	84, 258, 309	(ワッセナー・アレンジメント)	416
情報	206	シンジケート	377
使用・補償約款	140	シンジケート・ローン	377
正味	269	伸縮関税	164
正味価格約款	270	新設合併	92
正味資産	270	迅速処置約款	321
正味重量	270	迅速な	316
常務取締役	149	迅速な荷役	316
証明書	66	審判人	403
証明書売買	341	深没	171
証明する	312	信用	104
奨励制度	203	信用貸し	104
除外貨物	145	信用危険	105
(複) 諸掛	69	信用指図書	234
職業	122	信用受領者	6
触礁	392	信用状	233
植物検疫措置に関する国際基準第15号	220	信用照会先	105, 325
職務仕様	225	信用状条件違反	126
触雷不担保約款	260	信用状態	53, 105
処置	369	信用状付き	419
		信用状統一規則	405

信用状の確認	90
信用状の形式	169
信用状の変更	19
信用状の有効期限	411
信用状発行手数料	283
信用情報	104
信用する	401
信用ダンピング	104
信用調査	104
信用調査交換について守るべき規則	79
信頼	90
信頼できる	329

す

随意契約	268
推薦する	323
垂直式	45
垂直分業	412
スイッチ貿易	377
スイッチャー	377
推定全損	93
推定的引渡し	93
推定風袋	93, 143
水平分業	195
スウェル・アローワンス	377
数量	316
数量クレーム	316
数量条件	316
数量的損害	102
数量無関係	340
数量割引	316
透し箱	362
スクウェア・ポジション	367
スケール	344
スターリング地域	369
スタンドバイ信用状	369
ストウェージ・ファクター	371
ストライキ	372
ストライキ追加費用約款	372
ストライキ免責約款	373
ストラドル・キャリア	371
すなわち	413
スパウティング約款	367
スペシャル・インデント	365
スペース・チャーター	365
スポット用船	367
スポット・レート	367
スミソニアン合意	363
スモール・グロス	363
スリップ	363
スリング・マン	362
スリング・ロス	362
鋭い	350
スレギ	362
スワップ・レート	376

せ

税	135
正貨	366
性格	69
正確な	7
税関	109
税関送り状	110, 365
税関告知書	110
正規の寄航港	248
(代金を) 請求する	69
請求払い	297
税金避難地	381
政権	9
制限的商慣習に関するコード	321
政策	302
清算勘定	282
清算協定	78
生産物分与方式	309
政治的危険	302
製造業者輸出代理店	250
製造物賠償責任保険	309
製品化政策	258
正品市価	364
製品のライフサイクル	309
製品輸入比率	249

政府間貿易	185
政府調達	188
政府貿易	188
精良貨物	77, 161
世界企業	421
世界銀行	197
世界食糧計画	417
世界貿易	421
世界貿易機関	422
積載重量トン	116
積地売買	352
責任	235
責任がある	37
責任制限額	292
責任制限約款	238
責任保険	235
石油輸出国機構	282
積極的な	14
接近の特権	6
接近方法	6
接受通知	24
接触(する)	94
接続料金	399
絶対全損	3
絶対的の	2
接地約款	189
雪中荷役	363
設定温度	349
窃盗	388
設備	6
説明	122
説明売買	341
設立する	143
瀬取り	237
セーフガード・クローズ	340
狭い	266
せり売り	28
セールス・レプ	343
善意の保持者	46
詮議貨物	60
全危険担保	17
詮議中	205
船級	76
船級協会	76
全組	179
潜在瑕疵	206, 346
全社的品質管理	393
先進国	10
宣誓約款	28
船籍	267, 358
船籍証明書	358
船艙	191
船艙貨物	404
戦争危険	415
戦争行為	8
船艙内の気温	370
船艙別貨物明細書	191
全損	392
全損および救助費担保	157
全損のみ担保	390
船隊保険	163
選択関税	18
選択権	285
選択権契約	285
選択売買	342
選択陸揚港	285
船長	58, 255
船長謝礼金	307
船内荷役請負業者	370
船内荷役業	370
船舶管理費	126
船舶建造証明書	358
船舶代理店	357
船舶の破損	358
船舶の変更	68
船舶保険	196
船舶保険証券	196
先発見本	11
船腹	177, 365
船腹確約書	163
船腹原簿	365
潜伏損害	87

船腹の予約	48
船腹申込書	48
全部保険	179
全部用船	420
全文電信方式	178
前方へ	15
船名確定証券	266
船名未詳保険証券	164
専門商	365
占有	304
専有	21
専用船	205, 366
戦略物資等管理プログラム	372

そ

粗悪貨物	125, 337
総揚げ	120, 351
草案	131
相違	124
相応の期間	322
総額	20
総括運賃用船契約	246
送金	329
送金小切手	121
総計 (の)	14, 375
倉庫	185, 414
艙口検査	192
艙口検査報告書	192
総合商社	184
総合信用評価	87
総合保税地域	213
相互会社	264
倉庫間約款	422
相互需要説	387
相互保険	264
倉庫渡し	149, 156
相殺関税	86, 103
喪失時間約款	390
総重量	189
騒擾	336
総代理店契約	148, 364
相当する	101
相当な注意	133
相当に大きい	362
相当の	91
艙内清掃	194
艙内渡し	120
挿入する	208
相場	316
相場を付ける	318
双方過失衝突約款	49
双方の	264
双務契約	40
総用船	189
遡及約款	245
即座の	321
即時売買	308
そげ落ちる	72
底荷	33, 49
組織	287
ソーシャル・ダンピング	363
訴訟	7, 232, 239
即金で	131
即金払い	367
率直な	57
外に	289
その他いっさいの危険	17
その他の兵器	288
ソフト・ローン	363
それぞれの	332
それによって	388
損害	244
損害査定代理店	76
損害調査	9
損害通知約款	76
損害填補額の分担	21
損害填補の範囲	344
損害の填補	205
損害防止費用	375
損害保険	273, 311
損害補償	205
損害率	245

尊敬（する）	332
損失	244
損傷	113
損傷貨物明細	145
損傷検査	114
損品市価	113

た

（為替手形の）第1券	162
対価	91
対外純資産	291
代替費用	375
代替品	374
大火災	52
対荷主単一責任	270, 405
対価受領ずみ	412
大気中の湿度	196
代金取立て	80
対抗関税	103
第三者賠償責任保険	93
第3の仲裁人	388
第3見本	400
対照	86
大数の法則	231
滞船料	121
タイド・ローン	389
第2券未払い	346
第2受益者	346
滞泊	123
滞泊損害賠償金	114
代表者	330
代表する	330
台風危険不担保約款	402
（反）対見本	103
タイム・シート	390
代理行為	13
代理する	374
代理店	13
代理店契約	13
代理人（店）	13
代理人	330
代理の	7
多角貿易	263
高潮損害	389
高値	15
他貨物との接触	94
抱合せ信用状	323
たくさんの	374
諾成契約	91
託送船荷証券	91
多元的相殺決済	264
多国籍企業	264
ダース	131
正しい	101
正しいと認める	4
立場	369
タックス・ヘイブン	381
立替金	126
束物	52
タフト＝ハートレー法	378
WTO多角的貿易自由化交渉	270
WTOドーハ・ラウンド	422
だ捕	346
他保険約款	288
ダミー	133
ターミナル	385
ターミナル・オペレータ	385
ターミナル・サービス	385
だめになって	130
樽	64, 132
樽物	36
単一為替相場制	406
単一通し運賃	361
タンカー	380
堪貨能力	60
短期金融	359
ターン・キー方式	401
ターン・キー方式輸出	151
タンク・コンテナ	380
ダン興信所	134
堪航担保	415
堪航能力	345

単純契約	361
単純通し運送	406
淡水濡れ損害	177
淡水輸送用大容量バッグ	32
単独の保証状	362
ダンビロ番	194
ダンピング防止税関	21
ダンプロ	130
担保	69, 103, 263, 346, 415
担保危険	336
反物	300
ダン・レポート	114

ち

チェッカー	71
遅延損害	119
知識	7
地上担保	189
知人	7
知的所有(財産)権	213
地方の	241
着船通知書	24, 274
着船渡し	155
着荷払い	79
着荷見本	289
チャーター・バック	69
チャーター・ベース	65
チャータラーズ・ステベ	70
茶箱	71
注意	28
注意マーク	64
中央フィーダー	248
仲介(手数料)	51
仲介人	214
仲介貿易	214, 259
仲介貿易保険	215
中間	214
中間報告	214
中継貿易	215
忠告	12
仲裁	23
駐在員事務所	330
仲裁機関	22
仲裁裁定	22
仲裁条項	23
仲裁人	24
仲裁付託合意	374
注文	286
注文確認書	90
注文書	286
注文を出す	301
長	72
超過保険	145
長期輸出金融	244
兆候	205
超高速貨物船	382
調査(する)	208, 219, 376
長尺物	233
長尺物割増	244
超重量貨物	192
調停	88, 257
調停人	257
長物車	163
直接船費	249
直接投資	125, 167
直接取引	115
直接貿易	125
チョッキング	72
直航運送	125
直航船	125
直航船荷証券	124
地理的表示保護制度	185
チル・カーゴ	72
チンコム	72
賃貸借用船	70
沈没	362, 375
沈没・座礁・火災・衝突	367

つ

追加の	156
追従	86
追伸	304

和文索引

(保険の) 追約書 ……………………… 9
追約書 ……………………… 140, 335
通貨 ……………………… 107
通過貨物 ……………………… 398
通貨スワップ協定 ……………………… 14
通過税 ……………………… 398
通過的加工貿易 ……………………… 398
通過貿易 ……………………… 398
通過目録 ……………………… 389
通関 ……………………… 109
通関業者 ……………………… 109
通関士 ……………………… 236, 326
通関証明書 ……………………… 121, 136
通関する ……………………… 78
通関手帳 (カルネ) ……………………… 27
通関手続 ……………………… 111
通関手続きの共通化 ……………………… 404
通関費込みシフ ……………………… 73
通商 ……………………… 393
(米国) 通商委員会 ……………………… 221
通商拡大法 ……………………… 394
通商協定 ……………………… 84, 393
通常決済方法 ……………………… 287
通商航海条約 ……………………… 400
通常航路 ……………………… 108
通常的損失 ……………………… 108, 287
通常の ……………………… 108, 287
通常の国内運送 ……………………… 76
通常の破損 ……………………… 287
通常の漏損 ……………………… 287, 395
通商白書 ……………………… 397, 418
通商法 ……………………… 393
通商約款 ……………………… 394
通信する ……………………… 101
通信販売 ……………………… 247
通知 ……………………… 12, 274
通知銀行 ……………………… 12, 275
通知先 ……………………… 275
通知する ……………………… 12, 275
通知払い ……………………… 12
通知約款 ……………………… 117
通用している ……………………… 107
筒 ……………………… 112
つなぎ売買 ……………………… 193
積揚げ費用船主無関係 ……………………… 161
積替え ……………………… 399
積替禁止条項 ……………………… 275
積重ね料金 ……………………… 81
積切日 ……………………… 78
積込み ……………………… 241, 280
積込み費船主無関係 ……………………… 160
積出し数量条件 ……………………… 353
積出し品質条件 ……………………… 353
積付け ……………………… 370
積付け鑑定 ……………………… 241
積付け検査 ……………………… 371
積付け作業 ……………………… 371
積付け図 ……………………… 371
積付け費込み ……………………… 166
積付け費用 ……………………… 101
積取比率 ……………………… 60
積荷 ……………………… 59
積荷価額申告書 ……………………… 411
積荷監督 ……………………… 60
積荷事故報告 ……………………… 89
積荷冒険貸借 ……………………… 332
積荷明細目録 ……………………… 175
積荷目録 ……………………… 60, 249
積残し ……………………… 359
積残し貨物 ……………………… 359
積戻し ……………………… 331
釣合 ……………………… 400

て

提案 ……………………… 311
定額法 ……………………… 246
定期海運業者 ……………………… 238
定期航路 ……………………… 327
定期船 ……………………… 238
定期船同盟行動憲章条約 ……………………… 100
定期船運送 ……………………… 238
定期用船料 ……………………… 389

和文索引

テイクオーバー・ビッド	391
締結	88
締結する	78, 88
(手形の) 呈示	306
呈示銀行	306
停止条件	89
停止条件付払戻預託金契約	143
ディスカウント・ハウス	126
ディスクレ	220
ディスクロージャー	126
訂正する	9, 101
抵当権者条項	263
停泊期間	231
停泊期間の計算	56
停泊日数計算書	231
ディープ・タンク	118
ディープ・ロックの理論	118
ディーラー	116
ディーラー保護法	116
手入費用	323
手入保管倉庫	249
手鉤損	195
手鉤無用	272, 410
手形	131
手形買取授権書	29
手形期限	410
手形支払授権書	28
手形の参加引受け	5
手形引受け業者	5
手形を振り出す	132
手紙	233
適合させる	9
適合した	375
適商品質条件	185
敵対行為	195
適当な	311
適な	321
適法担保	415
適用免除	126
手倉	54
デクラレーション・サーティフィケイト	117
テークル	378
テークル主義	378
デジタル通信	124
手数料	159
データ通信	114
デッキ番	117, 360
手続をすませる	78
鉄道運送状	319
鉄道貨物引換証	319, 406
(複) 手づる	94
手に入る	29
デノミ	121
デバンニング	123
デバンニング・レポート	123
デポ	122
デポジトリー	121
デリック	122
デリバリー・メモ	120
デリバリー・レコード	120
点	332
点検	208
天災地変	7
電算機処理	138
電子データ交換	138
電子渡航認証システム	139
電子メールの宛先	9
電子旅券	43
電信宛先	56
電信為替	401
電信送金	383
伝染病	141
天地無用	388
電報	382
電報暗号書	79

と

ドア・ツウ・ドア	130
問合せ	208
ドイツ規格	124
同意	91

和文索引

同意する……………………………4, 14
同一責任型………………………………405
統一動産売買法…………………………405
統一船荷証券条約………………………216
動員………………………………………262
投機…………………………………………11
投機筋……………………………………366
等級………………………………………188
統御（する）………………………………99
同業者決済………………………………394
同業者信用照会先………………………396
同業者割引………………………………394
東京ラウンド……………………………391
当局…………………………………………28
動作…………………………………………7
東西貿易…………………………………137
当座預金…………………………………107
同時開設信用状…………………………31
当事者……………………………………296
当日渡し…………………………………412
投資紛争解決国際センター……………198
同種の……………………………………139
頭書………………………………………233
動植物……………………………………239
同族ブランド……………………………158
到着（地条件）……………………………24
到着しなければ売買なし………………272
到着条件…………………………………280
到着予定日………………………………143
道徳的危険………………………………262
尊ぶ………………………………………143
東南アジア諸国連合………………………25
盗難・不着………………………………393
動物の自然死……………………………287
同盟運賃表…………………………………90
同盟外船…………………………………289
同盟貨物……………………………………90
同盟規約……………………………………90
同盟コード………………………………406
同盟船………………………………………90
同盟罷業・暴動・騒乱…………………373
同盟罷業者………………………………372
同盟罷業騒擾暴動不担保約款…………178
同盟ルール…………………………………90
登録商標…………………………………326
登録総トン数……………………………326
登録仲裁人………………………………294
討論………………………………………116
通し運送…………………………………389
通し運賃…………………………………389
通し船荷証券……………………………388
ドキュメンタリー・
　クリーン・ビル………………………128
独自行使…………………………………205
特殊貨物…………………………………365
特殊危険…………………………………366
特殊コンテナ……………………………365
独占的特約店……………………………364
特別あて先………………………………295
特別期日……………………………………50
特別の……………………………………295
特別引出し権……………………………345
特別費用……………………………295, 365
特約販売店………………………………127
特約販売店契約…………………………127
特例輸入申告制度………………………361
特許実地権………………………………296
ドック・サイド…………………………128
ドック・レシート………………………127
特恵関税…………………………………305
トーマス信用状…………………………391
ドライ・コンテナ………………………132
ドライ・ドック…………………………133
ドラフト看………………………………132
トランジット・シェド…………………398
取扱い注意………………………………191
トリガー価格……………………………400
取消可能信用状…………………………334
取消不能信用状…………………………220
取立為替……………………………………43
取立指図書…………………………………80
取立手形………………………………37, 41

取立統一規則	405
取次銀行	399
取引	53
取引勧誘状	74
取引条件	385
取引条件協約書	14
取引信用保険	105
取引する	397
努力	139, 140
ドル地域	129
トレード・チェック	394
トレード・ロス	395
トレーラー・ヘッド	396
トン	391
トン数	189
トン数標準税制	381
トン税	392
問屋	418

な

名（指す）	266
（手形の）名宛人	132
内航運送	79, 207
内航船	79
内国為替	130
内国水路船荷証券	207
内在原因	215
内装	207, 214, 292
内地輸送割増	207
（複）内容	97
内容未知条項	97
内陸輸送費	207
長さ	232
仲仕	100, 244, 420
仲立業	51
仲間	74
眺め	312
投荷・浪湊危険	225
ナショナル・ブランド	266
捺印契約	99
捺印証書	118

納得させる	100
軟貨	363
ナンバリング	275
南北貿易	364

に

荷揚げ費船主無関係	165
荷受人	91
荷送人	353
荷卸し	126, 229
荷卸し費用	408
荷為替信用状	129
荷為替手形	128
荷為替手形買取依頼書	103
荷為替手形条件	386
荷為替手形副書	234
荷繰り費用	351
荷敷き	134
二重為替市場制	133, 402
二重関税	130, 133
二重帳簿	130
二重運賃制	133
荷印	356
荷印の刷込み	254
荷姿	227, 373
2段重ね列車	130
日EU間AEO相互承認	223
日中韓自由貿易協定	173
日ロ投資保護協定	338
～について	298
日本インターナショナル・フレイト・フォーワーダーズ協会	225
日本海運貨物取扱業連合会	225
日本海事検定協会	224
日本銀行	387
日本工業規格	223
日本商事仲裁協会	223, 387
日本・シンガポール新時代経済連携協定	224
日本籍の商船数	275
日本船主責任相互保険組合	224

和文索引

日本の2011年貿易収支……224
日本貿易関係手続簡易化協会……223
日本貿易振興会……224
日本輸出入銀行……387
に勝る……40
荷物陸揚げ票……230
荷役……59
荷役準備完了通知書……274
荷役手帳……71
荷役日報……420
荷役不能日……275
荷役報告……113
入庫……415
入札……40
入札保証金……40
ニューヨーク決済信用状……271
〜によって……26, 298
荷渡指図書……120
任意座礁……413
認可……236
認定事業者制度……29
認定する……29
任命する……26
認容できる……4

ぬ

抜荷……301
盗むこと……3
布袋……340

ね

ネゴシエイション信用状……269
値下げする……350
鼠・害虫……321
根担保……164
熱心な……137, 227
ネット・チャーター……270
値引き……117, 126
眠り口銭……362
年……20

の

納期……390
農業の「重要品目」……348
農産物品質規格……224
農場……302
納入先ブランドによる製造……278
ノウ・ハウ……228
ノウ・ハウ実施権……228
能力……2, 58
〜の条件なら引受けできる……4
望む……122, 195
〜のために……13
ノック・ダウン……227
ノット(海里)……228
乗っ取り……378
野積約款……284
ノート……274
ノー・フランチャイズ……272
延払い戻し……118
〜のように……26
乗換取引……376
乗り手……335
暖簾……187
ノンデポ銀行……273
ノン・ポリ……212, 273

は

パー……294
ばあい……62
はい……301
買収する……53
排出権の取引……116
排水トン数……127
配船協定……340
配船表……341
配船予定(表)……357
排他的取引(義務)……148
排他的な……148
売買契約……99
売買契約書……98

和文索引

売買条件	386
売買用送り状	343
バイ・バック	53
パイプライン特別運送約款	366
バイヤー	53
バイヤーズ・クレジット	54
ハイヤー・ベース	192
入り込む	298
ハウス・エア・ウエイビル	195
ハウス・ビル	196
掃き寄せ	379
白紙（の）	44
爆弾	46
爆発	149
バーゲニング・タリフ制度	36
励ます	140
箱物	62
艀	36, 237
艀回漕業	237
艀回漕料	237
艀人夫	237
艀の使用料	237
艀舟	104
艀舟約款	104
艀渡し	149
馬車	45
場所	21
場所換え貨物	350
バス	45
バース・タームズ	39
ハズバンディング	196
バース待ち	414
パーセル運賃	294
破損	50
旗	163
裸荷	35
裸用船	35
果たす	139
ハーター法	191
バーター貿易	36
罰金	161
バック・デイト	31
パッケージ・プログラム方式	292
発行依頼者	283
発行会社保有株式	400
発行銀行	143, 221, 283
発行ずみ株式	221, 289
発行する	221
ハッチ・オフィサー	192
発熱	192, 376
パナマ運河	293
ハードシップ・クローズ	191
ハード・ローン	191
ハーフィンダール=ヒルシュマン指標	193
早出料	126
早める	20
ハラル食品	190
ばら積み石油約款	52
散荷	51
散荷容積トン数	188
バルク・キャリヤー	51
バルク・コンテナ	51
バルチック海運取引所	33
パレット	293
範囲	155
繁栄している	312
バンカー課徴料	52
バンク・アクセプタンス・レート	35
バンク・チェック	34
バンク・ローン	35
万国郵便連合	408
反対	277
反対する	13
反対の	102
反対申込み	102
（電算）番地（アドレス）を構える	9
ハンディ・サイズ	191
反トラスト法	21
ハンドレッド・ウエイト	112, 196
搬入前申告	117
販売	341

和文索引

販売区域	387
販売後サービス	13
販売代理人	347
販売の	347
ハンブルク・ルール	407
半夜荷役	190
反乱	212
判例法	62

ひ

ピア	300
ビー・エル渡し	44
ビーエル・インストラクション	44
控え見本	134, 161, 227
比較	86
比較して	311
比較生産費	85
比較的に	86
比較分析	85
日貸用船契約	113
非関税障壁	273
引合い	141, 208
引受け	4
(手形の) 引受け・支払い	194
引受業務代行者	7
引受拒絶証書作成後の参加引受け	5
引受銀行	5
引受信用状	5
引受通知	4
引き受ける	27, 141
引受渡し	129
(国内) 引取運賃	207
ピギーバック	300
曳船	401
曳船料	392
非居住者	273
引渡し	119
引渡し指図書	328
非契約運賃率	272
飛行機に乗ること	45
飛行中	15

秘語電報	112
ビジネス英語	53
非常危険	64, 140
被譲渡人	26
備蓄	370
日付	114
引越荷物	299
必需代理人	14
必然的に	206
必要物	331
非同一責任制	270
非同盟貨物	272
1口	245
雛型	366
避難地	192
ひび入り	104
被保険者	27
被保険利益	210
ヒマラヤ・クローズ	194
秘密	90
費用	101
表 (にのせる)	239
評価査定	21
評価ずみ保険証券	411
評価する	21
表示	330
被用者	348
標準規格船	22
標準契約書	368
標準決済方法	368
標準仲裁条項	368
標準品	368
標準品売買	342
表定運賃率	381
漂盗	337
費用の引受け	3
評判の	330
氷約款	198
開く	282
ビル	40
昼荷役	115

比例	311	不可抗力	166
広く行なわれる	306	不活発	37
広げる	155	不活発な	133
品質	315	不完全包装	32, 202
品質管理	315	不寄港証明書	272
品質クレーム	315	武器貿易条約	24
品質条件	315	複合運送	81
品質証明書	67	複合運送証券統一規則	405
品質相違	124	複合運送人	81, 106
品質不良	206	複合運送船荷証券	81
品質マーク	315	複合関税	87
品質見本	315	複合企業	91
品目	221	複雑な	87
品目番号	221	複数為替相場制度	264
品目別運賃	84	副部長（次長）	27
品目無差別運賃	158	副本	134
		副マーク	102, 250
ふ		袋物	32
ファクター	157	不公正貿易報告書	330
ファクタリング	157	不実表示	261
ファーム・ビッド	162	無事戻し	272
フィーダー・サービス	160	不積み	273
不一致	220	不正な	31
フィディク約款	160	防ぐ	312
フィードバック	160	不足	359
封印切れ	345	付属書類	28
封緘見本	345	不足詮議中	359
封鎖	45	不足の	359
風袋	380	付帯費用	156
フェアトレード	158	不堪航性	408
フェイドアウト・ポリシー	157	不着	272
フェスコ	160	不知約款	340, 408
フォアマン	169	艀中扱い	109
フォーム・レター	169	普通株	85
フォワーダー・カーゴ・レシート	170	普通語電報	302
不開港	78	普通送金	287
部外者	289	普通送金為替	248
付加価値税	411	普通輸出保険	182
付加危険	156	ブッシェル	51
不確定売申込み	279	プッシャー・バージ	314
不確定損害賠償額	408	物的流通	300

物品	25	船積申込み	354
不積み運賃	115	船荷	59
物理的引渡し	300	船荷証券	43
不定期船	397	船荷証券の裏面約款	44
不定期船市場	176	船荷証券の日付	44
埠頭	127, 316, 417	船主	291, 353
不等価貿易	396	船主責任	353
浮動許可書	164	船主相互保険	300
埠頭使用料	418	船主代理店	291
浮動担保	164	船主免責条項	275
埠頭持込み渡し条件	122	船用品	358
不当廉売	133	船	45
埠頭渡し	155	腐敗貨物	299
不特定物	403	浮標	52
フード・マイル	166	不変の	403
船卸し票	59	ブーメラン（効果）	48
船側	18	プライム・レート	307
船側渡し	158, 291	フーラー・コンディション	178
船混み割増料	91	ブラック・バイヤー	43
船積み（品）	352	プラット・フォームコンテナ	302
船積裏書	280	フラット・ラック・コンテナ	163
船積送り状	356	フランチャイズ	171
船積小荷物受取証	357	プラント輸出	302
船積作業予定表	241	フリー・オファ	172
船積指図書	356, 357	振子勘定	377
船積時期	390	振出し	132
船積み諸掛	355	（手形の）振出人	132
船積書類	355	振出日	115
船積書類付きの	128	フリー・ディスパッチ	172
船積数量条件	213	不利な（＝unfavorable）	13
船積みする	352	プール計算	302
船積相違	124	フルコン船	178
船積み代行業者	354	フル・コンディション約款	178
船積み遅延	119, 231	プレ・アド	305
船積み地点	357	フレキシブル・フレイト・コンテナ	
船積み通知	354		160, 163
船積み払い	64	フレーテッド・マニフェスト	175
船積み費用	241	フレート・ライナー	175
船積み風袋	354	ブレトン・ウッズ協定	50
船積船荷証券	280, 353	プレミアム	305
船積み見本	357	プロダクト船	309

プロビジョナル・インボイス	313
フロム	177
不渡	126
分割船積み	208, 352
分割船積禁止	273
分析証明書	66
分損	295
分損計算尺度	256
分損計算法	30
分損担保	419
分損不担保	172
紛体用バルク・コンテナ	364
分担価額	99
分類	50

へ

平価切上げ	333, 409
平価切下げ	123
米貨米船主義	352
米貨優先購入又は米自国製品優先買付	53
平均中等品質条件	158
平均風袋	30
並行輸入	294
米国規格	25
米国航空運送協会	27
米国大統領貿易促進権限法	396
米国通商法	410
米国統一商法典	405
米国輸出穀物協会	267
米国輸出入銀行	149
米国預託証券	9
閉鎖式ドッグ	78
斃死危険	263
ペイロード	296
僻地港割増	288
ヘーグ・ウィスビー・ルール	190
ヘーグ規則	190
ヘクシャー=オリーンの定理	193
へこみ	121
ベーシス取引	37

ベース・カーゴ	36
別々に	348
ベネルックス	39
減らす	324
ベール梱包	33
ヘルメス保険会社	193
ベルン・ユニオン	39
便益関税	38
返還遅延料	123
便宜	157
便宜供与	6
便宜置籍船	163, 358
勉強値段	40
変型 CIF 条件	412
変更(する)	68
変更通知状	19
変更約款	18
ペン・コンテナ	298
返済する	327
弁償する	86
返信料前払電報	338
返船	324
返送運賃	31
返送品	333
ベンチャー・キャピタル	412
ベンチャー・ビジネス	412
ベンチレーテッド・コンテナ	412
変動	165
変動為替相場	164

ほ

貿易	393
貿易赤字	11
貿易外収支	33
貿易管理オープンネットワークシステム(ジェトラス)	224
貿易金融	168
貿易クレーム	394
貿易条件	396
貿易乗数	169
貿易書類の電子化	139

和文索引

貿易手形	394
貿易統計	169, 201
貿易取引通貨別比率	107
貿易の決済	349
貿易の自由化	236
貿易保険	395
貿易摩擦	394
防衛装備移転3原則	388
法格言	232
包括出入港許可	44
包括保険証券	44
包括輸入許可制	279
包括予定保険(証券)	283
放棄	1, 328
法規上違反の船積み	198
法規遵守基本規定	87
放棄約款	414
冒険	11
冒険商人	258
報告	12
報告書	369
放射能汚染	319
報酬	335
法人	101
包装	293
包装貨物	33, 292
包装費	293
包装明細書	293
法的行為	232
法的な	232
暴動	74
暴風	384
報復関税	333
報復捕獲免許状	102, 233
捕獲	59
捕獲免許状	255
保管料	108
保管料	370
北極海航路	24
保険	27, 211
保険会社	211

保険価額	210
保険期間	299, 385
保険期間約款	134
保険業者	404
保険金額	212, 375
保険金額を決定する	9
保険金支払約款	297
保険金請求の時効	306
保険クレーム	211
保険事故	144
保険者	27
保険者船名録	406
保険証券	212, 302
保険条件	89
保険証券本文	302
保険承認状	67
保険代位	374
保険仲介人	211
保険付き船荷証券	212
保険の国家主義	267
保険の始期と終期	82
保険の対象	374
保険の目的	214
保険評価額約款	411
保険申込書	211, 212
保険約款	211
保険利益享受約款	39
保険利益不供与約款	275
保険料	212, 305
保険料込みFOB	166
保険料込み価格	101
保険料込み本船渡し	57
保険料支払約款	297
保険料割戻し	48
歩行約款	414
保護関税	312
保護主義	312
保護貿易	312
ポジティブリスト制度	304
保釈金	32
保証	27, 189, 346

和文索引

保証株式 ……………………………189
補償金 ………………………………205
(手形買取金)補償銀行 ……………327
補償サービス ………………………328
保証状 ………………………………234
補償状 ………………………………234
保証証書 ……………………………376
保証状荷渡し ……………119, 323, 379
保証状の解除 ………………………328
補償預金 ……………………………86
補償を求める手形 …………………328
補助物 ………………………………15
保税 …………………………………203
保税上屋 ……………………………47
保税運送 ………………………47, 199
保税工場 ……………………………47
保税倉庫 ……………………………47
保税地域 ……………………………46
保税展示場 …………………………47
発端 …………………………………287
ホット・マネー ……………………195
ポート ………………………………302
骨折り ………………………………149
ホーム・ブッキング ………………194
保有(権) …………………………384
ボルタイム …………………………34
ホルド・ビル ………………………194
ボール箱 ……………………………62
ボレロ・プロジェクト ……………46
ホワイト・バイヤー ………………418
本クレーム …………………………161
本修理 ………………………………299
本籍 …………………………………299
本船 …………………62, 345, 352, 413
本船扱い ……………………………110
本船受取書 ……………………255, 358
本船のみ担保約款 …………………280
本船持込み渡し ……………………122
本船渡し …………………………18, 165
封度 ……………………………231, 304
磅(ポンド) ………………………304
ポンド地域 …………………………304
ボンド保険 …………………………48
本人 …………………………………307
本文約款 ……………………………45

ま

マイクロ・ランド・ブリッジ ……260
前受け ………………………………10
前受金返還保証状 …………………325
前貸信用状 …………………………293
前(渡)金 …………………………10
前金払い …………………………65, 112
前の日付 ……………………………20
前払い ……………………………10, 63
前払輸入保険 ………………………305
前もって取り決める ………………48
任せる ………………………………141
マグロの漁獲制限 …………………332
マーケット・クレーム ……………253
マーケティング ……………………253
増値保険 ……………………………204
マーシャリング ……………………254
マーシャル＝ラーナー条件式 ……254
マージン ……………………………250
マージン・マネー …………………250
マスコミ大衆(販売) ……………9
マーチャント・ホーリジ …………259
待つ …………………………………30
まで ……………………………389, 409
〜までに ……………………………55
マドリッド協定 ……………………247
招かれない …………………………406
マネジメント・バイアウト ………256
マリン・サプライヤー ……………252
マル・シップ …………………255, 389
回る …………………………………401
満期になる …………………………133
満期日 ………………………………115
満載貨物 ……………………………178
満載吃水線 …………………………241
満載吃水線標 ………………………302

満足して	97

み

見返り輸出	80
未決	298
未決済の	289
見込み	312
見込み輸入	20, 366
未捌貨物	403
水際倉庫	416
水先案内人	301
水増し株式	416
水もの	417
導く	90
密接な	78
密接な関係に〜	12
密貿易	363
見積り	316
見積書	143
ミディアム	257
(真実であると) 認める	7
認める	9, 323
みなす	325
港	191
港税	304
ミニ・ランド・ブリッジ	260
身回品包括保険	299
未払いの	408
未必運賃保険約款	97
未必利益保険	97
見本	343
見本市	394
見本商人	344
見本売買	342
見本割引	344
見舞金	149
未履行条件付き売買	14

む

無確認信用状	404
無額面株	273
無過失衝突	269
無為替	273
無為替輸出	154
無為替輸入	202
無形資産	213
無形貿易	219, 349
無故障船荷証券	77
無故障本船受取書	77
無償還請求権信用状	419
無条件承諾	403
無条件の	2
無償見本	173, 344
無制限保証状	408
無税品	273
無責任	275
無体動産	72
無担保	409
無担保裏書	315
無担保信用状	77
無包装貨物	408
謀反	322
無料	272
無料貸出し期間	173
無料許容量	172

め

明確に	154
(複) 明細	295
明細	122
明細表	344
明示担保	154
名誉保険証券	195
メーカー・エフオービー	249
メキシコ湾	410
滅失または損傷	245
メツラーの国際収支弾力性の条件	259
メートル・トン	259
メートル法	259
目減り	131
メモ・シップ	258
メール・クレジット	247

メール・コンファメーション	247
メール・デイズ	247
免税	135
免責	148
免責危険	144
免責条項	142, 145
免責歩合不適用	220
メンテナンス・ショップ	248

も

儲け	180
申込書	21
木材通商連盟約款	389
黙示担保	199
黙秘	88
目論見書	85
モーゲージ	263
モジュール船	262
もち越し	289
持込み渡し	119, 171
もっともよい	40
元受け保険	287
戻し金宣言書	322
戻し口銭	333
戻し税	132
元地損害	65
原見本	288
モフ勘定	262
モフ・デポジトリー	262
模倣物品の取引防止に関する協定	20
問題	255

や

やがて	38
約	2, 22
約因	91
灼くこと	344
約束する	141, 310
約束手形	310
安っぽい	71
厄介	400

夜荷役	271, 420
やや	364

ゆ

有価約因	411
有為替輸出	154
有形貿易	413
有効	29, 411
有効期限	149
有効な	29
優先株	305
郵送証明書	67
有能な	58
郵便	247
郵便為替	262
郵便小包受領書	304
郵便送金為替	304
郵便振替	248
有利	11
優良な	144
輸出依存度	119
輸出 FOB 保険	152
輸出関税	152
輸出管理制度	151
輸出許可（書）	153
輸出金融	152
輸出組合	150
輸出検査	153
輸出広告	150
輸出承認（証）	153
輸出奨励金	150
輸出申告（書）	152
輸出信用保険	151
輸出信用保証局	137
輸出先行	152
輸出代金保険	154
輸出通関	151
輸出手形保険	150
輸出統計品目表	154
輸出ドライブ	152
輸出問屋	151

和文索引

輸出入・港湾関連手続きの
シングルウインドウ化 ……………281
輸出入統計品目表 ……………152
輸出入取引法 ……………150
輸出の自主規制 ……………415
輸出保険 ……………153
輸出保証保険 ……………150
輸出前貸金融 ……………150
輸出マーケティング ……………153
輸出戻し税 ……………152
輸送費込み条件 ……………104
輸送費保険料込条件 ……………74
ユニセフ ……………404
ユニタイズド貨物 ……………407
ユニタリー・タックス ……………406
ユニット・ロード・システム ……………407
輸入 ……………199
輸入課徴金 ……………202
輸入関税 ……………200
輸入関税支払いずみ ……………136
輸入許可（書） ……………201
輸入許可前貨物引取り ……………38
輸入禁制 ……………98
輸入金融 ……………201
輸入決済相場 ……………5
輸入自由化 ……………201
輸入承認確認書 ……………139
輸入承認書 ……………201
輸入証明書 ……………199
輸入申告（書） ……………200
輸入性向 ……………311
輸入税担保約款 ……………135
輸入税保険 ……………135
輸入税率表 ……………202
輸入先行 ……………201
輸入促進地域（FAZ） ……………166
輸入担保 ……………121, 200
輸入担保荷物保管証 ……………401
輸入通関 ……………200
輸入問屋 ……………200
輸入荷為替付属書類受領書 ……………7
輸入ユーザンス ……………202
輸入割当制 ……………201, 219
ユーロ ……………144
ユーロ円 ……………144
ユーロ・ダラー ……………144

よ

用意する ……………312
揚貨機 ……………418
要求する ……………121, 331
用語 ……………384
要式証券 ……………169
容積 ……………256
容積貨物 ……………256
容積重量証明書 ……………239, 256
容積重量明細書 ……………66
容積トン ……………256, 263
用船 ……………12
用船運送 ……………61
用船契約 ……………70
用船契約船荷証券 ……………71
用船者 ……………70
用船船主 ……………70
用船料 ……………69, 70, 194
用船料保険 ……………212
要約 ……………3
余儀なくさせる ……………277
ヨーク-アントワープ規則 ……………425
翼下配船 ……………404
翌月末 ……………141
抑制価格 ……………71
よけいな ……………406
横もち ……………327
予想する ……………20
予定 ……………133, 344
予定通知 ……………313
予定保険 ……………164, 313
予定保険証券 ……………313
予約する ……………48, 331
よりかかる ……………332
よりよく改める ……………19

和文索引

よりよい	40
ヨーロッパ連合	144
4通	315

ら

ライシン	230
ライセンシー	236
ライセンス契約	236
ライ・タームズ	338, 339
ライナー・ウエイビル	238
ライパー	238
ラック・コンテナ	319
ラッシュ船	230
欄外約款	250
ランディング・ノート	230
ランド・ブリッジ	229

り

利益	11, 38, 159, 214, 309
利益なければ保険なし	272
リギング	335
陸揚げ	229
陸揚過剰貨物	290
陸揚げ港	230
陸揚げ故障報告書	230
陸揚げ重量	289
陸揚げ条件	229
陸揚げ証明書	230
陸揚げ数量条件	229, 230
陸揚げ代行業者	230
陸揚げ費込み C&F	57
陸揚げ費込みシフ	73
陸揚げ費用	230
陸揚げ品質条件	229
陸揚げ報告書	289
陸上危険	230
陸路運送	279
履行	298
履行ずみ売買	149
履行する	149
リース	232
リーズ・アンド・ラグス	232
リスケジュール	331
リース・バック	232
利息条項	214
リーチ	327
利付手形	214
立方フィート	67
リファイナンス方式	325
リーファ・コンテナ	324
リフティング・チャージ	236
リフトオン・リフトオフ方式	237
リペア・ショップ	330
略式船荷証券	359
留置権	304
留置権条項	236
留置料	59
流通可能の	268
流通経路	68
流通船荷証券	268
流動資産	108
流動負債	108
留保金	333
留保通知	274
両替	145
料金対話者払い通話	80
利用航空運送事業者	15
領事送り状	93
領事査証料	93
利用できる	29
利用できること	29
旅行小切手	399
旅商	83
離陸	378
離路約款	123
リンク	238
臨時開庁	291

る

累積認容	106
ルーズ貨物	244

和文索引

れ

冷凍貨物 …………………………325
冷凍約款 …………………………325
暦月渡し先物相場 ………………56
暦月渡し相場 ……………………56
レター・オブ・アウエアネス ……233
レターヘッド ……………………233
列挙危険 …………………………266
レッコ ……………………………233
レッテル約款 ……………………229
レップ ………………………250, 330
レート ……………………………320
レバレッジド・バイアウト ………231
レール渡し …………………166, 172
連月積 ……………………………262
連鎖取引 …………………………373
連続損害 …………………………374
連続停泊期間 ……………………338
連続的な …………………………91
連邦海事委員会 …………………165

ろ

ロイズ ……………………………240
ロイズ鑑定人 ……………………241
ロイズ組合 ………………………101
ロイズ船名録 ……………………240
ロイズ代理人 ……………………240
ロイズ・ブローカー ……………240
ロイズ保険業者協会 ……………241
ロイズ保険証券 …………………240
ロイヤルティ ……………………337
浪渙危険 …………………………416
漏損 ………………………………232

ローカル運送 ……………………242
ローカル・カーゴ ………………242
ローカル・コンテント法案 ……242
ローカル・ポイント ……………243
ローカル・レート ………………243
ロコ ………………………………243
ローズ指令 ………………………337
ロビンソンの為替安定条件 ……336
ロメ会議 …………………………243
ロールオン・ロールオフ方式 …337
ロロ船 ……………………………337
ロング・フォーム ………………244
論争（する）……………………127
ロンドン保険者協会 ……………209

わ

ワイダー・バンド ………………418
和解 …………………………87, 323
枠 …………………………………104
ワグナー法 ………………………414
ワシントン条約 …………………99
わずかに …………………………362
渡す ………………………………119
割合 ………………………………311
割合に ……………………………86
割引 ………………………………126
割引条件 …………………………270
割増運賃 ………………………9, 22
割増金 ……………………………9
割増保険料 …………………9, 156
割増料 ……………………………375
割戻し ………………………48, 322
悪い ………………………………31
ワールド・スケール ……………421

【改訂作業担当者】（ABC順）

池田芳彦（文京学院大学経営学部教授）
諸上茂登（明治大学商学部教授）
中村那詮（明治大学名誉教授）
信　達郎（元国士舘大学21世紀アジア学部教授）
岡本祥子（神奈川大学名誉教授）
篠原敏彦（明治大学商学部教授）
山田晃久（横浜商科大学名誉教授）

■ 編者紹介

石 田 貞 夫〔いしだ さだお〕
大正12年9月11日生れ
昭和22年　東京大学経済学部卒
　　　　　明治大学名誉教授　商学博士
平成11年　逝去

中 村 那 詮〔なかむら とものり〕
　　　　　明治大学名誉教授

■ 貿易用語辞典［改訂第3版］　　　　　　　　　〈検印省略〉

■ 発行日──1992年9月6日　初　版　発　行
　　　　　　2006年1月26日　改訂版第1刷発行
　　　　　　2013年1月16日　改訂第2版発行
　　　　　　2013年10月16日　改訂第2版2刷発行
　　　　　　2019年5月16日　改訂第3版発行

■ 編　者──石田貞夫・中村那詮
■ 発行者──大矢栄一郎
■ 発行所──株式会社　白桃書房
　　　　　　〒101-0021　東京都千代田区外神田5-1-15
　　　　　　☎03-3836-4781　 ℻03-3836-9370　振替00100-4-20192
　　　　　　http://www.hakutou.co.jp/

■ 印刷・製本──平文社／渡辺製本

© Michiko Ishida & Tomonori Nakamura, 2006, 2013, 2019　Printed in Japan
ISBN 978-4-561-74220-3　C 3563

本書のコピー，スキャン，デジタル化等の無断複製は著作権法上での
例外を除き禁じられています。本書を代行業者等の第三者に依頼して
スキャンやデジタル化することは，たとえ個人や家庭内の利用であっ
ても著作権法上認められておりません。

JCOPY 〈出版者著作権管理機構　委託出版物〉
本書の無断複写は著作権法上での例外を除き禁じられています。複写
される場合は，そのつど事前に，出版者著作権管理機構（電話03-5244-
5088，FAX 03-5244-5089，e-mail: info@jcopy.or.jp）の許諾を得てく
ださい。

中野宏一・寺嶋正尚・春山貴広【著】
海外市場開拓のビジネス［第2版］
中国市場とアメリカ市場

海外でビジネスを展開するビジネスパーソンのために書かれた指南書。第Ⅰ部では海外ビジネスにおける基本的な事柄を解説。第Ⅱ部では中国市場，第Ⅲ部ではアメリカ市場という海外ビジネスの中心地における最新事情を紹介する。

ISBN978-4-561-74198-5　C3063　A5判　212頁　本体2500円

岡本祥子・亀山修一【著】
体系的な新国際ビジネスのコミュニケーション
―電子化を背景とした新貿易立国―

商品貿易取引を中心とした，国際ビジネスで必要とされる15の業務をピックアップ。これらの業務の解説を行いながら，そこで使われるビジネス英文が学べ，実践的な内容で英文例もリアルであり，新しく実務担当になった方にもおすすめ。

ISBN978-4-561-75207-3　C3063　A5判　160頁　本体2315円

株式会社
白桃書房

（表示価格には別途消費税がかかります）